Cinq psychanalyses

BIBLIOTHÈQUE DE PSYCHANALYSE
DIRIGÉE PAR JEAN LAPLANCHE

Cinq psychanalyses

Dora : Un cas d'hystérie
Le petit Hans : Une phobie
L'homme aux rats : Une névrose obsessionnelle
Le président Schreber : Une paranoïa
L'homme aux loups : Une névrose infantile

SIGMUND FREUD

TRADUIT PAR MARIE BONAPARTE
ET RUDOLPH M. LŒWENSTEIN

PRESSES UNIVERSITAIRES DE FRANCE

ISBN 2 13 042721 9
ISSN 0768 4096

Dépôt légal — 1re édition : 1954
15e édition : 1989, mai

108, boulevard Saint-Germain, 75006 Paris

FRAGMENT D'UNE ANALYSE D'HYSTÉRIE (Dora) (1)

Avant-Propos

En publiant l'observation détaillée d'une malade et l'histoire de son traitement, j'entreprends, après une assez longue interruption, de corroborer mes assertions de 1895 et 1896 sur la pathogénie des symptômes hystériques et les processus psychiques de l'hystérie. Dès lors, je ne puis me dispenser du présent avant-propos qui aura pour but de justifier sur plusieurs points ma manière d'agir, et de ramener à des proportions raisonnables ce qu'on peut se croire en droit d'attendre de moi.

Il fut à coup sûr fâcheux pour moi d'avoir, à la suite de mes recherches, à publier des résultats, surtout des résultats aussi surprenants et aussi peu plaisants, sans que les confrères fussent en état d'en vérifier l'exactitude. Mais il est à peine moins hasardeux d'exposer aujourd'hui à la critique de tous un peu du matériel dont j'avais extrait ces résultats. De toute façon, il me sera impossible d'éviter les objections, car si naguère l'on m'a reproché de n'avoir rien dit sur mes malades, on me blâmera maintenant d'en trop parler.

(1) L'original de cette traduction : Bruchstück einer Hysterieanalyse, a paru en 1905 dans *Monatschrift für Psychiatrie und Neurologie* (C. Wernicke und Th. Ziehen). Une nouvelle édition du même travail a été publiée en 1909 par Deuticke (Leipzig et Vienne), dans *Sammlung kleiner Schriften zur Neurosenlehre (Recueil de petits essais sur les névroses)* de Sigm. Freud, 2e série. Ce travail a été réimprimé avec l'autorisation de Deuticke, dans les *Gesammelte Schriften (Œuvres complètes)* de Sigm. Freud, où, avec 4 autres analyses de malades, il constitue le VIIIe volume intitulé *Krankengeschichten (Histoires de malades).*

Il a été traduit en plusieurs langues, notamment en anglais, par A. et J. Strachey, 1re éd., London, Woolf, 1925, vol. III des *Collected Papers* de Sigm. Freud et se trouve actuellement dans le 5e vol. des *Ges. Werke* (nouv. éd. des *Œuvres complètes* de Freud).

Cette traduction, due à Marie Bonaparte et R. Lœwenstein, a été faite d'après le texte des *Gesam. Schriffen* et a d'abord paru dans la *Revue française de Psychanalyse,* t. II, fasc. 1, 1928. C'est cette traduction, relue par Anne Berman, qui est reproduite ici.

J'espère que ce seront les mêmes personnes qui, changeant de prétexte, m'auront fait successivement l'un et l'autre reproches ; s'il en est ainsi, je renonce d'avance à jamais enlever à de pareils critiques leurs occasions de semonces.

La publication de mes observations reste pour moi un problème difficile à résoudre, même dans le cas où je ne tiendrais pas compte des gens mal intentionnés et incompréhensifs. Les difficultés sont, d'une part, d'ordre technique, d'autre part, elles découlent de la nature même des circonstances. S'il est exact que l'hystérie ait sa source dans l'intimité de la vie psychique sexuelle des malades, et que les symptômes hystériques soient l'expression de leurs désirs refoulés les plus secrets, l'éclaircissement d'un cas d'hystérie doit nécessairement dévoiler cette intimité et trahir ces secrets. Il est certain que les malades n'auraient jamais parlé s'ils avaient pensé à la possibilité d'une exploitation scientifique de leurs aveux, et c'est tout aussi sûrement en vain qu'on leur aurait demandé l'autorisation de les publier. Des personnes scrupuleuses aussi bien que des personnes timides, dans ces conditions, mettraient au premier plan le devoir de la discrétion médicale et regretteraient de ne pouvoir rendre service à la science en cette circonstance en l'éclairant. Toutefois je suis d'avis que le médecin a des devoirs non seulement envers le malade, mais aussi envers la science. Envers la science, cela veut dire, au fond, envers beaucoup d'autres malades qui souffrent du même mal ou en souffriront. La publication de ce qu'on croit savoir sur la cause et la structure de l'hystérie devient un devoir, l'omission, une lâcheté honteuse, à condition cependant d'éviter un préjudice direct à son malade. Je crois avoir tout fait pour éviter pareil préjudice à ma patiente. J'ai choisi une personne dont la vie ne se déroula pas à Vienne, mais dans une petite ville éloignée ; les circonstances de son existence sont à peu près ignorées à Vienne. J'ai, dès le début, si soigneusement gardé le secret du traitement qu'il n'y a qu'un seul confrère, tout à fait digne de confiance, qui puisse savoir que cette jeune fille était ma cliente ; le traitement terminé, j'attendis encore quatre ans pour publier cette observation, jusqu'au moment où j'appris qu'un changement était survenu dans la vie de ma cliente tel que j'en pus induire que l'intérêt porté par elle aux événements et états d'âme racontés ici devait avoir décliné. Bien entendu, aucun nom n'est demeuré qui eût pu mettre un lecteur profane sur la trace ; la publication dans un journal strictement scientifique devrait, d'ailleurs, nous mettre à l'abri des lecteurs incompétents. Je ne puis naturellement pas empêcher ma cliente elle-même d'éprouver un sentiment pénible si le hasard fait tomber entre ses mains sa propre observation. Mais elle n'en apprendra rien qu'elle ne sache déjà, et elle pourra se demander si quelqu'un d'autre serait capable d'en conclure qu'il s'agit d'elle.

Je sais que, dans cette ville tout au moins, il y a nombre de médecins qui — cela est assez répugnant — voudront lire cette observation non pas comme une contribution à la psychopathologie de la névrose, mais comme un roman à clef destiné à leur divertissement. Je puis affirmer aux lecteurs de ce genre que toutes les observations que je pourrai ultérieurement publier seront en mesure, grâce aux mêmes garanties de secret, d'échapper à leur perspicacité, bien que, de ce fait, l'utilisation de mes matériaux doive subir une limitation extrême.

Dans cette observation, la seule que m'aient permise les restrictions exigées par le secret professionnel et par les circonstances défavorables, se discutent franchement les rapports sexuels ; les organes et les fonctions sexuels sont appelés par leur nom, et le lecteur pudique pourra se convaincre, d'après mon exposé, que je n'ai pas reculé devant la discussion, avec une jeune fille, de pareils sujets en un tel langage. Faut-il donc aussi me justifier de cette accusation ? Je revendique tout simplement les droits du gynécologue ou plutôt des droits beaucoup plus modestes. Ce serait l'indice d'une étrange et perverse lubricité de supposer que de semblables conversations fussent un bon moyen d'excitation et d'assouvissements sexuels. Voici d'ailleurs une citation qui traduit ma pensée :

« Il est lamentable de devoir concéder une place, dans une œuvre scientifique, à des protestations et des déclarations pareilles, mais qu'on ne m'en fasse pas le reproche à moi, qu'on accuse plutôt l'esprit du temps, grâce auquel nous en sommes venus à un heureux âge où aucun livre sérieux n'est sûr de vivre (1). »

Voici maintenant de quelle manière j'ai surmonté, dans cette observation, les difficultés techniques de la communication du cas. Ces difficultés sont très considérables pour un médecin obligé tous les jours de faire 6 à 8 de ces traitements psychothérapiques et qui ne doit pas, pendant la séance avec le malade, prendre de notes parce qu'il éveillerait ainsi la méfiance de ce dernier et en serait troublé, lui-même, dans l'assimilation des matériaux à recueillir. Comment fixer, pour la communication ultérieure, l'histoire d'un traitement de longue durée, voilà un problème que je n'ai pu résoudre encore. Deux circonstances me sont venues en aide dans le cas présent : premièrement le fait que la durée du traitement ne se soit pas étendue à plus de trois mois, deuxièmement que l'élucidation des faits se soit groupée autour de deux rêves, racontés au milieu et à la fin de la

(1) Richard SCHMIDT, *Beiträge zur indischen Erotik (Contributions à l'érotique de l'Inde)*, 1902 (Avant-propos).

cure, rêves dont les termes mêmes ont été fixés immédiatement après la séance et qui ont pu donner un appui sûr à la trame des interprétations et souvenirs s'y rattachant. J'ai écrit l'observation de mémoire, après le traitement, pendant que mon souvenir était encore frais et soutenu par l'intérêt porté à la publication. Le compte rendu n'est par conséquent pas absolument fidèle, phonographique, mais il peut prétendre à un haut degré de véridicité. Rien d'essentiel n'a été changé sauf, en quelques endroits, l'ordre des éclaircissements en vue d'un exposé meilleur.

Je commence par relever ce qu'on va trouver dans ce rapport et ce qui y a fait défaut. Cet ouvrage fut primitivement appelé *Rêve et hystérie*, parce qu'il me semblait particulièrement propre à montrer de quelle manière l'interprétation des rêves s'entrelace à l'histoire du traitement, et comment, grâce à elle, peuvent se combler les amnésies et s'élucider les symptômes. J'ai, non sans de bonnes raisons, fait précéder en 1900 les travaux que je projetais sur la psychologie des névroses d'une étude laborieuse et approfondie sur les rêves ; l'accueil qu'elle reçut me montra le peu de compréhension dont témoignent encore les confrères pour de pareils efforts. L'objection qu'on m'opposait, à savoir que mes observations n'auraient pas permis de se former une conviction vérifiable, du fait que je n'avais pas livré mes matériaux, n'était dans ce cas plus valable, car chacun peut avoir recours à ses propres rêves pour un examen analytique, et la technique de l'interprétation des rêves est facile à apprendre d'après les préceptes et les exemples que j'ai donnés. Je soutiens, aujourd'hui comme alors, qu'une condition indispensable pour comprendre les processus psychiques dans l'hystérie et dans les autres psychonévroses est d'approfondir le problème du rêve. Personne n'aura de chance d'avancer, même de quelques pas, dans ce domaine s'il veut s'épargner ce travail préparatoire. Donc, cette observation présuppose la connaissance de l'interprétation des rêves, la lecture en sera très peu satisfaisante à celui qui ne l'a pas. Il sera surpris au lieu d'être éclairé et sûrement disposé à projeter sur l'auteur, qu'il déclarera doué d'une imagination extravagante, la raison de son étonnement. Ce caractère d'étonnement tient, en réalité, au phénomène de la névrose elle-même ; seule notre accoutumance médicale nous le masque et il réapparaît pendant l'essai d'explication. Cet étonnement ne pourrait être entièrement banni que si l'on réussissait à déduire complètement la névrose de facteurs qui nous fussent déjà connus. Mais, selon toute probabilité, ce sera au contraire l'étude des névroses qui nous incitera à admettre beaucoup de données nouvelles aptes à devenir peu à peu l'objet d'une connaissance certaine. Cependant, ce qui est nouveau a toujours provoqué de l'étonnement et de la résistance.

Ce serait du reste une erreur de croire que, dans toutes les psychanalyses, les rêves et leur interprétation tiennent une place aussi prépondérante.

Si l'observation présente semble être favorisée quant à l'utilisation des rêves, elle est, sur d'autres points, plus pauvre que je ne l'aurais désiré. Mais ses défauts tiennent justement aux circonstances qui permettent sa publication. J'ai déjà dit qu'il m'était impossible de me rendre maître du matériel d'une observation d'une durée d'environ un an. Cette histoire de trois mois seulement se laisse embrasser et rappeler dans son ensemble; mais ses résultats sont restés incomplets sur plus d'un point. Le traitement n'a pas été poursuivi jusqu'au but projeté, il a été interrompu par la volonté de la malade, un certain résultat ayant été obtenu. A cette époque, certains points obscurs du cas n'avaient même pas été abordés, d'autres n'étaient qu'imparfaitement éclaircis et la continuation du travail eût sûrement amené la solution complète de tous les problèmes, sans exception aucune. Je ne puis par conséquent présenter ici qu'un fragment d'analyse.

Le lecteur familiarisé avec la technique de l'analyse exposée dans les *Études sur l'hystérie* (1) s'étonnera peut-être qu'il n'ait pas été possible en trois mois de résoudre jusqu'au bout tout au moins les symptômes pris à partie. Mais ceci deviendra compréhensible quand je dirai que, depuis qu'ont été écrites les *Études*, la technique psychanalytique a subi une transformation fondamentale. Le travail avait alors pour point de départ les symptômes et pour but de les résoudre les uns après les autres. Depuis j'ai abandonné cette technique, car je l'ai trouvée mal appropriée à la structure si délicate de la névrose. Je laisse maintenant au malade lui-même le soin de choisir le thème du travail journalier et prends par conséquent chaque fois pour point de départ la surface que son inconscient offre à son attention. J'obtiens alors ce qui appartient à la solution d'un symptôme par fragments, enchevêtrés dans des contextes différents et répartis sur des époques fort éloignées. Malgré ce désavantage apparent, la nouvelle technique, de beaucoup supérieure à l'ancienne, est incontestablement la seule possible.

En présence de l'imperfection de mes résultats analytiques, il ne me restait qu'à suivre l'exemple de ces chercheurs qui ont le bonheur de ramener au jour, après un long ensevelissement, les restes inestimables, bien que mutilés, de l'antiquité. D'après les meilleurs modèles empruntés à d'autres analyses, j'ai complété ce

(1) BREUER und FREUD, *Studien über Hysterie*, 1re éd., Leipzig et Vienne, Deuticke, 1895. Vol. I des *Ges. Werke (Œuvres complètes)* de FREUD, tr. fr. par Anne BERMAN, Paris, Presses Universitaires de France, 1956.

qui était incomplet, mais, tel un archéologue consciencieux, je n'ai pas négligé, dans chaque cas, de faire connaître ce que j'ajoutais aux parties authentiques.

Intentionnellement, j'ai introduit moi-même une autre imperfection encore. Je n'ai généralement pas exposé le travail d'interprétation qu'il fallait effectuer sur les associations et les communications de la malade, mais seulement ses résultats. Excepté pour les rêves, et sauf à de rares endroits, la technique du travail analytique n'a, par conséquent, pas été dévoilée. Je tenais à mettre en évidence dans cette observation la détermination des symptômes et la structure intime de la névrose ; une confusion inexprimable s'en serait ensuivie si j'avais voulu en même temps accomplir l'autre tâche. Pour étayer les règles techniques, trouvées pour la plupart empiriquement, il eut fallu réunir le matériel de beaucoup d'analyses. Pourtant, qu'on ne s'exagère pas la mutilation que cette omission de la technique fait subir à l'histoire de ce cas. Précisément la partie la plus difficile du travail technique n'a pu être abordée chez cette malade, le facteur du « transfert », dont il est question à la fin de l'observation, n'ayant pas été effleuré pendant ce court traitement.

Ni la malade ni l'auteur ne sont fautifs d'une troisième imperfection. Il va en effet de soi qu'une seule observation, même complète, même indubitable, ne peut fournir de réponses à toutes les questions que pose le problème de l'hystérie. Elle ne peut apprendre à connaître tous les types de la maladie, toutes les conformations de la structure de la névrose, tous les modes possibles du rapport entre le psychique et le somatique dans l'hystérie. On ne saurait raisonnablement exiger de ce seul cas plus qu'il ne peut offrir. Celui qui jusqu'à présent refusait de croire à la validité générale et universelle de l'étiologie psychosexuelle de l'hystérie, ne se laissera guère convaincre en prenant connaissance d'une seule observation ; il fera mieux de suspendre son jugement jusqu'au moment où, par son propre travail, il aura acquis le droit de se former une conviction personnelle.

Note de 1923. — Le traitement rapporté ici fut interrompu le 31 décembre 1899, l'exposé en fut écrit dans les deux semaines qui suivirent, mais je ne l'ai publié qu'en 1905. Il fallait bien s'attendre à ce que plus de vingt années de travail ultérieur suivi viennent modifier la conception et l'exposé d'un pareil cas, toutefois, il serait évidemment absurde de vouloir, au moyen de corrections et d'amplifications, mettre à jour, *up to date*, cette observation et de chercher à l'adapter à l'état actuel de nos connaissances. Je l'ai donc laissée, en somme, telle quelle et n'ai corrigé, dans son texte, que les erreurs commises par distraction ou par imprécision, sur lesquelles mes excellents traducteurs anglais, M. et Mme James Strachey, avaient attiré mon attention. En ce qui concerne les remarques d'ordre critique qui me paraissent justifiées, je les ai placées dans des notes annexées à l'histoire de ce cas morbide, ainsi le lecteur saura que si des notes ne viennent pas infirmer les opinions émises dans le texte, c'est que je continue à m'en tenir à celles-ci. Quant au problème de la discrétion médicale, qui me préoccupe dans cet avant-propos, il n'y a pas lieu d'en tenir compte pour les autres exposés de cas publiés dans ce même volume (1), car trois d'entre eux sont publiés avec l'assentiment formel des personnes traitées et, pour le petit Hans, avec l'assentiment de son père ; dans un cas (Schreber), l'objet de l'analyse ne fut pas vraiment une personne, mais un livre écrit par celle-ci. Pour Dora, le secret a été gardé jusqu'à cette année. Il y a peu de temps, j'appris que celle-ci, perdue de vue par moi depuis longtemps, et retombée récemment malade pour d'autres raisons, avait révélé à son médecin qu'elle avait été, jeune fille, traitée analytiquement par moi ; cette révélation rendit facile à ce confrère averti de reconnaître en elle la Dora de 1899. Si les trois mois de traitement d'alors n'ont pu faire davantage que résoudre le conflit existant, s'ils n'ont pu établir une barrière de défense contre des états morbides ultérieurs, nulle personne équitable ne le pourra reprocher à la thérapeutique analytique.

I

L'ÉTAT MORBIDE

Après avoir démontré dans ma *Science des rêves*, publiée en 1900, que les rêves peuvent généralement être interprétés et remplacés, une fois le travail d'interprétation accompli, par des pensées d'une forme irréprochable, susceptibles d'être insérées à un endroit déterminé du contexte psychique, j'aimerais donner dans les pages suivantes un exemple de cette utilisation pratique que semble permettre l'art de l'interprétation des rêves. J'ai déjà mentionné dans mon livre (2) de quelle manière j'ai été conduit aux problèmes du rêve. Je les ai trouvés sur mon chemin en m'efforçant de guérir les psychonévroses par un procédé particulier de psychothérapie et, lorsque les malades me rapportaient, entre autres événements de leur vie psychique, leurs rêves qui semblaient exiger d'être interpolés dans le long enchaînement remontant des symptômes morbides à l'idée pathogène, j'appris alors à traduire, dans le mode d'expression

(1) Le vol. VIII des *Ges. Schrift.* de FREUD. *(N. d. T.)*

(2) *Die Traumdeutung*, 1900, p. 68, 7e éd., 1922, p. 70. Voir la *Science des rêves*, trad. MEYERSON, Paris, Alcan, 1926, p. 92.

habituel et direct de notre pensée, le langage du rêve. Cette connaissance — je puis l'affirmer — est indispensable au psychanalyste, le rêve représentant un des chemins par lesquels peut accéder à la conscience ce matériel psychique qui, en vertu de la répulsion qu'évoque son contenu, a été refoulé, barricadé hors du conscient et qui, par conséquent, est devenu pathogène. Bref, le rêve est l'un *des détours servant à éluder le refoulement*, un des moyens principaux de ce qu'on appelle *la représentation indirecte* dans le psychisme. Ce fragment du traitement d'une jeune fille hystérique mettra en évidence la manière dont l'interprétation des rêves intervient dans le travail analytique. Il doit, en même temps, me permettre de soutenir publiquement, pour la première fois à l'aide de détails ne pouvant plus prêter à malentendu, une partie de mes opinions sur les processus psychiques et les conditions organiques de l'hystérie. Si je m'étends sur le sujet, je crois n'avoir plus à m'en excuser. En effet, l'on sait maintenant que ce n'est pas en traitant l'hystérie avec un dédain affecté, mais bien au contraire en l'étudiant à fond et avec sympathie, que l'on pourra faire face à ce qu'elle exige et du médecin et de l'investigateur.

Nicht Kunst und Wissenschaft allein
Geduld will bei dem Werke sein (1) *!*

Commencer par exposer une observation complète et achevée, ce serait mettre de prime abord le lecteur dans des conditions toutes différentes de celles où se trouvait placé le médecin observateur. Ce que racontent les proches du malade — dans mon cas, le père de cette jeune fille de 18 ans — ne donne qu'une image méconnaissable de l'évolution de la maladie. Je commence bien le traitement en invitant la malade à me raconter toute l'histoire de sa maladie et de sa vie, mais ce que j'apprends alors ne suffit pas encore à m'orienter. Ce premier récit est comparable à un courant qui ne serait pas navigable, à un courant dont le lit serait tantôt obstrué par des rochers, tantôt divisé et encombré par des bancs de sable. Je ne puis que m'étonner d'une chose : comment ont pu prendre naissance chez les auteurs les observations conséquentes et précises d'hystériques ? En réalité, les malades sont incapables de faire de pareils rapports sur eux-mêmes. Ils peuvent certes fournir au médecin des renseignements suffisants et cohérents sur telle ou telle époque de leur vie, mais alors suit une autre période pour laquelle les don-

(1) L'Art et la Science ne suffisent pas, l'œuvre réclame de la patience ! GŒTHE, *Faust*, I, Hexenküche. Cuisine de la sorcière. Cf. la pensée bien connue : « Le génie est une longue patience. » *(N. d. T.)*

nées qu'ils fournissent deviennent superficielles, laissent percevoir des lacunes et des énigmes. Une autre fois, on est de nouveau en présence de périodes tout à fait obscures, que n'éclaire aucune donnée utilisable. Les rapports, même apparents, sont pour la plupart décousus, la succession des différents événements incertaine.

Pendant le récit même, la malade corrige à plusieurs reprises une indication, une date, pour revenir ensuite, après de longues hésitations, à sa première assertion. L'incapacité où sont les malades d'exposer avec ordre l'histoire de leur vie en tant qu'elle correspond à l'histoire de leur maladie n'est pas seulement caractéristique de la névrose, elle revêt aussi une grande importance théorique (1). Cette imperfection relève des causes suivantes : premièrement, la malade garde pour elle une partie de ce qui lui est bien connu et qu'elle devrait raconter, ceci consciemment, à dessein, pour des motifs de timidité et de pudeur qu'elle n'a pas encore surmontés (discrétion lorsqu'il s'agit de tierces personnes). Telle est la part de l'insincérité consciente. Deuxièmement, une partie de son savoir anamnestique, partie dont la malade dispose habituellement, fait défaut pendant le récit, sans que la malade ait l'intention de faire cette réserve : voilà la part de l'insincérité inconsciente. Troisièmement, ne manquent jamais les amnésies véritables, les lacunes de la mémoire, auxquelles sont sujets même des souvenirs tout récents pas plus que les erreurs de la mémoire, édifiées secondairement pour en combler les lacunes (2). Là où les événements mêmes ont été conservés par la mémoire, le but auquel tendent les amnésies sera aussi sûrement atteint une fois le rapport aboli, et c'est quand l'ordre chronologique des événements est modifié que le rapport est le plus sûrement rompu. Aussi cet ordre chronologique est-il toujours l'élément le plus vulnérable des souvenirs et celui qui subit le premier l'effet du refoulement. Nous trouvons certains souvenirs, pour ainsi dire, au premier stade du refoulement : ils sont chargés de doute. Ce doute

(1) Un confrère m'a jadis confié, en vue d'un traitement psychothérapeutique, sa sœur qui était, depuis des années, soignée sans succès pour hystérie (algies et troubles de la locomotion). Les premiers renseignements semblaient bien s'accorder avec le diagnostic ; je laissai la malade elle-même, dans une première séance, raconter son histoire. Ce récit étant absolument clair et ordonné, malgré les événements particuliers auxquels il était fait allusion, je me dis qu'il ne pouvait s'agir dans ce cas d'hystérie et je fis immédiatement un examen somatique très soigneux, grâce auquel je découvris un tabès moyennement évolué, qui fut ensuite sensiblement amélioré par des injections de mercure (huile grise) pratiquées par le Pr Lang.

(2) Amnésies et paramnésies sont dans un rapport complémentaire. Là où se produisent de grandes lacunes du souvenir, on rencontre peu d'erreurs de la mémoire. Inversement, ces dernières peuvent au premier abord masquer complètement certaines amnésies.

ne manquerait pas d'être un peu plus tard remplacé par un oubli ou par un faux souvenir (1).

Des considérations d'ordre théorique nous incitent à considérer cet état de la mémoire comme un corrélatif nécessaire des symptômes hystériques. Au cours du traitement le malade complète ce qu'il a retenu ou ce qui ne lui est pas venu à l'esprit, quoiqu'il l'ait toujours su. Les paramnésies deviennent alors insoutenables, les lacunes du souvenir se comblent. Ce n'est que vers la fin du traitement qu'on peut embrasser d'un coup d'œil une histoire de la maladie conséquente, compréhensible et complète. Si le but pratique du traitement est de supprimer tous les symptômes possibles et de leur substituer des pensées conscientes, il en est un autre, le but théorique, qui est la tâche de guérir les lésions de mémoire du malade. Les deux buts coïncident ; si l'un est atteint, l'autre l'est aussi ; un même chemin mène aux deux.

Par la nature des choses qui forment le matériel de la psychanalyse, nous devons prêter dans nos observations autant d'attention aux conditions purement humaines et sociales où se trouvent les malades qu'aux données somatiques et aux symptômes morbides. Nous nous intéresserons avant tout aux rapports de famille de la malade et cela, comme nous l'allons voir, pour d'autres raisons encore que le seul examen de l'hérédité.

La famille de notre malade, jeune fille de 18 ans, comprenait, en dehors d'elle-même, ses deux parents et un frère plus âgé qu'elle d'un an et demi. La personnalité dominante était le père, aussi bien par son intelligence et par les qualités de son caractère que par les circonstances de sa vie qui avaient conditionné la trame de l'histoire infantile et pathologique de ma cliente. A l'époque où j'entrepris le traitement de la jeune fille, son père approchait de la cinquantaine. C'était un homme d'une grande activité et d'un talent peu commun, grand industriel, jouissant d'une très belle situation matérielle. Sa fille lui portait une tendresse particulière et son sens critique, précocement éveillé, s'offusquait d'autant plus de certains de ses actes et de ses traits de caractère.

Cette tendresse avait été encore accrue depuis l'âge de 6 ans par les nombreuses et graves maladies du père. A cette époque, une affection tuberculeuse de celui-ci détermina la famille à élire domicile dans une petite ville de nos provinces méridionales ; l'affection pul-

(1) Une règle acquise par l'expérience indique que dans le cas où un exposé est hésitant il faut faire abstraction du jugement de celui qui le fait. Quand le malade hésite entre deux versions, il faut plutôt considérer la première comme étant la bonne, la seconde, par contre, comme produite par le refoulement.

monaire s'y améliora rapidement, mais un séjour prolongé dans cette localité, que j'appellerai B..., fut jugé nécessaire pour éviter les rechutes et, pendant dix ans, la ville de B... se trouva être le séjour principal des parents et des enfants. Lorsqu'il se portait bien, le père s'absentait temporairement pour inspecter ses usines ; en plein été on allait à la montagne.

Lorsque la jeune fille fut âgée d'environ 10 ans, son père eut un décollement de la rétine qui nécessita une cure d'obscurité. Cette maladie causa un affaiblissement de la vue, mais la maladie la plus sérieuse se manifesta à peu près deux ans plus tard. Ce fut un accès de confusion mentale, suivi de phénomènes paralytiques et de troubles psychiques légers. Un ami, dont nous étudierons plus tard le rôle, décida le malade, alors peu amélioré, à venir avec son médecin à Vienne afin de me consulter. J'hésitai un instant : fallait-il admettre chez lui une paralysie d'origine tabétique ? Je finis par faire le diagnostic d'une affection vasculaire diffuse et comme il avoua une infection spécifique antérieure au mariage, je fis entreprendre un traitement antisyphilitique énergique, à la suite duquel régressèrent tous les troubles encore subsistants. C'est probablement du fait de cette heureuse intervention que le père me présenta, quatre ans plus tard, sa fille nettement névrosée et que, deux ans plus tard, il me la confia en vue d'un traitement psychothérapique.

Entre-temps j'avais fait la connaissance, à Vienne, d'une sœur aînée du malade, chez laquelle se manifestait une forme grave de psychonévrose sans symptômes d'hystérie caractérisés. Après une vie conjugale malheureuse, cette dame mourut, à la suite d'une cachexie à évolution rapide et de nature indéterminée.

Un frère aîné du malade, que j'entrevis incidemment, était célibataire et hypocondriaque.

La jeune fille, devenue à l'âge de 18 ans ma cliente, avait de tout temps sympathisé surtout avec sa famille paternelle, et considérait depuis sa maladie la tante dont nous avons parlé comme son modèle. Il n'était pas douteux non plus pour moi qu'elle appartînt, tant par ses dons et par son intelligence précoce que par sa disposition morbide, à cette famille. Je n'ai pas connu la mère. D'après les renseignements fournis par le père et la fille, je fus amené à me la représenter comme une femme peu instruite et surtout inintelligente, qui avait concentré, depuis la maladie de son mari et la désunion qui s'ensuivit, tout son intérêt sur le ménage et qui présentait le tableau de ce qu'on pourrait appeler la « psychose de la ménagère ». Sans compréhension pour les aspirations de ses enfants, elle était occupée tout le jour à nettoyer et à tenir en état l'appartement, les meubles et les ustensiles du ménage, à tel point que l'usage et la jouissance en étaient devenus presque impossibles. On ne peut s'empêcher de rapprocher cet état, dont on trouve des indices assez fréquents chez les maîtresses de maison normales, des formes obsédantes du lavage et de la propreté ; mais chez ces femmes, comme d'ailleurs aussi chez la mère de notre malade, on observe l'absence de toute notion du caractère pathologique de ce comportement, par conséquent d'un signe essentiel de la « névrose obsessionnelle ». Les rapports entre la mère et la fille étaient depuis des années très peu affectueux. La fille ne prêtait aucune attention à sa mère, la critiquait durement et s'était complètement dérobée à son influence (1). Le frère unique de la jeune fille, plus âgé qu'elle d'un an et demi, avait jadis été le modèle auquel son amour-propre aspirait à ressembler. Les rapports entre eux s'étaient relâchés au cours des dernières années. Le jeune homme tâchait autant que possible de se dérober aux querelles familiales ; lorsqu'il devait prendre parti, il se rangeait du côté de la mère. C'est ainsi que l'attraction sexuelle habituelle avait rapproché d'une part le père de la fille, d'autre part la mère du fils.

Notre malade, que j'appellerai dorénavant par son nom de Dora, présentait dès l'âge de 8 ans des troubles nerveux. Elle souffrait alors d'une gêne respiratoire permanente qui s'accentuait par accès ; cette gêne était apparue pour la première fois après une petite excursion en montagne et fut par conséquent attribuée au surmenage. Cet état disparut lentement en six mois, grâce au repos et aux ména-

(1) Tout en ne concevant pas l'hérédité comme la seule étiologie de l'hystérie, j'aimerais précisément, au regard de quelques-unes de mes publications antérieures (L'hérédité et l'étiologie des névroses, *Revue neurologique*, 1896, IV, 6, dans lesquelles je combats la thèse précitée), ne pas avoir l'air de sous-estimer l'hérédité dans l'étiologie de l'hystérie ou de la juger entièrement superflue. Chez notre malade se rencontre une charge morbide suffisante par ce qui a été communiqué au sujet du père et de sa famille ; et pour celui qui est d'avis que même des états pathologiques comme ceux de la mère sont impossibles sans disposition héréditaire, l'hérédité de notre cas pourrait être dite convergente. Un autre facteur semble être plus significatif pour la prédisposition héréditaire ou plutôt constitutionnelle de la jeune fille. J'ai mentionné que le père avait contracté une syphilis avant le mariage. Or, sur mes malades soignés psychanalytiquement, un pourcentage très grand était issu de pères atteints de tabès ou de paralysie générale. En vertu de la nouveauté de mon procédé thérapeutique, ne viennent à moi que les cas les plus difficiles, les cas déjà soignés depuis des années sans aucun succès. Tout partisan de la conception d'Erb-Fournier peut envisager le tabès ou la P. G. comme l'indication d'une affection spécifique antérieure, infection qui, dans un certain nombre de cas, a été constatée directement par moi chez les pères. Dans la dernière discussion sur la progéniture des syphilitiques (*XIIIe Congrès international des Médecins*, à Paris, 2-9 août 1900 ; compte rendu de FINGER, TARNOWSKY, JULLIEN et autres), je ne trouve pas mentionné un fait que mon expérience en neuropathologie me force à reconnaître : à savoir que la syphilis des parents entre certainement en ligne de compte dans l'étiologie de la constitution névropathique des enfants.

gements imposés. Un médecin de famille semble n'avoir pas hésité un instant à diagnostiquer un trouble purement nerveux et à exclure toute cause organique de la dyspnée, mais il jugea apparemment ce diagnostic compatible avec l'étiologie de surmenage (1).

La petite avait eu les maladies infectieuses habituelles de l'enfance, sans dommages durables. D'après son récit (fait avec une intention symbolisante), c'est le frère qui inaugurait les maladies, chez lui d'ailleurs légères, puis elle suivait le mouvement avec des phénomènes graves. Des migraines et des accès de toux nerveuse apparurent chez elle vers l'âge de 12 ans, au début chaque fois simultanés, jusqu'à ce que les deux symptômes se séparassent pour subir une évolution différente. La migraine devint plus rare et disparut à l'âge de 16 ans. Les quintes de toux nerveuse, probablement déclenchées par un catarrhe banal, persistaient tout le temps. Lorsque, à l'âge de 18 ans, elle vint se faire soigner chez moi, elle toussait depuis peu, d'une manière caractéristique. Le nombre des périodes de quintes ne put pas être établi ; leur durée était de trois à cinq semaines, une fois même de quelques mois. Une aphonie complète durant toute la première moitié de la crise était le symptôme le plus gênant, tout au moins dans les derniers temps. Le diagnostic était depuis longtemps établi : il s'agissait, là encore, de « nervosité » ; les divers traitements habituels, ainsi que l'hydrothérapie et l'électrisation locale, demeurèrent sans résultat. L'enfant qui, mûrie dans ces conditions, était devenue une jeune fille d'un jugement très indépendant, s'habitua à se rire des efforts des médecins et, finalement, à renoncer aux soins médicaux. Elle refusait d'ailleurs toujours de consulter le médecin, tout en n'ayant aucune aversion contre la personne du médecin de sa famille. Toute proposition d'aller consulter un nouveau médecin provoquait sa résistance et ce n'est que sur l'ordre formel de son père qu'elle vint chez moi.

Je l'avais vue, pour la première fois, dans sa seizième année, au début de l'été, atteinte de toux et d'enrouement. J'avais proposé dès cette époque un traitement psychique auquel on avait renoncé, cette crise prolongée s'étant dissipée spontanément. L'hiver de l'année suivante, elle se trouvait, après la mort de sa tante préférée, à Vienne, dans la maison de son oncle et de ses cousines et elle y tomba malade, fit de la fièvre, et son état fut attribué à une crise d'appendicite (2). L'automne suivant, la santé du père semblant le permettre, la famille quitta définitivement B..., se fixa tout d'abord là où se trouvait l'usine du père et, à peine un an plus tard, définitivement à Vienne.

(1) Nous parlerons plus loin de la cause provocatrice probable de cette maladie.
(2) Cf. au sujet de celle-ci, l'analyse du second rêve.

Entre-temps, Dora, devenue une jeune fille florissante, aux traits intelligents et agréables, causait à ses parents de graves soucis. Les symptômes principaux de son état étaient de la dépression et des troubles du caractère. Elle était évidemment mécontente d'elle-même et des siens, se comportait d'une manière désobligeante envers son père et ne s'entendait plus du tout avec sa mère, qui voulait absolument l'inciter à prendre part aux travaux du ménage. Elle cherchait à éviter toutes relations sociales ; elle s'occupait, autant que le lui permettait l'état de fatigue et de manque de concentration dont elle souffrait, à suivre des conférences mondaines et faisait des études sérieuses. Les parents furent un jour effrayés par une lettre qu'ils avaient trouvée sur ou dans le secrétaire de la jeune fille, lettre dans laquelle elle leur faisait ses adieux, disant ne pouvoir plus supporter la vie (1). L'intelligence peu commune du père lui fit supposer que la jeune fille n'était pas fermement décidée à se suicider, mais il en resta frappé, et lorsqu'un jour, après une discussion insignifiante entre père et fille, elle eut pour la première fois un évanouissement (2), duquel elle garda de l'amnésie, il décida, malgré la résistance qu'elle opposa, de la faire soigner par moi.

L'observation que j'esquisse jusqu'ici semble, somme toute, ne pas mériter d'être publiée. « Petite hystérie » avec symptômes somatiques et psychiques des plus banaux : dyspnée, toux nerveuse, aphonie, peut-être aussi migraine ; avec cela, dépression, humeur insociable hystérique, et dégoût probablement peu sincère de la vie. On a certainement publié des observations d'hystériques plus intéressantes et souvent mieux faites, puisqu'on ne trouvera non plus dans la suite aucun stigmate de sensibilité cutanée, de rétrécissement du champ visuel, etc. Je me permettrai seulement de faire remarquer que toutes les accumulations de phénomènes étranges et étonnants survenant dans l'hystérie ne nous ont pas fait avancer beaucoup dans la compréhension de cette maladie, toujours énigmatique. Ce dont nous avons besoin, c'est précisément d'éclairer les cas les plus simples et les plus fréquents, et leurs symptômes typiques.

(1) Ce traitement et, partant, ma connaissance de l'enchaînement de cette histoire de malade, sont restés, comme je l'ai déjà annoncé, fragmentaires. Je ne peux, pour cette raison, donner d'explication sur certains points ou bien je ne puis faire sur tel ou tel point que des allusions ou des suppositions. Comme on parlait de cette lettre dans une séance, la jeune fille demanda, étonnée : « Comment ont-ils donc trouvé cette lettre ? Elle était pourtant enfermée dans mon secrétaire. » Mais comme elle savait que les parents avaient lu ce brouillon d'une lettre d'adieu, j'en conclus qu'elle l'avait elle-même fait tomber entre leurs mains.

(2) Je crois que lors de cette crise on put aussi observer des convulsions et un état délirant. Mais, l'analyse n'ayant pas pénétré jusqu'à cet événement, je ne sais rien de certain là-dessus.

Je serais satisfait si les circonstances m'avaient permis d'éclaircir complètement ce cas de petite hystérie. D'après mon expérience d'autres malades, je ne doute pas que mes moyens analytiques n'eussent suffi à cette tâche.

Peu après la publication, en 1895, de mes *Études sur l'hystérie* en collaboration avec le Dr J. Breuer, je demandai à un confrère éminent son opinion sur la théorie psychologique de l'hystérie que j'y avais émise. Il répondit franchement qu'il y voyait une généralisation injustifiée de conclusions qui pouvaient être exactes dans quelques cas. J'ai vu depuis suffisamment de cas d'hystérie, je me suis occupé quelques jours, quelques semaines, mois ou années, de chacun d'eux, et, dans aucun de ces cas, je n'ai constaté l'absence des conditions psychiques énoncées dans les *Études*, à savoir le traumatisme psychique, le conflit des états affectifs, et comme je l'ai ajouté dans des publications ultérieures, l'atteinte de la sphère sexuelle. Certes, il ne faut pas s'attendre, lorsqu'il s'agit de choses devenues pathogènes du fait de leur tendance à se cacher, à ce que les malades aillent les offrir d'eux-mêmes au médecin ; il ne faut pas non plus se contenter du premier « non » s'opposant à l'investigateur (1).

Ainsi que je l'ai déjà mentionné, je devais à l'intelligence de son père de n'avoir pas à rechercher chez ma malade Dora le point de départ, tout au moins pour la dernière forme revêtue par la maladie. Son père m'apprit que lui et sa famille avaient noué, à B..., une amitié intime avec un couple habitant cet endroit depuis plusieurs années. Mme K... l'aurait soigné pendant sa grande maladie, et se serait, par là, acquis un droit éternel à sa gratitude. M. K... s'était, paraît-il, toujours montré aimable envers sa fille Dora, avait, lorsqu'il

(1) En voici un exemple. Un de mes confrères viennois, convaincu que les facteurs sexuels étaient sans importance dans l'hystérie, conviction probablement affermie par des expériences analogues à celle qui suit, se décida à poser à une fillette de 14 ans, souffrant de vomissements hystériques violents, cette question désagréable : « N'avez-vous pas eu par hasard une affaire de cœur ? » L'enfant répondit que non, probablement avec un étonnement bien joué, et raconta en termes peu respectueux à sa mère : « Pense donc, ce stupide bonhomme m'a même demandé si j'étais amoureuse. » Elle se fit plus tard soigner par moi, et il se révéla, mais pas au cours du premier entretien, qu'elle s'était pendant de longues années adonnée à la masturbation accompagnée de fortes pertes blanches (qui étaient en rapport étroit avec le vomissement) ; elle s'était déshabituée d'elle-même de la masturbation, mais fut tourmentée dans l'état d'abstinence qui suivit par les sentiments de culpabilité les plus violents, de sorte qu'elle envisageait tous les malheurs arrivés à sa famille comme le châtiment divin de son péché. Elle était, à part cela, sous l'influence du roman d'une sienne tante dont la grossesse illégitime (seconde détermination du vomissement) lui avait été soi-disant dissimulée. Elle passait pour être encore « tout à fait enfant », mais se révéla initiée à l'essentiel des rapports sexuels.

était là, entrepris des promenades avec elle, lui faisant de petits cadeaux ; personne cependant n'y aurait trouvé de mal. Dora se serait occupée avec une grande sollicitude des deux petits enfants du ménage K..., aurait en quelque sorte remplacé leur mère. Lorsque le père et la fille étaient venus me voir deux ans plus tôt, en été, ils étaient en route pour aller rejoindre M. et Mme K..., qui villégiaturaient au bord d'un de nos lacs de montagne. Dora devait rester plusieurs semaines dans la maison des K... ; le père comptait rentrer au bout de quelques jours ; M. K... était aussi présent. Mais lorsque le père se prépara au départ, la jeune fille déclara tout à coup avec la plus grande fermeté qu'elle partirait aussi, et elle obtint de partir. Quelques jours plus tard seulement, elle donna des éclaircissements sur sa conduite bizarre en racontant à sa mère, afin que celle-ci le répétât à son père, que M. K... avait osé, pendant une promenade après une excursion sur le lac, lui faire une déclaration. Lorsque, à la prochaine entrevue, le père et l'oncle demandèrent à celui-ci des explications, l'accusé nia énergiquement avoir fait la moindre démarche pouvant mériter une semblable interprétation, et finit par jeter la suspicion sur la jeune fille qui, au dire de Mme K..., ne s'intéressait qu'aux choses sexuelles et aurait même lu, dans leur maison au bord du lac, la *Psychologie de l'amour* de Mantegazza, et d'autres livres analogues. Excitée par une pareille lecture, elle se serait, probablement, « imaginé » toute la scène racontée.

« Je ne doute pas, dit le père, que cet incident ne soit la cause du changement d'humeur de Dora, de son irritabilité et de ses idées de suicide. Elle exige que je rompe mes relations avec M. K..., et surtout avec Mme K... pour laquelle elle avait, dans le temps, une sorte d'adoration. Mais je ne puis faire cela, car premièrement je considère moi-même que le récit de Dora, au sujet des propositions malhonnêtes de M. K..., est une fiction qui s'est imposée à elle ; deuxièmement, je suis attaché à Mme K... par une sincère amitié, et je n'aimerais pas lui faire de peine. La pauvre femme est très malheureuse avec son mari, dont je n'ai d'ailleurs pas très bonne opinion. Fort nerveuse elle-même, elle possède en moi son seul appui. Vu mon état de santé, inutile de vous assurer que rien d'illicite ne se cache dans nos rapports. Nous sommes deux pauvres êtres qui, autant que possible, se consolent par une mutuelle sympathie amicale. Vous savez que ma femme n'est rien pour moi. Dora cependant, qui a hérité de mon entêtement, ne peut être détournée de sa haine contre les K... Sa dernière crise a eu lieu après un entretien au cours duquel elle a de nouveau exigé de moi la même chose. Tâchez, vous, maintenant, de la remettre dans la bonne voie. »

Toutefois le père avait, par d'autres discours, cherché à attribuer le caractère insupportable de sa fille à sa femme dont les singularités rendaient intenable à tous la vie commune. On pouvait donc noter dans les déclarations du père une certaine contradiction. Mais j'avais depuis longtemps résolu de ne me former une opinion sur l'état véritable des choses que lorsqu'il m'aurait été donné d'entendre aussi l'autre son de cloche.

L'incident avec M. K... — la déclaration suivie d'un affront — fournissait à notre malade Dora le traumatisme psychique que Breuer et moi avions, dans le temps, affirmé être la condition préalable indispensable à la formation d'un état hystérique. Ce nouveau cas présente toutes les difficultés qui depuis m'ont incité à aller au-delà de cette théorie (1), mais, de plus, il s'y présente une difficulté nouvelle de nature spéciale. Le traumatisme qui nous apparaît dans la vie de Dora est, en effet, comme il arrive si souvent dans l'histoire des maladies hystériques, incapable d'expliquer, de déterminer le caractère distinctif des symptômes ; nous pourrions tout aussi bien ou tout aussi mal saisir les rapports si d'autres symptômes que la toux nerveuse, l'aphonie, la dépression et le dégoût de la vie s'étaient produits à la suite du traumatisme. Il faut ajouter maintenant qu'une partie des symptômes — la toux et l'aphonie — s'étaient manifestés chez la malade des années avant le traumatisme, et que les premiers symptômes appartenaient même à l'enfance, puisqu'ils dataient de la huitième année. Nous devons donc, si nous ne voulons pas renoncer à la théorie traumatique, reculer jusqu'à l'enfance pour y chercher des influences ou des impressions pouvant avoir un effet analogue à celui que produit un traumatisme ; et il est alors fort remarquable que l'investigation des cas dont les premiers symptômes ne se sont pas déclarés déjà dans l'enfance m'ait aussi incité à remonter dans l'histoire de la vie jusqu'aux premières années infantiles (2).

Les premières difficultés du traitement ayant été surmontées,

(1) J'ai été plus loin que cette théorie sans l'abandonner, c'est-à-dire que je la déclare aujourd'hui non pas fausse mais incomplète. Je ne fais plus porter l'accent sur les soi-disant états hypnoïdes, qui étaient censés apparaître chez les malades lors du traumatisme et devaient être rendus responsables des processus psychiques anormaux qui s'ensuivaient. S'il est permis dans un travail commun de procéder ultérieurement à une répartition des biens, j'aimerais affirmer ici que l'énoncé des « états hypnoïdes », dans lesquels certains critiques voyaient le noyau de notre ouvrage, résultait exclusivement de l'initiative de Breuer. Je considère, quant à moi, comme superflu et déroutant de rompre par cette dénomination la continuité du problème, qui consiste à chercher quels sont les processus psychiques de la formation des symptômes hystériques.

(2) Comparez mon article : Zur Ätiologie der Hysterie (De l'étiologie de l'hystérie), *Wiener klinische Rundschau*, 1896, nos 22-26. *Sammlung kleiner Schriften zur Neurosenlehre (Recueil de petits essais sur les névroses)*, 1906.

Dora me communiqua un événement antérieur, bien plus propre que l'autre à agir comme traumatisme sexuel. Elle était alors âgée de 14 ans, M. K... avait convenu avec elle et sa femme que les dames se rendraient dans l'après-midi à son magasin pour regarder de là une solennité religieuse. Mais il décida sa femme à rester chez elle et donna congé aux employés. Lorsque la jeune fille entra dans le magasin, il se trouvait seul. Quand le moment où devait passer la procession fut proche, il pria la jeune fille de l'attendre auprès de la porte qui menait du magasin à l'escalier de l'étage supérieur, pendant qu'il abaisserait les persiennes. Il revint ensuite et, au lieu de sortir par la porte ouverte, il serra la jeune fille contre lui et l'embrassa sur la bouche. Il y avait bien là de quoi provoquer chez une jeune fille de 14 ans, qui n'avait encore été approchée par aucun homme, une sensation nette d'excitation sexuelle. Mais Dora ressentit à ce moment un dégoût intense, s'arracha violemment à lui et se précipita, en passant à côté de l'homme, vers l'escalier et, de là, vers la porte de la maison. Elle continua néanmoins à fréquenter M. K... ; ni l'un ni l'autre ne fit jamais allusion à cette petite scène, aussi prétend-elle l'avoir gardée secrète jusqu'à ce qu'elle l'avouât au cours du traitement. Elle évita d'ailleurs par la suite de se trouver seule avec M. K... M. et Mme K... avaient à ce moment projeté une excursion de plusieurs jours à laquelle devait aussi participer Dora. Après le baiser dans le magasin, elle refusa de les accompagner, sans en donner les raisons.

Dans cette seconde scène, antérieure quant à la date, le comportement de l'enfant de 14 ans est déjà tout à fait hystérique. Je tiens sans hésiter pour hystérique toute personne chez laquelle une occasion d'excitation sexuelle provoque surtout ou exclusivement du dégoût, que cette personne présente ou non des symptômes somatiques. Éclaircir le mécanisme de cette *interversion de l'affect* reste une tâche des plus importantes et en même temps des plus difficiles de la psychologie des névroses. A mon avis, je suis encore loin d'avoir atteint ce but; de plus, dans le cadre limité de cette communication, je ne pourrai exposer qu'une partie de mes connaissances déjà si imparfaites.

Le cas de notre patiente Dora n'est pas encore suffisamment caractérisé par la mise en avant de l'interversion de l'affect ; il faut dire en outre qu'il s'est produit un *déplacement* de la sensation. A la place de la sensation génitale, qui n'aurait certainement pas fait défaut dans ces conditions (1) chez une jeune fille normale, il y a chez elle cette sensation de déplaisir liée à la partie muqueuse supérieure du canal digestif : le dégoût. Certainement, l'excitation des

(1) L'appréciation de ces conditions sera facilitée par un éclaircissement ultérieur.

lèvres de par le baiser a influé sur cette localisation, mais je crois reconnaître là encore l'effet d'un autre mobile (1).

Le dégoût éprouvé alors n'était pas devenu chez Dora un symptôme permanent, aussi bien pendant le traitement n'existait-il en quelque sorte qu'en puissance. Elle mangeait difficilement et avouait avoir une aversion légère pour les aliments. Cette scène avait, par contre, laissé une autre trace, une hallucination sensorielle, qui réapparaissait aussi, de temps en temps, pendant son récit. Elle disait qu'elle ressentait encore maintenant, à la partie supérieure du corps, la pression de cette étreinte. D'après certaines lois de la formation des symptômes que j'ai appris à reconnaître et, par rapprochement avec d'autres particularités de la malade sans cela incompréhensibles — comme par exemple de ne pas vouloir passer à côté d'un homme en conversation animée ou tendre avec une dame — j'ai pu ainsi reconstituer la scène en question. Je pense qu'elle avait ressenti, pendant cette étreinte passionnée, non seulement le baiser sur ses lèvres, mais encore la pression du membre érigé contre son corps. Cette perception choquante pour elle fut supprimée dans sa mémoire, refoulée, et remplacée par la sensation inoffensive d'une pression sur le thorax, sensation qui devait son intensité exagérée au refoulement de la pulsion. De là, nouveau déplacement de la partie inférieure à la partie supérieure du corps (2). Le comportement compulsif de Dora, par contre, est constitué comme s'il provenait du souvenir intact. Elle ne voulait pas passer à côté d'un homme qu'elle croyait être en état d'excitation sexuelle, parce qu'elle ne voulait pas en revoir le signe somatique.

Il est remarquable qu'ici trois symptômes — le dégoût, la sensation de pression sur la partie supérieure du corps et l'horreur des hommes en tête à tête tendre avec une femme — résultent d'un événement unique et que seul le rapprochement de ces trois indices rende intelligible le processus de la formation des symptômes. Le dégoût correspond à un symptôme de refoulement de la zone érogène labiale (« gâtée », comme nous allons l'apprendre, par le suçotement infantile).

(1) Le dégoût de Dora n'avait sûrement pas de causes occasionnelles, elles auraient été rappelées et certainement mentionnées. Je connais par hasard M. K..., qui accompagna chez moi le père de la malade ; c'est un homme jeune encore, d'un extérieur avenant.

(2) De tels déplacements ne sont pas supposés à seule fin de cette explication, mais ils résultent d'une grande quantité de symptômes comme en étant la condition inéluctable. Depuis que j'ai écrit ceci, une fiancée, auparavant très amoureuse, s'adressa à moi à cause d'un refroidissement subit envers son fiancé et d'une dépression profonde. Elle accusa le même affect d'angoisse occasionné par une étreinte (sans baiser). Dans ce cas je réussis sans difficulté à ramener la peur à l'érection de l'homme perçue, mais effacée dans le conscient.

La pression du membre érigé a probablement eu pour résultat une modification analogue de l'organe féminin correspondant, du clitoris, et l'excitation de cette seconde zone a été rattachée et fixée, par déplacement, à la sensation simultanée de pression sur le thorax. L'horreur des hommes susceptibles de se trouver en état d'excitation sexuelle reproduit le mécanisme d'une phobie, et cela pour se prémunir contre une nouvelle répétition de la perception refoulée.

Pour m'assurer du bien-fondé de ces déductions, j'ai demandé à la malade, de la manière la plus prudente, si elle avait quelque notion des indices corporels de l'excitation chez l'homme. Elle me dit être actuellement au courant, mais ajouta qu'elle croyait bien n'en avoir rien su à cette époque-là. Chez cette malade j'ai, dès le début, pris toutes les précautions pour ne lui apporter aucune nouvelle connaissance dans le domaine de la vie sexuelle, et cela non pas par scrupule, mais pour soumettre dans ce cas mes hypothèses à un contrôle sévère. Je n'appelais les choses par leur nom que lorsque ses allusions, plus que claires, rendaient fort peu osée leur traduction directe. Une prompte et honnête réponse signifiait régulièrement qu'elle savait déjà, mais d'où tenait-elle ses notions ? Voilà une énigme qu'elle ne put résoudre, ses souvenirs ne le lui permettant pas (1).

Si je suis en droit de me représenter la scène dans le magasin de cette façon, j'arrive à expliquer ainsi l'origine du dégoût (2). La sensation de dégoût semble primitivement être une réaction à l'odeur (plus tard aussi à l'aspect) des déjections. Or, les organes génitaux de l'homme, et en particulier le membre viril, peuvent rappeler les fonctions excrémentielles, car l'organe y sert, en dehors de la fonction sexuelle, à celle aussi de la miction. Cette fonction est même la plus anciennement et la seule connue à l'époque présexuelle. De cette façon, le dégoût devient une expression affective de la vie sexuelle. C'est le *inter urinas et faeces nascimur* du Père de l'Église qui est inhérent à la vie sexuelle et qui ne s'en laisse pas séparer, malgré tous les efforts d'idéalisation. Je tiens cependant à faire savoir qu'à mon point de vue le problème n'est pas résolu par la découverte de cette voie associative. Que cette association puisse être suscitée n'explique pas encore qu'elle le soit en fait. La connaissance des voies ne rend pas superflue la connaissance des forces qui passent par ces voies (3).

(1) Voir le second rêve.

(2) Ici, comme dans tous les cas semblables, il faut s'attendre à des motivations non pas simples mais multiples, à de la *surdétermination*.

(3) Ces discussions contiennent beaucoup de choses typiques et ayant pour l'hystérie une valeur générale. Le thème de l'érection donne la solution de quelques-uns des plus intéressants d'entre les symptômes hystériques L'attention que porte

Il ne m'était d'ailleurs pas très facile de diriger l'attention de ma malade sur ses rapports avec M. K... Elle prétendait en avoir fini avec cette personne. La couche supérieure de ses associations, tout ce qui lui devenait facilement conscient et ce qu'elle se rappelait du jour précédent comme étant conscient, tout cela se rapportait toujours à son père. C'était parfaitement exact : elle n'avait pu pardonner à son père la continuation de ses rapports avec M. et surtout avec Mme K... Elle interprétait d'ailleurs ces rapports tout autrement que son père ne l'eût désiré. Pour elle, il n'y avait aucun doute : c'étaient de simples relations amoureuses qui attachaient son père à cette femme jeune et belle. Rien de ce qui avait pu contribuer à renforcer cette conviction n'avait échappé à son observation en cela implacablement aiguë ; *ici on ne trouvait aucune lacune dans sa mémoire*. Ils avaient fait la connaissance des K... avant la grave maladie du père, mais les relations ne devinrent intimes que lorsque la jeune femme, pendant cette maladie, s'imposa bel et bien comme garde-malade, pendant que la mère se tenait éloignée du lit du malade. Pendant la première villégiature après la guérison, se passèrent des choses qui ouvrirent les yeux à chacun sur la véritable nature de cette « amitié ». Les deux familles avaient loué en commun un appartement dans un hôtel. Or, il arriva un jour que Mme K... déclara ne plus pouvoir garder la chambre à coucher qu'elle avait jusqu'à présent partagée avec l'un de ses enfants et, quelques jours plus tard, le père de Dora abandonna sa chambre et tous deux s'installèrent dans de nouvelles chambres, celles du fond, qui n'étaient séparées l'une de l'autre que par le corridor, tandis que les pièces abandonnées ne présentaient pas la même garantie contre un dérangement éventuel. Lorsque plus tard Dora fit à son père des reproches au sujet de Mme K..., il répondit qu'il ne comprenait pas cette animosité, que ses enfants auraient plutôt toute raison d'être reconnaissants à Mme K... Sa maman à qui elle s'adressa pour avoir des éclaircissements sur ce discours obscur lui raconta que son papa était si malheureux à ce moment-là qu'il avait voulu se suicider dans la forêt. Mme K..., qui aurait pressenti la chose, l'avait, paraît-il, suivi et déterminé, par ses supplications, à se conserver aux siens. Bien entendu, Dora n'ajoute pas foi à cette histoire. Pour elle, le couple ayant été surpris dans la forêt c'est alors que papa avait inventé

la femme aux contours des organes génitaux de l'homme, visibles à travers les vêtements, devient, après son refoulement, le motif de nombreux cas d'excessive timidité et de peur de la société. Entre le sexuel et l'excrémentiel subsistent de nombreux liens dont l'importance pathogène ne peut être suffisamment estimée et qui donnent lieu à un très grand nombre de phobies.

l'histoire du suicide pour justifier ce rendez-vous (1). Papa allait, après leur retour à B..., tous les jours à une heure déterminée, chez Mme K... pendant que M. K... se trouvait à son bureau. Tout le monde en avait, paraît-il, parlé et Dora aurait même été questionnée à ce sujet d'une manière significative. M. K... se serait souvent plaint à la mère de Dora, mais lui aurait à elle, Dora, épargné des allusions à ce sujet, délicatesse qui lui faisait honneur. Pendant les promenades en commun, papa et Mme K... savaient toujours s'arranger de façon à rester seuls. Il n'y avait aucun doute, Mme K... recevait de l'argent de lui, car elle faisait des dépenses dont les frais ne pouvaient, en aucun cas, être couverts par ses propres moyens ni par ceux de son mari. Papa aurait aussi commencé à faire des cadeaux importants à Mme K... et, pour les dissimuler, il devint en même temps très généreux envers sa femme et envers Dora elle-même. La jeune femme (Mme K...), jusqu'à ce moment souffrante et qui, ne pouvant pas marcher, avait même dû aller passer quelques mois dans une maison de santé pour nerveux, se portait bien depuis et était pleine de vie.

Après le départ de B..., ces relations, vieilles déjà de plusieurs années, continuèrent : le père, de temps en temps, déclarait qu'il ne pouvait supporter ce climat rude, qu'il lui fallait penser à soi, il se mettait à tousser et à gémir et, tout à coup, partait pour B..., d'où il écrivait les lettres les plus enjouées. Toutes ces maladies n'étaient que des prétextes pour revoir son amie. Un jour, il fut entendu qu'on irait se fixer à Vienne, et Dora commença à soupçonner quelque raison secrète à cette décision. En effet, à peine étaient-ils arrivés depuis trois semaines à Vienne que Dora apprenait que les K... s'y étaient également installés. Ils s'y trouvaient, paraît-il, à cette heure, et elle, Dora, rencontrait souvent, dans la rue, son papa avec Mme K... Elle rencontrait souvent aussi M. K... ; il la suivait toujours des yeux et, l'ayant un jour aperçue seule, il l'avait suivie un grand bout de chemin pour savoir où elle allait, afin de s'assurer si elle n'avait pas, peut-être, un rendez-vous.

Papa n'était pas franc ; il avait dans le caractère un trait de fausseté, ne pensait qu'à sa propre satisfaction et possédait le don d'arranger les choses de telle sorte qu'elles fussent pour lui au mieux. Ces critiques, Dora les formulait surtout devant moi quand son père, sentant à nouveau son état empirer, partait pour B..., afin d'y séjourner plusieurs semaines. La perspicace jeune fille devinait alors bientôt que Mme K... aussi avait entrepris le même voyage pour aller voir des parents.

(1) Ceci est en relation avec sa propre comédie de suicide qui doit ainsi exprimer le désir d'un amour semblable.

Je ne pouvais rien objecter au portrait général que me faisait Dora de son père ; aussi bien n'était-il pas difficile de voir en quoi la jeune fille avait raison. Lorsqu'elle était exaspérée, l'idée s'imposait à elle qu'elle était livrée à M. K... en rançon de la complaisance dont celui-ci témoignait vis-à-vis de sa propre femme et du père de Dora, et l'on pouvait pressentir, derrière la tendresse de Dora pour son père, la rage d'être ainsi traitée par lui. A d'autres moments, elle reconnaissait s'être rendue coupable d'exagération en proférant de tels discours. Les deux hommes n'avaient naturellement jamais conclu un véritable pacte dans lequel elle aurait été un objet d'échange ; le père, surtout, aurait reculé avec horreur devant une pareille proposition. Mais il était de ces hommes qui savent atténuer un conflit en faussant leur propre jugement sur l'un des deux thèmes contradictoires. Averti qu'un danger pouvait résulter, pour une jeune fille, de relations continuelles et non surveillées avec un homme qui ne trouvait pas de satisfaction auprès de sa femme, le père aurait certainement répondu qu'il pouvait avoir confiance en sa fille, qu'un homme comme K... ne pouvait en aucun cas être dangereux pour elle, et que son ami, lui, était incapable de pareilles intentions. Ou bien il aurait dit : « Dora est encore une enfant et M. K... la traite en enfant... » Mais la vérité était que chacun des deux hommes évitait de tirer du comportement de l'autre des conséquences défavorables à ses propres désirs. M. K... avait pu, durant une année, tous les jours qu'il était présent, envoyer des fleurs à Dora, profiter de chaque occasion pour lui faire des cadeaux précieux et utiliser tous ses loisirs en sa compagnie, sans que les parents eussent reconnu dans cette attitude le caractère d'une sollicitation amoureuse.

Quand surgit, pendant le traitement psychanalytique, une suite d'idées correctement fondée et impeccable, il y a pour le médecin un instant d'embarras dont le malade profite pour poser la question : « Tout cela est juste et réel ! Maintenant que je vous l'ai raconté, qu'y voulez-vous changer ? » On s'aperçoit alors bientôt que de telles idées, inattaquables par l'analyse, ont été utilisées par le malade pour en masquer d'autres qui voudraient se soustraire à la critique et à la conscience. Une série de reproches contre d'autres personnes laisse supposer une série de reproches de même nature dirigés contre soi-même (remords). Il suffit de retourner chacun de ces reproches contre la personne même de celui qui les énonce. Cette manière qu'ont les malades de se défendre contre un auto-reproche en faisant le même reproche à autrui, est quelque chose d'incontestablement automatique. Elle a son modèle dans les répliques des enfants qui répondent sans hésitation : « Menteur ! Tu en es un toi-même ! », quand on les a accusés de mensonge. L'adulte, en s'efforçant de retourner une injure, chercherait quelque réel point faible de son adversaire et ne tenterait pas de rétorquer continuellement le même reproche. Cette projection sur autrui du reproche, sans changement du contenu et, par conséquent, sans adaptation à la réalité, se manifeste, dans la paranoïa, comme processus de formation du délire.

Les reproches de Dora à son père étaient nourris, « doublés », sans exception, d'autoreproches de même nature, comme nous allons le montrer en détail. Elle avait raison en ceci : son père ne voulait pas se rendre compte du comportement de M. K... envers sa fille, afin de n'être pas gêné dans ses relations avec Mme K... Mais elle avait fait exactement la même chose. Elle s'était faite la complice de ces relations et avait écarté tous les indices qui témoignaient de leur véritable nature. Ce n'est que de l'aventure au bord du lac que dataient sa lucidité à ce sujet et ses sévères exigences à l'égard de son père. Pendant toutes les années précédentes, elle avait favorisé, de toutes les façons possibles, les relations de son père avec Mme K... Elle n'allait jamais chez Mme K... quand elle supposait que son père y était. Elle savait que, dans ce cas, les enfants avaient été renvoyés, et elle dirigeait ses pas de façon à les rencontrer, et se promenait avec eux. Il y avait eu, à la maison, une personne qui, prématurément, avait voulu ouvrir les yeux de Dora sur les relations de son père avec Mme K... et l'inciter à prendre parti contre cette femme. C'était sa dernière gouvernante, une demoiselle pas très jeune, instruite et d'esprit très libre (1). L'institutrice et l'élève s'entendirent assez bien pendant quelque temps, puis Dora se brouilla tout à coup avec elle et demanda son renvoi.

Tant que la gouvernante eut de l'influence, elle en usa pour exciter Dora et sa mère contre Mme K... Elle expliquait à la mère qu'il était incompatible avec sa dignité de tolérer une pareille intimité de son mari avec une étrangère ; elle attirait aussi l'attention de Dora sur tout ce qui était bizarre dans ces relations. Mais ses efforts furent vains ; Dora demeura tendrement attachée à Mme K... et ne voulut rien savoir des motifs qu'il y aurait eus à trouver choquantes les relations de son père avec celle-ci. Dora se rendait d'autre part bien compte des motifs qui poussaient la gouvernante. Aveugle dans une direction, Dora était assez perspicace dans l'autre. Elle

(1) Cette gouvernante lisait tous les livres relatifs à la vie sexuelle, etc., elle entretenait Dora de ces questions en lui demandant carrément de ne pas en parler à ses parents, parce qu'on ne savait pas comment ils prendraient la chose. Je crus pendant un certain temps que c'était à cette femme que Dora devait toutes ses connaissances secrètes et peut-être ne me trompais-je pas entièrement sur ce point.

s'apercevait que la gouvernante était amoureuse de son papa. Quand le père était présent, la gouvernante semblait une toute autre personne ; alors elle savait être amusante et serviable. A l'époque où la famille habitait la ville industrielle et où Mme K... était loin, la gouvernante tenta de monter la tête de Dora contre sa mère, devenue alors la rivale qui comptait. Mais Dora ne lui en avait pas encore voulu de cela. Elle ne s'irrita que lorsqu'elle s'aperçut qu'elle-même était tout à fait indifférente à la gouvernante, et que l'amour qui lui avait été prodigué s'adressait, en réalité, à son père. Pendant que le père était absent de la ville industrielle, la gouvernante n'avait pas de temps libre pour Dora, ne voulait pas se promener avec elle, ne s'intéressait pas à ses travaux. A peine papa était-il revenu de B..., qu'elle était de nouveau prête à tous les services et à tous les offices. Alors Dora se détacha d'elle tout à fait.

Avec une clarté indésirable, la pauvre gouvernante avait fait comprendre à Dora une partie de son propre comportement. Dora s'était comportée envers les enfants de M. K... comme l'avait fait, par moments, la gouvernante avec elle. Dora tenait lieu de mère aux enfants, leur donnait des leçons, se promenait avec eux, leur fournissait une compensation complète pour le manque d'intérêt que leur témoignait leur propre mère. Il avait souvent été question d'un divorce entre M. et Mme K... ; il n'eut pas lieu, parce que M. K..., qui était un père tendre, ne voulait renoncer à aucun de ses deux enfants. L'intérêt commun de M. K... et de Dora pour les enfants avait été dès le début un moyen de rapprochement. Le fait de s'occuper des enfants servait évidemment à Dora de prétexte pour masquer autre chose, à elle et aux autres.

Ainsi Dora s'était comportée envers les enfants de la même manière que la gouvernante s'était comportée envers elle-même. Une déduction s'imposait, la même qui découlait de son tacite consentement aux relations de son père avec Mme K..., à savoir que, durant toutes ces années, elle avait été amoureuse de M. K... Lorsque j'énonçai cette déduction, je ne rencontrai pas l'acquiescement de Dora. Elle raconta bien, aussitôt, que d'autres personnes encore, une cousine, par exemple, qui avait passé quelque temps à B..., lui avaient dit : « Mais tu es tout à fait folle de cet homme » ; cependant, elle ne pouvait se rappeler avoir eu de tels sentiments. Plus tard, lorsque l'abondance du matériel qui surgissait lui rendit la dénégation plus difficile, elle avoua qu'il était possible qu'elle eût aimé M. K..., mais que c'était fini depuis la scène au bord du lac (1). Quoi qu'il en soit, le reproche qu'elle avait fait à son père, d'être

(1) Cf. le second rêve.

resté sourd à des devoirs impérieux et d'avoir arrangé les choses au mieux de ses propres tendances amoureuses, retombait sur sa propre personne (1).

L'autre accusation, à savoir que son père faisait de ses maladies des prétextes dont il se servait, recouvre à son tour toute une partie de sa propre histoire secrète. Elle se plaignit un jour d'un symptôme en apparence nouveau, de douleurs aiguës d'estomac, et lorsque je lui demandai : « Qui copiez-vous là ? » je tombai juste. Elle avait rendu visite, la veille, à ses cousines, les filles de la tante décédée. La cadette s'était fiancée ; l'aînée, à cette occasion, s'était mise à souffrir de l'estomac et allait être emmenée au Semmering. Dora prétendait que ce n'était, chez l'aînée, que de la jalousie, cette jeune fille tombant toujours malade quand elle voulait obtenir quelque chose et, maintenant, elle voulait justement quitter la maison pour n'être pas témoin du bonheur de sa sœur (2). Mais ses propres maux d'estomac témoignaient de ce qu'elle s'identifiait avec sa cousine qualifiée de simulatrice, soit qu'elle aussi enviât l'amour de celle qui était la plus heureuse, soit qu'elle vît se refléter le sien propre dans le sort de la sœur aînée, dont une affaire de cœur s'était, peu de temps auparavant, mal terminée (3). En observant Mme K..., elle avait aussi appris comment on peut utilement se servir des maladies. M. K... passait une partie de l'année en voyage ; toutes les fois qu'il rentrait il retrouvait sa femme souffrante qui, la veille encore, Dora le savait, était bien portante. Dora comprit que la présence du mari avait une action morbifique sur sa femme, et que pour celle-ci la maladie était la bienvenue parce qu'elle lui permettait de se soustraire aux odieux devoirs conjugaux. Une remarque qu'elle intercala soudain ici, relative à ses propres alternances de santé et de maladie pendant ses premières années de jeunesse passées à B..., devait m'amener à supposer que ses propres états devaient être considérés comme dépendant de causes analogues à celles qui agissaient chez Mme K...

Il est de règle, en psychanalyse, qu'un rapport intérieur encore caché se manifeste par la contiguïté, le voisinage temporel des associations, exactement comme, dans l'écriture, *a* et *b* juxtaposés signi-

(1) Ici se pose une question : si Dora a aimé M. K..., comment expliquer le refus dans la scène du lac ou du moins sa forme brutale, impliquant une exaspération aigrie ? Comment une jeune fille amoureuse pouvait-elle voir un outrage dans une sollicitation qui — comme nous allons l'apprendre plus loin — n'avait pas du tout été exprimée de façon grossière ou indécente ?

(2) Manière de réagir courante entre sœurs.

(3) Je parlerai plus loin d'une autre conclusion que j'ai tirée de ses maux d'estomac.

fient qu'il faut en faire la syllabe *ab*. Dora avait présenté une infinité de crises de toux et d'aphonie ; la présence de l'être aimé pouvait-elle avoir eu une influence sur l'apparition et la disparition des phénomènes morbides ? Si tel était le cas, une coïncidence trahissant la chose devait se laisser découvrir quelque part. Je demandai quelle était la durée moyenne de ces crises. A peu près trois à six semaines. Combien de temps avait duré l'absence de M. K... ? Elle devait en convenir : trois à six semaines aussi. Elle montrait ainsi, par sa maladie, son amour pour M. K..., comme la femme de celui-ci, sa répulsion.

Seulement, il fallait admettre qu'elle avait eu un comportement inverse de celui de Mme K... ; elle était malade pendant l'absence de M. K... et bien portante à son retour. Ceci semblait bien s'accorder avec la réalité, tout au moins pour la première période des crises ; ultérieurement, la nécessité s'établit d'effacer la coïncidence des crises de maladies avec l'absence de l'homme secrètement aimé, afin de ne pas trahir le secret par la répétition de la coïncidence. Seule, la durée de la crise demeura comme marque de sa signification primitive.

Autrefois, à la clinique de Charcot, j'avais vu et entendu dire que, chez des personnes atteintes de mutisme hystérique, la faculté d'écrire suppléait à la parole. Elles écrivaient plus facilement, plus rapidement et mieux que d'autres et qu'auparavant. Pour Dora, il en avait été de même. Pendant les premiers jours d'aphonie, elle écrivait avec une facilité toute particulière. Cette particularité, en tant qu'expression d'une fonction physiologique de substitution créée par le besoin, n'exigeait, au fond, aucune explication psychologique ; mais il est à remarquer qu'on en trouvait pourtant facilement une. M. K... lui écrivait beaucoup quand il était en voyage, il lui envoyait des cartes postales ; parfois elle seule était renseignée sur la date de son retour, alors que sa femme se trouvait prise au dépourvu. Qu'on corresponde par écrit avec l'absent auquel on ne peut parler, voilà qui est aussi concevable que le désir de se faire comprendre par écrit quand la voix fait défaut. L'aphonie de Dora permettait ainsi l'interprétation symbolique suivante : pendant que l'aimé était au loin, elle renonçait à la parole qui perdait toute sa valeur puisqu'elle ne pouvait pas lui parler, *à lui*. L'écriture, par contre, acquérait de l'importance comme étant le seul moyen de correspondre avec l'absent.

Faut-il en conclure que, dans tous les cas d'aphonie périodique, il faille faire le diagnostic de l'absence momentanée d'un être aimé ? Telle n'est certes pas mon intention. La détermination du symptôme est, dans le cas de Dora, trop spéciale pour qu'on puisse penser à un retour fréquent de la même étiologie accidentelle. Quelle valeur a alors l'élucidation de l'aphonie dans notre cas ? Ne nous sommes-nous pas plutôt laissé leurrer par un jeu d'esprit ? Je ne le crois pas. Rappelons-nous ici qu'on s'est souvent demandé si les symptômes de l'hystérie étaient d'origine psychique ou somatique. Une fois l'origine psychique admise, l'on peut encore se demander si tous les symptômes de l'hystérie sont nécessairement déterminés psychiquement. Cette question, comme tant d'autres auxquelles des chercheurs assidus s'efforcent en vain de répondre, est mal posée. Le véritable état de choses n'est pas renfermé dans cette alternative. Pour autant que je puisse le voir, tout symptôme hystérique a besoin d'apport des deux côtés. Il ne peut se produire sans une certaine *complaisance somatique* qui se manifeste par un processus normal ou pathologique dans ou sur un organe du corps. Ce processus ne se produit qu'une fois — tandis que la faculté de répétition fait partie du caractère du symptôme hystérique — s'il n'a pas de signification psychique, de sens. Ce sens, le symptôme hystérique ne l'a pas de prime abord, il lui est conféré, il est en quelque sorte soudé avec lui, et peut être différent dans chaque cas, selon la nature des pensées réfrénées qui cherchent à s'exprimer. Cependant, plusieurs facteurs agissent de façon à ce que les rapports entre les pensées inconscientes et les processus somatiques, dont elles disposent pour s'exprimer, soient moins arbitraires et se rapprochent de quelques combinaisons typiques. Les déterminations se trouvant dans le matériel psychique accidentel sont, pour la thérapeutique, les plus importantes ; on résout les symptômes en recherchant leur signification psychique. Une fois le terrain déblayé de ce qui peut être écarté grâce à la psychanalyse, on sera à même de se faire toutes sortes d'idées, probablement justes, sur le fondement, somatique généralement, organique et constitutionnel, des symptômes. Pour les accès de toux et l'aphonie de Dora, nous n'allons pas non plus nous borner à l'interprétation psychanalytique, mais nous allons déceler, derrière celle-ci, le facteur organique dont est issue la *complaisance somatique* permettant l'expression de son penchant pour l'homme aimé temporairement absent. Et si la liaison entre l'expression symptomatique et la pensée inconsciente, dans ce cas, devait nous étonner par son allure artificielle et astucieuse, nous serons heureux d'apprendre que cette liaison produit, dans tous les cas, dans tous les exemples possibles, une impression analogue.

Je m'attends à me voir objecter qu'il y a un médiocre bénéfice à devoir, par la psychanalyse, chercher l'énigme de l'hystérie non plus dans une « instabilité particulière des molécules nerveuses » ou bien dans la possibilité d'états hypnoïdes, mais dans la « complaisance somatique ».

En réponse, je voudrais insister sur ce fait que l'énigme est, de cette manière, non seulement reculée en partie, mais aussi partiellement simplifiée. Il ne s'agit plus maintenant de toute l'énigme, mais de la partie de celle-ci où réside le caractère particulier de l'hystérie, le caractère qui la *distingue* des autres psychonévroses. Les processus psychiques sont, dans toutes les psychonévroses, pendant un bon bout de chemin les mêmes, c'est ensuite seulement qu'entre en ligne de compte la complaisance somatique qui procure aux processus psychiques inconscients une issue dans le corporel. Là où ce facteur ne joue pas, cet état n'est plus un symptôme hystérique, mais quand même quelque chose d'apparenté, une phobie, par exemple, ou une obsession, bref un symptôme psychique.

Je reviens maintenant au reproche de « simulation » de maladie qu'avait fait Dora à son père. Nous nous sommes bientôt aperçu qu'à ces reproches correspondaient non seulement des remords attachés à des maladies antérieures, mais aussi des remords concernant des maladies actuelles. En pareille circonstance, c'est ordinairement au médecin qu'incombe la tâche de deviner et de compléter ce que l'analyse ne lui livre que par allusions. Je dus faire remarquer à la malade que sa maladie actuelle était tout aussi motivée et tendancieuse que celle de Mme K..., dont elle avait compris le sens. Je lui dis qu'elle avait, sans doute, un but qu'elle espérait atteindre par sa maladie, et que ce but ne pouvait être autre que celui de détourner son père de Mme K... Comme les prières et les arguments ne suffisaient pas, peut-être espérait-elle atteindre son but en faisant peur à son père (voir la lettre d'adieu), en éveillant sa compassion (par les évanouissements) — et si tout cela ne devait pas réussir, du moins se vengeait-elle de lui.

Je lui dis qu'elle savait combien il lui était attaché et que, chaque fois qu'il était interrogé sur la santé de sa fille, les larmes lui venaient aux yeux. J'étais, lui dis-je, tout à fait convaincu qu'elle guérirait instantanément si son père lui annonçait qu'il sacrifiait Mme K... à sa santé. J'espérais d'ailleurs, ajoutai-je, qu'il ne céderait pas, car elle apprendrait alors quel moyen de pression elle avait entre les mains et ne manquerait pas de se servir de sa possibilité d'être malade dans toutes les occasions. Je dis encore que si son père ne cédait pas, je m'attendais bien à ce qu'elle ne renonçât pas si aisément à sa maladie.

Je passe sur les détails qui légitimaient cette manière de voir pour ajouter quelques remarques générales sur le rôle des *motifs de maladie* dans l'hystérie.

Les motifs de maladie doivent être nettement distingués des modes que peut revêtir celle-ci, c'est-à-dire du matériel dont sont formés les symptômes. Ils ne participent pas à la formation des symptômes, ne sont pas non plus présents dès le début de la maladie ; ils ne s'y adjoignent que secondairement, et la maladie n'est pleinement constituée que par leur apparition (1). Il faut compter sur la présence des motifs de maladie dans tout cas qui implique une véritable souffrance et qui est d'une assez longue durée. Le symptôme est d'abord un hôte importun de la vie psychique, il a tout contre lui et c'est pourquoi il disparaît si facilement de lui-même, avec le temps, en apparence. Mais si, au début, il ne peut trouver aucune utilisation dans l'économie psychique, il arrive fréquemment qu'il finisse secondairement par en acquérir une. Un certain courant psychique peut trouver commode de se servir du symptôme et, de cette façon, celui-ci acquiert une *fonction secondaire* et se trouve comme ancré dans le psychisme. Celui qui veut guérir le malade se heurte, à son grand étonnement, à une forte résistance qui lui apprend que le malade n'a pas aussi formellement, aussi sérieusement qu'il en a l'air, l'intention de renoncer à sa maladie (2). Qu'on se représente un ouvrier, un couvreur par exemple, qui, à la suite d'une chute, devient infirme et qui ensuite vivote en mendiant au coin d'une rue. Or, que vienne un thaumaturge lui promettant de lui rendre sa jambe tordue droite et capable de marcher, il ne faudra pas s'attendre à voir sur son visage l'expression d'une joie excessive. Certes, lors de son accident, il s'était senti extrêmement malheureux, avait compris qu'il ne pourrait plus jamais travailler, qu'il devrait mourir de faim ou vivre d'aumônes. Mais depuis, ce qui d'abord l'avait rendu incapable de gagner son pain est devenu la source de ses revenus ; il vit de son infirmité. Qu'on la lui enlève, voilà un

(1) (Note de 1923). Ceci n'est pas tout à fait exact. On n'est plus autorisé à prétendre que les motifs de la maladie ne soient pas présents dès le début de la maladie. A la page suivante seront déjà mentionnés des motifs de maladie existant avant l'éclosion de la maladie et qui y ont contribué. Par la suite, j'ai mieux tenu compte de l'état des choses, en introduisant une distinction entre le profit primaire et le bénéfice secondaire de la maladie. Le motif de la maladie n'est autre chose que le dessein de réaliser un certain bénéfice. Ce qui est dit dans les pages suivantes est juste en ce qui concerne le bénéfice secondaire de la maladie. Mais l'existence d'un profit primaire de la maladie doit être reconnue dans toute névrose. Le fait de devenir malade épargne tout d'abord un effort ; il est donc, au point de vue économique, la solution la plus commode dans le cas d'un conflit psychique (fuite dans la maladie), quoique l'impropriété d'une telle issue se révèle ultérieurement sans équivoque, dans la plupart des cas. Cette partie du profit primaire de la maladie peut être appelée *profit intérieur psychologique* : il est, pour ainsi dire, constant. En outre, ce sont des facteurs extérieurs, comme par exemple la situation ici citée d'une femme opprimée par son mari, qui peuvent fournir des motifs à la maladie, et représenter par là la part *extérieure* du profit primaire de la maladie.

(2) Un écrivain, qui est d'ailleurs aussi médecin, Arthur SCHNITZLER, a donné une très juste expression à cette donnée dans son *Paracelsus*.

homme désemparé ; il a, entre-temps, oublié son métier, perdu ses habitudes de travail, il s'est accoutumé à l'oisiveté, peut-être à la boisson.

Les motifs de la maladie commencent à poindre dès l'enfance. L'enfant avide d'amour, et qui partage peu volontiers avec ses frères et sœurs la tendresse des parents, s'aperçoit que cette tendresse lui revient entièrement si, du fait de sa maladie, les parents sont inquiets. Cet enfant connaît dès lors un moyen de solliciter l'amour des parents et s'en servira aussitôt qu'il aura à sa disposition le matériel psychique capable de produire un état morbide. Lorsque l'enfant est devenue femme et a épousé, en complète contradiction avec les exigences de son enfance, un homme ayant peu d'égards envers elle, qui opprime sa volonté, qui exploite sans ménagement son travail et qui ne lui concède ni tendresse, ni dépenses, alors la maladie devient sa seule arme pour s'affirmer dans la vie. La maladie lui procure le repos désiré, elle force le mari à des sacrifices d'argent et à des égards qu'il n'aurait pas eus envers une personne bien portante, et l'oblige à une attitude prudente en cas de guérison, sans quoi la rechute est toute prête. L'apparence d'objectivité, de non-voulu, de l'état morbide, dont le médecin traitant est obligé de se porter garant, permet à la malade, sans remords conscients, l'utilisation opportune d'un moyen qu'elle avait trouvé efficace dans l'enfance.

Et néanmoins, cette maladie est intentionnellement produite ; Les états morbides sont ordinairement dirigés contre une personne déterminée, de sorte qu'ils disparaissent en cas d'absence de celle-ci. Le jugement le plus « grossier » et le plus banal qu'on puisse entendre de la part de l'entourage peu instruit et des garde-malades est juste dans un certain sens. Il est exact de prétendre qu'une paralysée alitée sauterait sur ses jambes si, dans la chambre, éclatait le feu, qu'une femme gâtée oublierait toutes ses souffrances si son enfant tombait dangereusement malade ou bien si quelque cataclysme menaçait sa maison. Tous ceux qui portent sur ces malades un pareil jugement ont jusqu'à un certain point raison, tout en négligeant cependant la différence psychologique entre le conscient et l'inconscient, ce qui est encore permis en ce qui concerne l'enfant, mais n'est plus admissible pour l'adulte. C'est pourquoi peuvent demeurer stériles, auprès de ces malades, toutes les protestations affirmant que tout dépend de la volonté, et tous les encouragements, et toutes les injures. Il faut avant tout essayer de les convaincre, par le détour de l'analyse, de l'existence même d'une intention d'être malades.

C'est dans la lutte contre les motifs que réside généralement, dans le cas de l'hystérie, la faiblesse de toute thérapeutique, même de la psychanalytique. En cela, le destin a le jeu plus facile, il n'a besoin de s'attaquer ni à la constitution ni au matériel pathogène du malade ; il enlève un motif de maladie, et le malade est temporairement, et parfois même définitivement, débarrassé de son mal. Souvent, l'on nous cache, à nous médecins, les intérêts vitaux de nos malades, et si nous en pouvions plus fréquemment prendre connaissance, nous n'admettrions plus, dans l'hystérie, la survenue de tant de guérisons miraculeuses, de tant de disparitions spontanées de symptômes ! Ici, c'est une date enfin arrivée, là, des égards envers certaine personne qui deviennent superflus, ou bien c'est une situation qui s'est modifiée radicalement grâce à quelque élément extérieur, et le mal, jusqu'alors si tenace, est supprimé d'un seul coup, en apparence spontanément, en réalité parce que le motif le plus fort, un des emplois de ce mal dans la vie, lui a été enlevé.

On trouvera probablement des motifs étayant la maladie dans tous les cas pleinement développés. Mais il existe des cas à motifs purement intérieurs, comme par exemple une punition infligée à soi-même, donc un repentir et une pénitence. La tâche thérapeutique y est plus facile à accomplir que là où la maladie est en rapport avec la réalisation d'un but extérieur. Pour Dora, ce but était évidemment d'attendrir son père et de le détourner de Mme K...

D'ailleurs, aucune des actions de son père ne semble avoir autant exaspéré Dora que la promptitude de celui-ci à tenir pour imaginaire la scène au bord du lac. Elle était hors d'elle-même lorsqu'elle y pensait : Quoi ! elle se serait imaginé cela ! Je fus longtemps embarrassé pour deviner quels reproches à soi-même se cachaient derrière la réfutation passionnée de cette explication. On était en droit de supposer quelque chose de caché, car un reproche injustifié n'offense pas de façon durable. D'autre part, je finis par conclure que le récit de Dora devait absolument correspondre à la vérité. Dès qu'elle eut compris l'intention de M. K..., elle lui coupa la parole, le souffleta et s'enfuit. Le comportement de Dora apparut alors à l'homme qu'elle quittait tout aussi incompréhensible qu'à nous-mêmes, car il avait dû conclure, d'après une quantité de petits indices, qu'il pouvait compter sur l'inclination de la jeune fille. Dans la discussion relative au second rêve, nous trouverons la solution de cette énigme, ainsi que celle, vainement recherchée tout d'abord, des auto-accusations.

Comme les accusations contre le père se répétaient avec une fatigante monotonie et que la toux persistait, je fus conduit à penser que ce symptôme devait avoir un sens en rapport avec le père. Au reste, les conditions que j'ai coutume d'exiger dans une explication de symptôme étaient loin d'être remplies d'une manière satisfaisante. Selon une règle que j'ai toujours trouvée confirmée par mon expérience, mais que je n'avais pas encore eu le courage d'ériger en règle générale, le symptôme signifie la représentation — la réalisation — d'un fantasme à contenu sexuel, c'est-à-dire d'une situation sexuelle, ou, pour mieux dire, tout au moins *une* des significations du symptôme correspond à la représentation d'un fantasme sexuel, tandis que, pour les autres significations, pareille limitation du contenu n'existe pas. Qu'un symptôme ait plus d'une seule signification, qu'il serve à la représentation de plus d'une pensée inconsciente, cela s'apprend bientôt lorsqu'on s'engage dans le travail psychanalytique. J'aimerais même ajouter qu'à mon avis une seule pensée, un seul fantasme inconscient ne suffisent presque jamais à engendrer un symptôme.

L'occasion se présenta bientôt d'expliquer la toux nerveuse par une imaginaire situation sexuelle. Lorsque Dora eut souligné une fois de plus que Mme K... n'aimait son père que parce qu'il était un homme *fortuné*, je m'aperçus, grâce à certaines petites particularités de son mode de langage — particularités que je néglige ici comme je le fais de la plus grande partie purement technique du travail psychanalytique — que cette proposition masquait son contraire : à savoir que son père n'avait *pas de fortune*. Ceci ne pouvait avoir qu'un sens sexuel (1) : mon père est, en tant qu'homme, impuissant. Lorsqu'elle eut approuvé cette interprétation, avouant avoir eu consciemment cette pensée, je lui montrai en quelle contradiction elle tombait en persévérant, d'une part à croire que les rapports avec Mme K... étaient d'ordinaires relations amoureuses et en affirmant, d'autre part, que son père était impuissant, c'est-à-dire incapable d'entretenir de pareilles relations. Sa réponse démontra qu'elle n'avait pas besoin d'admettre cette contradiction. Elle savait fort bien, dit-elle, qu'il existait plus d'une manière d'assouvissement sexuel. La source de ces connaissances, cependant, s'avéra une fois de plus introuvable. Lorsque je lui demandai si elle entendait parler ainsi de l'utilisation d'autres organes que les organes génitaux dans les rapports sexuels, elle me répondit par l'affirmative et je pus poursuivre en lui disant que certainement elle devait penser aux organes qui, chez elle, se trouvaient dans un état d'irritation : la gorge et la cavité buccale. A vrai dire, elle voulait se cacher à elle-même ses pensées, mais c'était justement pour que le symptôme pût apparaître qu'elle ne devait pas se faire une idée nette de la réalité. La suite du raisonnement était pourtant inéluctable, cette toux surve-

(1) En allemand, le mot *Vermögen* signifie à la fois « fortune » et « puissance ». *(N. d. T.)*

nant par quintes et provoquée habituellement par un chatouillement dans le gosier, représentait une situation de satisfaction sexuelle *per os* entre les deux personnes dont les relations amoureuses la préoccupaient sans cesse. Le fait que la toux ait disparu très peu de temps après cette explication tacitement acceptée s'accorde très bien avec notre conception ; mais nous ne voulûmes pas attacher trop de prix à ce changement, puisqu'il s'était si souvent déjà effectué spontanément.

Si ce fragment de l'analyse vient à provoquer chez le lecteur médecin, outre l'incrédulité qu'il est libre d'avoir, de la surprise et du dégoût, je suis prêt à examiner ici même ce qui justifie ces deux réactions. Je suppose que la surprise est motivée par ma hardiesse à parler avec une jeune fille — ou bien en général avec une femme nubile — de sujets si scabreux et si abominables. Le dégoût se rapporte sans doute à la possibilité qu'une chaste jeune fille puisse connaître semblables pratiques et en occuper son imagination. Sur ces deux points, je conseillerai de la réserve et de la réflexion. Dans l'un comme dans l'autre cas, il n'y a aucune raison de s'indigner. On peut parler de toutes les questions sexuelles avec les jeunes filles et les femmes sans leur nuire et sans se rendre suspect, à condition toutefois, d'adopter d'abord une certaine manière de le faire et ensuite d'éveiller en elles la conviction que la chose est inévitable. Le gynécologue se permet aussi, dans les mêmes conditions, de leur faire subir toutes sortes de dénudations. La meilleure manière de parler de ces choses est la manière sèche et directe ; elle est, en même temps, la plus éloignée de la lubricité avec laquelle ces sujets sont traités dans la « société », lubricité à laquelle les femmes et les jeunes filles sont très bien habituées. Je donne aux organes et aux phénomènes leurs noms techniques et je communique ces noms dans les cas où ils sont inconnus. « *J'appelle un chat un chat* (1). » J'ai certes entendu parler de personnes, médecins ou non-médecins, qui se scandalisent d'une thérapeutique au cours de laquelle ont lieu de telles conversations, et qui semblent envier, à moi ou à mes malades, le chatouillement voluptueux qui, d'après eux, doit s'y faire sentir. Or, je connais trop bien l'honnêteté de ces messieurs pour m'en émouvoir. J'échapperai à la tentation d'écrire une satire. Je ne veux mentionner qu'une chose, c'est que j'ai souvent la satisfaction d'entendre, plus tard, des clientes pour lesquelles la franchise dans les sujets sexuels n'était au début guère facile s'exclamer : « Non, mais réellement, votre cure est de beaucoup plus convenable que la conversation de M. X... ! »

Il faut, avant d'entreprendre le traitement d'une hystérie, être

(1) En français dans le texte. *(N. d. T.)*

convaincu de la nécessité de toucher à des sujets sexuels, ou bien il faut être prêt à se laisser convaincre par l'expérience. On se dit alors que « pour faire une omelette, il faut casser des œufs » (1). Les patients eux-mêmes sont faciles à convaincre ; il n'y a que trop d'occasions de le faire au cours du traitement. Il ne faut pas avoir scrupule à s'entretenir avec eux des faits de la vie sexuelle normale ou pathologique. Si l'on est tant soit peu prudent, on ne fait que traduire dans leur conscient ce qu'ils savent déjà inconsciemment et tout l'effet de la cure repose précisément sur la compréhension du fait que l'action exercée par l'affect d'une idée inconsciente est plus violente et, parce qu'irréprimable, plus nuisible que celle d'une idée consciente. On ne court jamais le risque de pervertir une jeune fille inexpérimentée ; là où les connaissances sexuelles manquent, même dans l'inconscient, il ne se produit aucun symptôme hystérique. Là où l'on trouve de l'hystérie, il ne peut plus être question de « pureté des sentiments » dans le sens où l'entendent parents et éducateurs. Chez les enfants de 10, 12 et 14 ans, garçons et fillettes, je me suis convaincu qu'on pouvait sans exception se fier à cette règle.

Au cas où j'aurais raison, une seconde réaction sentimentale se produit et celle-ci s'adresse non plus à moi, mais à la patiente. Nous voulons parler de l'horreur qu'inspire le caractère pervers de l'imagination de celle-ci. Disons à ce sujet qu'à mon avis il ne convient pas à un médecin de porter des condamnations aussi véhémentes. Je trouve, par exemple, superflu qu'un médecin décrivant les déviations de l'instinct sexuel profite de toute occasion pour intercaler dans le texte l'expression de son horreur personnelle de choses si répugnantes. Il s'agit ici d'un fait auquel, en réprimant nos goûts personnels, nous allons, j'espère, nous habituer. De ce que nous nommons perversions sexuelles, c'est-à-dire des transgressions de la fonction sexuelle relativement aux régions corporelles et à l'objet sexuel, il faut savoir parler sans indignation. Le manque de limites déterminées où enfermer la vie sexuelle dite normale, suivant les races et les époques, devrait suffire à calmer les trop zélés. Nous ne devons pas oublier que parmi ces perversions, la plus abominable à nos yeux, l'amour sensuel de l'homme pour l'homme, fut chez un peuple d'une culture bien supérieure à la nôtre, le peuple grec, non seulement tolérée, mais même chargée d'importantes fonctions sociales. Chacun de nous dépasse soit ici, soit là, dans sa propre vie sexuelle, les frontières étroites de ce qui est normal. Les perversions ne sont ni des bestialités, ni de la dégénérescence dans l'acception pathétique du mot. Elles sont dues au développement de germes qui tous

(1) En français dans le texte. *(N. d. T.)*

sont contenus dans la prédisposition sexuelle non différenciée de l'enfant, germes dont la suppression ou la dérivation vers des buts sexuels supérieurs — la sublimation — est destinée à fournir les forces d'une grande part des œuvres de la civilisation. Lorsque quelqu'un est *devenu* grossièrement et manifestement pervers, on peut dire plus justement qu'il l'est *resté*, il représente un stade d'arrêt dans l'évolution. Les psychonévrosés sont tous des êtres à tendances perverses fortement développées, mais refoulées et rendues inconscientes au cours de leur évolution. Leurs fantasmes inconscients présentent, par conséquent, le même contenu que les actions authentiques des pervers, même s'ils n'ont pas lu la *Psychopathia sexualis* de Krafft-Ebing, ouvrage auquel des naïfs attribuent un si grand rôle dans la genèse des tendances perverses. Les psychonévroses sont, pour ainsi dire, le *négatif* des perversions. La constitution sexuelle, dans laquelle est englobée aussi l'expression de l'hérédité, agit, chez le névrosé, en commun avec les influences accidentelles de la vie qui troublent l'épanouissement de la sexualité normale. Les eaux, trouvant un obstacle dans le lit du fleuve, sont refoulées dans des lits anciens auparavant destinés à être abandonnés. Les énergies instinctuelles destinées à produire les symptômes hystériques sont fournies non seulement par la sexualité normale refoulée, mais encore par les émois pervers inconscients (1).

Les moins repoussantes parmi ce qu'on appelle perversions sexuelles sont très répandues dans notre population, comme chacun le sait, à l'exception des médecins auteurs de travaux sur ces sujets. Ou plutôt, ces auteurs le savent aussi, mais s'efforcent seulement de l'oublier au moment même où ils prennent la plume pour en traiter. Il n'était donc pas stupéfiant que notre hystérique, âgée bientôt de 19 ans, et qui avait entendu parler de semblables rapports sexuels (la succion de la verge), développât un pareil fantasme inconscient et l'exprimât par une sensation d'irritation dans la gorge et par de la toux. Il n'était pas non plus surprenant de la voir arriver, sans éclaircissements extérieurs, à un pareil fantasme, ainsi que je l'ai constaté avec certitude chez d'autres malades. La condition somatique préalable d'une semblable création libre de l'imagination, qui coïncide avec la manière d'agir des pervers, était due chez elle à un fait digne d'attention. Elle se rappelait très bien avoir été, dans son

(1) Ces propositions sur les perversions sexuelles ont été écrites plusieurs années avant la publication de l'excellent livre de J. BLOCH, *Beiträge zur Ätiologie der Psychopathia sexualis (Contribution à l'étiologie de la psychopathia sexualis)*, 1902-1903. Cf. mes *Drei Abhandlungen zur Sexualtheorie* parus cette année (1905) (5e éd., 1022). Repr. dans le vol. V des *Ges. Werke*. *Trois essais sur la théorie de la sexualité*, tr. fr. par le Dr REVERCHON, Paris, Gallimard, 1923.

enfance, une *suçoteuse.* Le père aussi se souvenait de l'avoir sevrée de cette habitude qui s'était perpétuée chez elle jusqu'à l'âge de 4 ou 5 ans. Dora elle-même avait gardé dans sa mémoire une image nette de sa première enfance : elle se voyait assise par terre dans un coin, suçant son pouce gauche, tandis qu'elle tiraillait en même temps, de la main droite, l'oreille de son frère tranquillement assis à côté d'elle. Il s'agit ici d'un mode complet de l'assouvissement de soi-même par le suçotement dont m'ont parlé d'autres patientes encore, devenues plus tard anesthésiques et hystériques. De l'une d'entre elles, j'ai reçu une information qui projette une vive lumière sur l'origine de cette étrange habitude. Cette jeune femme, qui n'avait d'ailleurs jamais perdu l'habitude de suçoter, se voyait, dans un souvenir d'enfance datant, paraît-il, de la première moitié de sa seconde année, boire au sein de sa nourrice et, en même temps, lui tirailler rythmiquement l'oreille. Je suppose que personne ne contestera que la muqueuse des lèvres et de la bouche puisse être qualifiée de *zone érogène* primaire, elle qui a gardé une partie de cette qualité dans le baiser, considéré comme normal. L'activité intense et précoce de cette zone érogène est, par suite, la condition d'une « complaisance somatique » ultérieure de la part du tube muqueux qui commence aux lèvres. Lorsque, plus tard, à une époque où le véritable objet sexuel, le membre viril, est déjà connu, se produisent des circonstances qui accroissent à nouveau l'excitation de la zone buccale restée érogène, il ne faut pas de grands efforts d'imagination pour substituer à la mamelle originaire ou au doigt qui la remplaçait, l'objet sexuel actuel, le pénis, dans la situation favorable à la satisfaction. Ainsi ce fantasme pervers, tellement choquant, de la succion du pénis, a une origine des plus innocentes ; le dit fantasme est la refonte d'une impression, qu'il faut appeler préhistorique, de la succion du sein de la mère ou de la nourrice, impression qui d'ordinaire fut ravivée quand on eut l'occasion plus tard de voir des enfants au sein. Le plus souvent, c'est le pis de la vache, représentation intermédiaire, qui sert à établir la transition entre le mamelon et le pénis.

L'interprétation, ci-dessus discutée, des symptômes de Dora relatifs à la gorge peut encore donner lieu à une autre remarque. Une question se pose : « Comment cette situation sexuelle imaginée par elle s'harmonise-t-elle avec ce phénomène de l'apparition et de la disparition des manifestations morbides qui coïncident avec la présence et l'absence de l'homme aimé ? » Si l'on tient compte du comportement de la femme, la pensée exprimée ne serait-elle pas la suivante : « Si j'étais, moi, sa femme, je l'aimerais tout autrement, je serais malade (de chagrin vraisemblablement) pendant son absence et bien portante (de joie) quand il serait là. » L'expérience que j'ai de la solution des symptômes hystériques me permet de répondre qu'il n'est pas nécessaire que les diverses significations d'un symptôme s'accordent entre elles, c'est-à-dire se complètent pour former un ensemble. Il suffit que cet ensemble soit constitué par le thème qui a donné naissance à tous les fantasmes différents. D'ailleurs, dans notre cas, une pareille compatibilité n'est pas exclue ; l'une des significations s'attache plus à la toux, l'autre à l'aphonie et à la succession des phénomènes ; une analyse plus approfondie aurait probablement fait reconnaître une détermination psychique beaucoup plus complète des détails de la maladie. Nous avons déjà appris qu'un symptôme correspond *simultanément* de façon tout à fait régulière à plusieurs significations ; ajoutons qu'il peut aussi prendre *successivement* plusieurs significations. Le symptôme peut, au cours des années, modifier une de ses significations ou sa signification principale, ou bien le rôle directeur peut passer d'une signification à une autre. C'est comme un trait conservateur du caractère de la névrose de garder, si possible, le symptôme une fois constitué, même lorsque la pensée inconsciente qui y trouva son expression a perdu de son importance. Mais il est facile aussi d'expliquer mécaniquement cette tendance à la conservation du symptôme ; la constitution d'un pareil symptôme est si facile, le transfert de l'excitation purement psychique au corporel, fait que j'ai nommé *conversion*, est lié à tant de conditions favorisantes, une complaisance somatique telle qu'il en est besoin pour la conversion est si malaisée à obtenir que l'impulsion à décharger l'excitation de l'inconscient conduit à se contenter, autant que possible, d'une voie de décharge déjà praticable. Il semble qu'il soit bien plus facile d'établir des relations associatives entre une nouvelle pensée à décharger et une ancienne, qui n'en a plus besoin, que de créer une nouvelle conversion. L'excitation s'écoule, par la voie ainsi tracée, de la nouvelle source d'excitation vers le précédent lieu de déversement et le symptôme ressemble, comme dit l'Évangile, à une vieille outre remplie de vin nouveau. Même si d'après cela la part somatique du symptôme hystérique apparaît comme l'élément le plus constant et le plus difficile à remplacer, et la part psychique comme l'élément le plus mobile et le plus aisément remplaçable, il ne faudrait pas déduire de ces rapports le rang qui revient aux deux. Pour une psychothérapie, c'est toujours la part psychique qui est la plus importante.

La répétition incessante des mêmes pensées relatives aux rapports de son père avec Mme K... permit de faire encore dans l'analyse de Dora une autre découverte importante.

Il est permis de qualifier d'hyperpuissante une telle série d'idées, mieux encore, de *renforcée*, de *prévalente*, cela au sens de Wernicke ;

malgré son contenu en apparence correct, son caractère pathologique se trahit par une particularité : c'est que tous les efforts intellectuels conscients et volontaires n'arrivent ni à la réduire ni à la supprimer. Car on peut se rendre maître de toute pensée normale, quelle qu'en soit l'intensité. Dora sentait très bien qu'il convenait de porter sur ses pensées relatives à son père un jugement particulier. « Je ne puis penser à rien d'autre », gémissait-elle souvent. « Mon frère me dit bien que nous n'avons pas le droit de critiquer les actions de papa, que nous devrions peut-être même nous réjouir qu'il ait trouvé une femme à laquelle il puisse s'attacher, puisque maman le comprend si mal. Je reconnais que mon frère a raison, je voudrais penser comme lui, mais je ne peux pas. Je ne peux pas pardonner à mon père (1). »

En présence d'une semblable idée prévalente, après avoir pris connaissance et des motifs conscients et des vaines objections qui s'opposent à ces derniers, que convient-il de faire ? On se dit que *cette série d'idées hyperpuissantes doit son renforcement à l'inconscient.* Elle ne peut être résolue par le travail intellectuel, soit qu'elle-même s'étende avec sa racine jusqu'au matériel inconscient refoulé, soit qu'une pensée inconsciente se cache derrière elle. Cette pensée inconsciente lui est la plupart du temps directement opposée. Les pensées opposées, contraires, sont toujours étroitement liées les unes aux autres et souvent accouplées de façon à ce que l'une d'entre elles *soit très intensément consciente, tandis que son antagoniste demeure refoulée et inconsciente.* Cette corrélation est le résultat du processus de refoulement. Le refoulement, en effet, a souvent été effectué de telle sorte que la pensée opposée à celle qui doit être refoulée a été renforcée à l'excès. J'appelle ceci renforcement de *réaction* et je qualifie cette pensée, qui s'est affirmée dans le conscient et se montre indissoluble à la manière d'un préjugé, de *pensée réactionnelle.* Ces deux idées sont alors l'une à l'autre comme les pointes d'une couple d'aiguilles aimantées astatiques. L'idée réactionnelle retient, grâce à un certain excès d'intensité, la pensée choquante dans le refoulement mais, pour cette raison, elle est elle-même « amortie » et rendue inattaquable par le travail intellectuel conscient. Le moyen propre à enlever à l'idée prévalente sa force trop grande est alors de rendre consciente l'idée inconsciente qui lui est opposée.

Il ne faut pas non plus oublier qu'il peut y avoir, dans certains cas, non pas une des raisons de la prévalence, mais bien une concur-

(1) Une pareille idée prévalente, accompagnée d'une profonde dépression, est souvent le seul symptôme d'un état morbide qu'on appelle parfois « mélancolie », mais qui se laisse résoudre, par la psychanalyse, comme une hystérie.

rence des deux. On peut aussi trouver d'autres combinaisons, mais celles-là se laissent facilement ramener aux précédentes.

Vérifions, dans l'exemple que nous donne Dora, la première hypothèse : suivant celle-ci, la jeune fille ignore la racine de sa préoccupation obsédante relative aux rapports de son père avec Mme K..., parce que ladite racine se trouve dans l'inconscient. D'après la situation, d'après les symptômes, il n'est pas difficile de deviner ce qu'est cette racine. Le comportement de Dora témoignait d'un intérêt plus vif que celui auquel on eût pu s'attendre de la part d'une fille, elle sentait et agissait plutôt comme une femme jalouse, comme sa mère eût été en droit de le faire. En plaçant son père devant cette alternative : « Elle ou moi », en lui faisant des scènes, en le menaçant de se suicider, Dora se substituait évidemment à sa mère. S'il est vrai que la toux ait eu comme point de départ le fantasme d'une situation sexuelle, Dora se mettait ici à la place de Mme K... Elle s'identifiait donc avec les deux femmes aimées, l'une jadis et l'autre maintenant, par son père. On peut aisément conclure de tout cela que son attachement à son père était bien plus ardent qu'elle ne le savait ou bien qu'elle ne voulait en convenir, bref, qu'elle était amoureuse de son père.

J'ai appris à considérer de pareilles relations amoureuses inconscientes entre père et fille, mère et fils, comme la reviviscence de germes sensitifs infantiles. Ils sont reconnaissables à leurs conséquences anormales. J'ai exposé ailleurs (1) avec quelle précocité se manifestait l'attraction sexuelle entre parents et enfants, et j'ai montré que le mythe d'Œdipe devait sans doute être compris comme une adaptation poétique de ce qui est typique dans ces relations. Cette inclination précoce de la fille pour son père et du fils pour sa mère, dont on trouve probablement une trace nette chez la plupart des gens, doit être considérée comme étant, dès le début, plus intense chez les personnes prédestinées à la névrose par leur constitution, chez les enfants précoces et avides d'affection. Certaines influences qui ne peuvent être discutées ici se font alors valoir, influences qui fixent la tendance amoureuse rudimentaire ou la renforcent tellement qu'elle devient, dès l'enfance ou à la puberté seulement, quelque chose de comparable à une attraction sexuelle, quelque chose qui, comme celle-ci, accapare la libido (2). Les circonstances extérieures

(1) Dans la *Traumdeutung*, p. 178 (7e éd., p. 181), *La science des rêves*, p. 233, trad. MEYERSON, Paris, Alcan, 1926, et dans le troisième des *Trois essais sur la théorie de la sexualité*, Paris, édition de la N. R. F., traduction REVERCHON, p. 131 et suiv.

(2) Le facteur décisif est vraisemblablement ici l'apparition précoce de véritables sensations génitales, soit spontanées, soit provoquées par la séduction et la masturbation. (Voir plus bas.)

ayant entouré notre patiente ne sont pas défavorables à pareille supposition. Elle s'était toujours sentie attirée vers son père ; les nombreuses maladies de celui-ci devaient encore augmenter sa tendresse pour lui ; pendant quelques-uns de ces épisodes, personne en dehors d'elle n'avait été admis à lui donner les menus soins que réclame un malade ; fier de son intelligence précoce, son père en avait fait, alors qu'elle n'était encore qu'une enfant, sa confidente. Ce n'était vraiment pas sa mère, mais elle-même, qui avait été dépossédée de plus d'une de ses fonctions par la survenue de Mme K...

Quand je déclarai à Dora que je considérais son penchant pour son père comme un véritable état amoureux, précocement apparu, elle me répondit comme d'habitude : « Je ne m'en souviens pas », mais elle me fit part aussitôt d'un fait analogue relatif à sa cousine (du côté maternel), âgée de 7 ans, et chez laquelle elle croyait souvent voir comme un reflet de sa propre enfance. La petite cousine avait été une fois témoin d'une discussion orageuse entre ses parents, et elle chuchota à l'oreille de Dora venue en visite peu après : « Tu ne peux pas te figurer comme je déteste cette personne-là ! (en désignant sa mère). Et si elle meurt un jour, j'épouserai mon papa. » J'ai coutume de voir dans les associations qui révèlent quelque chose en accord avec ce que j'allègue une confirmation apportée par l'inconscient. L'inconscient ne peut proférer d'autre « oui » ; un « non » inconscient n'existe pas du tout (1).

Durant de longues années, cet état amoureux envers son père ne s'était pas manifesté ; bien au contraire, elle avait été longtemps dans les meilleurs termes avec la femme qui l'avait supplantée auprès de son père, et elle avait même, comme ses autoreproches nous l'ont appris, favorisé les rapports de celle-ci avec son père. Cet amour (pour le père) devait donc avoir été récemment ravivé et, en ce cas, nous pouvons nous demander dans quel but. Évidemment, en tant que symptôme réactionnel, pour exprimer autre chose qui demeurait puissant dans l'inconscient. En l'occurrence, je devais penser, en premier lieu, que l'amour pour M. K... était cette chose réprimée. Il me fallait admettre que cet amour-là durait encore, mais se heurtait, depuis la scène du lac, pour des raisons inconnues, à une vive résistance et que la jeune fille avait ressuscité et renforcé l'ancienne inclination pour son père afin de ne garder aucune notion consciente de son premier amour de jeune fille devenu maintenant pénible pour

(1) (Note de 1923.) Une autre forme très curieuse et tout à fait certaine de confirmation par l'inconscient, forme que je ne connaissais pas encore, se traduit par une exclamation du malade : « Je n'ai pas pensé cela », ou bien : « Je n'y ai pas pensé. » Ce qui veut dire : « Oui, cela m'était inconscient. »

elle. C'est alors aussi que je me rendis compte d'un conflit susceptible de bouleverser la vie psychique de la jeune fille. Elle était, d'une part, pleine de regrets d'avoir repoussé les sollicitations de M. K..., pleine de la nostalgie de lui et des petits témoignages de sa tendresse ; d'autre part se dressaient de puissants motifs, parmi lesquels se devinait aisément son orgueil, dirigés contre ces tendres et nostalgiques émois. C'est ainsi qu'elle en était venue à se persuader qu'elle en avait fini avec M. K... — c'était le bénéfice que lui procurait ce typique processus de refoulement — et elle était cependant obligée d'appeler à son secours, pour lutter contre l'amour qui s'imposait continuellement à son conscient, l'inclination infantile pour son père et d'exagérer encore celle-ci. Mais le fait qu'elle eût été presque sans relâche en proie à une exaspération de jalousie pouvait être déterminé d'une autre manière encore (1).

Je m'attendais à ce que mon explication provoquât chez Dora l'opposition la plus décidée. Le « non » que nous oppose le malade, après qu'on a présenté, pour la première fois, à la perception consciente l'idée refoulée, n'est qu'une preuve du refoulement ; le degré de décision de ce « non » laisse en quelque sorte mesurer l'intensité du refoulement. Si l'on ne considère pas ce « non » comme l'expression d'un jugement impartial, dont le malade n'est en effet pas capable, mais si l'on passe outre et que l'on continue le travail, on a bientôt les premières preuves que le « non » signifie, dans ce cas, le « oui » attendu. Dora avoua qu'elle ne pouvait en vouloir à M. K... dans la mesure où il le méritait. Elle raconta qu'elle l'avait un jour rencontré dans la rue, alors qu'elle se promenait avec une cousine qui ne le connaissait pas. La cousine s'écria soudain : « Dora, mais qu'as-tu donc ? Tu es devenue mortellement pâle ! » Elle n'avait rien perçu de ce changement, mais je lui appris que le jeu de physionomie et l'expression des sentiments obéissent davantage aux forces de l'inconscient qu'à celles du conscient et qu'elles trahissent l'inconscient (2). Une autre fois, après s'être montrée plusieurs jours de suite d'une humeur égale et gaie, elle vint chez moi et témoigna de l'humeur la plus sombre, sans qu'elle pût s'expliquer pourquoi. Elle dit qu'aujourd'hui tout la dégoûtait ; c'était le jour de l'anniversaire de son oncle et elle ne pouvait se résoudre à le féliciter, elle ne savait pour quelle raison. Mon don d'interprétation ne se manifestant pas

(1) Ce que nous allons aussi découvrir.

(2) Cf. SCHILLER, *Ballade du chevalier Toggenburg.*

« *Ruhig kann ich Euch erscheinen*
Ruhig gehen sehen... »

(C'est avec tranquillité que je vous vois apparaître et partir...)

ce jour-là, je la laissai continuer et elle se souvint tout à coup que c'était aussi le jour de l'anniversaire de M. K..., fait que je ne manquai pas d'utiliser contre elle. Il devint dès lors facile d'expliquer pourquoi les beaux cadeaux qu'elle avait reçus pour son propre anniversaire quelques jours auparavant ne lui avaient fait aucun plaisir. Un cadeau manquait, celui de M. K..., évidemment le plus précieux naguère.

Cependant, elle persista longtemps encore à s'opposer à mon allégation jusqu'à ce que fût fournie, vers la fin de l'analyse, la preuve décisive du bien-fondé de mes dires.

Mentionnons maintenant une autre complication à laquelle je n'aurais certainement pas donné place ici, si je devais, poète, imaginer pour quelque nouvelle un pareil état d'âme, au lieu, médecin, de le disséquer. L'élément que je vais indiquer ne peut que troubler et faire pâlir le conflit si beau, si digne d'être poétisé, que nous pouvons admettre chez Dora ; cet élément aurait été, à juste titre, sacrifié par la censure du poète qui, lorsqu'il se mêle de psychologie, simplifie ce qu'il présente et en élimine une partie. Par contre, dans la réalité que je m'efforce de dépeindre ici, la complication des motifs, l'accumulation et la complexité des émois psychiques, bref, la surdétermination, sont de règle. Derrière l'idée prévalente qui avait pour objet les rapports de son père avec Mme K..., se dissimulait en réalité aussi un sentiment de jalousie dont l'objet était Mme K... — sentiment qui ne pouvait être fondé que sur une inclination homosexuelle. Il est connu depuis longtemps et il a maintes fois été souligné, que garçons et filles, même normaux, donnent, à l'âge de la puberté, des signes nets d'inclination pour leur propre sexe. L'amitié romanesque pour une camarade d'école avec serments, baisers, promesses de correspondance éternelle et avec aussi toute la susceptibilité inhérente à la jalousie, est le précurseur habituel de la première passion intense pour un homme. Ensuite, dans les conditions favorables, le courant homosexuel tarit souvent complètement ; dans les cas où l'amour pour l'homme n'est pas heureux, ce courant est souvent rétabli par la libido, même dans les années ultérieures, et son intensité s'élève alors à des degrés variables. Si l'on constate aisément ce fait chez des gens normaux, on s'attendra, d'après les remarques précédentes relatives au plus fort développement des germes normaux de perversion chez les névrosés et à retrouver dans la constitution de ceux-ci une disposition homosexuelle plus forte. Il doit en être ainsi, car je n'ai pas encore réussi à faire une psychanalyse d'homme ou de femme sans devoir tenir compte d'une telle tendance homosexuelle, et assez prononcée. Là où, chez des femmes et des jeunes filles hystériques, la libido sexuelle dirigée vers l'homme a subi une répression énergique, on trouve régulièrement, à la place, que la libido dirigée vers la femme a subi une sorte de renforcement ; cette inclination peut même être partiellement consciente.

Je vais maintenant laisser de côté ce sujet si important, impossible à éviter lorsqu'on veut parvenir à comprendre l'hystérie chez l'homme, car le traitement de Dora s'acheva avant que la lumière fût faite sur ce point en ce qui la concernait. Mais j'attirerai à nouveau l'attention sur cette gouvernante avec laquelle Dora vécut d'abord dans un commerce intellectuel intime, jusqu'à ce qu'elle se fût aperçue qu'elle avait été appréciée et bien traitée par ladite gouvernante, non pour elle-même, mais à cause de son père. Elle obligea alors la gouvernante à quitter la maison. Elle s'attardait aussi, avec une étonnante fréquence et en y attachant une importance particulière, à raconter une autre brouille qui lui semblait à elle-même énigmatique. Avec sa seconde cousine, celle qui s'était fiancée par la suite, elle s'était toujours très bien entendue et lui avait confié toutes sortes de secrets. Or, lorsque le père de Dora retourna à B... pour la première fois après le séjour interrompu au bord du lac, elle refusa naturellement de l'y accompagner; sa cousine fut alors priée de faire le voyage avec lui et accepta. Dora se sentit refroidie envers elle et en vint à s'étonner elle-même de l'indifférence que lui inspira dès lors sa cousine, bien qu'elle avouât n'avoir pas grand-chose à lui reprocher. Ces susceptibilités me déterminèrent à demander à Dora quelle avait été, avant le désaccord, son attitude envers Mme K... J'appris alors que la jeune femme et Dora, alors à peine nubile, avaient vécu pendant de longues années dans la plus grande intimité. Lorsque Dora habitait chez les K..., elle partageait la chambre de Mme K... ; le mari était délogé. Dora avait été la confidente et la conseillère de la jeune femme dans toutes les difficultés de sa vie conjugale ; il n'existait rien de quoi elles n'eussent parlé. Médée était satisfaite que Créüse eût attiré à elle les deux enfants, Mme K... ne faisait certainement rien non plus pour troubler les rapports du père de ses enfants avec la jeune fille. Au point de vue psychique, il serait intéressant de savoir comment Dora parvint à aimer l'homme dont son amie chérie disait tant de mal, problème qui peut être résolu si l'on comprend que, dans l'inconscient, les idées coexistent avec une commodité toute particulière, que les choses opposées se supportent sans se contrarier, et que cet état se perpétue assez souvent jusque dans le conscient.

Lorsque Dora parlait de Mme K..., elle faisait l'éloge de la « blancheur ravissante de son corps » sur un ton qui rappelait plutôt celui d'une amoureuse que celui d'une rivale vaincue. Elle me dit une autre fois, avec plus de mélancolie que d'amertume, être convaincue que les cadeaux donnés par son père avaient été choisis par Mme K... ;

elle y reconnaissait son goût. Une autre fois encore, elle affirma qu'évidemment, par l'intermédiaire de Mme K..., on lui avait fait présent de bijoux, en tout semblables à ceux qu'elle avait vus chez Mme K... et dont elle avait alors exprimé l'envie. Oui, je dois bien le dire, jamais je ne l'entendis exprimer une parole dure ou un mot de dépit sur le compte de la femme qui aurait dû cependant être considérée par elle comme l'auteur de son malheur. Elle semblait se comporter avec inconséquence, mais cette inconséquence apparente était précisément l'expression d'un courant sensitif fort complexe. Car comment cette amie chérie avec tant d'exaltation avait-elle agi envers Dora ? Après que Dora eut formulé ses accusations contre M. K... et que son père eut demandé à M. K... des explications, celui-ci répondit tout d'abord par des protestations de respect ; il s'offrit à venir dans la ville industrielle pour éclaircir tous les malentendus. Mais quelques semaines plus tard, lorsque le père eut un entretien avec lui à B..., il ne fut plus question de respect. Il dénigra la jeune fille et joua son va-tout en disant qu'une jeune fille qui lit de pareils livres et qui s'intéresse à de pareilles choses ne peut prétendre au respect d'un homme. Mme K... l'avait donc trahie et noircie ; avec elle seulement, Dora avait parlé de Mantegazza et de sujets scabreux ; cette histoire rappelait en tout point celle de la gouvernante ; Mme K... ne l'avait pas aimée pour elle-même mais pour son père. Mme K... l'avait sacrifiée, elle, sans scrupule, pour n'être pas troublée dans ses relations avec lui. Il est possible que cette injure l'ait plus affligée, ait été plus pathogène que l'autre, l'injure que lui avait faite son père en la sacrifiant et dont elle se servait peut-être pour masquer l'autre. L'amnésie si opiniâtre, relative à la source des connaissances défendues, n'était-elle pas en rapport direct avec la valeur affective de l'accusation contre Mme K... et, ensuite, avec la trahison par cette amie ?

Je ne crois pas me tromper en admettant que les idées prévalentes de Dora, relatives aux rapports de son père avec Mme K..., étaient destinées, non seulement à réprimer l'amour jadis conscient pour M. K..., mais aussi à masquer l'amour, inconscient dans le sens le plus profond, pour Mme K... Les idées prévalentes étaient directement opposées à cette tendance. Dora ne cessait de répéter que son père l'avait sacrifiée à cette femme, elle manifestait bruyamment qu'elle lui enviait la possession de son père, et se dissimulait ainsi le contraire, à savoir qu'elle ne pouvait pas ne pas envier à son père l'amour de cette femme et qu'elle n'avait pas pardonné à cette dernière, tant aimée, la déception d'avoir été trahie par elle. Le sentiment de jalousie féminine était accouplé, dans l'inconscient, à une jalousie analogue à celle qu'aurait éprouvée un homme. Ces sentiments virils ou, pour mieux dire, gynécophiles, doivent être considérés comme typiques dans la vie amoureuse inconsciente des jeunes filles hystériques.

II

LE PREMIER RÊVE

Alors que nous allions justement parvenir, grâce au matériel fourni par l'analyse, à éclaircir un point obscur de l'enfance de Dora, celle-ci me déclara avoir fait, durant l'une des dernières nuits, un rêve, lequel n'était que la répétition d'autres exactement semblables qu'elle avait déjà eus plusieurs fois. Le seul fait qu'il s'agissait d'un rêve à répétition devait déjà éveiller ma curiosité ; dans l'intérêt du traitement, on pouvait envisager de faire entrer le rêve dans l'ensemble de l'analyse. Je résolus donc d'explorer très soigneusement ce songe.

PREMIER RÊVE. — *Il y a un incendie dans une maison* (1), me raconte Dora, *mon père est debout devant mon lit et me réveille. Je m'habille vite. Maman veut encore sauver sa boîte à bijoux, mais papa dit : « Je ne veux pas que mes deux enfants et moi soyons carbonisés à cause de ta boîte à bijoux. » Nous descendons en hâte, et aussitôt dehors, je me réveille.*

Comme c'est un rêve à répétition, je demande naturellement quand elle l'a fait pour la première fois. Elle n'en sait rien. Mais elle se souvient d'avoir fait ce rêve à L... (l'endroit au bord du lac où s'est passée la scène avec M. K...), trois nuits de suite, puis il se répéta ici il y a quelques jours de cela (2). Le lien ainsi établi entre le rêve et les événements à L... accroît naturellement l'espoir que j'ai de parvenir à l'expliquer. Mais je veux tout d'abord connaître la cause occasionnelle de son dernier retour et j'invite, par suite, Dora, déjà formée à l'interprétation des rêves par quelques petits exemples précédemment analysés, à le réduire en ses éléments et à me communiquer ce qui lui vient à ce propos à l'esprit.

Elle dit : « Je pense bien à quelque chose, mais ce fait tout récent ne peut avoir aucun rapport avec le rêve que j'ai certainement déjà fait auparavant. »

— Cela ne fait rien, allez-y ; ce sera justement la dernière chose concernant le rêve.

— Eh bien, papa a eu, ces jours-ci, une dispute avec maman,

(1) « Il n'y avait jamais eu chez nous d'incendie proprement dit », répondit-elle plus tard à ma question.

(2) On peut déduire du contenu du rêve qu'elle avait fait ce dernier *pour la première fois* à L...

parce qu'elle ferme la nuit la salle à manger. Or, la chambre de mon frère n'a pas de sortie spéciale, on n'y accède que par la salle à manger. Papa ne veut pas que mon frère soit ainsi enfermé pendant la nuit. Il dit que cela ne va pas du tout et qu'on peut avoir besoin de sortir la nuit.

— Et vous avez alors pensé au danger de l'incendie ?

— Oui.

— Je vous prie de bien vous rappeler vos propres expressions, car ce sera peut-être utile. Vous venez de dire : qu'on *pouvait avoir besoin de sortir la nuit* (1). »

Mais Dora retrouve maintenant le lien entre la cause occasionnelle récente du rêve et celle d'alors, puisqu'elle poursuit :

« Lorsque papa et moi arrivâmes alors à L..., il exprima sans ambages la peur d'un incendie. Il y avait eu un orage violent et nous avions vu que la petite maison n'avait pas de paratonnerre. Cette peur était donc tout à fait naturelle. »

Je tiens à n'examiner que les rapports entre les événements à L... et les mêmes rêves d'alors. Je demande donc : « Avez-vous fait le rêve durant les premières nuits à L... ou bien pendant les dernières, avant votre départ, par conséquent avant ou après la fameuse scène dans la forêt ? » Je sais en effet que la scène ne s'est pas passée dès le premier jour, et qu'après cet événement, elle est restée quelques jours encore à L... sans rien laisser connaître de l'incident.

Elle répond tout d'abord : « Je ne sais pas. » Un instant après : « Je crois quand même que ce fut après. »

Je savais donc maintenant que le rêve était une réaction à cet événement. Mais pourquoi se répéta-t-il là-bas à trois reprises ? Je continuai à questionner : « Combien de temps êtes-vous encore restée à L... après la scène ? »

— Encore quatre jours ; le cinquième, je suis partie avec papa !

— A présent je suis sûr que le rêve a été l'effet immédiat de l'incident avec M. K... Vous avez eu ce rêve pour la première fois là-bas et pas avant. Vous n'y avez ajouté l'incertitude du souvenir que pour en effacer le rapport avec ce qui vous y était arrivé (2). Mais les chiffres ne concordent pas encore tout à fait. Si vous êtes restée à L... quatre nuits encore, vous avez pu répéter le rêve quatre fois. Pourquoi ? »

(1) Je fais attention à ces mots car ils me surprennent. Ils me semblent être équivoques. N'emploie-t-on pas les mêmes termes pour désigner certains besoins corporels ? Des mots équivoques sont, dans la voie des associations, comme des aiguilles. On met l'aiguille autrement qu'elle ne semble être placée dans le contenu du rêve, on arrive au rail sur lequel se meuvent les idées recherchées et encore dissimulées derrière le rêve.

(2) Comparez ce qui a été dit au sujet du doute à la p. 9.

Elle ne contredit plus mon assertion, mais poursuit, au lieu de répondre à ma question (1) : « L'après-midi qui suivit l'excursion au lac, dont M. K... et moi étions rentrés à midi, je m'étendis, comme d'ordinaire, sur la chaise-longue dans la chambre à coucher pour dormir un peu. Je m'éveillai brusquement et vis M. K... debout devant moi...

— Donc de la même manière que vous voyez en rêve votre père devant vous ?

— Oui ; je lui demandai d'expliquer ce qu'il venait faire là. Il répondit que rien ne l'empêcherait d'entrer quand il le voudrait dans sa chambre. D'ailleurs, dit-il, il avait quelque chose à y prendre. Rendue méfiante par ce fait, je demandai à Mme K... s'il n'existait pas de clef de la chambre à coucher et, le lendemain matin (le second jour), je m'enfermai pour faire ma toilette. Lorsque je voulus alors, l'après-midi, m'enfermer pour me reposer de nouveau sur la chaise-longue, la clef manquait. Je suis convaincue que c'était M. K... qui l'avait enlevée. »

C'est donc le thème de la fermeture ou de la non-fermeture de la chambre qui se trouve dans les associations du rêve et qui a aussi joué par hasard un rôle dans sa cause occasionnelle récente (2). La phrase : *Je m'habille vite* allait-elle aussi faire partie de cet ensemble ?

« Je me suis alors promis de ne pas rester sans papa chez les K... J'avais à craindre que, les matins suivants, M. K... ne me surprît à ma toilette, *je m'habillais donc très vite tout ce temps-là*. Car papa habitait l'hôtel et Mme K... sortait toujours de très bonne heure pour faire une promenade avec lui. Mais M. K.... ne m'importuna plus.

— Je comprends ; l'après-midi du second jour, vous avez pris la résolution de vous dérober à ces poursuites, et vous avez eu le temps, les seconde, troisième et quatrième nuits après la scène dans la forêt, de vous répéter cette décision pendant le sommeil. Vous saviez déjà le second après-midi, donc avant le rêve, que vous n'auriez pas la clef le matin suivant — le troisième — pour vous enfermer en faisant votre toilette ; vous avez pu ainsi avoir l'intention de procéder au plus vite à cette dernière. Mais votre rêve revint toutes les nuits

(1) Il doit en effet surgir encore du nouveau matériel de souvenir avant qu'elle puisse répondre à ma question.

(2) Je suppose, sans le dire encore à Dora, que cet élément a été saisi par elle à cause de sa signification symbolique ; « chambres », dans le rêve, remplaçant souvent « femmes » *(Zimmer = Frauenzimmer)*, et il ne peut naturellement pas être indifférent qu'une femme soit « ouverte » ou « fermée ». Aussi bien sait-on quelle « clef » ouvre dans ce cas.

parce que, précisément, il équivalait à une *décision*. Une décision se maintient jusqu'à ce qu'elle soit exécutée. C'est comme si vous vous étiez dit : « Je ne suis pas tranquille, je ne puis trouver de sommeil calme avant d'être hors de cette maison. » Au contraire, vous dites dans le rêve : *Aussitôt dehors, je me réveille.* »

J'interromps ici le récit de l'analyse pour confronter cette petite partie d'une analyse de rêve avec mes théories générales sur le mécanisme de la formation du rêve. J'ai exposé dans mon livre (1) que tout rêve équivalait à la réalisation d'un désir, que cette représentation masquait le désir lorsque celui-ci était un désir refoulé, lorsqu'il appartenait à l'inconscient et que, en dehors des rêves d'enfants, seul un désir inconscient ou plongeant dans l'inconscient était capable de former un rêve. Je crois que j'aurais été plus certain de l'approbation générale si je m'étais contenté d'affirmer que tout rêve a un sens susceptible d'être découvert au moyen d'un certain travail d'interprétation ; si j'avais dit qu'on pouvait, une fois l'interprétation faite, substituer aux rêves des idées insérables en un point aisément reconnaissable de la vie psychique de l'état de veille. J'aurais alors pu poursuivre en disant que ce sens du rêve se révélait comme étant aussi varié que les pensées de l'état de veille elles-mêmes ; qu'une fois c'était un désir accompli, une autre fois une crainte réalisée, ou bien encore une réflexion continuée dans le sommeil, une décision (comme dans le rêve de Dora), une sorte de production intellectuelle pendant le sommeil, etc. Cette manière de présenter la chose aurait certes séduit par sa clarté et aurait pu s'appuyer sur un bon nombre d'exemples bien interprétés, comme par exemple sur le rêve analysé ici.

Au lieu de cela, j'ai émis une affirmation générale qui limite le sens des rêves à une seule forme de la pensée, à la représentation de désirs, et j'ai suscité une tendance générale à la contradiction. Mais je dois dire que je n'ai cru avoir ni le droit ni le devoir de simplifier, pour le plus grand agrément du lecteur, un processus psychologique, alors que ledit processus offrait à l'investigation une complexité dont la solution, d'ordre général, ne pouvait être trouvée que dans d'autres domaines. J'attacherai, pour cette raison, un grand prix à pouvoir montrer que les apparentes exceptions, comme le rêve de Dora qui se dévoile tout d'abord comme étant une décision prise durant le jour et maintenue pendant le sommeil, confirment de nouveau la règle contestée.

Il nous reste encore une grande partie du rêve à analyser. Je

(1) *Die Traumdeutung*, Leipzig und Wien, Fr. Deuticke, 1900. Repr. dans les vol. II et III des *Ges. Werke*, *La science des rêves*, tr. fr. par Meyerson, Paris, Alcan, 1926.

continue à questionner : « Qu'avez-vous à dire concernant le coffret à bijoux que votre maman veut sauver ?

— Maman aime beaucoup les bijoux et en a reçu beaucoup de papa.

— Et vous ?

— Autrefois, j'aimais aussi beaucoup les bijoux ; depuis ma maladie, je n'en porte plus. Il y a eu, voici quatre ans (une année avant le rêve), une grande dispute entre papa et maman au sujet d'un bijou. Maman avait envie d'un certain bijou : des perles en forme de gouttes comme boucles d'oreilles. Mais papa ne les aime pas et lui rapporta un bracelet au lieu de perles. Furieuse elle dit que s'il avait dépensé tant d'argent pour un objet qui lui déplaisait, il pouvait en faire cadeau à une autre.

— Alors, vous avez probablement pensé que vous le prendriez volontiers ?

—Je ne sais pas (1), j'ignore d'ailleurs pourquoi maman entre dans ce rêve, puisqu'elle n'était pas à L... avec nous (2).

— Je vous l'expliquerai plus tard. Est-ce que rien d'autre ne vous vient à l'esprit à propos de la boîte à bijoux ? Jusqu'à présent vous n'avez parlé que de bijoux et vous n'avez rien dit de relatif à la boîte.

— Oui, M. K... m'avait fait cadeau, quelque temps auparavant, d'un très précieux coffret à bijoux.

— Il n'aurait donc pas été déplacé de faire un cadeau en retour. Vous ne savez peut-être pas que « coffret à bijoux » est une expression volontiers employée pour désigner la même chose que celle à laquelle vous avez récemment fait allusion en parlant du sac à main (3), c'est-à-dire les organes génitaux féminins.

— Je savais que *vous* alliez dire cela (4).

— C'est-à-dire, *vous*, vous le saviez. La signification devient maintenant encore plus claire. Vous vous disiez : « Cet homme me poursuit, il veut pénétrer dans ma chambre, ma « boîte à bijoux » est en danger, et s'il arrive là un malheur, ce sera de la faute à papa. » C'est pourquoi vous avez choisi pour le rêve une situation qui exprime le contraire, un danger dont vous êtes sauvée par votre

(1) Façon habituelle qu'elle avait alors d'accepter une pensée refoulée.

(2) Cette remarque, qui témoigne d'une incompréhension totale des règles de l'interprétation des rêves, règles qui lui étaient en d'autres temps bien connues, ainsi que la manière hésitante et le faible rendement des associations relatives à la boîte à bijoux, me prouvaient qu'il s'agissait ici d'un matériel ayant été très fortement refoulé.

(3) Voir plus loin ce qui se rapporte à ce sac à main.

(4) Une manière très fréquente d'écarter une connaissance surgissant de l'inconscient.

père. Dans cette région du rêve tout, en général, est transformé en son contraire. Vous allez bientôt savoir pourquoi. Le secret, en effet, se trouve chez votre maman. Quel rôle joue là votre mère ? Elle est, vous le savez, votre ancienne rivale auprès de votre père. Lors de l'incident du bracelet, vous auriez volontiers accepté ce que votre maman avait refusé. Maintenant, essayons de remplacer « accepter » par « donner », « repousser » par « se refuser ». Cela signifie que vous étiez prête à donner à votre père ce que votre mère lui refusait et ce dont il s'agit aurait eu quelque rapport avec des bijoux (1). Maintenant, rappelez-vous le coffret à bijoux dont M. K... vous a fait cadeau. Vous avez là le début d'une série d'idées parallèles dans laquelle, comme dans la situation de l'homme debout devant votre lit, M. K... doit être mis à la place de votre père. M. K... vous a donné une boîte à bijoux, vous devriez donc lui donner votre boîte à bijoux ; c'est pour cela que j'ai parlé tout à l'heure d'un cadeau en échange. Dans cette série d'idées, votre maman doit être remplacée par Mme K... qui, elle, certes, était présente alors. Vous êtes donc prête à donner à M. K... ce que sa femme lui refuse. Vous avez là l'idée qui doit être refoulée avec tant d'efforts, qui rend nécessaire l'interversion en leur contraire de tous les éléments. Le rêve confirme de nouveau ce que je vous ai déjà dit auparavant, à savoir que vous réveillez votre ancien amour pour votre père afin de vous défendre contre votre amour pour M. K...., plus encore, vous vous craignez vous-même, et vous redoutez la tentation de lui céder. Vous confirmez donc par là l'intensité de votre amour pour lui (2). »

Elle ne voulut naturellement pas accepter cette partie de l'interprétation.

Mais pour moi, il s'ensuivit un complément d'interprétation du rêve, complément qui me semblait indispensable, aussi bien à l'analyse du cas qu'à la théorie du rêve. Je promis à Dora de le lui communiquer à la prochaine séance.

Je ne pouvais en effet oublier l'indication qui semblait découler des paroles équivoques mentionnées plus haut *(qu'on pouvait avoir besoin de sortir la nuit)*. A cela s'ajoutait que l'élucidation du rêve

(1) Nous allons pouvoir donner plus loin une interprétation (exigée par l'ensemble) à la perle en forme de goutte.

(2) J'ajoutai encore ceci : « Il me faut d'ailleurs conclure, du fait de la réapparition du rêve ces jours derniers, que vous considérez la même situation comme s'étant reproduite, et que vous avez décidé de ne plus vous prêter à une cure à laquelle seul votre père vous a décidé de recourir. » La suite montra la justesse de mes suppositions. Mon interprétation effleurait ici le thème, extrêmement important, tant au point de vue pratique qu'au point de vue théorique, du « transfert », thème que je n'aurai que peu d'occasions d'approfondir au cours de cet essai.

me semblait incomplète aussi longtemps qu'une certaine condition ne serait pas remplie, condition que je n'exige pas en général, mais dont je recherche, avec prédilection, l'observation. Un rêve régulier se tient pour ainsi dire sur deux jambes, dont l'une s'appuie sur le fait récent essentiel, l'autre sur un événement important de l'enfance. Entre ces deux événements, celui de l'enfance et le récent, le rêve établit une communication, il cherche à reformer le présent sur le modèle du passé. Le désir qui crée le rêve provient donc toujours de l'enfance, il veut toujours la ressusciter, en refaire une réalité, corriger le présent d'après l'enfance. Je croyais déjà reconnaître nettement dans le contenu du rêve les parties qui, rapprochées, faisaient allusion à un événement d'enfance.

J'engageai la discussion à ce sujet par une petite expérience qui réussit cette fois-là comme à l'ordinaire. Il y avait, par hasard, sur la table, une grande boîte d'allumettes. Je priai Dora de regarder si elle pouvait apercevoir un objet sur la table qui n'y fût pas d'habitude. Elle ne vit rien. Alors je lui demandai si elle savait pourquoi on défendait aux enfants de jouer avec des allumettes.

« Oui, à cause du danger d'incendie. Les enfants de mon oncle jouent très volontiers avec des allumettes.

— Non pas uniquement pour cette raison. On les avertit « de ne pas jouer avec le feu » et on y rattache une certaine croyance. »

Elle n'en savait rien. « Eh bien, on craint qu'ils ne mouillent alors leur lit. Voilà qui est probablement fondé sur le contraste entre l'*eau* et le *feu*. A peu près ceci : ils rêveront de feu et essayeront alors de l'éteindre avec de l'eau. Je ne saurais dire exactement s'il en est ainsi. Mais je vois que le contraste entre l'eau et le feu vous rend dans le rêve d'excellents services. Votre maman veut sauver la « boîte à bijoux » pour qu'elle ne s'enflamme pas ; dans les idées latentes du rêve, par contre, il s'agit de ne pas *mouiller* la « boîte à bijoux ». Mais le feu n'est pas seulement employé comme le contraire de l'eau, il sert aussi à représenter directement l'amour, le fait d'être amoureux, enflammé. Du feu part donc une voie, qui conduit, par cette signification symbolique, aux pensées amoureuses ; une conduit au travers du contraire, de « l'eau » — après s'être divisé en un autre embranchement menant à un rapport encore avec l'amour, qui *mouille* aussi — ailleurs. Mais où donc ? Songez à vos expressions : *qu'il arrive un malheur la nuit*, qu'on *ait besoin de sortir*. Cela ne signifie-t-il pas un besoin naturel et, si vous rapportez ce malheur à l'enfance, peut-il être autre que celui de mouiller son lit ? Mais que fait-on pour préserver les enfants de mouiller leur lit ? On les réveille, n'est-ce pas, *tout comme le fait votre père avec vous, dans le rêve* ? Ceci serait donc l'événement réel d'où vous tirez le droit de remplacer par votre père M. K... qui vous réveille. Je dois donc en conclure que vous avez souffert d'incontinence d'urine plus longtemps qu'il n'est ordinaire chez les enfants. Cela dut aussi être le cas chez votre frère. Car votre père dit : *Je ne veux pas que mes deux enfants... périssent.* Votre frère n'a rien à faire avec la situation actuelle chez les K..., il n'était pas non plus présent à L... Eh bien, que répondent vos souvenirs à tout ceci ?

— Je ne sais rien sur moi-même, répondit-elle, mais mon frère a mouillé son lit jusqu'à sa sixième ou septième année, cela lui arrivait même parfois dans la journée. »

J'allais précisément lui faire remarquer combien plus facilement on se souvient en pareille matière de son frère que de soi-même, quand elle poursuivit, par un souvenir retrouvé : « Oui, je l'ai fait aussi, mais seulement dans ma septième ou huitième année, pendant quelque temps. Cela dut être très prononcé, car je sais maintenant qu'un médecin fut consulté. Cela dura presque jusqu'à l'asthme nerveux.

— Qu'en dit le docteur ?

— Il le mit sur le compte d'une faiblesse nerveuse ; cela passera, dit-il, et il ordonna des fortifiants (1). »

L'interprétation du rêve me sembla dès lors achevée (2). Dora apporta encore le lendemain un supplément au rêve. Elle avait oublié de raconter que, tous les jours, au réveil, elle percevait une odeur de fumée. La fumée allait certes bien avec le feu, elle indiquait aussi que le rêve avait un rapport particulier avec ma personne, car il m'arrivait souvent de répondre, quand la jeune fille prétendait que telle ou telle chose ne dissimulait rien : « Il n'y a pas de fumée sans feu. » Mais elle objectait à cette interprétation exclusivement personnelle que M. K... et son père étaient, comme moi-même d'ailleurs, des fumeurs passionnés. Elle-même fumait aussi au bord du lac, et M. K... lui avait roulé une cigarette avant d'avoir si malencontreusement commencé à la courtiser. Elle croyait aussi se souvenir avec certitude que l'odeur de fumée était apparue, non seulement dans le dernier rêve, mais aussi dans les trois rêves à L... Puisqu'elle se refusait à fournir toute autre information, il m'appartenait de décider

(1) Ce médecin était le seul en qui elle eût confiance, car elle avait pu s'apercevoir, à la faveur de cette expérience, qu'il n'avait pas deviné son secret. En présence de tout autre médecin qu'elle n'avait pu encore juger, elle éprouvait une angoisse dont on découvre maintenant le motif : elle craignait qu'il ne pût deviner son secret.

(2) Le noyau du rêve, traduit, pourrait s'exprimer ainsi : « La tentation est si grande. Cher papa, protège-moi encore, comme au temps de mon enfance, pour que mon lit ne soit pas mouillé ! »

comment ce supplément devait être inséré dans le tissu des idées du rêve. Un fait pouvait me servir de point d'appui, c'est que la sensation de fumée s'était présentée supplémentairement et avait donc eu à vaincre un effort particulier du refoulement. Elle faisait par conséquent partie des pensées du rêve le mieux refoulées et exposées de la façon la plus obscure : de la tentation de ne rien refuser à M. K... Cette sensation ne pouvait alors guère signifier autre chose que le désir d'un baiser qui, chez un fumeur, sent nécessairement la fumée ; or un baiser avait été échangé entre eux, deux ans auparavant, ce qui se serait maintes fois renouvelé si la jeune fille avait cédé aux sollicitations de M. K... Les idées de tentation semblent ainsi avoir recouru à la scène précédente et réveillé le souvenir du baiser contre la séduction duquel Dora, la suçoteuse, s'était jadis défendue par le dégoût. Si je rassemble enfin tous les signes qui rendent probable un transfert sur moi, étant donné que je suis aussi fumeur, j'arrive à penser qu'un jour, pendant la séance, elle eut sans doute l'occasion de souhaiter de ma part un baiser. Ce fut pour elle l'occasion de répéter ce rêve d'avertissement et de prendre la résolution de cesser la cure. Tout ceci s'accorde très bien, mais échappe à la démonstration à cause des particularités du « transfert ».

Je pourrais maintenant hésiter entre les deux voies qui s'offrent à moi : faut-il m'attaquer d'abord au résultat que fournit ce rêve pour l'histoire de ce cas, ou plutôt en finir avec l'objection contre la théorie des rêves qui en découle ? Je choisis la première voie.

Il vaut la peine de discuter à fond l'importance de l'incontinence d'urine dans les antécédents des névrosés. Pour la clarté de l'exposé, je me borne à faire remarquer que l'incontinence de Dora n'était pas un cas ordinaire. Le trouble n'avait pas seulement continué au-delà de l'époque considérée comme normale ; après avoir d'abord disparu, suivant la ferme déclaration de Dora, il n'était réapparu que relativement tard, après la sixième année.

Cette incontinence n'a, à ce que je crois, aucune cause plus vraisemblable que la masturbation, qui joue dans l'étiologie de l'incontinence en général un rôle non encore estimé à sa juste valeur. L'expérience m'a montré que ce rapport n'est pas ignoré des enfants eux-mêmes et toutes les conséquences psychiques qui en découlent tendent à prouver qu'ils ne l'ont jamais oublié. Or, à l'époque où le rêve eut lieu, notre investigation était sur le point de provoquer un pareil aveu de la masturbation infantile. Un moment auparavant, elle m'avait demandé de lui dire pourquoi la maladie l'avait atteinte, elle justement. Avant que j'aie pu répondre, elle avait jeté la responsabilité de cette maladie sur son père. Elle en fondait la démonstration non sur des idées inconscientes, mais sur une connaissance consciente. Je fus étonné de constater que la jeune fille savait de quelle nature avait été la maladie de son père. Après que celui-ci fut revenu de ma consultation, elle avait surpris une conversation dans laquelle le nom de la maladie avait été prononcé. Quelques années auparavant, au temps du décollement de la rétine, un oculiste consulté avait dû en indiquer l'étiologie spécifique, car la jeune fille, curieuse et inquiète, entendit alors une vieille tante dire à sa mère : « Il avait déjà été malade avant son mariage », et ajouter quelque chose d'incompréhensible qu'elle interpréta, plus tard, comme étant de l'ordre des choses inconvenantes.

Son père était donc tombé malade à cause de la vie dévergondée qu'il avait menée, et elle pensait qu'il lui avait transmis par hérédité sa maladie. Je me gardai bien de lui dire que moi aussi, comme je l'ai mentionné (p. 12, n. 1), j'estimais que les descendants des syphilitiques étaient tout particulièrement prédisposés à des neuropsychoses graves. Les autres pensées qui tendaient à accuser le père passèrent au travers du matériel inconscient. Elle s'identifia, pendant quelques jours, à sa mère par de petits symptômes et de petites particularités, ce qui lui fournit l'occasion de se signaler par une conduite insupportable et me laissa alors deviner qu'elle pensait à un séjour à Franzensbad, lieu où elle avait séjourné, je ne sais plus en quelle année, en compagnie de sa mère. Celle-ci souffrait de douleurs au bas-ventre et avait des pertes — un « catarrhe » — ce qui nécessitait une cure à Franzensbad. Dora était d'avis — probablement là aussi à juste titre — que cette maladie provenait de son père, qui aurait ainsi communiqué sa maladie vénérienne à la mère de Dora. Il était tout à fait compréhensible qu'elle confondît, comme le font en général la plupart des non-médecins, blennorragie et syphilis, hérédité et contamination par des rapports. Sa persévérance à s'identifier à sa mère m'imposa presque l'obligation de lui demander si elle aussi avait une maladie vénérienne, et voilà que j'appris qu'elle était atteinte d'un « catarrhe » (flueurs blanches), dont elle ne se rappelait pas le début.

Je compris que, derrière les pensées qui accusaient tout haut son père, se cachait, comme d'habitude, de l'auto-accusation, et j'allai au-devant en affirmant à Dora que les flueurs blanches des jeunes filles décelaient à mes yeux, par excellence, la masturbation ; je considérais comme étant de second plan au regard de la masturbation (1) toutes les causes de la leucorrhée qui sont habituellement citées. Je lui fis observer que tout en me demandant pourquoi il avait fallu que la maladie l'affectât, elle, précisément, elle était en

(1) (Note de 1923.) Une opinion extrême que je ne soutiendrais plus aujourd'hui.

train de me répondre en avouant une masturbation probablement infantile. Elle niait énergiquement se rappeler rien de semblable. Mais quelques jours plus tard, elle fit une chose que j'envisageai comme une manière encore de se rapprocher de cet aveu. Elle portait ce jour-là exceptionnellement un petit porte-monnaie. Étendue et tout en parlant, elle ne cessait de jouer avec cet objet, l'ouvrait, y introduisait le doigt, le refermait, etc. Je l'observai pendant quelque temps et lui expliquai ensuite ce que c'était qu'un acte symptomatique (1). J'appelle *actes symptomatiques* les actes que l'on exécute machinalement, inconsciemment, sans y faire attention, comme en se jouant, auxquels on aimerait refuser toute signification et que l'on déclare indifférents et effets du hasard, si l'on est questionné à leur sujet. Une observation plus attentive montre alors que de tels actes, dont le conscient ne sait rien ou ne veut rien savoir, expriment des pensées et des impulsions inconscientes et que, par conséquent, en tant qu'expression tolérée de l'inconscient, ils ont de la valeur et sont instructifs. Il y a deux sortes d'attitudes conscientes envers les actes symptomatiques. Si on peut leur trouver une raison inoffensive, on en prend connaissance ; si, par contre, un tel prétexte fait défaut pour le conscient, on ne se rend en général pas compte qu'on les exécute. Dans le cas de Dora, la motivation était facile à trouver : « Pourquoi ne pas porter le sac à main qui est actuellement à la mode ? » Mais une pareille justification n'exclut pas la possibilité d'une origine inconsciente de l'acte en question. D'autre part, l'origine et le sens attribués à cet acte ne se laissent pas absolument prouver. Il faut se contenter de constater qu'un tel sens s'accorde extrêmement bien avec l'ensemble de la situation, avec l'ordre du jour de l'inconscient.

J'exposerai une autre fois une collection de pareils actes symptomatiques, tels qu'on peut les observer chez des normaux et chez des nerveux. Les interprétations en sont parfois très faciles. Le sac à main bifolié de Dora n'est autre chose qu'une figuration du vagin ; en jouant avec ce sac, en l'ouvrant, en y introduisant le doigt, elle exprimait par une pantomime et d'une façon assez sans-gêne, mais évidente, ce qu'elle eût voulu faire, c'est-à-dire la masturbation. Il m'est arrivé récemment une histoire analogue fort amusante. Une dame d'un certain âge sort, pendant la séance, une petite bonbonnière en os, soi-disant pour se rafraîchir en suçant un bonbon, s'efforce de l'ouvrir et me la tend, pour que je me convainque combien elle était difficile à ouvrir. J'exprime le soupçon que cette boîte doit

(1) Comparez *Zur Psychopathologie des Alltagslebens*, Berlin, S. Karger, 1904. Repr. dans le vol. IV des *Ges. Werke*. *La psychopathologie de la vie quotidienne*, trad. JANKÉLÉVITCH, Paris, Payot, 1922.

avoir une signification particulière, car je la vois aujourd'hui pour la première fois, quoique sa propriétaire vienne chez moi depuis plus d'un an déjà. Là-dessus, cette dame me répond avec empressement : « J'ai toujours et partout où je vais cette boîte sur moi. » Elle ne se calme que lorsque je lui fais observer en riant que ses paroles peuvent s'appliquer aussi à une autre signification de la boîte. La boîte — box, πόσις — n'est, comme le sac, comme la boîte à bijoux, qu'une représentation de la coquille de Vénus, de l'organe génital féminin.

Il y a dans la vie beaucoup de ce symbolisme, à côté duquel nous passons sans y prêter attention. Quand je m'imposai de ramener au jour tout ce que les hommes cachent, sans utiliser pour ce faire la contrainte qu'exerce l'hypnose et en me servant simplement de ce qu'ils disent et laissent entrevoir, je croyais cette tâche plus malaisée qu'elle n'est réellement. Celui qui a des yeux pour voir et des oreilles pour entendre constate que les mortels ne peuvent cacher aucun secret. Celui dont les lèvres se taisent bavarde avec le bout des doigts ; il se trahit par tous les pores. C'est pourquoi la tâche de rendre conscientes les parties les plus dissimulées de l'âme est parfaitement réalisable.

L'incident symptomatique du sac à main ne précéda pas immédiatement le rêve. Dans la séance où elle m'apporta le rêve, un autre acte symptomatique encore lui servit de prélude. Lorsque j'entrai dans la pièce où elle m'attendait, elle cacha rapidement une lettre qu'elle était en train de lire. Je demandai naturellement de qui était la lettre, mais elle refusa tout d'abord de me le dire. Enfin elle m'apprit quelque chose d'entièrement indifférent et sans rapport aucun avec notre cure. C'était une lettre de sa grand-mère qui lui demandait d'écrire plus souvent. Je pense que Dora voulait seulement faire semblant d'avoir un « secret » et me montrer que ce secret, je le lui arrachais. Je m'explique maintenant son aversion secrète contre tout nouveau médecin. Elle craignait que ce dernier ne vînt à pénétrer, pendant l'examen, la cause de sa maladie (du fait de la leucorrhée ou de la connaissance de son incontinence), qu'il ne devinât chez elle la masturbation. Elle parlait toujours avec beaucoup de mépris des médecins qu'auparavant elle avait certainement surestimés.

Accusations contre le père responsable de sa maladie, derrière lesquelles se cachait une auto-accusation — flueurs blanches — jeu avec le sac à main — incontinence après la sixième année — secret qu'elle ne veut pas se laisser ravir par les médecins : je considère, sur de tels indices, que la preuve indubitable de la masturbation infantile est faite. Dans le cas de Dora, j'avais commencé de pressentir la masturbation quand elle m'avait parlé des gastralgies de sa cousine (v. p. 26) et qu'elle s'était ensuite identifiée avec celle-ci en se plaignant, pendant plusieurs jours, des mêmes sensations douloureuses. On sait avec quelle fréquence les gastralgies se rencontrent justement chez les masturbateurs. D'après une communication personnelle de W. Fliess, ce sont précisément ces gastralgies qui peuvent être suspendues par des applications de cocaïne au « point gastrique » du nez, point qu'il a trouvé. La guérison s'opère par la cautérisation de ce point. Dora me confirma consciemment deux choses : qu'elle avait elle-même souffert assez souvent de gastralgies et qu'elle avait des raisons de supposer que sa cousine se masturbait. Il arrive fréquemment aux malades de comprendre chez les autres des rapports dont la compréhension chez eux-mêmes est rendue impossible par des résistances affectives. Aussi ne niait-elle plus, bien qu'elle ne pût rien se rappeler. Je considère aussi l'incontinence jusque « peu avant l'apparition de l'asthme nerveux » comme valable au point de vue clinique. Les symptômes hystériques n'apparaissent presque jamais pendant que les enfants se masturbent, mais seulement dans la continence (1) ; ils suppléent ainsi à la satisfaction masturbatoire, dont le désir reste intact dans l'inconscient, tant qu'une autre satisfaction, plus normale, ne se produit pas, là où elle est encore restée possible. Cette dernière condition décide d'une guérison possible de l'hystérie par le mariage et les rapports sexuels normaux. Si, dans la vie conjugale, la satisfaction normale se trouve une fois de plus supprimée, soit par le coït interrompu, soit par suite d'une aversion psychique, etc., la libido revient dans son ancien lit et se manifeste à nouveau par des symptômes hystériques.

Il m'eût été agréable de relater encore ici avec précision sous quelle influence, et à quel moment, la masturbation de Dora avait pu être réprimée, mais le caractère incomplet de cette analyse m'oblige à ne présenter qu'un matériel plein de lacunes. Nous avons appris que l'incontinence dura presque jusqu'au moment où se déclara la première dyspnée. Or, tout ce qu'elle put nous dire à propos de cette première crise ce fut qu'à ce moment-là son père, pour la première fois après son rétablissement, partit en voyage. Dans ce petit fragment de souvenir conservé, il devait y avoir une allusion à l'étiologie de la dyspnée. Grâce à certains actes symptomatiques et à d'autres indices, j'eus de fortes raisons de supposer que l'enfant, dont la chambre communiquait avec celle des parents, avait surpris une visite nocturne de son père à sa mère et qu'elle avait entendu, pendant le coït, la respiration haletante de l'homme, déjà court d'haleine

(1) La même règle est en principe applicable aussi aux adultes ; cependant il suffit chez eux d'une abstinence relative, d'une restriction de la masturbation, de sorte que, si la libido est intense, l'hystérie et la masturbation peuvent coexister.

à l'état habituel. Les enfants pressentent en pareils cas le caractère sexuel de ces bruits inquiétants. Les mouvements qui expriment l'excitation sexuelle préexistent donc chez eux, en tant que mécanismes innés. J'ai exposé, il y a bien des années déjà, que la dyspnée et les palpitations de cœur de l'hystérie et de la névrose d'angoisse n'étaient que des fragments isolés de l'acte du coït, et j'ai pu, dans beaucoup de cas, comme dans celui de Dora, ramener le symptôme de la dyspnée, de l'asthme nerveux, à la même cause déterminante, c'est-à-dire au fait d'avoir surpris les rapports sexuels des adultes. Il se peut très bien que la coexcitation subie ait alors provoqué chez la petite Dora un revirement de la sexualité et que la tendance à la masturbation ait été dès lors remplacée par une tendance à l'angoisse. Un peu plus tard, comme son père était absent et que l'enfant amoureuse songeait à lui avec nostalgie, la sensation se renouvela en elle sous la forme d'une crise d'asthme. La cause occasionnelle de cette crise conservée dans le souvenir laisse deviner quelles pensées anxieuses accompagnèrent cet accès. Elle eut cette crise pour la première fois en faisant une ascension en montagne, par suite d'un surmenage, et éprouva sans doute réellement un peu de difficulté à respirer. A cela vint s'ajouter l'idée que les ascensions étaient défendues à son père, qu'il ne devait pas se surmener, ayant l'haleine courte ; ensuite, elle se souvint combien il s'était fatigué cette nuit-là, chez sa maman ; elle se demanda si cela ne lui avait pas fait de mal, puis vint le souci de s'être peut-être aussi surmenée pendant la masturbation qui aboutit également à l'orgasme sexuel avec un peu de dyspnée ; ensuite se produisit le retour accentué de cette dyspnée sous forme de symptôme. Je pus tirer de l'analyse une partie de ce matériel ; je dus suppléer au reste par mes propres moyens. Nous avons vu, à propos de la masturbation, que le matériel relatif à un thème n'est rassemblé que par bribes, à des moments différents et dans divers contextes (1).

(1) C'est d'une manière tout à fait analogue que se fait aussi, dans d'autres cas, la preuve de la masturbation infantile. Le matériel est en général de nature semblable : indications de flueurs blanches, incontinence, cérémonial relatif aux mains (compulsion à se laver), etc. On peut deviner avec certitude, dans chaque cas, d'après la symptomatologie, si ces habitudes ont été découvertes ou non par les personnes s'occupant de l'enfant, s'il y eut une longue lutte de l'enfant contre cette habitude ou bien un revirement subit comme conclusion à cette période d'activité sexuelle. Chez Dora, la masturbation n'avait pas été découverte. Elle prit fin d'un seul coup (le secret, la peur des médecins — le remplacement par la dyspnée). Les malades nient régulièrement la force probante de ces indices et cela même lorsque e souvenir du « catarrhe » ou les remontrances de la mère (« cela rend bête ; c'est du poison ») sont demeurés dans le souvenir conscient. Mais quelque temps après, revient aussi avec certitude, et dans tous les cas, le souvenir si longtemps refoulé de cette partie de la vie sexuelle infantile. Chez une malade affectée de représen-

Une série de questions de la plus grande importance se pose maintenant sur l'étiologie de l'hystérie, à savoir s'il est permis de considérer le cas de Dora comme un cas type et s'il est le seul type de détermination possible, etc. Je pense bien faire en n'y voulant répondre qu'après avoir pris connaissance de la même manière d'un plus grand nombre de cas analysés. Je devrais d'ailleurs commencer par sérier les questions. Au lieu de me prononcer par oui ou par non quand il s'agit de savoir si l'étiologie de ce cas doit être recherchée dans la masturbation infantile, il me faudrait tout d'abord discuter la conception de l'étiologie dans les psychonévroses. En répondant, je me placerais à un point de vue tout différent de celui de la question, ce qui serait peu satisfaisant. Toujours est-il que si, pour ce cas, nous arrivons à nous convaincre que la masturbation infantile existe, elle ne peut être ni accidentelle ni indifférente pour la formation du tableau morbide (1). La compréhension des symptômes chez Dora nous sera plus aisée si nous prêtons attention à la signification des flueurs blanches avouées par elle. Elle apprit à désigner son affection du nom de « catarrhe » lorsqu'une maladie semblable chez sa mère rendit nécessaire le séjour à Franzensbad. C'était là une fois de plus un « aiguillage » qui donna accès, par le symptôme de la toux, aux manifestations de toute une série d'idées sur la responsabilité de son père dans sa propre maladie. Cette toux, dont l'origine avait certainement été un insignifiant catarrhe réel, était en outre une imitation de son père atteint d'une affection pul-

tations obsessionnelles, qui étaient des rejetons directs de la masturbation infantile, les phénomènes présentés se révélèrent comme étant des fragments inchangés, conservés depuis lors, du combat pour le sevrage entrepris par sa bonne. C'étaient des obsessions à se défendre, à se punir de telle ou telle chose, à s'interdire telle autre, le besoin de n'être pas dérangée, celui d'intercaler des interruptions entre une manipulation et la suivante, des lavages de mains, etc. La remontrance : « Fi donc, c'est du poison ! » était la seule chose restée toujours dans la mémoire. Cf. mes *Trois essais sur la théorie de la sexualité*, vol. V des *Ges. Werke*.

(1) Le frère doit avoir joué un certain rôle dans l'accoutumance à la masturbation, car, dans ce contexte, elle raconta en insistant d'une façon qui trahit le « souvenir-écran » que son frère lui avait toujours transmis ses maladies. Mais lui contractait les infections sous leur forme bénigne, tandis qu'elle tombait plus gravement malade. Dans le rêve, c'est le frère aussi qui est préservé de la « déchéance » ; lui aussi était atteint d'incontinence, mais cette incontinence cessa même avant celle de sa sœur. Dans un certain sens c'était un « souvenir-écran » quand elle disait avoir pu, jusqu'à sa première maladie, marcher du même pas que son frère et que ce ne fut qu'à partir de cette époque qu'elle se trouva en retard sur lui dans ses études, tout à fait comme si elle eût été jusqu'alors un garçon et qu'elle ne fût devenue fille qu'à ce moment. Dora était, en effet, une sauvage ; par contre, à partir de « l'asthme », elle devint calme et sage. Cette maladie fut chez elle comme une borne entre deux phases de sa vie sexuelle dont la première avait un caractère viril et l'autre un caractère féminin.

monaire et pouvait exprimer la compassion et l'inquiétude qu'elle ressentait sans doute à son égard. En dehors de cela, la toux proclamait en quelque sorte au monde entier ce qui, peut-être, n'était pas encore conscient : « Je suis la fille de papa. J'ai un catarrhe comme lui. Il m'a rendue malade comme il a rendu malade maman. C'est de lui que je tiens les mauvaises passions qui sont punies par la maladie (1). »

Tentons maintenant de rapprocher toutes les déterminations que nous avons trouvées aux accès de toux et à l'enrouement. Au plus profond de la stratification, il faut admettre une réelle irritation organique provoquant la toux, semblable à ce grain de sable autour duquel les ostracées forment la perle. Cette irritation est susceptible de fixation, car elle concerne une région du corps ayant gardé à un degré très élevé, chez la jeune fille, le rôle de zone érogène. Cette irritation peut donc fournir un mode d'expression à la libido réveillée. Elle est fixée au moyen de ce qui est sans doute le premier revêtement psychique : l'imitation du père malade par compassion pour lui et ensuite les auto-accusations à cause du « catarrhe ». Le même groupe de symptômes se révèle plus tard comme susceptible de représenter les relations avec M. K..., de permettre le regret de son absence et d'exprimer le désir d'être pour lui une meilleure femme que la sienne propre. Après qu'une partie de la libido de Dora s'est de nouveau tournée vers son père, le symptôme acquiert peut-être sa signification dernière et sert à exprimer, par l'identification avec Mme K..., les rapports sexuels avec le père. Je pourrais certifier que cette série n'est guère complète. Cette analyse inachevée n'est malheureusement pas en mesure de fixer les dates de ces changements de signification ni d'expliquer la succession et la coexistence des différentes significations. On est en droit d'exiger toutes ces précisions d'une analyse complète.

Je ne dois cependant pas négliger d'autres relations de la leucorrhée avec les symptômes hystériques de Dora. A l'époque où l'on était loin encore d'une explication psychologique de l'hystérie,

(1) L'élément verbal jouait le même rôle chez la jeune fille de 14 ans dont j'ai rapporté, en quelques lignes (p. 15), l'observation. J'avais installé cette enfant dans une pension en compagnie d'une dame intelligente qui tenait la place de garde-malade. Cette dame me communiqua que la petite malade ne supportait pas sa présence lorsqu'on la mettait au lit et que, couchée, elle toussait bizarrement, chose qui ne se produisait pas pendant la journée. Lorsqu'on questionna la petite sur ce symptôme, il ne lui vint à l'esprit qu'une chose, à savoir que sa grand-mère toussait ainsi et qu'on la disait atteinte d'un catarrhe. Il était donc évident qu'elle aussi avait un catarrhe et ne voulait pas être surprise pendant sa toilette du soir. Le catarrhe qui, à l'aide de ce mot, avait été *déplacé de bas en haut*, était même d'une intensité peu commune.

j'ai entendu des confrères plus âgés et très expérimentés soutenir que, chez les malades hystériques atteintes de flueurs blanches, la recrudescence de la leucorrhée était régulièrement suivie d'une aggravation des symptômes hystériques, particulièrement de celle de l'anorexie et des vomissements. Personne ne comprenait bien ces rapports, mais on inclinait, je crois, vers la conception des gynécologues qui, on le sait, admettent l'influence très grande, directe et organique, des troubles génitaux sur les fonctions nerveuses, bien que la plupart du temps la preuve théorique fasse défaut. Dans l'état actuel de nos connaissances, on ne peut exclure une pareille influence directe, mais sa forme psychique est plus facilement démontrable. La femme est fière de ses organes génitaux et l'amour-propre joue là un rôle particulièrement important. Lorsque ces organes sont atteints de quelque affection propre, croit-on, à provoquer de la répugnance et du dégoût, l'amour-propre féminin en est blessé et humilié à un degré incroyable. Les femmes deviennent alors irritables, susceptibles et méfiantes. Les sécrétions anormales de la muqueuse vaginale sont considérées comme capables de provoquer du dégoût.

Rappelons-nous que Dora éprouva, après le baiser de M. K..., une vive sensation de dégoût et aussi que nous avons eu des raisons de compléter le récit de cette scène en supposant qu'elle avait ressenti, pendant l'étreinte, la pression du membre érigé contre son corps. Nous apprenons en outre que cette même gouvernante que Dora repoussa pour son infidélité lui avait raconté avoir fait l'expérience que tous les hommes étaient des libertins auxquels on ne pouvait se fier. Pour Dora, cela devait signifier que tous les hommes étaient comme son père. Or, elle considérait son père comme atteint d'une maladie vénérienne, vu qu'il avait contaminé sa mère et elle-même. Elle pouvait donc se figurer que tous les hommes avaient une maladie vénérienne et l'image qu'elle se faisait de cette affection répondait naturellement à sa seule expérience personnelle. La maladie vénérienne se traduisait, par conséquent, pour elle, par l'apparition d'un écoulement dégoûtant ; ne pourrait-on voir là une détermination de plus du dégoût éprouvé au moment de l'étreinte ? Ce dégoût, transposé sur l'étreinte même de l'homme, aurait ainsi été un dégoût projeté selon le mécanisme primitif (mentionné p. 23) et qui se rapporterait en fin de compte à sa propre leucorrhée.

Je suppose qu'il s'agit ici de pensées inconscientes, tendues sur des rapports organiques préfigurés, comparables à des guirlandes de fleurs tendues sur un fil de fer, de sorte qu'on peut trouver, dans un autre cas, d'autres pensées entre les mêmes points de départ et d'arrivée. Mais la connaissance de l'enchaînement des pensées ayant agi dans chaque point déterminé est d'une valeur inestimable pour la solution des symptômes. Le fait que nous soyons obligé d'avoir recours, dans le cas de Dora, à des suppositions et à des additions, n'est dû qu'à l'interruption prématurée de cette analyse. Ce que j'ai employé pour combler les lacunes s'appuie sans exception sur d'autres cas analysés à fond.

Le rêve dont l'analyse nous a fourni les éclaircissements précédents correspond, comme nous l'avons vu, à une décision prise par Dora et qui l'accompagne jusque dans son sommeil. C'est pourquoi il se répète toutes les nuits jusqu'à ce que cette décision soit réalisée, et il réapparaît des années plus tard, au moment où il y a lieu pour elle de prendre une résolution analogue. Cette résolution peut s'exprimer consciemment à peu près de la façon suivante : « Je vais fuir cette maison dans laquelle, comme je l'ai vu, ma virginité est menacée ; je vais partir avec papa et, le matin, je prendrai des précautions pour n'être pas surprise pendant ma toilette. » Ces pensées trouvent dans le rêve une expression claire ; elles font partie d'un courant qui est devenu conscient et qui domine à l'état de veille. Derrière elles, on peut deviner d'autres pensées répondant au courant contraire et qui, pour cette raison, ont subi une répression. Ces pensées culminent dans la tentation de se donner à M. K... en reconnaissance de l'amour et de la tendresse qu'il lui a témoignés ces dernières années, elles évoquent peut-être le souvenir du seul baiser qu'elle ait jusqu'alors reçu de lui. Mais d'après la théorie que j'ai exposée dans mon livre sur la Science des rêves, de pareils éléments ne suffisent pas à former un rêve. Le rêve est la représentation non pas d'une décision mise en exécution, mais d'un désir réalisé, et avant tout d'un désir de l'enfance. Nous avons le devoir d'examiner si cette règle est enfreinte par notre rêve.

Ce rêve contient, en effet, du matériel infantile qui, à première vue, n'a aucun rapport compréhensible avec la résolution de fuir la maison de M. K... et avec la tentation qui émane de celui-ci. Pourquoi apparaît là le souvenir de l'incontinence, des soins que son père prit pour l'habituer à la propreté ? On peut répondre : parce que c'est seulement grâce à ces pensées qu'il est possible à Dora de réprimer la violente tentation et de faire triompher la volonté de s'en défendre. L'enfant prend la décision de *fuir* avec son père ; en réalité, elle fuit *vers* son père, par peur de l'homme qui la séduit ; elle réveille un attachement infantile pour son père, attachement qui doit la préserver d'un récent attrait pour un étranger. Son père lui-même est coupable du danger actuel, lui qui l'a abandonnée à un étranger dans l'intérêt de ses propres amours. Que tout était donc plus beau quand ce même père n'aimait personne plus qu'elle, Dora, et s'efforçait de la protéger contre les dangers qui la menaçaient alors ! Le désir infantile, maintenant inconscient, de voir son père à la place de l'étranger est la puissance formatrice du rêve. S'il a existé une situation qui, pareille à l'une des situations actuelles, n'en différât que par le personnage en jeu, elle devient la situation principale dans le contenu du rêve. Une pareille situation existe : exactement comme M. K..., le jour qui avait précédé le rêve, son père s'était jadis tenu devant le lit de Dora et la réveillait sans doute par un baiser, ainsi que peut-être M. K.... avait projeté de le faire. La décision de fuir la maison n'est pas en elle-même susceptible de former un rêve, elle ne le devient que par le fait qu'une autre décision s'y adjoint, celle-ci fondée sur des désirs infantiles. Le désir de substituer son père à M. K... est la force motrice du rêve. Je rappelle l'interprétation qui m'a été imposée par les pensées prévalentes au sujet des relations de son père avec Mme K..., interprétation d'après laquelle l'attachement infantile de Dora pour son père aurait été réveillé pour maintenir en état de refoulement l'amour refoulé pour M. K... ; c'est ce revirement dans la vie psychique de la patiente que reflète le rêve.

Au sujet des rapports qui existent entre les pensées de l'état de veille qui subsistent jusque dans le sommeil — les restes diurnes — et le désir inconscient formateur du rêve, j'ai exposé quelques remarques dans *La Science des rêves* (1). J'aimerais les citer sans y rien modifier, sans y rien ajouter, car l'analyse de ce rêve de Dora vient à nouveau en confirmer le bien-fondé.

« J'accorde volontiers qu'il existe toute une classe de rêves provoqués principalement ou même exclusivement par des restes de la journée ; et je pense que même mon désir de devenir professeur extraordinaire (2) aurait pu, cette nuit-là, me laisser dormir en repos, si le souci au sujet de la santé de mon ami n'avait pas subsisté. Mais ce souci n'aurait provoqué aucun rêve ; la force nécessaire à l'apparition d'un rêve supposait un désir ; il appartenait au souci de se procurer un désir qui pût remplir ce rôle. S'il nous est permis de recourir à une comparaison : il est très possible qu'une pensée diurne joue le rôle d'*entrepreneur* du rêve ; mais l'entrepreneur qui, comme on dit, a l'idée et l'envie de réaliser cette idée, ne peut rien faire sans capital ; il lui faut recourir à un *capitaliste* qui subvienne aux frais ; et ce capitaliste qui engage la mise de fonds psychologique nécessaire pour le lancement du rêve est toujours, quelle que soit la pensée diurne, *un désir émanant de l'inconscient.* »

(1) Trad. franç., p. 552 et suiv.
(2) Ceci a trait à l'analyse d'un rêve pris là pour modèle.

Celui qui a appris à connaître la finesse de structure de créations telles que le rêve ne sera pas surpris de découvrir que le désir de Dora de voir son père à la place de l'homme tentateur n'évoque pas le souvenir de n'importe quel matériel psychique provenant de l'enfance, mais précisément du matériel qui est aussi dans le rapport le plus intime avec la répression de cette tentation. Car, si Dora se sent incapable de céder à l'amour pour cet homme, si elle refoule cet amour au lieu de s'y abandonner, c'est que cette décision ne dépend d'aucun facteur plus étroitement que de sa satisfaction sexuelle précoce et de ses suites, l'incontinence, la leucorrhée et le dégoût. De pareils antécédents peuvent, selon la sommation des facteurs constitutionnels, servir de base à deux attitudes envers les exigences que comporte l'amour de l'adulte : soit à un abandon sans défense à la sexualité frisant la perversion, soit à une réaction de rejet de la sexualité, accompagné de névrose. La constitution et le niveau intellectuel et moral élevé de son éducation avaient décidé, pour notre patiente, de la seconde issue.

Je tiens encore tout spécialement à faire remarquer que nous avons eu, grâce à l'analyse de ce rêve, accès à certains détails des événements pathogènes qui, sans cela, n'auraient été accessibles ni au souvenir ni à la reproduction. Le souvenir de l'incontinence d'urine dans l'enfance était, comme nous l'avons vu, déjà refoulé. Dora n'avait jamais mentionné non plus les détails des assiduités de M. K... ; ils ne lui étaient pas venus à l'esprit.

Je ferai quelques remarques encore, relatives à la synthèse de ce rêve. L'élaboration onirique commence dans l'après-midi du deuxième jour qui suit la scène dans la forêt, après que Dora a remarqué qu'elle ne peut plus s'enfermer à clef dans sa chambre. Elle se dit alors : « Un danger grave me menace ici » ; et elle prend la résolution de ne pas rester seule dans cette maison, mais de partir avec son père. Cette résolution devient capable de former un rêve parce qu'elle peut se poursuivre jusque dans l'inconscient. A cette résolution correspond dans l'inconscient le fait qu'elle appelle au secours l'amour infantile pour son père, comme protection contre la tentation actuelle. Le revirement qui se produit alors en elle se fixe et l'amène au point de vue représenté par les pensées *prévalentes*. (La jalousie contre Mme K... à cause de son père, comme si elle était amoureuse de lui.) En elle luttent, d'une part, la tentation de s'abandonner à l'homme qui la sollicite et, d'autre part, la résistance complexe contre ce dernier. Cette résistance est composée de motifs de convenance et de raison, d'émois hostiles provenant des éclaircissements donnés par sa gouvernante (jalousie, amour-propre blessé, voir plus loin) et d'un élément névrotique, à savoir la répugnance sexuelle préexistante en elle et découlant de son histoire infantile. L'amour pour son père, qu'elle appelle à son secours pour qu'il la protège contre la tentation, émane précisément de cette histoire infantile.

Le rêve transforme la résolution, ancrée dans l'inconscient, de fuir vers son père en une situation qui représente comme réalisé le désir d'être sauvée d'un danger par son père. Là, il a fallu qu'elle écartât une pensée qui serait un obstacle : à savoir que c'était son père qui l'avait exposée à ce danger. Nous allons voir la tendance hostile au père (désir de vengeance), et qui pour cette raison avait été refoulée, devenir l'une des promotrices du second rêve.

D'après les conditions de la formation des rêves, la situation imaginée est choisie de façon à reproduire une situation infantile. C'est un triomphe tout spécial du rêve que de réussir à transformer une situation récente, voire même celle qui avait provoqué le rêve, en une situation infantile. Cela réussit ici grâce à un hasard favorable. M. K... se tenant devant elle l'avait réveillée, c'est ce qu'avait souvent fait son père lorsqu'elle était enfant. Toute la volte-face effectuée par Dora se laisse admirablement symboliser par la substitution, dans cette situation, de M. K... à son père. Or son père la réveillait autrefois, afin qu'elle ne mouillât pas son lit.

Cette idée du « mouillé » détermine la suite du contenu du rêve dans lequel, toutefois, il n'est représenté que par une vague allusion et par son contraire.

Le contraire de « mouillé », « eau », peut aisément être « feu », « brûler ». Un hasard, le fait que le père ait exprimé, à l'arrivée à cet endroit, sa crainte d'un incendie, contribue à ce que le danger dont son père la protège soit précisément un danger d'incendie. C'est sur ce hasard et sur le contraire de « mouillé » que se base la situation choisie dans le rêve : il y a le feu, son père est devant son lit pour la réveiller. Les paroles fortuites du père n'auraient certainement pas acquis cette importance dans l'image onirique si elles ne s'accordaient pas aussi parfaitement avec la tendance alors victorieuse en Dora, tendance qui voulait à tout prix voir dans le père le protecteur et le sauveur. C'est comme si elle avait pensé : « Il a, dès notre arrivée, pressenti le danger, il a eu raison ! » (En réalité, c'est bien lui qui avait exposé la jeune fille au danger.)

A l'aide de rapports facilement reconstituables, c'est à l'idée du « mouillé » qu'incombe, parmi les pensées du rêve, le rôle de point d'intersection de plusieurs cercles de représentations. « Mouillé » fait partie non seulement de l'incontinence d'urine, mais aussi du cercle d'idées de tentation sexuelle qui se cachent, réprimées, derrière cette partie du contenu du rêve. Dora sait qu'on se mouille aussi pendant les relations sexuelles, que l'homme donne à la femme, pendant l'accouplement, quelque chose de liquide en *forme de gouttes*. Elle sait que c'est là précisément le danger, que sa tâche est de préserver ses organes génitaux de cette humectation.

Par « mouillé » et « gouttes » s'ouvre à nous en même temps l'autre cercle d'associations, celui du catarrhe dégoûtant qui, à l'âge adulte, a le même effet humiliant que l'incontinence d'urine dans l'enfance. « Mouillé » équivaut ici à « souillé ». Les organes génitaux qui doivent être propres sont, en effet, déjà souillés par la leucorrhée, d'ailleurs autant chez sa mère que chez elle-même (p. 55). Dora semble comprendre que la manie de propreté de sa mère est une réaction contre cette souillure.

Les deux cercles se superposent ici : maman a reçu de papa et le « mouillé » sexuel et la leucorrhée salissante. La jalousie de Dora à l'égard de sa mère est inséparable du cercle d'idées de l'amour infantile pour son père qui doit la protéger. Cependant, ce matériel n'est pas encore susceptible d'être représenté. Toutefois, qu'un souvenir puisse être découvert qui soit en rapport équivalent avec les deux cercles de l'idée « mouillé », mais qui sache éviter d'être choquant, ce souvenir pourra assumer la représentation dans le contenu du rêve.

C'est un tel souvenir qui se retrouve dans l'épisode des « gouttes », du bijou désiré par la mère de Dora. En apparence, l'association de cette réminiscence avec les deux cercles du « mouillé » sexuel et de la souillure est extérieure et superficielle, due à l'intermédiaire de mots, car la « goutte » est employée comme un « aiguillage », comme un mot à double sens, et « bijou » signifie, peut-on dire, « propre » (1), le contraire de « souillé », bien que sur un mode un peu forcé. En réalité, on trouve des associations de fond, très fermes. Le souvenir provient du matériel de la jalousie contre la mère, jalousie ayant débuté dans l'enfance, mais qui persista. Par ces deux associations verbales, toute la signification attachée aux idées des rapports sexuels entre parents, à la leucorrhée de la mère, à la pénible manie de nettoyage de celle-ci, peut être transférée sur la seule réminiscence de la « goutte bijou ».

Mais il fallait, pour donner naissance au contenu du rêve, un autre déplacement encore. Ce n'est pas la « goutte », primitivement plus rapprochée du « mouillé », mais c'est le « bijou » plus éloigné, qui trouve accès au rêve. Si cet élément avait été introduit dans la partie du rêve précédemment fixée, cette partie aurait pu être conçue de la façon suivante : « Maman veut encore sauver ses bijoux. » Dans

(1) *Schmuck* (bijoux) signifie parfois en allemand : propre. *(N. d. T.)*

la nouvelle modification « boîte à bijoux » se fait jour, subsidiairement, sous l'influence d'éléments provenant du cercle d'idées sous-jacentes de la tentation par M. K... Celui-ci ne lui a pas donné les bijoux, mais une boîte à bijoux, représentant toutes les marques de prédilection, toutes les tendresses desquelles elle devrait maintenant être reconnaissante. Le composé ainsi formé, la « boîte à bijoux », n'est-elle pas une image usitée des organes génitaux immaculés, intacts, de la femme ? Et d'autre part, un mot innocent, un mot par conséquent parfaitement apte à cacher tout autant qu'à déceler, derrière le rêve, les pensées sexuelles ?

C'est ainsi que l'on trouve, dans le contenu du rêve, deux fois les mots « la boîte à bijoux de maman » et cet élément remplace l'expression de la jalousie infantile, la perle en forme de goutte, donc l'humectation sexuelle, la souillure par la leucorrhée et, d'autre part, l'actuelle tentation de rendre amour pour amour, dépeignant d'avance la situation sexuelle en perspective, désirée et redoutée. L'élément « boîte à bijoux » résulte, plus que tout autre, de déplacements et de condensations, c'est un compromis de tendances contraires. Sa double présence dans le contenu du rêve décèle l'origine multiple qu'il tire d'une source infantile et d'une source actuelle.

Le rêve est une réaction à un événement récent et troublant, qui doit nécessairement évoquer le souvenir du seul événement analogue dans le passé. C'est la scène du baiser dans le magasin, baiser qui provoqua le dégoût. Or, cette scène est associativement accessible encore par ailleurs : par le cercle d'idées du « catarrhe » (p. 61) et par celui de la tentation actuelle. Par conséquent, elle fournit au contenu du rêve son propre contingent qui doit s'adapter à la situation existante. Il y a le feu... le baiser devait sentir la fumée ; elle sent donc la fumée en rêve, sensation qui se poursuit même après le réveil.

Dans l'analyse de ce rêve, j'ai malheureusement, par mégarde, laissé une lacune. Elle attribue, dans ce rêve, à son père les paroles : « Je ne veux pas que mes deux enfants périssent, etc. » (à cet endroit, il faut ajouter d'après les idées du rêve : des suites de la masturbation). Un tel discours dans le rêve se compose régulièrement de paroles réellement entendues ou prononcées. J'ai omis de m'informer de l'origine réelle de ces paroles. Le résultat de cette enquête eût révélé une complication encore plus grande de la structure du rêve, mais l'eût aussi fait voir de façon plus transparente.

Doit-on admettre que le rêve eut alors, à L..., exactement le même contenu que lors de sa réapparition pendant la cure ? Cela ne semble pas nécessaire. L'expérience montre qu'on prétend souvent avoir le même rêve, tandis que les manifestations particulières des rêves à répétition se distinguent en réalité les unes des autres par de nombreux détails et d'autres modifications considérables. Ainsi, une de mes patientes raconte avoir fait, une fois de plus, son rêve préféré qui se répétait toujours de la même façon : elle nage dans la mer bleue, fendant avec plaisir les vagues, etc. De l'exploration plus fouillée de ce rêve, il résulte que, sur le même fond, est rapporté tantôt un détail, tantôt un autre ; il lui arriva même de nager dans la mer gelée, entre des icebergs. D'autres rêves, qu'elle-même ne tente plus de reconnaître comme étant le même, se montrent intimement liés à ce rêve à répétition. Elle voit par exemple, d'après une photographie, le plateau et le pays bas d'Héligoland, dans leurs dimensions réelles et sur la mer, un bateau à bord duquel se trouvent deux de ses amis d'enfance, etc.

Il est certain que le rêve fait par Dora pendant la cure — peut-être sans que le contenu manifeste en fût changé — avait acquis une signification actuelle nouvelle. Il comportait, parmi ses idées latentes, une allusion à mon traitement et répondait à un renouvellement de la résolution prise naguère de se soustraire à un danger. Si le souvenir de Dora était en défaut lorsqu'elle prétendait avoir perçu une odeur de fumée à L... déjà en se réveillant, il faut reconnaître qu'elle avait très habilement intercalé mes paroles : « Il n'y a pas de fumée sans feu » dans le rêve déjà formé, à un endroit où ces paroles semblaient être employées à surdéterminer le dernier élément. Le dernier incident actuel avait incontestablement été dû au hasard, le fait que sa mère eût enfermé le frère de Dora dans la chambre servait de lien avec les menées de M. K... à L... Dans ce dernier endroit, Dora, en s'apercevant qu'elle ne pouvait fermer la porte de sa chambre à clef, avait vu s'affermir sa résolution. Peut-être son frère n'apparaissait-il pas encore dans les rêves d'alors..., de sorte que les paroles : « Mes deux enfants », n'auraient été introduites dans le rêve qu'après le dernier incident dont nous venons de parler.

III

LE SECOND RÊVE

Quelques semaines après le premier rêve eut lieu le second, dont l'élucidation coïncida avec la fin de l'analyse. Ce rêve n'est pas aussi clair que le premier mais fournit la confirmation souhaitée d'une hypothèse devenue nécessaire sur l'état d'âme de la patiente, combla une lacune de la mémoire et permit de percevoir nettement l'origine d'un autre de ses symptômes. Dora raconta : *Je me promène dans une ville que je ne connais pas, je vois des rues et des places qui me sont étrangères* (1). *J'entre ensuite dans une maison où j'habite, je vais dans ma chambre et j'y trouve une lettre de maman. Elle écrit que comme j'étais sortie à l'insu de mes parents, elle n'avait pas voulu m'informer que papa était tombé malade. « Maintenant il est mort, et si tu veux* (2), *tu peux venir. » Je vais donc à la gare et je demande peut-être cent fois où est la gare. On me répond invariablement : cinq minutes. Ensuite, je vois devant moi une épaisse forêt, dans laquelle je pénètre, et je questionne un homme que j'y rencontre. Il me dit : encore deux heures et demie* (3). *Il me propose de m'accompagner. Je refuse et m'en vais toute seule. Je vois la gare devant moi et je ne puis l'atteindre. Ceci est accompagné du sentiment d'angoisse que l'on a dans un rêve où l'on ne peut avancer. Ensuite, je suis à la maison, entre-temps j'ai dû aller en voiture, mais je n'en sais rien. J'entre dans la loge du concierge et je le questionne au sujet de notre appartement. La femme de chambre m'ouvre et répond : maman et les autres sont déjà au cimetière* (4).

Tout n'a pu être élucidé à cause de l'interruption de l'analyse. Cette interruption se produisit dans des circonstances particulières qui ne furent pas sans rapports avec le contenu du rêve. C'est pourquoi ma mémoire n'a pu conserver avec une exactitude partout égale le souvenir de toutes les découvertes successives. Je dirai tout d'abord quel thème nous analysions au moment de ce rêve. Depuis quelque temps, Dora posait elle-même des questions au sujet des rapports existant entre ses actes et leurs motifs présumés. Une de ces questions fut la suivante : « Pourquoi me suis-je tue les premiers jours après la scène du lac ? » Une autre : « Pourquoi ai-je ensuite, tout à coup, raconté la chose à mes parents ? » A mon avis, il restait encore à expliquer pourquoi Dora s'était sentie si offensée par les sollicitations de M. K... — et cela d'autant plus que je commençais à comprendre que, dans cette affaire, il ne s'agissait pas non plus, pour M. K..., d'une frivole tentative de séduction. J'interprétai le fait d'avoir informé ses parents de cet incident comme un acte déjà influencé par un désir morbide de vengeance. Je considère qu'une jeune fille normale vient à bout toute seule de pareils événements.

J'exposerai donc le matériel qui se présenta pour l'analyse de ce rêve, dans le désordre assez bigarré qui s'impose à moi en le relatant ici.

(1) Elle ajouta ensuite une remarque très importante : sur une des places je vois un monument.

(2) Elle compléta ensuite : « Après ce mot il y avait un point d'interrogation : tu veux ? »

(3) En racontant le rêve une autre fois, elle dit : « Trois heures. »

(4) Elle ajouta à la séance suivante : « Je me vois d'une façon particulièrement distincte monter l'escalier. » Et : « Après sa réponse, je vais dans ma chambre, mais je ne me sens pas triste du tout et je lis un gros livre qui se trouve sur mon bureau. »

Elle erre toute seule dans une ville étrangère, elle voit des rues et des places. Elle assure que ce n'était certainement pas B..., comme je l'avais tout d'abord supposé, mais une autre ville où elle n'avait jamais été. Naturellement, je lui fis observer qu'elle pouvait avoir emprunté les images de ce rêve à des gravures ou à des photographies. C'est après cette remarque que se présenta à elle l'idée du monument sur une place et, immédiatement après, elle découvrit l'origine de cette idée. A la Noël, elle avait reçu un album contenant des vues d'une ville d'eaux allemande et elle l'avait précisément sorti la veille pour le montrer à des parents venus en visite. L'album était rangé dans une boîte à images qui ne put être immédiatement retrouvée et Dora demanda à sa mère : « Où est la boîte (1) ? » La personne qui lui avait fait cadeau de cet album était un jeune ingénieur, une connaissance passagère, faite naguère dans la ville industrielle dont il a déjà été question. Ce jeune homme avait accepté une situation en Allemagne, pour arriver plus vite à être indépendant ; il saisissait toutes les occasions de se rappeler au souvenir de Dora, et il était facile de deviner qu'il avait l'intention de la demander en mariage, lorsque sa situation se serait améliorée. Mais cela demanderait du temps, il fallait attendre.

La course à travers la ville étrangère était surdéterminée. Elle conduisait à une cause occasionnelle du rêve. Un jeune cousin était justement venu passer les fêtes chez eux et Dora s'apprêtait à lui faire visiter Vienne. Cette cause occasionnelle était certes tout à fait insignifiante. Mais ce cousin lui rappelait son premier et court séjour à Dresde. A ce moment, elle avait erré en étrangère dans Dresde et n'avait pas négligé de visiter la célèbre galerie de tableaux. Un autre cousin, qui était avec eux et connaissait Dresde, voulait leur faire voir cette galerie. *Mais elle refusa, elle alla toute seule,* et s'arrêta devant les tableaux qui lui plaisaient. Devant la *Madone Sixtine,* elle demeura *deux heures* en admiration, recueillie et rêveuse. Quand je lui demandai ce qui lui avait tant plu dans ce tableau, elle répondit d'une façon confuse. Enfin, elle dit : « La Madone. »

Il est certain que ces associations appartiennent bien au matériel constituant le rêve. Elles contiennent des éléments que nous retrouvons sans modifications dans le contenu du rêve. (Dora refusa et alla toute seule — deux heures.) Je remarque déjà que les « images » correspondent à un point de jonction dans la trame des idées du rêve (les images de l'album — les tableaux à Dresde). J'aimerais aussi faire ressortir le thème de la *Madone,* de la mère-vierge ; nous

(1) Dans le rêve elle demande : « Où est la gare ? » C'est de ce rapprochement que je tirai la conclusion exposée plus loin.

suivrons plus loin cette piste. Mais je vois tout d'abord que, dans cette première partie du rêve, Dora s'identifie à un jeune homme. Il erre en pays étranger, il s'efforce d'atteindre un but, mais on lui fait des difficultés, il doit prendre patience. Penser à l'ingénieur, cela aurait équivalu à penser au but que poursuivait ce jeune homme, c'est-à-dire à la possession d'une femme, d'elle-même en l'occurrence. Au lieu de cela, il s'agit d'une gare, que nous pouvons d'ailleurs remplacer, d'après le rapport existant entre la question posée dans le rêve et celle ayant été posée dans la réalité, par une boîte. Une boîte et une femme, cela s'accorde mieux déjà.

Elle demanda peut-être cent fois... Voilà qui conduit à une autre cause occasionnelle du rêve, moins insignifiante. La veille au soir, après le départ des visiteurs, le père demanda à Dora de lui apporter du cognac ; il déclara ne pouvoir dormir sans avoir auparavant bu du cognac. Elle demanda la clef du garde-manger à sa mère, mais celle-ci, absorbée dans une conversation, ne répondit pas, de sorte que Dora impatientée s'écria : « Voilà *cent fois* que je te demande de me dire où est la clef ! » Elle exagérait, n'ayant bien entendu répété sa question que *cinq* fois à peu près (1).

Où est la clef ? me semble être le pendant viril de la question : Où est la boîte ? (Voir le premier rêve, p. 46.) Ce sont ainsi des questions relatives aux organes génitaux.

Pendant la même réunion de famille, quelqu'un avait porté un toast au père de Dora en exprimant l'espoir qu'il demeurât longtemps encore en bonne santé, etc. Elle s'aperçut qu'à ce moment il y eut, dans les traits fatigués de son père, un étrange tressaillement, et elle comprit quelles pensées il avait à réprimer. Ce pauvre homme malade ! Qui pouvait savoir combien d'années lui restaient encore à vivre ?

Nous voici arrivés au texte de la lettre du rêve. Son père est mort, elle s'est absentée de la maison de sa propre autorité. Je lui rappelai aussitôt, au sujet de la lettre du rêve, la lettre d'adieu qu'elle avait écrite ou tout au moins rédigée pour ses parents. Cette lettre était destinée à effrayer son père, afin qu'il quittât Mme K... ou, tout au moins, à se venger de lui si elle n'arrivait pas à l'y décider. Nous sommes devant le thème de sa mort ou de celle de son père (le cimetière, plus tard dans le rêve). Nous trompons-nous si nous admettons que la situation formant la façade du rêve correspond à un

(1) Dans le contenu du rêve, le nombre 5 se trouve dans l'indication de temps : cinq minutes. Dans mon livre, *La science des rêves*, j'ai montré par plusieurs exemples de quelle façon des chiffres se trouvant dans les idées du rêve sont traités par le rêve ; on les rencontre souvent comme arrachés de l'ensemble dont ils faisaient partie et placés dans de nouveaux contextes.

fantasme de vengeance contre son père ? Les idées de compassion de la veille s'y accorderaient très bien. Voici quelle signification aurait ce fantasme : elle quitte la maison, part pour l'étranger, son père a le cœur brisé de chagrin, ne peut vivre loin d'elle. Alors, elle serait vengée. Car elle comprenait très bien ce qui manquait à son père qui maintenant ne pouvait plus dormir sans cognac (1).

Retenons le *désir de vengeance* comme nouvel élément pour la synthèse ultérieure des idées latentes du rêve.

Mais le texte de la lettre devait autoriser encore d'autres déterminations. D'où provenait l'addition : « Si tu veux ? »

C'est alors que lui vint à l'esprit que le mot « veux » était suivi d'un point d'interrogation, et elle reconnut alors ces mots comme étant empruntés à la lettre de Mme K... qui l'invitait à L... (au bord du lac). Dans cette lettre, il y avait après les mots « Si tu veux venir... », au beau milieu de la phrase, un point d'interrogation, ce qui était très bizarre.

Nous revenons ainsi à la scène du lac et aux énigmes qui s'y rattachent. Je priai Dora de me raconter cette scène dans tous ses détails. Tout d'abord, elle ne m'apprit rien de bien nouveau. M. K... avait débuté d'une façon assez sérieuse ; mais elle ne le laissa pas terminer. Aussitôt qu'elle eut compris de quoi il s'agissait, elle le gifla et s'enfuit. Je voulais savoir quels termes il avait employés ; elle ne se souvint que de cette explication : « Vous savez que ma femme n'est rien pour moi (2). » Afin de ne plus le rencontrer, elle résolut de faire à pied le tour du lac jusqu'à L... et elle demanda à un homme qu'elle rencontra combien de temps il lui faudrait pour cela. Cet homme ayant répondu : « Deux heures et demie », elle abandonna son plan et regagna quand même le bateau qui partit bientôt. M. K... était là aussi, il s'approcha d'elle, la pria de lui pardonner et de ne rien raconter de ce qui s'était passé. Mais elle ne répondit pas. « Oui, dit-elle, la *forêt* du rêve ressemblait tout à fait à celle au bord du lac où s'était déroulée la scène qui venait à nouveau d'être décrite. » Mais elle avait vu hier exactement la même épaisse forêt dans un tableau de l'exposition de la « Sécession ». Au fond du tableau, on voyait des *nymphes* (3). A ce moment, mon soupçon

(1) La satisfaction sexuelle est indubitablement le meilleur des soporifiques, de même que, la plupart du temps, l'insomnie est une conséquence de l'insatisfaction. Son père ne dormait pas parce que les rapports avec la femme aimée lui manquaient. Comparez les paroles : « Ma femme n'est rien pour moi. »

(2) Ces paroles vont nous fournir la solution de l'énigme.

(3) Ici pour la troisième fois : tableau (vues de villes, galerie à Dresde) mais dans un contexte bien plus significatif. Par ce qu'on voit dans ce tableau il devient lui-même l'image d'une femme *(Weibsbild)* (Forêt, nymphes).

se mua en certitude. La *gare* (1) et le *cimetière* à la place d'organes génitaux, voilà qui était assez clair, mais mon attention en éveil se portait sur le *vestibule*, mot composé d'une manière analogue (*Bahnhof*, *Friedhof*, *Vorhof* : gare, cimetière, vestibule), terme anatomique désignant une certaine région des organes génitaux féminins. Cependant, ceci pouvait être une erreur engendrée par la tendance à « faire de l'esprit ». Maintenant, en faisant intervenir les « nymphes » qu'on voit au fond d'une « forêt épaisse », aucun doute n'était plus permis. C'était là de la géographie sexuelle symbolique ! On appelle nymphes, terme inconnu des non-médecins et d'ailleurs peu usité par les médecins, les petites lèvres qui se trouvent à l'arrière-plan de la forêt épaisse des poils pubiens. Mais qui connaît des termes techniques tels que « vestibule » et « nymphes » doit avoir puisé ses connaissances dans des livres, non pas dans des livres de vulgarisation, mais dans un manuel d'anatomie ou bien dans un dictionnaire, recours habituel de la jeunesse dévorée de curiosité sexuelle. Derrière la première situation de ce rêve se cachait alors, si cette interprétation était juste, un fantasme de défloration, un homme s'efforçant de pénétrer dans les organes génitaux d'une femme (2).

Je communiquai mes conclusions à Dora. L'impression dut être concluante, car elle se rappela subitement un fragment oublié du rêve : *Elle va tranquillement* (3) *dans sa chambre et lit un gros livre qui se trouve sur son bureau.* L'accent porte ici sur les deux détails : *tranquillement* et *gros* (à propos du livre). Je lui demandai s'il s'agissait d'un livre ayant le format d'un dictionnaire. Elle répondit par l'affirmative. Or les enfants ne lisent jamais « tranquillement » un dictionnaire lorsqu'il s'agit de sujets défendus. Ils tremblent, ont peur

(1) La « gare » sert en effet aux « rapports ». Il y a là le revêtement psychique de bien des phobies de chemins de fer. *Verkehr* en allemand signifie et le trafic et les rapports, le « commerce » *(N. d. T.)*

(2) Le fantasme de défloration est la seconde composante de cette situation. L'accent porté sur la difficulté d'avancer et l'angoisse éprouvée dans le rêve font allusion à la virginité volontiers mise en relief, et que nous retrouvons ailleurs rappelée par la *Madone Sixtine.* Ces pensées sexuelles donnent une sorte de fond inconscient aux désirs secrets et ayant trait au prétendant qui attend en Allemagne. La première partie de ce même rêve consiste, nous l'avons vu, en un fantasme de vengeance. Ces deux parties ne se recouvrent pas entièrement, mais seulement partiellement ; nous trouverons plus loin des vestiges d'un autre courant d'idées plus important encore.

(3) Une autre fois, elle avait dit au lieu de « tranquillement », « pas du tout tristement ». Je veux me servir de ce rêve comme d'une nouvelle preuve de la justesse d'une hypothèse exprimée dans *La science des rêves* (7e éd.), d'après laquelle les parties oubliées et remémorées ultérieurement d'un rêve sont toujours les plus importantes pour la compréhension. J'en tire, dans cet ouvrage, la conclusion que l'oubli des rêves exige aussi une explication par la résistance endopsychique.

tout en lisant et se retournent avec inquiétude de crainte d'être surpris. Les parents sont un grand obstacle à pareille lecture, mais la faculté propre au rêve de réaliser des désirs avait radicalement métamorphosé cette situation pénible : son père était mort et les autres au cimetière. Elle pouvait donc lire tranquillement ce qui lui plaisait. Cela ne signifiait-il pas qu'un des motifs de sa vengeance était une révolte contre la contrainte exercée par ses parents ? Son père mort, elle pouvait lire et aimer à sa guise. Elle ne parvint pas tout d'abord à se souvenir d'avoir jamais lu un dictionnaire, puis elle convint ensuite qu'un souvenir de ce genre, bien que d'allure innocente, lui revenait à la mémoire. Lorsque sa tante préférée tomba gravement malade et que le voyage à Vienne fut décidé, ses parents reçurent une lettre d'un autre oncle qui leur écrivait qu'ils ne pouvaient venir à Vienne, un de ses enfants, cousin de Dora, étant atteint d'une grave appendicite. Elle ouvrit alors un dictionnaire pour s'instruire des symptômes de l'appendicite. De ce qu'elle lut, elle se rappelle encore la description de la douleur caractéristique localisée à l'abdomen.

Je me souvins alors qu'elle eut à Vienne, peu après la mort de cette tante, une prétendue appendicite. Je n'avais pas osé, jusqu'alors, mettre cette maladie sur le compte de ses manifestations hystériques. Elle dit avoir eu, les premiers jours, une forte fièvre et une douleur dans le bas-ventre, selon la description du dictionnaire. On lui avait mis des compresses froides, mais elle ne les supporta pas ; le second jour apparurent, avec de fortes douleurs, les règles irrégulières depuis sa maladie. Elle dit avoir, à cette époque, constamment souffert de constipation.

Il ne serait pas juste de considérer cet état comme purement hystérique. Bien qu'il existe indubitablement une fièvre hystérique, il me semblait arbitraire d'attribuer la fièvre de l'état en question à l'hystérie au lieu de l'attribuer à quelque cause organique agissant à ce moment-là. Je voulais abandonner cette piste, lorsque Dora elle-même vint à mon aide, en se souvenant du dernier détail supplémentaire du rêve : *elle se voit d'une façon particulièrement distincte montant l'escalier.*

J'exigeai naturellement une détermination spéciale pour ce détail. Elle m'objecta, probablement sans y croire elle-même, que pour gagner son appartement situé au premier étage, il fallait bien qu'elle montât l'escalier, objection que je réfutai facilement en lui faisant remarquer que, si elle pouvait venir d'une ville inconnue à Vienne en omettant le voyage en chemin de fer, elle pouvait aussi bien se dispenser de gravir les marches de l'escalier. Elle poursuivit alors en me racontant qu'après son appendicite, elle eut pendant longtemps de la difficulté à marcher et qu'elle traînait le pied droit. C'est pourquoi elle évitait volontiers les escaliers. Aujourd'hui encore, son pied parfois ne lui obéissait pas. Les médecins qu'elle avait consultés à la demande de son père avaient été très surpris de constater une séquelle d'appendicite si peu ordinaire, d'autant que la douleur à l'abdomen ne se répéta plus et qu'elle ne coïncidait d'ailleurs nullement avec le phénomène de traîner le pied (1).

C'était là un véritable symptôme hystérique. Encore que la fièvre fût alors organique, due, par exemple, à l'une de ces fréquentes influenzas sans localisation particulière, il était établi avec certitude que la névrose avait profité du hasard pour la faire servir à l'une de ses manifestations. Dora s'était ainsi fabriqué une maladie dont elle avait lu la description dans le dictionnaire ; elle s'était punie de cette lecture ; elle devait par suite se dire que cette punition ne pouvait viser la lecture d'un article innocent, mais avait été le résultat d'un déplacement après qu'à cette lecture s'en fut adjointe une autre plus répréhensible, mais qui se dissimulait, à l'heure actuelle, dans le souvenir, derrière la lecture innocente faite en même temps (2). Peut-être pourrait-on arriver à découvrir les sujets de cette lecture.

Que signifiait donc cet état singeant une pérityphlite ? La séquelle qui consistait à traîner la jambe, séquelle s'accordant si peu avec une pérityphlite, devait plutôt se rapporter à la signification secrète, probablement sexuelle, du tableau clinique et pouvait, par conséquent, si l'on réussissait à en éclaircir l'origine, projeter de la lumière sur la signification recherchée. J'essayai de trouver un chemin menant à la solution de cette énigme. Dans le rêve se trouvaient des intervalles de temps ; or, le temps n'est certainement jamais une chose indifférente quand il s'agit de processus biologiques. Je demandai donc quand l'appendicite était apparue, avant ou après la scène du lac ? La réponse immédiate et qui résolvait d'un coup toutes les difficultés, fut celle-ci : *Neuf mois après.* Ce terme est certes caractéristique. La prétendue appendicite avait ainsi réalisé un fantasme d'accouchement par les moyens modestes dont disposait la patiente, par des douleurs et par l'hémorragie menstruelle (3). Dora connais-

(1) Il faut admettre un rapport organique entre les douleurs de l'abdomen appelées « ovarite » et une gêne du mouvement de la jambe du même côté, rapport qui prend chez Dora une signification toute spéciale, c'est-à-dire qui subit une surdétermination et un emploi psychique tout particuliers. Comparer les remarques analogues relatives à l'analyse des symptômes de toux et à celles relatant des rapports entre les flueurs blanches et l'anorexie.

(2) C'est là un exemple typique de la formation de symptômes occasionnés par des événements n'ayant, en apparence, rien à voir avec la sexualité.

(3) J'ai déjà mentionné que la plupart des symptômes hystériques, lorsqu'ils ont acquis leur plein développement, expriment une situation rêvée de la vie sexuelle : scène de rapports sexuels, grossesse, accouchement, période des couches, etc.

sait naturellement la signification de ce terme et elle ne pouvait nier le fait probable : elle aurait lu, à ce moment, les articles du dictionnaire relatifs à la grossesse et aux couches. Mais alors, que dire de la jambe qu'elle traînait ? Je pouvais essayer de le deviner. On marche en effet ainsi quand on s'est foulé le pied. Elle avait donc fait un *faux pas*, ce qui s'accorde parfaitement avec le fait de pouvoir accoucher neuf mois après la scène au bord du lac. Seulement je devais exiger encore une condition. Je suis certain qu'on ne peut produire de pareils symptômes que lorsqu'on en possède un modèle *infantile*. L'expérience m'a enseigné qu'en aucun cas les souvenirs d'impressions plus tardives n'ont la force de se réaliser en symptômes. J'osais à peine espérer qu'elle me fournît le matériel infantile recherché, car je ne puis, en vérité, pas affirmer que cette règle, à laquelle je croirais volontiers, ait une portée générale. Mais ici, la confirmation en vint immédiatement. Oui, un jour, dans son enfance, elle s'était foulé le même pied en glissant dans un escalier à B... ; le pied, celui qu'elle traîna plus tard, enfla, dut être bandé, et il fallut qu'elle restât étendue pendant quelques semaines. Cela s'était passé quelque temps avant l'apparition de l'asthme, dans sa huitième année.

Il fallait maintenant tirer les conséquences de l'existence démontrée de ce fantasme. Je dis : « Si vous accouchez neuf mois après la scène au bord du lac et que vous supportez jusqu'à ce jour les suites du faux pas, cela prouve que vous avez regretté inconsciemment l'issue de cette scène (1). Vous l'avez donc corrigée dans votre pensée inconsciente. Car votre fantasme de l'accouchement présuppose qu'il s'était alors passé quelque chose, que vous avez alors vécu et éprouvé tout ce que vous avez dû puiser plus tard dans le dictionnaire. Vous voyez que votre amour pour M. K... ne finit pas avec la scène du lac, que cet amour persiste jusqu'à présent — bien qu'inconsciemment pour vous. » Aussi bien ne le contredit-elle plus (2).

(1) Le fantasme de défloration se rapporte ainsi à M. K... et on s'explique pourquoi cette même partie du contenu manifeste du rêve contient le matériel de la scène au bord du lac (refus, deux heures et demie, la forêt, invitation à L...).

(2) J'ajouterai ici quelques interprétations complémentaires à celles données jusqu'à présent : la « madone », c'est évidemment elle-même, d'abord à cause de l' « adorateur » qui lui avait envoyé des images ; ensuite parce qu'elle avait conquis l'amour de M. K... grâce surtout à son attitude maternelle envers les enfants de celui-ci et puis, enfin, parce qu'elle eut, vierge, un enfant, allusion directe au fantasme d'accouchement. La madone est, par ailleurs, une autre représentation de prédilection pour les jeunes filles qui se croient sexuellement coupables. J'eus le premier soupçon de ces associations alors que, médecin d'une clinique psychiatrique, j'observai chez une jeune fille un état confusionnel hallucinatoire aigu qui se révéla être une réaction à un reproche de son fiancé.

Si l'analyse avait pu être poursuivie, elle aurait sans doute démontré que l'aspi-

Les travaux d'élucidation du second rêve avaient pris deux heures. Lorsque, à la fin de cette seconde séance, j'eus exprimé ma satisfaction des résultats obtenus, elle répondit dédaigneusement : « Ce n'est pas grand-chose, ce qui est sorti », ce qui me sembla l'indice d'autres révélations proches.

Elle commença la troisième séance par ces paroles : « Savez-vous, docteur, que c'est aujourd'hui la dernière fois que je suis ici ?

— Je ne puis le savoir, puisque vous ne m'en avez rien dit encore.

— Oui, je me suis dit que je patienterais jusqu'au Nouvel An (1), mais je ne veux pas attendre plus longtemps la guérison.

— Vous savez que vous êtes toujours libre de cesser le traitement. Mais aujourd'hui, nous allons encore travailler. Quand avez-vous pris cette décision ?

— Il y a quinze jours, je crois.

— Ces quinze jours font penser à l'avis que donne de son départ une domestique ou une gouvernante (2).

— Il y avait aussi une gouvernante qui a fait cela chez les K... lorsque j'ai été les voir au bord du lac.

— Tiens ! vous ne m'en aviez encore jamais parlé. Je vous en prie, racontez-moi ça.

ration à la maternité était un obscur mais puissant motif du comportement de Dora. Les nombreuses questions qu'elle avait posées ces derniers temps semblaient être des rejetons tardifs des questions provoquées par la curiosité sexuelle, questions qu'elle avait essayé de résoudre par le dictionnaire. Il faut admettre que ses lectures concernaient la grossesse, l'accouchement, la virginité et des sujets analogues. Elle avait oublié, en répétant le rêve, l'une des questions qui devaient être introduites dans le contexte de la seconde situation du rêve. Ce ne pouvait être que celle-ci : « Monsieur X... habite-t-il ici ? » ou bien : « Où habite Monsieur X... ? » *(son père)*. Il doit y avoir une raison pour qu'elle ait oublié cette question apparemment innocente, après l'avoir introduite dans le rêve. J'en découvre la raison dans le nom lui-même qui désigne en même temps plusieurs objets, qui peut donc être assimilé à un mot « équivoque ». Je ne puis malheureusement pas communiquer ce nom pour montrer avec quelle habileté il a été utilisé afin de désigner l' « équivoque » et l' « inconvenant ». Cette interprétation peut être étayée par le fait que nous trouvons dans une autre région du rêve, là où le matériel provient des souvenirs de la mort de sa tante, dans la phrase : « Ils sont partis au cimetière ». un autre jeu de mots faisant allusion au nom de cette tante. Dans ces mots inconvenants il y aurait l'indice d'une autre source, orale, de ces connaissances sexuelles, le dictionnaire n'ayant pas suffi ici. Je n'aurais pas été surpris d'apprendre que Mme K... elle-même, la calomniatrice, eût été cette source. C'est elle que Dora aurait si généreusement épargnée, tandis qu'elle persécutait toutes les autres personnes de sa vengeance presque sournoise. Derrière cette multitude de déplacements résultant de l'analyse, on pourrait inférer un simple motif : le profond amour homosexuel pour Mme K...

(1) C'était le 31 décembre.

(2) « Donner ses quinze jours », en Autriche, équivaut à « donner ses huit jours » en France. *(N. d. T.)*

— Il y avait donc chez eux une jeune fille, gouvernante des enfants ; elle se comportait d'une façon très bizarre à l'égard de M. K... Elle ne le saluait pas, ne lui répondait pas, ne lui passait rien à table quand il demandait quelque chose ; bref, elle le traitait comme s'il n'existait pas. Lui, d'ailleurs, n'était guère plus poli envers elle. Un ou deux jours avant la scène du lac, cette jeune fille me prit à part, disant qu'elle avait à me parler. Elle me raconta que M. K..., quelques jours auparavant, lorsque justement Mme K... était absente pour quelques semaines, s'était rapproché d'elle, l'avait courtisée et suppliée de ne rien lui refuser ; il lui dit que sa femme n'était rien pour lui, et ainsi de suite.

— Mais ce sont les paroles mêmes qu'il a prononcées lorsqu'il vous a fait sa déclaration et que vous l'avez giflé.

— Oui. Elle céda à ses instances, mais, peu de temps après, il ne se soucia plus d'elle ; depuis elle le haïssait.

— Et cette gouvernante avait donné avis de son départ ?

— Non, elle voulait le faire. Elle me conta que lorsqu'elle se sentit abandonnée, elle avoua tout ce qui s'était passé à ses parents à elle, qui sont d'honnêtes gens habitant quelque part en Allemagne. Les parents exigèrent qu'elle quittât immédiatement la maison et, voyant qu'elle ne le faisait pas, lui écrivirent qu'ils ne voulaient plus entendre parler d'elle et qu'ils lui interdisaient leur maison.

— Et pourquoi ne s'en allait-elle pas ?

— Elle dit qu'elle voulait attendre encore un peu pour voir si rien ne changerait chez M. K... Elle ne pouvait plus supporter une telle vie. Si elle ne voyait pas de changement, elle donnerait avis de son départ et s'en irait.

— Et qu'est devenue cette jeune fille ?

— Je sais seulement qu'elle est partie.

— Elle n'a pas eu d'enfant à la suite de cette aventure ?

— Non. »

Une partie des faits réels servant à résoudre des problèmes posés antérieurement apparaissait donc — comme il est d'ailleurs de règle — au cours de l'analyse. Je pus dès lors dire à Dora : « Je connais la raison de la gifle par laquelle vous avez répondu à la déclaration de M. K... Ce n'était pas parce que ses sollicitations vous avaient offensée, mais par vengeance jalouse. Lorsque la gouvernante vous raconta son histoire, vous vous serviez encore de votre art d'écarter tout ce qui ne s'accordait pas avec vos sentiments pour M. K... Mais, au moment où M. K... eut prononcé les paroles : « Ma femme n'est rien pour moi » qu'il avait dites aussi à cette jeune fille, de nouveaux sentiments s'éveillèrent en vous, qui firent pencher la balance. Vous vous dites : « Il ose me traiter comme une gouvernante, comme une domestique ? » Cette blessure d'amour-propre associée à la jalousie et à des motifs conscients sensés, c'en était trop enfin (1). Comme preuve de l'influence qu'exerce encore sur vous cette histoire de la gouvernante, je vous citerai les nombreuses identifications avec elle dans le rêve et dans votre comportement. Vous racontez à vos parents ce qui est arrivé, tout comme la jeune fille l'a écrit aux siens. Vous me donnez avis de votre départ comme le ferait une gouvernante, après vous y être résolue quinze jours à l'avance. La lettre du rêve, qui vous permet de rentrer chez vous, est la contrepartie de la lettre des parents de la jeune fille qui le lui interdisent.

— Mais alors, pourquoi ne l'ai-je pas raconté tout de suite à mes parents ?

— Combien de temps avez-vous laissé s'écouler ?

— C'est le 30 juin que se passa la scène, c'est le 14 juillet que je l'ai racontée à ma mère.

— Ainsi encore quinze jours, délai caractéristique de l'avis que donne une gouvernante de son départ ! Je peux maintenant répondre à votre question. Vous avez certes très bien compris cette pauvre fille. Elle ne voulait pas partir tout de suite parce qu'elle espérait, parce qu'elle attendait que M. K... lui rendît sa tendresse. Ceci devait être aussi le motif de votre temporisation. Vous attendiez que le même délai fût écoulé pour voir si M. K... renouvellerait sa déclaration, ce dont vous auriez pu conclure qu'il prenait la chose au sérieux et qu'il ne voulait pas jouer avec vous comme avec la gouvernante.

— Les premiers jours qui suivirent mon départ, il m'envoya encore une carte postale (2).

— Oui, mais comme rien ne vint ensuite, vous avez donné libre cours à votre vengeance. Peut-être même aviez-vous une idée de derrière la tête : celle de l'inciter par votre accusation à vous rejoindre dans l'endroit où vous séjourniez

— ... Comme il nous le proposa d'abord, ajouta-t-elle.

— Alors votre désir de le revoir aurait été assouvi — elle acquiesça par un mouvement de tête, ce à quoi je ne m'attendais pas — et il aurait pu vous donner la satisfaction que vous réclamiez.

— Quelle satisfaction ?

— Je commence à supposer que vous avez envisagé ces relations

(1) Sans doute n'est-il pas indifférent qu'elle ait pu entendre son père se servir de la même expression en parlant de sa femme. Ces paroles, il me les avait dites à moi et Dora était certes capable d'en saisir le sens.

(2) Voilà qui est en rapport avec l'ingénieur dissimulé derrière le Moi de la première situation du rêve.

avec M. K... bien plus sérieusement que vous ne l'avez voulu laisser voir jusqu'à présent. N'était-il pas souvent question de divorce entre M. et Mme K... ?

— Certainement, tout d'abord elle ne voulait pas, à cause des enfants, et maintenant c'est elle qui veut, mais lui qui ne veut plus.

— N'auriez-vous pas pensé qu'il voulait divorcer pour vous épouser ? Et qu'il y a maintenant renoncé parce qu'il n'a personne pour vous remplacer ? Vous étiez certes très jeune, il y a deux ans, mais vous m'avez vous-même raconté que votre mère s'était fiancée à 17 ans et qu'elle avait ensuite attendu deux ans avant de se marier. Le roman de la mère devient souvent le modèle de celui de la fille. Vous avez donc aussi voulu attendre et vous supposiez que lui attendrait que vous fussiez assez mûre pour devenir sa femme (1). Je présume que c'était de votre part un plan très sérieux. Vous n'avez pas même le droit d'exclure une pareille intention chez M. K... ; vous m'avez conté à son propos bien des choses qui indiquent en effet une pareille intention (2). Son comportement à L... n'y contredit pas non plus. Vous ne lui avez pas laissé la possibilité de s'exprimer jusqu'au bout et vous ne savez pas ce qu'il voulait dire. D'ailleurs, ce plan n'aurait pas été si impossible à exécuter. Les relations que vous aviez sans doute, pour cette seule raison, si longtemps favorisées de votre père avec Mme K..., vous garantissaient que Mme K... consentirait au divorce et, quant à votre père, vous obtenez de lui tout ce que vous voulez. Oui, si la situation tentatrice à L... avait eu une autre issue, c'eût été pour tous la seule solution acceptable. Et voilà pourquoi, je pense, vous avez tellement regretté ce qui était arrivé et l'avez corrigé dans votre imagination par le fantasme de l'appendicite. Ce dut être pour vous une profonde déception que le résultat de vos accusations fût, non pas une nouvelle poursuite de M. K..., mais ses dénégations et ses injures. Vous avouez que rien ne vous fâche autant que de voir qu'on puisse considérer la scène du lac comme imaginée par vous. Je sais maintenant ce dont vous ne voulez pas qu'on vous fasse souvenir : que vous vous étiez figuré que la déclaration de M. K... pouvait être sérieuse, et qu'il ne se lasserait pas jusqu'à ce que vous l'ayez épousé.

Elle écouta sans contredire, sembla émue, me quitta le plus

(1) Attendre jusqu'à ce que le but soit atteint, voilà ce qui se retrouve dans le contenu latent de la première situation du rêve ; dans ce fantasme d'attente d'une fiancée, je vois une partie de la troisième composante du rêve dont nous avons déjà parlé.

(2) Surtout certaines paroles qu'il lui avait adressées la dernière année de leur séjour commun à B..., paroles qui accompagnaient un cadeau qu'il lui fit pour la Noël : un coffret à lettres.

aimablement du monde, en me présentant les vœux les plus chaleureux pour le Jour de l'An et... ne reparut plus. Son père, qui vint me voir plusieurs fois encore, m'assurait qu'elle reviendrait ; il prétendait que son envie de continuer le traitement était visible, mais probablement n'était-il jamais tout à fait sincère. Tant qu'il crut que je dissuaderais Dora de persister à soupçonner plus que de l'amitié dans les relations qu'il entretenait avec Mme K..., il fut favorable au traitement. Son intérêt s'éteignit lorsqu'il s'aperçut que telles n'étaient pas mes intentions. Je savais que la jeune fille ne reviendrait plus. C'était de la part de Dora un acte de vengeance indubitable que d'interrompre si brusquement le traitement, au moment même où les espérances que j'avais d'un heureux résultat de la cure étaient les plus grandes. En outre, sa tendance à se nuire à elle-même trouvait son compte dans cette manière d'agir. Celui qui réveille, comme je fais, les pires démons incomplètement domptés au fond de l'âme humaine, afin de les combattre, doit se tenir prêt à n'être pas épargné dans cette lutte. Serais-je parvenu à retenir la jeune fille si j'avais moi-même joué vis-à-vis d'elle un rôle, si j'avais exagéré la valeur qu'avait pour moi sa présence et si je lui avais montré un intérêt plus grand, ce qui, malgré l'atténuation qu'y eût apportée ma qualité de médecin, eût un peu remplacé la tendresse tant désirée par elle ? Je ne sais. Comme une partie des facteurs qui s'opposent à nous en tant que résistance nous restent, dans tous les cas, inconnus, j'ai toujours évité de jouer des rôles et me suis contenté d'une part psychologique plus modeste. Malgré tout l'intérêt théorique, tout le désir qu'a le médecin d'être secourable, je me dis qu'il y a des limites à toute influence psychique et je respecte de plus la volonté et le point de vue du patient.

M. K... aurait-il obtenu davantage s'il eût été révélé que la gifle ne signifiait nullement un « non » définitif de Dora, s'il eût appris que ladite gifle répondait à la jalousie nouvellement éveillée en la jeune fille, que de forts émois psychiques prenaient encore en elle parti pour lui ? S'il avait passé outre, s'il avait continué à la courtiser avec une passion capable de la convaincre, peut-être l'amour aurait-il vaincu toutes les difficultés internes. Mais je crois qu'elle aurait pu tout aussi bien satisfaire sa vengeance avec d'autant plus de violence. On ne peut jamais calculer dans quel sens penchera la décision dans un conflit de mobiles, si c'est dans le sens de la levée ou du renforcement du refoulement. L'incapacité de satisfaire aux exigences *réelles* de l'amour est un des traits caractéristiques de la névrose ; ces malades sont sous l'empire de l'opposition qui existe entre la réalité et les fantasmes de leur inconscient. Ce à quoi ils aspirent le plus ardemment dans leurs rêveries, ils le fuient dès que la réalité le leur offre et c'est quand aucune réalisation n'est plus à craindre qu'ils s'adonnent le plus volontiers à leurs fantasmes. La barrière érigée par le refoulement peut cependant être rompue sous la pression de violentes émotions provoquées par la réalité ; la névrose peut encore être vaincue par la réalité. Mais nous ne saurions en général prévoir chez qui ni par quel moyen peut être obtenue une pareille guérison (1).

IV

CONCLUSION

J'ai annoncé que cet exposé serait un fragment d'analyse ; on aura probablement trouvé qu'il est bien plus incomplet encore qu'on ne pouvait s'y attendre d'après ce titre. Il faut bien que j'explique les raisons de ces lacunes nullement fortuites.

Un certain nombre des résultats de cette analyse ont été omis, soit parce qu'au moment de l'interruption du traitement ils étaient insuffisamment étudiés, soit parce qu'ils exigeaient, pour être compris, d'être menés jusqu'à l'obtention d'une vue d'ensemble générale. En d'autres endroits, là où cela me semblait permis, j'ai indiqué la suite probable à donner à certaines solutions. J'ai omis complètement

(1) Quelques remarques encore sur la structure de ce rêve qui n'est pas suffisamment éclairci pour qu'on en puisse tenter la synthèse. Une partie en est comme la façade avancée, c'est le fantasme de la vengeance contre le père : Dora a quitté la maison de sa propre autorité, le père est malade, puis mort... elle rentre à la maison, les autres sont déjà tous au cimetière. Elle monte dans sa chambre sans du tout être triste et lit tranquillement un dictionnaire. Là-dessous, deux allusions à l'acte de vengeance qu'elle a réellement commis lorsqu'elle a fait trouver à ses parents la lettre d'adieux : la lettre (dans le rêve, celle de sa mère) et la mention des obsèques de la tante qui était son modèle. Sous ce fantasme se dissimulent des idées de vengeance à l'endroit de M. K..., idées qu'elle a réalisées dans son comportement à mon égard. La femme de chambre, l'invitation, la forêt, les « deux heures et demie » proviennent d'événements réellement vécus à L... Le souvenir de la gouvernante et celui de la correspondance de celle-ci avec ses parents fusionnent avec l'élément de sa propre lettre d'adieux pour constituer la lettre du contenu manifeste du rêve qui lui permet de rentrer chez elle. Le refus de se laisser accompagner, la décision d'aller seule peuvent être interprétés comme suit : « Parce que tu m'as traitée comme une domestique, je t'abandonne, je continue mon chemin toute seule, je ne me marie pas. » Recouverts par ces idées de vengeance, se laissent entrevoir des éléments de fantasmes tendres provenant de l'amour inconsciemment conservé pour M. K... : « Je t'aurais attendu pour t'épouser » — la défloration — l'accouchement. Font partie de la quatrième assise d'idées enfouies au plus profond : l'amour pour Mme K..., le fantasme de la défloration représente du point de vue de l'homme (son identification avec l'adorateur vivant à l'étranger) ainsi que des allusions claires, en deux endroits, à des mots à double sens (Monsieur X... habite-t-il ici ?), de même que celles aux sources non verbales de ses connaissances sexuelles (dictionnaire). Des tendances de cruauté et de sadisme trouvent un débouché dans ce rêve.

d'exposer la technique, nullement compréhensible de prime abord, grâce à laquelle on arrive à extraire, du matériel brut des associations des malades, le contenu net de précieuses pensées inconscientes, ce qui a l'inconvénient de ne pas permettre au lecteur de cet exposé de vérifier lui-même la correction de mon procédé. Mais j'ai trouvé tout à fait impraticable d'exposer en même temps la technique de l'analyse et la structure interne d'un cas d'hystérie ; cela eût été pour moi une tâche presque impossible à réaliser et en eût rendu la lecture certes intolérable. La technique exige un exposé à part, illustré par un grand nombre d'exemples des plus divers et où il est permis de négliger le résultat acquis dans chaque cas. Je n'ai pas essayé non plus d'étayer les prémisses psychologiques qui se font jour dans ma description des phénomènes psychiques. Leur exposé superficiel ne saurait rien donner ; un exposé détaillé demanderait un travail à part. Mais je puis assurer que, sans m'être tenu à un système psychologique quelconque, j'ai entrepris l'étude des phénomènes dévoilés par l'étude des psychonévroses et que j'ai modifié mes conceptions jusqu'à ce qu'elles me semblassent être devenues susceptibles de rendre compte de l'ensemble des observations. Je n'ai pas la prétention d'avoir évité toute hypothèse ; mais le matériel en est acquis par les observations les plus étendues et les plus laborieuses. La fermeté de mes vues dans la question de l'inconscient choquera tout particulièrement, car je procède avec les idées, représentations et émotions inconscientes, comme si elles étaient des objets de la psychologie aussi vrais et aussi certains que tous les phénomènes conscients ; mais je suis sûr que quiconque tentera d'étudier les mêmes phénomènes par la même méthode ne pourra éviter, malgré toutes les dissuasions des philosophes, d'adopter le même point de vue que moi.

Ceux d'entre mes confrères qui ont considéré ma théorie de l'hystérie comme étant purement psychologique et, par conséquent, *a priori* inapte à résoudre un problème de pathologie, auraient pu conclure, d'après le présent travail, qu'en me faisant ce reproche, ils transfèrent sans raison un caractère de la technique à la théorie. Seule la technique thérapeutique est purement psychologique ; la théorie ne néglige nullement d'indiquer le fondement organique des névroses tout en ne le recherchant pas dans des modifications anatomo-pathologiques et tout en remplaçant provisoirement les modifications chimiques, certes probables, mais actuellement insaisissables, par celles de la fonction organique. Personne ne pourra dénier à la fonction sexuelle, dans laquelle je vois la cause de l'hystérie, ainsi que celle des psychonévroses en général, son caractère de facteur organique. Une théorie de la sexualité ne pourra, je le suppose, se dispenser d'admettre l'action excitante de substances sexuelles déterminées. Ce sont les intoxications et les phénomènes dus à l'abstinence de certains toxiques, chez les toxicomanes qui, parmi tous les tableaux cliniques que nous offre l'observation, se rapprochent le plus des vraies psychonévroses.

De même n'ai-je pas exposé non plus, dans ce travail, ce qu'on pourrait dire aujourd'hui concernant la « complaisance somatique », les germes infantiles des perversions, les zones érogènes et la prédisposition bisexuelle. Je n'ai indiqué que les points où l'analyse se heurtait à ces fondements organiques des symptômes. On ne pouvait faire davantage à propos d'un cas particulier et j'avais, en outre, les mêmes raisons que celles données plus haut d'éviter un exposé superficiel de ces facteurs. On trouvera là matière à d'autres travaux, étayés sur de nombreuses analyses.

J'ai voulu atteindre deux buts par cette publication incomplète : premièrement compléter ma *Science des rêves*, en montrant comment on peut utiliser cet art d'ordinaire inemployé, afin de dévoiler les parties cachées et refoulées de l'âme humaine ; j'ai par suite tenu compte, dans l'analyse des deux rêves de Dora, de la technique de l'interprétation des rêves qui ressemble à la technique psychanalytique. Deuxièmement, j'ai voulu éveiller l'intérêt pour certains phénomènes qui sont encore tout à fait ignorés de la science, car on ne peut les découvrir qu'en appliquant précisément cette méthode. Personne ne pouvait, avant elle, avoir une idée exacte de la complexité des phénomènes psychiques dans l'hystérie, de la simultanéité des tendances les plus diverses, de la liaison réciproque des contraires, des refoulements, des déplacements, etc. La mise en valeur par Janet de l'*idée fixe* qui se métamorphoserait en un symptôme n'est rien d'autre qu'une schématisation vraiment pauvre. Il faudra nécessairement supposer que les excitations accompagnées de représentations incapables de devenir conscientes agissent autrement les unes sur les autres, se déroulent d'une autre manière et conduisent à d'autres modes d'expression que celles appelées par nous « normales » et dont le contenu représentatif nous devient conscient. A-t-on bien saisi cela, alors rien ne s'oppose plus à la compréhension d'une thérapeutique qui consiste à guérir des symptômes névrotiques en transformant des représentations du premier ordre en représentations normales.

J'ai tenu aussi à montrer que la sexualité n'intervient pas d'une façon isolée, comme un *deus ex machina*, dans l'ensemble des phénomènes caractéristiques de l'hystérie, mais qu'elle est la force motrice de chacun des symptômes et de chacune des manifestations d'un symptôme. Les manifestations morbides sont, pour ainsi dire, *l'activité sexuelle des malades.* Un cas isolé ne sera jamais susceptible de prouver une règle aussi générale, mais je ne peux que le répéter toujours, parce que je ne rencontre jamais autre chose : la sexualité est la clef du problème des psychonévroses, ainsi que des névroses en général. Qui la dédaignera ne sera jamais en état de résoudre ce problème. J'en suis encore à attendre les recherches susceptibles de contredire cette loi ou d'en limiter la portée. Toutes les critiques que j'en ai entendu faire jusqu'à présent étaient l'expression d'un déplaisir et d'une incrédulité personnels, auxquels il suffit d'opposer les paroles de Charcot : « Ça n'empêche pas d'exister (1). »

Le cas dont j'ai publié ici un fragment de l'histoire morbide et du traitement ne se prête pas non plus à faire voir sous son vrai jour la valeur de la technique psychanalytique. Non seulement la courte durée du traitement, à peine trois mois, mais encore un autre facteur inhérent à ce cas, ont empêché que la cure se terminât par cette amélioration, avouée par la malade et son entourage, qu'on obtient d'ordinaire et qui se rapproche plus ou moins d'une guérison complète. On arrive à des résultats aussi satisfaisants là où les manifestations de la maladie sont formées et maintenues uniquement par le conflit interne entre des tendances se rattachant à la sexualité. On voit, dans ces cas, s'améliorer l'état des malades dans la mesure où l'on contribue à résoudre leurs problèmes psychiques grâce à la transformation du matériel psychique pathogène en matériel normal. La cure se déroule tout autrement là où des symptômes se sont mis au service des motifs externes relatifs à la vie du malade, ainsi que le montrait le cas de Dora pendant les deux années qui venaient de s'écouler. On est surpris et peut-être facilement déconcerté en voyant que l'état du malade ne se modifie pas beaucoup, même par une analyse très avancée. En réalité, la situation n'est pas si grave ; les symptômes ne disparaissent pas pendant le travail, mais quelque temps après, lorsque les rapports avec le médecin sont rompus. Le retard apporté à la guérison ou à l'amélioration n'est en réalité dû qu'à la personne du médecin.

Ajoutons encore quelque chose afin de rendre compréhensible cet état de choses. On peut dire que généralement la production de nouveaux symptômes cesse pendant la cure psychanalytique. Mais la productivité de la névrose n'est nullement éteinte, elle s'exerce en créant des états psychiques particuliers, pour la plupart inconscients, auxquels on peut donner le nom de *transferts*.

Que sont ces *transferts* ? Ce sont de nouvelles éditions, des copies des tendances et des fantasmes qui doivent être éveillés et

(1) En français dans le texte. *(N.d.T.)*

rendus conscients par les progrès de l'analyse, et dont le trait caractéristique est de remplacer une personne antérieurement connue par la personne du médecin. Autrement dit, un nombre considérable d'états psychiques antérieurs revivent, non pas comme états passés, mais comme rapports actuels avec la personne du médecin. Il y a des transferts qui ne diffèrent en rien de leur modèle quant à leur contenu, à l'exception de la personne remplacée. Ce sont donc, en se servant de la même métaphore, de simples rééditions stéréotypées, des réimpressions. D'autres transferts sont faits avec plus d'art, ils ont subi une atténuation de leur contenu, une *sublimation*, comme je dis, et sont même capables de devenir conscients en s'étayant sur une particularité réelle, habilement utilisée, de la personne du médecin ou des circonstances qui l'entourent. Ce sont alors des éditions revues et corrigées, et non plus des réimpressions.

Si l'on considère la théorie de la technique psychanalytique, on se rend compte que le transfert en découle nécessairement. Pratiquement du moins, on se rend à l'évidence qu'on ne peut éviter le transfert par aucun moyen et qu'il faut combattre cette nouvelle création de la maladie comme toutes les précédentes. Mais cette partie du travail est la plus difficile. L'interprétation des rêves, l'extraction d'idées et de souvenirs inconscients des associations du malade ainsi que les autres procédés de traduction sont faciles à apprendre ; c'est le malade lui-même qui en donne toujours le texte. Mais le transfert, par contre, doit être deviné sans le concours du malade, d'après de légers signes et sans pécher par arbitraire. Cependant, le transfert ne peut être évité, car il est utilisé à la formation de tous les obstacles qui rendent inaccessible le matériel, et parce que la sensation de conviction relative à la justesse des contextes reconstruits ne se produit chez le malade qu'une fois le transfert résolu.

On sera porté à considérer comme un grave inconvénient du procédé analytique, déjà incommode sans cela, le fait qu'il accroît le travail du médecin en créant une nouvelle sorte de phénomènes psychiques pathologiques. On sera peut-être même tenté d'en déduire que, par l'existence du transfert, la cure psychanalytique peut porter préjudice au malade. Ces deux considérations sont erronées. Le travail du médecin n'est pas accru par le transfert ; il peut, en effet, lui être indifférent, étant donné qu'il doit vaincre une certaine tendance du malade, que cette tendance se manifeste par rapport à lui, médecin ou par rapport à quelque autre personne. Et la cure n'impose pas non plus au malade, du fait du transfert, des efforts qu'il n'aurait pas eu à fournir. Si des névroses guérissent aussi dans des maisons de santé où aucune méthode psychanalytique n'est employée, si l'on a pu dire que l'hystérie est guérie non par la méthode, mais par le médecin, si une sorte de dépendance aveugle et d'attachement perpétuel se manifeste d'ordinaire du malade au médecin qui l'a délivré de ses symptômes par la suggestion hypnotique, l'explication scientifique en réside dans les *transferts* que le malade effectue régulièrement sur la personne du médecin. La cure psychanalytique ne crée pas le transfert, elle ne fait que le démasquer comme les autres phénomènes psychiques cachés. Ce qui différencie les autres cures de la psychanalyse ne se manifeste qu'en ceci : le malade, au cours des traitements, ne fait spontanément appel qu'à des transferts affectueux et amicaux en faveur de sa guérison ; là où c'est impossible, il se détache aussi vite que possible du médecin qui ne lui est pas « sympathique » et sans s'être laissé influencer par lui. Dans le traitement psychanalytique, par contre, et ceci en rapport avec une autre motivation, toutes les tendances, même les tendances hostiles, doivent être réveillées, utilisées pour l'analyse en étant rendues conscientes ; ainsi se détruit sans cesse à nouveau le transfert. Le transfert, destiné à être le plus grand obstacle à la psychanalyse, devient son plus puissant auxiliaire, si l'on réussit à le deviner chaque fois et à en traduire le sens au malade (1).

Il me fallait parler du transfert, car par ce facteur seulement peuvent s'expliquer les particularités de l'analyse de Dora. Ce qui en constitue la qualité et la rend propre à une première publication d'introduction à la psychanalyse, sa clarté particulière, est en rapport intime avec son grand défaut, qui fut la cause d'une interruption prématurée. Je ne réussis pas à me rendre à temps maître du transfert ; l'empressement avec lequel Dora mit à ma disposition une partie du matériel pathogène me fit oublier de prêter attention aux premiers signes du transfert qu'elle préparait au moyen d'une autre partie de ce même matériel, partie qui me restait inconnue. Au début, il apparaissait clairement que je remplaçais, dans son imagination, son père, ce qui se conçoit aisément, vu la différence d'âge entre elle et moi. Aussi me comparait-elle consciemment à lui, tâchait de s'assurer de façon inquiète si j'étais tout à fait sincère avec elle, car son père, disait-elle, « préférait toujours la cachotterie et les moyens détournés ». Lorsque survint le premier rêve, dans lequel elle me

(1) (Note de 1923.) L'on trouvera la suite de ce qui est dit ici à propos du transfert dans un article technique sur *Die Ubertragungsliebe (L'amour de transfert)*, 1915 (dans le vol. X des *Ges. Werke*). Les Remarques sur l'amour de transfert ont d'abord paru dans l'*Internationale Zeitschrift für ärztliche Psychoanalyse*, vol. III (1915), puis dans la 4e série du *Recueil de petits essais sur les névroses*, où ils sont réunis à deux travaux antérieurs : *Weitere Ratschläge zur Technik der Psychoanalyse (Nouveaux conseils sur la technique de la psychanalyse)* in *La Technique psychanalytique*, trad. Anne BERMAN, Presses Universitaires de France, 1953. *(N. d. T.)*

prévenait qu'elle voulait abandonner le traitement comme, autrefois, la maison de M. K..., j'aurais dû me mettre sur mes gardes et lui dire : « Vous venez de faire un transfert de M. K... sur moi. Avez-vous remarqué quoi que ce soit vous faisant penser de ma part à de mauvaises intentions analogues à celles de M. K..., de façon directe ou de façon sublimée, ou bien avez-vous été frappée par quelque chose en moi, ou encore avez-vous entendu dire de moi des choses qui forcent votre inclination comme jadis pour M. K... ? » Son attention se serait alors portée sur quelque détail de nos relations, de ma personne ou de ma situation, qui eût masqué une chose analogue, mais bien plus importante, concernant M. K.., et par la solution de ce transfert, l'analyse aurait trouvé accès à du matériel nouveau, sans doute constitué de souvenirs réels. Mais je négligeai ce premier avertissement, je me dis que j'avais encore largement le temps, puisqu'il ne se présentait pas d'autres signes de transfert et que le matériel de l'analyse n'était pas encore épuisé. Ainsi je fut surpris par le transfert et c'est à cause de ce facteur inconnu par lequel je lui rappelais M. K..., qu'elle se vengea de moi, comme elle voulait se venger de lui ; et elle m'abandonna comme elle se croyait trompée et abandonnée par lui. Ainsi, elle *mit en action* une importante partie de ses souvenirs et de ses fantasmes, au lieu de la reproduire dans la cure. Je ne puis naturellement savoir quel était ce facteur inconnu : je suppose qu'il se rapportait à l'argent ; ou bien c'était de la jalousie à propos d'une patiente restée en rapports avec ma famille après sa guérison. Là où l'on arrive de bonne heure à englober le transfert dans l'analyse, celle-ci se déroule plus lentement et devient moins claire, mais elle est mieux assurée contre de subites et invincibles résistances.

Le transfert est représenté, dans le second rêve de Dora, par plusieurs allusions claires. Lorsqu'elle me le raconta, j'ignorais encore et ne l'appris que deux jours plus tard, que nous n'avions plus que *deux heures* de travail devant nous : le même laps de temps qu'elle passa devant la *Madone Sixtine* et qu'elle prit pour mesure (en se corrigeant : deux heures au lieu de deux heures et demie) du chemin qui lui restait à parcourir autour du lac. Le désir d'arriver, et l'attente dans le rêve relatifs au jeune homme en Allemagne et qui émanaient de l'attente à supporter par elle jusqu'à ce que M. K... pût l'épouser, s'étaient manifestés dans le transfert depuis quelques jours déjà. La cure, disait-elle, durait trop longtemps, elle n'aurait pas la patience d'attendre tout ce temps, tandis que, dans les premières semaines, elle était assez raisonnable pour ne pas protester quand je lui disais que le temps nécessaire à son rétablissement serait d'environ une année. Le refus d'être accompagnée dans le rêve, avec le désir d'aller seule, provenant aussi de la visite au Musée de Dresde, je devais me l'entendre adresser au jour marqué par elle. Ce refus avait le sens suivant : « Puisque tous les hommes sont si abominables, je préfère ne pas me marier, voilà ma vengeance (1). »

Dans le cas où des tendances à la cruauté, à la vengeance, précédemment utilisées pour constituer des symptômes, se transfèrent, pendant le traitement, sur le médecin, avant que celui-ci n'ait eu le temps de les détacher de sa personne en les ramenant à leurs sources, il ne faut pas s'étonner que l'état des malades ne se laisse pas influencer par les efforts thérapeutiques du médecin. Car, par quel moyen la malade pouvait-elle mieux se venger de son médecin qu'en lui faisant voir sur sa propre personne à quel point il était impuissant, incapable ? Néanmoins, je suis d'avis qu'il ne faut pas sous-estimer la valeur thérapeutique, même celle d'un traitement aussi fragmentaire que celui de Dora.

Ce n'est que quinze mois après la fin de ce traitement et la rédaction de ce travail que j'eus des nouvelles de la santé de ma patiente, et de l'issue de la cure. A une date qui n'était pas tout à fait indifférente, le 1er avril — nous savons que les dates n'étaient jamais sans importance chez elle — elle se présenta chez moi pour terminer son histoire et pour demander à nouveau mon aide. Mais sa physionomie révélait au premier coup d'œil que cette demande ne pouvait être prise au sérieux. Elle dit qu'elle avait été « sens dessus dessous » pendant les quatre ou cinq semaines qui suivirent l'interruption du traitement. Ensuite survint une grande amélioration, les crises s'espacèrent, son humeur devint meilleure. Au mois de mai de l'année précédente, l'un des enfants des K... était mort, celui qui avait toujours été chétif. Ce deuil lui servit de prétexte pour faire aux K... une visite de condoléances, et elle fut reçue par eux comme si rien

(1) Plus je m'éloigne du temps où je terminai cette analyse, plus il me semble que mon erreur technique consista dans l'omission suivante : j'omis de deviner à temps et de communiquer à la malade que son amour homosexuel (gynécophile) pour Mme K... était sa tendance psychique inconsciente la plus forte. J'aurais dû le deviner : personne d'autre que Mme K... ne pouvait être la source principale de ses connaissances sexuelles, Mme K... que Dora accusa ensuite d'avoir trop d'intérêt pour ces sujets. Il était, en effet, frappant qu'elle connût tout ce qui était scabreux, mais ne sût jamais où elle l'avait appris. J'aurais dû prendre cette énigme pour point de départ et chercher le motif de ce singulier refoulement. Le second rêve l'aurait alors dévoilé. La vengeance sans retenue qu'exprimait ce rêve était plus que tout propre à masquer la tendance contraire, la générosité avec laquelle elle pardonnait la trahison de l'amie aimée et avec laquelle elle cachait à tout le monde que c'était cette amie elle-même qui lui avait fait connaître les choses employées plus tard à noircir Dora. Avant que je reconnusse l'importance des tendances homosexuelles chez les névrosés, j'échouais souvent dans des traitements ou bien je tombais dans un désarroi complet.

ne s'était passé ces trois dernières années. Elle se réconcilia alors avec eux, se vengea d'eux et mit fin d'une façon avantageuse à la situation. Elle dit à Mme K... : « Je sais que tu as une liaison avec papa », et celle-ci ne le nia pas. Elle força M. K... à avouer la scène du lac, dont il avait contesté la réalité, et rapporta à son père cette nouvelle qui la réhabilitait. Elle ne renoua pas de relations avec cette famille.

Elle se porta bien jusqu'à la mi-octobre. A ce moment, elle eut une nouvelle crise d'aphonie, qui dura six semaines. Surpris, je lui demandai quelle en fut la raison et j'appris que cette crise avait été précédée d'une frayeur violente. Elle avait vu une voiture écraser un passant. Enfin elle avoua que la victime de l'accident n'était autre que M. K... Elle le rencontra un jour dans la rue : il s'avança vers elle à un endroit où la circulation était très active, s'arrêta troublé devant elle et fut renversé, dans ce moment d'inattention, par une voiture (1). Elle put s'assurer d'ailleurs qu'il s'en était tiré sans grand dommage. Elle me dit éprouver encore une légère émotion quand elle entend parler des rapports, dont elle ne se mêle d'ailleurs plus, de Mme K... avec son père. Elle est absorbée par ses études et n'a pas l'intention de se marier.

Elle était venue requérir mon aide contre une névralgie faciale droite qui la tourmentait jour et nuit. Je lui demandai depuis quand elle en souffrait : « Depuis quinze jours exactement (2). » Je souris, car je pus lui démontrer qu'elle avait lu, il y avait exactement quinze jours, une nouvelle me concernant, ce qu'elle confirma (1902).

Cette pseudo-névralgie équivalait donc à une autopunition, à un remords au sujet de la gifle donnée jadis à M. K... et était en rapport avec le transfert sur moi de sa vengeance. J'ignore quelle sorte d'aide elle avait voulu me demander, mais je promis de lui pardonner de m'avoir privé de la satisfaction de la débarrasser plus radicalement de son mal.

Des années se sont écoulées depuis cette visite. La jeune fille s'est mariée et — à moins que tous les indices ne m'aient trompé — avec le jeune homme auquel faisaient allusion les associations au début de l'analyse du second rêve. Si le premier rêve indiquait le détachement de l'homme aimé et le retour vers son père, c'est-à-dire la fuite devant la vie dans la maladie, ce second rêve annonçait en effet qu'elle se détacherait de son père et qu'elle serait reconquise par la vie.

(1) Intéressante contribution aux cas de suicides indirects dont j'ai parlé dans ma *Psychopathologie de la vie quotidienne*, tr. fr. de JANKÉLÉVITCH, Paris, Payot, 1922.

(2) Voir la signification de ce laps de temps et ses rapports avec le thème de vengeance dans l'analyse du second rêve.

ANALYSE D'UNE PHOBIE CHEZ UN PETIT GARÇON DE 5 ANS (Le petit Hans) (1)

I

INTRODUCTION

L'histoire de la maladie et de la guérison d'un très jeune patient, qui sera décrite dans les pages suivantes, n'émane pas, à proprement parler, de ma propre observation. J'ai, à la vérité, donné les grandes lignes du traitement et je suis même, une seule fois, intervenu personnellement au cours d'un entretien avec le petit garçon ; mais le traitement même a été appliqué par le père de l'enfant, à qui je dois une grande reconnaissance pour avoir mis à ma disposition ses notes en vue d'une publication. Le mérite du père va plus loin : aucune autre personne, je pense, ne serait parvenue à obtenir de l'enfant de tels aveux ; les connaissances techniques, grâce auxquelles le père a su interpréter les dires de son fils de 5 ans, étaient indispensables ; sans elles les difficultés techniques d'une psychanalyse à un âge si tendre seraient demeurées insurmontables. Seule la réunion de l'autorité paternelle et de l'autorité médicale en une seule personne, et la rencontre en celle-ci d'un intérêt dicté par la tendresse et d'un

(1) L'original de cette traduction : Analyse der Phobie eines fünfjährigen Knaben, a paru en 1909 dans *Jahrbuch für psychoanalytische und psychopathologische Forschungen*, vol. I, puis dans *Sammlung kleiner Schriften zur Neurosenlehre (Recueil de petits essais sur les névroses)* de Sigm. FREUD, 3e série (Deuticke, Leipzig et Vienne, 1913 ; 2e éd., 1921). Il a été incorporé aux *Gesammelte Werke (Œuvres complètes)* de FREUD, vol. VII.

L'appendice à l'analyse du petit Hans a paru en 1922 dans *Internationale Zeitschrift für Psychoanalyse*, vol. VIII.

Ce travail a été traduit en diverses langues, notamment en anglais par Alix et James STRACHEY (Sigm. FREUD, *The Complete Psychological Works of Sigmund Freud*, vol. X (1909)).

Cette traduction française a paru en premier lieu dans la *Revue française de Psychanalyse*, t. II, fasc. 3, 1928. Elle a été faite d'après le texte des *Gesam. Schriften* et est due à Marie BONAPARTE seule.

intérêt d'ordre scientifique, permirent en ce cas de faire de la méthode une application à laquelle sans cela elle n'eût pas été apte.

La valeur particulière de cette observation réside cependant en ceci : le médecin, qui traite psychanalytiquement un névrosé adulte, arrive, de par la découverte des formations psychiques accomplies par stratifications successives, à certaines hypothèses sur la sexualité infantile, dans les composantes de laquelle il croit avoir trouvé les pulsions dynamiques de tous les symptômes névrotiques de la vie ultérieure. J'ai exposé ces hypothèses dans mes *Trois essais sur la théorie de la sexualité* (1) ; je sais qu'elles semblent aussi surprenantes à un profane qu'irréfutables à un psychanalyste. Mais même le psychanalyste peut avouer le désir d'une démonstration plus directe, obtenue par des chemins plus courts, de ces propositions fondamentales. Serait-il donc impossible d'observer directement chez l'enfant, dans toute leur fraîcheur vivante, ces impulsions sexuelles et ces formations édifiées par le désir, que nous défouissons chez l'adulte, avec tant de peine, de leurs propres décombres, et dont nous pensons de plus qu'elles sont le patrimoine commun de tous les hommes et ne se manifestent, chez les névropathes, que renforcées ou défigurées ?

C'est dans ce but que, depuis des années, j'incite mes élèves et mes amis à recueillir des observations sur la vie sexuelle des enfants, sur laquelle on ferme d'ordinaire adroitement les yeux ou que l'on nie de propos délibéré. Parmi le matériel qui, par suite de ces requêtes, vint entre mes mains, les rapports que je recevais, à intervalles réguliers, sur le petit Hans, acquirent bientôt une place prépondérante. Ses parents comptaient tous deux parmi mes plus proches adhérents, ils étaient tombés d'accord d'élever leur premier enfant sans plus de contrainte qu'il n'était absolument nécessaire pour le maintien d'une bonne conduite. Et comme l'enfant, en se développant, devenait un petit garçon bon et éveillé, l'essai de le laisser grandir loin de toute intimidation progressait de façon satisfaisante. Je vais maintenant reproduire les notes du père sur le petit Hans telles qu'elles me furent remises et je m'abstiendrai, bien entendu, de toute tentative propre à gâter la naïveté et la sincérité de l'enfance par des modifications conventionnelles.

Les premières communications relatives à Hans datent du temps où il n'avait pas encore tout à fait 3 ans. Il manifestait alors, par divers propos et questions, un intérêt tout particulièrement vif pour cette partie de son corps qu'il était accoutumé à désigner du nom

(1) *Drei Abhandlungen zur Sexualtheorie*, 1905, trad. REVERCHON, Paris, Gallimard, 1923.

de « fait-pipi » (1). Il posa ainsi un jour à sa mère cette question :

HANS. — Maman, as-tu aussi un fait-pipi ?

MAMAN. — Bien entendu. Pourquoi ?

HANS. — J'ai seulement pensé...

Au même âge, il entre un jour dans une étable et voit traire une vache :

« Regarde, du fait-pipi il sort du lait. »

Rien que d'après ces premières observations, nous pouvons nous attendre à ce que beaucoup, sinon la plus grande partie, de ce que le petit Hans nous montrera soit typique du développement sexuel des enfants en général. J'ai déjà ailleurs (2) exposé qu'il ne convenait pas d'être horrifié outre mesure quand on rencontrait chez un être du sexe féminin la représentation de la succion du membre viril. Cette impulsion choquante a une origine très innocente, puisqu'elle dérive de la succion du sein maternel, et le pis de la vache — qui est d'après sa nature une mamelle et d'après sa forme et sa situation, un pénis — joue là un rôle intermédiaire approprié. La découverte du petit Hans confirme la dernière partie de ma manière de voir.

L'intérêt qu'il porte au fait-pipi n'est cependant pas purement théorique ; comme on pouvait le supposer, cet intérêt le pousse à des attouchements du membre. A l'âge de 3 ans 1/2, il est surpris par sa mère, la main au pénis. Celle-ci menace : « Si tu fais ça, je ferai venir le Dr A... qui te coupera ton fait-pipi. Avec quoi feras-tu alors pipi ? »

HANS. — Avec mon tutu.

Il répond sans sentiment de culpabilité encore, mais acquiert à cette occasion le « complexe de castration », auquel on doit conclure si souvent dans les analyses des névropathes, tandis qu'ils se défendent tous violemment contre sa reconnaissance. Il y aurait beaucoup de choses importantes à dire sur la signification de cet élément de l'histoire infantile. Le « complexe de castration » a laissé des traces frappantes dans les mythes (et pas seulement dans les mythes grecs) ; j'ai fait, dans ma *Science des rêves* (3) et ailleurs encore, allusion au rôle qu'il joue.

(1) En allemand *Wiwimacher. (N. d. T.)*

(2) Bruchstück einer Hysterie Analyse (Fragment d'une analyse d'hystérie), *Revue française de Psychanalyse*, t. II, 1928, fasc. 1, et dans ce livre même.

(3) *Die Traumdeutung*, p. 456 de la 7e éd. allemande, trad. MEYERSON, *La Science des rêves*, Payot, 1926, p. 605.

(Note de 1923.) Depuis que ceci a été écrit, la doctrine relative au complexe de castration a subi un élargissement grâce aux contributions de Lou Andreas, A. Stärke, F. Alexander et autres. On a fait valoir que le nourrisson a dû déjà éprouver chaque retrait du sein maternel comme une castration, c'est-à-dire comme la perte

A peu près au même âge (3 ans 1/2), à Schönbrunn, devant la cage du lion, il s'écrie, joyeux et excité : « J'ai vu le fait-pipi du lion ! »

Les animaux doivent une bonne part de l'importance dont ils jouissent dans le mythe et la légende à la façon ouverte dont ils montrent leurs organes génitaux et leurs fonctions sexuelles au petit enfant humain, dévoré de curiosité. La curiosité sexuelle de notre Hans ne souffre certes aucun doute ; mais elle fait de lui un investigateur, elle le rend apte à de véritables connaissances abstraites.

A 3 ans et 9 mois, il voit, à la gare, comment une locomotive lâche de l'eau. « Regarde, dit-il, la locomotive fait pipi. Où est donc son fait-pipi ? »

Après un moment il ajoute d'un ton pensif : « Un chien et un cheval ont un fait-pipi ; une table et une chaise n'en ont pas. » Ainsi il est en possession d'un caractère essentiel pour différencier le vivant de l'inanimé.

La soif de la connaissance semble inséparable de la curiosité sexuelle. La curiosité de Hans est particulièrement dirigée vers ses parents.

HANS (à 3 ans et 9 mois). — Papa, as-tu aussi un fait-pipi ?

Le PÈRE. — Mais oui, naturellement.

HANS. — Mais je ne l'ai jamais vu quand tu te déshabilles.

Une autre fois il regarde, toute son attention tendue, sa mère qui se déshabille avant de se coucher. Celle-ci demande : « Que regardes-tu donc ainsi ? »

HANS. — Je regarde seulement si tu as aussi un fait-pipi.

MAMAN. — Naturellement. Ne le savais-tu donc pas ?

HANS. — Non, je pensais que, puisque tu étais si grande, tu devais avoir un fait-pipi comme un cheval.

d'une partie importante de son propre corps, partie sur laquelle il se sent des droits ; que, d'autre part, il ne peut ressentir autrement la perte régulière de ses fèces, et qu'enfin la naissance, qui est la séparation d'avec la mère avec qui jusqu'alors on était un, est le prototype de toute castration. Tout en reconnaissant l'existence de toutes ces racines du complexe, j'ai considéré qu'il convenait de restreindre le terme de complexe de castration aux excitations et effets en relation avec la perte du pénis. Quiconque s'est convaincu, en analysant des adultes, de la présence invariable du complexe de castration, trouvera naturellement difficile de le rapporter à une menace fortuite et qui après tout n'est pas faite si généralement : il devra admettre que l'enfant se construit ce danger aux plus légères allusions qui y sont faites, allusions qui ne manquent jamais. Ceci est aussi le motif qui a poussé à rechercher les racines plus profondes de ce complexe, universellement présentes. Mais le fait que, dans le cas du petit Hans, la menace de castration soit rapportée par les parents eux-mêmes, et de plus à une époque où il n'était pas encore question de phobie chez l'enfant, n'en a que plus de valeur.

Cette attente du petit Hans mérite d'être retenue ; elle acquerra plus tard de l'importance.

Mais le grand événement de la vie de Hans est la naissance de sa petite sœur Anna, alors qu'il a exactement 3 ans 1/2 (il est né en avril 1903 et sa sœur en octobre 1906). Son comportement à cette occasion fut noté sur-le-champ par son père : « Ce matin de bonne heure, à 5 heures, comme commencent les douleurs, le lit de Hans est transporté dans la chambre voisine. Il s'y réveille à 7 heures et entend les gémissements de la parturiente ; alors il demande : « Pourquoi maman tousse-t-elle ? » Puis, après un moment : « Bien sûr que la cigogne viendra aujourd'hui (1). »

» On lui avait bien souvent entendu dire les jours précédents que la cigogne allait apporter une petite fille ou un petit garçon, et il relie très justement les gémissements inaccoutumés à la venue de la cigogne.

» On le mène, un peu plus tard, à la cuisine ; il voit dans l'antichambre la trousse du médecin et demande : « Qu'est-ce que c'est ? » ce à quoi on répond : « Une trousse. » Lui alors, d'un ton convaincu : « C'est aujourd'hui que viendra la cigogne ! » Après la délivrance, la sage-femme vient à la cuisine et Hans l'entend commander du thé, alors il dit : « Ah ! parce qu'elle tousse, maman va avoir du thé. » On l'appelle alors dans la chambre, mais il ne regarde pas sa maman, rien que les cuvettes, pleines d'une eau sanglante, qui sont encore là, et il remarque, très surpris, montrant le bassin où il y a du sang : « Il ne sort pas de sang de mon fait-pipi à moi. »

» Tous ses propos montrent qu'il rapporte tout ce qui est inaccoutumé dans la situation à la venue de la cigogne. Il a, devant tout ce qu'il voit, une mine tendue, méfiante, et sans aucun doute les premiers soupçons relatifs à l'histoire de la cigogne se sont installés en lui.

» Hans est très jaloux de la nouvelle venue et, dès que quelqu'un fait des compliments, la trouve jolie, etc., il dit aussitôt d'un ton sar-

(1) De même qu'en France la coutume est de dire aux enfants qu'on trouve les bébés dans les choux, de même, dans les pays de langue allemande, on leur raconte que ce sont des cigognes qui apportent les nouveau-nés.

Quant à la signification des choux, cf. la chanson populaire universellement répandue en France : *Savez-vous planter les choux*, dans laquelle il est conté qu'on plante les choux avec le doigt, le coude, le nez, le genou, etc. Certes, c'est une ronde que dansent journellement les enfants ; n'empêche que, comme la plupart des chansons populaires de notre pays, l'allusion érotique est, pour les adultes, pleinement consciente, comme en témoigne le succès que certains chanteurs légers se sont, en en exploitant le caractère grivois, taillé avec cette chanson dans les « music-halls » de Paris. (*Note* du Dr Édouard PICHON, secrétaire de la *Revue française de Psychanalyse* quand cette traduction y parut.)

castique : « Mais elle n'a pas encore de dents (1) ! » et de fait la première fois qu'il la vit, il fut très surpris qu'elle ne pût parler et émit l'opinion qu'elle ne pouvait parler parce qu'elle n'avait pas de dents. Durant les premiers jours il fut, bien entendu, relégué très à l'arrière-plan ; il tomba soudain malade d'une angine. On l'entendit, au cours de la fièvre, déclarer : « Mais je ne veux pas avoir de petite sœur ! »

» Au bout de six mois environ la jalousie est surmontée, et il devient un frère aussi tendre que convaincu de sa supériorité sur sa sœur (2).

» Peu après, Hans assiste au bain de sa sœur, âgée d'une semaine. Il observe : « Mais son fait-pipi est encore petit » et il ajoute, en consolation : « Mais elle grandira, et il deviendra plus grand (3). »

(1) De nouveau un comportement typique. Un autre frère, âgé de seulement deux ans de plus que sa sœur, avait coutume de parer à de semblables remarques par un cri de colère : « Trop p'tit ! trop p'tit ! »

(2) « Que la cigogne le remporte ! » disait un autre enfant, un peu plus âgé que Hans, comme salut de bienvenue à son petit frère. Comparer ceci à ce que j'ai dit relativement aux rêves de la mort de parents chers dans ma *Science des rêves* (7e éd. allemande, p. 171 ; tr. franç., p. 226).

(3) Le même jugement, exprimé dans les mêmes termes et suivi de la même attente, m'a été rapporté, émanant de deux autres petits garçons, lorsqu'ils purent pour la première fois satisfaire leur curiosité en observant le corps de leur petite sœur. On pourrait s'effrayer de cette altération précoce de l'intellect enfantin. Pourquoi ces jeunes investigateurs ne constatent-ils pas ce qu'ils voient vraiment, c'est-à-dire qu'il n'y a pas de fait-pipi ? Pour notre petit Hans nous pouvons du moins donner l'explication complète de sa perception erronée. Nous savons qu'il était arrivé, du fait de soigneuses opérations inductives, à la proposition générale que tout être vivant, contrairement aux objets inanimés, possédait un fait-pipi. Sa mère l'avait fortifié dans cette conviction en lui donnant des renseignements affirmatifs en ce qui concernait les personnes soustraites à sa propre observation. Il est maintenant tout à fait incapable de renoncer à son acquisition intellectuelle de par la seule observation faite sur sa petite sœur. Il juge en conséquence que le fait-pipi existe également ici, mais est seulement encore très petit, il va grandir, jusqu'à ce qu'il soit devenu aussi grand que celui d'un cheval.

Nous ferons davantage pour sauver l'honneur de notre petit Hans. Il ne se comporte pas plus mal en vérité qu'un philosophe de l'école de Wundt. Pour un tel philosophe, la conscience est le caractère immanquable du psychique, comme pour Hans le fait-pipi le critère indispensable du vivant. Le philosophe rencontre-t-il des processus psychiques que l'on doive inférer, mais desquels rien n'est perçu par la conscience — on ne sait en effet rien d'eux et l'on ne peut pourtant éviter de les inférer —, alors il ne dit pas que ce sont là des processus psychiques inconscients, mais il les qualifie d'*obscurément conscients*. Le fait-pipi est encore très petit ! Et dans cette comparaison l'avantage est encore du côté de notre petit Hans. Car, ainsi qu'il arrive souvent dans l'investigation sexuelle des enfants, une part de connaissance exacte se dissimule ici derrière l'erreur. La petite fille possède en effet aussi un petit « fait-pipi », que nous appelons clitoris, bien qu'il ne grandisse pas, mais demeure atrophié de façon permanente. (Comparer ma courte étude : Ueber infantile Sexualtheorien, Sexualprobleme, 1908 (Des théories sexuelles infantiles, problèmes sexuels), dans le vol. VII des *Gesammelte Werke*.

» Au même âge, à 3 ans et 9 mois, Hans fait pour la première fois le récit d'un de ses rêves : « Aujourd'hui, comme je dormais, j'ai « cru que j'étais à Gmunden avec Mariedl. »

» La petite Mariedl est la fille, âgée de 13 ans, du propriétaire, avec laquelle il a souvent joué. »

Comme le père raconte à la mère ce rêve en présence de Hans, Hans rectifie : « Non pas avec Mariedl, mais tout seul avec Mariedl. »

Nous apprenons ici ce qui suit : « Hans a passé l'été de 1906 à Gmunden où il courait toute la journée avec les enfants de notre propriétaire. Quand nous quittâmes Gmunden, nous crûmes que le départ et le retour à la ville lui seraient très pénibles. Mais, à notre surprise, il n'en fut rien. Il prit évidemment plaisir au changement et parla, pendant plusieurs semaines, fort peu de Gmunden. Ce n'est qu'au bout de plusieurs semaines que remontèrent en lui des souvenirs — souvent vivement colorés — du temps passé à Gmunden. Depuis environ quatre semaines il élabore, avec ses souvenirs, des fantasmes. Il s'imagine jouant avec les enfants, Berta, Olga et Fritzl, il leur parle comme s'ils étaient présents, et il est capable de s'amuser de cette façon pendant des heures. Maintenant qu'il a une sœur et où le problème de l'origine des enfants évidemment l'absorbe, il n'appelle plus Berta et Olga que « ses enfants » et ajoute même une fois : « Mes enfants aussi, Berta et Olga, ont été apportés « par la cigogne ». Il faut évidemment comprendre ce rêve, survenu après six mois d'absence de Gmunden, comme étant l'expression de la nostalgie de retourner à Gmunden. »

Voilà jusqu'où a été le père ; je remarque, par anticipation, que Hans, en s'exprimant ainsi au sujet de ses enfants, qu'aurait apportés la cigogne, est en train de contredire tout haut un doute qui gît au fond de lui-même.

Le père a heureusement noté bien des choses qui devaient acquérir plus tard une valeur insoupçonnée. « Je dessine une girafe pour Hans, qui est souvent allé, ces derniers temps, au jardin zoologique de Schönbrunn. Il me dit : « Dessine donc aussi le fait-pipi. » Je réplique : « Dessine-le toi-même. » Alors il ajoute à mon dessin de la girafe ce trait (voir le dessin ci-contre), d'abord en tirant un trait court, puis en le prolongeant d'un autre trait, en remarquant : « Le « fait-pipi est plus long. »

» Je passe avec Hans près d'un cheval qui est en train d'uriner. Hans dit : « Le cheval a son fait-pipi sous lui comme moi. »

» Il assiste au bain de sa sœur, âgée de 3 mois, et dit, d'un ton de pitié : « Elle a un tout petit, tout petit fait-pipi. »

» On lui fait cadeau d'une poupée comme jouet ; il la déshabille, l'examine avec soin et dit : « Mais son fait-pipi est tout petit,

« tout petit ! » Nous avons déjà appris que cette formule lui rend possible de continuer à croire à sa découverte (voir p. 96).

Tout investigateur court le risque de tomber à l'occasion dans l'erreur. Ce lui est une consolation lorsque — tel Hans dans l'exemple qui va suivre — il n'est pas seul à errer, mais peut en appeler, pour son excuse, à l'usage du langage. Hans voit notamment dans son livre d'images un singe et montre sa queue retroussée en l'air : « Regarde, papa, son fait-pipi ! »

L'intérêt qu'il porte aux fait-pipi lui a inspiré un jeu tout particulier et personnel. « Dans l'antichambre il y a le lieu d'aisance et aussi un cabinet noir où l'on garde du bois. Depuis quelque temps, Hans va dans le cabinet au bois et dit : « Je vais dans mon w.-c. » Je regardai un jour ce qu'il faisait dans la petite pièce noire. Il fait une exhibition et dit : « Je fais pipi. » Ceci signifie donc qu'il *joue* au w.-c. Le caractère ludique de la chose est illustré non seulement par le fait qu'il fait simplement semblant de faire pipi et ne le fait pas vraiment, mais encore par le fait qu'il ne va pas dans le w.-c., ce qui après tout serait plus simple, mais qu'il préfère le cabinet au bois et l'appelle *son w.-c.* ».

Fig. 1

Nous ne rendrions pas justice à Hans si nous ne nous attachions qu'aux traits auto-érotiques de sa vie sexuelle. Son père va nous communiquer des observations détaillées relatives à ses relations d'amour avec d'autres enfants, ce qui montre chez Hans l'existence d'un *choix de l'objet* tout comme chez l'adulte. A la vérité Hans manifeste aussi une très remarquable inconstance et une prédisposition à la polygamie.

« En hiver (3 ans et 9 mois), j'emmène Hans au Skating Rink et je lui fais faire connaissance avec les deux filles de mon collègue N..., âgées d'environ 10 ans. Hans s'asseoit auprès d'elles — tandis qu'elles, vu le sentiment de leur âge plus avancé, regardent de haut, avec un certain mépris, le petit mioche — lui les contemple avec admiration, ce qui ne leur fait pas grande impression. En dépit de cela, Hans ne parle plus d'elles qu'en les appelant « mes petites filles ». « Où sont donc mes petites filles ? Quand viendront donc mes petites filles ? » et il me tourmente pendant quelques semaines en me demandant : « Quand retournerai-je à la patinoire voir mes petites filles ? »

Un cousin, âgé de 5 ans, est en visite chez Hans, lui-même maintenant âgé de 4 ans. Hans l'embrasse sans cesse et dit une fois au cours d'une de ces tendres embrassades : « Comme je t'aime ! Comme je t'aime ! »

Ceci est le premier et non le dernier trait d'homosexualité que nous rencontrerons chez Hans. Notre petit Hans semble vraiment être un modèle de toutes les perversités !

« Nous nous installons dans un nouvel appartement (Hans a 4 ans). Une porte mène de la cuisine à un balcon, d'où l'on peut voir dans un autre appartement situé vis-à-vis, de l'autre côté de la cour. Hans y a découvert une petite fille d'environ 7 à 8 ans. Il s'asseoit maintenant, afin de l'admirer, sur la marche qui mène au balcon et demeure assis là pendant des heures. C'est surtout à 4 heures de l'après-midi, lorsque la petite fille rentre de l'école, qu'on ne peut le garder dans la chambre, et rien ne saurait l'induire à ne pas occuper son poste d'observation. Un jour où la petite fille ne se montre pas à la fenêtre à l'heure accoutumée, Hans ne tient pas en place et accable de questions les gens de la maison : « Quand va venir la petite fille ? Où est la petite fille ? », etc. Quand elle apparaît enfin, il est transporté de joie et ne quitte plus des yeux l'appartement d'en face. La violence avec laquelle cet « amour à distance » (1) apparut s'explique par le fait que Hans n'a aucun camarade de jeu, ni garçon ni fille. D'amples rapports avec d'autres enfants sont évidemment nécessaires au développement normal de l'enfant.

« Hans trouve enfin des camarades, ainsi que nous l'allons bientôt raconter (Hans a alors 4 ans 1/2), lorsque nous nous installons pour l'été à Gmunden. Ses camarades de jeu sont, dans notre maison, les enfants du propriétaire : Franzl (environ 12 ans), Fritzl (8 ans), Olga (7 ans), Berta (5 ans). Les enfants des voisins : Anna (10 ans), et deux autres petites filles dont j'ai oublié le nom, jouent aussi avec lui. Son préféré est Fritzl, que souvent il embrasse et assure de son amour. On lui demande un jour : « Laquelle des petites filles aimes-tu « le mieux ? » Il répond : « Fritzl. » En même temps il traite les filles de façon agressive, virile, conquérante, il les prend dans ses bras et leur donne des baisers, ce que Berta, en particulier, souffre très volontiers. Comme un soir Berta sort de la chambre, il lui jette les bras au cou et lui dit sur le ton le plus tendre : « Berta, que tu es « donc gentille ! » ce qui ne l'empêche pas du reste d'embrasser aussi les autres et de les assurer de son amour. Il aime aussi Mariedl,

(1) *Und die Liebe per Distanz,*
Kurzgesagt, missfällt mir ganz.
(Et, bref, l'amour à distance
Me déplaît du tout au tout.)

Wilhelm BUSCH.

une autre fille de notre propriétaire, âgée de 14 ans, et qui joue avec lui ; il dit un soir, comme on le met au lit : « Je veux que Mariedl couche avec moi. » On lui répond que ce n'est pas possible, il reprend : « Il faut alors qu'elle couche avec maman ou papa. » On lui réplique que cela n'est pas possible non plus, que Mariedl doit dormir chez ses parents. Et alors a lieu le dialogue suivant :

HANS. — Alors c'est moi qui descendrai coucher avec Mariedl.

MAMAN. — Tu veux vraiment quitter ta maman et aller coucher en bas ?

HANS. — Oh ! je remonterai demain matin pour mon petit déjeuner et pour aller aux cabinets.

MAMAN. — Si tu veux vraiment quitter papa et maman, prends ton manteau et ta culotte et... adieu !

» Hans prend ses vêtements et gagne l'escalier, afin d'aller coucher avec Mariedl, mais bien entendu on le ramène. »

Derrière ce souhait : « Je veux que Mariedl couche avec moi » en existe certainement un autre : « Je veux que Mariedl (avec qui il aime tant être) fasse partie de notre famille. » Mais le père et la mère de Hans prenaient l'enfant dans leur lit — bien que pas trop souvent — et il est certain qu'à cette occasion, en étant couché contre eux, des sensations érotiques s'éveillaient en lui ; ce qui fait que le désir de coucher avec Mariedl a aussi son sens érotique. Être au lit avec son père ou sa mère est pour Hans, comme pour tout autre enfant, une source d'émois érotiques.

Notre petit Hans s'est comporté, en face du défi de sa mère, comme un vrai petit homme, malgré ses velléités d'homosexualité.

« A une autre occasion, dont nous allons parler, Hans dit aussi à sa mère : « Tu sais, j'aimerais tant coucher avec la petite fille. » Cet épisode nous a fort amusés, car Hans s'est ici vraiment comporté comme un adulte amoureux. Dans le restaurant où nous déjeunons vient, depuis quelques jours, une jolie petite fille de 8 ans, de qui bien entendu Hans s'éprend aussitôt. Il se retourne sans cesse sur sa chaise afin de lui lancer des œillades ; quand il a fini de manger il va se mettre près d'elle afin de flirter avec elle, mais s'il se sent, ce faisant, observé, il devient cramoisi. La petite fille répond-elle à ses œillades, il regarde aussitôt d'un air confus de l'autre côté. Sa conduite fait naturellement la joie de tous les hôtes du restaurant. Chaque jour, pendant qu'on l'y mène, il demande : « Crois-tu que « la petite fille sera là aujourd'hui ? » Quand elle apparaît enfin, il devient tout rouge, ainsi qu'un adulte en pareil cas. Un jour il vient à moi tout radieux et me murmure à l'oreille : « Tu sais, papa, je sais « maintenant où habite la petite fille. Je l'ai vue en tel et tel endroit « monter l'escalier. » Tandis qu'il se comporte de façon agressive avec les petites filles habitant sa maison, en l'occasion présente il est un amoureux platonique et transi. Cela tient peut-être à ce que les petites filles de la maison sont des villageoises, tandis que la petite fille du restaurant est une dame du monde. Nous avons déjà mentionné ce que Hans dit un jour : qu'il voudrait coucher avec elle.

» Comme je ne veux pas laisser Hans dans la tension psychique où il a été jusqu'alors, de par son amour pour la petite fille, je leur fais faire connaissance et j'invite la petite fille à venir le voir au jardin, lorsqu'il aura fini sa sieste. Hans est tellement agité par l'attente de la petite fille que, pour la première fois, il ne peut dormir l'après-midi, mais se tourne et se retourne sans cesse dans son lit. Sa mère lui demande : « Pourquoi ne dors-tu pas ? Penses-tu à la petite fille ? » Il répond, tout heureux, que oui. En rentrant du restaurant à la maison, il a aussi raconté à tous les gens de la maison : « Tu sais, « aujourd'hui, ma petite fille va venir me voir », et Mariedl, qui a 14 ans, raconte qu'il lui a sans cesse demandé : « Crois-tu, toi, « qu'elle sera gentille avec moi ? Crois-tu qu'elle me donnera un « baiser quand je l'embrasserai ? » et ainsi de suite.

» Comme il pleut l'après-midi la visite n'a pas lieu. Hans se console avec Berta et Olga. »

D'autres observations encore, faites en cette période de vacances d'été, permettent de supposer que toutes sortes de changements se préparent dans le petit garçon.

« Hans a 4 ans et 3 mois. Ce matin, sa mère lui donne son bain quotidien et, après son bain, elle le sèche et le poudre. Comme elle est en train de poudrer autour de son pénis, en prenant soin de ne pas le toucher, Hans demande : « Pourquoi n'y mets-tu pas le doigt ? »

MAMAN. — Parce que c'est une cochonnerie.

HANS. — Qu'est-ce c'est ? Une cochonnerie ? Pourquoi ?

MAMAN. — Parce que ce n'est pas convenable.

HANS (riant). — Mais très amusant (1) !

Un rêve de notre Hans, datant à peu près du même moment, contraste de façon très frappante avec la hardiesse qu'il montra envers sa mère. C'est le premier rêve de l'enfant qui soit rendu méconnaissable par la déformation. La perspicacité du père parvint cependant à en pénétrer le sens.

(1) Une tentative analogue de séduction me fut rapportée par une mère, elle-même névrosée, qui ne voulait pas croire à la masturbation infantile, et ceci de la part de sa petite fille âgée de 3 ans 1/2. Elle avait fait faire pour la petite une culotte et comme elle la lui essayait, afin de voir si elle ne serait pas trop étroite pour marcher, en posant la main sur la surface interne du haut des cuisses, vers le haut, la petite ferma soudain les jambes sur la main de sa mère et pria : « Maman, laisse-donc ta main là. C'est tellement bon. »

« Hans (4 ans 1/2). *Rêve.* — Ce matin, Hans, en se levant, raconte : « Tu sais, cette nuit j'ai pensé : *Quelqu'un dit : Qui veut venir avec « moi ? Alors quelqu'un dit : Moi. Alors il doit lui faire faire pipi.* »

» D'autres questions montrent clairement que tout élément visuel manque à ce rêve, qu'il appartient au pur « type auditif » (1). Hans joue depuis quelques jours à des jeux de société et aux *gages* avec les enfants du propriétaire, parmi lesquels se trouvent ses amies Olga (7 ans) et Berta (5 ans). (Le jeu des gages se joue ainsi : A) « A qui appartient le gage qui est dans ma main ? » B) « A moi. » Alors on décide ce que B doit faire.) Le rêve est édifié sur le modèle du jeu, seulement Hans y souhaite que celui à qui appartient le gage soit condamné, non pas à donner le baiser d'usage ou à recevoir le soufflet habituel, mais au faire-pipi ou plus exactement : à faire faire pipi à l'autre.

» Je me fais raconter le rêve encore une fois ; il le raconte dans les mêmes termes, il remplace seulement : « Alors quelqu'un dit » par : « Alors elle dit. » Elle, c'est évidemment Berta ou Olga, une des petites filles avec lesquelles il a joué. Traduit, le rêve est donc tel : je joue aux gages avec les petites filles. Je demande : « Qui veut venir à moi ? » Elle (Berta ou Olga) répond : « Moi. » Alors elle doit me faire faire pipi. (C'est-à-dire m'aider à uriner, ce qui est évidemment agréable à Hans.)

Il est clair que l'acte de lui faire faire pipi, à l'occasion duquel on lui ouvre son pantalon et on lui sort son pénis, est teinté pour Hans de plaisir. A la promenade, c'est le plus souvent son père qui lui prête ainsi assistance, ce qui aide à la fixation d'une inclination homosexuelle sur le père.

« Deux jours auparavant, ainsi que nous l'avons rapporté, il a demandé à sa mère, comme elle lui lavait et lui poudrait la région génitale : « Pourquoi n'y mets-tu pas le doigt ? » Hier, comme j'allais l'aider à faire un petit besoin, il me demanda pour la première fois de le mener derrière la maison, afin que personne ne pût le voir et il ajouta : « L'année passée, pendant que je faisais pipi, Berta et « Olga me regardaient. » Cela veut dire, je pense, que l'année passée il lui était agréable d'être regardé, ce faisant, par les petites filles, mais qu'il n'en est plus ainsi. L'exhibitionnisme a maintenant succombé au refoulement. Le fait que le désir d'être regardé par Berta et Olga pendant qu'il fait pipi (ou qu'elles le lui faisaient faire) soit maintenant refoulé dans la vie réelle fournit l'explication de son apparition dans le rêve, où ce désir a emprunté le joli déguisement du jeu des gages. J'ai observé depuis, à plusieurs reprises, qu'il ne veut plus être vu faisant pipi. »

(1) En français dans le texte. *(N. d. T.)*

Je ferai remarquer ici que ce rêve se conforme à la règle que j'ai exposée dans *La Science des rêves* (1) : les paroles prononcées ou entendues en rêve dérivent des paroles que l'on a entendues ou prononcées soi-même, les jours précédents.

Le père de Hans a noté encore une observation datant de la période qui suivit immédiatement le retour de la famille à Vienne : « Hans (4 ans 1/2) assiste de nouveau au bain de sa petite sœur et commence à rire. On lui demande : « Pourquoi ris-tu ? »

HANS. — Je ris du fait-pipi d'Anna.

« Pourquoi ? » — « Parce que son fait-pipi est si beau. »

« La réponse n'est naturellement pas sincère. Le fait-pipi lui semblait en réalité comique. C'est, de plus, la première fois qu'il reconnaît aussi expressément la différence entre les organes génitaux masculins ou féminins, au lieu de la nier. »

II

HISTOIRE DE LA MALADIE ET ANALYSE

« CHER DOCTEUR,

« Je vous adresse encore quelque chose touchant Hans — hélas, cette fois-ci, c'est une contribution à l'histoire d'un cas. Comme vous l'allez voir, se sont manifestés chez lui, ces derniers jours, des troubles nerveux qui nous inquiètent beaucoup, ma femme et moi, car nous n'avons pu trouver aucun moyen de les dissiper. Je me permettrai d'aller demain... vous voir, mais... je vous envoie un rapport écrit de ce que j'ai pu recueillir.

» Sans doute le terrain a-t-il été préparé de par une trop grande excitation sexuelle due à la tendresse de sa mère, mais la cause immédiate des troubles, je ne saurais l'indiquer. *La peur d'être mordu dans la rue par un cheval* semble être en rapport d'une façon quelconque avec le fait d'être effrayé par un grand pénis — il a de bonne heure, ainsi que nous le savons par une observation antérieure, remarqué le grand pénis des chevaux et il avait alors tiré la conclusion que sa mère, parce qu'elle était si grande, devait avoir un fait-pipi comme un cheval.

» Je ne sais quel usage faire de ces données. A-t-il vu quelque part un exhibitionniste ? Ou le tout n'est-il en rapport qu'avec sa mère ? Il ne nous est pas très agréable qu'il commence de si bonne heure à nous proposer des énigmes. En dehors de la peur d'aller dans

(1) *Traumdeutung*, 7ᵉ éd., pp. 238 et suiv. *La Science des rêves*, trad. MEYERSON, pp. 372 et suiv.

la rue et d'une dépression survenant chaque soir, Hans est au demeurant toujours le même, gai et joyeux. »

Nous ne suivrons le père de Hans ni dans les soucis bien compréhensibles qu'il se fait ni dans ses premières tentatives d'explication : nous commencerons par examiner le matériel qu'il nous fournit. Ce n'est nullement notre tâche de « comprendre » d'emblée un cas pathologique, ceci ne nous est possible que par la suite, quand nous en avons reçu suffisamment d'impressions. Pour le moment nous suspendrons notre jugement et nous accorderons la même attention à tout ce qui s'offrira à notre observation.

Voici les premiers rapports, datant des premiers jours de janvier de cette année (1908) :

« Hans (4 ans et 9 mois) se lève un matin en larmes et répond à sa mère, qui lui demande pourquoi il pleure : « Pendant que je dor« mais, j'ai cru que tu étais partie et que je n'avais plus de maman « pour *faire câlin* avec moi. »

» Donc, un rêve d'angoisse.

« Cet été, à Gmunden, j'avais déjà remarqué quelque chose d'analogue. Le soir, au lit, il était le plus souvent très sentimental et fit une fois cette remarque : « Si je n'avais plus de maman », ou bien : « Si tu t'en allais » (ou à peu près), je ne me rappelle plus les termes exacts. Malheureusement, chaque fois qu'il manifestait cette humeur élégiaque, sa mère le prenait dans son lit.

» Le 5 janvier environ, il vint de bonne heure dans le lit de sa mère et dit alors : « Sais-tu ce que la tante M... a dit : « Comme il a « un gentil petit machin (1) ! » (La tante M... avait habité chez nous voici quatre semaines ; un jour en regardant ma femme donner son bain au petit garçon, elle dit en effet tout bas à ma femme ces paroles. Hans les entendit et cherche à s'en servir maintenant à son profit.)

» Le 7 janvier, il va comme d'habitude avec la bonne dans le Stadtpark (2), commence à pleurer dans la rue et demande à être reconduit à la maison : il veut faire câlin avec sa maman. Comme on lui demande, à la maison, pourquoi il n'a pas voulu aller plus loin et s'est mis à pleurer, il ne veut pas le dire. Il est gai comme d'habitude jusqu'au soir ; mais le soir il a évidemment peur, il pleure et on ne peut le séparer de sa maman ; il veut de nouveau faire câlin. Ensuite, il redevient gai et dort bien.

(1) En allemand *Pischl* = pénis. C'est une des choses les plus communes — les psychanalyses en sont pleines — que les caresses faites en paroles aux organes génitaux des petits enfants — et même parfois en fait — par leur tendre entourage, les parents eux-mêmes compris.

(2) Le parc municipal, jardin au centre de Vienne. *(N. d. T.)*

» Le 8 janvier, ma femme décide, afin de voir ce qu'il en est, de le mener elle-même à la promenade, et ceci à Schönbrunn, où il va d'ordinaire volontiers. Il recommence à pleurer, ne veut pas partir, il a peur. A la fin il y va quand même, mais a visiblement peur dans la rue. En revenant de Schönbrunn il dit à sa mère, après une grande lutte intérieure : *J'avais peur qu'un cheval ne me morde.* (Il avait en effet, à Schönbrunn, manifesté de l'inquiétude à la vue d'un cheval.) Le soir, il aurait eu un accès semblable à celui du jour précédent, et demandé à faire câlin. On le calme. Il dit en pleurant : « Je sais « que demain il faudra encore que j'aille me promener », et ensuite : « Le cheval va venir dans la chambre. »

« Le même jour, sa mère lui demande : « Peut-être touches-tu « avec ta main ton fait-pipi (1) ? » Il répond alors : « Oui, tous les « soirs, quand je suis dans mon lit. » Le jour suivant, 9 janvier, on l'avertit, avant sa sieste de l'après-midi, d'avoir à ne pas toucher son fait-pipi. Au réveil, on lui demande ce qu'il en fut, il répond l'avoir touché cependant un petit bout de temps. »

Voilà donc le début de l'angoisse comme de la phobie. Nous avons de bonnes raisons, cela se voit, de les séparer l'une de l'autre. Le matériel dont nous disposons nous semble, de plus, tout à fait suffisant pour nous orienter, et aucun moment de la maladie n'est aussi favorable à sa compréhension que son stade initial tel que nous l'observons ici, stade malheureusement le plus souvent négligé ou passé sous silence. Le trouble nerveux débute par des pensées à la fois sentimentales et angoissées, puis par un rêve d'angoisse dont le contenu est le suivant : Hans perd sa mère, ce qui fait qu'il ne peut plus « faire câlin » avec elle. La tendresse de Hans pour sa mère a donc dû s'accroître immensément. Ceci est le phénomène fondamental qui est à la base de son état.

Rappelons-nous, pour confirmer ce fait, les deux tentatives de séduction entreprises par Hans sur sa mère, dont l'une date de l'été et l'autre — consistant simplement à lui vanter son pénis — se place immédiatement avant l'éclosion de son angoisse des rues. C'est cette tendresse accrue pour sa mère qui se mue en angoisse, laquelle succombe, dirons-nous, au refoulement. Nous ne savons pas encore d'où provient l'impulsion au refoulement ; peut-être a-t-il lieu seulement du fait de l'intensité des émois que l'enfant est incapable de maîtriser, peut-être d'autres forces sont-elles aussi à l'œuvre, forces que nous n'avons pas encore reconnues. Nous l'apprendrons par la suite. Cette angoisse, correspondant à une

(1) *Gibst du vielleicht die Hand zum Wiwimacher ?* Litt. : « Peut-être donnes-tu la main au fait-pipi ? » *(N. d. T.)*

aspiration érotique refoulée, est d'abord, comme toute angoisse infantile, sans objet : simple angoisse et pas encore peur. L'enfant ne peut savoir de quoi il a peur, et lorsque Hans, après la première promenade avec sa bonne, ne veut pas dire de quoi il a eu peur, c'est simplement parce qu'il ne le sait pas encore. Il dit tout ce qu'il sait : que sa maman lui manque dans la rue, sa maman avec qui il peut faire câlin, il ne veut pas être loin d'elle. Il trahit là en toute sincérité le premier sens de son aversion contre la rue.

De plus, les états dans lesquels il se trouva pendant deux soirs consécutifs avant d'aller dormir, états d'angoisse encore nettement teintés de sentimentalité, prouvent qu'au début de sa maladie il n'y avait encore phobie ni de la rue, ni de la promenade, ni même des chevaux. Y eût-il eu une telle phobie, les états vespéraux eussent été inexplicables ; qui pense, au moment de se coucher, à la rue et à la promenade ? Par contre la motivation de ces états est tout à fait transparente, si nous estimons que Hans, avant de se coucher, devient la proie d'une libido renforcée, dont l'objet est sa mère, et dont le but pourrait bien être de coucher avec elle. Il a en effet appris par expérience, à Gmunden, que sa mère peut être amenée, par de tels états chez son enfant, à le prendre dans son lit, et il voudrait arriver ici, à Vienne, au même résultat. N'oublions pas non plus qu'il était resté, à Gmunden, une partie du temps seul avec sa mère, le père n'ayant pu passer là toutes les vacances ; de plus que là-bas ses instincts de tendresse se partageaient entre un certain nombre de camarades de jeu, amis et amies, tandis qu'à Vienne il n'avait plus de petits compagnons, de sorte que sa libido pouvait revenir indivisée à sa mère.

L'angoisse correspond ainsi à une aspiration libidinale refoulée, mais elle n'est pas cette aspiration elle-même ; il faut tenir compte aussi du refoulement. Une aspiration se mue entièrement en satisfaction quand on lui procure l'objet qu'elle convoite ; une telle thérapeutique n'est plus efficace dans les cas d'angoisse ; l'angoisse persiste même s'il y a possibilité de satisfaire l'aspiration, l'angoisse n'est plus entièrement retransformable en libido ; la libido est maintenue par quelque chose en état de refoulement (1). Les choses se montrèrent être telles chez Hans, à l'occasion de la promenade suivante où sa mère l'accompagna. Il est cette fois-ci avec sa mère et éprouve cependant de l'angoisse, c'est-à-dire une aspi-

(1) Pour parler franc, ceci est le critère même d'après lequel nous qualifions de normaux ou non de tels sentiments mêlés d'angoisse et de désir : nous les appelons « angoisse pathologique » à partir du moment où ils ne peuvent plus être résolus par l'obtention de l'objet convoité.

ration inassouvie vers elle. Il est vrai que l'angoisse est moindre, il se laisse en effet conduire à la promenade, tandis qu'il avait contraint la bonne à le ramener à la maison ; la rue n'est d'ailleurs pas un endroit propice à « faire câlin » ou à n'importe ce que pouvait désirer d'autre le petit amoureux. Mais l'angoisse a supporté l'épreuve et il faut maintenant qu'elle trouve un objet. C'est au cours de cette promenade qu'il exprime d'abord la peur d'être mordu par un cheval. D'où provient le matériel de cette phobie ? Sans doute de ces complexes, encore inconnus de nous, qui ont contribué au refoulement et maintiennent les aspirations libidinales envers la mère en état de refoulement. Voilà encore une énigme : c'est en suivant les développements du cas de Hans que nous en trouverons la solution. Le père de Hans nous a déjà fourni certains points d'appui, auxquels nous pouvons sans doute nous fier : Hans a toujours observé avec intérêt les chevaux, à cause de leur grand « fait-pipi » ; Hans a supposé que sa mère devait avoir un fait-pipi comme celui d'un cheval, et ainsi de suite. On pourrait ainsi penser que le cheval est simplement un substitut de la mère. Mais qu'est-ce que cela veut dire lorsque Hans, le soir, exprime la peur que le cheval n'entre dans la chambre ? Une stupide peur de petit enfant, dira-t-on. Mais la névrose ne dit rien de stupide, pas plus que le rêve. Nous dénigrons volontiers les choses auxquelles nous ne comprenons rien. Un excellent moyen de se rendre la tâche aisée.

Il nous faut nous garder de succomber à cette tentation sur un autre point encore. Hans a avoué que, chaque nuit, avant de s'endormir, il s'amusait à jouer avec son pénis. « Ah ! » s'écriera alors le médecin de famille, « tout s'explique maintenant. L'enfant se masturbe, d'où l'angoisse ». Mais tout doux ! Que l'enfant se procure des sensations voluptueuses par la masturbation ne nous explique en rien son angoisse, mais la rend bien plutôt tout à fait énigmatique. Des états d'angoisse ne sont pas engendrés par la masturbation, ni d'ailleurs par une satisfaction quelconque. De plus, nous devons présumer que Hans, âgé maintenant de 4 ans et 9 mois, s'accorde chaque soir ce plaisir depuis un an au moins (voir p. 95) et nous allons apprendre qu'il se trouve justement en ce moment engagé dans une lutte pour s'en déshabituer, ce qui s'accorde bien mieux avec le refoulement et la formation de l'angoisse.

Nous devons aussi prendre le parti de la mère de Hans, si bonne et si dévouée. Le père l'accuse, non sans apparence de raison, d'avoir amené l'éclosion de la névrose par sa tendresse excessive pour l'enfant et par son trop fréquent empressement à le prendre dans son lit. Nous pourrions aussi bien lui reprocher d'avoir précipité le processus du refoulement en repoussant trop énergiquement les avances de l'enfant (« c'est une cochonnerie »). Mais elle avait à remplir un rôle prescrit par le destin et sa position était difficile.

Je m'entendis avec le père de Hans afin qu'il dît à celui-ci que toute cette histoire de chevaux était une bêtise et rien de plus. La vérité, devait dire son père, c'était que Hans aimait énormément sa mère et voulait être pris par elle dans son lit. C'était parce que le fait-pipi des chevaux l'avait tellement intéressé qu'il avait peur maintenant des chevaux. Hans avait remarqué que ce n'était pas bien d'être tellement préoccupé des « fait-pipi », même du sien, et ce point de vue était tout à fait juste. Je suggérai de plus au père de commencer à éclairer Hans en matière de choses sexuelles. Comme la conduite passée de l'enfant nous permettait de le supposer, sa libido était restée accrochée au désir de voir le fait-pipi de sa mère : aussi proposai-je au père de Hans de supprimer ce but à son désir en lui faisant savoir que sa mère et toutes les autres créatures féminines — ainsi qu'il pouvait s'en rendre compte d'après la petite Anna — ne possédaient pas du tout de « fait-pipi ». Ce dernier éclaircissement serait fourni à Hans en quelque occasion favorable amenée par une question ou un propos approprié de Hans lui-même.

***

Les nouvelles notes relatives à notre Hans couvrent la période du 1er au 17 mars. Cet entracte de plus d'un mois trouvera bientôt son explication.

« Aux éclaircissements (1) succède une période plus calme, pendant laquelle Hans peut être amené sans trop de difficulté à se promener quotidiennement dans le Stadtpark. La peur des chevaux se change de plus en plus en une compulsion à regarder les chevaux. Il dit : « Il faut que je regarde les chevaux et alors j'ai peur. »

« A la suite d'une grippe, qui le garde deux semaines au lit, sa phobie se renforce au point qu'on ne peut plus l'amener à sortir ; il va tout au plus sur le balcon. Tous les dimanches il vient avec moi à Lainz (2), parce que ce jour-là il y a peu de voitures dans les rues et que le chemin jusqu'à la gare est très court. A Lainz, il refuse un jour d'aller se promener en dehors du jardin, parce qu'une voiture se tient devant. Après une autre semaine qu'il est forcé de passer à la maison, les amygdales lui ayant été coupées, la phobie se renforce à nouveau de façon notable. Il va bien sur le balcon, mais non pas se promener, c'est-à-dire qu'il fait vivement demi-tour dès qu'il arrive à la porte donnant sur la rue.

(1) Relatifs à ce que signifie son angoisse ; pas encore au « fait-pipi » des femmes.
(2) Faubourg de Vienne, où les grands-parents de Hans demeurent.

« Le dimanche 1er mars, la conversation suivante se déroule pendant notre trajet vers la gare. Je cherche à nouveau à persuader Hans que les chevaux ne mordent pas. Lui : « Mais les chevaux « blancs mordent. A Gmunden il y a un cheval blanc qui mord. « Quand on lui tend les doigts, il mord. » (Je suis frappé de ce qu'il dise : les doigts, au lieu de : la main.) Il raconte alors l'histoire suivante que je rapporte :

« Quand Lizzi était sur le point de partir, une voiture attelée d'un cheval blanc qui allait emporter ses bagages à la gare était devant sa maison (Lizzi est, dit Hans, une petite fille qui habite une maison voisine). Son père se tenait près du cheval et le cheval a tourné la tête (afin de le toucher) et alors le père de Lizzi lui a dit : « *Ne touche pas avec tes doigts le cheval blanc, sans quoi il te mordra* (1). » Je réplique alors : « Il me semble, tu sais, que ce n'est pas d'un cheval que tu « veux parler, mais d'un fait-pipi, qu'on ne doit pas toucher avec « sa main. »

LUI. — Mais pourtant un fait-pipi ne mord pas.

MOI. — « Peut-être le fait-il cependant », sur quoi Hans s'applique avec vivacité à me démontrer qu'il s'agit vraiment d'un cheval blanc (2).

« Le 2 mars, je dis à Hans, comme il manifeste à nouveau de la peur : « Sais-tu ? La *bêtise* — c'est ainsi qu'il appelle sa phobie — « perdra de sa force quand tu iras plus souvent te promener. Elle « n'est si forte maintenant que parce que tu n'es pas sorti de la mai- « son, parce que tu as été malade. »

LUI. — Oh non, elle est si forte parce que je continue à mettre ma main à mon fait-pipi toutes les nuits. »

Le médecin et le patient, le père et le fils s'accordent donc pour attribuer aux habitudes d'onanisme le rôle principal dans la pathogénie de l'état actuel. Il ne manque cependant pas non plus d'indices de la présence et de l'importance d'autres facteurs.

« Le 3 mars, est entrée chez nous une nouvelle bonne qui plaît particulièrement à Hans. Elle le laisse monter sur son dos pendant qu'elle fait le parquet, alors il ne l'appelle plus que « mon cheval » et la tire sans cesse par sa jupe en criant : « Hue dada ! » Vers le 10 mars, il dit à cette bonne : « Si vous faites ceci ou cela, il faudra

(1) Comparer les termes de la question de la mère : *Gibst du vielleicht die Hand zum Wiwimacher ?* Peut-être donnes-tu la main au fait-pipi ? avec ceux de la défense du père de Lizzi : *Gieb nicht die Finger zum weissen Pferd.* Ne donne pas les doigts au cheval blanc. Voir n. 2, p. 107. *(N. d. T.)*

(2) Le père de Hans n'avait aucune raison de douter que Hans eût raconté ici un événement réel. — Les sensations de démangeaison au gland, qui incitent les enfants à se toucher, sont d'ailleurs décrites d'ordinaire ainsi en allemand : *es beisst mich* = cela me mord.

« que vous vous déshabilliez tout à fait, même la chemise. » (Il l'entend comme punition, mais on peut aisément reconnaître là-dessous un désir.)

ELLE. — Et qu'est-ce que ça ferait ? Je penserais tout simplement que je n'ai pas d'argent pour m'acheter des vêtements.

LUI. — Mais c'est pourtant une honte, pensez donc ! on voit alors le fait-pipi. »

C'est sa vieille curiosité, reportée sur un autre objet et — comme il convient à la période du refoulement — recouverte d'une tendance moralisatrice !

« Le 13 mars, le matin, je dis à Hans : « Tu sais, si tu ne mets « plus la main à ton fait-pipi, la bêtise deviendra sûrement plus « faible. »

HANS. — Mais je ne mets plus la main à mon fait-pipi.

MOI. — Mais tu continues à avoir envie de le faire.

HANS. — Oui, c'est vrai, mais *avoir envie* n'est pas *faire*, et *faire* n'est pas *avoir envie*... (!!!)

MOI. — Mais afin que tu n'en n'aies pas envie, tu dormiras ce soir dans un sac.

» Après quoi nous sortons devant la maison. Il a certes peur, mais il dit, visiblement raffermi par la perspective d'être assisté dans sa lutte : « Oh ! si je dors ce soir dans un sac, demain la bêtise « sera passée. » Il a, en fait, *bien moins* peur des chevaux et laisse, dans un état de tranquillité relative, des voitures passer devant lui.

« Le dimanche suivant, 15 mars, Hans avait promis d'aller avec moi à Lainz. Il commence par résister, puis cependant m'accompagne. Dans la rue, comme il y a peu de voitures, il se sent visiblement bien et dit : « Comme c'est intelligent de la part du bon Dieu d'avoir « déjà supprimé les chevaux ! » En chemin je lui explique que sa sœur n'a pas un fait-pipi comme le sien. Les petites filles et les femmes n'ont pas de fait-pipi. Maman n'en a pas, Anna non plus, et ainsi de suite.

HANS. — Et toi, as-tu un fait-pipi ?

MOI. — Naturellement, qu'as-tu donc cru ?

HANS (après un silence). — Comment les petites filles font-elles donc pipi, si elles n'ont pas de fait-pipi ?

MOI. — Elles n'ont pas un fait-pipi comme le tien. Ne l'as-tu pas encore remarqué, quand on baigne Anna ?

» Toute la journée il est très gai, fait de la luge, etc. Ce n'est que le soir qu'il est à nouveau déprimé et semble craindre les chevaux.

» Ce soir-là, l'accès nerveux et le besoin de *faire câlin* sont moins prononcés que les jours précédents. Le jour suivant, sa mère l'emmène en ville, et il a très peur dans les rues. Le second jour il reste à la maison et est très gai. Le matin du troisième jour, il s'éveille vers 6 heures dans une grande angoisse. Quand on lui demande ce qu'il a, il raconte : « J'ai mis le doigt, mais très peu, à mon fait-pipi. « Alors j'ai vu maman, toute nue en chemise et elle m'a laissé voir « son fait-pipi. J'ai montré à Grete (1), à ma Grete, ce que faisait « maman, et je lui ai montré mon fait-pipi. Alors j'ai vite retiré « la main de mon fait-pipi. » A cette objection que je fais : ce ne peut être qu'en chemise *ou* toute nue, Hans répond : « Elle était en « chemise, mais la chemise était si courte que j'ai vu son fait-pipi. »

» Tout ceci n'est pas un rêve, mais un fantasme d'onanisme, d'ailleurs équivalent à un rêve. Ce que Hans fait faire à sa mère sert évidemment à sa propre justification : « Si maman montre son « fait-pipi, je puis bien en faire autant. »

Ce fantasme nous fait voir deux choses ; en premier lieu, que les reproches de sa mère ont, en leur temps, exercé une puissante influence sur Hans ; en second lieu, que les explications à lui fournies, relatives à l'absence de fait-pipi chez les femmes, n'ont au premier abord pas été admises par lui. Il déplore qu'il en soit ainsi et maintient en imagination son point de vue précédent. Peut-être a-t-il aussi ses raisons pour commencer par refuser créance à son père.

Rapport hebdomadaire du père de Hans

« Cher Professeur, ci-joint la continuation de l'histoire de notre Hans — un fragment très intéressant. Peut-être me permettrai-je lundi prochain d'aller à votre consultation et si possible d'amener Hans avec moi — à condition qu'il veuille bien venir. Je lui ai demandé aujourd'hui : « Veux-tu venir avec moi chez le Professeur « qui peut te débarrasser de ta « bêtise » ?

LUI. — Non.

MOI. — Mais il a une très jolie petite fille. Sur quoi Hans a consenti tout de suite et avec joie.

« Dimanche, 22 mars. Afin d'élargir le programme dominical, je propose à Hans d'aller d'abord à Schönbrunn et d'attendre l'après-midi pour aller de là à Lainz. Il a ainsi à faire à pied le chemin, non seulement de notre maison à la gare de la Douane Centrale du Stadtbahn (2), mais encore de la gare de Hietzing à Schönbrunn et de là de nouveau à la station du tramway à vapeur de Hietzing. Il y parvient, en détournant vite les yeux, visiblement pris de peur

(1) Grete est une des petites filles de Gmunden à l'aide desquelles Hans édifie maintenant ses fantasmes. Il bavarde et joue avec elle.

(2) Hauptzollamt. La gare de la douane centrale du chemin de fer local et suburbain à Vienne. Hietzing est un faubourg qui touche au Palais de Schönbrunn. *(N. d. T.)*

chaque fois que des chevaux approchent. Ce faisant, il suit un conseil donné par sa mère.

» A Schönbrunn, il a peur de certains animaux qu'il regardait auparavant sans aucune crainte. Ainsi il ne veut absolument pas entrer dans le pavillon de la *girafe*, il ne veut pas non plus aller voir l'éléphant, qui l'amusait tant d'habitude. Il a peur de tous les grands animaux, tandis qu'il prend plaisir aux petits. Parmi les oiseaux, il a peur cette fois-ci également du pélican, évidemment aussi à cause de sa taille, ce qui ne lui était jamais arrivé.

» Je dis alors à Hans : Sais-tu pourquoi tu as peur des grands animaux ? Les grands animaux ont un grand fait-pipi, et tu as peur en réalité des grands fait-pipi.

HANS. — Mais je n'ai jamais encore vu le fait-pipi des grands animaux (1).

MOI. — Mais tu as vu celui du cheval et le cheval est bien un grand animal.

HANS. — Oh ! du cheval, souvent ! une fois à Gmunden, quand la voiture était devant la porte, une autre fois devant la Douane Centrale.

MOI. — Quand tu étais petit, tu as probablement été à Gmunden dans une écurie...

HANS (m'interrompant). — Oui, à Gmunden, j'allais tous les jours à l'écurie quand les chevaux revenaient à la maison.

MOI. — ... Et tu as probablement eu peur, en voyant une fois le grand fait-pipi du cheval. Mais tu n'as pas à en avoir peur. Les grands animaux ont de grands fait-pipi ; les petits animaux, de petits fait-pipi.

HANS. — Et tout le monde a un fait-pipi, et mon fait-pipi grandira avec moi, quand je grandirai, car il est enraciné.

» Là-dessus se termine notre entretien. Les jours suivants, la peur semble de nouveau un peu plus grande ; Hans se risque à peine devant la porte de la maison où on le conduit après le repas. »

Les dernières paroles de consolation que Hans s'adresse à lui-même éclairent la situation et nous permettent de corriger quelque peu les assertions de son père. Il est exact que Hans a peur des grands animaux parce qu'il est obligé de penser à leur fait-pipi, mais l'on ne peut vraiment dire qu'il ait peur du grand fait-pipi en lui-même. Autrefois l'idée d'un grand fait-pipi lui était vraiment agréable, et il cherchait de toutes ses forces à s'en procurer la vue. Depuis lors ce plaisir lui a été gâté, ceci de par le renversement général du plaisir

(1) Ce n'est pas vrai. Voir l'exclamation de Hans devant la cage du lion, p. 96. C'est là sans doute le début de l' « oubli » résultant du refoulement.

en déplaisir qui, de façon encore inexpliquée, a frappé toute son investigation sexuelle et, ce qui nous apparaît plus clairement, de par certaines expériences et réflexions ayant conduit à des conclusions pénibles. La consolation de Hans à lui-même : « Mon fait-pipi grandira avec moi, quand je grandirai », nous permet de conclure que, au cours de ses observations, Hans n'a cessé de faire des comparaisons et est demeuré très peu satisfait des dimensions de son propre fait-pipi. Les grands animaux lui rappellent ce désavantage, et c'est pourquoi ils lui sont désagréables. Mais comme toute cette suite de pensées est probablement incapable de devenir clairement consciente, ce pénible sentiment se mue aussi en angoisse, de telle sorte que l'angoisse actuelle de Hans est édifiée et sur son plaisir passé et sur son déplaisir présent. Une fois un état d'angoisse établi, l'angoisse absorbe tous les autres sentiments ; avec les progrès du refoulement et à mesure que les représentations chargées d'affect, qui avaient été conscientes, descendent dans l'inconscient, tous les affects deviennent capables de se transformer en angoisse.

La singulière remarque de Hans : « car il est enraciné », nous permet, rapportée à l'ensemble de son propos réconfortant, de deviner bien des choses qu'il ne peut pas exprimer et qu'il n'a d'ailleurs pas exprimées au cours de cette analyse. Je comblerai en partie cette lacune grâce à l'expérience que j'ai acquise par les analyses d'adultes, mais j'espère que cette interprétation ne sera pas considérée comme forcée ou arbitraire. Si cette pensée « car il est enraciné » est une consolation et un défi, elle rappelle la vieille menace faite par sa mère à Hans, lorsque celle-ci lui avait dit qu'elle lui ferait couper son fait-pipi s'il continuait à jouer avec. Cette menace, faite quand Hans avait 3 ans 1/2, demeura alors sans effet, Hans répondit tranquillement qu'il ferait alors pipi avec son tutu. Il serait tout à fait classique que la menace de castration fît son effet maintenant *après coup*, et qu'actuellement, un an et trois mois plus tard, Hans fût en proie à l'angoisse de perdre cette précieuse partie de son moi. On peut observer, dans d'autres cas morbides, de tels effets, après coup, de commandements et de menaces faits dans l'enfance, alors que l'intervalle entre l'ordre ou la menace et son effet s'étend sur tout autant de dizaines d'années ou davantage. Je connais même des cas où l' « obéissance à retardement » de la part du refoulement a eu la part principale dans la détermination des symptômes morbides.

Les éclaircissements fournis récemment à Hans relativement à l'absence de fait-pipi chez les femmes ne peuvent qu'avoir ébranlé sa confiance en soi et avoir réveillé son complexe de castration. C'est pourquoi il se rebella contre ces éclaircissements et pourquoi ils demeurèrent sans résultats thérapeutiques. Existe-t-il donc vraiment des créatures qui ne possèdent pas de fait-pipi ? Alors ce ne serait plus si incroyable que l'on pût lui enlever le sien, et faire de lui, pour ainsi dire, une femme ! (1).

***

« Dans la nuit du 27 au 28, Hans nous fait la surprise de se lever en pleine nuit et de venir nous rejoindre dans notre lit. Sa chambre est séparée de la nôtre par un cabinet. Nous lui demandons pourquoi il fait cela, si peut-être il a eu peur.

« Non, dit-il, je vous le dirai demain. » Il s'endort dans notre lit et est alors reporté dans le sien.

» Le lendemain, je soumets Hans à un interrogatoire afin de découvrir pourquoi il est venu nous rejoindre dans la nuit et, après quelque résistance de sa part, a lieu le dialogue suivant, que je sténographie aussitôt :

LUI. — *Il y avait dans la chambre une grande girafe et une girafe chiffonnée, et la grande a crié que je lui avais enlevé la chiffonnée. Alors elle a cessé de crier, et alors je me suis assis sur la girafe chiffonnée.*

MOI (intrigué). — Quoi ? Une girafe chiffonnée ? Qu'est-ce que c'était ?

LUI. — Oui. (Il va vite chercher un morceau de papier, il le chiffonne et dit) : « Elle était chiffonnée comme ça. »

MOI. — Et tu t'es assis sur la girafe chiffonnée ? Comment ?

Il me le montre à nouveau, en s'asseyant par terre.

MOI. — Pourquoi es-tu venu dans notre chambre ?

LUI. — Je n'en sais moi-même rien.

MOI. — As-tu eu peur ?

LUI. — Non. Sûrement pas !

MOI. — As-tu rêvé de ces girafes ?

(1) Je ne puis interrompre ici le cours de cet exposé pour démontrer combien cette inconsciente suite de pensées, que j'attribue ici au petit Hans, est typique. Le complexe de castration est la plus profonde racine inconsciente de l'antisémitisme car, dans la nursery déjà, le petit garçon entend dire que l'on coupe au Juif quelque chose au pénis — il pense : un morceau du pénis — ce qui lui donne le droit de mépriser le Juif. Et il n'est pas de racine plus profonde au sentiment de supériorité sur les femmes. WEININGER, ce jeune philosophe, si hautement doué, mais doté aussi de troubles sexuels, et qui, après avoir écrit son curieux livre : *Geschlecht und Charakter (Sexe et caractère)* se suicida, a, dans un chapitre très remarqué, traité les Juifs et les femmes avec une hostilité égale et les a accablés des mêmes invectives. Weininger, en tant que névropathe, était soumis à ses complexes infantiles ; les rapports au complexe de castration sont ce qui est ici commun au Juif et à la femme. Une analyse plus complète de l'antisémitisme se trouve dans un des derniers travaux de FREUD, *Moïse et le monothéisme* (1939), chap. III, trad. franç. par Anne BERMAN, Gallimard, 1948.

Lui. — Non, je n'ai pas rêvé. Je l'ai pensé. J'ai pensé tout ça. Je m'étais éveillé avant.

Moi. — Qu'est-ce que cela veut dire : une girafe chiffonnée ? Tu sais pourtant bien qu'on ne peut pas écrabouiller une girafe dans la main comme un morceau de papier.

Lui. — Je le sais, je l'ai pensé seulement. Il n'en existe sûrement pas vraiment (1). La chiffonnée était toute couchée par terre et je l'ai emportée, prise avec mes mains.

Moi. — Quoi ! Peut-on prendre une aussi grande girafe que ça avec les mains ?

Lui. — La chiffonnée, je l'ai prise avec ma main.

Moi. — Où était la grande pendant ce temps-là ?

Lui. — Eh bien, la grande se tenait un peu plus loin.

Moi. — Qu'as-tu fait de la chiffonnée ?

Lui. — Je l'ai tenue un petit peu dans ma main, jusqu'à ce que la grande ait fini de crier, et quand la grande a eu fini de crier, je me suis assis dessus.

Moi. — Pourquoi la grande a-t-elle crié ?

Lui. — Parce que je lui avais enlevé la petite. (Il remarque que je note tout, et il demande : « Pourquoi écris-tu ça ? »)

Moi. — Parce que je l'envoie à un professeur qui pourra te débarrasser de ta *bêtise*.

Lui. — Ah ! Alors tu as aussi écrit que maman avait ôté sa chemise, et tu le donneras aussi au professeur ?

Moi. — Oui, mais il ne comprendra pas comment tu peux croire qu'on peut chiffonner une girafe.

Lui. — Dis-lui seulement que je ne le sais pas moi-même, et il ne demandera rien ; s'il demande pourtant ce qu'est une girafe chiffonnée, il peut alors nous écrire et nous lui répondrons, ou bien écrivons-lui tout de suite que je ne le sais pas moi-même.

Moi. — Mais pourquoi es-tu venu la nuit ?

Lui. — Je ne sais pas.

Moi. — Dis-moi vite à quoi tu penses.

Lui (avec humeur). — A du sirop de framboise.
Moi. — Et à quoi encore ?
Lui. — A un fusil pour tuer les gens (2).
} *ses désirs*

Moi. — Tu ne l'as sûrement pas rêvé ?

Lui. — Sûrement pas, j'en suis tout à fait sûr.

» Il poursuit : « Maman m'a bien longtemps prié de lui dire pour-

(1) Hans dit très nettement à sa manière que c'était un fantasme.

(2) Le père essaie, dans sa perplexité, d'employer la technique classique de la psychanalyse. Elle ne mène ici pas loin, mais ce qu'elle fournit peut cependant acquérir un sens à la lumière de révélations ultérieures.

« quoi je suis venu la nuit. Mais je n'ai pas voulu le dire, parce que « d'abord j'avais honte devant maman. »

MOI. — Pourquoi ?

LUI. — Je ne sais pas.

» De fait, ma femme l'a interrogé toute la matinée, jusqu'à ce qu'il ait conté l'histoire des girafes. »

Le même jour, le père de Hans trouva la solution du fantasme aux girafes.

« La grande girafe, c'est moi — ou plutôt le grand pénis (le long cou) ; la girafe chiffonnée, c'est ma femme, ou plutôt son organe génital, ce qui montre quel est le résultat des éclaircissements donnés à Hans.

« Girafe : se reporter à l'expédition à Schönbrunn. De plus, il a, pendue au-dessus de son lit, l'image d'une girafe et d'un éléphant.

» Le tout est la reproduction d'une scène qui s'est jouée presque tous les matins ces jours passés. Hans vient nous trouver de bonne heure tous les matins, et ma femme ne peut résister à le prendre quelques minutes dans son lit. Je commence alors toujours par lui dire qu'elle ne devrait pas le prendre ainsi dans son lit. (« La « grande a crié, parce que je lui avais enlevé la girafe chiffonnée »), et elle répond parfois, assez irritée, que c'est une absurdité, qu'une minute ne peut rien faire, et ainsi de suite. Hans reste alors avec elle un petit peu. (« Alors la grande girafe a cessé de crier et « alors je me suis assis sur la girafe chiffonnée. »)

» La solution de cette scène matrimoniale, transposée à la vie des girafes, est ainsi la suivante : Hans a été saisi pendant la nuit de la nostalgie de sa mère, de ses caresses, de son organe génital, et c'est pourquoi il est venu dans notre chambre. Le tout est une continuation de sa peur des chevaux. »

Je n'ajouterai à l'interprétation pénétrante du père que ceci : *S'asseoir dessus* est sans doute pour Hans la représentation de la prise de *possession* (1). Et le tout est un fantasme de défi, relié à la satisfaction d'avoir triomphé de la résistance paternelle. « Crie tant que tu veux, maman me prendra tout de même dans son lit et maman m'appartient ! » Ce que le père suppose se laisse ainsi à juste titre déceler là-dessous : la crainte que sa mère ne l'aime pas, parce que son fait-pipi n'est pas comparable à celui de son père.

Le lendemain matin, le père obtient la confirmation de son interprétation. « Le dimanche 29 mars, je vais avec Hans à Lainz. A la porte je prends congé de ma femme et lui dis en plaisantant : « Au revoir, grande girafe ! » Hans demande : « Pourquoi girafe ? »

(1) Cf. le latin *possidere*, l'allemand *besitzen*, etc. *(N. d. T.)*

Moi alors : « Maman est la grande girafe. » Sur quoi Hans : « N'est-ce « pas ? et Anna est la girafe chiffonnée ? »

» Dans le train je lui explique le fantasme aux girafes, sur quoi il dit : « Oui, c'est vrai », et comme je lui dis que je suis la grande girafe, que le long cou lui a rappelé un fait-pipi, il réplique : « Maman « a aussi un cou comme une girafe, je l'ai vu quand elle se lave son « cou blanc (1). »

« Le lundi 30 mars, Hans vient me trouver le matin et dit : « Tu sais, j'ai pensé deux choses ce matin. » — « La première ? » — « Je « suis avec toi à Schönbrunn, là où sont les moutons, et alors nous nous sommes « glissés sous les cordes, et puis nous l'avons dit à l'agent « de police qui est à l'entrée du jardin, et ils nous a arrêtés tous les « deux. » Hans a oublié la seconde chose.

» Je ferai remarquer ici que dimanche dernier, comme nous voulions aller voir les moutons, cette partie du jardin était fermée par une corde, ce qui nous empêcha d'y entrer. Hans fut très surpris que l'on fermât une partie du jardin rien qu'avec une corde, sous laquelle on peut facilement se glisser. Je lui dis que les gens comme il faut ne passent pas sous les cordes. Il dit que ce serait très facile, je répondis qu'un agent de police pourrait alors survenir qui nous emmènerait. A l'entrée de Schönbrunn se tient un garde du corps, duquel j'ai dit une fois à Hans qu'il arrête les méchants enfants.

» Au retour de notre visite chez vous, qui eut lieu le même jour, Hans confessa encore quelque désir de faire une chose défendue. « Tu sais, ce matin j'ai encore pensé quelque chose. » — « Quoi donc ? » — « J'étais avec toi dans le train, et nous avons cassé la vitre d'une « fenêtre et l'agent de police nous a emmenés. »

Voilà une suite tout à fait appropriée du fantasme aux girafes. Hans soupçonne qu'il est interdit de prendre possession de la mère ; il s'est heurté à la barrière de l'inceste. Mais il croit la chose défendue en elle-même. Dans les exploits défendus qu'il accomplit en imagination, son père est toujours avec lui et est arrêté avec lui. Son père, pense-t-il, fait donc aussi avec sa mère cette chose énigmatique défendue qu'il remplace par un acte de violence tel que le bris d'une vitre de fenêtre ou la pénétration de force dans un espace clos.

Cet après-midi-là, le père et le fils vinrent me voir à ma consultation. Je connaissais déjà le drôle de petit bonhomme et, avec toute son assurance il était si gentil que j'avais chaque fois eu plaisir à le voir. Je ne sais s'il se souvenait de moi, mais il se comporta de façon

(1) Hans confirme simplement l'interprétation des deux girafes comme étant le père et la mère et non le symbolisme sexuel d'après lequel la girafe elle-même représenterait le pénis. Ce symbolisme est sans doute exact, mais on ne peut vraiment demander davantage à Hans.

irréprochable et comme un membre tout à fait raisonnable de la société humaine. La consultation fut courte. Le père commença par dire que, malgré tous les éclaircissements donnés à Hans, sa peur des chevaux n'avait pas diminué. Nous dûmes aussi convenir que les rapports étaient fort peu nombreux entre les chevaux dont il avait peur et les aspirations de tendresse envers sa mère qui s'étaient révélées. Certains détails que j'appris alors — qu'il était particulièrement gêné par ce que les chevaux ont devant les yeux et par le noir qu'ils ont autour de la bouche — n'étaient certes pas explicables par ce que nous connaissions. Mais comme je regardais le père et le fils tous deux assis devant moi, tout en écoutant la description par Hans de ses « chevaux d'angoisse », une nouvelle partie de la solution du problème me vint tout à coup à l'esprit, partie dont je compris qu'elle pût justement échapper au père. Je demandai à Hans sur un ton de plaisanterie si ses chevaux portaient binocle, ce qu'il nia, puis si son père portait un binocle, ce qu'il nia aussi contre toute évidence ; je lui demandai si par le noir autour de la « bouche » il voulait dire la moustache, et je lui révélai alors qu'il avait peur de son père justement parce qu'il aimait tellement sa mère. Il devait, en effet, penser que son père lui en voulait de cela, mais ce n'était pas vrai, son père l'aimait tout de même, il pouvait sans aucune crainte tout lui avouer. Bien avant qu'il ne vînt au monde, j'avais déjà su qu'un petit Hans naîtrait un jour qui aimerait tellement sa mère qu'il serait par suite forcé d'avoir peur de son père, et je l'avais annoncé à son père. « Pourquoi crois-tu donc — m'interrompit alors le père de Hans — que je t'en veuille ? T'ai-je jamais grondé ou battu ? » — « Oh ! oui, tu m'as battu », corrigea Hans. « Ce n'est pas vrai. Quand ça ? » — « Ce matin », répondit le petit garçon ; et son père se rappela que Hans, tout à fait à l'improviste, lui avait donné un coup de tête dans le ventre, ce sur quoi il lui avait rendu, à la façon d'un réflexe, un coup avec la main. Qu'il n'ait pas enregistré ce détail dans l'ensemble de la névrose était curieux ; mais il le comprit maintenant comme exprimant la disposition hostile de l'enfant contre lui, peut-être aussi comme manifestant le besoin d'en être puni (1).

En revenant de chez moi Hans demande à son père :

« Le professeur parle-t-il avec le bon Dieu, pour qu'il puisse savoir tout ça d'avance ? » Je serais extraordinairement fier de cette attestation de la bouche d'un enfant, si je ne l'avais moi-même provoquée par ma vantardise enjouée.

(1) L'enfant reproduisit par la suite cette réaction envers son père de façon plus claire et plus complète, en donnant à son père d'abord un coup sur la main, puis en baisant tendrement cette même main.

A partir du jour de cette consultation, je reçus des rapports presque quotidiens relatant les changements survenus dans l'état du petit patient. On ne pouvait s'attendre à ce que ma communication l'eût délivré d'un seul coup de son angoisse, mais il devint visible que la possibilité lui était maintenant donnée de mettre à jour ses productions inconscientes et procéder à la liquidation de sa phobie. A partir de ce moment il réalisa un programme que je fus à même de prédire à son père.

« Le 2 avril, la *première réelle amélioration* est à noter. Tandis qu'auparavant on ne pouvait l'amener à sortir pour un certain temps de la porte cochère et que chaque fois que des chevaux approchaient, il revenait en courant à la maison, avec tous les signes de la peur, il reste cette fois une heure devant la porte cochère, même quand des voitures passent, ce qui devant chez nous arrive assez souvent. De temps à autre, en voyant de loin venir une voiture, il retourne bien en courant vers la maison, mais il rebrousse chemin, comme se ravisant. Quoi qu'il en soit, il n'y a plus qu'un restant d'angoisse, et le progrès depuis les éclaircissements n'est pas à méconnaître.

« Le soir il dit : « Puisque nous allons maintenant jusque devant « la porte cochère, nous irons aussi au Stadtpark. »

» Le 3 avril il arrive de bonne heure dans mon lit, tandis que les jours précédents il n'y était plus venu et semblait même fier de cette retenue. Je demande : « Pourquoi donc es-tu venu aujourd'hui ? »

HANS. — Quand je n'aurai plus peur, je ne viendrai plus.

MOI. — Ainsi tu viens me trouver parce que tu as peur ?

HANS. — Quand je ne suis pas avec toi, j'ai peur ; quand je ne suis pas au lit avec toi, alors j'ai peur. Quand je n'aurai plus peur, je ne viendrai plus.

MOI. — Tu m'aimes donc, tu as peur quand tu es dans ton lit le matin, et c'est pour ça que tu viens me trouver ?

HANS. — Oui. Pourquoi m'as-tu dit que j'aime *maman* et que c'est pour ça que j'ai peur, quand c'est *toi* que j'aime ?

Le petit garçon fait ici preuve d'une clarté de vue vraiment rare. Il donne à entendre qu'en lui l'amour pour son père est en conflit avec l'hostilité contre ce dernier à cause de son rôle de rival auprès de la mère, et il reproche à son père de ne pas avoir jusque-là attiré son attention sur ce jeu de forces qui devait se résoudre en angoisse. Le père ne le comprend pas encore tout à fait, car il ne réussit, pendant cet entretien, qu'à se convaincre de l'hostilité du petit garçon contre lui, dont j'avais soutenu l'existence au cours de notre consultation. Ce qui va suivre, et que je reproduirai pourtant, sans y rien changer, est à la vérité plus important relativement aux progrès de la compréhension chez le père que pour le petit patient.

« Je n'ai malheureusement pas compris sur-le-champ le sens de cette objection. Parce que Hans aime sa mère, il voudrait évidemment que je ne fusse plus là, alors il prendrait la place de son père. Ce désir hostile réprimé se transforme en angoisse relativement à ce qui m'arrive, et il vient le matin voir si je suis parti. Je n'ai malheureusement pas encore compris cela à ce moment et je lui dis :

« Ainsi, quand tu es seul, tu es anxieux à mon sujet et tu viens me trouver. »

HANS. — Quand tu n'es pas là, j'ai peur que tu ne reviennes pas à la maison.

MOI. — T'ai-je jamais menacé de ne pas revenir à la maison ?

HANS. — Toi pas, mais maman. Maman m'a dit qu'elle ne reviendrait plus. (Il avait sans doute été méchant et elle l'avait menacé de s'en aller.)

MOI. — Elle a dit ça parce que tu étais méchant.

HANS. — Oui.

MOI. — Tu as donc peur que je ne m'en aille parce que tu as été méchant, et c'est pourquoi tu viens me trouver.

» Comme je me lève de table après le petit déjeuner, Hans dit : « Papa, reste ! ne t'en va pas *au galop* ! » Je suis frappé qu'il dise *au galop* au lieu de *en courant* et je réplique : « Oh, tu as peur que le « cheval ne te quitte. » Sur quoi il rit. »

Nous savons que cette partie de l'angoisse de Hans a deux composantes : la peur *du* père et la peur *pour* le père. La première dérive de son hostilité contre son père, la seconde du conflit de la tendresse — ici exagérée par réaction — avec l'hostilité.

Le père poursuit : « Ceci est sans aucun doute le début d'une phase importante. Qu'il ne se risque tout au plus que devant la maison, qu'il n'ose cependant pas s'éloigner de la maison, qu'il revienne sur ses pas à mi-chemin aux premières atteintes de l'angoisse, tout cela est motivé par la peur de ne pas trouver ses parents à la maison parce qu'ils en seraient partis. Il reste comme collé à la maison en vertu de son amour pour sa mère ; il craint que je ne m'en aille du fait des désirs hostiles qu'il nourrit contre moi, car alors, moi parti, c'est lui qui serait le père.

« L'été passé j'ai dû à plusieurs reprises quitter Gmunden pour Vienne, à cause de mes affaires, alors il était le père. Je rappellerai que sa peur des chevaux se relie à un épisode datant de Gmunden, lorsqu'un cheval devait emporter à la gare les bagages de Lizzi. Le désir refoulé de me voir partir pour la gare afin de rester seul avec sa mère (« le cheval devrait s'en aller ») se transforme alors en anxiété de voir les chevaux prêts à partir et, de fait rien ne le met dans un pareil état d'angoisse que lorsque, de la cour de la Douane

Centrale qui est en face de notre maison, une voiture s'ébranle pour partir et que les chevaux se mettent en mouvement.

» Il fallait pour que cette nouvelle phase (sentiments hostiles contre son père) pût s'instaurer, que Hans eût appris que je ne suis pas fâché qu'il aime tant sa mère.

» L'après-midi, je sors de nouveau avec lui devant la porte cochère ; il retourne devant la maison et y reste même quand des voitures passent. Ce n'est que devant certaines voitures qu'il a peur et court dans le hall d'entrée. Il me donne aussi cette explication : « Tous

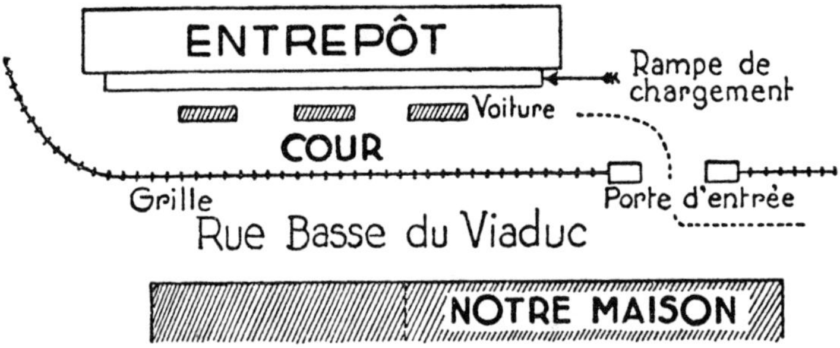

FIG. 2

les chevaux blancs ne mordent pas », « ce qui équivaut à dire que déjà certains chevaux blancs ont été reconnus, grâce à l'analyse, comme étant « Papa » et ne mordent plus, mais qu'il en reste encore d'autres qui mordent. »

« Le plan des lieux devant notre porte cochère est le suivant : en face se trouve l'entrepôt de l'octroi des denrées alimentaires, avec une rampe de chargement, devant laquelle, toute la journée, des voitures passent afin de charger des caisses et objets semblables. Du côté de la rue, une grille ferme cette cour. Vis-à-vis de notre maison est la porte d'entrée de la cour (fig. 2). J'ai observé déjà, depuis quelques jours, que Hans a particulièrement peur quand des voitures entrent dans la cour ou en sortent, ce qui les oblige à prendre un tournant. Je lui ai demandé alors pourquoi il a si peur, sur quoi il a répondu :

« *J'ai peur que les chevaux ne tombent quand la voiture tourne* (A). Il a tout aussi peur lorsque des voitures stationnant devant la rampe de chargement se mettent soudain en mouvement afin de repartir (B). De plus, il craint plus (C) les grands chevaux de somme que les petits chevaux, les chevaux de ferme plus que les chevaux aux formes élégantes (par exemple les chevaux des voitures de place). Il a aussi plus peur quand une voiture passe vite (D) que lorsque les chevaux trottent doucement. Ces nuances ne se sont fait clairement sentir, bien entendu, que ces jours passés.

J'inclinerais à dire que, par suite de l'analyse, non seulement le patient, mais aussi sa phobie a acquis plus de courage et ose se montrer.

« Le 5 avril, Hans arrive à nouveau dans notre chambre à coucher et est renvoyé dans son lit. Je lui dis : « Tant que tu viendras le matin dans notre chambre, ta peur des chevaux n'ira pas mieux. » Il répond

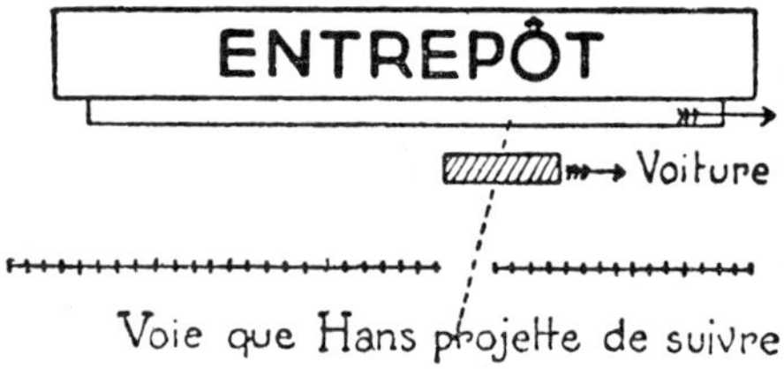

FIG. 3

cependant, avec défi : « Je viendrai tout de même, même si j'ai peur. » Ainsi il ne veut pas se laisser interdire les visites qu'il fait à sa maman.

» Après le petit déjeuner nous allons descendre. Hans s'en réjouit fort et forme le plan, au lieu de rester comme d'habitude devant la porte cochère, de traverser la rue et d'aller dans la cour, où il a vu assez souvent jouer des gamins. Je lui dis que cela me ferait plaisir s'il y allait, et je saisis cette occasion pour lui demander pourquoi il a si peur lorsque les voitures chargées se mettent en mouvement à la rampe de chargement (B).

HANS. — J'ai peur si je suis sur la voiture que la voiture s'en aille vite, et que je me tienne dessus et que je veuille aller là sur la planche (la rampe de chargement), et que je m'en aille avec la voiture.

MOI. — Et quand la voiture reste tranquille ? Alors tu n'as pas peur ? Pourquoi pas ?

HANS. — Quand la voiture reste tranquille, je peux vite aller sur la voiture et aller sur la planche.

« (Hans forme donc le plan de grimper par-dessus une voiture sur la rampe de chargement et il a peur que la voiture ne s'en aille pendant qu'il sera dessus.) »

MOI. — Peut-être crains-tu de ne plus pouvoir revenir à la maison si tu t'en allais avec la voiture ?

HANS. — Oh non, je peux toujours revenir trouver maman,

sur cette voiture-ci ou en fiacre. Je peux aussi lui dire le numéro de la maison.

MOI. — Mais de quoi donc as-tu peur ?

HANS. — Je ne sais pas. Mais le professeur le saura. Crois-tu qu'il le saura ?

MOI. — Pourquoi donc veux-tu aller là-bas sur la planche ?

HANS. — Parce que je n'y ai jamais été, et je voudrais tellement y aller, et sais-tu pourquoi je veux y aller ? Parce que je voudrais décharger et charger les paquets, et je voudrais là grimper sur les paquets. J'aimerais tellement grimper sur les paquets ! Sais-tu qui m'a appris à grimper ? Des gamins ont grimpé sur les paquets et je les ai vus, et je veux le faire aussi.

» Son désir ne se réalisa pas, car lorsque Hans se risqua à nouveau devant la porte cochère, les quelques pas par-delà la rue et dans la cour éveillèrent en lui de trop grandes résistances, parce que des voitures entraient et sortaient sans cesse de la cour. »

Le professeur ne sait rien qu'une chose : ce jeu que Hans projetait de jouer avec les voitures chargées doit être entré en un rapport symbolique, substitutif, avec un autre de ses désirs dont jusqu'à présent il n'a encore rien manifesté. Mais — si cela ne semblait trop hardi — ce désir se laisserait, même à ce stade, déjà reconstruire.

» Dans l'après-midi nous sortons de nouveau devant la porte cochère, et comme je reviens je demande à Hans : « De quels chevaux as-tu au fond le plus peur ? »

HANS. — De tous.

MOI. — Ce n'est pas vrai !

HANS. — Les chevaux qui me font le plus peur sont ceux qui ont quelque chose sur la bouche.

MOI. — Que veux-tu dire par là ? Le morceau de fer qu'ils ont dans la bouche ?

HANS. — Non, ils ont quelque chose de noir sur la bouche. (Il se couvre la bouche de la main.)

MOI. — Quoi ? Une moustache, peut-être ?

HANS (riant). — Oh non !

MOI. — L'ont-ils tous ?

HANS. — Non seulement quelques-uns.

MOI. — Qu'est-ce que c'est qu'ils ont sur la bouche ?

HANS. — Quelque chose de noir. (Je crois que c'est en réalité l'épaisse pièce de cuir que portent les chevaux de somme autour du museau) (fig. 4).

HANS. — Et les voitures de déménagement, j'en ai aussi le plus peur.

MOI. — Pourquoi ?

HANS. — Je crois, quand les chevaux de déménagement tirent une lourde voiture, qu'ils vont tomber.

MOI. — Ainsi tu n'as pas peur des petites voitures ?

HANS. — Non, je n'ai pas peur d'une petite voiture ni d'une voiture de la poste. C'est aussi quand vient un omnibus que j'ai le plus peur.

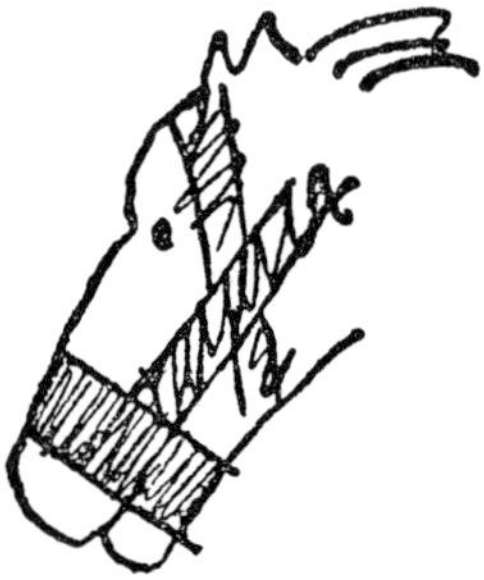

FIG. 4

MOI. — Pourquoi ? Parce qu'il est si grand ?

HANS. — Non, parce qu'un jour le cheval d'un omnibus est tombé.

MOI. — Quand cela ?

HANS. — Un jour où je suis sorti avec maman malgré la *bêtise*, quand j'ai acheté le gilet.

» (Ceci est confirmé après coup par sa mère.) »

MOI. — Qu'as-tu pensé quand le cheval est tombé ?

HANS. — Ce sera maintenant toujours comme ça. Tous les chevaux d'omnibus vont tomber.

MOI. — De tous les omnibus ?

HANS. — Oui ! Et aussi des voitures de déménagement. Aux voitures de déménagement, pas si souvent.

MOI. — Tu avais alors déjà la *bêtise* ?

HANS. — Non, c'est alors que je l'ai attrapée. Quand le cheval de l'omnibus est tombé, j'ai eu tellement peur, vraiment ! C'est à ce moment-là que je l'ai attrapée.

MOI. — La *bêtise* était cette idée qu'un cheval allait te mordre, et tu dis maintenant que tu as eu peur qu'un cheval ne vînt à tomber.

HANS. — Tomber et mordre (1).

HANS. — Parce que le cheval a fait comme ça avec ses pieds. (Il se couche par terre et me montre comment le cheval donnait des coups de pied.) J'ai eu peur, *parce qu'il a fait du charivari avec ses pieds.*

MOI. — Où donc as-tu été ce jour-là avec maman ?

HANS. — D'abord au Skating Rink, puis au café, puis acheter le gilet, puis chez le pâtissier, puis à la maison le soir ; nous sommes rentrés par le Stadtpark.

« (Tout cela est confirmé par ma femme, et aussi que l'angoisse a éclaté immédiatement après.)

(1) Hans a raison, quelque invraisemblable que paraisse ce rapprochement. La suite des idées est en effet, comme nous l'allons voir, que le cheval (le père) mordrait Hans à cause du désir de l'enfant que lui (le père) tombe.

MOI. — Le cheval était-il mort quand il est tombé ?

HANS. — Oui.

MOI. — Comment le sais-tu ?

HANS. — Parce que je l'ai vu. (Il rit.) Non, il n'était pas mort.

MOI. — Peut-être as-tu pensé qu'il était mort.

HANS. — Non, sûrement pas. Je l'ai dit seulement pour rire. » Son expression était cependant sérieuse en le disant.

» Comme il est fatigué, je le laisse aller courir. Il me dit simplement encore qu'il a eu peur d'abord des chevaux d'omnibus, puis de tous les autres et enfin, en dernier lieu, des chevaux de voitures de déménagement. »

En revenant de Lainz encore quelques questions :

MOI. — Quand le cheval de l'omnibus est tombé, de quelle couleur était-il ? Blanc, roux, brun, gris ?

HANS. — Noir, les deux chevaux étaient noirs.

MOI. — Était-il grand ou petit ?

HANS. — Grand.

MOI. — Gros ou maigre ?

HANS. — Gros, très grand et gros.

MOI. — Quand le cheval est tombé, as-tu pensé à ton papa ?

HANS. — Peut-être. Oui. C'est possible.

Les investigations du père de Hans peuvent être restées sans succès sur bien des points ; mais il n'y a aucun mal à faire de près connaissance avec une phobie de cette sorte, que l'on serait enclin à dénommer d'après ses nouveaux objets. Nous apprenons ainsi à voir combien elle est en réalité diffuse. Elle se porte sur des chevaux et des voitures, sur le fait que des chevaux tombent et qu'ils mordent, sur des chevaux d'une nature spéciale, sur des voitures qui sont lourdement chargées. Nous pouvons dès maintenant révéler que toutes ces particularités dérivent de ce que l'angoisse originairement n'avait rien à voir avec les chevaux, mais fut transposée secondairement sur ceux-ci et se fixa alors sur les éléments du complexe des chevaux qui se montrèrent propres à certains transferts. Nous devons rendre hommage à un résultat essentiel de l'investigation du père de Hans. Nous avons appris à connaître à quelle occasion actuelle fut liée l'éclosion de la phobie. Ce fut lorsque le petit garçon vit tomber un grand cheval lourd, et l'une des interprétations, du moins de cette forte impression, semble avoir été celle que souligne le père : Hans a alors éprouvé le désir que son père tombât ainsi — et fût mort. L'expression sérieuse de Hans en contant la chose se rapportait sans doute à ce sens inconscient. Mais un autre sens ne serait-il pas encore dissimulé sous tout cela ? Et que signifie le charivari fait avec les jambes ?

***

« Hans, depuis quelque temps, joue au cheval dans la chambre, il court et tombe, donne alors des coups de pied en tous sens, il hennit. Un jour il s'attache un petit sac en guise de musette. A plusieurs reprises il me court sus et me mord. »

Il accepte ainsi les dernières interprétations plus résolument qu'il ne le pourrait faire en paroles, mais naturellement en intervertissant les rôles, le jeu étant au service d'un fantasme de désir. Il est ainsi le cheval, il mord son père et, de cette façon, s'identifie avec celui-ci.

« Je remarque depuis deux jours que Hans me brave de la manière la plus nette, non pas avec impudence, mais sur un mode joyeux. Serait-ce parce qu'il n'a plus peur de moi, le cheval ?

» 6 avril. Je vais avec Hans l'après-midi devant la maison. A chaque cheval qui passe je lui demande s'il voit le « noir sur la bouche » ; il le nie à chaque fois. Je lui demande de quoi ce noir a vraiment l'air ; il dit que c'est du fer noir. Ma supposition primitive suivant laquelle il voulait dire par là les épaisses pièces de cuir qui font partie du harnais des chevaux de somme, n'est donc pas confirmée. Je demande si le « noir » rappelle une moustache ; il dit : seulement par la couleur. Je ne sais donc pas encore ce que c'est en réalité.

» La peur est moindre ; il se risque cette fois jusqu'à la maison voisine, mais fait vite demi-tour lorsqu'il entend au loin le trot d'un cheval. Comme une voiture vient chez nous et s'arrête à notre porte, il est pris de frayeur et revient en courant vers la maison, le cheval s'étant mis à frapper le sol du pied. Je lui demande pourquoi il a peur, s'il a peut-être été effrayé parce que le cheval a fait comme ça (je frappe du pied). Lui alors : « Ne fais donc pas un tel charivari avec « les pieds ! » A comparer avec les propos relatifs au cheval d'omnibus tombé.

» Le passage d'une voiture de déménagement lui fait particulièrement peur. Il court alors jusque dans l'intérieur de la maison. Je lui demande d'un ton indifférent : « Une voiture de déménagement comme ça n'a-t-elle pas vraiment l'air d'un omnibus ? » Il ne dit rien. Je répète ma question. Il dit alors : « Bien sûr, sans ça je n'aurais « pas si peur d'une voiture de déménagement. »

» 7 avril. Aujourd'hui je redemande de quoi a l'air le « noir sur la bouche » des chevaux. Hans dit : « C'est comme une muselière. » Le plus curieux est que, depuis trois jours, aucun cheval n'a passé sur lequel il ait pu observer cette « muselière » ; moi-même n'ai vu, au cours de mes promenades, aucun cheval ainsi équipé, bien que Hans affirme qu'il en existe. Je suppose qu'une certaine sorte de bride — peut-être l'épaisse pièce de cuir autour de la bouche des chevaux — lui a vraiment rappelé une moustache, et qu'après que j'y ai fait allusion cette peur *aussi* a disparu.

» L'amélioration dans l'état de Hans est constante. Le rayon du cercle de son activité — la porte cochère en étant le centre — est toujours plus grand ; il a même accompli l'exploit, jusqu'ici pour lui irréalisable, de courir jusque sur le trottoir en face. Toute la peur qui reste est en rapport avec la scène de l'omnibus, dont le sens d'ailleurs ne m'apparaît pas clairement encore.

» 9 avril. Ce matin Hans entre chez moi pendant que, nu jusqu'à la ceinture, je me lave.

HANS. — Papa, que tu es donc beau, si blanc !

MOI. — N'est-ce pas ! comme un cheval blanc.

HANS. — La seule chose noire est ta moustache (il poursuit) : Ou bien c'est peut-être la muselière noire ?

» Je lui raconte alors que j'ai été la veille au soir chez le professeur et je dis : « Il voudrait savoir quelque chose. » Sur quoi Hans : « Je suis curieux d'apprendre quoi ! »

» Je lui dis que je sais dans quelle occasion il fait du charivari avec ses pieds. Il m'interrompt : « N'est-ce pas quand je suis en colère ou bien « quand il faut que je fasse *loumf* (1), et que j'aimerais mieux « jouer ? » (Il a en effet l'habitude, quand il est en colère, de faire du charivari avec les pieds, c'est-à-dire de trépigner. — « Faire *loumf* » veut dire faire le gros besoin. Lorsque Hans était petit, il dit un jour, en se levant de sur le vase : « Regarde le *Loumf* » (en allemand *lumpf*). Il voulait dire le bas (en allemand *Strumpf*) à cause de la forme et de la couleur. Cette désignation s'est maintenue jusque aujourd'hui. Dans les tout premiers temps, quand Hans devait être mis sur le vase et qu'il refusait de quitter ses jeux, il tapait du pied avec rage, donnait des coups de pied en tous sens et se jetait même par terre.)

« Et tu donnes des coups de pied en tous sens aussi quand tu dois faire pipi et que tu ne veux pas, parce que tu préférerais continuer à jouer. »

LUI. — « Tu sais, il faut que j'aille faire pipi » et Hans sort, sans doute en confirmation de ce que nous disions. »

Le père de Hans m'avait demandé, pendant sa visite, ce que le cheval tombé qui donnait des coups de pied avait bien pu rappeler à Hans ? J'avais suggéré que cela avait bien pu être sa propre réaction quand il retenait son urine. Hans confirme ceci maintenant par

(1) *Lumpf*, mot particulier à Hans pour désigner ses fèces, que nous avons transcrit phonétiquement. *(N. d. T.)*

la réapparition du besoin d'uriner pendant l'entretien, et y ajoute de nouvelles significations du charivari fait avec les pieds.

» Nous sortons alors devant la porte cochère. Comme une voiture de charbon approche, Hans dit : « Tu sais, j'ai aussi très peur « des voitures de charbon. » Moi : « Peut-être parce qu'elles sont « également tout aussi grandes qu'un omnibus. » Hans : « Oui, et « parce qu'elles sont si chargées et que les chevaux ont tant à tirer « et pourraient bien tomber. Quand une voiture est vide, je n'ai pas « peur. » De fait — ainsi que nous l'avons déjà constaté — seules les grosses voitures chargées le mettent en état d'angoisse. »

La situation n'en est pas moins franchement obscure. L'analyse fait peu de progrès ; son exposé, je le crains, va bientôt ennuyer le lecteur. Il est cependant dans toute psychanalyse de telles périodes d'obscurité. Hans va bientôt pénétrer dans une région où nous ne nous attendions pas à le voir aller.

***

« Je rentrais chez nous et je parlais avec ma femme qui avait fait diverses emplettes et était en train de me les montrer. Parmi celles-ci, une culotte de dame, jaune. Hans fait à plusieurs reprises : « Fi ! », se jette par terre et crache. Ma femme dit qu'il a déjà fait cela à diverses reprises en voyant la culotte.

» Je demande : « Pourquoi fais-tu « fi ! » ?

HANS. — A cause de la culotte.

MOI. — Pourquoi ? A cause de la couleur ? Parce qu'elle est jaune et rappelle pipi ou *loumf* ?

HANS. — *Loumf* n'est pas jaune, mais blanc ou noir. — Et aussitôt : « Dis, est-ce facile de faire *loumf* quand on mange du fromage ? » (J'avais un jour dit cela, comme il me demandait pourquoi je mangeais du fromage.)

MOI. — Oui.

HANS. — C'est pour ça que tu vas toujours dès le matin faire *loumf* ? Je voudrais tant manger du fromage sur mon pain beurré.

» Hier déjà il m'a demandé, comme il sautait de-ci, de-là dans la rue : « Dis, n'est-ce pas, quand on saute comme ça, on fait facile- « ment *loumf* ? » Il a toujours eu de la difficulté à aller à la selle, on doit souvent avoir recours à des laxatifs et à des lavements. Sa constipation habituelle fut une fois si forte que ma femme demanda conseil au Dr L... Celui-ci émit l'opinion que Hans était suralimenté, ce qui était exact, et recommanda un régime plus léger, ce qui mit aussitôt fin à l'état en question. Ces derniers temps, la constipation s'est manifestée plus fréquemment à nouveau.

» Après le déjeuner je dis : « Nous allons récrire au professeur. » Et Hans me dicte : « En voyant la culotte jaune j'ai dit : « Fi ! » et « j'ai craché, et je me suis jeté par terre, et j'ai fermé les yeux et n'ai « pas regardé. »

MOI. — Pourquoi ?

HANS. — Parce que j'ai vu la culotte jaune, et avec la culotte noire (1) j'ai fait à peu près la même chose. La culotte noire est aussi une culotte comme ça, seulement elle était noire... (s'interrompant). Tu sais, je suis content ; quand je peux écrire au professeur je suis toujours content.

MOI. — Pourquoi as-tu dit : « Fi ! » Quelque chose te dégoûtait ?

HANS. — Oui, parce que j'ai vu ça. J'ai cru que j'allais devoir faire *loumf*.

MOI. — Pourquoi ?

HANS. — Je ne sais pas.

MOI. — Quand as-tu vu la culotte noire ?

HANS. — Un jour — Anna (notre bonne) était depuis longtemps à la maison — chez maman — elle venait de rapporter la culotte à la maison après l'avoir achetée. (Ma femme confirme ceci.)

MOI. — Ceci t'a-t-il aussi dégoûté ?

HANS. — Oui.

MOI. — As-tu vu maman porter une culotte comme ça ?

HANS. — Non.

MOI. — Quand elle s'habillait ?

HANS. — Quand elle a acheté la culotte jaune, je l'avais déjà vue une fois. (Contradiction ! c'est quand sa mère a acheté cette culotte qu'il l'a vue pour la première fois.) Elle porte aujourd'hui aussi la noire (c'est vrai), car j'ai vu ce matin quand elle l'a enlevée.

MOI. — Quoi ? Elle a ôté ce matin la culotte noire ?

HANS. — Ce matin en sortant elle a ôté la culotte noire, et en rentrant elle l'a remise.

» Je questionne ma femme, ceci me semblant absurde. Elle dit aussi que c'est entièrement faux ; elle n'a naturellement pas en sortant changé de culotte.

» Je demande aussitôt à Hans : « Tu as raconté que maman avait « mis une culotte noire, et qu'en sortant elle l'avait ôtée, et qu'en « revenant elle l'avait remise. Mais maman dit que ce n'est pas vrai. »

HANS. — Je pense que peut-être j'ai oublié qu'elle ne l'avait pas ôtée. (Avec mauvaise humeur.) Laisse-moi donc tranquille.

(1) « Ma femme possède depuis quelques semaines une culotte noire pour faire des promenades à bicyclette. »

J'ai quelques commentaires à faire sur cette histoire de culottes : Hans se montre évidemment hypocrite lorsqu'il prétend être si content de cette occasion de raconter l'affaire. A la fin il jette le masque et devient impoli envers son père. Il s'agit de choses qui auparavant lui procuraient *beaucoup de plaisir*, mais desquelles maintenant, depuis que le refoulement s'est installé, il a très honte, et professe d'être dégoûté. Il ment tout bonnement afin de déguiser en quelles circonstances il a vu sa maman changer de culotte. En réalité, mettre et ôter sa culotte appartient au contexte du *loumf*. Le père sait fort bien de quoi il s'agit et ce que Hans cherche à cacher.

» Je demande à ma femme si Hans l'accompagne souvent au w.-c. Elle dit : « Oui, souvent, il m' « embête » jusqu'à ce que je le lui « aie permis ; tous les enfants font de même. »

Nous noterons avec soin le plaisir — aujourd'hui, chez Hans déjà refoulé — de voir sa mère faire *loumf*.

» Nous sortons devant la maison. Il est très gai, et comme il ne cesse de gambader comme un cheval, je lui demande : « Dis-moi, « qui est-ce, le cheval d'omnibus ? Moi, toi ou maman ? »

HANS (sans hésiter). — Moi, je suis un jeune cheval.

» Quand, aux pires temps de son angoisse, il voyait gambader des chevaux, il avait peur et me demandait pourquoi ils faisaient cela, je lui disais, afin de le tranquilliser : « Vois-tu, ce sont de jeunes « chevaux, ils sautent comme les petits garçons. Tu sautes, toi aussi, « et tu es un petit garçon. » Depuis, quand il voit sauter des chevaux, il dit : « C'est vrai, ce sont de jeunes chevaux ! »

» Dans l'escalier, en remontant, je demande presque sans y penser : « As-tu joué au cheval à Gmunden avec les enfants ? »

LUI. — Oui ! (Réfléchissant.) Il me semble que c'est là que j'ai attrapé la bêtise.

MOI. — Qui était le cheval ?

LUI. — Moi, et Berta était le cocher.

MOI. — Peut-être es-tu tombé quand tu étais le cheval ?

HANS. — Non ! Quand Berta disait : Hue ! j'ai vite couru, je courais même à toutes jambes (1).

MOI. — Vous n'avez jamais joué à l'omnibus ?

HANS. — Non, aux voitures ordinaires et au cheval sans voiture. Quand le cheval a une voiture, il peut aller aussi sans voiture et la voiture peut rester à la maison.

MOI. — Avez-vous souvent joué au cheval ?

HANS. — Très souvent. Fritz (comme on sait, l'un des enfants de notre propriétaire) a été une fois le cheval et Franz le cocher,

(1) Hans possédait un harnais avec des clochettes.

et Fritz a couru si vite et, tout à coup, il s'est cogné le pied contre une pierre et a saigné.

MOI. — Est-il tombé ?

HANS. — Non, il a mis le pied dans l'eau et puis il a mis un linge autour (1).

MOI. — Étais-tu souvent le cheval ?

HANS. — Oh oui !

MOI. — Et c'est là que tu as attrapé la bêtise ?

HANS. — Parce qu'ils disaient tout le temps : « A cause du cheval ? » (Il accentue *à cause.*) Et alors c'est peut-être parce qu'ils ont parlé ainsi : A cause du cheval, peut-être que j'ai attrapé la bêtise (2).

Le père de Hans poursuit en vain, pendant quelque temps, son investigation dans d'autres voies.

MOI. — T'ont-ils dit quelque chose de relatif aux chevaux ?

HANS. — Oui !

MOI. — Quoi ?

HANS. — J'ai oublié.

MOI. — Peut-être ont-ils parlé du fait-pipi ?

HANS. — Oh non !

MOI. — Avais-tu déjà alors peur des chevaux ?

HANS. — Oh non ! je n'avais pas peur du tout.

MOI. — Peut-être Berta t'a-t-elle dit qu'un cheval...

HANS (interrompant). — Fait pipi ? Non !

» Le 10 avril, je reprends la conversation de la veille et je cherche à savoir ce que « vois-tu le cheval ? » pouvait vouloir dire. Hans ne peut s'en souvenir, il se rappelle seulement que plusieurs enfants se trouvaient un matin devant la grande porte et disaient : « Vois-tu « le cheval ? Vois-tu le cheval ? » Il était parmi eux. Comme je le presse davantage, il déclare qu'ils n'auraient pas du tout dit : « Vois-tu le cheval ? » Son souvenir était faux.

MOI. — Mais vous avez certainement été souvent tous à l'écurie,

(1) Voir plus loin. Le père de Hans a tout à fait raison de supposer que Fritz est alors tombé.

(2) Je dois expliquer que Hans ne veut pas dire qu'il a *alors* attrapé la bêtise, mais que tout ceci est en connexion avec la bêtise. Il doit donc en être ainsi, car la théorie exige que ce qui est aujourd'hui l'objet d'une phobie ait été auparavant celui d'un vif plaisir, et je compléterai ici ce que l'enfant était incapable d'exprimer : que le terme *à cause de* a ouvert la voie à l'extension de la phobie des chevaux aux « voitures ». Il ne faut jamais oublier que l'enfant traite les mots de façon bien plus concrète que ne le fait l'adulte, ce qui donne pour lui aux consonances verbales une tout autre importance. *Wegen* (à cause de), *Wagen* (voiture).

(Au lieu de *Wegen dem Pferd* (à cause du cheval) en allemand, où *Wegen* = *Wagen* = voitures au pluriel, nous avons transcrit « vois-tu le cheval » afin de rendre en français le calembour.) *(N. d. T.)*

là vous aurez sûrement parlé de chevaux. — Nous n'en avons pas parlé. — De quoi avez-vous parlé ? — De rien — Vous étiez tant d'enfants réunis et vous ne parliez de rien ? — Nous parlions bien de quelque chose, mais pas de chevaux. — De quoi donc ? — Je n'en sais plus rien.

» Je laissai tomber la chose, les résistances étant évidemment trop grandes (1), et je demande : « Tu aimais jouer avec Berta ? »

LUI. — Oui, beaucoup. Mais pas avec Olga. Tu sais ce qu'a fait Olga ? Grete, là-bas, à Gmunden m'a donné une fois une balle en papier et Olga l'a toute déchirée. Berta n'aurait jamais déchiré ma balle. J'aimais beaucoup jouer avec Berta.

MOI. — As-tu vu de quoi avait l'air le fait-pipi de Berta ?

LUI. — Non, mais du cheval, parce que j'étais tout le temps dans l'écurie et là j'ai vu le fait-pipi du cheval.

MOI. — Et tu étais curieux de savoir de quoi avait l'air le fait-pipi de Berta ou de maman ?

LUI. — Oui !

» Je lui rappelle qu'il s'est plaint une fois, auprès de moi, de ce que les petites filles voulaient toujours le regarder pendant qu'il faisait pipi.

LUI. — Berta aussi me regardait toujours (il ne semble pas offusqué, mais très satisfait), oui, très souvent. Là où est le petit jardin, où sont les radis, je faisais pipi, et elle se tenait devant la grande porte et me regardait.

MOI. — Et quand elle faisait pipi, regardais-tu ?

LUI. — Elle allait au w.-c.

MOI. — Et tu étais curieux ?

LUI. — J'étais dans le w.-c. quand elle y était.

» (C'est exact ! Les domestiques nous le dirent un jour et je me souviens que nous l'interdîmes à Hans.)

MOI. — Lui disais-tu que tu voulais entrer ?

HANS. — Je suis entré tout seul et parce que Berta permettait. Ça n'est pas honteux.

MOI. — Et tu aurais aimé voir son fait-pipi ?

LUI. — Oui, mais je ne l'ai pas vu.

» Je lui rappelle son rêve de Gmunden : à qui est le gage que je tiens dans ma main, etc., et je demande : « As-tu désiré à Gmunden « que Berta te fasse faire pipi ? »

LUI. — Je ne lui ai jamais dit ça.

(1) Il n'y avait, de fait, rien d'autre à découvrir que l'association verbale, qui échappe au père de Hans. C'est là un excellent exemple des conditions dans lesquelles les efforts d'un analyste portent à faux.

MOI. — Pourquoi ne le lui as-tu jamais dit ?

LUI. — Parce que je n'y ai pas pensé. (S'interrompant.) Si j'écris tout au professeur, n'est-ce pas que ma bêtise passera bientôt ?

MOI. — Pourquoi désirais-tu que Berta te fît faire pipi ?

LUI. — Je ne sais pas. Parce qu'elle me regardait.

MOI. — As-tu pensé qu'elle devrait mettre la main à ton fait-pipi ?

LUI. — Oui. (Détournant la conversation.) A Gmunden c'était très amusant. Dans le petit jardin où sont les radis, il y avait un petit tas de sable, là je jouais avec ma pelle.

» (C'est le jardin où il avait l'habitude de faire pipi.)

MOI. — A Gmunden, quand tu étais au lit, mettais-tu la main à ton fait-pipi ?

LUI. — Non, pas encore. A Gmunden je dormais si bien que je n'y pensais pas du tout. Je l'ai fait seulement rue... (1) et ici.

MOI. — Mais Berta n'a jamais mis la main à ton fait-pipi ?

LUI. — Elle ne l'a jamais fait, non, parce que je ne le lui ai jamais dit.

MOI. — Quand as-tu eu envie qu'elle le fît ?

LUI. — Un jour, à Gmunden.

MOI. — Rien qu'une fois ?

LUI. — Oui, plusieurs fois.

MOI. — Elle te regardait toujours quand tu faisais pipi ; elle était peut-être curieuse de voir comment tu faisais pipi.

LUI. — Peut-être elle était curieuse de voir de quoi avait l'air mon fait-pipi.

MOI. — Mais toi aussi tu étais curieux, rien que de Berta ?

LUI. — De Berta, aussi d'Olga.

MOI. — Et de qui encore ?

LUI. — De personne d'autre.

MOI. — Ce n'est pas vrai. De maman aussi.

LUI. — Oh oui ! de maman.

MOI. — Mais maintenant tu n'es pourtant plus curieux. Tu sais donc de quoi a l'air le fait-pipi d'Anna ?

LUI. — Mais il grandira, n'est-ce pas (2) ?

MOI. — Oui certes, mais même quand il grandira, il ne ressemblera pas au tien.

LUI. — Je sais. Il sera comme ça (c'est-à-dire comme il est maintenant), seulement plus grand.

MOI. — A Gmunden, étais-tu curieux quand maman se déshabillait ?

(1) L'appartement qu'ils habitaient avant leur déménagement.

(2) Hans veut être assuré que son propre fait-pipi va grandir.

LUI. — Oui, j'ai aussi vu le fait-pipi d'Anna, quand elle était dans son bain.

MOI. — Et aussi celui de maman ?

LUI. — Non !

MOI. — Cela t'a dégoûté quand tu as vu la culotte de maman ?

LUI. — Seulement quand j'ai vu la noire, lorsqu'elle l'a achetée, alors j'ai craché, mais quand elle met ou ôte sa culotte, alors je ne crache pas. *Je crache, parce que la culotte noire est noire comme du « loumf » et la jaune, jaune comme du pipi, et alors je crois que je dois faire pipi.* Quand maman porte sa culotte, alors je ne la vois pas, puisqu'elle est cachée sous sa robe.

MOI. — Et quand elle ôte ses vêtements ?

LUI. — Alors je ne crache pas. Mais quand sa culotte est neuve elle a l'air d'un *loumf*. Quand elle est vieille, la couleur s'en va et elle devient sale. Quand on l'achète, elle est toute propre, à la maison on l'a déjà salie. Quand on l'achète, elle est neuve, et quand on ne l'achète pas, elle est vieille.

MOI. — La vieille ne te dégoûte pas ?

LUI. — Quand elle est vieille, elle est bien plus noire qu'un *loumf*, n'est-ce pas ? Elle est un peu plus noire (1).

MOI. — As-tu été souvent avec maman au w.-c. ?

LUI. — Très souvent.

MOI. — Ça t'a dégoûté ?

LUI. — Oui... Non !

MOI. — Tu aimes être là quand maman fait pipi ou fait *loumf* ?

LUI. — Oui, beaucoup.

MOI. — Pourquoi aimes-tu tant ça ?

LUI. — Je ne sais pas.

MOI. — Parce que tu crois que tu vas voir son fait-pipi ?

LUI. — Oui, je le crois.

MOI. — Mais pourquoi ne veux-tu jamais aller, à Lainz, au w.-c. ? (Il me prie toujours à Lainz de ne pas l'emmener au w.-c. ; il a eu peur une fois du bruit que fait la chasse d'eau.)

LUI. — Peut-être parce que ça fait un charivari quand on tire.

MOI. — Alors tu as peur ?

LUI. — Oui.

MOI. — Et ici, dans notre w.-c. ?

(1) Notre Hans se débat ici pour exprimer un thème qu'il est incapable d'exposer et il nous est malaisé de le comprendre. Peut-être veut-il dire que les culottes n'éveillent un sentiment de dégoût que quand il les voit isolées, aussitôt que sa mère les porte, il ne les met plus en rapport avec le *loumf* ou le pipi, et elles l'intéressent à d'autres points de vue.

LUI. — Pas ici. A Lainz j'ai peur quand tu tires. Quand je suis dedans et que ça descend, alors aussi j'ai peur.

» Afin de montrer qu'ici, dans notre appartement, il n'a pas peur, il me fait aller au w.-c. et tire la chaîne qui provoque la chute d'eau. Alors il m'explique :

« C'est d'abord un charivari fort, puis un charivari doux (quand l'eau descend). Quand ça fait un charivari fort, alors j'aime mieux être dedans ; quand ça fait un charivari faible, j'aime mieux sortir. »

MOI. — Parce que tu as peur ?

LUI. — Parce qu'un charivari fort, j'aime toujours le voir (il se corrige) l'entendre, et alors j'aime mieux rester dedans pour bien l'entendre.

MOI. — A quoi te fait penser un charivari fort ?

LUI. — Que je dois faire *loumf* au w.-c. (Donc à la même chose que la culotte noire.)

MOI. — Pourquoi ?

LUI. — Je ne sais pas. Je sais qu'un charivari fort est comme quand on fait *loumf*. Un grand charivari fait penser à *loumf*, un petit, à pipi. (Comparer les culottes noire et jaune.)

MOI. — Dis, le cheval d'omnibus n'avait-il pas la même couleur qu'un *loumf* ? (D'après la relation de Hans il était noir.)

LUI (très frappé). — Oui !

Je dois ici intercaler quelques mots. Le père de Hans pose trop de questions et pousse son investigation d'après des idées préconçues, au lieu de laisser le petit garçon exprimer ses propres pensées. C'est pourquoi l'analyse devient obscure et incertaine. Hans suit son propre chemin et n'arrive à rien quand on veut l'en détourner. Son attention est évidemment accaparée à présent par le *loumf* et le pipi, nous ne savons pas pourquoi. L'histoire du « charivari » est aussi peu éclaircie que celle des culottes jaune et noire. Je suppose que la finesse de son oreille a fort bien perçu la différence des bruits quand un homme ou une femme urine. L'analyse, de façon un peu artificielle et forcée, a contraint le matériel livré par Hans à exprimer l'opposition entre les deux besoins naturels. Aux lecteurs n'ayant pas encore eux-mêmes pratiqué une analyse, je ne puis que donner le conseil de ne pas tout vouloir comprendre sur-le-champ, mais d'accorder une sorte d'attention impartiale à tout ce qui se présente et d'attendre la suite.

***

« Le 11 avril, au matin, Hans arrive de nouveau dans notre chambre et, comme tous les jours précédents, est renvoyé.

« Il raconte un peu plus tard : « Tu sais, j'ai pensé quelque chose : *Je suis dans la baignoire* (1), *alors le plombier arrive et la dévisse* (2). *Il prend alors un grand perçoir et me l'enfonce dans le ventre.* »

Le père traduit ainsi ce fantasme :

« Je suis au lit avec maman. Alors papa arrive et me chasse. Avec son grand pénis il me repousse de ma place auprès de maman. »

Nous suspendrons pour l'instant notre jugement.

» Il raconte encore une seconde idée qu'il a eue : « Nous allons « en chemin de fer à Gmunden. Dans la gare nous nous habillons, « mais nous n'arrivons pas à finir à temps, et le train repart et nous « emporte. »

» Un peu plus tard je demande : « As-tu jamais vu un cheval « faisant *loumf* ? »

HANS. — Oui, très souvent.

MOI. — Fait-il un grand charivari en faisant *loumf* ?

HANS. — Oui !

MOI. — A quoi te fait penser le grand charivari ?

HANS. — A un *loumf* qui tombe dans le vase.

» Le cheval d'omnibus qui tombe et fait du charivari avec ses pieds est sans doute un *loumf* qui tombe et, ce faisant, fait du bruit. La peur de la défécation, la peur des voitures lourdement chargées est donc équivalente à la peur d'un ventre lourdement chargé. »

C'est par ces détours que le père de Hans commence à entrevoir le véritable état de choses.

***

« Le 11 avril, à déjeuner, Hans dit : « Si seulement nous avions « une baignoire à Gmunden, et que je n'aie pas à aller à l'établisse- « ment de bains ! » Il devait toujours en effet, à Gmunden, pour prendre un bain chaud, être mené à l'établissement de bains proche, ce contre quoi il avait coutume de protester en pleurant à chaudes larmes. De même à Vienne il crie toujours quand on le fait asseoir ou qu'on le couche dans la grande baignoire. On est obligé de le baigner à genoux ou debout. »

Ce discours de Hans, qui commence maintenant à alimenter l'analyse avec ses propos spontanés, établit le lien entre ses deux derniers fantasmes (celui du plombier qui dévisse la baignoire, et celui du voyage manqué à Gmunden). Du reste un rappel de plus, du fait que ce qui émerge de l'inconscient doit être compris non à la lumière de ce qui précède, mais à la lumière de ce qui suit :

« Je lui demande s'il a peur, et de quoi. »

(1) La mère de Hans lui donnait son bain elle-même.

(2) Pour l'emporter afin de la réparer.

HANS. — J'ai peur de tomber dedans.

MOI. — Mais pourquoi n'avais-tu jamais peur, quand on te baignait dans la petite baignoire ?

HANS. — Là, j'étais assis ; là, je ne pouvais pas me coucher, elle était trop petite.

MOI. — Quand tu allais à Gmunden en barque, tu n'avais pas peur de tomber à l'eau ?

HANS. — Non, parce que je me tenais, et alors je ne pouvais pas tomber. Je n'ai peur que dans la grande baignoire, de tomber dedans.

MOI. — C'est pourtant maman qui te baigne. Crains-tu que maman ne te jette à l'eau ?

HANS. — Qu'elle me lâche et que ma tête tombe dans l'eau.

MOI. — Tu sais pourtant que maman t'aime et ne te lâcherait pas.

HANS. — Je l'ai juste pensé.

MOI. — Pourquoi ?

HANS. — Je ne sais pas du tout.

MOI. — Peut-être que tu avais été méchant et que tu croyais qu'elle ne t'aimait plus ?

HANS. — Oui !

MOI. — Quand tu étais là pendant que maman donnait son bain à Anna, tu as peut-être souhaité qu'elle lâchât les mains, afin qu'Anna tombât dans l'eau ?

HANS. — Oui !

Nous croyons que le père de Hans a ici deviné très juste.

***

« 12 avril. En revenant de Lainz en seconde classe, Hans dit, en voyant les coussins de cuir noir : « Fi ! ça me fait cracher ! Les culottes noires et les chevaux noirs me font aussi cracher, parce que je dois faire *loumf.* »

MOI. — Aurais-tu vu chez maman quelque chose de noir qui t'aurait effrayé ?

HANS. — Oui !

MOI. — Quoi donc ?

HANS. — Je ne sais pas. Une blouse noire ou des bas noirs.

MOI. — Peut-être as-tu vu près de son fait-pipi des cheveux noirs, si tu as été curieux et as regardé.

HANS (se défendant). — Mais je n'ai pas vu son fait-pipi.

» Comme il manifestait à nouveau de la peur en voyant une voiture qui sortait de la porte de la cour d'en face, je demandai : « Cette porte ne ressemble-t-elle pas à un derrière ? »

Lui. — Et les chevaux sont les *loumfs* !

» Depuis lors il dit toujours, quand il voit sortir une voiture : « Regarde ! un *loumfi (lumpfi)* qui vient ! » Cette forme du mot : *loumfi* lui est par ailleurs tout à fait étrangère, on dirait une appellation tendre. Ma belle-sœur appelle toujours son enfant « *Voumfi* (Wumpfi) ».

» Le 13 avril, il voit dans la soupe un morceau de foie et dit : « Fi ! un *loumf* ! » Ainsi, il mange visiblement à contrecœur les croquettes de viande, à cause de leur forme et de leur couleur qui lui rappellent un *loumf*.

» Le soir, ma femme me raconte que Hans a été sur le balcon et a dit alors : « J'ai pensé qu'Anna avait été sur le balcon et en était tombée. » Je lui avais dit à diverses reprises qu'il devait, lorsqu'Anna était sur le balcon, faire attention qu'elle n'approchât pas trop de la balustrade, balustrade qu'un artiste « sécessionniste » avait faite d'un genre fort peu pratique, avec de grandes ouvertures que je dus ensuite faire recouvrir d'un grillage. Le désir refoulé de Hans apparaît de façon transparente. Sa mère lui demande s'il préférerait qu'Anna ne fût pas là : il répond affirmativement.

» 14 avril. Le thème d'Anna est au premier plan. Comme vous pouvez vous le rappeler d'après des rapports précédents, il avait eu une vive aversion contre l'enfant nouveau-née qui lui avait dérobé une part de l'amour de ses parents — aversion qui n'avait pas encore tout à fait disparu et n'était qu'en partie surcompensée par une tendresse exagérée (1). Il avait déjà plusieurs fois exprimé ce désir : « La « cigogne ne devrait plus apporter d'enfant, nous devrions lui donner « de l'argent afin qu'elle n'en sorte plus *de la grande caisse* où sont « les enfants pour les apporter. » (Comparer la peur des voitures de déménagement. Une voiture de déménagement ne ressemble-t-elle pas à une grande caisse ?) Anna crie tellement, cela l'agace.

» Il dit un jour soudain : « Te rappelles-tu quand Anna est venue ? « Elle était à côté de maman dans le lit, si gentille et sage. » (Ce compliment sonnait très faux !)

» Mais en bas, devant la maison, on peut remarquer un grand progrès. Même les camions lui inspirent moins de peur. Il s'écrie un jour, presque avec joie : « Voilà un cheval avec quelque chose de « noir sur la bouche ! » Et je puis enfin constater qu'il s'agit d'un cheval avec une muselière de cuir. Hans n'a cependant aucune peur de ce cheval.

» Il frappe un jour, de sa canne, le pavé et demande : « Dis, y

(1) Le thème « Anna » succède à celui du *loumf*. Une explication nous est ainsi suggérée : Anna est elle-même un *loumf* — les bébés sont des *loumfs*.

« a-t-il un homme là-dessous... quelqu'un qui est enterré... ou bien ça « n'est-il que dans le cimetière ? » Il n'est ainsi pas occupé que de l'énigme de la vie, mais encore de l'énigme de la mort.

» Je vois, en revenant, une caisse dans le vestibule et Hans dit : « Anna a voyagé à Gmunden avec nous, dans une caisse comme ça. « Chaque fois où nous avons été à Gmunden, elle est venue avec « nous dans la caisse. Tu ne me crois encore pas ? C'est vrai, papa. « Crois-moi. Nous avons pris une grande caisse et là-dedans c'était « plein de bébés ; ils étaient assis dans la baignoire. » (Une petite baignoire avait été emballée dans la caisse.) « Je les ai mis dedans, c'est « vrai. Je puis très bien me rappeler (1). »

MOI. — De quoi peux-tu te rappeler ?

HANS. — Qu'Anna a voyagé dans la caisse, parce que je ne l'ai pas oublié. Parole d'honneur !

MOI. — Mais l'année passée Anna a pourtant voyagé avec nous dans le wagon.

HANS. — *Mais avant, toujours, elle a voyagé avec nous dans la caisse.*

MOI. — N'est-ce pas maman qui avait la caisse ?

HANS. — Oui, maman l'avait.

MOI. — Où donc ?

HANS. — Chez nous, au grenier.

MOI. — Elle l'a peut-être emportée avec elle (2) ?

HANS. — Non ! Et quand nous irons cette fois-ci, Anna voyagera de nouveau dans la caisse.

MOI. — Comment est-elle donc sortie de la caisse ?

HANS. — On l'a sortie.

MOI. — Maman ?

HANS. — Moi et maman. Alors nous sommes montés dans la voiture et Anna était sur le cheval et le cocher a dit : « Hue ! » Le cocher était sur son siège. Étais-tu là aussi ? Maman sait tout ça. Maman ne le sait plus, elle l'a déjà oublié, mais ne lui en dis rien !

» Je lui fais répéter le tout. »

HANS. — Alors Anna est sortie.

MOI. — Mais elle ne pouvait pas encore marcher.

HANS. — Alors nous l'avons fait descendre.

(1) Il commence à édifier des fantasmes. Nous apprenons que caisse et baignoire sont pour lui des équivalents, des représentants, de l'espace dans lequel se trouvent les enfants. Voir ses affirmations répétées à ce sujet.

(2) La caisse est, bien entendu, le ventre maternel. Le père cherche à faire entendre à Hans qu'il comprend ceci. Il en est de même du coffre, dans lequel tant de héros mythiques sont exposés, depuis le roi Sargon d'Agade.

(Note de 1923.) Voir RANK, *Der Mythus von der Geburt des Helden (Le mythe de la naissance du héros)*, 1909, 2e éd., 1922.

MOI. — Comment pouvait-elle donc se tenir à cheval ? Songe qu'elle ne pouvait pas encore s'asseoir l'année dernière !

HANS. — Oh si ! elle était assise et criait : « Hue ! » et donnait des coups de fouet : « Hue ! hue ! » avec le fouet que j'avais eu, moi. Le cheval n'avait pas du tout d'étrier, mais Anna se tenait dessus. Je ne dis pas ça pour rire, tu sais, papa.

Quelle peut être la raison pour laquelle Hans maintient si obstinément toutes ces absurdités ? Oh ! ce ne sont pas des absurdités, c'est une parodie et la vengeance de Hans contre son père. Cela équivaut à dire : *si tu peux t'attendre à ce que je croie que la cigogne a apporté Anna en octobre, après que j'ai vu le gros ventre de maman l'été déjà, quand nous avons été à Gmunden, alors je peux aussi m'attendre à ce que tu croies mes mensonges.* Que peut signifier l'assertion qu'Anna, l'année passée, ait voyagé avec eux à Gmunden « dans la caisse », sinon la connaissance qu'avait Hans de la grossesse de sa mère ? Le fait qu'il projette le renouvellement de ce voyage dans la caisse pour toutes les années à venir correspond à une forme fréquente que revêt l'irruption hors du passé d'une pensée inconsciente ; ou bien ce fait a ses raisons propres et exprime la crainte de Hans de voir renouvelée une telle grossesse aux vacances prochaines. Nous venons aussi d'apprendre quelles circonstances particulières lui ont gâché le voyage à Gmunden, ainsi que l'indiquait son second fantasme.

« Je lui demande un peu plus tard comment Anna, après sa naissance, en est venue à se trouver dans le lit de maman. »

C'est alors que Hans peut s'en donner à cœur joie en se moquant de son père.

HANS. — Anna est arrivée. Mme Kraus (la sage-femme) l'a mise dans le lit. Elle ne pouvait, en effet, pas marcher. Mais la cigogne l'a portée dans son bec. Bien sûr elle ne pouvait pas marcher. (Il poursuit d'un seul trait.) La cigogne a monté l'escalier jusqu'au palier, et alors elle a frappé et tout le monde dormait et elle avait la clef qu'il fallait et elle a ouvert la porte et elle a mis Anna dans *ton* (1) lit et maman dormait — non, la cigogne l'a mise dans *son* lit. Il faisait tout à fait nuit et la cigogne l'a mise tout doucement dans le lit, n'a pas fait de bruit du tout avec ses pieds, et puis elle a pris son chapeau, et puis elle est repartie. Non, elle n'avait pas de chapeau.

MOI. — Qui a pris son chapeau ? Le docteur peut-être ?

HANS. — Alors la cigogne est repartie, est repartie chez elle, et puis elle a sonné à la porte et personne dans la maison n'a plus dormi. Mais ne raconte pas ça à maman ni à Tinni (la cuisinière). C'est un secret !

(1) C'est de l'ironie, bien entendu, comme la prière subséquente de ne rien trahir de ce secret à sa mère.

MOI. — Aimes-tu Anna ?

HANS. — Oh oui ! je l'aime beaucoup.

MOI. — Préférerais-tu qu'Anna ne fût pas venue au monde ; ou bien préfères-tu qu'elle y soit ?

HANS. — J'aimerais mieux qu'elle ne fût pas venue au monde.

MOI. — Pourquoi ?

HANS. — Elle ne crierait au moins pas comme ça, et je ne peux pas supporter ses cris.

MOI. — Mais tu cries toi-même.

HANS. — Mais Anna crie aussi.

MOI. — Pourquoi ne peux-tu pas le supporter ?

HANS. — Parce qu'elle crie si fort.

MOI. — Mais elle ne crie pas du tout.

HANS. — Quand on lui fait panpan sur son tutu nu, alors elle crie.

MOI. — Cela te déplaît ?

HANS. — Non... Pourquoi ? parce qu'elle fait un tel charivari avec ses cris.

MOI. — Puisque tu préférerais qu'elle ne fût pas au monde, c'est que tu ne l'aimes pas du tout.

HANS (approbateur). — Hum, hum !

MOI. — C'est pourquoi tu as pensé que lorsque maman lui donne son bain, si elle la lâchait, alors Anna tomberait dans l'eau...

HANS (complétant la phrase). — ... et mourrait.

MOI. — Et tu serais alors seul avec maman. Et un bon petit garçon ne doit pas souhaiter ça.

HANS. — *Mais il peut le penser.*

MOI. — Ce n'est pas bien.

HANS. — *S'il le pense, c'est bien tout de même, pour qu'on puisse l'écrire au professeur* (1).

» Je dis à Hans un peu plus tard : « Sais-tu, quand Anna sera un « peu plus grande et pourra parler, tu l'aimeras sûrement mieux. »

HANS. — Oh ! non. Je l'aime déjà. Quand elle sera grande, à l'automne, j'irai avec elle tout seul dans le Stadtpark et je lui expliquerai tout.

» Comme je commence à lui donner de nouveaux éclaircissements, il m'interrompt, sans doute afin de m'expliquer que ce n'est pas si mal que ça de souhaiter la mort d'Anna. »

HANS. — Tu sais, elle était déjà depuis longtemps au monde, même quand elle n'était pas encore là. Chez la cigogne, elle était bien déjà au monde.

(1) Le brave petit Hans ! Je ne pourrais pas souhaiter, chez un adulte, une meilleure compréhension de la psychanalyse.

MOI. — Non, elle n'a peut-être pourtant pas été chez la cigogne.
HANS. — Qui l'a donc apportée ? La cigogne l'avait.
MOI. — Mais d'où l'a-t-elle alors apportée ?
HANS. — Na, de chez elle.
MOI. — Où la gardait-elle donc ?
HANS. — Dans la caisse, dans la *caisse à la cigogne.*
MOI. — De quoi a donc l'air cette caisse ?
HANS. — Elle est rouge. Peinte en rouge. (Du sang ?)
MOI. — Qui te l'a donc dit ?
HANS. — Maman — je l'ai pensé moi-même — c'est dans le livre.
MOI. — Dans quel livre ?
HANS. — Dans le livre d'images. (Je me fais apporter son premier livre d'images. On y voit un nid de cigognes, avec des cigognes sur une cheminée rouge. C'est là la caisse ; on voit — ce qui est curieux — sur la même page un cheval qu'on ferre (1). Hans transfère les enfants dans la caisse, puisqu'il ne les trouve pas dans le nid.)
MOI. — Qu'est-ce que la cigogne a fait d'Anna ?
HANS. — Alors elle a apporté Anna ici. Dans son bec. Tu sais, la cigogne qui est à Schönbrunn, et qui mord le parapluie. (Réminiscence d'un petit incident arrivé à Schönbrunn.)
MOI. — As-tu vu comment la cigogne avait apporté Anna ?
HANS. — Tu sais, je dormais encore. La cigogne ne peut pas apporter un petit garçon ou une petite fille le matin (2).
MOI. — Pourquoi ?
HANS. — Elle ne peut pas. Une cigogne ne peut pas faire ça. Tu sais pourquoi ? Pour que les gens ne voient pas, et alors, tout à coup, une petite fille est là.
MOI. — Tu étais pourtant curieux alors de savoir comment avait fait la cigogne.
HANS. — Oh oui !
MOI. — De quoi Anna avait-elle l'air quand elle est arrivée ?
HANS (d'un ton hypocrite). — Toute blanche et gentille. Comme dorée.
MOI. — Mais quand tu l'as vue la première fois, elle ne t'a pourtant pas plu.

(1) En prévision de ce qui suit, il est intéressant de faire observer que le mot allemand *ferré (beschlagen)* ne diffère que par une seule lettre du mot allemand *battu (geschlagen). (N. d. T.)*

(2) Il ne faut pas s'arrêter à l'inconséquence de Hans. Dans l'entretien précédent, l'incrédulité relative à la cigogne avait émergé de son inconscient, en liaison avec l'irritation contre son père qui faisait tant de mystères. Maintenant il s'est calmé et il répond officiellement aux questions, en s'étant forgé des explications relatives aux difficultés liées à l'hypothèse de la cigogne.

Hans. — Oh, beaucoup !

Moi. — Tu étais pourtant surpris qu'elle fût si petite.

Hans. — Oui !

Moi. — Elle était petite comme quoi ?

Hans. — Comme une jeune cigogne.

Moi. — Comment encore ? Peut-être comme un *loumf* ?

Hans. — Oh, non, un *loumf* est bien plus grand... un peu plus petit, vraiment, qu'Anna.

J'avais prédit au père de Hans que la phobie de Hans se laisserait ramener à des pensées et des désirs relatifs à la naissance de sa petite sœur, mais j'avais omis de le rendre attentif au fait que, pour les théories sexuelles infantiles des enfants, un enfant est un *loumf* ; de telle sorte que la voie suivie par Hans devrait passer par le complexe excrémentiel. L'obscurité temporaire de la cure fut due à cette mienne négligence. La question étant maintenant éclaircie, le père tente d'examiner une seconde fois Hans sur ce point important.

« Je jour suivant, je me fais répéter à nouveau l'histoire contée hier. Hans raconte : « Anna a voyagé à Gmunden dans la grande « caisse, et maman dans le wagon et Anna dans le train de marchan- « dises avec la caisse et alors, quand nous sommes arrivés à Gmunden, « moi et maman avons sorti Anna de la caisse et l'avons assise sur « le cheval. Le cocher était sur son siège et Anna avait le fouet pré- « cédent (de l'année précédente) et a fouetté le cheval en disant tout « le temps : « Hue ! » et c'était si amusant, et le cocher fouettait « aussi. — Le cocher ne fouettait pas du tout, parce qu'Anna avait « le fouet. Le cocher tenait les rênes. — Anna aussi tenait les rênes « (nous allons toujours en voiture de la gare à la maison ; Hans « cherche à mettre d'accord la réalité et la fantaisie). A Gmunden « nous avons descendu Anna du cheval, et elle a monté toute seule « l'escalier. » (L'année passée, à Gmunden, Anna avait 8 mois. Un an plus tôt — et le fantasme de Hans se rapporte évidemment à cette époque — sa mère était, à l'arrivée à Gmunden, enceinte de cinq mois.)

Moi. — L'année passée, Anna était déjà là.

Hans. — L'année passée elle a été en voiture, mais l'année d'avant, quand elle était déjà au monde avec nous...

Moi. — Elle était déjà avec nous ?

Hans. — Oui, tu étais toujours là, pour aller avec moi en barque, et Anna était notre servante.

Moi. — Mais ce n'était pas l'année d'avant. Anna n'était pas encore au monde.

Hans. — *Si, alors elle était au monde.* Même quand elle voyageait encore dans la caisse, elle pouvait déjà courir, elle pouvait dire : *Anna.* (Elle ne peut le dire que depuis quatre mois.)

MOI. — Mais voyons, elle n'était pas encore du tout avec nous à ce moment.

HANS. — Oh si, elle était bien déjà chez la cigogne.

MOI. — Quel âge à donc Anna ?

HANS. — Elle aura 2 ans à l'automne, Anna était certainement là, tu le sais bien.

MOI. — Et quand était-elle avec la cigogne dans la caisse à la cigogne ?

HANS. — Depuis longtemps, avant d'avoir voyagé dans la caisse. Depuis déjà très longtemps.

MOI. — Depuis combien de temps Anna peut-elle marcher ? Quand elle était à Gmunden, elle ne pouvait pas encore marcher.

HANS. — L'année passée, non ; sans ça, elle pouvait.

MOI. — Anna n'a pourtant été qu'une seule fois à Gmunden.

HANS. — Non ! Elle y a été deux fois ; oui, c'est ça. Je peux bien me rappeler. Demande à maman, elle te le dira bien.

MOI. — Ce n'est pourtant pas vrai.

HANS. — Si, c'est vrai. *Quand elle a été à Gmunden la première fois, elle pouvait marcher et aller à cheval, et plus tard il a fallu la porter.* — Non, c'est seulement plus tard qu'elle a été à cheval et l'année passée il fallait la porter.

MOI. — Mais Anna ne peut marcher que depuis très peu de temps. A Gmunden elle ne pouvait pas marcher.

HANS. — Si, écris-le seulement. Je me rappelle très bien. — Pourquoi ris-tu ?

MOI. — Parce que tu es un farceur, parce que tu sais très bien qu'Anna n'a été qu'une seule fois à Gmunden.

HANS. — Non, ce n'est pas vrai. La première fois elle a été sur le cheval... et la seconde fois (il devient évidemment incertain).

MOI. — Le cheval était peut-être maman ?

HANS. — Non, un vrai cheval, à un cabriolet.

MOI. — Mais nous prenions toujours une voiture à deux chevaux.

HANS. — Bien, alors c'était une voiture de place.

MOI. — Qu'est-ce qu'Anna mangeait, dans la caisse ?

HANS. — On avait mis dedans du pain et du beurre et des harengs et des radis (un dîner habituel à Gmunden), et pendant qu'Anna voyageait elle beurrait son pain et a mangé 50 fois.

MOI. — Est-ce qu'Anna ne criait pas ?

HANS. — Non !

MOI. — Que faisait-elle donc ?

HANS. — Elle restait assise toute tranquille là-dedans.

MOI. — Est-ce qu'elle ne s'y agitait pas ?

HANS. — Non, elle mangeait tout le temps sans s'arrêter et n'a pas bougé une seule fois. Elle a bu deux grandes tasses de café — le matin tout était parti et elle a laissé les déchets dans la caisse, les feuilles des deux radis et un couteau pour couper les radis. Elle a tout avalé comme un lièvre, en une minute elle avait tout fini. C'était vraiment drôle. Moi et Anna nous avons même voyagé ensemble dans la caisse, j'ai dormi dans la caisse toute la nuit (nous avions, de fait, voici deux ans, été à Gmunden de nuit) et maman voyageait dans le wagon. Nous avons mangé sans arrêt aussi dans la voiture, c'était un plaisir ! Elle n'était pas du tout sur le cheval (il est maintenant pris de doute, parce qu'il sait que nous étions dans une voiture à deux chevaux)... elle était assise dans la voiture. Oui, c'était comme ça, mais moi et Anna étions tout seuls dans la voiture... Maman était sur le cheval et Caroline (notre bonne cette année-là) sur l'autre cheval... Tu sais, ce que je raconte là n'est pas vrai du tout.

MOI. — Qu'est-ce qui n'est pas vrai ?

HANS. — Rien de tout ça. Tu sais, mettons Anna et moi dans la caisse (1), et je ferai pipi dans la caisse. Je ferai pipi dans mon pantalon, ça m'est égal, ça n'est pas une honte. Tu sais, ça n'est pas une farce, mais c'est pourtant très amusant !

« Il raconte alors l'histoire de la façon dont est venue la cigogne, comme hier, omettant seulement qu'elle ait repris son chapeau en s'en allant. »

MOI. — Où la cigogne portait-elle la clef de la porte ?

HANS. — Dans sa poche.

MOI. — Où donc la cigogne a-t-elle sa poche ?

HANS. — Dans son bec.

MOI. — Dans son bec ! Je n'ai jamais vu encore de cigogne qui eût une clef dans le bec.

HANS. — Comment donc aurait-elle pu entrer ? Comment la cigogne entre-t-elle par la porte, alors ? Ça n'est pas vrai, je me suis seulement trompé, la cigogne sonne et quelqu'un lui ouvre.

MOI. — Et comment sonne-t-elle ?

HANS. — Elle sonne la sonnette.

MOI. — Comment fait-elle ?

HANS. — Elle se sert de son bec pour appuyer sur la sonnette avec.

MOI. — Et elle a refermé la porte ?

HANS. — Non, une bonne l'a refermée, elle était déjà levée, elle a ouvert la porte à la cigogne et l'a refermée.

(1) La caisse qui était dans le vestibule et que nous avions emportée comme bagage à Gmunden.

MOI. — Où la cigogne habite-t-elle ?

HANS. — Où ? Dans la caisse où elle garde les petites filles. Peut-être à Schönbrunn.

MOI. — A Schönbrunn, je n'ai pas vu de caisse.

HANS. — C'est parce qu'elle est plus loin. Tu sais comment la cigogne ouvre la caisse ? Elle se sert de son bec — la caisse a aussi une clef — elle se sert de son bec et en ouvre une moitié (du bec) et ouvre comme ça (il montre comment fait la cigogne à la serrure du bureau). C'est là aussi une anse.

MOI. — Une petite fille comme ça n'est-elle pas trop lourde pour la cigogne ?

HANS. — Oh non !

MOI. — Dis-moi, un omnibus ne ressemble-t-il pas à la caisse de la cigogne ?

HANS. — Si !

MOI. — Et une voiture de déménagement ?

HANS. — Et une voiture de Croquemitaine pour emporter les enfants méchants (1) aussi.

***

« 17 avril. Hier, Hans a exécuté son projet, caressé depuis longtemps, d'aller jusque dans la cour d'en face. Aujourd'hui il ne veut pas le faire parce que, juste en face de la porte d'entrée, se tient une voiture devant la rampe de chargement. Il me dit : « Quand il y a « une voiture, alors j'ai peur que je ne me mette à taquiner les chevaux et qu'ils ne tombent et fassent du charivari avec leurs pieds. »

MOI. — Comment taquine-t-on les chevaux ?

HANS. — Quand on est en colère contre eux, alors on les taquine, quand on crie : « Hue ! Hue (2) ! »

MOI. — As-tu déjà à Gmunden taquiné des chevaux ?

HANS. — Non !

MOI. — Mais tu aimes taquiner les chevaux ?

HANS. — Oh oui ! beaucoup.

MOI. — Aimerais-tu les fouetter ?

HANS. — Oui !

MOI. — Aimerais-tu battre les chevaux comme maman bat Anna ? Tu aimes donc ça aussi.

HANS. — Aux chevaux, ça ne fait pas de mal d'être battus. (Je

(1) *Gsindelwerkwagen*, *Gsindelwek* étant un terme familier pour désigner les enfants pas sages.

(2) « Hans a souvent eu très peur en voyant des cochers battre leurs chevaux et crier : Hue ! »

lui avais dit cela un jour, afin de modérer la peur qu'il avait de voir fouetter les chevaux.) Je l'ai vraiment fait, une fois. J'ai une fois eu le fouet à la main et j'ai fouetté le cheval et il est tombé, et il a fait du charivari avec ses pieds.

MOI. — Quand ça ?

HANS. — A Gmunden.

MOI. — Un vrai cheval ? Attelé à une voiture ?

HANS. — Il n'était pas à la voiture.

MOI. — Où était-ce donc ?

HANS. — Près de l'auge.

MOI. — Qui te l'a permis ? Le cocher avait-il laissé là le cheval ?

HANS. — Ce n'était qu'un cheval de l'écurie.

MOI. — Comment est-il venu jusqu'à l'auge ?

HANS. — Je l'y ai mené.

MOI. — D'où ? De l'écurie ?

HANS. — Je l'ai fait sortir parce que je voulais le battre.

MOI. — Y avait-il quelqu'un dans l'écurie ?

HANS. — Oh oui, Loisl. (Le cocher de Gmunden.)

MOI. — Te l'a-t-il permis ?

HANS. — Je lui ai parlé gentiment et il a dit que je pouvais le faire.

MOI. — Que lui as-tu dit ?

HANS. — Si je pouvais prendre le cheval et le fouetter et lui crier après. Il a dit oui.

MOI. — L'as-tu beaucoup fouetté ?

HANS. — *Ce que je t'ai raconté là n'est pas vrai du tout.*

MOI. — Qu'est-ce qui est vrai là-dedans ?

HANS. — Rien n'est vrai, je t'ai raconté ça rien que pour rire.

MOI. — Tu n'as jamais fait sortir un cheval de l'écurie ?

HANS. — Oh non !

MOI. — Mais tu aurais voulu le faire.

HANS. — Oh oui ! J'aurais voulu, j'y ai pensé.

MOI. — A Gmunden ?

HANS. — Non, rien qu'ici. J'y ai pensé le matin quand j'étais tout à fait habillé ; non, le matin, au lit.

MOI. — Pourquoi ne me l'as-tu jamais raconté ?

HANS. — Je n'y ai pas pensé.

MOI. — Tu as pensé à ça, parce que tu le voyais faire dans la rue.

HANS. — Oui !

MOI. — Qui aimerais-tu au fond battre, maman, Anna ou moi ?

HANS. — Maman.

MOI. — Pourquoi ?

HANS. — C'est que j'aimerais la battre.

MOI. — Où as-tu jamais vu qu'on batte sa maman ?

HANS. — Je ne l'ai jamais vu, pas vu de ma vie.

MOI. — Et c'est pourtant ce que tu voudrais faire. Comment t'y prendrais-tu ?

HANS. — Avec un jonc pour battre les tapis.

« (Sa mère menace souvent de le battre avec le jonc.)

» J'ai été alors obligé d'interrompre pour ce jour-là l'entretien.

» Dans la rue, Hans m'explique que les omnibus, les voitures de déménagement, les voitures de charbon, sont toutes des voitures à la *cigogne*. »

C'est-à-dire des femmes enceintes. La velléité de sadisme qui vient de se faire jour immédiatement avant ne peut pas être sans rapport avec notre thème.

***

« 21 avril. Ce matin Hans raconte qu'il a pensé ceci : « Il y avait « un train à Lainz et je voyageais avec la grand-maman de Lainz « vers la gare de la Douane Centrale. Tu n'étais pas encore des- « cendu de la passerelle et le second train était déjà à St-Veit (1). « Quand tu es descendu, le train était déjà là et alors nous sommes « montés dedans. »

» (Hans a été hier à Lainz. Pour gagner le quai de départ, il faut traverser une passerelle. Du quai on peut voir le long de la voie jusqu'à St-Veit. Toute la chose est quelque peu obscure. La pensée originale de Hans aura été celle-ci : il est parti avec le premier train que j'ai manqué alors ; de St-Veit est arrivé un second train, dans lequel je suis monté avec lui. Mais il a déformé une partie de ce fantasme de fuite, ce qui lui fait dire à la fin : « Nous sommes tous deux « partis mais seulement avec le second train. »

» Ce fantasme est en rapport avec le dernier, non interprété, et d'après lequel nous aurions, dans la gare de Gmunden, pris trop de temps pour mettre nos vêtements, ce qui fait que nous serions partis avec le train.

» L'après-midi, devant la maison, Hans court soudain dans la maison, comme apparaissent deux chevaux traînant une voiture, chevaux auxquels je ne puis trouver rien d'extraordinaire.

» Je lui demande ce qu'il a. « Les chevaux sont si fiers, dit-il, « que j'ai peur qu'ils ne tombent. » (Ces chevaux étaient tenus court

(1) Unter St-Veit (en français : Sous-Saint-Guy) est la station après Lainz quand on quitte Vienne. *(N. d. T.)*

par le cocher, ce qui les faisait aller au petit trot, la tête haute ; leur allure était vraiment fière.)

» Je lui demande qui est au fond si fier.

LUI. — Toi, quand je viens dans le lit de maman.

MOI. — Tu voudrais donc que je tombe par terre ?

LUI. — Oui. Tu devrais être nu (il veut dire : nu-pieds, comme alors Fritz) et te cogner à une pierre, et alors du sang coulerait et je pourrais au moins être un peu seul avec maman. Quand tu remonterais chez nous, alors je me sauverais vite loin de maman, afin que tu ne me voies pas.

MOI. — Peux-tu te rappeler qui s'est cogné à la pierre ?

LUI. — Oui, Fritz.

MOI. — Et quand Fritz est tombé, à quoi as-tu pensé (1) ?

LUI. — Que ce devrait être toi qui te sois cogné à la pierre.

MOI. — Ainsi tu voudrais être avec maman ?

LUI. — Oui !

MOI. — A cause de quoi te grondai-je, au fond ?

LUI. — Je ne sais pas (!!!)

MOI. — Pourquoi ?

LUI. — Parce que tu te mets en colère.

MOI. — Mais ce n'est pas vrai !

LUI. — Si, c'est vrai, tu te mets en colère, je le sais. Ça doit être vrai.

» Évidemment, il n'a pas été très impressionné par ce que je lui avais expliqué : que les *petits* garçons seuls venaient dans le lit de leur mère, et que les grands dormaient dans le leur.

» Je suppose que le désir de « taquiner » le cheval, c'est-à-dire de le battre, de crier après lui, se rapporte non pas, comme Hans le prétend, à sa mère, mais à moi. Il n'a mis sans doute sa mère en avant que parce qu'il ne voulait pas m'avouer l'autre sentiment. Ces jours derniers, il a été d'une tendresse particulière envers moi. »

Nous corrigerons l'interprétation du père avec la supériorité que l'on acquiert si aisément après coup : le désir de Hans de « taquiner » le cheval a deux constituantes, une convoitise obscure, sadique, de sa mère, et une claire impulsion de revanche contre son père. Cette impulsion ne pouvait être reproduite avant que cette convoitise n'eût été mise à jour en connexion avec le complexe de grossesse. Quand une phobie se constitue à l'aide de pensées inconscientes sous-jacentes, une condensation a lieu, et c'est pourquoi le cours d'une analyse ne peut jamais suivre celui du développement d'une névrose.

(1) Ainsi donc Fritz est vraiment tombé, ce que Hans avait autrefois nié.

***

« 22 avril. Ce matin, Hans a de nouveau « pensé » quelque chose : *un gamin des rues est en train de voyager sur un truc ; le conducteur arrive et le déshabille et le met tout nu et le laisse là jusqu'au lendemain matin ; le matin, le garçon donne au conducteur 50 000 florins afin de pouvoir repartir sur le truc.*

« Le « Nordbahn » (1) passe juste en face de notre maison. Sur une voie de chargement se trouve un wagonnet dans lequel Hans vit un jour un gamin qui circulait, ce qu'il eût aussi voulu faire. Je lui dis alors que ce n'était pas permis, que s'il le faisait le conducteur serait fâché après lui. Un deuxième élément du fantasme est le désir de nudité refoulé. »

Nous avons pu remarquer, depuis quelque temps déjà, que l'imagination de Hans travaille « sous le signe des moyens de transport » (2) et, en conséquence, progresse du cheval qui traîne la voiture jusqu'au chemin de fer. C'est ainsi qu'à toute phobie des rues s'adjoint avec le temps une phobie des chemins de fer.

« J'apprends l'après-midi que Hans *a joué toute la matinée avec une poupée en caoutchouc qu'il appelle Grete. Par le trou dans lequel avait été fixé le petit sifflet plat, il a passé un petit canif et puis il a déchiré l'entrejambe de la poupée afin de faire passer la lame au travers. Il dit alors à la bonne, lui montrant l'entrejambe de la poupée ; « Regarde, voilà son fait-pipi !* »

MOI. — A quoi as-tu donc joué aujourd'hui avec la poupée ?

LUI. — Je l'ai déchirée entre les jambes, sais-tu pourquoi ? Parce qu'il y avait dedans un canif qui est à maman. Je le lui ai mis par le trou là où sa tête crie, et alors je l'ai déchirée entre les jambes et il est sorti par là.

MOI. — Pourquoi l'as-tu déchirée entre les jambes ? Pour voir son fait-pipi ?

LUI. — Son fait-pipi était là avant. J'aurais pu le voir de toute façon.

MOI. — Pourquoi lui as-tu mis le canif dedans ?

LUI. — Je ne sais pas.

MOI. — De quoi le canif a-t-il l'air ?

» Il me l'apporte.

MOI. — Peut-être as-tu pensé que c'était un bébé ?

(1) Chemin de fer du Nord. *(N. d. T.)*

(2) En allemand : *Verkehr* = relations, rapports, commerce = relations, rapports, commerce sexuels. Notion à double sens qui donne une base psychique inconsciente aux phobies de chemin de fer. *(N. d. T.)*

LUI. — Non, je n'ai pensé à rien du tout, mais il me semble que la cigogne a une fois eu un petit bébé, ou bien quelqu'un d'autre.

MOI. — Quand ?

LUI. — Une fois. Je l'ai entendu dire, ou bien je ne l'ai pas du tout entendu dire ? ou bien ai-je dit la chose de travers ?

MOI. — Qu'est-ce que ça veut dire : *de travers* ?

LUI. — Que ce n'est pas vrai.

MOI. — Tout ce qu'on dit est un peu vrai.

LUI. — Oh ! oui, un petit peu.

MOI (après avoir changé de conversation). — Comment penses-tu que les poulets viennent au monde ?

LUI. — C'est que la cigogne les fait pousser ; la cigogne fait pousser les poulets — non, le bon Dieu.

« Je lui explique que les poules pondent des œufs et que des œufs sortent d'autres poules.

» Hans rit.

MOI. — Pourquoi ris-tu ?

LUI. — Parce que ce que tu me racontes là me plaît.

» Il dit qu'il a déjà vu ça.

MOI. — Où ça ?

HANS. — Tu l'as fait.

MOI. — Où ai-je pondu un œuf ?

HANS. — A Gmunden, tu as pondu un œuf dans l'herbe et un poulet en est tout de suite sorti. Tu as pondu un œuf un jour, je le sais, je sais que c'est sûr. Parce que maman l'a dit.

MOI. — Je demanderai à maman si c'est vrai.

HANS. — Ça n'est pas vrai du tout, mais *moi* j'ai une fois pondu un œuf et un poulet en est sorti.

MOI. — Où donc ?

HANS. — A Gmunden, je me suis couché dans l'herbe, non, je me suis mis à genoux et les enfants ne me regardaient pas du tout, et tout à coup le matin j'ai dit : « Cherchez, les enfants, hier « j'ai pondu un œuf ! » Et tout à coup ils ont regardé et tout à coup ils ont vu un œuf et il en est sorti un petit Hans. Pourquoi ris-tu ? Maman ne le sait pas et Caroline ne le sait pas, parce que personne ne regardait et tout à coup j'ai pondu un œuf, et tout à coup il était là. Vraiment. Papa, quand un poulet pousse-t-il dans un œuf ? Quand on le laisse tranquille ? Faut-il le manger ?

» Je lui explique la chose.

HANS. — Très bien, laissons-le à la poule, alors il poussera un poulet. Emballons-le dans la caisse et emportons-le à Gmunden.

Hans a hardiment pris en ses propres mains la conduite de son analyse, ses parents hésitant à lui donner les éclaircissements qu'ils lui devaient depuis longtemps et, par un acte symptomatique éclatant, il leur dit : *Voyez, voilà comme je me figure qu'a lieu une naissance.* Ce qu'il avait dit à la bonne relativement au sens de son jeu avec la poupée n'était pas sincère ; quand son père lui demande s'il voulait simplement voir le fait-pipi, il le nie explicitement. Quand son père lui eut raconté, pour ainsi dire afin de lui donner un acompte, comment les poussins sortent d'un œuf, son mécontentement, sa méfiance et sa connaissance supérieure des choses se combinent en un ravissant persiflage, qui s'élève, dans ses dernières paroles, jusqu'à une allusion très claire à la naissance de sa sœur.

MOI. — A quoi jouais-tu avec la poupée ?

HANS. — Je l'appelais : Grete.

MOI. — Pourquoi ?

HANS. — Parce que je l'appelais Grete.

MOI. — Comment jouais-tu ?

HANS. — Je la soignais comme un vrai bébé.

MOI. — Aimerais-tu avoir une petite fille ?

HANS. — Oh oui ! Pourquoi pas ? J'aimerais en avoir une, mais maman ne doit pas en avoir ; je n'aime pas ça.

» Il a souvent exprimé cette pensée. Il craint, si un troisième enfant survenait, de perdre encore davantage de ses prérogatives.

MOI. — Mais seules les femmes ont des enfants.

HANS. — J'aurai une petite fille.

MOI. — D'où l'auras-tu donc ?

HANS. — Eh bien, de la cigogne. *Elle sort la petite fille*, et la petite fille pond tout de suite un œuf, et de l'œuf sort alors encore une Anna — encore une Anna. D'Anna sort une autre Anna. Non, il sort une *seule* Anna.

MOI. — Tu aimerais bien avoir une petite fille ?

HANS. — *Oui, j'en aurai une l'année prochaine*, elle s'appellera aussi Anna.

MOI. — Mais pourquoi maman ne doit-elle pas avoir de petite fille ?

HANS. — Parce que c'est moi qui veux avoir une fois une petite fille.

MOI. — Mais tu ne peux pas avoir de petite fille.

HANS. — Oh si ! Les petits garçons ont des filles et les petites filles des garçons (1).

MOI. — Les petits garçons ne peuvent pas avoir d'enfants. Il n'y a que les femmes, les mamans, qui aient des enfants.

HANS. — Mais pourquoi pas moi ?

(1) Voici encore une partie de théorie sexuelle infantile d'un sens insoupçonné.

MOI. — Parce que le bon Dieu a arrangé les choses comme ça.

HANS. — Pourquoi n'en as-tu pas, toi ? Oh oui, tu en auras sûrement un, attends seulement.

MOI. — Je pourrai attendre longtemps !

HANS. — Je suis pourtant à toi.

MOI. — Mais c'est maman qui t'a mis au monde. Tu appartiens ainsi à maman et à moi.

HANS. — Anna est-elle à moi ou à maman ?

MOI. — A maman.

HANS. — Non, à moi. *Pourquoi donc pas à moi et à maman ?*

MOI. — Anna appartient à moi, à maman et à toi.

HANS. — Là, tu vois !

Tant que l'enfant n'a pas découvert l'existence des organes génitaux de la femme, un élément essentiel manque à sa compréhension des relations sexuelles.

***

« Le 24 avril, Hans reçoit, de ma femme et de moi, des éclaircissements allant jusqu'à un certain point : nous lui disons que les enfants croissent dans leur mère et ensuite, ce qui fait très mal, sont poussés dehors comme un *loumf* et ainsi mis au monde.

» L'après-midi nous nous tenons devant la maison. Une amélioration sensible s'est manifestée dans son état ; il court après les voitures et seul le fait qu'il ne se risque pas au-delà des environs immédiats de la porte cochère, et ne peut être amené à consentir à aucune longue promenade, trahit un reste d'angoisse.

» Le 26 avril, Hans me court sus et me donne un coup de tête dans le ventre, ce qu'il avait déjà fait une fois. Je lui demande s'il est une chèvre.

« Oui, dit-il, un bélier. »

» Je lui demande où il a vu un bélier.

LUI. — A Gmunden, Fritz en avait un. (Fritz avait pour jouer un agneau vivant.)

MOI. — Raconte-moi ce que faisait cet agneau.

HANS. — Tu sais, Fräulein Mitzi (une institutrice qui logeait à la maison) mettait toujours Anna sur l'agneau, mais alors il ne pouvait pas se lever, il ne pouvait pas donner de coups de tête. Quand on s'approche de lui, il en donne, parce qu'il a des cornes. Fritz le mène avec une ficelle et l'attache à un arbre. Il l'attache toujours à un arbre.

MOI. — L'agneau t'a-t-il donné un coup de tête ?

HANS. — Il m'a sauté après. Fritz m'a une fois mené près de

lui... je me suis une fois approché sans savoir, et tout à coup il m'a sauté après. C'était si amusant — je n'ai pas eu peur.

» Ceci n'est évidemment pas vrai.

MOI. — Aimes-tu ton papa ?

HANS. — Oh oui !

MOI. — Peut-être aussi ne l'aimes-tu pas ?

» Hans jouait alors avec un petit cheval. A ce moment, son jouet tombe. Il s'écrie : « Le cheval est tombé ! Regarde, quel charivari « il fait ! »

MOI. — Quelque chose te déplaît en papa, parce que maman l'aime.

HANS. — Non.

MOI. — Mais alors pourquoi pleures-tu toujours quand maman m'embrasse ? C'est que tu es jaloux.

HANS. — Ça oui.

MOI. — Qu'est-ce que tu ferais si tu étais papa ?

HANS. — Et toi Hans ? — Je t'emmènerais à Lainz tous les dimanches, non, tous les jours de la semaine. Si j'étais papa, je serais tout à fait gentil.

MOI. — Et qu'est-ce que tu ferais avec maman ?

HANS. — Je l'emmènerais aussi à Lainz.

MOI. — Et quoi encore ?

HANS. — Rien.

MOI. — Mais alors pourquoi es-tu jaloux ?

HANS. — Je ne sais pas.

MOI. — A Gmunden étais-tu aussi jaloux ?

HANS. — Pas à Gmunden. (Ce n'est pas vrai.) A Gmunden j'avais mes choses à moi, j'avais à Gmunden un jardin et aussi des enfants.

MOI. — Peux-tu te rappeler comment la vache a eu son petit veau ?

HANS. — Oh oui. Il est arrivé en voiture. (On le lui aura dit sans doute alors, à Gmunden ; de plus, c'est une pointe contre la théorie de la cigogne.) Et une autre vache l'a poussé hors de son derrière. (Ceci est sans doute le fruit des éclaircissements fournis à Hans, données nouvelles qu'il cherche à mettre en harmonie avec la « théorie de la voiture ».)

MOI. — Ce n'est pas vrai que le veau soit arrivé en voiture ; il est sorti de la vache qui était dans l'étable.

« Hans le conteste, disant qu'il avait vu la voiture ce matin-là. Je lui fais remarquer qu'on lui aura probablement raconté que le petit veau était arrivé en voiture. Il finit par l'admettre : « Berta sans « doute me l'aura dit, ou non — peut-être le propriétaire. Il était là « et il faisait nuit, alors c'est tout de même vrai ce que je te dis, ou

« bien il me semble que personne ne me l'a dit, que je l'ai pensé tout seul pendant la nuit. »

» Si je ne me trompe, le petit veau fut emmené en voiture, d'où la confusion.

MOI. — Pourquoi n'as-tu pas pensé que la cigogne l'avait apporté ?

HANS. — Je n'ai pas voulu penser ça.

MOI. — Mais tu as pensé que la cigogne avait apporté Anna ?

HANS. — Le matin (de l'accouchement) je l'ai pensé. — Dis, papa, M. Reisenbichler (le propriétaire) était-il là, quand le petit veau est sorti de la vache (1) ?

MOI. — Je ne sais pas. Le crois-tu ?

HANS. — Je le crois... Papa, as-tu remarqué quelquefois que des chevaux ont quelque chose de noir sur la bouche ?

MOI. — Oui, je l'ai plusieurs fois observé dans la rue à Gmunden (2).

MOI. — A Gmunden, as-tu été souvent dans le lit de maman ?

HANS. — Oui.

MOI. — Et alors tu as pensé que tu étais papa ?

HANS. — Oui.

MOI. — Et alors tu avais peur de papa ?

HANS. — *Tu sais tout ; je ne savais rien.*

MOI. — Quand Fritz est tombé tu as pensé : si papa pouvait tomber ainsi ! Et quand l'agneau t'a donné un coup de tête tu as pensé : s'il pouvait ainsi donner à papa un coup de tête ! Te rappelles-tu l'enterrement à Gmunden ? (Le premier enterrement qu'ait vu Hans. Il se le rappelle souvent, et c'est sans aucun doute un souvenir-écran.)

HANS. — Oui. Et alors ?

MOI. — Tu as alors pensé : si papa mourait, je serais papa.

HANS. — Oui.

MOI. — De quelles voitures as-tu au fond encore peur ?

HANS. — De toutes.

MOI. — Tu sais que ce n'est pas vrai.

HANS. — Je n'ai pas peur des voitures de place ni des voitures à un cheval. J'ai peur des omnibus, des voitures de bagages, mais rien que lorsqu'elles sont chargées ; pas quand elles sont vides. Quand il n'y a qu'un cheval et que la voiture est chargée à plein, alors j'ai

(1) Hans, qui a ses raisons pour se méfier des informations fournies par les grandes personnes, se demande ici si le propriétaire est plus digne de foi que son père.

(2) La connexion est la suivante : le père de Hans n'avait pas voulu croire, pendant longtemps, ce que Hans disait du noir sur la bouche des chevaux, jusqu'à ce qu'enfin cela se vérifia.

peur, et quand il y a deux chevaux et qu'elle est chargée à plein alors je n'ai pas peur.

MOI. — Tu as peur des omnibus, parce qu'il y a tant de gens dedans ?

HANS. — Parce qu'il y a sur le haut tant de bagages.

MOI. — Maman, quand elle allait avoir Anna, n'était-elle pas aussi chargée à plein ?

HANS. — Maman sera de nouveau chargée à plein lorsqu'elle en aura un autre, quand encore un autre commencera à pousser en elle, quand encore un autre sera dedans.

MOI. — Tu aimerais ça ?

HANS. — Oui.

MOI. — Tu as dit que tu ne veux pas que maman ait encore un bébé.

HANS. — Eh bien, elle ne sera alors plus chargée. Maman a dit que si elle n'en voulait plus, alors le bon Dieu ne voudrait pas non plus. Si maman n'en veut plus, elle n'en aura plus. (Hans a naturellement demandé hier s'il y avait encore des bébés dans sa mère. Je lui ai dit que non et que si le bon Dieu ne le voulait pas, aucun bébé ne pousserait en elle.)

HANS. — Mais maman m'a dit que si elle ne voulait pas il n'en pousserait plus, et tu dis : si le bon Dieu ne veut pas.

» Je lui répliquai que les choses étaient comme je l'avais dit, ce à quoi il observa : « Tu y étais ? Tu le sais donc sûrement « mieux. »

» Il demanda alors raison de la contradiction à sa mère, et elle nous mit d'accord en déclarant que ce qu'elle ne voulait pas n'était pas non plus voulu par le bon Dieu (1). »

MOI. — Il me semble pourtant que tu souhaites que maman ait un bébé ?

HANS. — Mais je ne voudrais pas que ça arrive !

MOI. — Mais tu le souhaites ?

HANS. — Souhaiter, oui.

MOI. — Sais-tu pourquoi tu le souhaites ? Parce que tu voudrais être papa.

HANS. — Oui... Comment est l'histoire ?

MOI. — Quelle histoire ?

HANS. — Mais un papa ne peut pas avoir de bébé, alors qu'est-ce que c'est que cette histoire que je voudrais être papa ?

MOI. — Tu voudrais être papa et être marié avec maman, tu vou-

(1) *Ce que femme veut Dieu le veut* (en français dans le texte). Cependant Hans, avec son sens aiguisé, a de nouveau mis le doigt sur un problème très grave.

drais être aussi grand que moi et avoir une moustache, et tu voudrais que maman eût un bébé.

HANS. — Papa, quand je serai marié je n'en aurai un que si je veux, quand je serai marié avec maman, et si je ne veux pas de bébé, le bon Dieu ne voudra pas non plus, quand je serai marié.

MOI. — Aimerais-tu être marié avec maman ?

HANS. — Oh, oui !

Il est aisé de voir comment le bonheur que Hans trouve dans son fantasme est encore troublé par son incertitude relative au rôle du père et par ses doutes quant au contrôle possible sur la conception des enfants.

***

« Le soir du même jour, Hans, au moment où on le met au lit, me dit : « Tu sais, papa, ce que je vais faire maintenant ? Je vais « parler jusqu'à 10 heures avec Grete, elle est au lit avec moi. Mes « enfants sont toujours au lit avec moi. Peux-tu me dire comment ça se fait ? » — Comme il a très sommeil, je lui promets que nous inscririons tout cela le lendemain et il s'endort.

» J'ai déjà noté dans les rapports précédents que, depuis son retour de Gmunden, Hans ne cesse d'avoir des fantasmes relatifs à ses « enfants », entretient des conversations avec eux, et ainsi de suite (1).

» Aussi, le 26 avril, je lui demande pourquoi il parle ainsi toujours de ses enfants.

HANS. — Pourquoi ? *Parce que j'aimerais tant avoir des enfants, mais je ne le souhaite jamais, je n'aimerais pas les avoir* (2).

MOI. — T'es-tu toujours imaginé que Berta, Olga et les autres étaient tes enfants ?

HANS. — Oui, Franzl, Fritz et aussi Paul (son camarade à Lainz) et Lodi. » (Un nom de fille imaginaire, son enfant préférée, dont il parle le plus souvent.) — Je ferai remarquer ici que la personnalité de Lodi n'est pas une invention de ces derniers jours, mais existait avant la date des derniers éclaircissements (24 avril).

MOI. — Qui est Lodi ? Vit-elle à Gmunden ?

HANS. — Non.

(1) Il n'est pas ici nécessaire d'admettre chez Hans un désir, de nature féminine, d'avoir des enfants. C'est avec sa mère que Hans, enfant, avait vécu les moments les plus heureux ; il les reproduit maintenant, assumant le rôle actif, donc celui de la mère.

(2) Cette contradiction flagrante est celle qui existe entre l'imagination et la réalité, entre désirer et avoir. Il sait qu'il est en réalité un enfant, et que d'autres enfants pourraient le gêner ; en imagination il est mère et a besoin d'enfants avec qui renouveler les tendresses dont il a déjà fait lui-même l'objet.

MOI. — Y a-t-il une Lodi ?

HANS. — Oui, je la connais.

MOI. — Qui est-elle donc ?

HANS. — Celle que j'ai là.

MOI. — Comment est-elle ?

HANS. — Comment ? Les yeux noirs, les cheveux noirs... je l'ai une fois rencontrée avec Mariedl (à Gmunden) comme je me promenais dans la ville.

Comme je veux approfondir la chose, il se découvre que le tout est une invention (1).

MOI. — Tu as ainsi pensé que tu étais leur maman ?

HANS. — J'étais aussi vraiment leur maman.

MOI. — Que faisais-tu donc avec tes enfants ?

HANS. — Je les faisais dormir avec moi, filles et garçons.

MOI. — Tous les jours ?

HANS. — Mais bien sûr !

MOI. — Tu leur parlais ?

HANS. — Quand je ne pouvais pas faire tenir tous les enfants dans le lit, j'en mettais quelques-uns sur le sofa et j'en asseyais quelques autres dans la voiture d'enfant ; s'il en restait encore, je les portais au grenier et je les mettais dans la caisse ; s'il y en avait encore je les mettais dans l'autre caisse.

MOI. — Ainsi les caisses à bébés de la cigogne étaient dans le grenier ?

HANS. — Oui.

MOI. — Quand as-tu eu tes enfants ? Anna était-elle déjà au monde ?

HANS. — Oui, depuis longtemps.

MOI. — Mais de qui as-tu pensé que tu avais eu les enfants ?

HANS. — *Na ! de moi* (2).

MOI. — Mais alors tu ne savais pas du tout encore que les enfants proviennent de quelqu'un.

HANS. — J'ai pensé que la cigogne les avait apportés.

(Un mensonge et une échappatoire, évidemment) (3).

MOI. — Hier Grete était dans ton lit, mais tu sais très bien qu'un garçon ne peut avoir des enfants.

HANS. — Oui, oui. Mais je le crois tout de même.

(1) Il se pourrait cependant que Hans eût élevé à la hauteur d'un idéal une personne rencontrée par hasard à Gmunden. La couleur des yeux et des cheveux de cet idéal est d'ailleurs copiée sur celle des yeux et des cheveux de sa mère.

(2) Hans ne peut répondre d'un autre point de vue que de celui de l'auto-érotisme.

(3) C'étaient des enfants de son imagination, c'est-à-dire de son onanisme.

MOI. — Comment es-tu tombé sur le nom de Lodi ? Aucune petite fille ne porte ce nom. Plutôt Lotti, peut-être ?

HANS. — Oh non ! Lodi. Je ne sais pas, mais c'est tout de même un joli nom.

MOI (en plaisantant). — Veux-tu peut-être dire un *chocolodi* ?

HANS (promptement). — Non, un *saffalodi*... (1) parce que j'aime tant manger des saucisses, et aussi du *salami* (2).

MOI. — Dis, un *saffalodi* ne ressemble-t-il pas à un *loumf* ?

HANS. — Si.

MOI. — De quoi donc un *loumf* a-t-il l'air ?

HANS. — Noir. Tu sais (montrant mes sourcils et ma moustache) comme ça et comme ça.

MOI. — Et de quoi encore ? Est-ce rond comme un *saffalodi* ?

HANS. — Oui.

MOI. — Quand tu es assis sur le pot et qu'un *loumf* vient, as-tu déjà pensé que tu étais en train d'avoir un enfant ?

HANS (riant). — Oui. Déjà à la rue N..., et ici aussi.

MOI. — Tu sais quand les chevaux d'omnibus sont tombés ? La voiture a l'air d'une caisse à la cigogne, et quand le cheval noir est tombé on aurait dit...

HANS (complétant). — ... que c'est comme quand on est en train d'avoir un bébé.

MOI. — Et qu'as tu pensé, quand il a fait du charivari avec ses pieds ?

HANS. — Là, quand je ne veux pas me mettre sur le pot et que j'aime mieux jouer, alors je fais comme ça du charivari avec mes pieds. (Il tape des pieds.)

» De là l'intérêt porté par Hans à cette question : aime-t-on ou n'aime-t-on pas avoir des enfants ?

» Hans joue aujourd'hui toute la journée à ce jeu : charger et décharger des voitures de bagages : il dit qu'il voudrait avoir une charrette avec des caisses comme jouet. Dans la cour de la Douane Centrale en face, ce qui l'intéressait le plus était le chargement et le déchargement des voitures. C'est quand une voiture était finie de charger et était sur le point de partir qu'il avait le plus peur. « Les chevaux vont tomber » (3), disait-il. Il appelait « trou » les portes

(1) « *Saffaladi* = *Zervelatwurst* (cervelas). Ma femme raconte volontiers que sa tante prononce toujours *Soffilodi*. Hans peut l'avoir entendu. »

(2) Une autre sorte, italienne, de saucisson. *(N. d. T.)*

(3) Ne dit-on pas *Niederkommen* (littéralement *venir en bas*) quand une femme accouche ?

Ceci en allemand. On dit en français aussi : *mettre bas* pour les femelles des bêtes. *(N. d. T.)*

du hangar de la Douane Centrale. (Ainsi : le premier, le second, le troisième trou.) Il dit à présent au lieu de trou : « trou du derrière ».

« L'angoisse a presque entièrement disparu. Sauf en ceci qu'il veut rester au voisinage de la maison, afin d'avoir une retraite au cas où il aurait peur. Il ne se réfugie cependant plus jamais dans la maison, il reste tout le temps dans la rue. Comme nous le savons, sa maladie a débuté ainsi : il revint sur ses pas en pleurant au cours d'une promenade et, comme on le forçait une seconde fois à aller se promener, il n'alla que jusqu'à la gare de la Douane Centrale du Stadtbahn, d'où l'on peut encore voir notre maison. Lors de l'accouchement de ma femme, il fut bien entendu séparé d'elle et l'angoisse actuelle qui l'empêche de quitter le voisinage de la maison demeure encore la nostalgie qu'il éprouva alors de sa mère. »

***

« 30 avril. Comme Hans joue de nouveau avec ses enfants imaginaires, je lui dis : « Comment tes enfants vivent encore ? Tu sais bien qu'un garçon ne peut avoir d'enfants. »

HANS. — Je le sais. Avant j'étais la maman. *Maintenant je suis le papa.*

MOI. — Et qui est la maman de tes enfants ?

HANS. — Eh bien maman, et tu es le grand-père.

MOI. — Ainsi tu voudrais être aussi grand que moi, être marié avec maman et elle devrait alors avoir des enfants.

HANS. — Oui, c'est ce que je voudrais et alors celle de Lainz (ma mère) sera leur grand-mère. »

Tout finit bien. Le petit Œdipe a trouvé une solution plus heureuse que celle prescrite par le destin. Au lieu de tuer son père, il lui accorde le même bonheur qu'il réclame pour lui-même ; il le promeut grand-père et le marie aussi avec sa propre mère.

***

« Le 1er mai, Hans vient me trouver au moment du déjeuner et me dit : « Sais-tu quoi ? Écrivons quelque chose pour le professeur. »

MOI. — Quoi donc ?

HANS. — Ce matin, j'étais avec tous mes enfants au w.-c. D'abord j'ai fait *loumf* et pipi et ils regardaient. Alors je les ai assis sur le siège et ils ont fait pipi et *loumf*, et je leur ai essuyé le derrière avec du papier. Sais-tu pourquoi ? Parce que j'aimerais tant avoir des enfants ; alors je ferais tout pour eux, je les conduirais au w.-c., je leur nettoierais le derrière, enfin tout ce qu'on fait aux enfants.

Il sera difficile, après l'aveu apporté par ce fantasme, de contester que chez Hans les fonctions excrémentielles sont chargées de plaisir.

« L'après-midi, il se risque pour la première fois dans le Stadtpark. Comme c'est le 1er mai, il y a certes moins qu'à l'ordinaire de voitures susceptibles de l'effrayer, bien qu'il y en ait assez. Il est très fier de son exploit, et je dois retourner avec lui, après goûter, dans le Stadtpark. En route, nous rencontrons un omnibus qu'il me montre : « Regarde, une voiture avec le coffre à la cigogne ! » Si, ainsi qu'il est convenu, Hans retourne demain avec moi au Stadtpark, on pourra considérer sa maladie comme guérie.

» Le 2 mai, Hans vient me trouver le matin : « Tu sais, j'ai pensé « aujourd'hui quelque chose. » D'abord, il l'a oublié ; plus tard il le raconte, mais en manifestant une résistance considérable : « *Le « plombier est venu et m'a d'abord enlevé le derrière, avec des tenailles, « et alors il m'en a donné un autre, et puis la même chose avec mon « fait-pipi.* Il a dit : « Laisse-moi voir ton derrière », alors j'ai dû « me tourner et il l'a enlevé et alors il a dit : « Laisse-moi voir ton « fait-pipi. »

Le père saisit le caractère de ce fantasme de désir et ne doute pas un instant de la seule interprétation qu'il comporte.

MOI. — Il t'a donné *un plus grand fait-pipi* et *un plus grand derrière.*

HANS. — Oui.

MOI. — Comme ceux de papa, parce que tu aimerais bien être papa ?

HANS. — Oui, et j'aimerais aussi avoir une moustache comme toi et aussi des poils comme toi. (Il montre les poils sur ma poitrine.)

« Il faut d'après cela rectifier l'interprétation du fantasme précédent de Hans, dans lequel le plombier était venu, avait dévissé la baignoire et lui avait enfoncé un perçoir dans le ventre. La grande baignoire signifie le « derrière », le perçoir ou les tenailles, comme nous l'avions déjà interprété, le fait-pipi (1). Ce sont des fantasmes identiques.

(1) Peut-être pouvons-nous ajouter que le mot « perçoir » *(Bohrer)* n'a pas été choisi en dehors de toute connexion avec le mot « né », « naissance » *(geboren, Geburt)*. L'enfant n'aurait ainsi pas fait de distinction entre « né » et « percé » *(geboren, gebohrt)*. J'accueille cette suggestion, qui m'est faite par un collègue expérimenté, mais ne saurais dire si nous nous trouvons en face d'un rapport profond et universel entre les deux idées ou d'une coïncidence verbale particulière à l'allemand. Prométhée (Pramantha), créateur des hommes, est aussi étymologiquement le « perceur » *(Bohrer)*. Voir ABRAHAM, Traum und Mythus (Rêve et mythe), 4e vol. des *Schriften zur angewandten Seelenkunde*, 1908.

Une lumière nouvelle est aussi par là projetée sur la peur qu'a Hans de la grande baignoire, peur qui a d'ailleurs déjà diminué. Il lui déplaît que son « derrière » soit trop petit pour la grande baignoire. »

Dans les jours qui suivirent, la mère de Hans m'écrivit à diverses reprises pour m'exprimer sa joie de la guérison de son fils.

***

Le père de Hans m'écrivit une semaine plus tard :

« Cher Docteur,

« Je voudrais ajouter encore ce qui suit à l'histoire de la maladie de Hans :

« 1° La rémission qui suivit les premières révélations que je lui fis, relativement aux choses sexuelles, n'était pas aussi complète que je l'ai peut-être représentée. Hans allait certes à la promenade, mais rien que quand on l'y forçait et avec une grande angoisse. Il alla une fois avec moi jusqu'à la station de la Douane Centrale, d'où l'on voit encore notre maison, mais rien ne put le décider à aller plus loin ;

« 2° *Sirop de framboises, fusil.* On donne à Hans du sirop de framboises quand il est constipé. *Schiessen* et *scheissen* (*tirer* ou *chier*) sont des mots que Hans aussi confond souvent ;

« 3° Hans avait environ 4 ans quand on lui a donné une chambre à part ; jusque-là il avait couché dans notre chambre ;

« 4° Un résidu du trouble subsiste encore, seulement il ne se manifeste plus sous forme de peur, mais sous la forme d'une pulsion normale chez les enfants, à poser des questions. Ces questions se rapportent principalement à ceci : de quoi sont faits les objets (tramways, machines, etc.), qui fait les objets, etc. Il est caractéristique dans la plupart de ces questions que Hans les pose bien qu'il y ait déjà répondu lui-même. Il recherche simplement des confirmations. Comme un jour, fatigué de ses questions, je lui disais : « Crois-tu « donc que je puisse répondre à tout ce que tu demandes ? » il répliqua : « Mais je croyais, parce que tu as su la chose à propos du « cheval, que tu saurais ça aussi » ;

« 5° Hans ne parle plus de sa maladie que comme d'un fait historique passé : « Autrefois quand j'avais la bêtise... » ;

« 6° Le résidu qui est là derrière est celui-ci : Hans se casse la tête pour comprendre ce que le père a à faire avec l'enfant, puisque c'est la mère qui met celui-ci au monde. On peut le voir d'après ses questions, par exemple quand il demande : « N'est-ce pas, j'appartiens aussi à *toi* ? » (Il veut dire, pas seulement à sa mère.) Mais de quelle manière il m'appartient, cela ne lui est pas clair. D'autre part, je n'ai aucune preuve directe qu'il ait, comme vous le supposez, épié un coït de ses parents ;

« 7° En exposant ce cas il faudrait peut-être souligner la violence de l'angoisse, car sans cela on pourrait dire : il serait bien vite allé se promener si on lui avait seulement donné une bonne fessée. »

J'ajouterai pour finir que, dans le dernier fantasme de Hans, l'angoisse émanée du complexe de castration est surmontée, l'attente anxieuse muée en attente joyeuse. Oui, le docteur (le plombier) vient, il lui enlève son pénis, mais ce n'est que pour lui en donner un plus grand à la place. Quant au reste, notre jeune investigateur a simplement fait de bonne heure la découverte que tout ce qu'on sait est fragmentaire et que sur chaque degré gravi de la connaissance un résidu non résolu demeure.

III

COMMENTAIRE

J'examinerai à trois points de vue cette observation du développement et de la résolution d'une phobie chez un petit garçon de moins de 5 ans. Premièrement, je considérerai jusqu'à quel point elle vient à l'appui des assertions que j'ai avancées dans mes *Trois essais sur la théorie de la sexualité (Drei Abhandlungen zur Sexualtheorie)*, publiés en 1905 ; deuxièmement, je rechercherai ce qu'elle peut apporter à la compréhension de cet état pathologique d'une si grande fréquence ; troisièmement, je rechercherai ce qu'elle peut offrir qui permette d'élucider la vie psychique de l'enfant et d'édifier une critique des objectifs que nous poursuivons en matière d'éducation.

I

J'ai l'impression que le tableau de la vie sexuelle infantile qui se dégage de l'observation du petit Hans est en harmonie parfaite avec la description que j'en ai donnée dans ma théorie sexuelle, édifiée d'après l'examen psychanalytique d'adultes. Mais avant d'aborder le détail de ces concordances, il me faut répondre à deux objections qu'on fera à mon utilisation de cette analyse dans ce but. La première : le petit Hans n'est pas un enfant normal, mais — comme bientôt sa maladie le prouve — un enfant prédisposé à la névrose, un petit « dégénéré », et c'est pourquoi il n'est pas permis d'appliquer des conclusions, peut-être justes pour lui, à d'autres enfants, eux, normaux. Je m'occuperai ultérieurement de cette objection, car elle ne fait que limiter, mais n'annule pas, la valeur de l'observation.

La seconde et plus sérieuse objection est celle-ci : l'analyse d'un enfant par son père, quand ce père aborde cette analyse imbu de *mes* vues théoriques, infecté de *mes* préjugés, est dénuée de toute valeur objective. Un enfant est naturellement au plus haut degré suggestionnable et peut-être par personne autant que par son père, il se laissera suggérer n'importe quoi par celui-ci en reconnaissance de ce qu'on s'occupe tellement de lui ; rien de ce qu'il dit ne saurait avoir de force convaincante et toutes ses idées, tous ses fantasmes et rêves prendront bien entendu le chemin dans lequel on les pousse à toute force. Bref, encore une fois, tout est ici de la « suggestion », à la seule différence que celle-ci est bien plus aisée à démasquer dans le cas d'un enfant que dans le cas d'un adulte.

Chose singulière, je peux me rappeler, au temps où je commençais à me mêler aux débats scientifiques, voici vingt-deux ans, avec quelle ironie les assertions relatives à la suggestion et à ses effets étaient accueillies par la vieille génération des neurologues et des psychiatres. Depuis lors, la situation s'est radicalement transformée ; l'aversion primitive n'a été que trop aisément convertie en une acceptation complaisante, et ceci n'est pas dû seulement à l'effet que les travaux de Liébault, de Bernheim et de leurs élèves devaient produire au cours de ces vingt dernières années, mais aussi à l'influence de cette découverte : les hommes ont découvert quelle économie d'effort mental était réalisée par l'emploi à tout faire du mot de « suggestion ». Personne en effet ne sait ni ne se soucie de savoir ce qu'est la suggestion, d'où elle émane et quand elle s'établit ; il suffit que tout ce qui est gênant dans le psychisme puisse être étiqueté « suggestion ».

Je ne partage pas le point de vue actuellement en vogue, d'après lequel les dires des enfants seraient toujours arbitraires et indignes de foi. Il n'y a en effet pas d'arbitraire dans le psychisme, et l'incertitude des dires des enfants est due à la prédominance de l'imagination de ceux-ci, tout comme l'incertitude des dires des adultes est due à la prédominance des préjugés de ces derniers. Au demeurant, les enfants non plus ne mentent pas sans raison et ont, en somme, plus de propension à aimer la vérité que n'en ont leurs aînés. En rejetant en bloc les allégations de notre petit Hans, nous nous rendrions certainement coupables envers lui d'une grave injustice. On peut bien plutôt nettement distinguer les uns des autres les cas où, sous la pression d'une résistance, il falsifie les faits ou les dissimule, ceux où, lui-même indécis, il dit comme son père (cas où ce qu'il dit ne doit pas être porté en compte) et ceux où, libre de toute contrainte, il laisse spontanément jaillir ce qui constitue sa vérité intime et qu'il était jusqu'alors seul à savoir. Les allégations des adultes ne présentent pas de plus grandes certitudes. Il demeure regrettable que l'exposé d'une psychanalyse ne puisse pas rendre les impressions que reçoit l'analyste, qu'une conviction décisive ne puisse jamais être obtenue par la lecture, mais seulement par les expériences vécues qu'on éprouve en faisant une analyse. Mais ce défaut est à un degré égal inhérent aux analyses d'adultes.

Les parents du petit Hans dépeignent leur fils comme un enfant gai, franc, et tel en effet il devait être d'après l'éducation qu'ils lui donnaient, éducation dont la partie essentielle consistait dans l'omission de nos fautes habituelles en matière éducative. Tant qu'il put poursuivre ses investigations dans un état de joyeuse naïveté, sans soupçonner les conflits qui en devaient bientôt surgir, il communiqua tout sans réserve, et les observations datant du temps qui précéda sa phobie sont, en effet, au-dessus de tout doute et de tout soupçon. C'est avec l'éclosion de la maladie et pendant l'analyse que des divergences commencent à se faire sentir entre ce qu'il dit et ce qu'il pense et ceci, d'une part, parce que du matériel inconscient, dont il est incapable de se rendre maître d'un seul coup, s'impose à lui, d'autre part, parce que le contenu de ses pensées, de par ses relations à ses parents, implique des réticences. Je crois demeurer impartial en exprimant l'opinion que ces difficultés elles-mêmes n'ont pas été plus grandes ici que dans beaucoup d'analyses d'adultes.

Il est vrai qu'au cours de l'analyse bien des choses doivent être dites à Hans qu'il ne sait pas dire lui-même, que des idées doivent lui être présentées dont rien encore n'a révélé en lui la présence, que son attention doit être dirigée du côté d'où son père attend que quelque chose surgisse. Voilà qui affaiblit la force de conviction émanant de cette analyse, mais dans toute analyse on agit ainsi. Car une psychanalyse n'est pas une recherche scientifique impartiale, mais un acte thérapeutique, elle ne cherche pas, par essence, à prouver, mais à modifier quelque chose. Au cours d'une psychanalyse, le médecin donne toujours au malade, dans une mesure plus ou moins grande suivant les cas, les représentations conscientes anticipées à l'aide desquelles il sera à même de reconnaître et de saisir ce qui est inconscient. Les différents patients ont respectivement plus ou moins besoin de cette aide, mais personne ne peut entièrement s'en passer. On peut se rendre maître tout seul de troubles légers, mais jamais d'une névrose, chose qui s'est opposée au moi comme un élément étranger. Afin d'en avoir raison il faut le secours d'une autre personne, et la mesure dans laquelle cette autre personne peut apporter son aide est la mesure même dans laquelle la névrose est curable. Est-il de l'essence d'une névrose de se détourner de l' « autre personne » — c'est, semble-t-il, un trait caractéristique de tous les états groupés sous le nom de démence précoce —, alors pour cette raison justement de pareils états resteront rebelles à tous nos efforts. On peut donc admettre qu'un enfant, de par le faible développement de ses systèmes intellectuels, ait besoin d'une assistance particulièrement grande. Mais ce que le médecin fait savoir au patient émane après tout aussi de son expérience analytique, et notre conviction sera vraiment fondée sur des bases suffisantes si, grâce à cette intervention médicale, nous parvenons à découvrir la structure du matériel pathogène et du même coup à résoudre le mal.

Et cependant, même au cours de son analyse, notre petit patient a témoigné d'assez d'indépendance pour qu'on puisse l'acquitter de l'accusation de « suggestion ». Comme tous les autres enfants, il applique ses théories sexuelles infantiles au matériel qu'il a devant lui, et ceci sans que rien l'y ait incité. Ces théories sont fort éloignées de la mentalité adulte ; à vrai dire, dans ce cas, j'avais justement négligé d'avertir le père de Hans que le chemin menant pour Hans au thème de la naissance devrait passer par le complexe excrémentiel. Cette négligence de ma part, bien qu'ayant fait passer l'analyse par une phase obscure, apporta du moins un excellent témoignage de l'authenticité et de l'indépendance du travail mental de Hans. Il se mit soudain à s'occuper du *loumf*, sans que son père, qui soi-disant le suggestionnait, comprît le moins du monde comment il en était arrivé là et ce qu'il en allait sortir. On ne peut attribuer plus de part aux suggestions du père dans les deux fantasmes du plombier, émanés du « complexe de castration » de Hans, acquis de bonne heure, et je dois ici avouer avoir entièrement tu au père de Hans mon attente d'un tel rapport, ceci en vertu d'un intérêt théorique, et pour ne pas affaiblir la force convaincante d'une pièce telle qu'il nous en tombe rarement entre les mains.

En étudiant plus à fond les détails de l'analyse, nous trouverions en abondance de nouvelles preuves de l'indépendance de notre Hans au regard de la « suggestion », mais j'interromprai ici la discussion de cette première objection. Je sais que, même par cette analyse, je ne convaincrai personne de ceux qui ne veulent pas se laisser convaincre, et je vais poursuivre la discussion de ce cas en vue des lecteurs qui ont déjà acquis la conviction de la réalité objective du matériel pathogène inconscient. Je le fais avec l'agréable assurance que le nombre de ces lecteurs-là augmente constamment.

***

Le premier trait que l'on puisse regarder en Hans comme faisant partie de sa vie sexuelle est un intérêt tout particulièrement vif pour son « fait-pipi », ainsi qu'est appelé cet organe d'après celle de ses fonctions qui, à peine des deux la moins importante, ne peut être éludée dans la nursery. Cet intérêt fait de Hans un investigateur ; il en vient ainsi à découvrir que l'on peut, d'après la présence ou l'absence d'un fait-pipi, distinguer le vivant de l'inanimé. Il postule, chez tous les êtres vivants, qu'il juge semblables à lui-même, cette importante partie du corps, il l'étudie chez les grands animaux, suppose que ses parents en sont tous deux pourvus, et ne se laisse même pas arrêter par le témoignage de ses yeux pour en assigner un à sa sœur qui vient de naître (1). On pourrait dire que ç'eût été un trop grand ébranlement de sa « philosophie du monde », *Weltanschauung*, s'il avait dû se résoudre à renoncer à la présence de cet organe chez un être semblable à lui ; ç'eût été comme si on le lui eût arraché à lui-même. Voilà sans doute pourquoi une menace de sa mère ne tendant à rien de moins qu'à la perte du « fait-pipi », est aussitôt repoussée de la pensée de Hans et ne peut que plus tard manifester ses effets. L'intervention de la mère avait été motivée par le fait que Hans aimait à se procurer des sensations agréables en touchant son petit membre : le petit garçon avait commencé à pratiquer la sorte d'activité sexuelle auto-érotique la plus commune — et la plus normale.

Par un processus qu'Alf. Adler a dénommé très justement « intrication des pulsions » (2), le plaisir trouvé par Hans dans son propre organe sexuel s'allie au voyeurisme dans ses composantes active et passive. Le petit garçon cherche à trouver l'occasion de voir le « fait-pipi » des autres, sa curiosité sexuelle se développe et il aime montrer le sien. L'un de ses rêves, datant des premiers temps du refoulement, contient le souhait qu'une de ses petites amies l'assiste quand il fait pipi, c'est-à-dire qu'elle ait part au spectacle. Le rêve témoigne ainsi du fait que ce désir avait subsisté jusque-là sans être refoulé, de même que des informations plus tardives confirment que Hans avait l'habitude de satisfaire ce désir.

La composante active du voyeurisme se met bientôt en rapport avec un motif déterminé. Quand Hans se plaint à plusieurs reprises tant à son père qu'à sa mère de n'avoir jamais encore vu leur « fait-pipi », il y est sans doute poussé par le besoin de *comparer*. Le moi est toujours l'étalon grâce auquel on mesure le monde ; c'est par une comparaison constante avec soi-même qu'on apprend à le comprendre. Hans a observé que les grands animaux avaient des « fait-pipi » proportionnellement plus grands que le sien ; c'est pourquoi il suppose le même rapport chez ses parents et voudrait se convaincre de

(1) V. p. 98.

(2) Der Aggressionsbetrieb im Leben und in der Neurose (L'instinct d'agression dans la vie et dans la névrose), *Fortschritte der Medizin*, 1908, n° 19.

la chose. Sa mère, pense-t-il, a sûrement un fait-pipi « comme un cheval ». Il a alors cette consolation toute prête : son « fait-pipi » grandira avec lui ; il semble que le désir de l'enfant de devenir grand se soit concentré sur son organe génital.

Dans la constitution sexuelle du petit Hans, la zone génitale est ainsi, dès le début, celle de toutes les zones érogènes qui lui procure le plus intense plaisir. Le seul autre plaisir similaire dont Hans témoigne est le plaisir excrémentiel, celui qui est attaché aux orifices par lesquels ont lieu l'évacuation de l'urine et celle des fèces. Quand, dans son dernier fantasme de félicité, grâce auquel sa maladie est surmontée, il a des enfants qu'il mène au w.-c., quand il leur fait faire pipi et leur essuie le derrière, bref, fait avec eux « tout ce qu'on peut faire avec des enfants », il semble impossible de ne pas admettre que ces pratiques, du temps où Hans tout petit en était l'objet, n'aient pas été pour lui une source de sensations agréables. Il avait obtenu de ses zones érogènes ce plaisir à l'aide de la personne qui le soignait enfant, de fait sa mère ; et ainsi ce plaisir indiquait déjà la voie menant au choix de l'objet. Mais il est possible qu'à une date encore antérieure il ait eu l'habitude de se procurer ce plaisir sur le mode auto-érotique, qu'il ait été de ces enfants qui aiment à retenir leurs excréments jusqu'à ce que leur évacuation puisse leur procurer une excitation voluptueuse. Je dis simplement que c'est possible, car l'analyse ne l'a pas établi clairement ; le « charivari » avec les jambes (donner des coups de pied), dont plus tard il a si peur, est une indication dans ce sens. Mais, quoi qu'il en soit, ces sources de plaisir n'ont pas chez Hans l'importance particulièrement frappante qu'elles ont si souvent chez d'autres enfants. Il est devenu propre de bonne heure, et l'incontinence d'urine, nocturne ou diurne, n'a joué aucun rôle dans ses premières années ; on n'a jamais rien observé chez lui de la tendance à jouer avec ses excréments, tendance si repoussante chez les adultes et qui réapparaît souvent sur la fin des processus psychiques d'involution.

Soulignons ici sans tarder qu'au cours de la phobie, un refoulement de ces deux composantes bien développées de l'activité sexuelle ne saurait se méconnaître, Hans a honte d'uriner devant les autres, il s'accuse de mettre le doigt à son « fait-pipi », il s'efforce de renoncer à l'onanisme, et manifeste du dégoût du *loumf* et du « pipi », comme de tout ce qui rappelle ces choses. Dans le fantasme où il donne ses soins à ses enfants il supprime ce dernier refoulement.

Une constitution sexuelle telle que celle de notre petit Hans ne semble pas présenter de disposition au développement de perversions ou de leur négatif (limitons-nous ici à l'hystérie). Autant que mon expérience me l'a montré (et il convient vraiment de parler ici avec une grande réserve), la constitution innée des hystériques se distingue par une moindre prépondérance de la zone génitale par rapport aux autres zones érogènes. Ceci va presque de soi pour les pervers. Une seule « aberration » de la vie sexuelle doit être expressément exceptée de cette règle. Chez ceux qui deviendront plus tard des homosexuels — et qui, d'après mon attente comme d'après les observations de J. Sadger, ont tous traversé dans l'enfance une *phase amphigène* (1) — on rencontre la même prépondérance infantile de la zone génitale que chez les normaux, en particulier du pénis. Davantage : c'est la haute estime où les homosexuels tiennent le membre viril qui fixe leur destin. Ils choisissent dans leur enfance comme objet sexuel la femme, aussi longtemps qu'ils attribuent à celle-ci la possession de cette partie du corps, à leurs yeux indispensable ; quand ils ont acquis la conviction que la femme les a déçus en ce point, la femme devient pour eux inacceptable en tant qu'objet sexuel. Ils ne peuvent pas se passer du pénis chez quiconque doit les inciter au rapport sexuel et, dans le cas le plus favorable, ils fixent leur libido sur « la femme nantie d'un pénis », c'est-à-dire sur un adolescent d'apparence féminine. Ainsi, les homosexuels sont des hommes qui, de par l'importance érogène de leur propre membre viril, ne peuvent pas se passer de cette concordance avec leur propre personne dans l'objet de leur désir sexuel. Au cours de leur évolution de l'auto-érotisme à l'amour objectal, ils sont restés fixés à un point intermédiaire plus rapproché du premier que du second.

Il n'est en rien justifié de distinguer un instinct homosexuel spécial. Ce n'est pas une particularité dans la vie instinctuelle, mais dans le choix de l'objet, qui fait l'homosexuel. Je renverrai à ce que j'ai exposé dans ma *Théorie sexuelle* ; nous nous sommes à tort imaginé l'union entre instinct et objet dans la vie sexuelle comme étant plus intime qu'elle ne l'est. L'homosexuel ne parvient pas à désengager ses instincts — peut-être normaux — d'une certaine classe d'objets choisis en vertu d'une condition particulière. Et, dans l'enfance, cette condition lui semblant partout réalisée, il est capable de se comporter comme notre petit Hans, indifféremment tendre envers garçons et filles et qui, à l'occasion, déclare son ami Fritzl être « sa plus chère petite fille ». Hans est homosexuel, comme il est possible que le soient tous les enfants, et ceci est en accord avec ce qu'il ne faut pas perdre de vue : *il ne connaît qu'une seule sorte d'organe génital*, un organe tel que le sien (2).

(1) Où des individus des deux sexes sont indifféremment pris comme objet des désirs sexuels. *(N. d. T.)*

(2) (Note de 1923.) J'ai plus tard (1923) attiré l'attention sur ce fait que la période de l'évolution sexuelle dans laquelle se trouve notre petit patient est uni-

Le développement ultérieur de notre jeune libertin ne le conduit cependant pas à l'homosexualité, mais à une virilité énergétique d'allure polygame ; il sait changer de comportement suivant les objets changeants de son inclination, est ici audacieusement agressif et là langoureux et transi. Son amour avait été à l'origine transféré de sa mère à d'autres objets, mais une raréfaction de ces derniers s'étant produite, l'amour de Hans fait retour à sa mère et y échoue dans la névrose. Ce n'est qu'alors que nous apprenons à quel degré d'intensité l'amour pour sa mère était arrivé et quelles vicissitudes il avait traversées. Le dessein sexuel, poursuivi par Hans auprès de ses petites compagnes : *coucher* avec elles, avait pris naissance auprès de sa mère ; il est exprimé en termes qui sembleraient appropriés également à un adulte, bien que pour celui-ci ils prendraient un sens plus plein. Le petit garçon avait trouvé le chemin de l'amour objectal de la façon habituelle : par les soins à lui donnés quand il était tout petit ; une nouvelle sorte de jouissance était devenue pour lui la principale : être couché avec sa mère. Nous soulignerons l'importance du plaisir du contact cutané (plaisir commun à nous tous du fait de notre constitution) comme étant l'une des composantes de cette satisfaction de Hans — tandis que si nous suivions la nomenclature de Moll (d'après nous artificielle), il nous faudrait la rapporter à l'apaisement de l'*instinct de contrectation.*

Par son attitude envers son père et sa mère, Hans confirme de la façon la plus éclatante et la plus sensible tout ce que j'ai dit, dans la *Science des rêves* et la *Théorie sexuelle*, sur les rapports des enfants avec leurs parents. Il est vraiment un petit Œdipe, qui voudrait « mettre de côté » son père, s'en débarrasser, afin d'être seul avec sa jolie maman, afin de coucher avec elle. Ce souhait prit naissance pendant les vacances d'été, alors que les alternatives de présence et d'absence du père attiraient l'attention de Hans sur les conditions auxquelles était liée cette intimité avec sa mère, qui était sa nostalgie. Le souhait se contentait alors de cette formule : le père devrait « partir » et, à un stade ultérieur, il devint possible à la peur d'être mordu par un cheval blanc de se rattacher directement à cette première forme du désir, grâce à une impression accidentelle reçue lors du départ de quelqu'un d'autre. Mais ensuite — sans doute pas avant le retour à Vienne, où il ne fallait plus compter sur les absences paternelles — le souhait s'amplifia jusqu'à désirer que le père restât toujours absent, fût « mort ». La peur résultant de ce désir de mort contre le père, peur

versellement caractérisée par la connaissance d'une *seule* sorte d'organe génital, le viril. En opposition avec la période ultérieure de maturité, cette première période est marquée non par une primauté génitale, mais par la primauté du phallus.

ainsi normalement motivée, fournit le plus grand obstacle à l'analyse, jusqu'à ce qu'elle fût dissipée par l'entretien dans mon cabinet de consultation (1).

Mais notre Hans n'est vraiment pas un scélérat, pas même un enfant chez qui les tendances cruelles et violentes de la nature humaine s'épanouissent, en cette phase de la vie, encore librement. Tout au contraire, il présente à un degré rare, dans son caractère, de la tendresse et de la bonté ; son père rapporte que la transmutation des tendances agressives en pitié s'est effectuée chez lui de très bonne heure. Bien avant sa phobie, il éprouvait du malaise à voir battre des chevaux de carrousel, et ne pouvait voir sans émoi quelqu'un pleurer en sa présence. En un point de l'analyse, en rapport avec un certain contexte, une part de sadisme réprimé vient à se faire jour (2), mais c'est du sadismeréprimé, et il nous reste à découvrir par le contexte à la place de quoi ce sadisme apparaît et ce qu'il doit représenter. Hans aime profondément le père contre lequel il nourrit ces désirs de mort et, tandis que son intelligence s'oppose à une telle contradiction (3), il en démontre de fait la présence quand il bat son père et embrasse aussitôt après l'endroit qu'il a battu. Il faut nous garder nous-mêmes de trouver une telle contradiction choquante ; la vie affective des hommes est faite, en général, de telles paires contrastées (4) ; davantage, il n'y aurait peut-être pas de refoulement et pas de névrose s'il en était autrement. Ces contrastes affectifs ne deviennent ordinairement conscients aux adultes, en leur simultanéité, que dans les états passionnels amoureux les plus intenses, le reste du temps ils ont coutume de se supprimer l'un l'autre jusqu'à ce que l'un d'eux réussisse à recouvrir et cacher l'autre. Mais dans la vie psychique de l'enfant ils peuvent coexister paisiblement côte à côte un bon bout de temps.

La naissance d'une petite sœur, quand Hans avait 3 ans 1/2, a eu la plus grande importance pour son développement psychosexuel. Cet événement a accentué ses relations avec ses parents, l'a

(1) Il est certain que les deux associations de Hans : « Sirop de framboises et fusil pour tuer les gens » n'avaient qu'une seule détermination. Elles ont sans doute autant de rapport à la haine de Hans pour son père qu'au complexe de constipation. Le père, qui lui-même devine ce rapport, pense à propos de « sirop de framboises » à du sang.

(2) Quand il veut battre et taquiner les chevaux.

(3) Voir les questions critiques de Hans à son père, p. 121.

(4) *Das macht, ich bin kein ausgeklügelt Buch.*
Ich bin ein Mensch mit seinem Widerspruch.
C. F. MEYER, *Huttens letzte Tage.*
(De fait, je ne suis pas une ingénieuse fiction.
Je suis un homme avec toutes ses contradictions.)

amené à réfléchir à des problèmes insolubles, et ensuite, le spectacle des soins donnés au bébé a revivifié les traces mnémoniques du temps où Hans lui-même avait éprouvé ces plaisirs. Une telle influence est également typique : dans un nombre insoupçonné d'histoires de malades ou de normaux, on est obligé de prendre comme point de départ une pareille explosion de désir et de curiosité sexuels, en rapport avec la naissance d'un petit frère ou d'une petite sœur. La conduite de Hans envers la nouvelle venue est celle qui est décrite dans la *Science des rêves* (1). Quelques jours plus tard, ayant la fièvre, il trahit son peu de goût pour cette nouvelle addition à la famille. Ici l'hostilité apparaît d'abord, la tendresse suivra (2). La peur de voir arriver encore un autre bébé trouve dès lors place parmi ses pensées conscientes. Dans la névrose, l'hostilité déjà réprimée est représentée par une peur spéciale : celle de la baignoire ; dans l'analyse, Hans exprime sans ambages le désir de mort dirigé contre sa sœur, et ne se contente pas d'allusions que son père doive compléter. Son autocritique ne lui laisse pas apparaître ce désir comme étant aussi coupable que celui, de nature analogue, dirigé contre son père, mais évidemment son inconscient traite de même les deux personnes, parce que sa sœur et son père lui prennent l'un comme l'autre sa mère, l'empêchant d'être seul avec elle.

De plus, cet événement et les sentiments qu'il réveille ont donné à ses désirs une orientation nouvelle. Dans son fantasme final, il additionne toutes ses aspirations érotiques, aussi bien celles émanant de la phase auto-érotique que celles qui sont en rapport avec son amour objectal. Il est marié avec sa jolie mère et il a d'innombrables enfants, qu'il peut soigner à sa guise.

2

Un jour, dans la rue, Hans a une crise d'angoisse morbide. Il ne peut encore dire de quoi il a peur, mais au début de l'état anxieux il trahit, par ses paroles à son père, le motif qu'il a d'être malade, le bénéfice de la maladie. Il veut rester auprès de sa mère, il veut faire câlin avec elle ; le souvenir d'avoir été également séparé d'elle quand est arrivé l'autre enfant peut, ainsi que pense le père, contribuer à créer cette nostalgie. Il devient vite évident que l'angoisse ne peut plus être reconvertie en l'aspiration qu'elle remplace. Hans a peur même quand sa mère l'accompagne. Entre-temps, nous apprenons, grâce à quelques indices, à reconnaître sur quoi la libido, muée en

(1) *Traumdeutung*, 7e éd., p. 174 ; trad. MEYERSON, p. 229.
(2) Voir les projets de Hans pour le moment où sa sœur pourra parler (p. 143).

angoisse, s'est fixée. Hans manifeste la peur tout à fait particulière d'être mordu par un cheval blanc.

Nous appelons un tel état morbide « phobie », et nous pourrions classer le cas de Hans parmi les agoraphobies, si cette dernière affection n'était caractérisée par le fait que la locomotion à travers l'espace, sans cela impossible, devient toujours possible quand le malade est accompagné par une personne déterminée, dans les cas extrêmes le médecin. La phobie de Hans ne remplit pas cette condition, elle cesse bientôt d'être en rapport avec l'espace et prend de plus en plus le cheval pour objet ; dans les premiers temps de la phobie, au comble de son état anxieux, Hans a exprimé la crainte que « le cheval n'entre dans la chambre ». C'est ce qui me facilita tellement la compréhension de sa névrose.

La place à assigner aux « phobies » dans la classification des névroses n'a pas été jusqu'à présent bien déterminée. Il semble certain qu'on ne peut voir en elles que des syndromes pouvant appartenir à des névroses diverses, et qu'on n'a pas à les ranger au nombre des entités morbides indépendantes. Pour les phobies de l'ordre de celles de notre petit patient, phobies qui sont de fait les plus communes, la désignation d' « hystérie d'angoisse » (1) ne me semble pas inadéquate ; je la proposai au Dr W. Stekel, quand il entreprit l'exposé des états anxieux névrotiques, et j'espère qu'elle prendra droit de cité (2). Elle est justifiée de par la parfaite similitude du mécanisme psychique et de ces phobies et de l'hystérie, similitude complète à l'exception d'un seul point. Il est vrai que ce point est d'importance décisive et bien fait pour motiver une distinction. Dans l'hystérie d'angoisse, la libido, détachée du matériel pathogène par le refoulement n'est en effet pas *convertie*, c'est-à-dire pas détournée du psychique vers une innervation corporelle, mais elle est libérée sous forme d'angoisse. Nous pouvons rencontrer en clinique toutes les formules de mélange entre cette « hystérie d'angoisse » et l' « hystérie de conversion ». Il est des cas d'hystérie de conversion pure sans aucune trace d'angoisse comme il est de purs cas d'hystérie d'angoisse, s'extériorisant en sentiments d'anxiété et en phobies, sans addition d'aucune conversion : notre petit Hans est un cas de ce genre.

Les hystéries d'angoisse sont les plus fréquentes de toutes les affections psychonévrotiques. Mais elles sont surtout celles qui

(1) La Commission linguistique de la Société psychanalytique de Paris a décidé de traduire *Angsthysterie* soit par « hystérie d'angoisse », soit par « syndrome phobique ». *(N. d. T.)*

(2) W. Stekel, *Nervöse Angstzustände und ihre Behandlung (États nerveux d'angoisse et leur traitement)*, 1908.

apparaissent le plus tôt dans la vie : elles sont par excellence les névroses de l'enfance. Quand une mère rapporte de son enfant qu'il est « nerveux », dans 9 cas sur 10 on peut être sûr que l'enfant est affecté d'une des formes de l'angoisse ou de plusieurs de celles-ci. Le mécanisme délicat de ces désordres si significatifs n'a malheureusement pas encore été suffisamment étudié ; il n'a pu jusqu'à présent être établi si l'hystérie d'angoisse, contrairement à l'hystérie de conversion et à d'autres névroses, est uniquement conditionnée par des facteurs constitutionnels ou par des événements accidentels, ou bien encore par une combinaison des deux qui reste à déterminer (1). Il semble que ce soit le trouble névrotique qui ait le moins besoin pour se produire d'une constitution particulière, et qui, en conséquence, puisse le plus aisément être acquis à n'importe quelle période de la vie.

Un caractère essentiel de l'hystérie d'angoisse est aisé à dégager. Une hystérie d'angoisse, à mesure qu'elle progresse, tourne de plus en plus à la « phobie » ; à la fin le malade peut s'être débarrassé de toute son angoisse, mais seulement au prix de toutes sortes d'inhibitions et de restrictions auxquelles il lui faut se soumettre. Dans l'hystérie d'angoisse, depuis l'origine un travail psychique se poursuit afin de psychiquement fixer à nouveau l'angoisse devenue libre, mais ce travail ne peut ni amener la retransformation d'angoisse en libido ni se rattacher à ces mêmes complexes desquels la libido émane. Il ne lui reste rien d'autre à faire qu'à couper court à toutes les occasions pouvant amener le développement de l'angoisse, et ceci grâce à des barrières psychiques : précautions, inhibitions, interdictions. Ce sont ces structures défensives qui nous apparaissent sous forme de phobies et constituent à nos yeux l'essence de la maladie.

Le traitement de l'hystérie d'angoisse a été jusqu'ici, peut-on dire, purement négatif. L'expérience a montré qu'il était impossible, voire dans certains cas dangereux, de tenter de guérir une phobie par des méthodes violentes, c'est-à-dire en mettant le malade dans une situation où, après qu'on l'a privé de ses moyens de défense, il est contraint de subir l'assaut de son angoisse libérée. Aussi laisse-t-on de guerre lasse le malade chercher un refuge là où il croit pouvoir

(1) (Note de 1923.) La recherche proposée ici n'a pas été poursuivie. Il n'existe cependant aucune raison de supposer qu'il y ait pour l'hystérie d'angoisse une exception à la règle voulant que la prédisposition et les événements concourent nécessairement dans l'étiologie d'une névrose. Les vues de Rank concernant les effets du traumatisme de la naissance semblent jeter une lumière spéciale sur la prédisposition à l'hystérie d'angoisse si forte dans l'enfance. (Voir toutefois la critique de FREUD relative à cette opinion de Rank dans le huitième chapitre d'*Inhitions, symptômes et angoisse*.)

le trouver, et lui témoigne-t-on un mépris, peu apte à le guérir, pour son « inconcevable lâcheté ».

Les parents de notre petit patient avaient pris le parti, dès le début de sa maladie, de ne pas se moquer de lui et de ne pas le brutaliser, mais de chercher accès à ses désirs refoulés par des voies psychanalytiques. Le succès récompensa la peine extraordinaire que prit le père et ses rapports vont nous permettre de pénétrer la contexture de ce type de phobie et de suivre le cours de son analyse.

***

Il est probable que l'analyse, de par son extension et ses détails, est devenue quelque peu obscure au lecteur. Je vais donc commencer par en donner un bref résumé, en négligeant tout ce qui est nuisiblement accessoire, et en attirant l'attention sur les résultats à mesure qu'ils se dégageront.

La première chose que nous apprenions est que l'éclosion de l'état anxieux ne fut nullement aussi soudaine qu'il paraissait au premier abord. Quelques jours auparavant, l'enfant s'était éveillé au cours d'un cauchemar dont le contenu était le suivant : sa mère était partie et il n'avait plus de maman pour faire câlin. Ce rêve, à lui seul, indique un processus de refoulement d'une inquiétante intensité. On ne peut l'expliquer, comme tant d'autres rêves d'angoisse, en supposant que l'enfant éprouve en rêve une angoisse d'origine somatique et que cette angoisse est alors mise au service d'un désir inconscient sans cela intensément refoulé qu'elle réalise (1), mais nous sommes ici en présence d'un véritable rêve de punition et de refoulement, où la fonction du rêve se trouve également en défaut, puisque l'enfant s'éveille angoissé. Nous pouvons aisément reconstruire ce qui s'est passé dans l'inconscient. L'enfant rêvait des caresses de sa mère, il rêvait qu'il dormait auprès d'elle, mais tout le plaisir se vit transformé en angoisse et chacune des représentations en son contraire. Le refoulement a remporté la victoire sur le mécanisme du rêve.

Cependant les débuts de cette situation psychologique remontent encore plus haut. L'été précédent déjà, Hans avait présenté de semblables états mêlés d'aspiration ardente et d'angoisse, et à ce moment ils lui avaient acquis un avantage : sa mère l'avait pris dans son lit. Nous pouvons supposer que Hans, depuis lors, se trouva dans un état d'excitation sexuelle intensifiée, excitation dont sa mère était l'objet. L'intensité s'en manifeste par deux tentatives que fait Hans pour séduire sa mère (la deuxième a lieu juste avant l'éclosion

(1) Voir *Traumdeutung*, 7e éd., p. 433 ; *Science des rêves*, tr. MEYERSON, p. 574.

de l'angoisse), et cette excitation intense se satisfait accessoirement chaque soir sur le mode masturbatoire. Comment eut lieu la transmutation de cette excitation en angoisse, spontanément, ou bien à l'occasion du rejet des avances de Hans par sa mère, ou bien encore par suite du réveil accidentel d'impressions antérieures sous l'influence de la « cause occasionnelle » de la maladie que nous allons apprendre à connaître, voilà qui ne se peut décider mais est de fait indifférent, ces trois possibilités ne pouvant pas être considérées comme incompatibles. Le fait demeure de la transmutation de l'excitation sexuelle en angoisse.

Nous avons déjà décrit le comportement de l'enfant aux premiers temps de son angoisse, de même que le premier contenu qu'il assigna à celle-ci : un *cheval* allait le mordre. Ici se produit la première intervention thérapeutique. Les parents de Hans lui disent que l'angoisse est la conséquence de la masturbation et l'engagent à rompre avec cette habitude. Je recommande aux parents de Hans de souligner vivement, quand ils lui parlent, sa tendresse pour sa mère, cette tendresse qu'il cherche à remplacer par la peur des chevaux. Cette première intervention amène une légère amélioration, mais bientôt ce léger gain de terrain est reperdu au cours d'une maladie somatique. L'état de Hans ne s'est pas modifié. Peu après, Hans rapporte sa peur qu'un cheval ne le morde au souvenir d'une impression reçue à Gmunden. Un père y avait, en partant, dit à son enfant : « Ne donne pas ton doigt au cheval sans ça il te mordra » ; les termes mêmes que Hans emploie pour rendre l'avertissement de ce père rappellent ceux dans lesquels lui fut faite l'interdiction de l'onanisme (donner, mettre le doigt) (1). Les parents semblent ainsi d'abord avoir raison quand ils disent que ce dont il a peur est sa propre satisfaction masturbatoire. La relation est cependant encore vague et le cheval semble avoir assumé son rôle d'épouvantail tout à fait par hasard.

J'avais exprimé la supposition que le désir refoulé de Hans pourrait bien être maintenant de voir à tout prix le « fait-pipi » de sa mère. Comme son comportement envers une fille de service nouvellement entrée dans la maison s'accorde avec cette hypothèse, son père lui donne le premier éclaircissement : les femmes n'ont pas de fait-pipi. Il réagit à cette première tentative d'assistance en communiquant un fantasme d'après lequel il aurait vu sa mère en train de montrer son « fait-pipi » (2). Ce fantasme et une remarque faite par Hans au cours d'un entretien, d'après laquelle son fait-pipi

(1) *Den Finger hingeben. (N. d. T.)*

(2) D'après le contexte il convient d'ajouter : et de le toucher (p. 113). Lui-même ne peut en effet pas montrer son fait-pipi sans le toucher.

serait « enraciné », permettent de jeter un premier coup d'œil dans les processus mentaux inconscients du patient. Il était vraiment sous l'influence, après coup, de la menace de castration faite par sa mère quinze mois auparavant. Car le fantasme que sa mère fasse la même chose qu'il faisait lui-même (le fameux *tu quoque* des enfants quand on les accuse) doit servir à une autojustification ; il s'agit là d'un fantasme de protection et de défense. Nous devons cependant nous dire que ce sont les parents de Hans qui ont extrait du matériel pathogène agissant en lui le thème particulier de son intérêt pour les « fait-pipi ». Il les a suivis sur ce terrain mais n'est pas encore entré d'un pas indépendant dans l'analyse. On ne peut observer encore aucun succès thérapeutique. L'analyse s'est fort éloignée des chevaux, et l'information reçue par Hans relativement à l'absence de « fait-pipi » chez les femmes est plutôt apte, de par son contenu, à accroître le souci qu'il avait de garder le sien.

Ce n'est cependant pas un succès thérapeutique auquel nous aspirons pour commencer, mais nous voulons mettre le patient à même de saisir consciemment ses désirs inconscients. Nous y parvenons en utilisant les indications qu'il nous fournit afin de présenter à sa conscience, grâce à notre art d'interprétation, son complexe inconscient *en nos propres paroles*. Il y aura quelque ressemblance entre ce qu'il nous entend dire et ce qu'il cherche et qui, en dépit de toutes les résistances, tend à se frayer un chemin vers la conscience, et c'est cette similitude qui met le malade en état de découvrir ce qui est inconscient. Le médecin le précède dans la voie de la compréhension, lui-même suit, un peu en arrière, son propre chemin, jusqu'à ce que tous deux se rencontrent au but prescrit. Les analystes débutants ont coutume de confondre ces deux facteurs et de tenir l'instant où ils ont compris l'un des complexes inconscients du malade également pour celui où le malade l'a saisi. Ils attendent trop de la communication qu'ils font de leur découverte à leur patient, en s'imaginant par là pouvoir le guérir : le malade ne peut en effet se servir de ce qu'on lui fait savoir que comme d'un secours l'aidant à découvrir le complexe inconscient au fond de son inconscient, *là même où il est ancré.* C'est un premier succès de cet ordre que nous obtenons maintenant chez Hans. Celui-ci est, à présent, capable, après avoir partiellement maîtrisé son complexe de castration, de faire connaître ses désirs relatifs à sa mère, et il le fait sous une forme encore défigurée par le moyen du *fantasme aux deux girafes*, desquelles l'une crie en vain parce que Hans a pris possession de l'autre. Hans figure plastiquement la « prise de possession » par le « fait de s'asseoir dessus ». Le père reconnaît ici la reproduction d'une scène qui se joue le matin, dans la chambre à coucher, entre ses parents et l'enfant, et il a soin de dépouiller le désir sous-jacent du déguisement qu'il porte encore. Le père et la mère de Hans sont les deux girafes. Le choix, dans ce fantasme, pour déguiser le désir, de girafes, est amplement déterminé par la visite de Hans à ces grands animaux quelques jours auparavant au parc de Schönbrunn, par le dessin de la girafe fait par Hans et qu'avait conservé son père, et peut-être aussi par une comparaison inconsciente ayant trait au cou long et raide de la girafe (1). Nous observons que la girafe, en tant qu'animal de grande taille et intéressant de par son « fait-pipi », eût pu entrer en concurrence avec les chevaux dans le rôle d'épouvantail ; de plus, le fait que le père et la mère de Hans soient tous deux représentés comme des girafes constitue un indice préliminaire dont on ne s'est pas encore servi pour l'interprétation des « chevaux d'angoisse ».

Deux plus petits fantasmes de Hans suivent immédiatement l'histoire des girafes ; dans l'un, il s'introduit de force à Schönbrunn en un espace interdit, dans l'autre, il brise la fenêtre d'un wagon ; dans tous deux le caractère fautif de l'acte est souligné et le père de Hans apparaît comme complice. Malheureusement, le père de Hans ne réussit pas à interpréter ces fantasmes ; aussi Hans ne retire-t-il aucun bénéfice de les avoir contés. Mais ce qui est ainsi demeuré incompris revient toujours, telle une âme en peine, jusqu'à ce que se soient trouvées solution et délivrance.

La compréhension des deux fantasmes « criminels » n'offre pour nous aucune difficulté. Ils font partie du complexe de la prise de possession de la mère. Une vague notion perce dans l'âme de l'enfant de quelque chose qu'il pourrait faire avec la mère et par quoi sa prise de possession de celle-ci serait consommée, et il trouve, pour exprimer ce qu'il ne peut saisir, certaines représentations figurées dont le trait commun est la violence et le défendu et dont le contenu nous paraît s'accorder si étonnamment à la réalité occulte. Nous devons les considérer comme de symboliques fantasmes de coït, et ce n'est pas un détail sans importance que de voir le père de Hans y figurer comme complice. « Je voudrais, semble dire Hans par là, faire avec maman quelque chose, quelque chose de défendu, je ne sais trop quoi, mais je sais que toi, tu le fais aussi. »

Le fantasme aux girafes avait renforcé chez moi la conviction qui avait déjà pris naissance dans mon esprit quand Hans s'était exprimé ainsi : « le cheval va entrer dans la chambre », et je trouvai le moment propice pour lui faire savoir qu'il avait peur de son père à cause de la jalousie et de l'hostilité qu'il nourrissait contre lui, car il était nécessaire de postuler ceci comme faisant partie de ses

(1) L'admiration ultérieure de Hans pour le cou de son père cadrerait avec ceci.

émois inconscients. Par là, je lui avait partiellement donné l'interprétation de sa peur des chevaux : le cheval devait être son père, dont il avait de bonnes raisons intérieures d'avoir peur. Certains détails, tels le noir autour de la bouche et ce qui était devant les yeux des chevaux (la moustache et le binocle du père, attributs de l'adulte), détails qui faisaient peur à Hans, me semblèrent directement transposés du père au cheval.

Ces explications nous débarrassèrent des plus efficaces résistances contre la prise de conscience par Hans du matériel inconscient, son père jouant en effet pour lui le rôle de médecin. L'acmé de l'état était de ce moment dépassé, le matériel se pressa à flots, le petit patient prit le courage de communiquer les détails de sa phobie et intervint bientôt de façon indépendante dans sa propre analyse (1).

Nous n'apprenons que maintenant de quels objets et de quelles impressions Hans a peur. Non seulement des chevaux et de la morsure des chevaux — bientôt il n'en parle plus — mais aussi des voitures, des voitures de déménagement et des omnibus (leur trait commun étant, comme nous le verrons bientôt, d'être lourdement chargés), des chevaux qui se mettent en mouvement, des chevaux qui sont grands et lourds, des chevaux qui vont vite. Hans explique lui-même ce que ces déterminations signifient : il a peur que les chevaux ne *tombent* et il englobe dans sa phobie tout ce qui semble devoir faciliter cette chute des chevaux.

Il n'est pas rare de n'apprendre à connaître le contenu exact d'une phobie, la formule verbale d'une pulsion obsessionnelle, qu'après un travail psychanalytique d'une certaine durée. Le refoulement n'a pas frappé que les complexes inconscients, il continue à se faire également sentir contre leurs rejetons et empêche le malade de percevoir jusqu'à ses productions morbides. L'analyste se trouve là dans la curieuse nécessité, ce qui arrive rarement au médecin, de venir à l'aide de la maladie, de solliciter l'attention en sa faveur. Mais seuls ceux qui méconnaissent entièrement la nature de la psychanalyse mettront en avant cette phase du traitement et diront qu'on doit en attendre pour le malade un dommage. La vérité est qu'il faut d'abord prendre un voleur avant de le pendre, et qu'il faut se donner la peine de commencer par saisir les formations morbides que l'on entend détruire.

(1) Même dans les analyses où l'analyste et le patient sont l'un à l'autre des étrangers, la peur du père joue l'un des rôles principaux en tant que résistance à la reproduction du matériel pathogène inconscient. Les résistances sont, d'une part, de la nature d'une intention ; en outre, comme dans cet exemple, une partie du matériel inconscient est capable, de par son propre *contenu*, de servir à inhiber la reproduction d'une autre partie de ce même matériel.

J'ai déjà mentionné, dans les commentaires dont j'ai accompagné l'histoire du malade, qu'il est très instructif d'approfondir ainsi une phobie dans ses détails, et d'acquérir par là l'impression certaine d'un rapport secondairement établi entre l'angoisse et ses objets. C'est pourquoi les phobies sont à la fois si curieusement diffuses et si strictement déterminées. Hans a évidemment emprunté les matériaux propres aux nouvelles formes de sa phobie aux impressions qui, vu la situation de sa maison, en face de la Douane Centrale, s'offraient quotidiennement à ses regards. Il trahit en outre, dans ce nouveau contexte, une aspiration, inhibée par l'angoisse, à jouer avec les chargements des voitures, avec les paquets, les tonneaux et les caisses, comme les gamins des rues.

C'est à ce stade de l'analyse que Hans retrouve le souvenir de l'événement, en soi sans importance, qui a précédé immédiatement l'éclosion de la maladie et qui peut à juste titre être considéré comme la cause occasionnelle de cette éclosion. Il était allé se promener avec sa maman, et il vit un cheval d'omnibus tomber et donner des coups de pied en tous sens. Ceci fit sur Hans une grande impression. Il fut épouvanté, crut le cheval mort ; c'est de ce jour qu'il pensa que tous les chevaux allaient tomber. Son père fait remarquer à Hans qu'il a dû, en voyant tomber le cheval, penser à lui, son père, et qu'il a dû souhaiter que son père tombât ainsi et fût mort. Hans ne repousse pas cette interprétation ; peu après il commence à jouer à un jeu consistant à mordre son père, montrant ainsi qu'il accepte l'identification de son père avec le cheval redouté. De ce jour, sa conduite envers son père devient libre et sans crainte, même un peu impertinente. Cependant la peur des chevaux persiste, et nous ne voyons pas clairement encore en vertu de quelle chaîne d'associations le cheval tombé avait réveillé les désirs inconscients de Hans.

Résumons ce que nous savons jusqu'ici. Sous la peur exprimée par Hans en premier lieu, celle d'être mordu par un cheval, on découvre la peur plus profonde que les chevaux ne tombent et tous deux, le cheval qui mord comme le cheval qui tombe, sont le père qui va punir Hans à cause des mauvais désirs qu'il nourrit contre lui. L'analyse, pendant ce temps, s'est écartée de la mère.

Sans que rien nous y ait préparé, et certes sans aucune immixtion de la part de son père, Hans commence à s'occuper du « complexe du *loumf* », et à manifester du dégoût de toutes les choses lui rappelant l'évacuation intestinale. Le père de Hans, peu disposé à accompagner celui-ci dans cette nouvelle voie, poursuit de force cependant l'analyse dans la direction qu'il voudrait maintenir, et amène Hans à se souvenir d'un événement arrivé à Gmunden et dont l'impression était sous-jacente à celle du cheval d'omnibus tombé. Fritzl, le compagnon de jeu que Hans aimait tant, peut-être aussi son concurrent auprès de leurs nombreuses compagnes, s'était heurté, en jouant au cheval, le pied contre une pierre, était tombé et son pied avait saigné. Le cheval d'omnibus, en tombant, avait rappelé à Hans cet accident. Il convient de remarquer que Hans, alors préoccupé d'autres questions, commence par nier que Fritzl soit tombé, événement qui cependant établit le lien entre les deux scènes. Il ne l'admet qu'à une phase ultérieure de l'analyse. Mais il est pour nous particulièrement intéressant d'observer comment la transformation de la libido en angoisse s'est projetée sur l'objet principal de la phobie, le cheval. Les chevaux étaient, de tous les grands animaux, ceux qui intéressaient le plus Hans ; jouer au cheval était son jeu préféré avec ses petits camarades. Je suspectais — ce que le père de Hans confirma quand je m'en enquis auprès de lui — que le père avait le premier servi à son fils de « cheval », et c'est ce qui permit, lors de l'accident de Gmunden, à la personne de Fritzl de se substituer à celle du père. Quand le refoulement eut provoqué le renversement des affects, Hans, qui auparavant, avait trouvé tant de plaisir aux chevaux, devait nécessairement en prendre peur.

Mais nous l'avons déjà dit : c'est grâce à l'intervention du père de Hans que fut faite cette importante découverte relative à l'efficience de la cause occasionnelle pathogène. Hans reste absorbé par son intérêt pour le *loumf* et il nous faut enfin le suivre dans cette voie. Nous apprenons alors que Hans avait autrefois coutume d'insister pour accompagner sa mère au w.-c. et, qu'au temps où son amie Berta remplaçait celle-ci auprès de lui, il renouvela avec elle cette tactique jusqu'à ce qu'il fût découvert et qu'on le lui défendît. Le plaisir de regarder une personne aimée quand elle satisfait ses besoins naturels répond à une « intrication des pulsions », intrication dont nous avons déjà pu observer un exemple chez Hans. Le père se prête enfin également au symbolisme du *loumf* et reconnaît qu'il y a une analogie entre une voiture lourdement chargée et un corps chargé de fèces, entre la façon dont une voiture sort d'une porte et celle dont les fèces sortent du corps, etc.

Cependant, la position de Hans par rapport à l'analyse s'est, au regard des stades antérieurs, essentiellement modifiée. Auparavant, son père pouvait lui annoncer d'avance ce qui allait surgir ; alors Hans, d'après les dires paternels, trottait à la suite ; maintenant c'est lui qui court en avant d'un pas sûr et son père a peine à le suivre. Hans crée, sans l'entremise de personne, un fantasme nouveau : le serrurier ou le plombier a dévissé la baignoire dans laquelle Hans se trouve et lui a alors donné un coup dans le ventre avec son grand perçoir. De ce moment, le matériel qui surgit échappe de partout à notre compréhension immédiate. Nous ne pourrons comprendre que plus tard que c'était là un *fantasme de procréation*, déformé par l'angoisse. La grande baignoire, où il est assis dans l'eau, est le corps maternel ; le « perçoir », que le père a dès l'abord reconnu comme étant un grand pénis, est mentionné de par sa connexion avec « être né » *(Bohrer, geboren)*. L'interprétation que nous sommes obligé de donner à ce fantasme semble, bien entendu, très étrange : avec ton grand pénis tu m'as percé = fait naître *(gebohrt = geboren)* et tu m'as mis dans le ventre de ma mère. Mais pour l'instant le fantasme se dérobe à l'interprétation et ne sert à Hans que de chaînon lui permettant de poursuivre ce qu'il a à dire.

Hans a peur d'être baigné dans la grande baignoire, et cette angoisse est de nouveau une angoisse composite. Une part de celle-ci échappe encore à notre compréhension, l'autre s'explique bientôt en connexion avec le bain de sa petite sœur. Hans avoue avoir désiré que sa mère, en baignant la petite fille, la laissât tomber dans le bain, de telle sorte qu'elle mourût. La peur de Hans pendant qu'on le baigne était, en vertu de son mauvais désir, la peur des représailles, la peur qu'en châtiment ce ne fût lui qui fût noyé. Hans abandonne maintenant le thème du *loumf* et passe aussitôt à celui de sa petite sœur. Mais nous devons pressentir ce que cette juxtaposition de thèmes signifie : la petite Anna est elle-même un *loumf*, tous les enfants sont des *loumfs* et naissent comme des *loumfs*. Nous pouvons maintenant le comprendre : toutes les voitures de déménagement, tous les omnibus, tous les camions, ne sont que des voitures « de cigognes » et n'intéressent Hans que comme des représentations symboliques de la grossesse. Et il n'a pu, quand venait à tomber un cheval lourd ou lourdement chargé, y voir qu'un — accouchement — une « mise bas » (*niederkommen*, venir en bas) (1). Ainsi le cheval qui tombe n'était pas seulement le père qui meurt mais aussi la mère qui accouche.

Et ici Hans nous fait une surprise à laquelle nous n'étions pas le moins du monde préparés. Il a très bien remarqué la grossesse de sa mère, qui se termina, comme de juste, par la naissance de sa petite sœur lorsqu'il avait 3 ans 1/2. Et il a très bien reconstruit en lui-même, du moins après l'accouchement, le réel état de choses, sans en faire part, il est vrai, à personne, peut-être sans être capable de l'exprimer. Tout ce qu'on pouvait alors observer était que Hans, aussitôt après l'accouchement, adopta une attitude extrêmement sceptique en face de tout ce qui était censé indiquer la présence de la cigogne. *Mais que — en opposition complète avec ses propos officiels — Hans ait su dans son inconscient d'où venait le bébé et où il était aupara-*

(1) Voir p. 161. *(N. d. T.)*

vant, voilà qui est indubitablement démontré par cette analyse et en est peut-être le point le plus inébranlable.

La preuve la plus convaincante en est fournie par le fantasme que Hans maintient avec tant de ténacité et qu'il orne de tant de détails accessoires, fantasme dans lequel Anna se serait trouvée avec eux à Gmunden l'été qui précéda sa naissance, où il est dit comment elle voyagea pour y aller et combien plus de choses elle pouvait alors accomplir qu'un an plus tard, après sa naissance. L'effronterie avec laquelle Hans raconte ce fantasme, les innombrables mensonges extravagants dont il l'entremêle ne sont rien moins que dénués de sens : tout cela doit servir à le venger de son père à qui il garde rancune de l'avoir leurré avec la fable de la cigogne. C'est tout à fait comme s'il voulait dire : « Si tu m'as jugé assez bête pour croire que la cigogne ait apporté Anna, alors je peux, en échange, te demander de prendre mes inventions pour de la vérité. » C'est en claire relation avec cet acte de vengeance du petit investigateur contre son père que lui succède le fantasme des chevaux que Hans taquine et bat. Ce fantasme a lui aussi deux parties constitutives : d'un côté, il a pour base la taquinerie à laquelle Hans vient justement de soumettre son père, de l'autre, il reproduit ces obscurs désirs sadiques de Hans dirigés contre sa mère, qui s'étaient manifestés dans les fantasmes où Hans faisait des choses défendues, et que nous n'avions pas compris tout d'abord. Hans avoue même consciemment le désir de battre sa mère.

Nous ne rencontrerons maintenant plus beaucoup d'énigmes. Un fantasme obscur où il est question de manquer un train semble être le précurseur de l'idée ultérieure qu'aura Hans : remettre son père à sa grand-mère de Lainz, car dans ce fantasme il est question d'un voyage à Lainz et la grand-mère y paraît. Un autre fantasme, dans lequel un petit garçon donne 50 000 florins au conducteur, afin qu'il le laisse partir sur le wagon, semble presque être un plan d'acheter la mère au père dont la force résidait en effet, pour une part, dans sa richesse. C'est à ce moment que Hans confesse, avec une franchise qu'il n'avait jamais osé manifester auparavant, le désir de se débarrasser de son père et la raison de ce désir : parce que son père trouble son intimité avec sa mère. Ne soyons pas surpris de voir les mêmes désirs constamment réapparaître au cours de l'analyse, la monotonie ne provient en effet que des interprétations qui y sont adjointes. Pour Hans, ce ne sont pas là que des répétitions, mais il s'agit de progrès continuels sur le chemin menant de l'allusion timide à la vision claire, pleinement consciente et libre de toute déformation.

Ce qui va suivre n'est plus que la confirmation par Hans des conclusions analytiques déjà établies grâce à nos interprétations. Par une action symptomatique ne pouvant prêter à aucune équivoque et qu'il déguise légèrement pour la bonne mais pas du tout pour son père, il montre comment il se représente une naissance. Mais si nous y regardons de plus près, Hans manifeste ici davantage, il fait allusion à quelque chose dont il ne sera ensuite plus question dans l'analyse. Il fait entrer par un trou rond dans le corps d'une poupée de caoutchouc un petit canif appartenant à sa mère et le fait ressortir en déchirant l'entrejambe de la poupée. Les éclaircissements donnés peu après à Hans par ses parents, et lui enseignant que les enfants croissent, de fait, dans le corps de leur mère et sont poussés au dehors comme un *loumf* viennent trop tard : ils ne peuvent apprendre à Hans rien de nouveau. Un autre acte symptomatique, en apparence accidentel, qui a lieu peu après, implique l'aveu que Hans a désiré la mort de son père car, juste au moment où son père parle avec Hans de ce désir de mort, celui-ci laisse tomber, c'est-à-dire jette par terre, un petit cheval avec lequel il jouait. Hans confirme encore, par tout ce qu'il dit, l'hypothèse d'après laquelle les voitures lourdement chargées représenteraient pour lui la grossesse de sa mère et la chute du cheval, l'accouchement. La plus jolie confirmation de tout ceci, la démonstration que les enfants sont pour lui des *loumfs*, est fournie par l'invention du nom de « Lodi » appliqué à son enfant favori. Mais ce fait ne parvient que tardivement à notre connaissance, car nous apprenons que Hans jouait depuis longtemps déjà avec cet « enfant-saucisse » (1).

Nous avons déjà étudié les deux derniers fantasmes de Hans, avec lesquels s'achève sa guérison. L'un, celui du plombier, où celui-ci lui pose un nouveau et, comme le père le devine, un plus grand « fait-pipi », n'est pas une simple répétition du fantasme précédent relatif au plombier et à la baignoire. C'est un fantasme de désir triomphal impliquant la victoire de Hans sur sa peur de la castration. Le deuxième fantasme, celui où Hans avoue le désir d'être marié avec sa mère et d'avoir d'elle beaucoup d'enfants, ne fait pas qu'épuiser le contenu des complexes inconscients de Hans réveillés à la vue du cheval tombant et ayant engendré l'angoisse : il vient aussi corriger ce qui est absolument inacceptable dans cet ensemble de pensées car, au lieu de tuer son père, Hans le rend inoffensif par la promotion qu'il lui accorde : épouser la grand-mère. La maladie comme l'analyse prennent à juste titre fin par ce fantasme.

(1) Une suite de croquis du brillant dessinateur Th.-Th. Heine, dans un numéro de *Simplicissimus*, illustre l'histoire de l'enfant d'un charcutier tombé dans la machine à faire les saucisses et qui, sous la forme d'une petite saucisse, est pleuré par ses parents, reçoit la bénédiction de l'Église et s'envole aux cieux. Cette idée de l'artiste semble, au premier abord, extraordinaire, mais l'épisode de Lodi dans l'analyse de Hans permet de la rapporter à sa source infantile.

***

Au cours de l'analyse d'un cas, il est impossible d'obtenir une impression nette de la structure et du développement de la névrose. Ceci est le fait d'un travail synthétique auquel il faut ensuite se livrer. Si nous tentons une pareille synthèse de la phobie de notre petit Hans, nous prendrons pour point de départ la description de la constitution de Hans, de ses désirs sexuels prédominants et des événements ayant précédé la naissance de sa petite sœur, toutes choses ayant déjà été rapportées dans les pages précédentes de ce travail.

L'arrivée de cette sœur apporta dans la vie de Hans bien des éléments nouveaux qui ne lui laissèrent dès lors plus de repos. D'abord, un certain degré de privation : au début, une séparation temporaire d'avec sa mère, plus tard, une diminution permanente des soins et de l'attention qu'elle lui donnait, attention et soins qu'il dut s'habituer à partager avec sa sœur. En second lieu, une reviviscence des plaisirs qu'il avait éprouvés quand on prenait soin de lui bébé, reviviscence due à tout ce qu'il voyait sa mère faire à sa petite sœur. Le résultat de ces deux influences fut l'intensification de ses besoins érotiques qui, en même temps, commencèrent à ne pouvoir se satisfaire complètement. Il se dédommagea de la perte que lui avait causée l'arrivée de sa sœur en s'imaginant avoir des enfants lui-même et tant qu'il fut à Gmunden — lors de son second séjour — et put jouer réellement avec ces enfants, son besoin de tendresse trouva une dérivation suffisante. Mais, revenu à Vienne, il se retrouva seul, reporta toutes ses exigences sur sa mère et dut subir des privations nouvelles, ayant été exilé de la chambre de ses parents depuis l'âge de 4 ans 1/2. Son excitabilité érotique intensifiée s'exprima alors en fantasmes qui évoquèrent dans sa solitude les camarades de jeu de l'été écoulé et, en satisfactions auto-érotiques régulières de par l'excitation masturbatoire des organes génitaux.

En troisième lieu, la naissance de sa sœur incita Hans à un travail mental que, d'une part, il ne pouvait mener à bonne fin et qui, d'autre part, devait l'entraîner dans des conflits affectifs. Le grand problème se posa alors pour lui : *d'où viennent les enfants ?* le premier problème peut-être dont la solution fasse appel aux forces mentales de l'enfant, le problème dont l'énigme du Sphinx de Thèbes n'est sans doute qu'une version déformée. Hans rejeta l'explication qu'on lui proposait : la cigogne aurait apporté Anna. Il avait en effet remarqué que sa mère avait grossi pendant les mois ayant précédé la naissance de la petite fille, qu'elle s'était alitée, avait gémi pendant que la naissance avait lieu et était redevenue mince quand elle s'était relevée. Il en conclut par conséquent qu'Anna avait été dans le corps maternel et en était sortie comme un *loumf*. Hans pouvait se représenter l'acte d'enfanter comme une chose agréable en le rapportant à ses propres premières sensations agréables lorsqu'il allait à la selle ; il pouvait donc doublement souhaiter d'avoir lui-même des enfants : d'une part afin d'avoir le plaisir de les enfanter, d'autre part afin de les soigner (ceci en vertu d'une sorte de plaisir « par représailles »). Il n'y avait dans tout cela rien pouvant mener Hans à des doutes ou à des conflits.

Mais autre chose là encore ne pouvait manquer de troubler Hans. Le père devait avoir joué un rôle dans la naissance de la petite Anna, car il déclarait que Hans et Anna étaient ses enfants. Cependant ce n'était pas le père, mais la mère, qui les avait mis au monde. Et ce père gênait Hans dans ses rapports avec sa mère. Quand il était là, Hans ne pouvait pas coucher avec sa mère, et quand celle-ci voulait prendre Hans dans son lit, le père se mettait à crier. Hans avait éprouvé combien tout allait à souhait quand son père était absent, et le désir de se débarrasser de son père n'était que justifié. C'est alors que cette hostilité de Hans se trouva renforcée. Le père lui avait en effet conté le mensonge de la cigogne et lui avait par là rendu impossible de demander des éclaircissements sur ces sujets. Il n'empêchait pas seulement Hans d'être dans le lit de sa mère, il lui refusait encore le savoir dont Hans avait soif. Il mettait Hans à son désavantage dans les deux directions et ceci évidemment dans un but de profit personnel.

Cependant ce père, que Hans ne pouvait s'empêcher de haïr comme un rival, était le même que Hans avait aimé de toujours et qu'il devrait continuer à aimer ; ce père était son modèle, il avait été son premier camarade de jeu et avait pris soin de lui dès ses premières années : voilà ce qui donna naissance au premier conflit affectif, tout d'abord insoluble. En conformité avec l'évolution qu'avait suivie la nature de Hans, l'amour devait commencer par prendre la haute main et par réprimer la haine sans pouvoir cependant la supprimer, car cette haine recevait sans cesse un aliment nouveau de par l'amour de Hans pour sa mère.

Mais le père ne savait pas seulement d'où venaient les enfants, il faisait aussi quelque chose pour les faire venir, cette chose que Hans ne pouvait qu'obscurément pressentir. Le « fait-pipi » devait avoir quelque chose à faire là-dedans, car celui de Hans éprouvait une excitation chaque fois que Hans pensait à ces choses — et ce devait être un grand « fait-pipi », plus grand que celui de Hans. Si Hans prêtait attention à ces sensations prémonitoires, il devait supposer qu'il s'agissait d'un acte de violence à faire subir à sa mère ; casser quelque chose, pénétrer dans un espace clos — telles étaient en effet les pulsions qu'il sentait en lui. Mais bien que les sensations éprouvées dans son pénis l'eussent ainsi mis sur la voie de postuler le vagin, il ne pouvait pourtant pas résoudre l'énigme, puisqu'à sa connaissance n'existait rien de semblable à ce que son pénis réclamait ; tout au contraire, la conviction que sa mère possédait un « fait-pipi » tel que le sien barrait le chemin à la solution du problème. La tentative de résoudre ce problème : que fallait-il faire à maman pour qu'elle eût des enfants ? se perdait dans l'inconscient, et les deux pulsions actives, l'hostile contre le père comme la sadiquement tendre envers la mère, restaient sans emploi, l'une en vertu de l'amour coexistant à côté de la haine, l'autre du fait de la perplexité découlant des théories sexuelles infantiles.

C'est ainsi, en m'appuyant sur les résultats de l'analyse, que je suis obligé de reconstruire les complexes et désirs inconscients dont le refoulement et la reviviscence produisirent la phobie du petit Hans. Je le sais, j'attribue ainsi de grandes capacités mentales à un enfant de 4 à 5 ans, mais je me laisse guider par ce que nous avons récemment appris et je ne me tiens pas pour lié par les préjugés de notre ignorance. Peut-être eût-on pu utiliser la peur de Hans du « charivari fait avec les jambes » afin de combler encore des lacunes dans le dossier de notre démonstration. Hans, il est vrai, déclara que cela lui rappelait le moment où il donnait des coups de pied en tous sens quand on voulait l'obliger à interrompre ses jeux pour aller faire *loumf*, ce qui met cet élément de la névrose en rapport avec le problème suivant : maman a-t-elle des enfants parce que ça lui plaît ou parce qu'elle y est forcée ? Mais je n'ai pas l'impression que ceci rende entièrement compte du « charivari fait avec les jambes ». Le père de Hans ne fut pas à même de confirmer mon soupçon que l'enfant eût observé un rapport sexuel de ses parents lorsqu'il dormait dans leur chambre, et qu'une réminiscence de cette scène se réveillât ainsi en lui. Contentons-nous donc de ce que nous avons pu découvrir.

Il est difficile de dire sous quelle influence, dans la situation où se trouvait Hans et dont nous venons de brosser le tableau, un changement se produisit, un renversement de l'aspiration libidinale en angoisse. De quel côté commença le refoulement ? Il faudrait sans doute, pour pouvoir trancher ces questions, comparer entre elles cette analyse et plusieurs autres semblables. Ce qui fit pencher la balance fut-il l'incapacité *intellectuelle* de l'enfant à résoudre le difficile problème de la génération des enfants et venir à bout des pulsions agressives libérées par la vague approche de la solution, ou bien fût-ce une incapacité *somatique*, sorte d'intolérance constitutionnelle, à supporter la satisfaction masturbatoire régulièrement pratiquée (c'est-à-dire la simple persistance de l'excitation sexuelle à un si haut degré d'intensité devait-elle fatalement amener un renversement de l'affect ?). Je ne puis que poser ces questions sans y répondre jusqu'à ce qu'une expérience plus étendue vienne à notre secours.

Des considérations chronologiques nous empêchent d'attacher trop d'importance à la cause occasionnelle de l'éclosion de la maladie chez Hans, car il avait présenté des signes d'appréhension bien avant d'avoir vu tomber dans la rue le cheval d'omnibus.

Toujours est-il que la névrose se rattache directement à cet événement fortuit et en garda une trace en ceci que le cheval fut élevé à la dignité d' « objet d'angoisse ». L'impression que reçut Hans en voyant tomber le cheval n'avait en elle-même aucune « force traumatisante » ; l'accident observé par hasard n'acquit sa grande efficience pathogène qu'en vertu de l'importance qu'avait déjà pour Hans le cheval en tant qu'objet d'intérêt et de prédilection et qu'en liaison avec l'événement plus proprement traumatisant arrivé à Gmunden, lorsque Fritzl tomba en jouant au cheval, ce qui, par une voie associative aisée à parcourir, menait de Fritzl au père de Hans. Et toutes ces connexions n'auraient sans doute pas même suffi si, grâce à la plasticité et à l'ambiguïté des rapports associatifs, la même impression ne s'était aussi montrée propre à réveiller le second des complexes aux aguets dans l'inconscient de Hans, celui de l'accouchement de sa mère. De cet instant la voie était ouverte au retour du refoulé, et ce retour s'opéra de la façon suivante : *le matériel pathogène fut remodelé et transposé sur le complexe des chevaux et les affects concomitants furent uniformément transformés en angoisse.*

Il est intéressant d'observer que le contenu idéatif de la phobie telle qu'elle se présentait alors dut être soumis encore à un autre processus de déformation et de substitution avant de parvenir à la conscience. La première expression verbale de l'angoisse qu'employa Hans fut : « Le cheval va me mordre » ; or, elle émane d'une autre scène arrivée à Gmunden qui, d'une part, est en rapport avec les souhaits hostiles de Hans contre son père et, d'autre part, rappelle la mise en garde contre l'onanisme. Une influence dérivatrice, peut-être venant des parents, s'était ici fait sentir ; je ne suis pas certain que les notes relatives à Hans fussent alors assez exactement tenues pour nous permettre de décider s'il avait donné cette expression à son angoisse *avant ou seulement après* que sa mère l'eût pris à partie au sujet de sa masturbation. J'inclinerais à croire que ce ne fut qu'après, bien que cela contredise ce qui est rapporté dans l'histoire du malade. En tout cas, il est évident que partout le complexe hostile de Hans contre son père recouvre le complexe libidinal relatif à sa mère. De même, dans l'analyse, ce fut celui qui fut le premier découvert et résolu.

Dans d'autres cas morbides il y aurait bien davantage à dire relativement à la structure, au développement et à la diffusion d'une névrose. Mais l'histoire de la maladie de notre petit Hans est très courte, elle est aussitôt après son début remplacée par l'histoire de son traitement et bien, qu'au cours du traitement, la phobie ait semblé continuer à se développer, s'étendre à des objets nouveaux et poser des conditions nouvelles, le père de Hans, qui traitait lui-même la névrose, eut naturellement une vision assez juste des choses pour ne voir là que la simple venue au jour du matériel déjà existant et non des productions nouvelles qu'on pût mettre à charge à la thérapeutique. Il ne faut pas toujours, quand on traite d'autres cas, compter sur autant de compréhension.

Avant de pouvoir considérer cette synthèse comme achevée, il me faut observer le cas sous un autre angle. Nous serons par là transportés au cœur même des difficultés inhérentes à la compréhension des états névrotiques. Nous voyons comment notre petit patient devient la proie d'une grande poussée de refoulement qui frappe justement ses composantes sexuelles dominantes (1). Il renonce à l'onanisme, il repousse avec dégoût tout ce qui lui rappelle les excréments et le fait de regarder d'autres personnes satisfaire leurs besoins naturels. Cependant ce ne sont pas ces composantes-là qui sont réveillées par la cause occasionnelle de sa maladie (le spectacle du cheval tombant) ni qui fournissent le matériel des symptômes, le contenu de la phobie.

Ceci nous permet de faire ici une distinction radicale. Nous arriverons sans doute à une plus profonde compréhension du cas morbide en nous adressant à ces autres composantes qui remplissent les deux dernières conditions sus-mentionnées. Ce sont là des aspirations qui avaient auparavant déjà été réprimées et qui, autant que nous pouvons le voir, ne purent jamais s'exprimer sans inhibition : sentiments hostiles et de jalousie contre son père, pulsions sadiques, répondant à une sorte de prescience du coït, contre sa mère. Ces répressions précoces conditionnent peut-être la prédisposition à la névrose ultérieure. Ces tendances agressives ne trouvent chez Hans aucune issue, et, lorsqu'en un temps de privation et d'excitation sexuelle accrue, elles veulent, renforcées, se frayer un chemin, alors

(1) Le père de Hans a même observé que concurremment à ce refoulement une part de sublimation se manifeste chez Hans. Dès le début de son état anxieux, Hans montre une recrudescence d'intérêt pour la musique et son don musical héréditaire commence à se développer.

éclate ce combat que nous nommons « phobie ». Au cours de celle-ci, une partie des représentations refoulées, sous un aspect déformé et reportée sur un autre complexe, se fraye un chemin jusqu'à la conscience comme contenu de la phobie. Mais il ne saurait y avoir de doute ; c'est là un piètre succès. La victoire demeure au refoulement *qui saisit l'occasion d'étendre son empire sur d'autres composantes encore que sur celles qui s'étaient rebellées.* Ceci ne change rien au fait que l'essence de la maladie de Hans dépendît entièrement de la nature des composantes instinctuelles qu'il s'agissait de repousser. Le contenu de la phobie était tel qu'une grande restriction dans la liberté de se mouvoir en devait résulter : tel en était aussi le but. Il s'agissait ainsi d'une réaction puissante contre les obscures pulsions motrices particulièrement dirigées contre la mère. Le cheval avait toujours représenté pour Hans le plaisir de se mouvoir. (« Je suis un jeune cheval », dit Hans en sautant en tous sens.) Mais comme le plaisir de se mouvoir implique la pulsion au coït, le plaisir de se mouvoir est frappé de restrictions par la névrose et le cheval est élevé au rôle d'emblème de la terreur. Il semblerait qu'il ne restât dans la névrose rien d'autre, aux instincts refoulés, que l'honneur de fournir à l'angoisse des prétextes pour apparaître dans le conscient. Mais quelque éclatante que soit dans la phobie la victoire des forces opposées à la sexualité, la nature même de cette maladie, qui est d'être un compromis, pourvoit à ce que le refoulé n'en reste pas là. La phobie du cheval est, après tout, pour Hans un obstacle à aller dans la rue et peut lui servir de moyen pour rester à la maison auprès de sa mère chérie. Ainsi sa tendresse pour sa mère arrive victorieusement à ses fins ; le petit amoureux se cramponne, de par sa phobie même, à l'objet de son amour, bien qu'à coup sûr des mesures soient prises pour le rendre inoffensif. Le caractère particulier d'une affection névrotique se manifeste dans ce double résultat.

Alfred Adler, dans un travail fort suggestif (1), a récemment exprimé l'idée que l'angoisse est engendrée par la répression de ce qu'il appelle l' « instinct d'agression », et il a attribué à cet instinct, grâce à une synthèse d'une grande portée, le rôle principal dans ce qui advient aux hommes, que ce soit « dans la vie ou dans la névrose ». La conclusion à laquelle nous sommes arrivés et d'après laquelle, dans ce cas de phobie, l'angoisse s'expliquerait par le refoulement de ces tendances agressives (des hostiles contre le père et des sadiques contre

(1) *Der Aggressionsbetrieb im Leben und in der Neurose (L'instinct d'agression dans la vie et dans la névrose)*, 1908. C'est le travail auquel j'ai déjà emprunté plus haut le terme d'intrication des pulsions.

la mère), semble apporter une confirmation éclatante au point de vue d'Adler. Et cependant je n'ai jamais pu acquiescer à cette manière de voir et je la considère comme une généralisation trompeuse. Je ne puis me résoudre à admettre un instinct spécial d'agression à côté des instincts déjà connus de conservation et sexuels, et de plain-pied avec eux (1). Il me paraît qu'Adler a mis à tort comme hypostase d'un instinct spécial ce qui est un attribut universel et indispensable de tous les instincts, justement leur caractère « instinctif », impulsif, ce que nous pouvons décrire comme étant la capacité de mettre la motricité en branle. Des autres instincts il ne resterait alors plus rien d'autre que leur relation à un certain but, puisque leurs rapports aux moyens d'atteindre celui-ci leur auraient été enlevés par l' « instinct d'agression ». En dépit de toute l'incertitude et de toute l'obscurité de notre théorie des instincts, je préfère m'en tenir provisoirement à notre conception actuelle, qui laisse à chaque instinct sa propre faculté de devenir agressif et, dans les deux instincts qui ont été refoulés chez Hans, j'incline à reconnaître des composantes depuis longtemps familières de la libido sexuelle.

3

Je vais maintenant aborder ce qui, je l'espère, sera une discussion brève de ce que la phobie du petit Hans a pu nous apprendre de général et d'important concernant la vie et l'éducation des enfants. Mais auparavant il me faudra retourner à l'objection si longtemps tenue en réserve : Hans serait un névropathe, un « dégénéré », aurait une hérédité chargée, ne serait pas un enfant normal, duquel on pourrait conclure à d'autres. Cela me fait depuis longtemps de la peine de penser à la façon dont tous les sectateurs de l' « homme normal » vont tomber sur notre pauvre petit Hans, dès qu'ils vont apprendre qu'on peut en effet trouver chez lui une « tare » héréditaire. Sa jolie mère était, en effet, devenue la proie d'une névrose, due à un conflit du temps où elle était jeune fille. J'avais pu alors lui être de quelque secours et de là dataient, en fait, mes rapports avec

(1) (Note de 1923.) Ceci a été écrit en un temps où Adler semblait encore se tenir sur le terrain de la psychanalyse, avant qu'il n'eût mis en avant la « protestation mâle » et nié le refoulement. J'ai dû depuis, moi aussi, poser l'existence d'un « instinct d'agression », mais celui-ci n'est pas le même que celui d'Adler. Je préfère l'appeler « instinct de destruction » ou « instinct de mort » (voir *Au-delà du principe du plaisir* et *Le moi et le ça*). L'opposition entre cet instinct et les instincts libidinaux se manifeste dans la polarité connue de l'amour et de la haine. Ma désapprobation du point de vue d'Adler, qui confisque une caractéristique générale des instincts en faveur d'un seul, n'en est pas modifiée.

les parents de Hans. Ce n'est que timidement que j'oserai avancer quelques considérations en faveur de celui-ci.

D'abord, Hans n'est pas ce qu'on entend, à proprement parler, par le mot « enfant dégénéré », héréditairement marqué pour la névrose. Tout au contraire, il est physiquement bien bâti et c'est un gai et aimable compagnon, à l'esprit éveillé, capable de donner du plaisir à d'autres encore qu'à son père. Sa précocité sexuelle ne souffre évidemment aucun doute, mais nous manquons ici, pour nous former un jugement exact, de matériel de comparaison. Je vois, par exemple, d'après une enquête collective poursuivie en Amérique, que des choix de l'objet et des sentiments amoureux tout aussi précoces ne sont pas rares chez les garçons, et nous constatons la même chose en ce qui touche à l'enfance de maints « grands » hommes, comme on les considère plus tard. J'inclinerai par suite à croire que la précocité sexuelle est dans une corrélation rarement en défaut avec la précocité intellectuelle, et qu'on la rencontre, par conséquent, plus souvent qu'on ne s'y attendrait chez les enfants les plus doués.

Je ferai en outre observer en faveur de Hans (j'avoue ouvertement ma partialité) qu'il n'est pas le seul enfant ayant, à un moment ou l'autre de son enfance, été atteint d'une phobie. De telles maladies sont, fait bien connu, extraordinairement fréquentes, même chez des enfants pour qui l'éducation, en matière de sévérité, ne laisse rien à redire. Les enfants en question deviennent plus tard un peu névrosés ou bien ils restent bien portants. On réduit, en les grondant dans la nursery, leurs phobies au silence, car elles sont inaccessibles au traitement et sont certes très gênantes. Elles rétrocèdent alors au bout de quelques mois ou de quelques années, et guérissent en apparence ; mais personne ne saurait dire quelles altérations psychologiques nécessite une semblable « guérison » ni quelles modifications de caractère elle implique. Mais si nous prenons en traitement pour une cure psychanalytique un névrosé adulte dont la maladie ne se soit, dirons-nous, manifestée qu'à l'âge de la maturité, nous découvrons régulièrement que sa névrose se relie à une angoisse infantile et qu'elle en est, de fait, la continuation ; on dirait qu'un fil continu et ininterrompu d'activité psychique, parti de ces conflits de l'enfance, est resté ensuite intriqué à tout le tissu de sa vie, et cela que le premier symptôme de ces conflits ait persisté ou qu'il ait disparu sous la pression des circonstances. Je crois donc que notre Hans n'a peut-être pas été plus malade que beaucoup d'autres enfants qu'on ne stigmatise pas du terme de « dégénérés », mais comme il était élevé loin de toute intimidation, avec autant d'égards et aussi peu de contrainte que possible, son angoisse a osé se montrer plus hardiment que chez d'autres. Une « mauvaise conscience » et la peur des punitions lui manquaient et ces mobiles doivent certes contribuer, chez d'autres enfants, à « diminuer » l'angoisse. Il me semble que nous nous préoccupons trop des symptômes et nous soucions trop peu de ce dont ils proviennent. Et quand nous élevons des enfants nous voulons simplement être laissés en paix, n'avoir pas de difficultés, bref nous visons à faire un « enfant modèle » sans nous demander si cette manière d'agir est bonne ou mauvaise pour l'enfant. Je peux en conséquence me figurer qu'il fut salutaire pour notre Hans d'avoir eu cette phobie, parce qu'elle attira l'attention de ses parents sur les inévitables difficultés auxquelles un enfant doit faire face quand, au cours de son éducation de civilisé, il doit surmonter les composantes instinctuelles innées de sa nature, et c'est le trouble que subit Hans qui appela son père à son secours. Il se peut que maintenant Hans ait un avantage sur les autres enfants, en ceci qu'il ne porte plus en lui ce germe de complexes refoulés qui ne doit jamais être sans importance, causant à des degrés divers une déformation du caractère quand ce n'est pas une disposition à la névrose ultérieure. Je suis enclin à penser ainsi, mais je ne sais si beaucoup d'autres personnes partageront mon opinion ; je ne sais pas davantage si l'expérience me donnera raison.

Il me faut maintenant le demander : quel mal a été fait à Hans en amenant au jour ces complexes qui sont non seulement refoulés par les enfants, mais redoutés par les parents ? Le petit garçon a-t-il esquissé le moindre « attentat » contre sa mère ? A-t-il remplacé par des actes les mauvaises intentions qu'il nourrissait contre son père ? Certes, c'est ce qu'auront craint bien des médecins qui méconnaissent la nature de la psychanalyse et s'imaginent qu'on renforce les mauvais instincts en les rendant conscients. Ces « sages » agissent donc logiquement quand ils nous supplient au nom du ciel de ne pas toucher aux choses dangereuses qui se dissimulent derrière une névrose. Mais ils oublient, ce faisant, qu'ils sont médecins, et leurs avertissements ressemblent étrangement à ceux du Dogberry de Shakespeare, dans *Beaucoup de bruit pour rien* (1), quand celui-ci donne à la sentinelle le conseil d'éviter tout contact avec les voleurs ou malfaiteurs qui pourraient survenir : « Car moins on fréquente pareille racaille, mieux il en est pour votre honnêteté (2). »

(1) *Much ado about nothing*, acte III, scène III. Dogberry : If you meet a thief, you may suspect him, by virtue of your office, to be no true man ; and, *for such kind of men, the less you meddle or make with them, why, the more is for your honesty. (N. d. T.)*

(2) Je ne puis réprimer ici une question étonnée. D'où mes contradicteurs tirent-ils leurs si sûres connaissances relativement au rôle possible ou non des instincts sexuels refoulés dans l'étiologie des névroses et à la nature de ce rôle, s'ils ferment

Tout au contraire, les seules conséquences de l'analyse sont que Hans se remet, n'a plus peur des chevaux, et qu'il devient plutôt familier avec son père, ce que celui-ci rapporte amusé. Mais ce que le père perd en respect, il le regagne en confiance : « J'ai cru, dit Hans, que tu savais tout parce que tu as su ça à propos du cheval. » L'analyse n'annule en effet pas le *résultat* du refoulement ; les instincts en leur temps réprimés demeurent réprimés. Mais l'analyse obtient ses succès par un autre moyen : elle remplace le refoulement, qui est un processus automatique et excessif, par une maîtrise tempérée et appropriée des instincts exercée à l'aide des plus hautes instances psychiques ; en un mot, *elle remplace le refoulement par la condamnation.* Elle nous semble apporter là le témoignage depuis longtemps recherché prouvant que la conscience a une fonction biologique et qu'avec son entrée en scène un avantage important est assuré (1).

Si j'avais été seul maître de la situation, j'aurais osé fournir encore à l'enfant le seul éclaircissement que ses parents lui refusèrent. J'aurais apporté une confirmation à ses prémonitions instinctives en lui révélant l'existence du vagin et du coït, j'aurais ainsi largement diminué le résidu non résolu qui restait en lui et j'aurais mis fin à son torrent de questions. Je suis convaincu qu'il n'aurait perdu, par ces éclaircissements, ni son amour pour sa mère ni sa nature enfantine, et qu'il aurait compris lui-même que ses préoccupations relatives à ces importantes, voire même imposantes questions, devaient pour le moment entrer en repos, jusqu'à ce que son désir de devenir grand se fût réalisé. Mais l'expérience pédagogique ne fut pas conduite aussi loin.

Qu'aucune frontière nette n'existe entre les « nerveux » et les « normaux », enfants ou adultes ; que la notion de « maladie » n'ait qu'une valeur purement pratique et ne soit qu'une question de plus ou de moins ; que la prédisposition et les éventualités de la vie doivent se combiner afin que le seuil au-delà duquel commence la maladie

la bouche à leurs malades dès qu'ils commencent à parler de leurs complexes et des rejetons de ceux-ci ? Les seules sources de connaissance qui leur restent accessibles sont alors mes propres écrits et ceux de mes adhérents.

(1) (Note de 1923.) J'emploie ici le mot de « conscience » en un sens que j'ai évité depuis, pour désigner nos processus normaux de pensée, c'est-à-dire ceux qui sont capables de parvenir à notre conscient. Nous savons que de tels processus mentaux peuvent aussi avoir lieu *préconsciemment* et nous ferons bien de considérer leur « conscience » d'un point de vue purement phénoménologique. Bien entendu, je n'ai pas l'intention de contredire par là l'attente d'après laquelle le « fait de devenir conscient » ne remplirait pas aussi quelque fonction biologique. Voir *Le moi et le ça*, Ier chap, et aussi la discussion de la fonction biologique de la « conscience » dans les dernières pages de *La Science des rêves.*

soit franchi ; qu'en conséquence de nombreux individus passent sans cesse de la classe des bien portants dans celle des névrosés et qu'un nombre bien plus restreint de malades fasse le même chemin en sens inverse, ce sont là des choses qui ont été si souvent dites et qui ont trouvé tant d'échos que je ne suis certes pas seul à les soutenir. Il est, pour le moins, très vraisemblable que l'éducation de l'enfant exerce une influence puissante en bien ou en mal sur cette prédisposition dont nous venons de parler et qui est l'un des facteurs de la névrose ; mais à quoi l'éducation doit viser et en quoi elle doit intervenir, voilà qui semble encore très difficile à dire. Elle ne s'est jusqu'à présent proposé pour tâche que la domination ou plus justement la répression des instincts ; le résultat n'est nullement satisfaisant et là où ce processus a été réussi ce ne fut qu'au profit d'un petit nombre d'hommes privilégiés dont il n'a pas été exigé qu'ils réprimassent leurs instincts. Personne non plus ne s'est informé par quelles voies et au prix de quels sacrifices cette répression des instincts gênants a été accomplie. Vient-on à substituer à cette tâche une autre, celle de rendre l'individu capable de culture et socialement utilisable, tout en réclamant de lui le plus petit sacrifice possible de son activité propre, alors les lumières que la psychanalyse nous a fournies relativement à l'origine des complexes pathogènes et au noyau de toute névrose peuvent prétendre être considérées par l'éducateur comme des clartés inestimables dans la conduite à tenir envers les enfants. Quelles conclusions pratiques peuvent s'ensuivre et jusqu'où l'expérience sanctionnera-t-elle l'application de celles-ci au sein de notre système social actuel ? J'abandonne ces questions à l'examen et à la décision d'autres juges.

Je ne puis prendre congé de la phobie de notre petit patient sans exprimer une idée qui conféra pour moi à cette analyse (ayant mené à la guérison) une valeur particulière. Elle ne m'a, à strictement parler, rien appris de nouveau, rien que je n'aie déjà été à même de deviner — souvent sous une forme moins distincte et moins immédiate — et par les analyses d'autres patients traités à l'âge adulte. Mais les névroses de ces autres malades pouvaient toutes être rattachées aux mêmes complexes infantiles que nous avons découverts derrière la phobie de Hans. Je suis donc tenté d'attribuer à cette névrose infantile une importance toute spéciale en tant que type et que modèle, tout comme si la multiplicité des phénomènes névrotiques de refoulement et l'abondance du matériel pathogène ne les empêchaient pas de découler d'un très petit nombre de processus agissant toujours sur les mêmes complexes idéatifs.

IV

ÉPILOGUE (1922)

Voici quelques mois — au printemps de 1922 — un jeune homme se présenta à moi et me dit être le « petit Hans », dont la névrose infantile avait fait l'objet du travail que j'avais publié en 1909. Je fus très content de le revoir, car deux ans environ après la conclusion de son analyse je l'avais perdu de vue et depuis plus de dix ans je ne savais ce qu'il était devenu. La publication de cette première analyse d'un enfant avait causé un grand émoi et encore plus d'indignation ; on avait prédit tous les malheurs au pauvre petit garçon, violé dans son innocence en un âge si tendre et victime d'une psychanalyse.

Mais aucune de ces appréhensions ne s'était réalisée. Le petit Hans était maintenant un beau jeune homme de 19 ans. Il déclara se porter parfaitement et ne souffrir d'aucun malaise ni d'aucune inhibition. Non seulement il avait traversé sans dommages la puberté, mais il avait encore bien supporté l'une des plus dures épreuves touchant sa vie sentimentale. Ses parents avaient, en effet, divorcé et chacun d'eux avait contracté un nouveau mariage. En conséquence il vivait seul, mais était en bons rapports avec chacun de ses parents et regrettait seulement que la dissolution de la famille l'eût séparé de sa sœur cadette qu'il aimait tant.

L'une des choses que me dit le petit Hans me sembla particulièrement curieuse. Je ne me risquerai pas non plus à en donner une explication. Lorsqu'il vint à lire l'histoire de sa maladie, me dit-il, le tout lui sembla quelque chose d'étranger, il ne se reconnaissait pas et ne pouvait se souvenir de rien, ce n'est qu'en arrivant au voyage à Gmunden que s'éveilla en lui une très faible lueur de souvenir : ce pourrait bien être de lui qu'il s'agissait là. Ainsi l'analyse n'avait pas préservé l'avènement de l'amnésie, mais en était devenue elle-même la proie. Il en advient parfois de même pendant le sommeil à celui qui est familiarisé avec la psychanalyse. On est réveillé par un rêve, on décide de l'analyser sans délai, on se rendort satisfait du résultat de ses efforts. Mais le lendemain matin et le rêve et l'analyse sont oubliés.

REMARQUES SUR UN CAS DE NÉVROSE OBSESSIONNELLE

(L'homme aux rats) (1)

Les pages qui suivent contiennent : 1° Un compte rendu fragmentaire de l'histoire d'un cas de névrose obsessionnelle, qui peut être considéré comme ayant été assez grave, et d'après sa durée, et d'après les préjudices qu'elle causa à l'intéressé et d'après l'appréciation subjective du malade lui-même. Le traitement de ce cas dura environ une année et aboutit au rétablissement complet de la personnalité et à la disparition des inhibitions du patient ; 2° Quelques brèves notions sur la genèse et les mécanismes subtils des phénomènes de compulsion psychique, notions exposées en rapport avec ce cas et étayées sur d'autres cas, analysés auparavant. Ces notions sont destinées à compléter et à continuer mes premiers exposés à ce sujet publiés en 1896 (2).

Ce que je viens de dire nécessite, me semble-t-il, une justification afin de ne pas laisser croire que je tienne moi-même cette façon d'exposer les choses pour irréprochable et exemplaire. En réalité, je suis obligé de tenir compte d'obstacles extérieurs et de difficultés provenant du fond même de cette communication. J'aurais voulu pouvoir et avoir le droit d'en dire bien davantage. Je ne peux, en effet, communiquer l'histoire complète du traitement, car elle exigerait l'exposé des détails de la vie de mon patient. L'attention importune de la capitale, dont mon activité professionnelle fait tout particulièrement l'objet, m'interdit un exposé entièrement

(1) Ce travail : Bemerkungen über einen Fall von Zwangsneurose, a paru en 1909 dans *Jahrbuch für psychoanalytische und psychopathologische Forschungen*, vol. I, ensuite dans *Sammlung kleiner Schriften zur Neurosenlehre (Recueil de petits essais sur les névroses)*, du Pr-Dr S. Freud, 3e série (Franz Deuticke, Leipzig et Vienne, 1913, 2e éd., 1921). La présente traduction a été faite d'après l'édition des *Gesammelte Schriften* (*Œuvres complètes de* Freud), vol. VIII, par Marie Bonaparte et R. Lœwenstein et a d'abord paru dans la *Revue française de Psychanalyse*, 1932, t. V, n° 3, actuellement vol. VII des *Ges. Werke*.

(2) Weitere Bemerkungen über die Abwehr-Neuropsychosen (Nouvelles observations sur les psychonévroses de défense), *Gesammelte Werke*, vol. I.

conforme à la vérité. Or, je trouve de plus en plus que les déformations auxquelles on a coutume de recourir sont inefficaces et condamnables. Car si ces déformations sont insignifiantes, elles n'atteignent pas leur but, qui est de préserver le patient d'une curiosité indiscrète, et si elles sont plus considérables, elles exigent de trop grands sacrifices, rendant incompréhensibles les contextes liés justement aux petites réalités de la vie. Il résulte de ce fait un état de choses paradoxal : on peut bien plus facilement dévoiler publiquement les secrets les plus intimes d'un patient, qui le laissent méconnaissable, que décrire les caractères de sa personne les plus inoffensifs et les plus banaux, caractères que tout le monde lui connaît et qui révéleraient son identité.

Si je justifie ainsi la forte abréviation que je fais subir à cette histoire de maladie et de traitement, je dispose d'une excuse plus valable encore de n'exposer, des recherches psychanalytiques sur les obsessions, que quelques résultats : j'avoue que je n'ai, jusqu'ici, pas encore réussi à pénétrer et élucider complètement la structure si compliquée d'un cas grave de névrose obsessionnelle. D'autre part, je ne me croirais pas à même de rendre visible au lecteur, par l'exposé d'une psychanalyse, à travers les strates superposées que parcourt le traitement, cette structure reconnue ou pressentie par l'analyse. Ce sont les résistances des malades et les manières dont elles s'expriment qui rendent cette tâche si malaisée. Cependant, il faut reconnaître qu'une névrose obsessionnelle n'est guère facile à comprendre — et l'est bien moins encore qu'un cas d'hystérie. Au fond, il aurait fallu s'attendre à trouver le contraire. Les moyens dont se sert la névrose obsessionnelle pour exprimer ses pensées les plus secrètes, le langage de cette névrose, n'est en quelque sorte qu'un dialecte du langage hystérique, mais c'est un dialecte que nous devrions pénétrer plus aisément, étant donné qu'il est plus apparenté à l'expression de notre pensée consciente que ne l'est celui de l'hystérie. Avant tout, il manque au langage des obsessions ce bond du psychique à l'innervation somatique — la conversion hystérique — qui échappe toujours à notre entendement.

Le fait que la réalité ne confirme pas nos prévisions n'est peut-être dû qu'à notre connaissance moins approfondie de la névrose obsessionnelle. Les obsédés gravement atteints se présentent à l'analyse bien plus rarement que les hystériques. Ils dissimulent leur état à leur entourage aussi longtemps qu'ils le peuvent et ne se confient au médecin que lorsque leur névrose a atteint un stade tel, que si on la comparait à une tuberculose pulmonaire, ils ne seraient plus admis dans un sanatorium. Je fais d'ailleurs cette comparaison parce que, dans les cas de névrose obsessionnelle légers ou graves, mais traités à temps, nous pouvons signaler, comme pour cette maladie infectieuse chronique, une série de résultats thérapeutiques brillants.

Dans ces conditions, il ne nous reste qu'à exposer les choses aussi imparfaitement et incomplètement que nous les connaissons et que nous sommes en droit de les communiquer. Les connaissances fragmentaires, si péniblement mises au jour et présentées ici, sembleront sans doute peu satisfaisantes, mais l'œuvre d'autres chercheurs pourra s'y rattacher, et des efforts communs seront à même d'accomplir une tâche trop lourde peut-être pour un seul.

I

FRAGMENTS DE L'HISTOIRE DE LA MALADIE

Un homme jeune encore, de formation universitaire, se présente chez moi et me raconte que, depuis son enfance, et particulièrement depuis quatre ans, il souffre d'obsessions. Sa maladie consiste principalement en *appréhensions* ; il craint qu'il n'arrive quelque chose à deux personnes qui lui sont très chères : à son père et à une dame à laquelle il a voué un amour respectueux. Il dit, en outre, éprouver des pulsions obsessionnelles, comme, par exemple, à se trancher la gorge avec un rasoir ; il se forme en lui aussi des *interdictions* se rapportant à des choses insignifiantes. A lutter contre ses idées, il a perdu des années et se trouve pour cette raison en retard dans la vie. Des cures qu'il a essayées, aucune ne l'a soulagé, excepté un traitement hydrothérapique dans une maison de santé, près de X... ; et ceci, dit-il, probablement parce qu'il y avait fait la connaissance d'une femme, ce qui lui permit d'avoir des rapports sexuels suivis. Ici, c'est-à-dire à Vienne, il dit n'en avoir pas l'occasion ; il a des rapports rares et à des intervalles irréguliers. Les prostituées le dégoûtent. En général, sa vie sexuelle a été pauvre ; l'onanisme, à 16 ou 17 ans, n'a joué qu'un rôle insignifiant. Sa puissance serait normale ; le premier coït a eu lieu à 26 ans.

Le malade fait l'impression d'un homme intelligent à l'esprit clair. Je l'interroge sur les raisons qui l'amènent à mettre au premier plan des données relatives à sa vie sexuelle. Il répond que c'est là ce qu'il connaît de mes théories. Il n'aurait, du reste, rien lu de mes écrits, mais naguère, en feuilletant un de mes livres, il aurait trouvé l'explication d'enchaînements de mots bizarres (1) qui lui rappelèrent tellement ses « élucubrations cogitatives » avec ses propres idées, qu'il résolut de se confier à moi.

(1) *Zur Psychopathologie des Alltagslebens* (1904), 10e éd., 1924. Repr. d. le vol. IV des *Ges. Werke : Psychopathologie de la vie quotidienne*, trad. franç. de JANKÉLÉVITCH, Paris, Payot, 1922.

a) *Le début du traitement*

Le jour suivant, il consent à respecter la seule condition à laquelle l'engage la cure : dire tout ce qui lui vient à l'esprit, même si cela lui est pénible, même si sa pensée lui paraît *sans importance, insensée* et *sans rapport* avec le sujet. Je lui laisse le choix du sujet par lequel il désire commencer. Il débute alors ainsi (1) :

Il a, raconte-t-il un ami qu'il estime énormément. C'est à lui qu'il s'adresse toutes les fois qu'une pulsion criminelle le hante et il lui demande si celui-ci le méprise et le trouve criminel. Son ami le réconforte en l'assurant qu'il est un homme irréprochable, probablement habitué dès son enfance à envisager sa vie de ce point de vue-là. Un autre homme avait jadis eu sur lui une influence semblable. C'était un étudiant âgé de 19 ans, alors que lui-même en avait 14 ou 15. Cet étudiant aurait eu de l'affection pour lui et aurait à tel point exalté le sentiment de la propre valeur de notre patient que celui-ci s'était cru un génie. Cet ami devint plus tard son précepteur et changea alors soudain de comportement, le traitant d'imbécile. Notre patient s'aperçut enfin que son précepteur s'intéressait à l'une de ses sœurs et ne s'était lié avec lui que pour être reçu dans sa famille. Ce fut le premier grand choc de sa vie.

Et il continue sans transition :

b) *La sexualité infantile*

« Ma vie sexuelle débuta très tôt. Je me rappelle une scène de ma 4e ou 5e année (à partir de l'âge de 6 ans mes souvenirs sont complets), qui surgit en moi clairement des années plus tard. Nous avions une jeune et très belle gouvernante, Mlle Pierre (Fräulein Peter) (2). Un soir, elle était étendue, légèrement vêtue, sur un divan,

(1) Rédigé d'après des notes prises le soir, après la séance, et se rapprochant autant que possible des paroles mêmes du malade. Je déconseille aux psychanalystes de noter ce que disent les malades pendant les heures mêmes du traitement ; la distraction de l'attention du médecin nuit davantage aux patients que ne peut le justifier le surcroît d'exactitude apporté à l'exposé des observations.

(2) Le Dr Alfred Adler, autrefois psychanalyste, souligna un jour, dans une conférence privée, l'importance particulière qu'il faut attacher aux *toutes premières* communications des patients. En voici une preuve. Les paroles d'introduction prononcées par le patient mettent en relief l'influence qu'ont les hommes sur lui, font ressortir le rôle dans sa vie du choix objectal homosexuel et laissent transparaître un autre thème qui, plus tard, resurgira avec vigueur : le conflit et *l'opposition* entre l'homme et la femme. Il faut rattacher à ce contexte qu'il a nommé cette première belle gouvernante par son nom de famille, lequel est, par hasard, un prénom masculin. Dans les milieux bourgeois de Vienne, on a généralement coutume d'appeler une gouvernante par son prénom, et c'est plutôt de celui-ci qu'on se souvient.

en train de lire ; j'étais couché près d'elle. Je lui demandai la permission de me glisser sous ses jupes. Elle me le permit, à condition de n'en rien dire à personne. Elle était à peine vêtue, et je lui touchai les organes génitaux et le ventre, qui me parurent singuliers. Depuis, j'en gardai une curiosité ardente et torturante de voir le corps féminin. Il me souvient encore de l'impatience extrême que j'éprouvais, au bain, à attendre que la gouvernante, dévêtue, entrât dans l'eau (à cette époque, on me permettait encore d'y aller avec mes sœurs et la gouvernante). Mes souvenirs sont plus nets à partir de ma 6e année. Nous avions à ce moment-là une autre gouvernante qui était, elle aussi, jeune et jolie, et qui avait des abcès sur les fesses qu'elle avait coutume de presser le soir. Je guettais ce moment pour satisfaire ma curiosité. De même, au bain, bien que Mlle Lina fût plus réservée que la première. » (Réponse à une question que je pose : « Non, en général, je ne dormais pas dans sa chambre ; d'habitude, je couchais chez mes parents. ») Il se souvient d'une scène : « Je devais alors avoir 7 ans (1). Nous étions assis tous ensemble : la gouvernante, la cuisinière, une autre domestique, moi et mon frère, plus jeune que moi d'un an et demi. Les jeunes femmes conversaient et j'entendis soudain Mlle Lina dire : « Avec le petit, on « pourrait déjà faire ça, mais Paul (moi) est trop maladroit, il raterait « certainement son coup. » Je ne me rendis pas clairement compte de ce qu'elle entendait par là, mais j'en ressentis de l'humiliation et me mis à pleurer. Lina essaya de me consoler et me raconta qu'une servante qui avait fait ça avec un petit garçon qu'on lui avait confié avait été mise en prison pour plusieurs mois. Je ne crois pas qu'elle ait fait des choses défendues avec moi, mais je prenais beaucoup de libertés avec elle. Lorsque j'allais dans son lit, je la découvrais et la touchais, chose qu'elle me laissait faire tranquillement. Elle n'était pas très intelligente et, avait évidemment de grands besoins sexuels. Agée de 23 ans, elle avait déjà eu un enfant, dont le père l'épousa plus tard, de sorte que, maintenant, elle est « Frau Hofrat » (femme d'un conseiller aulique). Je la rencontre encore souvent dans la rue. »

« A 6 ans déjà, je souffrais déjà d'érections, et je sais que j'allai un jour chez ma mère pour m'en plaindre. Je sais aussi qu'il m'a fallu, pour le faire, vaincre des scrupules, car j'en pressentais le rapport avec mes représentations mentales et mes curiosités. Et j'eus aussi, à cette époque, pendant quelque temps, l'idée morbide *que mes parents connaissaient mes pensées, et, pour l'expliquer, je me figurais que j'avais exprimé mes pensées sans m'entendre parler moi-même.* Je vois là le début de ma maladie. Il y avait des personnes, des bonnes, qui me

(1) Plus tard, il admit la probabilité que cette scène se fût passée un ou deux ans plus tard.

plaisaient beaucoup et que je désirais violemment *voir nues*. Toutefois, j'avais, en éprouvant ces désirs, *un sentiment d'inquiétante étrangeté* (1), *comme s'il devait arriver quelque chose si je pensais cela et comme si je devais tout faire pour l'empêcher.* »

(Comme exemple, en réponse à ma question, il me cite la crainte *que son père ne meure.*) « Depuis mon très jeune âge, et durant de longues années, des pensées touchant la mort de mon père me préoccupaient et me rendaient très triste. »

A cette occasion, j'apprends avec étonnement que son père, tout en étant l'objet de ses obsessions actuelles, est mort depuis plusieurs années.

Les phénomènes que notre patient nous décrit, dans la première séance, datant de sa 6e ou 7e année, ne sont pas seulement, comme il le croit, le début de sa maladie, c'est sa maladie même. C'est une névrose obsessionnelle complète, à laquelle ne manque aucun élément essentiel ; c'est en même temps et le noyau et le modèle de sa névrose ultérieure, un organisme élémentaire en quelque sorte, dont seule l'étude peut nous permettre de comprendre l'organisation compliquée de la maladie actuelle. Nous voyons cet enfant sous l'empire d'une composante de l'instinct sexuel, le voyeurisme, dont la manifestation, apparaissant à maintes reprises et avec une grande intensité, est le désir de voir nues des femmes qui lui plaisent. Ce désir correspond à l'obsession ultérieure. Et si ce désir n'a pas encore le caractère obsessionnel, cela tient à ce que le moi de l'enfant n'est pas encore en contradiction complète avec ce désir, ne le ressent pas encore comme étranger à lui-même. Cependant, il se forme déjà quelque part une opposition à ce désir, puisqu'un affect pénible accompagne régulièrement son apparition (2). Il est évident qu'il existe dans l'âme de ce petit sensuel un conflit ; car, à côté du désir obsédant, se trouve une crainte obsédante, intimement liée à ce désir : toutes les fois qu'il y pense, il est obsédé par l'appréhension qu'il n'arrive quelque chose de terrible. Cette chose terrible revêt, dès cette époque, ce caractère d'imprécision typique qui, dorénavant, ne manquera jamais aux manifestations de la névrose. Toutefois, chez cet enfant, il n'est pas difficile de déceler ce qui se cache derrière cette imprécision. Arrive-t-on à connaître un exemple précis que la névrose obsessionnelle exprime par des généralités vagues, on peut être certain que cet exemple constitue la pensée primitive et véritable que cette généralisation était destinée à cacher. On peut

(1) En allemand : *unheimlich. (N. d. T.)*

(2) Je tiens à rappeler qu'on a tenté d'expliquer les obsessions sans tenir compte de l'affectivité.

donc reconstituer le sens de l'appréhension obsédante de la façon suivante : « Si j'ai le désir de voir une femme nue, mon père devra mourir. » L'affect pénible prend nettement le caractère d'*inquiétante étrangeté*, et fait naître, à ce moment déjà, des impulsions à faire quelque chose pour détourner le désastre, impulsions semblables aux mesures de défense qui se feront jour plus tard.

Nous avons ainsi une pulsion érotique et un mouvement de révolte contre elle ; un désir (pas encore obsessionnel) et une appréhension à lui opposée (ayant déjà le caractère obsessionnel) ; un affect pénible et une tendance à des actes de défense. C'est l'inventaire complet d'une névrose. Il y a même quelque chose de plus, une sorte de *formation délirante* à contenu bizarre : les parents de l'enfant connaîtraient ses pensées, car il les exprimerait sans entendre lui-même ses paroles. Nous ne nous tromperons guère en admettant que cette explication tentée par un enfant comportait un pressentiment vague des phénomènes psychiques étranges que nous appelons inconscients, et dont nous ne pouvons nous passer pour l'explication scientifique de ces manifestations obscures. « Je dis mes pensées sans m'entendre », cela sonne comme une projection à l'extérieur de notre propre hypothèse suivant laquelle on a des pensées sans le savoir ; il y a là comme une perception endopsychique du refoulé.

On le voit clairement : cette névrose infantile élémentaire implique déjà son problème et son apparente absurdité, comme toute névrose compliquée de l'adulte. Que signifie l'idée de l'enfant s'il ressent le désir sexuel en question que son père doive mourir ? Est-ce tout simplement une absurdité, ou bien y a-t-il moyen de comprendre cette pensée, de saisir en elle l'aboutissement nécessaire de processus et de phénomènes antérieurs ?

Si nous appliquons à cette névrose infantile les connaissances acquises dans d'autres cas, nous devrons supposer que, dans ce cas encore, c'est-à-dire avant la 6e année, eurent lieu des événements traumatisants, des conflits et des refoulements sombrés dans l'amnésie, mais qui laissèrent subsister, à titre de résidu, le contenu de l'appréhension obsédante. Nous apprendrons plus tard jusqu'à quel point nous sommes à même de retrouver ces événements oubliés ou de les reconstituer avec un certain degré d'exactitude. Nous voudrions, en attendant, faire ressortir une coïncidence qui n'est probablement pas fortuite : le fait que l'amnésie infantile de notre patient atteint sa limite supérieure dans la 6e année.

Je connais plusieurs autres cas de névrose obsessionnelle chronique qui débutèrent de même, dans le jeune âge, par de pareils désirs sensuels, accompagnés d'appréhensions sinistres et de tendance à des actes de défense. C'est un début absolument typique, bien que ce ne soit probablement pas là le seul type possible. Un mot encore au sujet des expériences sexuelles précoces du patient, avant de passer à l'exposé de la seconde séance. On ne pourra guère refuser de reconnaître qu'elles n'aient été particulièrement abondantes et efficientes. Il en a été également ainsi dans tous les autres cas de névrose obsessionnelle que j'ai pu analyser. Le trait caractéristique de l'activité sexuelle précoce n'y manque jamais, à l'inverse de ce qui a lieu dans l'hystérie. La névrose obsessionnelle laisse reconnaître, bien plus clairement que ne le fait l'hystérie, que les facteurs qui constituent une psychonévrose ne se trouvent pas dans la vie sexuelle actuelle, mais dans celle de l'enfance. La vie sexuelle actuelle des obsédés peut sembler tout à fait normale à un investigateur superficiel ; souvent même, elle présente bien moins de facteurs pathogènes et d'anomalies que celle de notre patient.

c) *La grande appréhension obsédante*

« Je crois que je vais commencer, aujourd'hui, par vous raconter l'événement qui me poussa à venir vous consulter. C'était au mois d'août, pendant les manœuvres à X... Avant ces manœuvres, je me sentais très mal, et j'éais tourmenté par toutes sortes d'obsessions, qui s'apaisèrent d'ailleurs dès le début des manœuvres. J'éprouvais un certain intérêt à démontrer aux officiers de carrière que les officiers de réserve étaient capables, non seulement de s'instruire, mais encore de faire preuve d'endurance physique. Un jour, nous fîmes une petite marche en partant de X... A une halte, je perdis mon lorgnon, et bien que j'eusse pu facilement le retrouver, je préférai ne pas faire retarder le départ ; j'y renonçai et télégraphiai à mon opticien, à Vienne, en lui demandant de m'en envoyer un autre par retour du courrier. A cette halte, j'étais assis entre deux officiers, dont l'un, un capitaine qui avait un nom tchèque, devait acquérir pour moi de l'importance. Je le craignais jusqu'à un certain point, *car il aimait évidemment la cruauté.* Je ne prétends pas qu'il fût méchant mais, pendant les repas, il s'était déclaré à plusieurs reprises partisan des peines corporelles, de sorte que j'avais dû le contredire énergiquement. Or, pendant cette halte, nous eûmes une conversation au cours de laquelle le capitaine en question raconta qu'il avait lu la description d'un supplice particulièrement épouvantable pratiqué en Orient... »

A ce moment, le malade s'interrompt, se lève et me demande de le dispenser de la description des détails. Je l'assure que je n'ai moi-même aucun penchant à la cruauté, que je ne voudrais certes pas le tourmenter, mais que je ne peux le dispenser de choses dont je ne dispose pas. Il pourrait tout aussi bien me demander de lui faire cadeau de deux comètes (1). Vaincre les résistances est une condition du traitement à laquelle nous n'avons pas le droit de nous soustraire. (Je lui avais exposé la conception de la « résistance » au début de cette séance, lorsqu'il avait dit qu'il aurait beaucoup à surmonter pour me faire part de l'événement en question.) Je continuai en lui disant que je ferais tout ce que je pourrais pour lui faciliter son récit, que je tâcherais de deviner ce à quoi il faisait allusion. Voulait-il parler d'empalement ? — Non, ce n'était pas cela. On attache le condamné (il s'exprimait si obscurément que je ne pus deviner de suite dans quelle position on attachait le supplicié), on renverse sur ses fesses un pot dans lequel on introduit des rats, qui se — il s'était levé et manifestait tous les signes de l'horreur et de la résistance — qui s'*enfoncent*. « Dans l'anus, dus-je compléter. »

A chaque moment important du récit, on remarque sur son visage une expression complexe et bizarre, expression que je ne pourrais traduire autrement que comme étant l'*horreur d'une jouissance par lui-même ignorée*. Il continue avec beaucoup de difficultés : « A ce moment, mon esprit fut traversé par *l'idée que cela arrivait à une personne qui m'était chère* (2). » En réponse à une question de ma part, il dit n'avoir pas été lui-même l'exécuteur du supplice, que celui-ci se réalisait d'une manière impersonnelle. Et je devine bientôt que cette « représentation » se rapportait à la dame aimée par lui.

Il interrompt son récit pour m'assurer combien ces pensées lui répugnent, combien il les ressent étrangères à sa personne, et combien tout ce qui s'ensuit se déroule en lui avec une rapidité extraordinaire. En même temps que l'idée, il y a toujours aussi la « sanction », c'est-à-dire la mesure de défense à laquelle il doit obéir, pour empêcher un tel fantasme de se réaliser. Lorsque le capitaine eut parlé de cet horrible supplice et que les idées surgirent en lui, il aurait réussi encore à se débarrasser des *deux idées* par sa formule habituelle : « Mais » (accompagné d'un geste de rejet) et par les paroles qu'il se dit à lui-même : « Voyons, que vas-tu imaginer ? »

Le pluriel (les deux idées) me fit tiquer, de même qu'il a dû rester incompréhensible au lecteur. Car nous n'avons, jusqu'à présent, entendu parler que d'une seule idée, celle de la dame subissant le supplice aux rats. Il dut alors avouer qu'une autre idée avait surgi

(1) *Schenken*, en allemand, signifie à la fois dispenser et faire un cadeau. *(N. d. T.)*

(2) Il dit : l'idée ; l'expression plus forte, *le désir* ou *la peur*, est évidemment masquée par la censure. Je ne peux malheureusement rendre l'imprécision caractéristique de son récit.

en lui en même temps que la première, l'idée que le supplice s'appliquait aussi à son père. Étant donné que son père était mort depuis longtemps, que cette appréhension était, par conséquent, encore plus absurde que l'autre, il avait essayé d'en différer encore un peu l'aveu.

Le lendemain soir, le capitaine en question lui remit un colis contre remboursement et lui dit : « Le lieutenant A... (1) en a acquitté pour toi le montant. Tu dois le lui rendre. » Ce colis contenait le lorgnon que le malade avait commandé par télégramme. A ce moment, se forma en lui une « sanction » : *Ne pas rendre l'argent, sinon « cela » arrivera* (c'est-à-dire le supplice aux rats se réaliserait pour son père et pour la dame). Alors surgit en lui, suivant un schéma qu'il connaissait bien, un commandement, une sorte de serment, pour combattre la sanction : *Tu rendras les 3 couronnes 80 au lieutenant A...*, ce qu'il murmura presque.

Deux jours plus tard, les manœuvres prirent fin. Notre patient passa ces deux jours à s'efforcer de rendre à A... la petite somme. De plus en plus, contre ses tentatives, se dressaient des difficultés en apparence *indépendantes de lui.* D'abord, il essaya d'effectuer le paiement par l'intermédiaire d'un officier qui allait au bureau de poste. Mais lorsque celui-ci, de retour, lui rendit l'argent en lui disant n'avoir pas rencontré A... au bureau de poste, il fut très content. Car ce mode d'exécuter son serment ne le satisfaisait pas, étant donné qu'il ne correspondait pas à la teneur du serment : *tu* dois rendre l'argent à A... Enfin, notre patient rencontra A..., mais celui-ci refusa cet argent en observant qu'il n'avait rien avancé pour lui et qu'il ne s'occupait pas de la poste dont était chargé le lieutenant B... Notre patient fut très déconcerté de ne pouvoir tenir son serment, dont la condition première se trouvait être fausse. Il s'évertua alors à imaginer les procédés les plus étranges : il irait avec les deux officiers A... et B..., au bureau de poste, là-bas A... donnerait à l'employée de la poste les 3 couronnes 80, pour qu'elle les remette à B..., et lui, notre patient, rendrait alors, suivant la teneur du serment, les 3 couronnes 80 à A...

Je ne serais pas surpris que le lecteur eût été incapable de suivre ce que je viens d'exposer. Le récit détaillé que me fit le patient des événements antérieurs à ces jours et de ses réactions à ces événements était lui-même rempli de contradictions internes et paraissait extrêmement confus. Après un troisième récit seulement, je réussis à lui en faire remarquer toutes les obscurités, et à lui dévoiler les paramnésies et les déplacements dont son récit faisait preuve. Je néglige ici les détails dont nous apprendrons bientôt à connaître

(1) Les noms sont ici presque indifférents.

l'essentiel et voudrais seulement mentionner qu'à la fin de cette seconde séance, le patient se trouva dans un état de stupeur et de confusion. A plusieurs reprises, il m'appela « mon capitaine », probablement parce que j'avais fait remarquer, au début de la séance, que je n'étais pas cruel comme le capitaine M... et que je n'avais pas l'intention de le tourmenter inutilement.

Au cours de cette séance, j'appris en outre que, dès le début de ses obsessions, à propos de toutes ses appréhensions antérieures relatives aux malheurs pouvant arriver à des personnes chères, il pensait que les peines devant les frapper les atteindraient, non seulement ici-bas, mais dans l'éternité, l'au-delà. Jusqu'à l'âge de 14 ou 15 ans, il avait été très sincèrement croyant. Depuis, il avait évolué et était, à l'heure actuelle, libre penseur. Il résolvait cette contradiction par le raisonnement suivant : « Que sais-tu de la vie dans l'au-delà ? Qu'en savent les autres ? Or, comme on ne peut rien savoir, tu ne risques rien, alors, fais-le. » Cet homme, habituellement si intelligent, croyait ce raisonnement impeccable, et utilisait de la sorte l'incertitude de la raison en ce qui concerne ce problème à l'avantage de ses idées religieuses abandonnées.

Au cours de la troisième séance, notre patient achève le récit si caractéristique de ses tentatives pour tenir son serment compulsionnel : ce soir-là eut lieu la dernière réunion des officiers, avant la fin des manœuvres. C'est lui qui eut à répondre au toast porté en l'honneur de « ces messieurs de la réserve ». Il parla bien, mais comme en état de somnambulisme, car dans son for intérieur son serment continuait à le tourmenter. Il passa une nuit épouvantable ; arguments et contre-arguments luttaient en lui ; l'argument principal était naturellement le fait que la condition première de son serment : le lieutenant A... aurait avancé de l'argent pour lui, ne correspondait pas à la réalité. Le patient se consolait en se disant que tout n'était pas encore fini, du moment que A... faisait le lendemain, en même temps que lui, une partie du chemin vers P..., la station de chemin de fer. Il aurait alors le temps de lui demander un service. Mais il n'en fit rien et laissa A... le quitter. Toutefois, il chargea son ordonnance d'aller annoncer à A... sa visite pour l'après-midi. Notre patient arriva à la gare à 9 h 30, y déposa ses bagages, fit toutes sortes d'emplettes dans la petite ville, se proposant de faire ensuite sa visite à A... Le village où se trouvait ce dernier était à une distance d'une heure environ en voiture de la ville de P... Le trajet en chemin de fer vers l'endroit où se trouvait le bureau de poste en question devait durer trois heures. Il croyait ainsi pouvoir, une fois son plan compliqué réalisé, revenir à temps à P... et y prendre le train du soir pour Vienne. Les pensées qui se contredisaient en notre patient étaient d'une part : « Je ne suis qu'un lâche, je veux évidemment éviter le déplaisir de demander ce service à A... et d'être pris pour un fou par lui, c'est pour cela que je veux passer outre à mon serment. » D'autre part : « C'est au contraire une lâcheté que de réaliser ce serment, car je ne veux le faire que pour me débarrasser de mes obsessions. » Il me conta que toutes les fois qu'en lui, dans un raisonnement, des arguments contradictoires se contrebalancent, il a coutume de se laisser entraîner par des événements fortuits, comme par des jugements de Dieu. C'est pour cette raison qu'il acquiesça, lorsqu'un porteur, à la gare, lui demanda : « Pour le train de 10 heures, mon lieutenant ? » Il partit par conséquent à 10 heures, après avoir créé un *fait accompli* (1) qui le soulagea beaucoup. Il se procura aussi, chez un employé de wagon-restaurant, un ticket pour le déjeuner. Au premier arrêt du train, il lui vint à l'esprit qu'il avait encore le temps de descendre, d'attendre le train venant en direction inverse, d'aller à P... et à l'endroit où se trouvait le lieutenant A..., de faire avec celui-ci le trajet de trois heures vers l'endroit où était le bureau de poste, etc. Et ce n'est que la promesse donnée à l'employé d'aller déjeuner au wagon-restaurant qui le retint. Mais il n'abandonna pas son projet et en remit la réalisation au prochain arrêt du train. Cette réalisation, il la différait d'un arrêt à l'autre, jusqu'à ce qu'il fût arrivé à une station où il lui sembla impossible de descendre, à cause de la présence, dans cette ville, de parents à lui. Ainsi, il résolut d'aller jusqu'à Vienne y retrouver son ami, de lui exposer la situation, et, suivant la décision de celui-ci, de retourner à P... par le train de nuit. Et lorsque je doutai qu'il eût eu la possibilité matérielle de le faire, il m'assura qu'il aurait eu entre l'arrivée de son train et le départ de l'autre un intervalle d'une demi-heure. Arrivé à Vienne, il ne rencontra pas son ami dans le restaurant où il s'attendait à le trouver, n'arriva qu'à 11 heures du soir dans l'appartement de celui-ci et lui exposa son cas la nuit même. L'ami fut stupéfait de voir que mon patient doutât encore qu'il s'agît d'obsessions, le tranquillisa, de sorte que celui-ci passa une bonne nuit, et le lendemain matin alla avec lui envoyer les 3 couronnes 80 à destination du bureau de poste où était arrivé le colis contenant le lorgnon.

Ce dernier détail me permit de démêler les déformations de son récit. Du moment qu'il envoyait le montant, après avoir été ramené à la raison par son ami, non pas au lieutenant A..., ni au lieutenant B..., mais au bureau de poste même, il devait savoir et avait même dû savoir avant son départ pour Vienne, que les 3 couronnes 80, il ne les devait

(1) En français dans le texte. *(N. d. T.)*

à personne d'autre qu'à l'employée de la poste. En effet, il s'avéra que mon patient l'avait déjà su avant la sommation du capitaine M... et avant le serment, car il se souvint à présent d'avoir été présenté, plusieurs heures avant la rencontre avec le capitaine cruel, à un autre capitaine qui lui avait fait part du véritable état de choses. Cet officier lui avait raconté, en entendant son nom, qu'on lui avait demandé s'il connaissait un lieutenant H... (c'est-à-dire notre patient) pour lequel était arrivé un colis contre remboursement. Le capitaine ne le connaissait pas, mais l'employée avait dit qu'elle avait confiance en ce lieutenant inconnu et en avancerait elle-même le montant. C'est de cette façon-là que notre patient était entré en possession du lorgnon qu'il avait commandé. Le capitaine cruel s'était trompé lorsqu'en remettant le colis à notre malade il lui avait enjoint de rendre les 3 couronnes 80 à A... Notre patient devait savoir que c'était une erreur et, malgré cela, il fit le serment, basé sur cette erreur, serment qui devint une cause de supplice pour lui. Il avait supprimé à lui-même et à moi, dans son récit, l'existence de cet autre capitaine et de la confiante employée de la poste. Cependant, j'avoue que notre mise au point ne rend son comportement que plus absurde et plus incompréhensible encore qu'il ne le paraissait auparavant.

Ayant quitté son ami et étant rentré dans sa famille, le patient fut à nouveau repris par ses doutes. Car les arguments de son ami ne différaient pas de ceux qu'il s'était donnés à lui-même et il ne se leurrait pas sur la cause de son calme passager, qui n'était dû qu'à l'influence personnelle de cet ami. La décision de notre patient d'aller consulter un médecin fut habilement intriquée dans son « délire », et cela de la façon suivante : il avait l'intention de demander au médecin un certificat comme quoi la façon d'agir avec A..., qu'il avait inventée, était nécessaire à son rétablissement, et il espérait que A... se laisserait certainement déterminer par ce certificat à accepter de lui les 3 couronnes 80. Le hasard, qui fit tomber un de mes livres entre ses mains, dirigea son choix sur moi. Mais il ne fut plus question, chez moi, de ce certificat. Il ne me pria, très raisonnablement, que de le débarrasser de ses obsessions. Plusieurs mois plus tard, lorsque sa résistance fut à son comble, il se trouva une fois de plus tenté d'aller à P..., de trouver le lieutenant A... et de mettre en scène avec celui-ci la comédie de la restitution de l'argent.

d) *Introduction à l'intelligence de la cure*

Je prie le lecteur de ne point espérer apprendre immédiatement ce que j'aurai à dire au sujet de cette obsession si étrangement absurde (celle du supplice aux rats). La technique psychanalytique correcte impose au médecin de réprimer sa curiosité et de laisser le patient choisir librement les thèmes qui se succèdent au cours du travail. Je reçus donc, à la quatrième séance, mon patient en lui posant cette question : « Par quel sujet allez-vous continuer ? »

« J'ai décidé, répondit-il, de vous dire ce que je crois être important et qui me tourmente depuis le début. » Et il se met à me raconter tous les détails de la maladie de son père, qui mourut, il y a de cela neuf ans, d'emphysème. Un soir, mon patient demanda au médecin, croyant qu'il ne s'agissait chez son père que d'une crise, à quel moment tout danger pourrait être considéré comme écarté. « Après-demain soir », lui répondit le médecin. Il ne lui vint pas à l'esprit que son père pût mourir avant ce délai. A 11 heures 1/2 du soir, il se coucha pour une heure et, lorsqu'il se réveilla à 1 heure, un ami médecin lui annonça que son père venait de mourir. Notre patient se reprocha de n'avoir pas assisté à la mort de celui-ci, reproches qui s'intensifièrent lorsque l'infirmière lui apprit que son père avait, ces derniers jours, prononcé son nom et lui avait demandé, lorsqu'elle s'était approchée du mourant : « Est-ce Paul ? » Notre patient avait cru s'apercevoir que sa mère et ses sœurs s'étaient fait des reproches semblables ; mais elles n'en parlèrent pas. Cependant, les reproches qu'il s'adressait ne furent d'abord pas pénibles car, pendant longtemps, le patient ne réalisa pas la mort de son père. Et il lui arrivait souvent, lorsqu'il entendait raconter une histoire amusante, de se dire : « Ça, je vais le raconter à Père. » Son imagination aussi était occupée par l'image du défunt, de sorte que, souvent, lorsqu'il entrait dans une pièce, il s'attendait à le trouver ; quoique n'oubliant jamais le fait de la mort de son père, l'attente de cette apparition fantomatique n'avait aucun caractère terrifiant, au contraire, il la souhaitait très fortement. Ce ne fut qu'un an et demi plus tard que se réveilla le souvenir de sa négligence qui se mit à le tourmenter effroyablement, de sorte qu'il se crut un criminel. L'occasion qui déclencha ses remords fut la mort d'une tante par alliance, et sa visite dans la maison mortuaire. A partir de ce moment, il ajouta à sa construction imaginaire une suite dans l'au-delà. Le résultat immédiat de cette crise fut une grave inhibition au travail (1). Il me raconte que, seules alors, l'avaient soutenu les consolations de son ami, qui réfutait toujours ses remords, en les jugeant excessifs et exagérés. Je profitai de cette occasion pour lui donner une première notion de la théra-

(1) Une description plus détaillée de cet événement permit plus tard de mieux comprendre son influence sur notre malade. Son oncle, mari de la morte, s'était écrié : « D'autres hommes se permettent toutes sortes de choses, mais moi, je n'ai vécu que pour cette femme ! » Notre patient supposa que son oncle faisait allusion à son père, et suspecta la fidélité conjugale de ce dernier. Bien que son oncle eût nié énergiquement cette interprétation de ses paroles, leur influence demeura.

peutique psychanalytique. Quand il existe un désaccord entre le contenu d'une représentation et son affect, c'est-à-dire entre l'intensité d'un remords et sa cause, le profane dirait que l'affect est trop grand pour la cause, c'est-à-dire que le remords est exagéré, et que la déduction tirée de ce remords est fausse, par exemple, dans le cas de notre patient, de se croire un criminel. Le médecin dit au contraire : non, l'affect est justifié, le sentiment de culpabilité n'est pas à critiquer, mais il appartient à un autre contenu, qui lui est inconnu *(inconscient)* et qu'il s'agit de rechercher. Le contenu connu de la représentation ne s'est introduit à cet endroit que grâce à un faux enchaînement. Toutefois, n'étant pas habitués à sentir en nous des affects intenses sans contenu représentatif, nous en prenons un autre comme succédané, qui y correspond à peu près, ainsi que le fait, par exemple, la police qui, ne pouvant arrêter un malfaiteur, auteur d'un crime, en arrête un autre à sa place. Le faux enchaînement, seul, explique l'impuissance du travail logique contre la représentation obsédante. Je termine en avouant que cette nouvelle conception faisait surgir au premier abord de grandes énigmes : comment le malade pouvait-il, en effet, trouver juste son remords d'être un criminel envers son père, sachant qu'il n'avait jamais rien commis de criminel envers celui-ci ?

Dans la séance suivante, il fait preuve d'un grand intérêt pour mes explications, se permet toutefois de me faire part de quelques doutes : de quelle façon l'explication d'après laquelle le remords, le sentiment de culpabilité étaient justifiés, pouvait-elle avoir une action curative ? — Je réponds que ce n'est pas l'explication même qui a cet effet, mais le fait de retrouver le contenu inconnu auquel se rattache le remords. — « Oui, c'est justement à cela que se rapportait ma question. » — Je lui explique brièvement *les différences psychologiques qui existent entre le conscient et l'inconscient*, l'usure que subit tout ce qui est conscient, tandis que l'inconscient reste relativement inaltérable, en lui montrant les antiquités qui se trouvent dans mon bureau. Ces objets proviennent de sépultures ; c'est grâce à l'ensevelissement que ces objets se sont conservés. Pompéi ne tombe en ruine que maintenant, depuis qu'elle est déterrée. — « Peut-on prévoir avec certitude, me demande le patient, de quelle façon on se comportera envers les pensées retrouvées ? Car l'un arriverait à surmonter le remords, tandis qu'un autre pourrait ne pas y réussir. » — « Non, lui dis-je, il est dans la nature de ces choses que l'affect se surmonte pendant le travail même. A l'encontre de ce qui se passe pour Pompéi, qu'on s'efforce de conserver, on veut à tout prix se débarrasser d'idées aussi pénibles. » — « Je me suis dit, continue-t-il, qu'un remords ne peut naître que si l'on enfreint les principes moraux les plus personnels, et non pas les lois extérieures. » (Je le lui confirme, en lui faisant remarquer que celui qui n'enfreint que ces dernières se croit souvent un héros.) « Un pareil phénomène n'est, par conséquent, possible que s'il existe d'emblée une *désagrégation de la personnalité.* Et je me demande si je vais recouvrer l'unité de ma personnalité. Si tel est le cas, je suis certain de réussir bien des choses, plus peut-être que d'autres gens. » — Je me déclare entièrement d'accord avec sa notion de la désagrégation de la personnalité. Il peut même fondre ces deux couples : l'opposition entre la personnalité morale et le mal en lui d'une part, et l'inconscient opposé au conscient de l'autre. La personnalité morale, c'est le conscient ; le mal en nous, c'est l'inconscient (1). — « Je me rappelle, dit-il alors, quoique je me considère comme un homme moral, avoir certainement commis, dans mon *enfance,* des choses qui émanaient de cette autre personnalité. » — A mon avis, fais-je, il a découvert, ce disant, le caractère principal de l'inconscient, c'est-à-dire le rapport de celui-ci avec *l'infantile.* L'inconscient est une partie de notre personnalité qui, dans l'enfance, s'en détache, n'en suit pas l'évolution ultérieure et qui est, pour cette raison, *refoulée* : l'inconscient, c'est l'infantile en nous. Les rejetons de cet inconscient refoulé, ce sont les éléments qui entretiennent les pensées involontaires, lesquelles constituent sa maladie. Je dis à mon patient que c'est à lui, maintenant, de découvrir encore un autre caractère de l'inconscient. — « Je ne trouve plus rien d'autre, mais je me demande si l'on peut guérir des troubles ayant existé depuis si longtemps. Et en particulier que peut-on faire contre l'idée de l'au-delà, qui ne peut être réfutée par la logique ? » — Je ne conteste pas la gravité de son cas, ni l'importance de ses constructions pathologiques, mais son âge est favorable, et favorable aussi l'intégrité de sa personnalité. J'ajoute une appréciation flatteuse de lui, qui le réjouit visiblement.

A la séance suivante, il commence par me raconter un fait de son enfance : ainsi qu'il l'a déjà dit, depuis l'âge de 7 ans il craignait de voir ses parents deviner ses pensées, crainte qu'il conserva toute sa vie. A l'âge de 12 ans, il aimait une fillette, la sœur d'un camarade (et à ma question, il répond : « Pas sensuellement, je ne voulais pas la voir nue, elle était trop petite »). Mais elle n'était pas aussi tendre avec lui qu'il l'aurait souhaité. L'idée lui vint alors qu'elle serait plus affectueuse pour lui s'il lui arrivait un malheur ; et la pensée s'imposa à lui que la mort de son père pourrait être ce malheur. Il écarta immédiatement et énergiquement cette pensée. D'ailleurs, il se défend d'admettre la possibilité qu'il s'agît là d'un

(1) Tout ceci n'est vrai que très approximativement, mais suffit pour une introduction préliminaire.

« souhait ». Ce n'était, d'après lui, qu'un simple « enchaînement d'idées » (1) — J'objecte : « Si ce n'était pas un souhait, pourquoi vous êtes-vous tellement défendu contre cette idée ? » — « Mais uniquement à cause du contenu de cette représentation, que mon père pourrait mourir. » — Je lui fais remarquer qu'il traite cet énoncé comme s'il s'agissait d'un crime de lèse-majesté pour lequel seront aussi bien punies les personnes qui disent : « L'Empereur est un âne », que celles qui s'expriment de cette façon plus déguisée : « Celui qui dira que l'Empereur..., etc., aura affaire à moi. » On pourrait d'ailleurs facilement insérer le contenu de sa pensée dans un contexte qui exclurait sa répugnance ; par exemple : « Si mon père meurt, je me suiciderai sur sa tombe. » Le patient est visiblement frappé, mais n'abandonne pas son opposition, de sorte que j'interromps la discussion en suggérant que la pensée relative à la mort de son père n'apparaissait pas dans ce cas, pour la première fois ; son origine devait être plus ancienne et nous devrions un jour la rechercher. — Le patient me conte alors qu'une seconde fois, six mois avant la mort de son père, une pensée semblable lui avait traversé l'esprit comme un éclair. A cette époque, il était déjà amoureux de la dame en question (2), mais ne pouvait songer à une union pour des raisons pécuniaires. La pensée qui lui était venue à l'esprit était celle-ci : *Par la mort de mon père, je deviendrais peut-être assez riche pour l'épouser.* Il alla, en repoussant cette idée, jusqu'à souhaiter que son père ne laissât aucun héritage, afin que cette perte si terrible pour lui ne fût compensée par rien. Une troisième fois, une pareille idée lui vint, mais cette fois très atténuée, la veille de la mort de son père : « Je suis sur le point de perdre ce qui m'est le plus cher au monde. » A cela, une pensée s'opposa : « Non, il est une autre personne dont la perte me serait encore plus douloureuse (3). » Il avait été très surpris d'avoir de telles pensées, car il est tout à fait sûr que la mort du père n'a jamais pu être l'objet de ses souhaits, mais uniquement de ses craintes. Après ces paroles prononcées avec véhémence, je juge utile de lui exposer quelques nouvelles notions théoriques. D'après elles, pareille crainte correspond à un ancien *souhait*, actuellement refoulé ; par conséquent, ces protestations doivent nous laisser supposer l'existence de tendances exactement contraires. Ceci correspond aussi au fait que l'inconscient est l'inverse contradictoire du conscient.

(1) Il n'y a pas que les obsédés qui se contentent de pareilles atténuations verbales.

(2) Il y avait de cela dix ans.

(3) L'opposition entre les deux personnes chéries : le père et la « dame », est ici clairement indiquée.

Notre patient est très ému, mais très sceptique, et s'étonne qu'un souhait pareil ait pu exister chez lui, son père étant la personne qu'il chérissait le plus au monde. Il ne doute pas un instant qu'il eût renoncé à tout bonheur dans la vie s'il avait pu, par cela, sauver la vie de son père. J'objecte que c'est justement cet amour si intense qui est la condition du refoulement de la haine. A l'égard de personnes indifférentes il réussirait facilement à laisser subsister côte à côte des motifs d'une affection modérée et d'une aversion elle aussi modérée : s'il était, par exemple, fonctionnaire et qu'il qualifiât son chef de bureau de supérieur agréable, mais de juriste mesquin et de juge inhumain. C'est ainsi que dans Shakespeare, Brutus parle de César : « César m'aimait, et je le pleure ; il fut heureux, et je m'en réjouis ; il fut vaillant, et je l'en admire ; mais il fut ambitieux, et je l'ai tué (1) ! » Les paroles de Brutus paraissent d'ailleurs étranges, car on se serait figuré plus profonde l'affection de Brutus pour César. Pour en revenir au patient, je remarque que, à l'égard d'une personne très proche, par exemple de sa femme, il aurait tendance à unifier ses sentiments et négligerait, comme c'est le cas chez tous les êtres humains, les défauts pouvant provoquer une aversion pour elle, il serait aveugle à ses défauts. Or, c'est précisément cet amour intense qui ne permet pas à la haine (c'est là un grossissement), bien qu'elle doive pourtant avoir une source, de rester consciente. Cependant l'origine de cette haine demeure un problème ; le récit du patient indique l'époque où il craignait que ses parents ne pussent deviner ses pensées. D'autre part, on peut aussi se demander pourquoi cet amour intense n'avait pas réussi à éteindre la haine, comme c'est habituellement le cas entre des pulsions opposées. Il faut admettre que la haine était liée à une cause qui la rendait indestructible. Ainsi, la haine du père est, d'une part, protégée contre la destruction et, d'autre part, le grand amour pour ce même père l'empêche de devenir consciente. Il ne reste donc à cette haine que l'existence dans l'inconscient, dont elle peut pourtant resurgir, par instants, comme un éclair.

Le patient convient que tout cela paraît assez plausible, mais il n'est naturellement pas convaincu du tout (2). Il me demande

(1) *Jules César*, scène IX, dans *Œuvres complètes de W. Shakespeare*, t. IX, trad. François-Victor HUGO, Paris, Alphonse Lemerre, 1865.

(2) On ne cherche jamais dans de telles discussions à amener la conviction chez le malade. Ces discussions ont pour but d'introduire les complexes refoulés dans le conscient, de provoquer une lutte, dont ils sont l'objet, dans le domaine des processus psychiques conscients et de faciliter l'apparition hors de l'inconscient d'un matériel nouveau. La conviction, le malade ne l'acquiert qu'après avoir retravaillé lui-même le matériel. Tant que la conviction reste chancelante, il faut penser que le matériel n'est pas épuisé.

comment il est possible qu'une pareille idée puisse être intermittente. Elle a surgi, pour un moment, à l'âge de 12 ans, ensuite à l'âge de 20 ans, et a réapparu, une fois de plus, deux ans plus tard, pour ne plus disparaître depuis. Il ne peut admettre que l'hostilité ait été éteinte dans ces intervalles, et pourtant alors il était sans remords. — « Quand quelqu'un pose une pareille question, fis-je, c'est que sa réponse est toute prête. Il suffisait de le laisser poursuivre. » Le patient continue, apparemment sans rapport avec ce qui vient d'être dit : « Mon père et moi, nous étions les meilleurs amis ; excepté dans quelques rares domaines où père et fils ont l'habitude de s'écarter l'un de l'autre (à quoi donc fait-il allusion ?), l'intimité entre nous était plus grande qu'avec mon meilleur ami actuel. Or, la dame en question, celle que j'ai préférée, en pensée, à mon père, je l'aimais beaucoup, mais je n'avais jamais éprouvé pour elle les désirs sensuels qui me hantaient dans l'enfance. En général, mes tendances sensuelles étaient dans l'enfance beaucoup plus fortes qu'à l'époque de la puberté. » — Je lui fais remarquer qu'il vient de donner la réponse attendue. En même temps, il a trouvé le troisième caractère important de l'inconscient. La source qui alimentait sa haine et avait rendu celle-ci inaltérable était évidemment de l'ordre des *désirs sensuels* ; dans l'assouvissement de ceux-ci, son père lui avait paru *gênant*. Un tel conflit entre la sensualité et l'amour filial est absolument typique. Les rémissions auxquelles il a fait allusion se sont produites chez lui, parce qu'à la suite d'un épanouissement précoce de sa sensualité, celle-ci subit dès l'abord un affaiblissement si considérable. Et ce n'est que lorsque des tendances amoureuses intenses se furent une fois de plus fait jour chez lui que, de par l'analogie de la situation, cette hostilité réapparut. Je me fais d'ailleurs confirmer par lui que je ne l'ai dirigé ni sur la voie de l'enfance ni sur celle de la sexualité, et qu'il y est venu de lui-même. — Le patient continue à m'interroger : « Pourquoi n'aurait-il pas, à l'époque où il était amoureux de la dame, tout simplement décidé intérieurement que l'obstacle à son amour représenté par son père ne saurait être mis en balance avec son affection pour lui ? » — Je réponds qu'il n'est guère possible de tuer quelqu'un *in absentia*. Pour pouvoir prendre une décision comme celle dont il parle, le souhait répréhensible de supprimer le père gênant eût dû apparaître alors chez lui pour la première fois. Or c'était un souhait *refoulé depuis longtemps*, souhait contre lequel il ne put se comporter autrement que dans son enfance, qui demeura donc soustrait à la destruction. Ce souhait (de supprimer le père gênant) a dû naître à une époque où la situation était différente : soit qu'alors il n'aimât pas son père plus que la personne désirée sensuellement, soit qu'il ne fût pas encore capable d'une décision nette, c'est-à-dire dans sa prime enfance, avant l'âge de 6 ans, avant l'époque où ses souvenirs forment un ensemble continu. Et depuis, cet état de choses s'est maintenu tel quel. — Provisoirement, j'arrête là mon explication.

A la séance suivante, la septième, le patient reprend le même thème. Il ne peut croire avoir jamais souhaité pareille chose à son père. Il se souvient d'une nouvelle de Sudermann, qui lui a fait une profonde impression et dans laquelle une jeune fille souhaitait la mort de sa sœur malade pour pouvoir épouser le mari de celle-ci. Elle se suicide par la suite, ne méritant pas de vivre après une pareille ignominie. Il comprend cela parfaitement et trouve qu'il serait juste que ses pensées causassent sa perte, il ne mérite pas mieux (1). Je lui fais remarquer que nous connaissons bien le fait que leurs souffrances procurent aux malades une certaine satisfaction, de sorte qu'ils se défendent partiellement contre la guérison. Et je l'engage à ne pas perdre de vue qu'un traitement comme le nôtre est continuellement accompagné de *résistances* ; je ne cesserai de le lui rappeler.

Le patient se met alors à me parler d'une action criminelle, action où il ne se reconnaît pas, mais qu'il se souvient pertinemment avoir commise. Et il cite Nietzsche : « *J'ai fait cela* », *dit ma mémoire,* « *je n'ai pas pu faire cela* », *dit ma fierté qui reste implacable. Enfin, c'est ma mémoire qui cède* (2).

« Or, sur ce point, ma mémoire n'a pas cédé. » — « Précisément, parce que vous tirez une certaine satisfaction de vos remords. » — Il continue : « Avec mon frère cadet (maintenant d'ailleurs je l'aime beaucoup, mais il me donne de grands soucis ; il veut contracter un mariage qui est, à mon avis, une bêtise ; j'avais même eu l'intention d'aller le voir et d'assassiner cette personne pour qu'il ne puisse l'épouser), nous nous sommes souvent battus étant enfants. Mais, à part cela, nous nous aimions beaucoup et étions inséparables ; cependant, j'étais évidemment jaloux de lui, car il était plus fort, plus beau que moi, et par conséquent le préféré. » — « Vous m'avez d'ailleurs déjà raconté une scène de jalousie où Mlle Lina était en jeu. » — « Or, après un incident de ce genre (j'avais certainement moins de 8 ans, car je n'allais pas encore à l'école, où je suis entré à 8 ans), je fis la chose suivante : nous avions des fusils d'enfants, du système

(1) Ce sentiment de culpabilité est en contradiction évidente avec sa dénégation précédente au sujet de ses souhaits de mort à l'égard de son père. Il s'agit là d'un type fréquent de réaction à une pensée refoulée que le conscient apprend à connaître : la dénégation est immédiatement suivie d'une confirmation indirecte.

(2) *Par-delà le bien et le mal*, IV, tr. Henri ALBERT, Paris, Mercure de France, 1903.

habituel ; je chargeai le mien avec la baguette et lui dis de regarder dans le canon, qu'il y verrait quelque chose, et lorsqu'il y jeta un regard, j'appuyai sur la gâchette. Il fut frappé au front et n'eut pas de mal, mais mon intention avait été de lui faire très mal. Je fus ensuite hors de moi, me jetai par terre et me demandai comment j'avais pu faire une chose pareille. Cependant je l'avais faite. » — Je saisis l'occasion de plaider ma cause : « Du moment que vous gardez le souvenir d'une action qui vous est si étrangère, vous ne pouvez nier la possibilité d'une chose semblable à l'égard de votre père, à une époque antérieure, mais dont vous ne gardez plus le souvenir. » — Il me dit alors se rappeler d'autres pulsions de vengeance, à l'égard de la dame pour laquelle il a cependant un amour plein de vénération, et dont il dépeint le caractère d'une manière enthousiaste. « Elle n'aime peut-être pas facilement, dit-il, elle réserve tout son amour pour celui auquel elle appartiendra un jour ; moi, elle ne m'aime pas. Or, quand je le compris, je me mis à imaginer que je deviendrais un jour très riche, que j'épouserais une autre femme et lui ferais une visite accompagné de ma femme, pour lui faire de la peine. Arrivé à ce point, ma rêverie tarissait, car je m'avouais que l'autre, ma femme, m'était absolument indifférente ; mes pensées s'embrouillaient et, à la fin, je comprenais que ma femme devrait mourir. Dans cette rêverie, je trouve une fois de plus, comme dans mon attentat contre mon frère, ce trait qui me répugne tellement en moi, *la lâcheté* (1). » — Dans la suite de la conversation, je lui fais observer qu'il doit se considérer comme non responsable de ces traits de caractère ; toutes ces pulsions répréhensibles sont d'origine infantile, correspondent à des rejetons, dans l'inconscient, du caractère de l'enfant, pour lequel il ne peut exister, comme il doit le savoir, de responsabilité morale. De l'ensemble des prédispositions de l'enfant, l'homme moralement responsable ne se forme qu'au cours de l'évolution (2). Mais mon patient doute que tous ses mauvais instincts aient cette origine. Je lui promets de le lui prouver au cours du traitement.

Le patient fait encore observer que sa maladie s'est beaucoup aggravée depuis la mort de son père. Je lui donne raison, en ce sens que j'admets que le chagrin d'avoir perdu ce père est la source principale de sa maladie. Ce chagrin a trouvé dans la maladie, pour ainsi dire, son expression pathologique. Tandis qu'un chagrin à la

(1) Ce qui s'expliquera plus tard.

(2) Je n'émets ces arguments que pour me prouver une fois de plus leur inefficacité. Je ne puis concevoir comment d'autres psychothérapeutes affirment attaquer avec succès les névroses avec de telles armes.

suite de la mort d'une personne proche achève normalement son évolution en un ou deux ans, un deuil pathologique tel que le sien a une durée illimitée.

Là se termine la partie de l'histoire de la maladie susceptible d'être exposée en détail et de façon suivie. Cet exposé correspond à peu près à la marche de tout le traitement, dont la durée fut de plus de onze mois.

e) *Quelques obsessions et leur explication*

Les obsessions paraissent on le sait soit immotivées, soit absurdes, tout comme la teneur de nos rêves nocturnes. La première tâche qu'elles nous imposent est de leur donner un sens et une place dans le psychisme de l'individu, afin de les rendre compréhensibles et même évidentes. On fait bien de ne jamais se laisser troubler, dans cette tâche de la traduction des obsessions, par leur apparente insolubilité ; les obsessions les plus absurdes et les plus étranges se laissent résoudre si on les approfondit dûment. On trouve la solution cherchée en confrontant les obsessions avec les événements de la vie du patient, c'est-à-dire en cherchant à quelle époque apparaît pour la première fois une obsession donnée, et dans quelles conditions elle a coutume de réapparaître. Aussi la recherche de la solution est-elle proportionnellement plus facile lorsqu'il s'agit de trouver le sens d'obsessions qui, comme fréquemment c'est le cas, ne sont pas parvenues à une existence durable. On peut aisément se convaincre que, une fois trouvé le rapport existant entre l'obsession et les événements de la vie du malade, tous les problèmes énigmatiques et intéressants de cette formation pathologique deviennent facilement intelligibles : la signification de l'obsession, le mécanisme de sa formation et les forces instinctuelles psychiques qui lui correspondent et dont elle provient.

Je commence par un exemple particulièrement transparent : *la compulsion au suicide*, si fréquente chez notre patient et dont l'analyse se fait presque d'elle-même. L'absence de son amie, qui était partie soigner une grand-mère gravement malade, lui fit perdre trois semaines de ses études. « En plein travail, raconte-t-il, l'idée suivante me vint à l'esprit : Passe encore s'il t'était ordonné de passer ton examen à la session la plus proche. Mais que ferais-tu si l'ordre surgissait en toi de te couper la gorge avec un rasoir ? Je compris immédiatement que cet ordre venait d'entrer en vigueur, me précipitai vers l'armoire pour prendre le rasoir, mais je pensai : Non, ce serait trop simple ; va ! et assassine (1) la vieille femme. De terreur, je tombai par terre. »

(1) J'ajoute : d'abord.

Le lien rattachant cette obsession aux événements de sa vie se trouve au début du récit. La dame était absente, tandis qu'il s'appliquait énergiquement à préparer son examen afin de rapprocher le plus possible la réalisation de leur union. Il fut alors pris, pendant son travail, d'une nostalgie de l'absente et se mit à songer aux raisons de cette absence. Alors se produisit en lui ce qui, chez un homme normal, eût pu être un mouvement de colère contre la grand-mère de la dame et qui pourrait se traduire ainsi : « Pourquoi cette vieille femme doit-elle tomber malade, juste au moment où j'ai tellement envie de voir mon amie ? » Il faut supposer chez notre patient quelque chose de semblable, mais de bien plus intense ; un accès de rage inconsciente qui, accompagné de nostalgie, pourrait se traduire par l'exclamation : « Oh ! je voudrais y aller et assassiner cette vieille femme qui me prive de mon amie. » Ce qui est suivi du commandement : « Tue-toi, pour te punir d'avoir de pareils désirs. » Tout ce processus apparaît à la conscience de l'obsédé, accompagné des affects les plus violents, mais *dans l'ordre inverse* : punition d'abord, et, à la fin, mention du désir coupable. Je ne crois pas que cet essai d'explication puisse paraître forcé, ou qu'il contienne un grand nombre d'éléments hypothétiques.

Une autre des compulsions fut moins facile à élucider, ses liens avec la vie affective du patient ayant réussi à se dissimuler derrière l'une des associations superficielles, fait qui répugne tant à notre pensée consciente. Ce fut une compulsion à un suicide indirect, pour ainsi dire, et qui dura quelque temps. Un jour, pendant une villégiature, il eut l'idée qu'il était trop gros et qu'il devrait *maigrir*. Il se mit alors à se lever de table avant le dessert, à se précipiter en pleine chaleur d'août, sans chapeau, dans la rue, et à gravir les montagnes en courant, pour s'arrêter, baigné de sueur. L'idée du suicide apparut une fois sans déguisement derrière cette manie de maigrir ; un jour, sur une côte abrupte, se forma en lui l'ordre de sauter en bas, ce qui eût été sa mort certaine. La solution de cette absurde compulsion, le malade ne la trouva que lorsqu'il lui vint à l'esprit, un jour, qu'à cette époque son amie séjournait au même endroit aussi, mais en société d'un cousin anglais qui lui faisait la cour et dont notre patient était très jaloux. Ce cousin se nommait Richard, et tout le monde l'appelait Dick, comme c'est la coutume en Angleterre. C'est ce Dick qu'il eût voulu tuer (1). Il était, au fond, plus jaloux et plus furieux qu'il ne voulait se l'avouer, et c'est pourquoi il s'imposait, pour se punir, la torture de la cure d'amaigrissement. Si différente que puisse paraître cette compulsion

(1) *Dick*, en allemand, signifie : gros. *(N. d. T.)*

de la précédente, l'ordre direct de se suicider, un trait important leur est commun : leur genèse en tant que réaction à une rage extrêmement violente soustraite au conscient, rage dirigée contre la personne qui trouble l'amour (1).

D'autres obsessions, bien qu'ayant aussi trait à l'amie du malade, permettent toutefois de distinguer des mécanismes et une origine pulsionnelle différents. Pendant le séjour de la dame à la campagne, il se créa, outre sa manie de maigrir, toute une série d'autres compulsions qui, en partie du moins, se rapportaient directement à elle. Un jour, faisant avec elle une promenade en bateau, un vent très fort s'étant élevé, il dut la forcer à mettre sa cape, car il s'était formé en lui le commandement : *il faut que rien ne lui arrive* (2). Ce fut une sorte de *compulsion à protéger* dont voici d'autres exemples : une autre fois qu'ils étaient ensemble pendant un orage, se forma en lui la compulsion d'avoir à compter jusqu'à 40 ou 50 entre l'éclair et le tonnerre, sans comprendre pourquoi. Le jour du départ de la dame, notre patient heurta du pied une pierre dans la rue. Il dut l'enlever de la route, ayant songé que, dans quelques heures, la voiture de son amie, passant à cet endroit, pourrait avoir un accident à cause de cette pierre. Mais quelques instants après il se dit que c'était absurde et dut retourner remettre la pierre au milieu de la route. Après le départ de la dame, il fut obsédé par une *compulsion à comprendre*, qui le rendit insupportable aux siens. Il s'efforçait de comprendre exactement chaque syllabe de ce qu'on lui disait, comme si, sans cela, un trésor important allait lui échapper. Il demandait continuellement : « Que viens-tu de dire ? » Et, lorsqu'on lui répétait la phrase, il prétendait avoir entendu d'abord autre chose et restait insatisfait.

Toutes ces manifestations de sa maladie dépendaient d'un certain événement qui dominait à cette époque ses relations avec la dame. Cet événement avait eu lieu à Vienne, avant son départ à la campagne, lorsqu'il était en train de prendre congé d'elle. Il avait interprété l'un des propos de celle-ci comme étant destiné à le désavouer devant les personnes présentes et en avait beaucoup souffert. Or, à la campagne, ils eurent l'occasion de s'expliquer, et elle put lui prouver

(1) L'utilisation de noms et de mots pour créer des liens entre les pensées inconscientes (pulsions et fantasmes), d'une part, et les symptômes, d'autre part, a lieu, dans la névrose obsessionnelle, bien moins souvent et moins brutalement que dans l'hystérie. Cependant, en ce qui concerne le nom de Richard, je me souviens d'un autre exemple tiré d'un cas analysé autrefois. Ce malade, après une dispute avec son frère, se mit à ruminer d'une façon obsessionnelle pour trouver un moyen de se débarrasser de sa fortune, ne voulant plus avoir affaire à de l'argent, etc. Or son frère s'appelait Richard.

(2) Rien qui eût pu être de sa faute à lui, devrons-nous ajouter.

que le propos, si mal interprété par lui, avait été destiné à le sauver du ridicule. Il se sentit de nouveau très heureux après cette explication. L'indication la plus claire de cet incident est contenue dans sa compulsion à comprendre, qui est constituée comme s'il s'était dit : « Après cette expérience, si tu veux éviter des souffrances inutiles, il ne faut plus jamais te méprendre sur le sens de paroles entendues. » Mais cette résolution contient, outre la généralisation de l'événement précité, un déplacement, peut-être à cause de l'absence de l'adorée, déplacement de cette personne si hautement respectée sur toutes les personnes inférieures à elle. D'autre part, cette obsession ne peut être issue uniquement du contentement éprouvé grâce à l'explication de la dame. Elle doit exprimer autre chose encore, car notre malade finit toujours par un doute désagréable relatif à l'exactitude de ce qu'on répète.

Ce sont les autres compulsions provoquées par le départ de son amie qui nous mettent sur la trace de l'autre élément recherché. La *compulsion à protéger* son amie ne peut signifier autre chose qu'une réaction — un repentir, une expiation — à une tendance contraire, donc hostile, dirigée contre elle avant leur explication. La *compulsion à compter* pendant l'orage peut être interprétée, grâce au matériel apporté par le patient, comme étant une mesure de défense contre des appréhensions de danger de mort. Par l'analyse des obsessions mentionnées en premier lieu, nous savons que les tendances hostiles de notre patient sont particulièrement violentes, semblables à des rages folles, et nous trouvons, d'autre part, que malgré la réconciliation avec la dame, cette rage contribue encore à former les obsessions. Par sa *compulsion à douter* de ce qu'il entend, il exprime son doute persistant d'avoir bien compris son amie lors de leur explication : il doute par conséquent qu'il faille considérer les paroles de celle-ci comme une preuve d'affection. Le doute, dans sa *compulsion à comprendre*, signifie qu'il doute de l'amour de son amie. Chez cet amoureux, une lutte entre l'amour et la haine, éprouvés pour la même personne, fait rage ; et cette lutte s'exprime d'une façon plastique par un acte compulsionnel à symbolisme très significatif : il enlève la pierre du chemin de son amie mais annule ensuite ce geste d'amour, en la remettant à sa place, afin que la voiture s'y heurte et que son amie se blesse. Nous aurions tort de considérer que la seconde partie de cette compulsion fût inspirée par le sens critique du malade luttant contre ses actes morbides, signification que le malade voudrait lui attribuer. Ce geste, étant accompli compulsivement, trahit par là qu'il faisait aussi partie de l'action pathologique, mais qu'il fut déterminé par un motif contraire à celui qui provoqua la première partie de l'action compulsionnelle.

De tels actes compulsionnels, à deux temps, dont le premier temps est annulé par le second, sont des phénomènes caractéristiques de la névrose obsessionnelle. La pensée consciente du malade se méprend, bien entendu, sur le sens de ces compulsions et leur attribue des motifs secondaires, *elle les rationalise* (1). Leur véritable signification réside dans le fait qu'elles expriment le conflit de deux tendances contradictoires et d'intensité presque égale, et qui sont, d'après mon expérience, toujours l'opposition entre l'amour et la haine. Ces actes compulsionnels à deux temps présentent un intérêt théorique particulier, car ils permettent de reconnaître un type nouveau de formation de symptômes. Au lieu de trouver, comme c'est le cas régulièrement dans l'hystérie, un compromis, une expression pour les deux contraires (tuant pour ainsi dire deux mouches d'un seul coup) (2), les deux tendances contradictoires trouvent ici à se satisfaire l'une après l'autre, non sans essayer, bien entendu, de créer entre les deux un lien logique, souvent en dépit de toute logique (3).

Le conflit entre l'amour et la haine se manifesta chez notre patient par d'autres signes encore. A l'époque où il redevint pieux, il inventa des prières qui, peu à peu, arrivèrent à durer une heure et demie car, à l'inverse de Balaam, il se glissait toujours dans ses formules pieuses des pensées qui les transformaient en leur contraire. Disait-il, par exemple : *Que Dieu le protège*, le malin lui soufflait immédiatement un « ne » (4). Un jour, lui vint alors l'idée de proférer des injures : il espérait que là aussi se glisserait une contradiction. Il s'agit de l'explosion de l'intention primitive refoulée par la prière. Dans sa détresse, notre patient supprima les prières et les remplaça par de brèves formules, composées de lettres et syllabes, initiales de

(1) Cf. E. Jones, Rationalisation in every-day life (Rationalisation dans la vie quotidienne), *Journal of Abnormal Psychology*, 1908.

(2) *Hysterische Phantasien und ihre Beziehung zur Bisexualität (Fantasmes hystériques et leur rapport avec la bisexualité)*, vol. VII des *Ges. Werke*.

(3) Un autre obsédé me conta un jour qu'en se promenant dans le parc de Schönbrunn, il avait heurté du pied une branche. Il la lança dans les buissons qui bordaient le chemin. En rentrant, il se mit à craindre que cette branche, dans sa nouvelle position, ne causât un accident à quelque promeneur qui prendrait le même chemin. Il sauta du tramway qui le ramenait, se précipita dans le parc, rechercha l'endroit en question et remit la branche dans sa position primitive. Et cependant, à tout autre qu'à ce malade, il eût été évident que la branche devait être plus dangereuse dans sa position primitive que dans les buissons. La seconde action, celle de remettre la branche sur le chemin, action exécutée de façon compulsionnelle, s'était parée, pour la pensée consciente, de mobiles altruistes empruntés à la première action, celle de jeter la branche dans le buisson.

(4) A comparer avec les mécanismes analogues des pensées sacrilèges involontaires de certains croyants.

diverses prières. Ces formules, il les disait si rapidement que rien ne pouvait s'y glisser.

Le patient me conta un jour un rêve qui représentait le même conflit dans son transfert sur le médecin : Ma mère est morte. Il veut venir me faire ses condoléances, mais craint d'avoir à cette occasion, *ce rire impertinent* qu'il avait eu à maintes reprises dans des occasions de ce genre. Il préfère laisser sa carte en y écrivant *p. c.* mais ces lettres se transforment, pendant qu'il écrit, en *p. f.* » *(pour condoléances, pour féliciter)* (1).

La nature contradictoire des sentiments envers la dame était trop évidente pour se soustraire entièrement à la perception consciente. Toutefois, de leur caractère compulsionnel nous pouvons conclure que notre patient était dans l'impossibilité d'apprécier l'intensité de ses pulsions négatives contre elle. La dame avait repoussé la première demande en mariage que notre patient lui avait faite dix ans auparavant. Depuis, alternaient des périodes, où il croyait l'aimer intensément, avec d'autres où, même consciemment, elle lui était indifférente. Dès que, au cours du traitement, il devait faire un pas pouvant le rapprocher du but de ses désirs, sa résistance se manifestait d'abord par le sentiment de ne pas tellement l'aimer au fond, sentiment qui s'évanouissait d'ailleurs rapidement. Un jour où elle était très malade et alitée, ce qui suscita chez lui une très vive préoccupation, une pensée surgit en lui à sa vue : il souhaita qu'elle restât toujours étendue ainsi. Il interpréta subtilement ce souhait en déclarant désirer qu'elle fût constamment malade, uniquement afin d'être débarrassé de l'intolérable angoisse de récidives possibles (2) ! Parfois, il occupait son imagination à des rêveries qu'il reconnaissait lui-même comme étant des « fantasmes de vengeance », et dont il avait honte. Croyant qu'elle attachait une grande valeur à la situation sociale d'un prétendant, il s'adonnait aux rêveries suivantes : elle a épousé un haut fonctionnaire, lui-même entre dans la même carrière que ce fonctionnaire et y avance bien plus rapidement, de sorte que celui-ci devient son subordonné. Un jour, cet homme commet une indélicatesse, sa femme se jette aux genoux de notre patient et le supplie de sauver son mari. Il le lui promet, mais il lui dévoile qu'il n'est entré dans cette carrière que par amour pour elle, en prévision d'une pareille éventualité. Maintenant qu'il a sauvé le mari, sa mission est terminée, il donne sa démission.

(1) Ce rêve donne l'explication du rire compulsionnel si fréquent et apparemment si énigmatique qu'ont certaines personnes à l'occasion d'un décès.

(2) Un autre mobile encore contribuait à la formation de cette obsession : le souhait de la voir sans défense contre ses désirs.

Dans d'autres fantasmes où par exemple il lui rendait un grand service sans qu'elle sût qu'il en était l'auteur, il ne voyait que de la tendresse et ne se rendait pas compte de ce que l'origine et la tendance de cette générosité, telle celle du comte de Monte-Cristo, dans Dumas, répondaient à une soif de vengeance à refouler. Il avouait cependant être parfois sous l'empire d'impulsions nettes à faire du mal à la femme aimée. Cependant, ces impulsions n'apparaissaient pour la plupart qu'en l'absence de celle-ci, pour disparaître en sa présence.

f) *La cause occasionnelle de la maladie*

Un jour, notre patient mentionna en passant un événement dans lequel je pus reconnaître immédiatement la cause occasionnelle de sa maladie, ou du moins la cause occasionnelle récente de la crise actuelle de celle-ci, déclenchée six ans auparavant et qui durait encore. Le malade lui-même ignorait complètement qu'il venait de raconter un événement important. Il ne pouvait se rappeler avoir accordé quelque valeur à cet événement qu'il n'avait d'ailleurs jamais oublié. Cet état de choses réclame une mise au point théorique.

Dans l'hystérie, il est de règle que les causes occasionnelles récentes de la maladie soient oubliées tout comme les événements infantiles à l'aide desquels les événements récents convertissent leur énergie affective en symptômes. Là où un oubli complet est impossible, l'amnésie entame néanmoins les traumatismes récents, ou, pour le moins, les dépouille de leurs parties constituantes les plus importantes. Nous voyons, dans une pareille amnésie, la preuve d'un refoulement accompli. Il en est généralement autrement dans la névrose obsessionnelle. Les sources infantiles de la névrose peuvent avoir subi une amnésie, souvent incomplète ; par contre, les causes occasionnelles récentes de la névrose sont conservées dans la mémoire. Le refoulement s'est servi, dans ces cas, d'un mécanisme différent, au fond plus simple : au lieu de faire oublier le traumatisme, le refoulement l'a dépouillé de sa charge affective, de sorte qu'il ne reste, dans le souvenir conscient, qu'un contenu représentatif indifférent et apparemment sans importance. La différence entre ces deux formes de refoulement réside dans le processus psychique caché derrière les phénomènes et que nous pouvons reconstituer. Quant aux résultats de ces processus, ils sont presque les mêmes, étant donné qu'un souvenir indifférent n'est évoqué que rarement et ne joue aucun rôle dans l'activité psychique consciente. Pour distinguer ces deux formes du refoulement, nous ne pouvons nous servir pour le moment que de l'assertion même du patient : il a le sentiment d'avoir toujours su certains événements alors que d'autres, par contre, étaient depuis longtemps oubliés (1).

C'est pourquoi il arrive assez souvent que des obsédés, souffrant de remords et ayant rattaché leurs affects à de faux prétextes, font part en même temps au médecin des vraies causes de leurs remords, sans même soupçonner que ces remords ne sont que tenus à l'écart desdites causes. Ils disent même parfois avec étonnement, ou même avec vantardise, en racontant les événements qui sont les causes véritables de leurs remords : « Voilà qui ne me touche pas du tout. » Il en fut ainsi du premier cas de névrose obsessionnelle, voici de nombreuses années, qui me permit de comprendre cette maladie. Le patient en question, fonctionnaire, un scrupuleux, celui-là même dont j'ai conté l'obsession concernant la branche dans le parc de Schönbrunn, se signala à mon attention par le fait qu'il réglait toujours ses honoraires en billets propres et neufs (à cette époque, il n'y avait pas encore en Autriche de pièces d'argent). Un jour, je lui fis remarquer qu'on pouvait reconnaître un fonctionnaire aux billets neufs qu'il recevait de la caisse de l'État ; mais il répliqua que ces billets n'étaient nullement neufs, qu'il les faisait repasser à la maison. Car il se serait fait scrupule de donner à qui que ce fût des billets sales, couverts des microbes des plus dangereux et pouvant être nuisibles à qui les touchait. A cette époque, je pressentais déjà vaguement les rapports existant entre les névroses et la vie sexuelle, aussi osai-je, un autre jour, questionner mon patient à ce sujet. « Oh, dit-il, d'un ton léger, là tout est en ordre, je ne me prive guère. Dans bien des maisons bourgeoises je joue le rôle d'un bon vieil oncle, et j'en profite pour inviter de temps en temps une jeune fille de la maison à une partie de campagne. Je m'arrange alors pour manquer le dernier train et être obligé de passer la nuit à la campagne. Je prends alors deux chambres à l'hôtel, je suis très large ; mais lorsque la jeune fille est au lit, je viens chez elle et la masturbe. » — Mais, ne craignez-vous pas, rétorquai-je, de lui nuire en touchant ses organes avec des mains sales ? — Il se mit en colère : « Nuire ? Mais comment cela peut-il nuire ? Cela n'a encore nui à aucune d'entre elles, et

(1) Il faut admettre que les obsédés possèdent deux sortes de savoir et de connaissance, et on est également en droit et de dire que l'obsédé « connaît » ses traumatismes et de prétendre qu'il ne les « connaît pas ». Il les connaît, en ce sens qu'il ne les a pas oubliés, mais il ne les connaît pas, ne se rendant pas compte de leur valeur. Il n'en est souvent pas autrement dans la vie courante. Les sommeliers qui servaient Schopenhauer, dans l'auberge qu'il avait coutume de fréquenter, le « connaissaient » dans un certain sens, à une époque où il était inconnu à Francfort comme ailleurs, mais ils ne le « connaissaient » pas dans le sens que nous attachons aujourd'hui à la « connaissance » de Schopenhauer.

toutes se sont volontiers laissé faire ! Plusieurs d'entre elles sont mariées maintenant, et cela ne leur a pas nui ! — Il prit très mal ma remarque, et ne revint plus. Je ne pus m'expliquer le contraste entre ses scrupules concernant les billets de banque et son manque de scrupules à abuser des jeunes filles à lui confiées que par un *déplacement* de l'affect du remords. La tendance de ce déplacement était très claire : s'il avait laissé le remords rester là où il aurait dû être, il eût dû renoncer à une satisfaction sexuelle vers laquelle il était poussé probablement par de puissantes déterminantes infantiles. Il obtenait ainsi par ce déplacement un considérable *bénéfice de la maladie.*

Il me faut à présent décrire de façon circonstanciée la cause occasionnelle de la névrose du patient en question. Sa mère avait été élevée chez des parents éloignés, une riche famille de gros industriels. C'est à la suite de son mariage que son père avait été employé dans cette maison, de sorte qu'il n'était arrivé à sa situation de fortune, assez considérable, que grâce à son mariage. Par des taquineries entre les époux, qui vivaient d'ailleurs dans une parfaite entente, notre patient apprit que son père, quelque temps avant de connaître sa mère, avait courtisé une jeune fille d'une famille modeste, pauvre mais jolie. Tel est le prologue. Après la mort de son père, sa mère lui dit un jour qu'elle avait parlé à ses riches parents de son avenir à lui et qu'un de ses cousins consentirait à lui donner en mariage une de ses filles, dès qu'il aurait terminé ses études ; des relations d'affaires avec cette importante maison lui offriraient ainsi de brillantes perspectives pour son avenir professionnel. Ce plan de sa famille réveilla en lui un conflit : devait-il rester fidèle à son amie pauvre ou bien suivre les traces de son père et épouser la jeune fille, belle, distinguée et riche, qu'on lui destinait ? Et c'est ce conflit-là, conflit, au fond, entre son amour et la volonté persistante de son père, qu'il résolut en tombant malade ; ou, plus exactement, par la maladie, il échappa à la tâche de résoudre ce conflit dans la réalité (1).

Nous trouvons une preuve de la justesse de cette conception dans le fait que le résultat principal de sa névrose fut une inhibition au travail, qui retarda de plusieurs années l'achèvement des études de notre malade. Mais ce qui résulte d'une névrose en constituait l'intention : le résultat apparent de la maladie en est, en réalité, la cause, le mobile pour tomber malade.

Mon explication commença, bien entendu, par n'être pas agréée par le malade. Il dit ne pouvoir admettre un pareil effet de ce projet

(1) Il est à remarquer que la fuite dans la maladie lui fut rendue possible grâce à l'identification à son père. Et celle-ci permit la régression des affects aux vestiges de l'enfance.

de mariage, qui ne lui fit, à l'époque, pas la moindre impression. Au cours du traitement, il dut cependant se convaincre, par une voie singulière, de la justesse de ma supposition. Il revécut comme une chose nouvelle et actuelle, grâce à un fantasme de transfert, ce qu'il avait oublié de son passé ou ce qui ne s'était déroulé en lui qu'inconsciemment. D'une période du traitement, obscure et difficile, il résulta qu'il avait pris pour ma fille une jeune fille rencontrée un jour dans l'escalier de ma maison. Elle lui plut, il s'imagina que si j'étais aussi aimable et aussi extraordinairement patient avec lui c'était parce que je souhaitais la lui voir épouser et il éleva au niveau qui lui convenait la richesse et la distinction de ma famille. Mais l'amour indestructible pour la dame luttait en lui contre cette tentation. Après m'avoir adressé les pires injures, et surmonté nombre de résistances des plus opiniâtres, il ne put se soustraire à l'effet convaincant de l'analogie complète entre les fantasmes du transfert et la réalité de naguère. Je reproduis ici un des rêves de cette période du traitement pour montrer dans quel style ses sentiments s'exprimaient : *Il voit ma fille devant lui, mais elle a deux morceaux de crotte à la place des yeux.* Pour tous ceux qui connaissent le langage du rêve, la traduction de celui-ci sera facile : *il épouse ma fille, non pas pour ses beaux yeux, mais pour son argent.*

g) *Le complexe paternel et la solution de l'obsession aux rats*

Un fil reliait cette cause occasionnelle de la névrose adulte à l'enfance de notre patient. Il se trouvait dans une situation par laquelle, d'après ce qu'il savait ou supposait lui-même, avait passé son père avant son mariage ; il pouvait donc s'identifier à celui-ci. Le père défunt intervenait d'une autre façon encore dans la maladie actuelle du patient. Son conflit morbide était, en effet, essentiellement une lutte entre la persistance de la volonté paternelle et ses propres sentiments amoureux. Si nous tenons compte des communications faites par le malade au cours des premières séances du traitement, nous devrons supposer que cette lutte était très ancienne, et avait dû commencer dès l'enfance.

Le père de notre patient avait été, d'après tous les renseignements, un excellent homme. Avant de se marier, il avait été sous-officier et gardait, comme vestige de cette période de sa vie, une franchise militaire et une prédilection pour les expressions crues. En plus des vertus qu'on a l'habitude d'attribuer à tous les morts, il se distinguait par un humour cordial et une bienveillante indulgence envers ses semblables et le fait qu'il pût parfois être emporté et violent n'est certainement pas en contradiction avec tout son caractère et ne fait, au contraire, que le compléter. Ces violents emportements l'amenaient à faire subir de durs châtiments aux enfants quand, petits, ils étaient turbulents. Lorsque les enfants furent plus grands, il se distingua des autres pères en ce sens que, loin d'essayer de s'imposer comme une autorité sacrée, il portait à la connaissance de ses enfants les petits malheurs et les petites erreurs de sa vie. Notre patient n'exagère certainement pas lorsqu'il dit que lui et son père avaient été les meilleurs amis du monde, excepté en ce qui concerne un certain point (v. p. 217). Et c'est bien là le seul point qui fut cause de ce que notre patient, dans l'enfance, eut été hanté, avec une intensité démesurée et peu commune, par l'idée de la mort de son père (p. 204). C'est aussi pourquoi de telles pensées apparaissaient dans le contenu de ses obsessions infantiles et pourquoi il avait pu souhaiter la mort de ce père, afin qu'une certaine petite fille, émue par la pitié, devînt plus tendre envers lui (p. 214).

Il est indéniable que, au domaine de la sensualité, père et fils fussent séparés par quelque chose et qu'à l'évolution précoce du fils, le père eût été un obstacle. Plusieurs années après la mort de son père, lorsque le fils éprouva, pour la première fois, la satisfaction sexuelle du coït, une idée surgit en lui : « Mais c'est magnifique ! pour éprouver cela, on serait capable d'assassiner son père ! » Voilà qui est en même temps un écho et une explication de ses obsessions infantiles. D'ailleurs, peu avant sa mort, le père avait nettement pris position contre les sentiments qui, ultérieurement, devaient jouer chez notre patient un rôle prépondérant. Le père s'étant aperçu que le fils recherchait la société de cette dame, lui avait déconseillé de trop s'engager et lui avait dit qu'il faisait une bêtise qui ne pourrait que le rendre ridicule.

A ces données incontestables, viennent s'ajouter des faits relevant de l'activité masturbatoire de notre patient. Dans le domaine de la masturbation, il existe une contradiction entre les opinions des médecins et celles des malades, contradiction qui n'a pas encore été mise en valeur. Les malades sont tous d'accord pour prétendre que l'onanisme, par lequel ils entendent la masturbation de la puberté, est la racine et la source première de tous leurs maux. Les médecins, eux, ne savent généralement pas ce qu'ils doivent en penser, mais influencés par le fait que la plupart des hommes normaux se sont masturbés pendant quelque temps, à l'époque de la puberté, ils ont, dans la majorité des cas, tendance à considérer que les explications des malades à ce sujet sont très exagérées. Cependant je suis d'avis de donner, là aussi, plutôt raison aux malades qu'aux médecins. Les malades pressentent ici un point essentiel que les médecins risquent de ne pas voir. Certes, tout ne se passe pas comme les malades eux-mêmes veulent l'entendre : la masturbation de la puberté, qui est un phénomène presque général, ne saurait être rendue responsable de tous les troubles névrotiques. La thèse des malades nécessite une interprétation. Cependant, l'onanisme de la puberté n'est en réalité pas autre chose que la réédition de l'onanisme infantile, onanisme qu'on avait jusqu'à présent négligé, et qui atteint généralement une sorte de point culminant entre 3 et 5 ans. Or, cet onanisme infantile est en réalité l'expression la plus nette de la constitution sexuelle de l'enfant dans laquelle nous cherchons, nous aussi, à voir l'étiologie des névroses ultérieures. De sorte que nous devons dire que les névrosés accusent au fond, sous ce travestissement, leur propre sexualité infantile et, en cela, ils ont tout à fait raison. Par contre, le problème de l'onanisme devient insoluble, si l'on considère la masturbation comme une entité clinique et qu'on oublie qu'elle sert à la décharge des composantes sexuelles les plus diverses et des fantasmes alimentés par celles-ci. La nocivité de l'onanisme n'est que dans une faible mesure autonome, c'est-à-dire déterminée par sa nature propre. En majeure partie, cette nocivité de la masturbation coïncide avec la valeur pathogène de la sexualité du sujet. Si tant de personnes supportent sans dommage l'onanisme, c'est-à-dire une certaine mesure de cette activité, il en découle que, chez eux, la constitution sexuelle et l'évolution de la vie sexuelle ont permis l'exercice de cette fonction dans les conditions morales et sociales qu'impose la civilisation (1), tandis que d'autres réagissent par la maladie à une constitution sexuelle défavorable ou à une évolution troublée de leur sexualité, c'est-à-dire que ces sujets ne peuvent réaliser sans inhibitions ou formations substitutives la répression et la sublimation de leurs composantes sexuelles.

Or, notre patient avait eu un comportement très particulier en ce qui concernait la masturbation : chez lui la masturbation de la puberté n'avait pas existé, il aurait pu par conséquent, selon certaines conceptions, s'attendre à rester libre de toute atteinte de névrose. Par contre, dans sa vingt et unième année, *peu après la mort de son père*, l'impulsion à l'onanisme apparut chez lui. Après chaque satisfaction masturbatoire, il se sentait très honteux. Et il y renonça bientôt entièrement. Depuis, l'onanisme ne réapparaissait chez lui qu'à des occasions rares et très singulières. « Ce sont surtout, dit-il, des moments de ma vie ou des passages de livres particulièrement beaux qui provoquaient la masturbation. Ainsi, par exemple, lorsque j'entendis,

(1) *Drei Abhandlungen zur Sexualtheorie*, Leipzig, Wien F. Deuticke, 1905, vol. V des *Ges. Werke (Trois essais sur la théorie de la sexualité)*, trad. franç. REVERCHON, Paris, Gallimard, 1923.

par un bel après-midi d'été, dans la ville intérieure, le beau son de cor d'un postillon qui sonna jusqu'à ce qu'un agent de police le lui interdît en invoquant un règlement. Et une autre fois, lorsque je lus dans *Dichtung und Wahrheit (Vérité et fiction)* de Gœthe, comment ce dernier, encore jeune homme, se libéra dans un mouvement de tendresse d'une malédiction qu'avait exprimée une femme jalouse, malédiction qui devait frapper celle qu'il baiserait sur la bouche. Gœthe s'était, pendant longtemps, laissé retenir superstitieusement par cette malédiction ; à ce moment-là, il brisa cette chaîne et embrassa de tout son cœur sa bien-aimée. »

Mon patient trouvait assez étrange d'être contraint à se masturber justement à des moments si beaux et si exaltants. Je lui fis remarquer le trait commun à ces deux exemples : l'interdiction et le fait d'agir à l'encontre d'un commandement.

Son singulier comportement, à l'époque où il préparait un examen, faisait partie du même contexte : il se plaisait alors à imaginer que son père était encore vivant et pourrait rentrer d'un moment à l'autre. Il s'était arrangé alors pour travailler de nuit. Entre minuit et une heure, il s'interrompait, ouvrait la porte d'entrée, comme si son père s'y tenait, rentrait et contemplait son pénis dans la glace de l'entrée. Ces étranges manœuvres ne peuvent être comprises que si l'on admet qu'il se comportait alors comme s'il attendait la visite de son père à l'heure où sortent les fantômes. Du vivant de son père, notre patient avait été un étudiant plutôt paresseux, ce qui avait souvent chagriné celui-ci. Maintenant, le père pouvait être content de son fils, s'il revenait sous forme de fantôme et le trouvait en train de travailler. Mais son père ne se serait certainement pas réjoui en voyant ses autres actes : c'est pourquoi notre patient s'insurgeait contre lui. Le malade exprimait ainsi par un seul acte compulsionnel incompréhensible, les deux faces de son sentiment à l'endroit de son père, comme plus tard, par ses actes compulsionnels concernant la pierre sur la route, il exprimait son double sentiment envers l'amie aimée.

Me basant sur ces renseignements et sur d'autres analogues, j'osai lui faire part de l'hypothèse d'après laquelle il aurait commis vers l'âge de 6 ans, quelque méfait d'ordre sexuel en rapport avec la masturbation et aurait été sévèrement châtié par son père. Ce châtiment, tout en mettant fin à la masturbation, aurait laissé subsister en lui, contre son père, une rancune ineffaçable et aurait donné à tout jamais à son père le rôle de celui qui trouble et gêne la vie sexuelle de son fils. (Cf. les suppositions semblables dans une des premières séances, p. 205.) A ma grande surprise, le patient me dit alors qu'un événement de ce genre lui avait été, à maintes reprises, conté par sa mère, et que s'il ne l'avait pas oublié, c'était certainement parce que des faits étranges s'y rattachaient. Lui-même n'en avait cependant aucun souvenir. Lorsqu'il était encore très petit (l'âge précis peut encore se retrouver grâce à la coïncidence de la maladie mortelle d'une de ses sœurs plus âgée), il avait commis quelque méfait que son père avait puni par des coups. Le petit se serait alors mis dans une rage terrible et aurait injurié son père pendant que celui-ci le châtiait. Mais, ne connaissant pas encore de jurons, l'enfant lui aurait crié toutes sortes de noms d'objets, tels que : « Toi lampe ! toi serviette ! toi assiette ! etc. » Le père, bouleversé par cette explosion intempestive, s'arrêta net et s'exclama : « Ce petit-là deviendra ou bien un grand homme ou bien un grand criminel (1). » Notre patient est convaincu que cette scène avait produit sur lui, ainsi que sur son père, une impression durable. Son père ne l'avait plus jamais battu. Quant à lui-même, il rend cette scène responsable d'une certaine modification de son caractère : par crainte de la violence de sa propre rage, il était devenu lâche. Il avait eu d'ailleurs, toute sa vie, une peur terrible des coups et se cachait, plein de terreur et d'indignation, quand un de ses frères ou sœurs était battu.

Sa mère, auprès de laquelle il s'informa de nouveau, confirma le récit et ajouta que le patient, âgé à ce moment-là de 3 ou 4 ans, avait mérité ce châtiment parce qu'il avait *mordu* quelqu'un. Elle ne se rappelait pas autre chose ; à son avis, il était possible que le petit eût mordu sa bonne d'enfant ; il n'était pas question dans le récit de la mère d'un caractère sexuel du méfait (2).

(1) L'alternative était incomplète. Le père n'avait pas songé à l'issue la plus fréquente de passions aussi précoces : la névrose.

(2) On a souvent affaire, dans les psychanalyses, à de tels événements de la première enfance, où l'activité sexuelle infantile semble atteindre son point culminant et trouve souvent une fin catastrophique, du fait d'un accident ou d'un châtiment. Ces événements s'annoncent, comme une ombre, dans les rêves, ils deviennent souvent si distincts qu'on croit pouvoir les saisir d'une façon palpable, mais, malgré cela, ils échappent à un éclaircissement définitif, et si l'on procède sans habileté ni prudence particulières, on ne peut arriver à décider si une pareille scène a réellement eu lieu. Pour trouver la voie de l'interprétation, il faut tenir compte du fait qu'on peut retrouver, dans l'imagination inconsciente du patient, plus d'une version de pareilles scènes, parfois des versions très diverses. Afin d'éviter une erreur dans l'appréciation de la réalité, on doit se rappeler que les « souvenirs d'enfance » des hommes ne sont fixés qu'à un âge plus avancé (le plus souvent à l'époque de la puberté), et qu'ils subissent alors un processus de remaniement compliqué, tout à fait analogue à celui de la formation des légendes d'un peuple sur ses origines. On peut reconnaître clairement que l'adolescent cherche *à effacer*, par des fantasmes concernant sa première jeunesse, *le souvenir de son activité autoérotique*. Il y arrive en élevant au niveau de l'amour objectal les traces laissées par l'autoérotisme, tout comme le fait le véritable historien qui tâche d'envisager le passé à la lumière du pré-

La valeur de cette scène infantile étant discutée dans la note en bas de la page, je ferai remarquer ici que l'apparition du souvenir de cette scène d'enfance ébranla mon patient qui, jusqu'alors ne pouvait croire qu'il ait eu des sentiments de rage envers son père, sentiments s'étant formés à une « époque préhistorique » de sa vie

sent. De là la quantité d'attentats sexuels et de séductions imaginés dans ces fantasmes tandis que la réalité se borna à une activité autoérotique stimulée par des caresses et des punitions. De plus, on s'aperçoit que ceux qui se forgent des fantasmes sur leur enfance *sexualisent leurs souvenirs*, c'est-à-dire qu'ils relient des événements banaux à leur activité sexuelle et étendent sur eux leur intérêt sexuel, tout en suivant probablement par là des traces de contextes véritablement existants. Tous ceux qui se souviennent de l'*Analyse d'une phobie chez un petit garçon de 5 ans*, comprendront que je n'ai pas l'intention de diminuer, par les remarques précédentes, l'importance de la sexualité infantile et de la réduire à l'intérêt sexuel existant lors de la puberté. Je désire seulement donner des directives techniques pour la solution des fantasmes destinés à fausser l'image de l'activité sexuelle infantile proprement dite.

Il est rare de se trouver, comme chez notre patient, dans l'heureuse situation de pouvoir établir indubitablement, grâce au témoignage d'une personne adulte, les faits qui avaient servi de base aux fantasmes concernant l'enfance. Cependant le témoignage de la mère de notre patient laisse entrevoir là plusieurs possibilités. Il peut tenir à sa propre censure qu'elle ait omis de préciser la nature sexuelle du méfait commis par son enfant, censure qui tend à éliminer chez tous les parents l'élément sexuel du passé de leurs enfants. Mais il est possible aussi que l'enfant ait été réprimandé par sa bonne ou par sa mère, même pour une inconduite banale alors dépourvue de caractère sexuel, et qu'il ait eu une réaction violente que son père punit. A la bonne ou à toute autre personne subalterne, l'imagination substitue régulièrement dans ces fantasmes le personnage plus distingué de la mère. Toujours est-il qu'en approfondissant les rêves de notre patient relatifs à ces incidents, on trouvait chez lui les signes les plus nets d'une sorte de création imaginative dans le genre d'un poème épique, dans laquelle les désirs sexuels envers sa mère et sa sœur, de même que la mort prématurée de cette dernière, étaient mis en rapport avec le châtiment par le père du petit héros. Je ne réussis pas à défaire, fil à fil, tout ce tissu de revêtement imaginatif ; c'est précisément le succès thérapeutique qui s'y opposa. Le patient était rétabli, et il fallait qu'il s'attaquât aux nombreux problèmes que lui posait la vie, problèmes trop longtemps restés en suspens, et dont la solution n'était pas compatible avec la continuation du traitement. Je prie donc le lecteur de ne pas me faire grief de cette lacune dans l'analyse. L'investigation scientifique par la psychanalyse n'est aujourd'hui encore qu'un sous-produit des efforts thérapeutiques ; c'est pourquoi le rendement scientifique est souvent le plus grand précisément dans des cas traités sans succès.

La vie sexuelle infantile consiste en une activité autoérotique des composantes sexuelles prédominantes, dans des traces d'amour objectal et dans la formation de ce complexe qu'on serait en droit d'appeler *le complexe nodal des névroses*. Ce dernier comprend les premiers émois de tendresse ou d'hostilité envers les parents, frères et sœurs, le plus souvent après que la curiosité de l'enfant a été éveillée par la naissance d'un frère ou d'une sœur. Le fait que l'on forme généralement les mêmes fantasmes concernant sa propre enfance, indépendamment de ce que la vie réelle y apporte, s'explique par l'uniformité des tendances contenues dans ce complexe, et par la constance avec laquelle apparaissent ultérieurement les influences modi-

et devenus latents par la suite. Certes, je m'étais attendu à un effet plus grand encore, car cet événement lui avait été raconté si souvent par son père lui-même qu'on ne pouvait guère douter de sa réalité. Or, avec une faculté de fausser la logique qui ne manque jamais de surprendre chez les obsédés souvent si intelligents, il opposait à la valeur probante de ce récit le fait de ne pas se rappeler lui-même cet événement. Il lui fallut se convaincre, par la voie douloureuse du transfert, que ses rapports avec son père impliquaient véritablement ces sentiments inconscients. Aussi finit-il bientôt par m'injurier dans ses rêveries et ses associations, moi et les miens, de la façon la plus grossière et la plus ordurière, cependant que consciemment il n'éprouvait pour moi que le plus grand respect. Son comportement, pendant qu'il me faisait part de ses injures, était celui d'un désespéré : « Comment pouvez-vous supporter, Monsieur le Professeur, disait-il, de vous laisser ainsi injurier par le sale type que je suis ? Il faut que vous me mettiez à la porte ; je ne mérite pas mieux. » En disant cela, il se levait du divan et courait à travers la pièce, comportement qu'il expliquait d'abord par le scrupule qu'il éprouvait à me dire des choses aussi abominables, tout en restant tranquillement étendu. Mais, bientôt, il en trouva lui-même une plus valable explication : il s'éloignait par crainte d'être frappé par moi. Lorsqu'il lui arrivait de me dire ses pensées injurieuses tout en restant couché, il se conduisait comme si, dans une épouvantable angoisse, il voulait se protéger contre un terrible châtiment : il cachait sa tête dans ses mains, couvrait sa figure de ses bras, s'enfuyait brusquement, les traits douloureusement crispés, etc. Il se souvenait de ce que son père avait été violent et de ce que, dans sa colère, il ne savait parfois pas où s'arrêter. Dans cette école de souffrances que fut le transfert pour ce patient, il acquit peu à peu la conviction qui, à toute personne étrangère à ces événements, se fût imposée sans aucune difficulté : celle de l'existence inconsciente de sa haine pour son père. C'est alors que devint libre l'accès à la solution de l'obsession aux rats. Quantité de faits réels, qu'il avait omis de raconter jusqu'alors, furent mis ainsi, en pleine cure, à notre disposition pour permettre de reconstituer l'enchaînement des faits.

Dans l'exposé de ces derniers, je vais autant que possible abréger et résumer. La première énigme fut évidemment celle de l'excitation et des réactions pathologiques si violentes de notre patient aux deux choses que lui avait communiquées le capitaine tchèque : quand

ficatrices. Il appartient essentiellement au *complexe nodal* de l'enfance que le père y assume le rôle de l'ennemi dans le domaine sexuel, de celui qui gêne l'activité sexuelle autoérotique et, dans la grande majorité des cas, la réalité contribue largement à la formation de cette situation affective.

il l'avait invité à rendre l'argent au lieutenant A..., puis lorsqu'il lui avait fait le récit relatif aux rats. Il fallait admettre qu'il s'agissait là d'une « sensibilité complexuelle » et que, par ces phrases, des points hypersensibles de l'inconscient du malade avaient été durement touchés. Il en était ainsi : notre patient, toutes les fois qu'il faisait une période militaire, s'identifiait inconsciemment à son père, qui avait été lui-même, pendant plusieurs années, militaire et avait eu l'habitude de raconter bien des faits de cette époque de sa vie. Or le hasard, qui peut contribuer à la formation d'un symptôme, comme les termes mêmes d'une phrase à la formation d'un mot d'esprit, avait voulu qu'une petite aventure de son père eût de commun avec les paroles du capitaine un élément important. Son père avait, un jour, perdu au jeu une petite somme d'argent dont il avait la garde en tant que sous-officier (se conduisant ainsi comme un *Spielratte*) (1), et aurait eu de gros ennuis si un camarade ne la lui avait avancée. Après avoir quitté la carrière militaire et après être devenu un homme fortuné, il rechercha ce camarade serviable, mais ne le retrouva pas. Notre patient n'était même pas sûr qu'il eût jamais réussi à rembourser cet argent : le souvenir de ce péché de jeunesse de son père lui était désagréable, parce que son inconscient était plein de critique hostile à l'égard du caractère de celui-ci. Les paroles du capitaine : « Il faut que tu rendes au lieutenant A... les 3 couronnes 80 », étaient pour le fils comme une allusion à la dette que le père n'avait pas payée.

Par contre, le fait que l'employée de la poste à Z... eût elle-même payé les frais de remboursement, en ajoutant quelques compliments à l'égard de notre patient (2), renforça son identification à son père dans un autre domaine. Il compléta à ce moment son récit en racontant qu'au même endroit où se trouvait le bureau de poste, la jolie fille de l'aubergiste lui avait fait beaucoup d'avances, de sorte qu'il s'était proposé d'y retourner après la fin des manœuvres et de tenter sa chance auprès d'elle. Or, l'employée de la poste devint alors une concurrente de la fille de l'aubergiste : il pouvait se demander, comme son père dans l'aventure qui aboutit au mariage, à laquelle des deux, après le service militaire, prodiguer ses bonnes grâces. Nous voyons tout à coup que son étrange hésitation entre aller à Vienne ou revenir à l'endroit du bureau de poste, de même que ses continuelles tentations de retourner à Z... pendant son voyage

(1) En allemand, *Spielratte*, « rat de jeu », veut dire un brelandier. *(N. d. T.)*

(2) N'oublions pas qu'il apprit ceci avant que le capitaine ne lui eût adressé (injustement) l'invitation à rembourser l'argent au lieutenant A. Il y a là un point indispensable à la compréhension de ce qui suit, point dont la répression jeta notre patient dans un état d'inextricable confusion et qui m'a, pendant quelque temps, empêché de saisir le sens de tout cet ensemble.

(cf. p. 210), n'étaient pas aussi dépourvues de sens qu'elles nous ont paru tout d'abord. Pour la pensée consciente, l'attraction de Z..., où se trouvait le bureau de poste, était motivée par le besoin d'y tenir son serment avec l'aide du lieutenant A... En réalité, l'objet de ce désir de retourner à Z... était l'employée de la poste ; et le lieutenant se substituait dans son esprit à celle-ci parce qu'il avait habité le même endroit et s'y était occupé du service postal militaire. Lorsque le patient eut appris que ce n'était pas le lieutenant A..., mais le lieutenant B... qui avait fait, le jour en question, le service postal, il fit entrer ce dernier aussi dans la combinaison, et put alors reproduire son hésitation entre les deux jeunes filles, en leur substituant dans ses idées quasi délirantes les deux officiers (1).

Pour mieux expliquer les effets qu'eut le récit aux rats du capi-

(1) (Note de 1923.) De même que le patient a tout fait pour embrouiller le petit événement du paiement des frais de remboursement, moi-même je n'ai peut-être pas réussi dans mon exposé à le rendre entièrement clair. C'est pourquoi je reproduis ici une petite carte par laquelle M. et Mme Strachey ont essayé de rendre plus compréhensible la situation après les manœuvres. Mes traducteurs anglais ont remar-

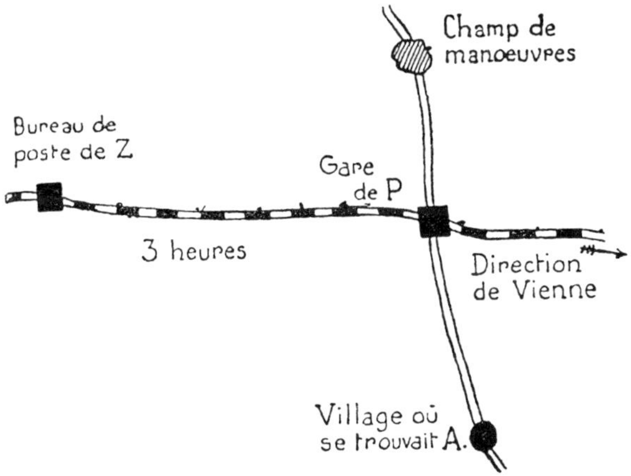

qué à juste titre que le comportement du patient reste incompréhensible aussi longtemps qu'on ne mentionne pas expressément que le lieutenant A... avait d'abord habité l'endroit où se trouvait le bureau de poste Z et y avait fait le service de la poste, mais qu'il avait, les derniers jours des manœuvres, remis ce service au lieutenant B... et été envoyé ailleurs, à A. Le capitaine « cruel » ne savait encore rien de ce changement, de là son erreur en disant à notre malade de rembourser le lieutenant A...

taine, il convient de suivre de plus près l'évolution de l'analyse. Une extraordinaire abondance de matériel associatif commença à se faire jour, sans que la formation obsessionnelle devînt pour le moment plus transparente. La représentation du châtiment par les rats avait suscité un certain nombre de pulsions instinctuelles et réveillé une quantité de souvenirs et les rats avaient acquis pour cette raison, dans le laps de temps écoulé entre le récit du capitaine et son invitation à rendre l'argent, un certain nombre de significations symboliques auxquelles, ultérieurement, s'en ajoutaient toujours de nouvelles. Mon récit ne peut en être que très incomplet. Le châtiment par les rats réveilla, avant tout, l'érotisme anal qui avait joué dans l'enfance du patient un grand rôle et avait été alimenté, durant de longues années, par l'existence, chez lui, de vers intestinaux. Les rats acquirent ainsi la signification : argent (1), rapport qui se manifesta par l'association quote-part-rats (2). Dans son état obsessionnel quasi délirant, il s'était constitué un véritable étalon monétaire en rats ; ainsi par exemple, lorsque, au début du traitement, je lui indiquai le montant des honoraires d'une séance, il compta sur ce mode, ce que je n'appris que six mois plus tard : « Tant de florins — tant de rats. » Dans ce langage fut transféré peu à peu tout le complexe d'argent du patient, qui se rattachait à l'héritage de son père, c'est-à-dire que toutes les représentations relatives à l'argent prirent un caractère obsessionnel et se virent soumises à l'inconscient par l'association verbale : quote-part-rats. Cette signification monétaire des rats se renforça en outre sur l'avis donné par le capitaine de la dette à payer, ceci à l'aide du jeu de mots : *rat de jeu*, lequel ramenait au souvenir du père qui avait perdu au jeu de l'argent qui ne lui appartenait pas.

D'autre part, le rat, qui était connu de notre patient comme propagateur d'infections, put aussi être utilisé par lui comme symbole de l'*infection syphilitique*, à juste titre si redoutée dans l'armée, symbole derrière lequel se dissimulaient des doutes sur la conduite de son père au cours de la carrière militaire. Par ailleurs, le porteur de l'infection syphilitique étant le pénis lui-même, le rat devint l'organe génital, symbolisme déterminé par une autre raison encore. Le pénis, et particulièrement celui de l'enfant, peut très bien être comparé à un *ver* et, dans le récit du capitaine, les rats grouillaient dans le rectum, comme le faisaient, chez notre malade enfant, les grands ascaris. Ainsi, la signification phallique des rats reposait, une

(1) Cf. *Charakter und Analerotik (Caractère et érotisme anal)*, vol. VII des *Gesammelte Werke (Œuvres complètes)* de FREUD.

(2) Quote-part, en allemand : *Rate.* Rat en allemand : *Ratte. (N. d. T.)*

fois de plus, sur l'érotisme anal. Le rat est, de plus, un animal sale, se nourrissant d'excréments et vivant dans les égouts (1). Il serait superflu de mentionner l'extension que put prendre le « délire aux rats » grâce à ce nouveau sens. « Tant de rats — tant de florins », pouvait, par exemple, parfaitement caractériser un métier féminin qui lui était particulièrement odieux. Par contre, il n'est certes pas indifférent que le remplacement du rat par un pénis ait eu pour effet, dans le récit du capitaine, d'évoquer une situation de rapport *per anum*, lequel, relativement à son père et la femme aimée, devait lui sembler particulièrement odieux. Cette situation, réapparaissant dans l'obsession, rappelait d'une manière non équivoque certains jurons répandus chez les Slaves du Sud (2), et dont on peut trouver le texte dans les *Anthropophyteïa* édités par F.-F. Krauss. Tout ce matériel, et d'autre encore, trouva d'ailleurs sa place dans le contexte du thème des rats, par l'intermédiaire d'une association-écran : « *Se marier* (3). »

Que le récit du supplice aux rats ait réveillé, chez notre patient, toutes les tendances à la cruauté égoïste et sensuelle réprimées précocement, voilà qui est prouvé dans sa propre description et sa mimique au moment où il me le racontait. Cependant, malgré la richesse du matériel, la signification de l'obsession demeura obscure jusqu'au jour où, dans ses associations, surgit la demoiselle aux rats du *Petit Eyolf*, d'Ibsen, ce qui permit de conclure irréfutablement au fait que, dans de nombreuses phases du délire obsessionnel, les rats avaient signifié aussi des enfants (4). Recherchait-on l'origine de cette signification nouvelle, on se heurtait immédiatement aux racines les plus anciennes et les plus importantes. En visitant un jour la tombe de son père, il avait vu un grand animal y passer furtivement, animal qu'il avait pris pour un rat (5). Il crut qu'il sortait de la tombe de son père et qu'il venait de dévorer le cadavre de celui-ci. Mordre et ronger avec des dents pointues avait pour lui toujours été lié à

(1) Celui qui voudrait nier ces bonds de l'imagination névrotique devrait se souvenir des fantaisies semblables chez les artistes, par exemple des *Diableries érotiques*, de Le Poitevin.

(2) Et en France. *(N. d. T.)*

(3) En allemand, *heiraten*, qui comprend la syllabe : *rat. (N. d. T.)*

(4) Le personnage de la « demoiselle aux rats », d'Ibsen, est certainement dérivé du légendaire preneur de rats de Hameln, qui attire d'abord les rats dans l'eau et qui ensuite séduit par les mêmes moyens les enfants de la ville, lesquels ne reviennent plus jamais. Le Petit Eyolf aussi se jette à l'eau, fasciné par la « demoiselle aux rats » *(Rattenmamsell)*. En général, le rat apparaît dans la légende moins comme un animal dégoûtant que comme un animal sinistre et inquiétant, on aimerait dire comme un animal chtonien, symbolisant les âmes des morts.

(5) Une des belettes dont il y a tant au Cimetière Central de Vienne.

l'idée de rat (1) ; mais ce n'est pas impunément que les rats mordent, sont voraces et sales, les hommes les persécutent cruellement et sans merci, comme il l'avait souvent observé avec horreur. Souvent même il avait ressenti de la pitié pour ces pauvres bêtes. Or, lui-même avait été un petit animal dégoûtant et sale qui, lorsqu'il se mettait en rage, savait mordre et subissait pour cela de terribles punitions (cf. p. 233). Il pouvait en vérité reconnaître dans le rat son « image toute naturelle » (2). Le destin lui avait lancé, pour ainsi dire, dans le récit du capitaine, un mot auquel son *complexe était sensible*, et il n'avait pas manqué d'y réagir par son idée obsédante.

Les rats, d'après son expérience précoce et lourde de conséquences, étaient des enfants. Et alors, il conta un fait qu'il avait assez longtemps tenu à l'écart de tout ce contexte, mais qui élucidait complètement la raison pour laquelle les enfants l'intéressaient. La dame qu'il adorait depuis de longues années et qu'il ne pouvait se décider à épouser était condamnée à ne pas avoir d'enfants, à la suite d'une opération gynécologique, une ovariotomie bilatérale. C'était même, pour lui qui aimait tant les enfants, une des causes principales de ses hésitations.

Alors seulement il devint possible de comprendre l'obscur processus de la formation de l'obsession ; à l'aide des théories sexuelles infantiles et du symbolisme bien connu de l'interprétation des rêves, tout se laissa traduire en pensées pleines de sens. Lorsque le capitaine avait raconté, pendant l'étape de l'après-midi où mon patient avait perdu son lorgnon, le châtiment par les rats, ce dernier avait d'abord été frappé par le caractère cruel et lubrique de la situation représentée. Mais tout de suite s'établit le rapport avec la scène de son enfance où lui-même avait mordu ; le capitaine, qui se faisait l'avocat de punitions semblables à celle qu'il avait subie, avait pris pour le malade la place de son père et attiré sur lui un renouveau d'animosité pareille à celle qui avait jadis éclaté contre la cruauté paternelle. L'idée, qui lui avait alors furtivement traversé l'esprit, qu'il pourrait arriver une chose semblable à une personne chérie peut ainsi

(1) Méphisto dit, dans *Faust*, Ire Partie :

Doch dieser Schwelle Zauber zu zerspalten,
Bedarf ich eines Rattenzahns.
. . . .
Noch einen Biss, so ist's geschehn.

Mais pour rompre le charme de ce seuil,
Il me faudrait une dent de rat.
. . . .
Encore un coup de dent, et c'est fait.

(2) *Natürlich Ebenbild.* Auerbachs Keller (La taverne d'Auerbach, dans *Faust*, Ire Partie).

se traduire par ce souhait : « C'est à toi que l'on devrait faire ça », lequel s'adressait, à travers le capitaine, aussi au père du patient. Lorsque, une journée et demie après (1), le capitaine lui remit le colis et lui rappela qu'il devait rendre les 3 couronnes 80 au lieutenant A..., notre malade savait déjà que ce « supérieur cruel » se trompait, et qu'il ne devait de l'argent qu'à l'employée de la poste. Il aurait été tenté de donner une réponse ironique, comme par exemple : « Oui tu parles », ou bien : « Penses-tu (2) que je vais lui rendre cet argent ! » Réponses qu'il ne fallait pas énoncer. Mais le complexe paternel et le souvenir de la scène infantile en question ayant déjà été réveillés, se formula en lui la réponse : « Oui, je rendrai l'argent à A..., quand mon père ou mon aimée auront des enfants » ; ou bien : « Je lui rendrai l'argent aussi vrai que mon père et la dame auront des enfants. » Ce qui était une promesse ironique liée à une condition absurde et irréalisable (3).

Mais, à présent, le crime était commis : il avait insulté les deux personnes qui lui étaient le plus chères, son père et sa bien-aimée, ce qui exigeait une punition, et le châtiment consistait en un serment impossible à tenir et impliquant obéissance à l'ordre injustifié du supérieur : *Maintenant, tu dois vraiment rendre l'argent à A...* Dans cette obéissance forcée, il refoulait ce qu'il savait mieux que le capitaine, c'est-à-dire que l'avertissement reposait sur des données fausses : « Oui, tu dois rendre cet argent à A..., comme l'exige le remplaçant du père. Le père ne peut se tromper. » Sa Majesté non plus ne peut se tromper et si Elle s'adresse à quelqu'un en lui donnant un titre que cette personne n'a pas, celle-ci le portera désormais.

De tout ce processus, une vague notion parvient à la conscience, mais la révolte contre l'ordre du capitaine et la transformation en son contraire sont également représentées dans la conscience. (D'abord : *ne pas* rendre l'argent, sinon cela arrivera — le châtiment par les rats, — et ensuite la transformation en serment de sens contraire, en punition de la révolte.)

Qu'on se remémore une fois encore les circonstances dans les-

(1) Et non pas le soir même, comme il le raconta d'abord. Il est tout à fait impossible que le pince-nez commandé soit arrivé le soir même. Il raccourcit cet intervalle dans son souvenir parce que c'est pendant ce temps que se constituèrent les contextes d'idées décisifs, et parce qu'il refoule la rencontre avec l'officier qui lui avait fait part de l'aimable intervention de l'employée de la poste, rencontre qui eut aussi lieu dans cet intervalle.

(2) *Ja, Schnecken, Ja, einen Schmarren.* Termes d'argot viennois que nous traduisons par des expressions à peu près équivalentes. *(N. d. T.)*

(3) L'absurdité signifie aussi, dans le langage des obsessions comme dans celui du rêve, l'ironie, la raillerie. Voir *La Science des rêves*, trad. franç. MEYERSON, Paris, Alcan, 1926, p. 387.

quelles s'était formée la grande obsession. La libido du malade était sous pression de par une longue continence et du fait des avances que des femmes faisaient au jeune officier ; il s'était d'ailleurs rendu aux manœuvres dans un certain état d'indifférence envers sa dame. Cette tension de sa libido le disposait à reprendre l'ancienne lutte contre l'autorité paternelle, et il osa songer à se satisfaire sexuellement avec d'autres femmes. Les doutes concernant la mémoire de son père et les mérites de son amie s'étaient renforcés ; dans cet état d'esprit, il se laissa entraîner à les insulter tous les deux, mais alors il s'infligea une punition. Il reproduisait par là un ancien prototype. En hésitant si longtemps après les manœuvres, en ne sachant s'il devait rentrer à Vienne ou rester et tenir son serment, il exprimait ces deux conflits, qui depuis toujours existaient en lui, en un seul : conflit entre l'obéissance à son père et la fidélité à son amie (1).

Un mot encore sur l'interprétation du contenu de la sanction : « ... sinon les deux personnes subiront le supplice aux rats. » Cette interprétation repose sur deux théories infantiles de la sexualité dont j'ai traité ailleurs (2). La première est que les enfants sortent de l'anus ; la seconde, conséquence logique de la première, est qu'il est aussi possible aux hommes qu'aux femmes d'avoir des enfants. D'après les règles techniques de l'interprétation des rêves, le fait de sortir de l'anus peut être exprimé par son contraire : entrer dans l'anus (comme dans le supplice aux rats), et inversement.

On ne peut guère s'attendre à des solutions plus simples d'obsessions aussi graves ni à des solutions par des moyens autres. La solution une fois trouvée, l'obsession aux rats a disparu.

II

CONSIDÉRATIONS THÉORIQUES

a) *Quelques caractères généraux des formations obsessionnelles* (3)

La définition que j'ai donnée en 1896 des obsessions et d'après laquelle elles seraient « des reproches transformés, resurgissant

(1) Il est peut-être intéressant de mettre en relief que l'obéissance au père coïncide avec l'indifférence à l'égard de la dame. S'il reste et rend l'argent à A..., il expie vis-à-vis de son père et il abandonne en même temps son amie, attiré par un autre aimant. La victoire, dans ce conflit, est remportée par la dame, aidée, il est vrai, par une réflexion normale.

(2) Ueber infantile Sexualtheorien (Des théories sexuelles infantiles), paru dans la revue *Mutterschutz (La protection des mères)*, 9e année, 1908 ; repr. dans la IIe Partie de la *Sammlung kleiner Schriften zur Neurosenlehre (Recueil de petits essais sur les névroses)* ; VIIe vol. des *Ges. Werke.*

(3) Différents points traités ici et dans les paragraphes suivants ont déjà été mentionnés dans la littérature de la névrose obsessionnelle, comme on peut le voir

hors du refoulement, et qui se rapportent toujours à une action sexuelle de l'enfance exécutée avec satisfaction » (1), me paraît aujourd'hui attaquable au point de vue de la forme, bien que composée des meilleurs éléments. Elle tendait trop à l'unification et avait pris pour modèle le processus même des obsédés, lesquels, avec leur penchant particulier pour l'incertain et le vague, confondent et réunissent les formations psychiques les plus diverses sous le nom d' « obsessions » (2). Il serait, en réalité, plus correct de parler de *pensée compulsionnelle* et de mettre en relief ce fait que les formations compulsionnelles peuvent avoir la signification des actes psychiques les plus variés : souhaits, tentations, impulsions, réflexions, doutes, ordres et interdictions. Les malades ont, en général, tendance à en atténuer la netteté et à en présenter le contenu dépourvu de sa charge affective sous forme d'obsession. Notre patient en donne un exemple dans une des premières séances (p. 215) en traitant un souhait de simple « enchaînement d'idées ».

Il faut aussi convenir que, jusqu'à présent, la phénoménologie même de la pensée compulsionnelle n'a pu être convenablement appréciée et étudiée. Au cours de la lutte de défense secondaire menée par le malade contre les « obsessions » pénétrées dans son conscient, se forment des phénomènes dignes d'une dénomination spéciale. On se souvient, par exemple, de la suite d'idées qui préoccupait notre malade pendant son voyage au retour des manœuvres. Ce n'étaient pas des considérations entièrement raisonnables qui s'opposaient aux idées obsessionnelles, mais, en quelque sorte, un mélange des deux formes de pensée : aux idées de défense s'incorporaient certaines prémisses de la compulsion qu'elles avaient à combattre, et elles se posaient (au moyen de la raison) sur le plan de la pensée morbide. Je crois que de pareils phénomènes méritent le nom de *délires* (3). Un exemple, que je prie mon lecteur de rapporter à l'endroit voulu

dans l'ouvrage capital et approfondi sur cette névrose qu'a publié L. LŒWENFELD, *Die psychischen Zwangserscheinungen (Les phénomènes psychiques obsessionnels)* (1904).

(1) *Weitere Bemerkungen über Abwehrneuropsychosen (Nouvelles observations sur les psychonévroses de défense) (Gesammelte Werke*, vol. I).

(2) Ce défaut de définition est corrigé dans l'article précité lui-même. J'y écris : « Les souvenirs ranimés et les reproches qui en découlent n'apparaissent cependant jamais tels quels dans la conscience. Ce qui devient conscient, sous forme d'obsession et d'affect compulsionnel, et ce qui se substitue aux souvenirs pathogènes dans la vie consciente, ce sont des *formations de compromis* entre les représentations refoulantes et refoulées. » Dans la définition précitée il convient donc d'accentuer particulièrement le mot « transformés ».

(3) On voit que Freud donne ici le nom de « délires » à des phénomènes psychiques qui ne correspondent pas à ce que la psychiatrie française dénomme ainsi. *(N. d. T.)*

dans l'histoire de notre malade, éclairera cette distinction. Lorsque le patient s'adonna pendant un certain temps, au cours de ses études, aux excentricités décrites plus haut : travailler tard dans la nuit, ouvrir la porte à l'esprit de son père et contempler ensuite ses organes génitaux dans la glace (p. 232), il essayait de se raisonner en pensant à ce qu'aurait dit son père s'il avait encore vécu. Mais cet argument restait sans effet tant qu'il s'exprimait sous cette forme raisonnable : le spectre ne cessa de venir que lorsque le malade eut donné à la même pensée la forme d'une menace de caractère « délirant ». S'il faisait encore une fois une pareille sottise, il arriverait malheur à son père dans l'au-delà.

La valeur de la distinction, certainement justifiée, entre la lutte de défense primaire et secondaire, se restreint d'une façon inattendue lorsque nous apprenons que *les malades ignorent l'énoncé de leurs propres obsessions.* Voilà qui semble paradoxal, mais qui se comprend bien. Au cours de la psychanalyse croît, en effet, non seulement le courage du malade, mais pour ainsi dire aussi celui de sa maladie ; elle se permet des manifestations plus claires. Et, en abandonnant le langage imagé, on peut dire qu'il se passe probablement ceci : le malade, s'étant jusqu'alors détourné avec frayeur de ses manifestations morbides, leur prête maintenant attention et apprend à les connaître plus clairement et avec plus de détails (1).

D'ailleurs, c'est par deux voies particulières qu'on obtient une connaissance plus précise des formations compulsionnelles. Premièrement, on s'aperçoit que les rêves peuvent apporter le véritable texte d'un commandement compulsionnel, texte qui, par exemple, pendant la veille, n'avait été communiqué que mutilé et défiguré, comme dans une dépêche déformée. Le texte des obsessions apparaît, dans les rêves, sous forme de *phrases énoncées,* à l'encontre de la règle suivant laquelle les phrases énoncées dans le rêve proviennent de phrases énoncées à l'état de veille (2). Deuxièmement, on arrive à la conviction, en *suivant analytiquement une histoire de maladie,* que plusieurs obsessions se succédant, bien que non identiques quant à leur teneur, n'en constituent, au fond, qu'une seule. L'obsession a été une fois repoussée avec succès ; elle revient alors une autre fois, travestie, n'est pas reconnue et, grâce peut-être à son travestissement, elle peut mieux résister dans la lutte de défense. Mais la forme pri-

(1) Certains malades poussent si loin l'inattention qu'ils ne font même pas part à l'analyste du contenu de leurs obsessions, et qu'ils ne peuvent même pas décrire un acte compulsionnel qu'ils ont cependant exécuté un nombre incalculable de fois.

(2) Cf. *Science des rêves,* trad. MEYERSON, Paris, Alcan, 1926, p. 372.

mitive est cependant la vraie, qui nous livre fréquemment son sens sans aucun voile. Lorsqu'on a élucidé péniblement le sens d'une obsession incompréhensible, le malade vous dit souvent qu'une idée, un souhait ou une tentation comme ceux qu'on vient de reconstruire lui étaient réellement apparus un jour, avant cette obsession, mais ne s'étaient pas maintenus. Des exemples empruntés à l'histoire de notre malade seraient malheureusement trop longs à exposer.

Ce qu'on appelle officiellement « idée obsessionnelle » contient ainsi, dans sa déformation par rapport à la teneur primitive, des traces de la lutte de défense primaire. Or, c'est la déformation qui rend l'obsession viable, car la pensée consciente est forcée de la méconnaître, comme elle le fait du contenu du rêve, qui est lui-même un produit de compromis et de déformation et que la pensée de l'état de veille persiste à ne pas comprendre.

La méconnaissance de la part de la pensée consciente se révèle non seulement dans l'obsession elle-même, mais aussi dans les manifestations de la lutte de défense secondaire, par exemple dans les formules de défense. Je peux en donner deux bons exemples. Notre patient utilisait comme formule de défense un *aber* (1) prononcé rapidement et accompagné d'un geste de rejet. Or, il me conta un jour que cette formule s'était modifiée ces derniers temps ; il ne disait plus *áber* (2), mais *abér*. A ma question sur la raison de cette évolution, il répondit que l'*e* muet de la seconde syllabe ne lui donnait plus de sécurité contre l'immixtion de quelque chose d'étranger et de contraire, et c'est pour cela qu'il avait résolu d'accentuer l'*é*. Cette explication, d'ailleurs tout à fait dans le style de la névrose obsessionnelle, se révéla cependant comme inexacte, elle pouvait tout au plus avoir la valeur d'une rationalisation ; en réalité, l'*abér* était une assimilation au mot *Abwehr* (3), terme qu'il connaissait par nos conversations théoriques sur la psychanalyse. Le traitement avait donc été utilisé d'une manière abusive et « délirante » pour renforcer une formule de défense. Une autre fois, il parla du principal mot magique qu'il avait composé, pour se défendre contre les tentations, à l'aide des premières lettres de toutes les prières les plus efficaces, et qu'il avait pourvu d'un *Amen* au bout. Je ne puis indiquer ici ce mot lui-même pour des raisons qu'on comprendra tout de suite. En effet, lorsque mon patient me le révéla, je remarquai qu'il représentait l'anagramme du nom de sa bien-aimée ; ce mot contenait la lettre S qu'il avait placée juste avant l'*Amen*. Il avait ainsi, peut-on dire, mis

(1) *Aber* veut dire « mais ! » (dans le sens d'un : « mais, voyons ! »). *(N. d. T.)*
(2) *Aber* accent sur l'*a*, prononciation correcte. *(N. d. T.)*
(3) *Abwehr* : « défense », l'*è* de ce mot est long. *(N. d. T.)*

en contact le nom de son amie avec du sperme (1) ; c'est-à-dire qu'il s'était masturbé en se la représentant. Lui-même n'avait pas remarqué ce rapport pourtant si visible ; la défense s'était laissé duper par le refoulé. D'ailleurs, c'est là un bon exemple de la règle suivant laquelle ce qui doit être refoulé arrive, avec le temps, régulièrement à pénétrer dans ce qui le refoule.

Quand nous disons que les obsessions subissent une déformation semblable à celle que subissent les pensées du rêve avant de devenir le contenu du rêve, notre intérêt ne peut que se porter sur la technique de cette déformation. Rien ne nous empêcherait d'en exposer les différents modes d'après des exemples d'obsessions comprises et traduites. Mais dans le cadre de cette publication, je ne puis en donner que quelques échantillons. Toutes les obsessions de notre patient n'étaient pas construites d'une façon aussi compliquée, ni aussi difficiles à résoudre que la grande « obsession aux rats ». Dans certaines obsessions, la technique utilisée était très simple, c'était la déformation par omission, l'ellipse, technique dont le mot d'esprit sait si bien user, mais qui ici aussi servait de moyen de défense contre la compréhension.

Une des idées obsédantes les plus anciennes et préférées de notre patient (obsession qui avait la valeur d'un avertissement, d'une mise en garde) était la suivante : *Si j'épouse la dame, il arrivera un malheur à mon père* (dans l'au-delà). Si nous insérons les chaînons intermédiaires sautés que nous a révélés l'analyse, la pensée se trouve être telle : Si mon père vivait, il serait tout aussi furieux de mon intention d'épouser cette dame que jadis, lors de la scène dans l'enfance, de sorte que je me mettrais de nouveau en rage contre lui, lui souhaiterais du mal, mal qui, grâce à la toute-puissance de mes désirs (2), se réaliserait certainement.

Voici un autre cas d'omission elliptique, qui a également la valeur d'un avertissement ou d'une interdiction ascétique. Le malade avait une gentille petite nièce qu'il aimait beaucoup. Un jour, il lui vint cette idée : « *Si tu te permets un coït, il arrivera un malheur à Ella* (elle mourra). » Ajoutons ce qui a été omis : « A chaque coït, même avec n'importe quelle femme, tu seras tout de même obligé de penser que les rapports sexuels dans ta vie conjugale ne te donneront jamais d'enfant (stérilité de sa bien-aimée) ; tu le regretteras tellement que tu envieras à ta sœur sa petite Ella. Ces sentiments de jalousie devront amener la mort de l'enfant (3). »

(1) Sperme, en allemand : *Samen. (N. d. T.)*

(2) Sur cette toute-puissance, voir la suite.

(3) J'aimerais illustrer l'emploi d'une technique elliptique dans le mot d'esprit par quelques exemples empruntés à mon ouvrage *Der Witz und seine Beziehungen*

La technique de déformation elliptique semble être typique de la névrose obsessionnelle ; je l'ai encore rencontrée dans les obsessions d'autres patients. Particulièrement transparent était un cas de doute intéressant aussi par une certaine ressemblance avec la structure de l'obsession aux rats, chez une dame souffrant surtout d'actes compulsionnels. Se promenant avec son mari à Nuremberg, elle se fit accompagner par lui dans un magasin où elle voulait acheter divers objets pour son enfant, entre autres un peigne. Le choix de ces objets dura trop longtemps, de l'avis du mari, et il déclara qu'il irait acheter quelques monnaies entrevues en route chez un antiquaire ; après l'achat, il reviendrait chercher sa femme dans le magasin. Mais la femme jugea l'absence de son mari bien trop longue. Lorsque, à son retour, elle lui demanda où il était allé, et qu'il lui dit à nouveau qu'il avait été chez l'antiquaire, elle eut au même moment un doute pénible : elle se demanda si elle ne possédait pas depuis toujours le peigne qu'elle venait d'acheter pour son enfant. Naturellement, elle ne put découvrir la signification de cette connexion. Le doute ne pouvait être que déplacé, et nous sommes en mesure de reconstruire la pensée complète de la façon suivante : « S'il est vrai que tu n'as été que chez l'antiquaire, si je dois croire cela, je peux tout aussi bien croire que je possède depuis des années ce peigne que je viens d'acheter. » Voilà une assimilation de persiflage, ironique, semblable à la pensée de notre patient : « Oui, aussi vrai que le père et la dame auront des enfants, aussi certainement je rendrai l'argent à A... » Chez la dame dont nous venons de parler, le doute se rattachait à une jalousie inconsciente qui lui faisait admettre que son mari avait profité de son absence pour faire une visite galante.

Je n'entreprendrai pas ici une étude psychologique de la pensée obsessionnelle. Pareille investigation fournirait des résultats extrêmement précieux et ferait plus pour l'élucidation de nos connaissances sur la nature du conscient et de l'inconscient que l'étude de l'hystérie et des phénomènes hypnotiques. Il serait très désirable que les philosophes et les psychologues, qui élaborent par ouï-dire,

zum Unbewussten, Leipzig u. Wien, Fr. Deuticke, 1905 ; repr. dans le vol. VI des *Ges. Werke : Le mot d'esprit et ses rapports avec l'inconscient* (trad. franç. Marie BONAPARTE et Marcel NATHAN, N.R.F., p. 87) : « Il existe à Vienne un M. X..., auteur à l'esprit caustique et combatif, que ses brocards mordants exposèrent à plusieurs reprises aux sévices de ses victimes. A la suite d'une nouvelle incartade de la part d'un de ses adversaires habituels, une tierce personne s'écria : *Si X... l'entend, il recevra encore une gifle...* L'interpolation suivante fait disparaître le contresens : « Il écrira alors sur son adversaire un article si virulent que, etc. » Ce mot d'esprit elliptique présente encore quant à son contenu des analogies avec le premier exemple d'obsession.

ou à l'aide de définitions conventionnelles, d'ingénieuses doctrines sur l'inconscient, fissent d'abord des observations concluantes en étudiant les phénomènes de la pensée obsessionnelle ; on pourrait presque l'exiger, si cette tâche n'était de beaucoup plus pénible que leurs méthodes habituelles de travail. Je mentionnerai ici seulement que, dans la névrose obsessionnelle, les phénomènes psychiques inconscients font parfois irruption dans la conscience sous leur forme la plus pure, la moins déformée, et que cette irruption dans le conscient peut avoir pour point de départ les stades les plus divers des processus de la pensée inconsciente. On peut voir par ailleurs que les obsessions, au moment de cette irruption, sont pour la plupart des formations existant depuis longtemps. C'est là la raison de ce phénomène si curieux qu'on observe lorsqu'on recherche, avec l'aide d'un obsédé, la première apparition d'une obsession ; il est sans cesse obligé d'en reculer l'origine, y trouvant toujours de nouvelles causes occasionnelles.

b) *Quelques particularités psychologiques des obsédés leur attitude envers la réalité, la superstition et la mort*

Je dois traiter ici de quelques caractères psychologiques des obsédés, caractères qui, en eux-mêmes, ne semblent pas importants, mais dont la connaissance nous ouvrira la voie vers des notions plus importantes. Ces caractères, très nettement accentués chez mon patient, ne sont pas attribuables, je le sais, à l'individu lui-même, mais à sa maladie et se retrouvent, d'une manière tout à fait typique, chez d'autres obsédés.

Notre patient était à un très haut degré superstitieux, bien qu'il fût très instruit, cultivé et extrêmement intelligent et que, par moments, il assurât ne pas croire à toutes ces balivernes. Ainsi, en étant à la fois superstitieux et ne l'étant pas, il se distinguait nettement des gens superstitieux incultes dont la conviction est inébranlable. Il semblait comprendre que ses superstitions dépendaient de sa pensée obsessionnelle, bien que, parfois, il y crût entièrement. Une pareille attitude hésitante et contradictoire se laisse mieux concevoir si l'on adopte un certain point de vue pour en tenter l'explication. Je n'hésitais pas à admettre qu'il avait, en ce qui concernait ces choses, deux opinions différentes et opposées et non une opinion encore indéterminée. Il oscillait entre ces deux opinions et ces oscillations dépendaient d'une façon évidente de son attitude envers ses troubles obsessionnels en général. Dès qu'il avait maîtrisé une obsession, il se moquait de sa crédulité avec beaucoup de compréhension, et rien ne pouvait l'ébranler ; mais dès qu'il subissait à nouveau l'empire d'une compulsion encore non résolue — ou bien, ce qui en était l'équivalent, d'une résistance — il lui arrivait les choses les plus étranges, qui venaient étayer ses croyances.

Mais sa superstition était tout de même celle d'un homme cultivé et faisait abstraction d'inepties telles que la peur du vendredi, du chiffre 13, etc. Cependant, il croyait aux présages, aux rêves prophétiques, rencontrant continuellement des personnes dont il venait de s'occuper sans raison, recevant des lettres de personnes auxquelles il avait soudain pensé après de très longues périodes d'oubli. Pourtant, il était assez honnête, ou plutôt assez fidèle à ses opinions officielles, pour ne pas oublier les cas dans lesquels ses pressentiments les plus intenses n'avaient abouti à rien, par exemple une fois où, se rendant en villégiature, il avait eu le pressentiment certain de ne pas rentrer vivant à Vienne. Il avouait aussi que la majeure partie de ses présages concernait des choses sans importance particulière pour lui et que, lorsqu'il rencontrait par exemple une personne de ses relations à laquelle il n'avait pas songé depuis longtemps et à laquelle il venait de penser quelques instants auparavant, il n'arrivait rien entre lui et la personne revue dans ces circonstances étranges. Il ne pouvait naturellement pas nier non plus que tous les événements importants de sa vie eussent eu lieu sans être accompagnés de présages ; ainsi son père était mort sans qu'il s'y attendît. Mais tous ces arguments ne changeaient rien à la dualité de ses opinions et ne révélaient que le caractère obsessionnel de sa superstition, caractère qui pouvait d'ailleurs être déduit du fait que ces oscillations et celles de la résistance étaient synchrones.

Je n'étais naturellement pas en mesure d'élucider du point de vue rationnel toutes les histoires miraculeuses antérieures de mon patient, mais quant à celles qui se passèrent pendant le traitement, je pus lui prouver qu'il participait continuellement à la création de ces miracles, et lui démontrer les moyens dont il se servait à cet effet. Il procédait à l'aide de la vue et de la lecture indirectes, à l'aide de l'oubli, et surtout à l'aide d'erreurs de mémoire. A la fin, il m'aidait lui-même à découvrir le secret de ces tours de passe-passe grâce auxquels il produisait ses miracles. Intéressant, en tant que racine infantile de sa croyance à la réalisation de ses pressentiments et de ses prédictions, fut le souvenir qui lui revint un jour : sa mère, chaque fois qu'il fallait choisir une date, disait : « Tel ou tel jour, je ne pourrai pas, je serai couchée. » En effet, elle gardait le lit ce jour-là !

Il éprouvait évidemment le besoin de trouver dans les événements des points d'appui à sa superstition ; c'est dans ce but qu'il prêtait tant d'attention aux nombreux petits hasards inexplicables de la vie.

quotidienne, et que, par son activité inconsciente, il aidait le hasard là où celui-ci ne suffisait pas. J'ai retrouvé ce besoin chez beaucoup d'obsédés, et je suppose qu'il existe chez la plupart d'entre eux. Il me paraît s'expliquer par les caractères psychologiques de la névrose obsessionnelle. Comme je l'ai exposé plus haut (p. 226), le refoulement, dans cette maladie, s'effectue non pas par l'amnésie, mais par la disjonction des rapports de causalité, disjonction qui est une conséquence d'un retrait de l'affect. Ces rapports refoulés gardent une sorte de force capable d'avertir le sujet, force que j'ai comparée ailleurs à une perception endopsychique (1), de sorte que le malade introduit les rapports refoulés dans la réalité extérieure au moyen de la projection et là, ils témoignent de ce qui a été effacé dans le psychisme.

Un autre besoin psychique commun aux obsédés, apparenté à celui qui vient d'être mentionné et qui, si l'on en poursuit l'étude, nous mène loin dans l'investigation des pulsions instinctuelles, est celui de l'*incertitude* dans la vie ou celui du *doute*. La formation de l'incertitude est une des méthodes dont la névrose se sert pour retirer le malade de la *réalité* et l'isoler du monde extérieur, ce qui, au fond, est une tendance commune à tout trouble psychonévrotique. Là aussi, il est extrêmement clair que ces malades cherchent à éviter une certitude et à se maintenir dans le doute ; chez certains, cette tendance trouve une expression vivante dans leur aversion contre les montres qui, elles, assurent au moins la précision dans le temps ; ils trouvent moyen, grâce à des trucs inconscients, de rendre inopérants tous ces instruments excluant le doute. Notre patient faisait preuve d'une particulière habileté à éviter tout renseignement qui eût pu le porter à prendre une décision dans ses conflits. Ainsi ignorait-il de la situation de sa bien-aimée jusqu'aux choses les plus importantes pour son mariage, ne sachant pas, disait-il, qui l'avait opérée et si cette opération avait porté sur un ovaire ou sur les deux. Je lui enjoignis de se rappeler ce qu'il avait oublié et de se renseigner sur ce qu'il ignorait.

La prédilection des obsédés pour l'incertitude et le doute devient chez eux une raison d'appliquer leurs pensées à des sujets qui sont incertains pour tous les hommes et pour lesquels nos connaissances et notre jugement doivent nécessairement rester soumis au doute. De pareils sujets sont avant tout la paternité, la durée de la vie, la survie après la mort, et la mémoire à laquelle nous nous fions habi-

(1) *Zur Psychopathologie des Alltagslebens*, Berlin. S. Karger, 1904, vol. IV des *Gesammelte Werke : La psychopathologie de la vie quotidienne*, trad. franç. de JANKÉLÉVITCH, Paris, Payot, 1922.

tuellement, sans cependant posséder la moindre garantie de sa fidélité (1).

L'obsédé se sert abondamment de l'incertitude de la mémoire dans la formation de ses symptômes ; nous apprendrons tout à l'heure quel rôle joue, dans la pensée de ces malades, la durée de la vie et l'au-delà. Avant de poursuivre, j'aimerais encore discuter un trait de superstition chez notre malade, qui certainement a éveillé la surprise chez plus d'un lecteur, là où je l'ai déjà mentionné (p. 247).

Je veux parler de la *toute-puissance* qu'il attribuait à ses pensées, à ses sentiments et aux bons et mauvais souhaits qu'il pouvait faire. On serait certes tenté de déclarer qu'il s'agit là d'un délire dépassant les limites d'une névrose obsessionnelle. Mais j'ai trouvé la même conviction chez un autre obsédé, guéri depuis longtemps et ayant une activité normale et, de fait, tous les obsédés se comportent comme s'ils partageaient cette conviction. Nous aurons à élucider cette surestimation. Admettons en attendant, sans détours, que, dans cette croyance, s'avère une bonne part de la mégalomanie infantile et questionnons notre patient pour savoir sur quoi sa conviction s'étaye. Il répond en se référant à deux événements de sa vie. Lorsqu'il entra pour la seconde fois à l'établissement d'hydrothérapie où sa maladie s'était améliorée pour la première et unique fois de sa vie, il demanda la même chambre qui avait favorisé, grâce à sa situation, ses relations avec une de ses infirmières. On lui répondit que cette chambre était déjà occupée par un vieux professeur ; il réagit à cette nouvelle, qui diminuait de beaucoup les chances de sa cure, par ces paroles peu aimables : « Ah, qu'il meure d'apoplexie ! » Quinze jours plus tard, il se réveille la nuit, troublé par l'idée d'un cadavre, et le matin il apprend que le vieux professeur a réellement succombé à une attaque d'apoplexie et que son cadavre a été rapporté dans sa chambre, à peu près au moment où lui s'était réveillé. L'autre événement concernait une demoiselle d'un certain âge, complètement esseulée, éprouvant un grand besoin d'être aimée, qui lui faisait beaucoup d'avances et lui avait une fois directement demandé s'il ne se sentait aucune affection pour elle. La

(1) Lichtenberg : « L'astronome sait à peu près avec la même certitude si la lune est habitée et qui est son père, mais il sait avec une toute autre certitude qui est sa mère. » Ce fut un grand progrès de la civilisation lorsque l'humanité se décida à adopter, à côté du témoignage des sens, celui de la conclusion logique, et à passer du matriarcat au patriarcat. Des statuettes préhistoriques sur lesquelles une petite forme humaine est assise sur la tête d'une plus grande représentent la descendance paternelle ; Athênê sans mère sort du cerveau de Jupiter. Encore dans notre langue, le témoin (en allemand : *Zeuge*), dans un tribunal, qui atteste quelque chose, tire son nom de la partie mâle de l'acte de la procréation et déjà, dans les hiéroglyphes, le témoin était représenté par les organes génitaux mâles.

réponse fut évasive ; quelques jours après, il apprenait que cette demoiselle venait de se jeter par la fenêtre. Alors il se fit des reproches et se dit qu'il aurait été en son pouvoir de la préserver de la mort en lui offrant son amour. De cette façon, il acquit la conviction de la toute-puissance de son amour et de sa haine. Sans nier la toute-puissance de l'amour, nous voulons cependant mettre en relief que, dans les deux cas, il s'agit de mort, et nous adopterons l'explication qui s'impose : notre patient, comme d'autres obsédés, est obligé de surestimer l'effet, sur le monde extérieur, de ses sentiments hostiles, parce qu'il ignore consciemment une bonne part de l'action psychique interne de ces sentiments. Son amour — ou plutôt sa haine — est vraiment tout puissant : ce sont justement ces sentiments qui produisent les obsessions dont il ne comprend pas l'origine et contre lesquelles il se défend sans succès (1).

Notre patient avait un comportement tout particulier envers la mort. Il prenait une vive part à tous les deuils, participant avec beaucoup de piété à toutes les obsèques, de sorte qu'on l'avait surnommé, dans sa famille, l'oiseau charognard (2) et, en imagination, il tuait constamment les gens pour pouvoir exprimer sa sympathie sincère aux parents des défunts. La mort d'une sœur plus âgée, lorsqu'il avait 3 à 4 ans, jouait un grand rôle dans ses fantasmes, et cette mort se montra être en rapport très étroit avec les petits méfaits infantiles commis à cet âge. Nous savons aussi avec quelle précocité il s'était préoccupé de la mort de son père, et nous pouvons même considérer sa maladie comme une réaction au souhait compulsionnel de cet événement, souhait fait quinze ans auparavant. Et l'extension si étrange à « l'au-delà » de ses inquiétudes obsédantes n'est qu'une compensation à ses souhaits de la mort paternelle. Cet état de choses s'était établi lorsque le chagrin de la mort de son père avait été ranimé un an et demi après ce décès, état destiné, à l'encontre de la réalité, à rendre non avenue cette mort, ce qu'il avait d'abord essayé de faire au moyen de divers fantasmes. Nous avons appris à traduire à plusieurs reprises (p. 244, 246) l'expression « dans l'au-delà » par les mots : « Si mon père vivait encore. »

Cependant le comportement d'autres obsédés n'est guère différent de celui de notre patient, bien que le sort ne les ait pas tous aussi précocement mis en présence de la mort. Ils sont perpétuelle-

(1) (Note de 1923.) La toute-puissance des pensées, ou plus exactement celle des souhaits a été, depuis, reconnue comme constituant une partie essentielle du psychisme primitif. Voir *Totem und Tabu*, Wien, Hugo Heller & Cie, 1912-1913, vol. IX, des *Ges. Werke : Totem et Tabou*, trad. franç. par JANKÉLÉVITCH, Paris, Payot, 1923.

(2) Textuellement en allemand : chouette.

ment préoccupés par la durée de la vie et les possibilités de mort d'autres personnes; leurs tendances superstitieuses n'ont tout d'abord point d'autre contenu et peut-être guère d'autre origine Avant tout, ils ont besoin de la possibilité de la mort pour résoudre leurs conflits. Un des traits essentiels de leur caractère est d'être incapables de se décider dans les affaires d'amour, ils essayent de retarder toute décision et, hésitants dans le choix des personnes ou des mesures à prendre, ils imitent l'ancien tribunal impérial allemand, dont les procès se terminaient en général, avant le jugement, par la mort des parties adverses. Aussi les obsédés, dans tout conflit vital, sont-ils à l'affût de la mort d'une personne qui leur importe, ordinairement d'une personne aimée, que ce soit un de leurs parents, un rival ou l'un des objets d'amour entre lesquels ils hésitent. Avec cette étude du complexe de la mort dans les cas de névrose obsessionnelle, nous abordons le problème de la vie instinctuelle des obsédés, qui va nous occuper à présent.

c) *La vie instinctuelle et l'origine de la compulsion et du doute*

Si nous voulons apprendre à connaître les forces psychiques dont le contrecoup a formé cette névrose obsessionnelle, nous devrons remonter à ce que nous avons appris, chez notre patient, sur les causes de sa maladie à l'âge adulte et dans l'enfance. La maladie se déclencha lorsqu'à 20 ans passés il fut mis en face de la tentation d'épouser une jeune fille autre que celle qu'il aimait depuis longtemps; il échappa à la nécessité de résoudre ce conflit en remettant à plus tard tout ce qu'il avait à faire pour en préparer la solution, ce dont la névrose lui fournit les moyens. L'hésitation entre son amie et l'autre jeune fille se laisse ramener au conflit entre l'influence de son père et l'amour pour la dame, donc à un conflit entre le choix de son père et celui d'un objet sexuel, conflit qui, d'après ses souvenirs et ses obsessions, existait déjà dans sa prime enfance. En outre, il est clair qu'existait en lui, depuis toujours, une lutte entre l'amour et la haine en ce qui concernait son amie comme son père. Des fantasmes de vengeance et des manifestations compulsionnelles, tels que la compulsion à comprendre ou l'histoire de la pierre sur la route, témoignent de ce conflit, en partie compréhensible et normal étant donné que son amie avait fourni des motifs à ses sentiments hostiles d'abord par son premier refus, puis par sa froideur. Mais la même contradiction dans les sentiments prédominants dominait aussi dans ses rapports avec son père, comme nous l'a appris la traduction de ses obsessions, et son père aussi avait dû lui fournir, dans l'enfance, des motifs d'hostilité, que nous avons pu constater avec une quasi-certitude. Ses sentiments à l'égard de son amie, composés de tendresse et de haine, lui étaient en grande partie conscients. Il se trompait tout au plus sur le degré et l'expression des sentiments négatifs ; par contre, l'hostilité envers son père, jadis très intense, lui avait depuis fort longtemps échappé et ne put être ramenée au conscient qu'à l'encontre de résistances très violentes. C'est dans le refoulement de la haine infantile contre son père que nous voyons le processus qui entraîna dans la névrose tous les conflits ultérieurs de sa vie.

Chez notre patient, les conflits affectifs que nous avons énumérés un à un, ne sont pourtant pas indépendants les uns des autres ; ils sont soudés par couples. La haine pour son amie s'additionne à l'attachement pour son père, et *vice versa.* Mais les deux courants des conflits, qui demeurent après cette simplification, l'opposition entre le père et l'amie, et la contradiction entre l'amour et la haine, dans chacun des cas, n'ont rien à voir l'un avec l'autre, ni au point de vue du fond ni à celui de la genèse. Le premier de ces conflits correspond à l'oscillation normale entre l'homme et la femme, en tant qu'objets d'amour, dans laquelle on place l'enfant par la fameuse question : « Qui aimes-tu mieux, papa ou maman ? » oscillation qui l'accompagne ensuite toute sa vie, malgré toutes les différences individuelles dans l'évolution des intensités affectives et dans la fixation des buts sexuels définitifs. Mais normalement, cette opposition perd bientôt son caractère de contradiction nette, d'inexorable alternative ; une marge se crée pour satisfaire les exigences inégales des deux parties, bien que chez l'homme normal lui-même la dépréciation des personnes d'un sexe s'accompagne toujours d'une estimation d'autant plus haute des personnes du sexe opposé.

L'autre conflit, celui entre l'amour et la haine, nous surprend davantage. Nous le savons : un état amoureux se perçoit souvent au début sous forme de haine, l'amour auquel satisfaction est refusée se transforme facilement partiellement en haine, et les poètes nous enseignent qu'aux stades passionnés de l'amour ces deux sentiments contradictoires peuvent coexister pendant quelque temps et rivaliser en quelque sorte. Mais la coexistence chronique de l'amour et de la haine envers une même personne, et la très grande intensité de ces deux sentiments, voilà qui est fait pour nous surprendre. Nous nous serions attendus à ce que le grand amour eût depuis longtemps vaincu la haine ou eût été dévoré par celle-ci. En effet, cette coexistence de sentiments contraires n'est possible que dans certaines conditions psychologiques particulières et grâce à leur caractère inconscient. L'amour n'a pas éteint la haine, il n'a pu que la refouler dans l'inconscient et là, assurée contre une destruction par l'action du conscient elle peut subsister et même croître. D'habitude, l'amour conscient, dans ces conditions, s'accroît par réaction jusqu'à une très grande intensité, pour être à la hauteur de la tâche qui lui est constamment imposée : maintenir son contraire dans le refoulement. Une séparation très précoce des contraires, à l'âge « préhistorique » de l'enfance, accompagnée du refoulement de l'un des deux sentiments, de la haine en général, semble être la condition de cette « constellation » si étrange de la vie amoureuse (1).

Si nous embrassons du regard un certain nombre d'analyses d'obsédés, l'impression s'impose qu'un comportement d'amour et de haine tel que celui de notre malade est l'un des caractères les plus fréquents, les plus prononcés et, pour cela même, l'un des plus importants probablement de la névrose obsessionnelle. Cependant, si tenté que l'on soit de ramener le problème du « choix de la névrose » à la vie instinctuelle, on a assez de raisons d'échapper à cette tentation et il faut se dire qu'on trouve, dans toutes les névroses, les mêmes instincts refoulés à la base des symptômes. Ainsi la haine, maintenue par l'amour dans l'inconscient, joue aussi un grand rôle dans la pathogenèse de l'hystérie et de la paranoïa. Nous connaissons trop peu la nature de l'amour pour pouvoir porter dès maintenant un jugement certain ; en particulier, le rapport du facteur *négatif* (2) de l'amour à la composante sadique de la libido reste entièrement obscur. Et c'est pourquoi nous n'attachons que la valeur d'une connaissance provisoire à dire que, dans les cas susmentionnés de haine inconsciente, les composantes sadiques de l'amour auraient été constitutionnellement développées de façon particulièrement forte et se seraient trouvées, de ce fait, réprimées de façon trop précoce et trop intense. Nous pouvons en conclure que les phénomènes névrotiques seraient alors déterminés, d'une part par la tendresse consciente renforcée réactivement, d'autre part, par le sadisme se manifestant sous forme de haine dans l'inconscient.

Cependant, quelle que soit l'explication qu'on donne à cette « constellation » si étrange de l'amour et de la haine, son existence est mise hors de doute par les observations faites sur nos malades, et il devient facile de comprendre les phénomènes énigmatiques de

(1) Cf. la discussion sur ce sujet dans une des premières séances. — (Note 1923.) Pour cette constellation de sentiments, Bleuler a créé ultérieurement le terme approprié d' « ambivalence ». Voir d'ailleurs la suite de ces considérations dans l'article « Die disposition zur Zwangsneurose » (1913) (La prédisposition à la névrose obsessionnelle), trad. franç. par E. PICHON et H. HŒSLI, *Revue française de Psychanalyse*, t. III, n° 3 (1929).

(2) « ... souvent, j'éprouve le désir de ne plus le voir parmi les vivants. Et cependant, si cela arrivait jamais, je le sais, j'en serais encore bien plus malheureux, tellement, si entièrement désarmé je suis vis-à-vis de lui », dit Alcibiade de Socrate, dans *Le Banquet*.

la névrose obsessionnelle lorsqu'on les rapporte à ce seul facteur. Si à un amour intense s'oppose une haine presque aussi forte, le résultat immédiat en doit être une aboulie partielle, une incapacité de décision dans toutes les actions dont le motif efficient est l'amour. Mais cette indécision ne se borne pas longtemps à un seul groupe d'actions. Car d'abord, quels sont les actes d'un amoureux qui ne soient pas en rapport avec sa passion ? Et puis, le comportement sexuel d'un homme a une *puissance déterminatrice* par laquelle se transforment toutes ses autres actions ; et, enfin, il est dans les caractères psychologiques de la névrose obsessionnelle de se servir dans une large mesure du mécanisme du *déplacement*. Ainsi la paralysie du pouvoir de décision s'étend peu à peu à l'activité entière de l'homme (1).

Ainsi se constitue l'empire du *doute* et de la *compulsion*, tel qu'il nous apparaît dans la vie psychique des obsédés. Le doute correspond à la perception interne de l'indécision qui s'empare du malade à chaque intention d'agir, par suite de l'inhibition de l'amour par la haine. C'est au fond un doute de l'amour, lequel eût dû être subjectivement la chose la plus sûre, doute qui se répand sur tout le reste et se déplace de préférence sur le détail le plus insignifiant. Celui qui doute de son amour est en droit de douter, *doit* même douter, de toutes les autres choses de valeur moindre que l'amour (2).

C'est ce doute-là qui mène, dans les mesures de protection, à l'incertitude et à la répétition continuelle ayant pour but de bannir cette incertitude, doute qui arrive enfin à faire que ces actions défensives elles-mêmes deviennent aussi inexécutables que la décision d'amour primitivement inhibée. J'avais été obligé d'admettre, au début de mes expériences, une autre origine, plus générale, de l'incertitude chez les obsédés et qui paraissait se rapprocher davantage de la norme. Si je suis dérangé par quelqu'un, par exemple quand j'écris une lettre, j'éprouve par la suite une incertitude justifiée sur ce que j'ai écrit sous l'influence de ce dérangement et suis obligé pour me rassurer de relire la lettre. Aussi étais-je alors d'avis que l'incertitude des obsédés, par exemple pendant leurs prières, provenait de ce

(1) Cf. « la représentation par quelque chose de menu » comme la technique du jeu d'esprit dans Freud, *Le mot d'esprit et ses rapports avec l'inconscient*, Paris, Gallimard, 1930, p. 90, déjà cité.

(2) Les vers d'amour d'Hamlet à Ophélie :

Doute que les astres soient de flammes,
Doute que le soleil tourne,
Doute que la vérité soit la vérité,
Mais ne doute jamais de mon amour !

Hamlet, scène VII, dans *Œuvres complètes de W. Shakespeare*, t. X, trad. François-Victor Hugo, Paris, Alphonse Lemerre, 1865.

qu'il s'y mêlait sans cesse, pour les déranger, des fantasmes inconscients. Cette supposition était juste, et elle se concilie facilement avec notre affirmation précédente. Il est vrai que l'incertitude d'avoir exécuté une mesure de défense provient du trouble apporté par des fantasmes inconscients, mais ces fantasmes contiennent précisément l'impulsion contraire qui doit justement être écartée par la prière. Ce fut un jour très net chez notre patient, le trouble ne restant pas inconscient, mais se laissant percevoir très distinctement. Alors qu'il voulait prier et dire : « Que Dieu la protège », surgit soudain de son inconscient un « ne », et il se rendit compte que c'était là le début d'une malédiction (p. 224). Si ce « ne » était resté muet, le patient serait demeuré dans un état d'incertitude qui eût prolongé démesurément sa prière ; en réalité, il abandonna la prière lorsque le « ne » lui devint conscient. Mais, avant de le faire, il essaya, comme d'autres obsédés, de toutes sortes de méthodes pour éviter qu'une idée contraire ne se mêlât à ses prières ; ainsi, il les raccourcissait ou les énonçait très rapidement. D'autres s'efforcent d' « isoler » soigneusement leurs actions de défense de tout le reste. Cependant, toutes ces techniques ne servent de rien à la longue ; dès que l'impulsion amoureuse a pu exécuter quoi que ce soit en se déplaçant sur une action insignifiante, l'impulsion hostile l'y suit aussi et annule tout ce qu'il a fait.

Quand l'obsédé a découvert l'incertitude de la mémoire, ce point faible de notre psychisme, il peut, grâce à cette incertitude, étendre le doute à tout, même aux actes qui ont déjà été exécutés et qui n'étaient pas en rapport avec le complexe amour-haine, bref à tout le passé. Je rappelle ici l'exemple de la femme qui venait d'acheter un peigne pour sa petite fille et qui, après s'être méfiée de son mari, se demandait si elle ne possédait pas ce peigne depuis toujours. Cette femme ne disait-elle pas : « Si je peux douter de ton amour (et ceci n'est qu'une projection du doute relatif à son propre amour pour son mari), je puis aussi douter de cela, je puis douter de tout. » C'est ainsi qu'elle nous révélait le sens caché du doute névrotique.

La *compulsion*, par contre, tente de compenser le doute et de corriger les états d'inhibition intolérables dont témoigne le doute. Si le malade réussit enfin, à l'aide du déplacement, à se décider pour l'une des décisions inhibées, celle-ci doit être exécutée ; elle n'est, bien entendu, plus la résolution primitive, mais l'énergie qui y avait été accumulée ne renoncera plus à l'occasion de se décharger dans une action substitutive. Elle se manifeste dans des commandements et dans des interdictions, suivant que la pulsion tendre ou la pulsion hostile a gagné le chemin de la décharge. La tension, si le commandement compulsionnel n'est pas exécuté, est intolérable et est perçue sous forme d'angoisse très intense. Mais la voie même vers cette action substitutive, même déplacée sur un très petit détail, est si âprement disputée que l'action ne peut le plus souvent se faire jour que sous forme d'une mesure de défense, étroitement liée à l'impulsion à écarter.

De plus, grâce à une sorte de *régression*, des actes préparatoires remplacent les décisions définitives, la pensée se substitue à l'action, et une pensée, en tant que stade préliminaire à l'acte, se fait jour avec une force compulsionnelle à la place de l'acte substitutif. Selon le degré de cette régression de l'acte à la pensée, la névrose obsessionnelle prend le caractère de la pensée compulsionnelle (obsessions) ou de l'acte compulsionnel proprement dit. Mais les véritables actes compulsionnels ne sont rendus possibles que grâce à une sorte de conciliation en eux des deux impulsions antagonistes et cela par des formations de compromis. A mesure que la névrose se prolonge, les actes compulsionnels se rapprochent de plus en plus d'actes sexuels infantiles d'un genre masturbatoire. De cette façon, des actes amoureux quand même ont lieu dans cette forme de névrose, mais, là aussi, uniquement à l'aide d'une nouvelle régression, non par des actes dirigés vers des personnes, objets d'amour ou de haine, mais par des actes autoérotiques comme dans l'enfance.

La première régression, celle de l'acte à la pensée, est favorisée par un autre facteur qui participe à la genèse de la névrose. On retrouve presque régulièrement dans l'histoire des obsédés l'apparition et le refoulement précoces du voyeurisme et de la curiosité sexuelle, lesquels, chez notre patient également, avaient régi une partie de l'activité sexuelle infantile (1).

Nous avons déjà mentionné l'importance de la composante sadique dans la genèse de la névrose obsessionnelle. Là où les pulsions de curiosité sexuelle prévalent dans la constitution des obsédés, la rumination mentale devient le symptôme principal de la névrose. Le processus même de la pensée est sexualisé : le plaisir sexuel, se rapportant ordinairement au contenu de la pensée, est dirigé vers l'acte même de penser et la satisfaction éprouvée en atteignant à un résultat cogitatif est perçue comme une satisfaction sexuelle. Ce rapport entre la *pulsion à connaître* et les processus cogitatifs rend celle-ci particulièrement apte, dans toutes les formes de la névrose obsessionnelle où cette pulsion joue un rôle, à attirer l'énergie, qui s'efforce vainement de se manifester par un acte, vers la pensée qui, elle,

(1) Les grands dons intellectuels des obsédés sont probablement en rapport avec ce fait.

permet une autre forme de satisfaction. Ainsi, grâce à la *pulsion à connaître*, des actes de penser préparatoires continuent à remplacer l'acte substitutif. A l'acte retardé se substitue bientôt le fait que le malade s'attarde à penser, de sorte qu'à la fin le processus, en gardant toutes ses particularités, est transféré sur un autre terrain, à l'instar des Américains qui déplacent en bloc *(move)* une maison.

Appuyé sur les considérations précédentes, j'oserai maintenant définir le facteur psychologique, si longtemps recherché, qui prête aux produits de la névrose obsessionnelle leur caractère « compulsionnel ». Deviennent compulsionnels les processus représentatifs qui s'effectuent avec une énergie, laquelle — tant du point de vue qualitatif que quantitatif (et par suite d'un freinage dans la partie motrice des systèmes représentatifs) — n'est d'ordinaire destinée qu'à l'action, c'est-à-dire des *pensées qui régressivement doivent remplacer des actes*. Personne, je crois, ne contestera l'hypothèse suivant laquelle les processus de la pensée sont ordinairement dirigés avec un moindre déplacement d'énergie et cela pour des raisons économiques (probablement sur un niveau supérieur) que ne l'est l'énergie des actions destinées à une décharge ou à une modification du monde extérieur.

Ce qui réussit, sous forme d'obsession, à pénétrer dans le conscient avec une force excessive, doit alors être garanti contre les efforts de la pensée consciente qui tendent à le désagréger. Nous le savons déjà : cette défense s'effectue au moyen de la *déformation* que subit l'obsession avant de devenir consciente. Ce n'est pas cependant le seul moyen utilisé. D'ordinaire, l'obsession est, en outre, écartée de sa situation originelle, dans laquelle elle pourrait, malgré la déformation, être plus facilement comprise. Dans cette intention, d'une part, est *intercalé un intervalle* entre la situation pathogène et l'obsession qui en résulte, ce qui égare la pensée consciente dans sa recherche de la causalité ; d'autre part, le contenu de l'obsession est distrait de ses relations et contextes particuliers de par la *généralisation*.

Notre patient nous donne un exemple de ces processus dans sa « compulsion à comprendre » (p. 223). En voici un exemple meilleur encore : une malade s'interdit de porter aucun bijou, bien que la cause occasionnelle de cette interdiction n'eût été qu'un certain bijou qu'elle avait envié à sa mère et dont elle espérait hériter un jour. Enfin, pour se défendre contre le travail de désagrégation par la pensée consciente, l'obsession a encore coutume de se servir de termes vagues ou équivoques (si l'on veut séparer ce moyen du mécanisme de la déformation véritable). Ces termes mal compris peuvent alors s'intégrer dans les « délires », et tout ce qui dérive de l'obsession et s'y substitue ultérieurement se rattachera à ce texte mal compris, et non à la teneur véritable de l'obsession. Cependant, on peut remarquer que les « délires » s'efforcent de renouer des liens toujours nouveaux avec le contenu et la teneur de l'obsession qui n'ont pas été admis dans la pensée consciente.

J'aimerais en revenir à la vie instinctuelle des obsédés, pour faire une seule remarque encore. Notre patient était un flaireur qui, tel un chien, reconnaissait dans son enfance tout le monde d'après l'odeur, et pour qui, adulte, les sensations olfactives importaient davantage qu'à d'autres (1). J'ai trouvé des faits semblables chez d'autres névrosés, obsédés et hystériques, et j'ai appris à tenir compte, dans la genèse des névroses (2), du rôle d'un plaisir olfactif disparu depuis l'enfance. D'une façon générale, on peut se demander si l'atrophie de l'odorat chez l'homme, consécutive à la station debout, et le refoulement organique du plaisir olfactif qui en résulte, ne joueraient pas un grand rôle dans la faculté de l'homme d'acquérir des névroses. On comprendrait ainsi qu'à mesure que s'élevait la civilisation de l'humanité, ce fût précisément la sexualité qui dût faire les frais du refoulement. Car l'on sait depuis longtemps combien est étroitement lié, dans l'organisation animale, l'instinct sexuel à l'odorat.

Pour finir, j'aimerais exprimer l'espoir que ce travail, incomplet à tout point de vue, incitât d'autres chercheurs à étudier la névrose obsessionnelle et, en l'approfondissant plus encore, à mettre au jour davantage de ce qui la constitue. Les traits caractéristiques de cette névrose, qui la distinguent de l'hystérie, doivent être recherchés, à mon avis, non dans la vie instinctuelle, mais dans le domaine psychologique. Je ne puis quitter mon malade sans parler de l'impression qu'il faisait d'être scindé en trois personnalités : une personnalité inconsciente et deux personnalités préconscientes, entre lesquelles oscillait son conscient. Son inconscient englobait des tendances précocement refoulées, qu'on pourrait appeler ses passions et ses mauvais penchants ; à l'état normal, il était bon, aimait la vie, était intelligent, fin et cultivé ; mais, dans une troisième organisation psychique, il se révélait superstitieux et ascétique, de sorte qu'il pouvait avoir deux opinions sur le même sujet et deux conceptions de la vie différentes. Cette dernière personnalité préconsciente contenait en majeure partie des formations réactionnelles à ses désirs inconscients, et il était facile de prévoir que, si sa maladie avait duré plus longtemps, cette personnalité-là aurait absorbé la personnalité normale. J'ai actuellement l'occasion de soigner une dame atteinte d'une névrose

(1) J'ajouterai que, dans son enfance, il avait eu des tendances coprophiles très marquées. A rapprocher de son érotisme anal mentionné plus haut (p. 238).

(2) Par exemple, dans certaines formes de fétichisme.

obsessionnelle grave, et dont la personnalité est scindée d'une manière semblable en une indulgente et gaie et une autre très déprimée et ascétique. Cette dame met en avant la première, à titre de moi officiel, tout en se trouvant sous l'empire de la seconde. Ces deux organisations psychiques ont accès à son conscient, et derrière la personnalité ascétique se retrouve son inconscient, lequel lui est tout à fait inconnu, et est constitué par ses tendances et ses désirs les plus anciens, refoulés depuis longtemps (1).

(1) (Note de 1923.) Le patient auquel l'analyse qui vient d'être rapportée restitua la santé psychique a été tué pendant la Grande Guerre, comme tant de jeunes hommes de valeur sur lesquels on pouvait fonder tant d'espoir.

REMARQUES PSYCHANALYTIQUES SUR L'AUTOBIOGRAPHIE D'UN CAS DE PARANOÏA (1)

(Dementia paranoides) (2)

(Le Président Schreber)

L'investigation analytique de la paranoïa présente, pour nous médecins ne travaillant pas dans les asiles, des difficultés d'une nature particulière. Nous ne pouvons prendre en traitement ces malades, ou bien nous ne pouvons les soigner longtemps, parce que la possibilité d'un succès thérapeutique est la condition de notre traitement. C'est pourquoi je n'arrive qu'exceptionnellement à entrevoir plus profondément la structure de la paranoïa, soit que l'incertitude d'un diagnostic, d'ailleurs pas toujours facile à poser, justifie une tentative d'intervention, soit que je cède aux instances de la famille et que je prenne alors en traitement pour quelque temps un malade dont le diagnostic ne fait cependant pas de doute. Je vois naturellement par ailleurs assez de paranoïaques (et de déments

(1) Les « Psychoanalytische Bemerkungen über einen autobiographisch beschriebenen Fall von Paranoia *(Dementia paranoides)* » ont paru en 1911 dans le *Jahrbuch für psychoanalytische und psychopathologische Forschungen*, vol. III, Première Partie (chez Franz Deuticke, Leipzig et Vienne), l'appendice dans la IIe Partie du même volume. Ces deux travaux ont ensuite paru ensemble dans la *Sammlung kleiner Schriften zur Neurosenlehre (Recueil de petits essais sur les névroses)*, par le Pr-Dr Sigm. FREUD, 3e série (chez le même éditeur, 1913 ; 2e éd., 1921). Ce travail a été ensuite incorporé, avec l'autorisation de Deuticke, dans le vol. VIII des *Gesammelte Schriften* (*Œuvres complètes* de FREUD), éditées par l'*Internationaler Psychoanalytischer Verlag* et se trouvent actuellement dans le vol. VIII des *Ges. Werke.* La traduction française ici publiée, faite d'après le texte des *Gesam. Schriften*, est due à Marie BONAPARTE et R. LŒWENSTEIN et a d'abord paru dans la *Revue française de Psychanalyse*, 1932, t. V, n° 1.

(2) Freud emploie ici ces termes pour désigner un cas que la clinique psychiatrique française rangerait parmi les délires hallucinatoires systématisés ou bien les psychoses paranoïdes de Claude. *(N. d. T.)*

précoces) pour en apprendre sur eux autant que d'autres psychiatres sur leur cas, mais ceci ne suffit pas, en général, pour arriver à des conclusions analytiques.

L'investigation psychanalytique de la paranoïa serait d'ailleurs impossible si ces malades n'offraient pas la particularité de trahir justement, certes sur un mode déformé, ce que d'autres névrosés gardent secret. Mais comme on ne peut contraindre les paranoïaques à surmonter leurs résistances intérieures et qu'ils ne disent, en outre, que ce qu'ils veulent bien dire, il s'ensuit que dans cette affection un mémoire rédigé par le malade ou bien une auto-observation imprimée peut remplacer la connaissance personnelle du malade. C'est pourquoi je trouve légitime de rattacher des interprétations analytiques à l'histoire de la maladie d'un paranoïaque *(Dementia paranoides)* que je n'ai jamais vu, mais qui a écrit et publié lui-même son cas.

Il s'agit de l'ex-président *(Senatspräsident)* de la Cour d'Appel de Saxe, le docteur en droit Daniel-Paul Schreber, dont les *Denkwürdigkeiten eines Nervenkranken (Mémoires d'un névropathe)*, parus sous forme de livre en 1903, qui, si je suis bien informé, ont éveillé un assez grand intérêt chez les psychiatres. Il est possible que le Dr Schreber vive encore à ce jour et ait abandonné le système délirant dont il s'était fait, en 1903, l'avocat, au point d'être affecté par mes observations sur son livre. Mais, dans la mesure où l'identité de sa personnalité d'alors et d'aujourd'hui s'est maintenue, je puis en appeler à ses propres arguments, aux arguments que « cet homme d'un niveau intellectuel si élevé, possédant une acuité d'esprit et un don d'observation peu ordinaires » (1) avait opposés à ceux qui s'efforçaient de le détourner de la publication de ses *Mémoires* : « Je ne me suis pas dissimulé les scrupules qui semblent s'opposer à une publication ; il s'agit en effet des égards dus à certaines personnes encore vivantes. D'un autre côté, je suis d'avis qu'il pourrait être important pour la science, et pour la reconnaissance des vérités religieuses que, de mon vivant encore, soient rendues possibles des observations sur mon corps et sur tout ce qui m'est arrivé, et que ces observations soient faites par des hommes compétents. Au regard de ces considérations, tout scrupule d'ordre personnel doit se taire (2). » Dans un autre passage, il déclare s'être résolu à ne pas renoncer à cette publication, même si son médecin, le Dr Flechsig, de Leipzig, devait l'assigner, à ce sujet, en justice. Il prête alors à Flechsig les

(1) Ce portrait de Schreber par lui-même, qui est loin d'être inexact, se trouve à la p. 35 de son livre.

(2) Préface des *Mémoires*.

mêmes sentiments que je suppose aujourd'hui devoir être ceux de Schreber : « J'espère, dit-il, que chez le Pr Flechsig, l'intérêt scientifique porté à mes *Mémoires* saura tenir en échec d'éventuelles susceptibilités personnelles. »

Bien que, dans les pages qui suivent, je rapporte textuellement tous les passages des *Mémoires* qui étayent mes interprétations, je prie cependant mes lecteurs de se familiariser auparavant avec le livre de Schreber en le lisant au moins une fois.

I

HISTOIRE DE LA MALADIE

Schreber écrit (1) : « J'ai souffert deux fois de maladies nerveuses, chaque fois à la suite d'un surmenage intellectuel ; la première (alors que j'étais président du tribunal de première instance (2), à Chemnitz), à l'occasion d'une candidature au Reichstag ; la seconde, à la suite du travail écrasant et extraordinaire que je dus fournir en entrant dans mes nouvelles fonctions de président de la Cour d'Appel de Dresde (3). »

La première maladie se déclara à l'automne de 1884 et, à la fin de 1885, avait complètement guéri. Flechsig, dans la clinique duquel le malade passa alors six mois, qualifia cet état dans une expertise qu'il fit ultérieurement, d'accès d'hypocondrie grave. Schreber assure que cette maladie-là se déroula « sans que survienne aucun incident touchant à la sphère du surnaturel » (4).

Ni les écrits du malade, ni les expertises des médecins qui y sont adjointes ne donnent de renseignements suffisants sur les antécédents personnels ou sur les circonstances de la vie du malade. Je ne serais pas même en état de préciser son âge au moment où il tomba malade, bien que la situation où il était parvenu dans la carrière judiciaire, avant sa seconde maladie, établisse une certaine limite d'âge au-dessous de laquelle on ne peut descendre. Nous apprenons que Schreber, au temps de son « hypocondrie », était marié depuis longtemps déjà. Il écrit : « La reconnaissance de ma femme était presque plus profonde encore. Elle vénérait en le Pr Flechsig celui qui lui avait rendu son mari et c'est pourquoi, pendant des années, elle eut sur sa table le portrait de ce dernier » (p. 36). Et encore : « Après la guérison de ma première maladie, je vécus avec ma femme huit années, années en somme très heureuses, où je fus

(1) *Mémoires*, p. 34.
(2) Landesgerichtsdirektor.
(3) Senatspräsident beim Oberlandesgericht Dresden.
(4) *Mémoires*, p. 35.

en outre comblé d'honneurs. Ces années ne furent assombries, à diverses reprises, que par la déception renouvelée de notre espoir d'avoir des enfants. »

Au mois de juin 1893, on annonça à Schreber sa prochaine nomination à la présidence de la Cour d'Appel ; il entra en fonctions le 1er octobre de la même année. Entre ces deux dates (1), il eut quelques rêves auxquels il ne fut amené que plus tard à attribuer de l'importance. A plusieurs reprises, il rêva qu'il était de nouveau atteint de ses anciens troubles nerveux, ce dont il était aussi malheureux en rêve qu'heureux au réveil lorsqu'il constatait que ce n'était là qu'un rêve. Il lui vint de plus, un matin, dans un état intermédiaire entre le sommeil et la veille, « l'idée que ce serait très beau d'être une femme subissant l'accouplement » (p. 36), idée que, s'il en avait eu la pleine conscience, il aurait repoussée avec la plus grande indignation.

La deuxième maladie débuta fin octobre 1893, par une insomnie des plus pénibles, ce qui amena le malade à entrer de nouveau à la clinique de Flechsig. Mais là son état empira bientôt gravement. L'évolution de cette maladie est décrite dans une expertise ultérieure faite par le directeur de la maison de santé Sonnenstein (p. 380) : « Au début de son séjour là-bas (2), il exprimait plutôt des idées hypocondriaques, se plaignait de ramollissement du cerveau, disait qu'il allait bientôt mourir, etc., mais déjà des idées de persécution se mêlaient au tableau clinique, basées sur des illusions sensorielles qui au début, à la vérité, semblaient apparaître assez sporadiquement, tandis qu'en même temps s'affirmait une hyperesthésie excessive, une grande sensibilité à la lumière et au bruit. Ultérieurement, les illusions de la vue et de l'ouïe se multiplièrent et, en liaison avec des troubles cœnesthésiques, en vinrent à dominer toute sa manière de sentir et de penser. Il se croyait mort et décomposé, pensait avoir la peste, supposait que son corps était l'objet de toutes sortes de répugnantes manipulations et il eut à souffrir, comme il le déclare encore à présent, de choses plus épouvantables qu'on ne le peut imaginer, et tout cela pour une cause sacrée. Les sensations morbides accaparaient à tel point l'attention du malade qu'il restait assis des heures entières complètement rigide et immobile, inaccessible à toute autre impression (stupeur hallucinatoire) (3). D'autre part, ces manifestations le tourmentaient au point de lui faire souhaiter la mort ; il tenta à plusieurs reprises de se noyer dans sa baignoire,

(1) C'est-à-dire avant que le surmenage dû à sa nouvelle situation, surmenage auquel il attribue ses maux, ait pu agir sur lui.

(2) A la Clinique psychiatrique de Leipzig, chez le Pr Flechsig.

(3) *Halluzinatorischer Stupor.*

il réclamait le « cyanure de potassium qui lui était destiné ». Peu à peu, les idées délirantes prirent un caractère mystique, religieux ; il était en rapport direct avec Dieu, le diable se jouait de lui, il voyait des « apparitions miraculeuses », il entendait de la « sainte musique », et en vint enfin à croire qu'il habitait un autre monde. »

Ajoutons qu'il injuriait diverses personnes qui, d'après lui, le persécutaient et lui portaient préjudice, en particulier son ancien médecin Flechsig, qu'il appelait « assassin d'âmes », et il lui arrivait de crier un nombre incalculable de fois « petit Flechsig », en accentuant fortement le premier de ces mots (p. 383).

Arrivé de Leipzig, après un court séjour intermédiaire dans un autre asile, à la maison de santé Sonnenstein, près de Pirna, en juin 1894, il y resta jusqu'à ce que son état eût revêtu sa forme définitive. Au cours des années suivantes, le tableau clinique se modifia dans un sens que nous décrirons au mieux en citant les paroles du directeur de cet établissement, le Dr Weber.

« Sans entrer plus avant dans les détails de l'évolution de la maladie, j'aimerais seulement indiquer la manière dont, par la suite, le tableau clinique de la paranoïa que nous avons à présent devant nous se dégagea, se cristallisant pour ainsi dire hors la psychose aiguë du début, psychose qui embrassait l'ensemble de la vie psychique du malade, et à laquelle convenait le nom de délire hallucinatoire » (p. 385). Il avait en effet, d'une part, construit un système délirant ingénieux, qui a le plus grand droit de susciter notre intérêt, d'autre part, sa personnalité s'était réédifiée, et il s'était montré à la hauteur des tâches de la vie, à part quelques troubles isolés.

Le Dr Weber, dans son expertise de 1899, parle de Schreber en ces termes :

« Ainsi le Président Schreber, en dehors des symptômes psychomoteurs dont le caractère morbide s'impose même à un observateur superficiel, ne semble actuellement présenter ni confusion, ni inhibition psychique, ni diminution notable de l'intelligence — il est calme, sa mémoire est excellente, il dispose d'un grand nombre de connaissances, non seulement en matière juridique, mais encore dans beaucoup d'autres domaines, et il est capable de les exposer dans un ordre parfait ; il s'intéresse à la politique, à la science, à l'art, etc. et s'occupe continuellement de ces sujets... ; et, en ce qui touche ces matières, un observateur non prévenu de l'état général du malade ne remarquerait rien de particulier. Malgré tout, le patient est rempli d'idées morbides, qui se sont constituées en un système complet, qui se sont plus ou moins fixées et ne semblent pas susceptibles d'être corrigées par une conception et une évaluation objectives des faits réels » (p. 386).

Le malade, dont l'état s'était à tel point modifié, se considérait lui-même comme capable de mener une vie indépendante ; il entreprit les démarches nécessaires à la levée de son interdiction et propres à le faire sortir de la maison de santé. Le Dr Weber s'opposa à ces désirs et fit une expertise en sens contraire, toutefois il ne peut s'empêcher, dans un rapport daté de 1900, d'apprécier le caractère et le comportement du patient de la façon suivante : « Le soussigné a eu amplement l'occasion de s'entretenir avec le président Schreber des sujets les plus variés, pendant les neuf mois où celui-ci a pris quotidiennement ses repas à sa table familiale. Quel que fût le sujet abordé — bien entendu les idées délirantes mises à part — qu'il fût question d'administration, de droit, de politique, d'art ou de littérature, de la vie mondaine, bref sur tous les sujets, M. Schreber témoignait d'un vif intérêt, de connaissances approfondies, d'une bonne mémoire et d'un jugement sain et, dans le domaine éthique, de conceptions auxquelles on ne pouvait qu'adhérer. De même, en causant avec les dames présentes, il se montrait aimable et courtois et lorsqu'il faisait des plaisanteries, il restait toujours décent et plein de tact ; jamais, au cours de ces anodines conversations de table, il n'aborda des sujets qui eussent mieux convenu à une consultation médicale (p. 397). De plus, une question d'affaires concernant les intérêts de sa famille s'étant présentée, il y intervint d'une façon compétente et efficace » (pp. 401 et 510).

Dans ses requêtes répétées, adressées au tribunal, requêtes où Schreber luttait pour sa libération, il ne démentait nullement son délire et ne dissimulait nullement son intention de publier ses *Mémoires*. Il soulignait bien plutôt la valeur de ses idées touchant la vie religieuse et leur irréductibilité de par la science actuelle ; en même temps, il faisait appel à l'innocuité absolue (p. 430) de toutes les actions auxquelles il se savait contraint par ce qu'impliquait son délire. La perspicacité intellectuelle et la sûreté logique de celui qui était cependant un paranoïaque avéré lui valurent le succès. En juillet 1902, l'interdiction de Schreber fut levée ; l'année suivante parurent les *Mémoires d'un névropathe*, il est vrai, censurés et mutilés de maints passages importants.

Le jugement qui rendit la liberté à Schreber contient le résumé de son système délirant dans le passage suivant : « Il se considérait comme appelé à faire le salut du monde et à lui rendre la félicité perdue. Mais il ne le pourrait qu'après avoir été transformé en femme » (p. 475).

Un exposé circonstancié du délire, sous sa forme définitive, est donné par le médecin de l'asile, le Dr Weber, dans son expertise de 1899 : « Le point culminant du système délirant du malade est de se croire appelé à faire le salut du monde et à rendre à l'humanité la félicité perdue. Il a été, prétend-il, voué à cette mission par une inspiration divine directe, ainsi qu'il est dit des prophètes ; des nerfs, excités comme le furent les siens pendant longtemps, auraient, en effet, justement la faculté d'exercer sur Dieu une attraction, mais il s'agit là de choses qui ne se laissent pas exprimer en langage humain, ou alors très difficilement, parce qu'elles sont situées au-delà de toute expérience humaine et n'ont été révélées qu'à lui seul. L'essentiel de sa mission salvatrice consisterait en ceci qu'il lui faudrait d'abord *être changé en femme*. Non pas qu'il *veuille* être changé en femme, il s'agirait là bien plutôt d'une « nécessité » fondée sur l'ordre universel, à laquelle il ne peut tout simplement pas échapper, bien qu'il lui eût été personnellement bien plus agréable de conserver sa situation d'homme, ce qui est tellement plus digne. Mais ni lui-même, ni le restant de l'humanité ne pourront regagner l'immortalité, à moins que lui, Schreber, ne soit changé en femme (opération qui ne sera peut-être accomplie qu'après de nombreuses années, ou même de décennies, et ceci au moyen de miracles divins. Il serait lui-même — il en est sûr — l'objet exclusif de miracles divins et partant, l'homme le plus extraordinaire ayant jamais vécu sur terre. Depuis des années, à toute heure, à toute minute, il ressent ces miracles dans son propre corps ; ils lui sont confirmés par des voix qui lui parlent. Dans les premières années de sa maladie, certains organes de son corps avaient été détruits au point que de telles destructions auraient infailliblement tué tout autre homme. Il a longtemps vécu sans estomac, sans intestins, presque sans poumons, l'œsophage déchiré, sans vessie, les côtes broyées ; il avait parfois mangé en partie son propre larynx, et ainsi de suite. Mais les miracles divins (les « rayons ») avaient toujours à nouveau régénéré ce qui avait été détruit, et c'est pourquoi, tant qu'il restera homme, il restera immortel. A présent, ces phénomènes menaçants ont depuis longtemps disparu, par contre sa « féminité » est maintenant passée au premier plan ; il s'agit là d'un processus évolutif qui nécessitera probablement pour s'accomplir des décennies, sinon des siècles, et il n'est guère probable qu'aucun homme vivant à l'heure actuelle en voie la fin. Il a le sentiment qu'une masse de « nerfs femelles » lui a déjà passé dans le corps, nerfs dont la fécondation divine immédiate engendrera de nouveaux humains. Ce n'est qu'alors qu'il pourra mourir d'une mort naturelle, et retrouver, ainsi que tous les autres êtres humains, la félicité éternelle. En attendant, non seulement le soleil lui parle, mais encore les arbres et les oiseaux qui sont quelque chose comme « des vestiges miraculés d'anciennes âmes humaines » ; ils lui parlent avec des accents humains, et de toutes parts autour de lui s'accomplissent des choses miraculeuses » (p. 386).

L'intérêt que porte le psychiatre praticien à des idées délirantes de cette sorte est en général épuisé quand il a constaté les effets du délire et évalué son influence sur le comportement général du malade ; l'étonnement du médecin, en présence de ces phénomènes, n'est pas chez lui le point de départ de leur compréhension. Le psychanalyste, par contre, à la lumière de sa connaissance des psychonévroses, aborde ces phénomènes armé de l'hypothèse d'après laquelle même des manifestations psychiques si singulières, si éloignées de la pensée habituelle des hommes, découlent des processus les plus généraux et les plus naturels de la vie psychique, et il voudrait apprendre à connaître les mobiles comme les voies de cette transformation. C'est dans cette intention qu'il se mettra à étudier plus à fond l'évolution et les détails de ce délire.

a) L'expertise médicale souligne le *rôle rédempteur* et la *transformation en femme*, comme en étant les deux points principaux. Le délire de rédemption est un fantasme qui nous est familier, il constitue très fréquemment le noyau de la paranoïa religieuse. Ce facteur additionnel : que la rédemption doive s'accomplir par la transformation d'un homme en femme est en soi peu ordinaire et a de quoi surprendre, car il s'éloigne du mythe historique que l'imagination du malade veut reproduire. Il semblerait naturel d'admettre, comme l'expertise médicale, que l'ambition de jouer au rédempteur soit le promoteur de cet ensemble d'idées délirantes et que l'*émasculation* ne soit, elle, qu'un moyen d'atteindre à ce but. Bien que tel puisse être le cas dans la forme définitive du délire, l'étude des *Mémoires* nous impose néanmoins une conception toute différente. Ils nous apprennent que la transformation en femme (l'émasculation) constituait le délire primaire, qu'elle était ressentie d'abord comme une persécution et une injure grave, et que ce n'est que secondairement qu'elle entra en rapport avec le thème de rédemption. De même, il est indubitable que l'émasculation ne devait, au début, avoir lieu que dans un but de mésusage sexuel, et nullement dans une intention plus élevée. Pour le dire d'une façon plus formelle, un délire de persécution sexuel s'est transformé par la suite chez le patient en une mégalomanie mystique. Le persécuteur était d'abord le médecin traitant, le Pr Flechsig, plus tard Dieu lui-même prit la place de ce dernier.

Je cite ici *in extenso* les passages significatifs des *Mémoires* : « Ainsi s'ourdit un complot contre moi (à peu près en mars ou avril 1894), complot ayant pour but, ma maladie nerveuse étant reconnue ou considérée comme incurable, de me livrer à un être humain de telle sorte que mon âme lui soit abandonnée, cependant que mon corps — grâce à une conception erronée de la tendance précitée, tendance qui est à la base de l'ordre de l'univers — que mon corps, dis-je, changé en un corps de femme, soit alors livré à cet être humain (1) en vue d'abus sexuels et soit ensuite « laissé en plan », c'est-à-dire, sans aucun doute, abandonné à la putréfaction » (p. 56).

« En outre, il était parfaitement naturel, du point de vue humain, qui alors me dominait de préférence, que je regardasse le Pr Flechsig ou son âme comme mon véritable ennemi (plus tard s'y adjoignit l'âme de von W. dont je parlerai plus loin). Il allait également de soi que je considérasse la toute-puissance divine comme mon alliée naturelle ; je supposais seulement qu'elle se trouvait en état de grande détresse par rapport à Flechsig et c'est pourquoi je croyais devoir la soutenir contre lui par tous les moyens imaginables, dussé-je aller jusqu'au sacrifice de moi-même. Que Dieu lui-même ait été le complice, sinon même l'instigateur, du plan d'après lequel on devait assassiner mon âme et livrer mon corps, tel celui d'une femme, à la prostitution, voilà une pensée qui ne s'imposa à moi que beaucoup plus tard, et je puis dire ne m'est devenue clairement consciente que pendant que j'écrivais le présent mémoire » (p. 59).

« Toutes les tentatives d'assassiner mon âme ou de m'émasculer dans des buts *contraires à l'ordre de l'univers* (c'est-à-dire afin de satisfaire la concupiscence d'un être humain) et plus tard celles de détruire ma raison ont échoué. De ce combat apparemment inégal entre un homme faible et isolé et Dieu lui-même, je sortis vainqueur, bien qu'après avoir subi maintes souffrances et privations, et ceci prouve que l'ordre de l'univers est de mon côté » (p. 61).

Dans la note 34, Schreber annonce quelle sera la transformation ultérieure du délire d'émasculation et des rapports avec Dieu : « Je montrerai plus tard qu'une émasculation, dans un autre but, dans un but *conforme à l'ordre de l'univers*, est possible et contient même peut-être la solution probable du conflit. »

Ces paroles sont d'une importance décisive pour la compréhension du délire d'émasculation et, partant, pour la compréhension du cas tout entier. Ajoutons que les « voix » entendues par le malade ne traitaient jamais sa transformation en femme que comme une honte sexuelle, qui leur donnait le droit de se moquer de lui. « Vu l'émasculation imminente que je devais, prétendait-on, subir, les rayons de Dieu (2) se croyaient souvent autorisés à m'appeler ironiquement

(1) Il s'ensuit du contexte de ce passage et d'autres encore que l'être humain qui devait exercer ces abus n'était autre que Flechsig (voir plus bas).

(2) Les « rayons de Dieu » sont identiques, comme on va le voir, aux voix parlant la « langue fondamentale ».

« *Miss Schreber* ». » « Et ça prétend avoir été président de Tribunal, et ça se laisse f... (1). » « N'avez-vous pas honte devant Madame votre épouse ? »

La « représentation » mentionnée au début et que Schreber avait eue dans un état de demi-veille, à savoir qu'il devait être beau d'être une femme subissant l'accouplement, témoigne aussi de la nature primaire du fantasme d'émasculation et de son indépendance, au début, de l'idée de rédemption (p. 36). Ce fantasme apparut durant la période d'incubation de la maladie et avant qu'il ne ressentît les effets du surmenage à Dresde.

Schreber lui-même indique le mois de novembre 1895 comme étant la date où s'établit le rapport entre le fantasme d'émasculation et l'idée de rédemption, ce qui commença à le réconcilier avec ce fantasme. « Dès lors, écrit-il, il me devint indubitablement conscient que l'ordre de l'univers exigeait impérieusement mon émasculation, que celle-ci me convînt personnellement ou non et donc, par suite, il ne me restait *raisonnablement* rien d'autre à faire que de me résigner à l'idée d'être changé en femme. En tant que conséquence de l'émasculation, ne pouvait naturellement entrer en ligne de compte qu'une fécondation par les rayons divins, en vue de la procréation d'hommes nouveaux » (p. 177).

L'idée d'une transformation en femme avait été le trait saillant, le premier germe du système délirant. Elle se révéla encore comme en étant la seule partie qui survécût au rétablissement du malade, la seule qui sût garder sa place dans l'activité réelle du malade après sa guérison. « La seule chose qui, aux yeux des autres, peut sembler quelque peu déraisonnable est le fait, cité également par MM. les Experts, qu'on me trouve parfois installé devant un miroir ou ailleurs, le torse à demi-nu, et paré comme une femme de rubans, de colliers faux, etc. Ceci n'a d'ailleurs lieu que lorsque je suis *seul*, jamais, du moins, autant que je puisse l'éviter, en présence d'autres personnes » (p. 429). Le président Schreber avoue se livrer à ces jeux à une époque (juillet 1901) où il caractérise très exactement en ces termes sa santé pratiquement recouvrée : « A présent, je sais depuis longtemps que des personnes que je vois devant moi ne sont pas des « ombres d'hommes bâclés à la six-quatre-deux » (2), mais de vrais hommes et que, par suite, je dois me comporter envers eux comme tout homme raisonnable

(1) Cette omission ainsi que toutes les autres particularités de style, je les emprunte aux *Mémoires*. Je n'aurais moi-même vu aucune raison d'être tellement pudibond dans un domaine aussi grave.

(2) *Flüchtig hingemachte Männer*. Nous devons l'heureuse traduction de ce terme de la « *langue fondamentale* » au Dr Édouard PICHON. *(N. d. T.)*

a coutume de le faire en fréquentant ses semblables » (p. 409). En contraste avec cette mise en action du fantasme d'émasculation, le malade n'a jamais entrepris rien d'autre, que la publication de ses *Mémoires*, pour faire reconnaître sa mission de rédempteur.

b) Les rapports de notre malade avec Dieu sont si singuliers et si pleins de contradictions internes qu'il faut être bien optimiste pour persister dans l'espérance de trouver de la « méthode » en sa « folie ». Nous devons à présent chercher à y voir plus clair, grâce à l'exposé du système théologico-psychologique que M. Schreber nous fait dans ses *Mémoires* et nous aurons à expliquer ses conceptions relatives aux *nerfs*, à la *béatitude*, à la *hiérarchie divine* et aux *qualités de Dieu*, telles qu'elles se présentent dans son système délirant. Partout, dans ce système, nous serons frappés par un singulier mélange de banalités et d'esprit, d'éléments empruntés et d'éléments originaux.

L'âme humaine est contenue dans les *nerfs* du corps, et il faut se représenter les nerfs comme étant d'une extraordinaire ténuité, comparables aux fils les plus fins. Une partie de ces nerfs ne peuvent servir qu'à la perception des impressions sensorielles, d'autres *(les nerfs de l'intellect)* accomplissent tout ce qui est psychique, et ceci de la façon suivante : *chaque nerf de l'intellect représente l'individualité spirituelle totale de l'homme*, et le plus ou moins grand nombre des nerfs de l'intellect n'a d'influence que sur la durée pendant laquelle les impressions peuvent se conserver (1).

Les hommes sont constitués de corps et de nerfs, tandis que Dieu n'est par essence que nerf. Cependant, les nerfs de Dieu ne sont pas, comme ceux du corps humain, limités en nombre, mais infinis ou éternels. Ils possèdent toutes les qualités des nerfs humains, mais dans une mesure immensément accrue. En tant que doués de la faculté de créer, c'est-à-dire de se métamorphoser en toutes sortes d'objets de la création, ils s'appellent *rayons*. Entre Dieu et le ciel étoilé ou le soleil, il y a une relation intime (2).

(1) A ces passages soulignés par lui-même, Schreber adjoint une note dans laquelle il avance qu'on pourrait utiliser cette théorie pour expliquer l'hérédité. « Le sperme viril contient un nerf du père et s'unit à un nerf pris au corps de la mère pour constituer une unité nouvelle » (p. 7). Ainsi il transfère aux nerfs un caractère que nous attribuons aux spermatozoïdes et ceci rend vraisemblable que les « nerfs » de Schreber soient dérivés du domaine des représentations sexuelles. Il n'est pas rare dans les *Mémoires* qu'une remarque incidente faite à propos d'une théorie délirante contienne l'indication souhaitée relative à la genèse et par là à la signification du délire.

(2) Au sujet de cette relation voir plus bas ce qui touche au soleil. L'équivalence ou plutôt la « condensation » des nerfs et des rayons pourrait avoir comme trait commun leur forme linéaire. Les nerfs-rayons sont d'ailleurs tout aussi créateurs que les nerfs-spermatozoïdes.

Son œuvre créatrice accomplie, Dieu se retira dans un immense éloignement (pp. 11 et 252) et abandonna le monde, en général, à ses propres lois. Il se borna à tirer à soi les âmes des défunts. Ce n'est que dans des cas exceptionnels qu'il se met en rapport avec quelques hommes hautement doués (1), ou bien qu'il intervient par un miracle dans l'histoire de l'univers. Un commerce régulier de Dieu avec les âmes humaines n'a lieu, d'après l'ordre de l'univers, qu'après la mort (2). Quand un homme vient à mourir, ses parties spirituelles (les nerfs) sont soumises à un processus de purification en vue d'être finalement intégrées à Dieu en tant que « vestibules du ciel ». Ainsi il arrive que toutes choses se meuvent en un cercle éternel, lequel se trouve à la base de l'ordre de l'univers. Dieu, en créant, se dépouille d'une partie de lui-même, confère à une partie de ses nerfs une forme nouvelle. La perte apparente qui en résulte pour Dieu est compensée lorsque, après des siècles et des millénaires, les nerfs bienheureux des défunts se réincorporent à Dieu, sous la forme de « vestibules du ciel ».

Les âmes, après avoir passé par ce processus de purification, se trouvent jouir de la *béatitude* (3). « Entre-temps, le sentiment de personnalité de ces âmes s'est atténué, et elles ont fusionné avec d'autres âmes en des entités plus élevées. Des âmes remarquables, telles que celles de Gœthe, de Bismarck et d'autres, doivent peut-être conserver la conscience de leur identité pendant des siècles, avant d'arriver à se fondre en des complexes d'âmes plus élevées (tels les « rayons de Jéhovah » chez les Hébreux, ou les « rayons de Zoroastre » chez les Perses). Au cours de leur purification, les âmes apprennent le langage parlé par Dieu lui-même, ce qu'on appelle la « langue fondamentale », « un allemand quelque peu archaïque, mais quand même vigoureux, qui se distingue surtout par une grande richesse en euphémismes » (4) (p. 13).

Dieu lui-même n'est pas un être simple. « Au-dessus des « vestibules du ciel » flottait Dieu lui-même qui, en opposition avec ces « empires divins antérieurs », a reçu encore l'appellation d' « empires divins postérieurs ». Les empires divins postérieurs subissaient (et subissent encore) une bipartition particulière, d'après laquelle furent

(1) Ceci s'appelle dans la langue fondamentale *prendre avec eux contact de nerfs*.

(2) Nous verrons plus loin quels reproches à Dieu se rattachent à ce fait.

(3) La *béatitude* consiste essentiellement en un sentiment de volupté (voir plus bas).

(4) Il fut accordé une seule fois au patient, au cours de sa maladie, de contempler en esprit la toute-puissance de Dieu dans son entière pureté. Dieu prononça alors ce mot tout à fait courant dans la langue fondamentale, vigoureux mais peu aimable : *Charogne !* (p. 136).

distingués un Dieu inférieur (Ahriman) et un Dieu supérieur (Ormuzd) » (p. 19). Sur la signification plus précise de cette bipartition, Schreber ne sait dire que ceci : le Dieu inférieur préfère les peuples aux cheveux bruns (les Sémites) et le Dieu supérieur préfère les peuples à cheveux blonds (les Aryens). Toutefois, on ne saurait exiger davantage de la compréhension de l'homme dans un domaine aussi sublime. Nous apprenons cependant encore, « bien qu'il faille, sous un certain rapport, concevoir la toute-puissance de Dieu comme étant une, que le Dieu supérieur et le Dieu inférieur doivent être envisagés comme deux êtres distincts : chacun d'eux aurait, et ceci même par rapport à l'autre, son égoïsme particulier et son instinct de conservation spécial et, par suite, chacun essaye tour à tour de se mettre en avant » (p. 140). Aussi ces deux Êtres divins se comportaient-ils, pendant le stade aigu de sa maladie, de façon tout à fait opposée envers le malheureux Schreber (1).

Le président Schreber avait été, avant sa maladie, un sceptique en matière religieuse (pp. 29 et 64) ; il n'avait pu parvenir à croire à l'existence d'un Dieu personnel. De ce fait même il tire un argument susceptible d'étayer la pleine réalité de son délire (2). Mais, lorsqu'on apprendra à connaître les caractéristiques du Dieu de Schreber que nous allons exposer, on devra avouer que la métamorphose accomplie par la paranoïa n'avait point été radicale, et que le rédempteur Schreber avait gardé beaucoup des traits du sceptique d'antan.

L'ordre universel comporte en effet une lacune qui fait que l'existence même de Dieu semble compromise. En vertu d'un certain état de choses impossible à élucider, les nerfs de certains hommes *vivants*, nommément ceux qui se trouvent *dans un état d'excitation extrême*, exercent sur les nerfs de Dieu une attraction telle que Dieu ne peut plus se libérer d'eux et se voit, de ce fait, menacé dans sa propre existence (p. 11). Ce cas extraordinairement rare se réalisait à présent pour Schreber et avait pour lui les conséquences les plus pénibles. L'instinct de conservation de Dieu s'en émut (p. 30), et on vit par là que Dieu est loin de posséder la perfection que les religions lui attribuent. On retrouve, du commencement à la fin du livre de Schreber, cette

(1) Une note de la page 20 permet de deviner qu'un passage du *Manfred* de BYRON fut ce qui décida Schreber à choisir ces noms de dieux perses. Nous retrouverons ailleurs encore l'influence de ce poème sur le délire de Schreber.

(2) « Il me semble, dès l'abord, psychologiquement insoutenable qu'il se soit agi chez moi de simples illusions des sens. Car ces illusions des sens, qui consistent à se croire en commerce avec Dieu et avec les âmes des défunts, ne peuvent raisonnablement surgir que chez ceux qui avaient une foi solide en Dieu et en l'immortalité de l'âme avant de tomber dans leur état nerveux morbide. *D'après ce qui a été dit au début de ce chapitre, tel n'était nullement mon cas* » (p. 79).

accusation amère : Dieu, accoutumé à n'avoir de relations qu'avec les défunts, *ne comprend pas les vivants.*

« Il règne cependant un malentendu fondamental qui depuis lors traverse ma vie comme un fil rouge et qui repose sur le fait que *Dieu, d'après l'ordre de l'univers, ne connaissait vraiment pas l'homme vivant,* et n'avait pas besoin de le connaître. Mais, d'après l'ordre de l'univers, il n'avait à fréquenter que des cadavres » (p. 55). « Ce qui..., d'après moi, doit encore être rapporté au fait que Dieu ne savait, pour ainsi dire, pas frayer avec les hommes vivants, mais n'était habitué qu'au commerce des cadavres ou tout au moins des hommes endormis et rêvants » (p. 141). « *Incredibile scriptu,* serais-je tenté d'ajouter, mais cependant tout ceci est absolument vrai, quelque difficulté que d'autres puissent avoir à concevoir l'idée d'une aussi totale incapacité de Dieu à vraiment comprendre l'homme vivant, et quel que soit le temps qu'il m'ait fallu à moi-même pour m'accoutumer à cette pensée, malgré les innombrables observations que j'avais faites là-dessus » (p. 246).

Ce n'est qu'en vertu de cette incompréhension de Dieu en ce qui touche l'homme vivant qu'il put advenir que Dieu lui-même se fît l'instigateur du complot ourdi contre Schreber, le traitât en imbécile et lui infligeât les épreuves les plus dures (p. 264). Schreber se soumit à une « compulsion à penser » des plus pénibles, afin d'échapper à cette condamnation : « Toutes les fois que ma pensée vient à s'arrêter, Dieu juge éteintes mes facultés spirituelles. Il considère que la destruction de ma raison, l'imbécillité espérée par lui, est survenue, et que, de ce fait, la possibilité de la retraite lui est donnée » (p. 206).

Dieu soulève, chez Schreber, une indignation particulière par son comportement en ce qui concerne le besoin d'évacuer ou de ch... Ce passage est si caractéristique que je le cite intégralement. Pour qu'il puisse être bien compris, je commencerai par dire que les miracles aussi bien que les voix émanent de Dieu, c'est-à-dire des rayons divins.

« Vu la signification caractéristique de la question sus-mentionnée : « Pourquoi ne ch...-vous donc pas ? » je dois lui consacrer encore certaines remarques, quelque indécent que soit le thème que je me vois par là obligé d'aborder. Comme tout ce qui concerne mon corps, le besoin d'évacuer les matières est en effet provoqué par des miracles. Cela a lieu comme suit : les matières sont poussées en avant, parfois aussi en arrière, dans l'intestin, et lorsqu'il n'en reste plus assez — l'évacuation étant achevée — l'orifice anal est barbouillé avec le peu qui demeure du contenu intestinal. Il s'agit ici d'un miracle du Dieu supérieur, miracle qui se répète au moins plusieurs douzaines de fois par jour. A ceci se rattache une idée, presque inconcevable pour l'homme, idée découlant de l'incompréhension totale qu'a Dieu de l'homme vivant en tant qu'organisme, que « ch... » est pour ainsi dire la chose ultime, c'est-à-dire que, en miraculant le besoin de ch..., l'objectif de la destruction de la raison est atteint et donnée la possibilité d'une retraite définitive des rayons divins. Ainsi qu'il me paraît, il faut, pour comprendre à fond l'origine de cette idée, songer à l'existence d'un malentendu relatif à la signification symbolique de l'acte de l'évacuation des matières : celui qui est parvenu à se mettre en un rapport semblable au mien avec les rayons divins a pour ainsi dire le droit de ch... sur le monde entier. »

« Toute la perfidie (1) de la politique dirigée contre moi se révèle là-dedans. Presque chaque fois où le besoin d'évacuer m'est miraculé, on envoie une autre personne de mon entourage au cabinet, après avoir dans ce but excité ses nerfs, afin de m'empêcher de déféquer ; ceci est un phénomène que j'ai observé, depuis des années, un si incalculable nombre (des milliers) de fois, et si régulièrement, que toute idée de hasard est exclue. A moi-même il est répondu à la question : « Pourquoi ne ch...-vous donc pas ? » par la fameuse réponse : « Parce que je suis bête ou quelque chose comme ça ». La plume se refuse à transcrire cette formidable stupidité, à savoir que Dieu, dans son aveuglement, basé sur sa méconnaissance de la nature humaine, puisse réellement aller jusqu'à admettre qu'il existe un homme incapable d'une chose que n'importe quel animal sait faire : un homme qui, par bêtise, est incapable de ch... Si j'arrive, quand j'éprouve un besoin, à déféquer réellement — et je me sers pour cela généralement d'un seau, trouvant le cabinet presque toujours occupé — cette défécation est chaque fois accompagnée d'une éclosion extrêmement intense de volupté spirituelle. La délivrance de la pression qu'exercent les matières sur l'intestin cause en effet un plaisir intense aux nerfs de volupté ; la même chose se produit aussi lorsque je pisse. C'est la raison pour laquelle, et ceci toujours sans exception, au moment de la défécation ou de la miction, tous les rayons ont été réunis ; et c'est pour la même raison que, toutes les fois où je m'apprête à accomplir ces fonctions naturelles, l'on cherche, bien que le plus souvent en vain, à me *démiraculer* le besoin de déféquer et de pisser » (2) (p. 225).

L'étrange Dieu de Schreber n'est pas non plus capable de tirer

(1) Une note s'efforce ici d'atténuer la dureté du mot de perfidie : Schreber y renvoie à l'une des justifications de Dieu que nous mentionnerons plus bas.

(2) Cet aveu du plaisir lié aux excrétions, plaisir que nous avons trouvé être une des composantes autoérotiques de la sexualité infantile, est à rapprocher de ce que dit le petit Hans dans l'*Analyse d'une phobie chez un petit garçon de 5 ans*. (Voir ici même pp. 162-163.)

des leçons de l'expérience : « Tirer une leçon pour l'avenir de l'expérience acquise semble, du fait de quelque particularité inhérente à l'essence de Dieu, impossible » (p. 186). Dieu peut, par suite, reproduire pendant des années les mêmes types d'épreuves pénibles, les mêmes miracles et les mêmes manifestations par des voix, sans aucun changement, ceci jusqu'à devenir un objet de risée pour le persécuté.

« C'est pourquoi, dans presque tout ce qui m'arrive — les miracles ayant à présent perdu la plus grande partie de leur terrible effet — Dieu me paraît surtout ridicule et enfantin. Ceci a pour effet que je suis souvent obligé, en légitime défense, de blasphémer tout haut » (1) (p. 333).

Cette critique de Dieu, cette révolte contre Dieu se heurtent cependant, chez Schreber, à un courant contraire qui se fait jour dans plusieurs passages : « Je ferai cependant observer de la façon la plus formelle qu'il ne s'agit là que d'un épisode, lequel, je l'espère, s'achèvera au plus tard avec ma mort. Le droit de se moquer de Dieu n'appartient par conséquent qu'à moi, et non pas à d'autres hommes. Pour les autres humains, Dieu demeure le tout-puissant créateur du ciel et de la terre, la cause première de toutes choses et leur salut dans l'avenir. A lui sont dus l'adoration et le respect les plus profonds, de quelque mise au point qu'aient besoin certaines d'entre les conceptions religieuses » (p. 333).

C'est pourquoi Schreber tente, à diverses reprises, de justifier le comportement de Dieu envers lui. Cette justification, tout aussi subtile que toutes les théodicées, s'appuie tantôt sur la nature des âmes en général, tantôt sur la nécessité où Dieu se trouve de pourvoir à sa conservation, ou bien encore sur l'influence néfaste de l'âme de Flechsig (pp. 60 et suiv. ; p. 160). En somme, Schreber conçoit sa maladie comme une lutte de l'homme « Schreber » contre Dieu, lutte de laquelle l'homme faible sort vainqueur, du fait qu'il a l'ordre de l'univers de son côté (p. 61).

D'après les expertises médicales, on aurait été tenté de conclure qu'on se trouvait en présence, chez Schreber, de la forme commune du « délire de rédemption ». Le malade serait le fils de Dieu, destiné à tirer l'univers de sa misère ou bien à le sauver de sa fin prochaine, etc. Aussi n'ai-je pas négligé d'exposer les particularités des relations de Schreber à Dieu. L'importance de ces relations pour le reste de l'humanité n'est que rarement mentionnée dans les *Mémoires*,

(1) Dans la *langue fondamentale*, Dieu lui-même n'était pas non plus toujours celui qui invectivait, parfois il était celui à qui s'adressait l'invective, par exemple : « Ah ! malédiction, ça n'est pas facile à dire que le Bon Dieu se fait f... » (p. 194).

sauf uniquement vers la fin de l'exposé du système délirant. Cette importance réside en ceci : aucun défunt ne peut atteindre à la béatitude tant que la personne de Schreber absorbera, grâce à sa force d'attraction, le plus grand nombre des rayons divins (p. 32). De même, l'identification manifeste avec Jésus-Christ n'apparaît que fort tard (pp. 338 et 431).

Aucune tentative d'explication du cas Schreber ne pourra espérer tomber juste, tant qu'elle ne tiendra pas compte de ces particularités de l'idée que Schreber se fait de Dieu, de ce mélange d'adoration et de révolte. Nous allons à présent aborder un autre thème, thème intimement lié à l'idée de Dieu : celui de la *béatitude*.

Pour Schreber aussi, la béatitude est « la vie de l'au-delà » vers laquelle l'âme humaine s'élève par la purification qui suit la mort. Il la décrit comme un état de jouissance ininterrompue, accompagnée de la contemplation de Dieu. Ceci serait peu original ; par contre, nous sommes surpris de la distinction que fait Schreber entre une béatitude mâle et une béatitude femelle : « La béatitude mâle était d'un ordre plus élevé que la béatitude femelle ; cette dernière paraissant principalement consister en une sensation de volupté ininterrompue » (1) (p. 18). Dans d'autres passages, la concordance de la béatitude et de la volupté s'exprime plus nettement, ceci indépendamment de la différence des sexes. De même, Schreber ne traite plus de cette partie de la béatitude qui consiste en la contemplation de Dieu. Par exemple : « Grâce à la nature des nerfs de Dieu, la béatitude... devient, sinon exclusivement, du moins de façon prédominante, une sensation de volupté des plus aiguës » (p. 51). « La volupté peut être considérée comme une part de béatitude concédée pour ainsi dire d'avance aux hommes et aux autres êtres vivants » (p. 281). Ainsi la béatitude doit être comprise comme consistant essentiellement en une exaltation et une continuation de la jouissance sensuelle d'ici-bas !

Cette conception de la béatitude n'appartient en rien aux conceptions datant des premiers stades de sa maladie que Schreber a ensuite éliminées de son délire, les jugeant incompatibles avec l'en-

(1) Il serait plutôt conforme à la réalisation du désir, dans la vie de l'au-delà, qu'on y soit enfin délivré de la différence des sexes.

Und jene himmlischen Gestalten
Sie fragen nicht nach Mann und Weib.

(Chanson de Mignon, dans *Wilhelm Meister* de GŒTHE, liv. VIII, chap. II.)

(Et ces figures célestes
Ne demandent pas si l'on est homme ou femme.)

semble de celui-ci. Dans son pourvoi en appel de juillet 1901, le malade met en avant, comme étant une de ses grandes révélations, « que la volupté est ainsi en un étroit rapport avec la béatitude des âmes des défunts, rapport jusqu'alors demeuré imperceptible aux autres hommes » (1).

Nous apprendrons plus loin que ce « rapport étroit » est la pierre angulaire sur laquelle le malade édifie un espoir de réconciliation finale avec Dieu et de cessation de ses maux. Les rayons de Dieu perdent leur tendance hostile dès qu'ils sont sûrs de se fondre en une volupté d'âme dans le corps de Schreber (p. 133) ; Dieu lui-même exige de trouver de la volupté chez Schreber (p. 283), et il menace de retirer ses rayons si celui-ci néglige d'entretenir la volupté et ne peut offrir à Dieu ce qu'il demande (p. 320).

Cette surprenante sexualisation de la béatitude céleste nous suggère que le concept schrébérien de la béatitude dérive d'une condensation des deux sens principaux qu'a, en allemand, le mot *selig : défunt* ou *feu* et *sensuellement bienheureux* (2). Et cette sexualisation nous fournira de plus l'occasion d'étudier l'attitude de notre patient envers l'érotisme en général et envers la question de la jouissance sexuelle. Car, nous autres psychanalystes, avons jusqu'ici soutenu que les racines de toute maladie nerveuse ou psychique se trouvent par excellence dans la vie sexuelle ; les uns l'ont dit en se basant uniquement sur l'expérience, d'autres encore en vertu de considérations théoriques.

Les échantillons que nous avons donnés jusqu'à présent du délire schrébérien nous permettent d'écarter, sans plus, l'idée que cette affection paranoïde pourrait justement être le « cas négatif » recherché depuis si longtemps : celui où la sexualité ne jouerait qu'un rôle minime. Schreber lui-même s'exprime à maintes reprises tout comme s'il partageait nos préjugés. Il parle sans cesse, et d'une seule haleine, de « nervosité » et de manquement d'ordre érotique, tout comme si ces deux choses étaient inséparables (3).

(1) Voir plus bas quel sens profond pourrait avoir cette découverte de Schreber.

(2) Nous citerons comme exemples extrêmes de ces deux sens : *Mein seliger Vater*, « Feu mon père », et l'air de *Don Juan* :

Ja, dein zu sein auf ewig
Wie selig werd'ich sein.
Oui, être tienne à jamais
Me rendra bienheureuse.

Mais le fait que la langue allemande use du même terme pour rendre deux situations aussi différentes ne saurait lui-même être dénué de signification.

(3) Ainsi s'exprime Schreber, quand il pense, d'après les histoires bibliques de Sodome et Gomorrhe, du Déluge, etc., que le monde pourrait bien être près de la catastrophe finale : « Quand la *corruption morale* (c'est-à-dire les excès volup-

Avant qu'il ne tombât malade, le président Schreber avait été un homme d'une haute moralité : « Il est peu d'hommes », déclare-t-il — et je ne vois aucune raison de ne pas le croire —, « qui aient été élevés dans des principes moraux aussi sévères que je l'ai été, et qui, toute leur vie, se soient imposé au degré où je puis affirmer l'avoir fait une retenue conforme à ces principes, en particulier en matière sexuelle » (p. 281). A la suite du grave conflit psychique dont la manifestation extérieure fut la maladie, l'attitude de Schreber envers l'érotisme se modifia. Il en vint à comprendre que cultiver la volupté était pour lui un devoir dont l'accomplissement serait seul apte à mettre fin au grave conflit qui avait éclaté en lui, ou — comme il le pensait — à cause de lui. La volupté — comme ses voix le lui assuraient — était devenue « emplie de la crainte de Dieu » (p. 285), et il regrette seulement de n'être pas en état de pouvoir se consacrer au culte de la volupté tout le long du jour (p. 285) (1).

Tel était le résultat des changements effectués en Schreber par la maladie, ainsi qu'il apparaissait dans les deux principales directions prises par son délire. Auparavant enclin à l'ascétisme sexuel, il avait été un douteur de Dieu ; à la suite de sa maladie, devenu croyant, il s'adonnait à la volupté. Mais, de même que la foi en Dieu qu'il avait retrouvée était d'une nature à part, de même la partie de la jouissance sexuelle qu'il avait reconquise présentait un caractère tout à fait insolite. Ce n'était plus la liberté sexuelle d'un homme, mais la sensibilité sexuelle d'une femme ; il avait adopté à l'égard de Dieu une attitude féminine, il se sentait la femme de Dieu (2).

tueux) *ou bien peut-être encore la nervosité* se sont saisies, de la sorte, de toute la population d'une planète... » (p. 52). Il écrit par ailleurs : « ... semé la peur et l'épouvante parmi les hommes, détruit les fondements de la religion et causé la dissémination d'une *nervosité et d'une immoralité générales*, en conséquence desquelles des fléaux dévastateurs se sont abattus sur l'humanité » (p. 91). Et encore : « Ainsi, par *Prince de l'Enfer*, les âmes entendaient sans doute cette force mystérieuse qui avait pu se développer dans un sens hostile à Dieu, en raison de la *dépravation morale* des hommes *ou bien de la surexcitation nerveuse due à une surcivilisation* » (p. 163).

(1) Le passage suivant fait voir comment cette idée rentrait dans l'ensemble du délire : « Cette attraction perdait néanmoins son caractère terrifiant pour les nerfs en question, au moment et dans la mesure où, en pénétrant dans mon corps, ils rencontraient la sensation de la volupté d'âme, sensation à laquelle, de leur côté, ils prenaient part. Alors, en échange de la béatitude céleste qu'ils avaient perdue (et qui consistait sans doute en une jouissance voluptueuse analogue), ils retrouvaient dans mon corps un équivalent absolu ou du moins approchant de cette béatitude » (p. 179).

(2) « Quelque chose d'analogue à la conception de Jésus-Christ par une vierge immaculée, c'est-à-dire par une femme qui n'avait jamais eu de rapports avec un

Aucune autre partie de son délire n'est traitée par le malade avec autant de détails, on pourrait dire avec autant d'insistance, que sa prétendue transformation en femme. Les nerfs qu'il a absorbés ont pris dans son corps le caractère de nerfs de volupté féminins, et ont donné à son corps un caractère plus ou moins féminin, à sa peau en particulier la douceur particulière au sexe féminin (p. 87). S'il exerce une légère pression de la main sur un point quelconque de son corps, il sent, sous la surface de la peau, ces nerfs, telle une trame faite de fils ou de petites ficelles ; on les rencontre particulièrement sur la poitrine, là où se trouvent chez la femme les seins. « En appuyant sur cette trame, je suis à même, surtout si je pense en même temps à quelque chose de féminin, de me procurer une sensation voluptueuse correspondant à celle d'une femme » (p. 277). Il le sait de façon certaine : cette trame, d'après son origine, n'est rien d'autre que de ci-devant nerfs de Dieu, lesquels ont à peine dû perdre de leur qualité de nerfs par le passage dans son propre corps (p. 279). Au moyen de ce qu'il appelle *dessiner* (se représenter visuellement les choses), il est en état de se donner l'impression, à lui-même comme aux rayons, que son corps est pourvu de seins et d'organes féminins. « J'ai tellement pris l'habitude de dessiner un derrière féminin à mon corps — *honni soit qui mal y pense* (1) — que, chaque fois où je me penche, je le fais presque involontairement » (p. 233). Il est « assez hardi pour l'affirmer : quiconque me verrait le haut du tronc nu devant une glace — surtout si j'aide à l'illusion en portant quelque parure féminine — aurait l'indubitable impression de voir un *buste féminin* » (p. 280). Il réclame un examen médical, afin qu'on établisse que tout son corps, de la tête aux pieds, est parcouru de nerfs de volupté, ce qui, d'après lui, n'est le cas que du corps féminin, tandis que, chez l'homme, autant qu'il sache, on ne trouve de nerfs de volupté que dans les organes génitaux et dans leur voisinage immédiat (p. 274). La volupté spirituelle qui s'est développée, grâce à cette accumulation de nerfs, dans son corps, est si intense qu'il lui suffit, en particulier lorsqu'il est couché dans son lit, du moindre effort d'imagination pour se procurer un bien-être sensuel donnant un avant-goût assez net de la

homme — quelque chose d'analogue s'est passé dans mon propre corps. Par deux fois déjà (et ceci lorsque j'étais encore dans l'établissement de Flechsig) j'ai eu des organes génitaux féminins bien qu'imparfaitement développés et j'ai éprouvé dans mon corps des mouvements sautillants, pareils aux premières agitations d'un embryon humain. Des nerfs de Dieu, correspondant à du sperme mâle, avaient été, par un miracle divin, projetés dans mon corps et une fécondation s'était ainsi produite. » (Note de la p. 4 de l'avant-propos.)

(1) En français dans le texte. *(N. d. T.)*

jouissance sexuelle de la femme pendant l'accouplement (p. 269).

Si nous nous rappelons le rêve qu'avait eu le patient pendant l'incubation de sa maladie, avant son installation à Dresde, il devient tout à fait évident que l'idée délirante d'être changé en femme n'est que la réalisation de ce rêve. Il s'était alors insurgé contre ce rêve avec une indignation toute virile ; de même il commença par se défendre contre sa réalisation pendant sa maladie ; il considérait la transformation en femme comme une honte, un opprobre qui devait lui être infligé dans une intention hostile. Mais il vint un temps (novembre 1895) où il commença à se réconcilier avec cette transformation et la rapporta aux desseins suprêmes de Dieu. « Depuis lors, et en pleine conscience de ce que je faisais, j'ai inscrit sur mes drapeaux le culte de la féminité » (pp. 177 et 178).

Il acquit alors la ferme conviction que c'était Dieu lui-même qui, pour sa propre satisfaction, réclamait de lui la féminité.

« Mais, dès que je suis — si je peux m'exprimer ainsi — seul avec Dieu, me voilà dans la nécessité d'employer tous les moyens imaginables, comme aussi de concentrer toutes les forces de ma raison, en particulier la force de mon imagination, en vue d'obtenir que les rayons divins aient l'impression aussi continue que possible — ou bien si cela est simplement impossible à l'être humain — qu'ils aient du moins à certains moments de la journée l'impression que je suis une femme enivrée de sensations voluptueuses » (p. 281).

« D'autre part, Dieu réclame *un état constant de jouissance* comme étant en harmonie avec les conditions d'existence imposées aux âmes par l'ordre de l'univers ; c'est alors mon devoir de lui offrir cette jouissance..., sous la forme du plus grand développement possible de la volupté spirituelle. Et si, ce faisant, un peu de jouissance sensuelle vient à m'échoir, je me sens justifié à l'accepter, au titre d'un léger dédommagement à l'excès de souffrances et de privations qui ont été mon lot depuis tant d'années.... » (p. 284).

« ... Je crois même, d'après les impressions que j'ai reçues, pouvoir exprimer cette opinion : Dieu n'entreprendrait jamais de se retirer de moi — ce qui chaque fois commence par porter un préjudice notable à mon bien-être corporel — mais il céderait tout au contraire sans aucune résistance et d'une façon continue à l'attraction qui le pousse vers moi s'il m'était possible d'assumer sans cesse le rôle d'une femme que j'étreindrais moi-même sexuellement, si je pouvais *sans cesse* reposer mes yeux sur des formes féminines, regarder *sans cesse* des images de femmes, et ainsi de suite » (p. 284).

Les deux éléments principaux du délire systématisé de Schreber : sa transformation en femme et sa situation de favori de Dieu, se relient entre eux au moyen de l'attitude féminine de Schreber envers

Dieu. Nous aurons nécessairement à établir une relation *génétique* fondamentale entre ces deux éléments. Nous nous trouverions sans cela, avec toutes nos tentatives d'élucidation du délire de Schreber, dans la position ridicule décrite par Kant dans sa fameuse métaphore *(Critique de la raison pure)* : celle de l'homme qui tient un tamis sous un bouc qu'un autre est en train de traire.

II

ESSAIS D'INTERPRÉTATION

Nous allons maintenant tenter de pénétrer le sens de cette histoire d'un malade paranoïaque et d'y découvrir les complexes et les forces instinctuelles de la vie psychique connus de nous. Nous pouvons aborder ce problème par deux faces : en partant soit des manifestations délirantes du patient lui-même, soit des circonstances qui occasionnèrent sa maladie.

La première de ces voies semble séduisante depuis que C.-G. Jung nous en a donné un brillant exemple en interprétant, grâce à cette méthode, un cas incomparablement plus grave de démence précoce, dont les symptômes s'écartaient infiniment plus de la normale (1). En outre, la grande intelligence de notre patient et le fait qu'il fût si communicatif semblent devoir nous faciliter la solution du problème si nous l'abordons de ce côté. Lui-même nous donne assez souvent la clé du mystère en ajoutant incidemment à une proposition délirante un commentaire, une citation ou un exemple, ou bien encore en opposant une négation expresse à un parallèle qui lui est venu à l'esprit. Il suffit alors, dans ce dernier cas, de suivre notre technique psychanalytique habituelle, c'est-à-dire de laisser tomber ce revêtement négatif, de prendre l'exemple cité pour la chose elle-même, de regarder la citation ou la confirmation comme étant la source originelle et nous nous trouvons alors en possession de ce que nous cherchions : la traduction du mode d'expression paranoïde en mode d'expression normal. Nous citerons à l'appui de cette technique un exemple qui mérite peut-être d'être exposé plus en détail : Schreber se plaint des ennuis que lui cause ce qu'il nomme « oiseaux miraculés », ou « oiseaux parlants », auxquels il attribue une série de qualités vraiment frappantes (pp. 208-214). D'après lui — telle est sa conviction — ces oiseaux sont constitués par des vestiges de ci-devant « vestibules du ciel », c'est-à-dire par des reliquats d'âmes humaines deve-

(1) C.-G. JUNG, *Ueber die Psychologie der Dementia praecox (De la psychologie de la démence précoce)*, Halle, Verlag Karl Marhold, 1907.

nues bienheureuses ; ils sont chargés de poison de cadavre (1) et alors lâchés contre lui. On les a mis en état de répéter « des phrases dénuées de sens apprises par cœur », phrases qui leur ont été « serinées ». Chaque fois que ces oiseaux se sont déchargés sur lui de leur charge de poison de cadavre, c'est-à-dire lorsqu'ils « ont jusqu'à un certain point débité les phrases qu'on leur a serinées », ils se dissolvent en une certaine mesure dans son âme à lui en proférant ces mots : « Maudit gaillard ! » ou bien « Le diable l'emporte ! » les seuls mots qu'ils soient encore capables de proférer pour exprimer leurs sentiments réels. Ils ne comprennent pas le sens des paroles qu'ils énoncent, mais ils sont, de par leur nature, doués de réceptivité en ce qui touche la similitude des sons, qui n'a pas besoin d'être absolue. Par suite, il leur importe peu que l'on dise :

> *Santiago* ou *Karthago*,
> *Chinesentum* ou *Jesum Christum*,
> *Abendrot* ou *Atemnot*,
> *Ariman* ou *Ackerman*, etc. (2) (p. 210).

En lisant cette description des oiseaux, on ne peut se défendre de l'idée qu'elle doit en réalité se rapporter à des jeunes filles. On compare, en effet, volontiers celles-ci, quand on est d'humeur critique, à des oies, on leur attribue, de façon peu galante, une « cervelle d'oiseau », on les accuse de ne rien savoir dire que des phrases apprises par cœur et de trahir leur peu de culture en confondant les mots étrangers de consonance analogue. Le « maudit gaillard ! » les seuls mots que les oiseaux sachent proférer sérieusement, représenterait alors le triomphe du jeune homme qui a réussi à leur en imposer. Et voilà que, quelques pages plus loin, se trouve un passage qui confirme cette interprétation : « Afin de les distinguer, j'ai, en manière de plaisanterie, donné des noms de filles à un grand nombre des âmes d'oiseaux restantes car, par leur curiosité, leur penchant pour la volupté, etc., on peut dans leur ensemble les comparer en premier lieu à des petites jeunes filles. Une partie de ces noms de filles ont par la suite été adoptés par les rayons de Dieu et sont demeurés pour désigner les âmes d'oiseaux en question » (p. 214). Cette facile interprétation des « oiseaux miraculés » nous indique dans quelle voie il faudrait s'engager pour arriver à comprendre les énigmatiques « vestibules du ciel ».

(1) Ptomaïnes.

(2) Santiago *ou* Carthage,
Chinoiserie *ou* Jésus-Christ,
Coucher de soleil *ou* dyspnée,
Ahriman *ou* laboureur.

(N. d. T.)

Je ne me fais pas d'illusions, il faut une bonne dose de tact et de réserve à celui qui abandonne les voies classiques de l'interprétation au cours du travail psychanalytique, et ses auditeurs ou lecteurs ne le suivront que jusqu'où leur familiarité avec la technique psychanalytique le leur permettra. L'auteur a donc toutes les raisons de parer à ce risque : une plus grande subtilité de sa part ne doit pas avoir pour corollaire un moindre degré de certitude et de vraisemblance dans son travail. Il est de plus dans la nature des choses qu'un analyste exagère la prudence, un autre la hardiesse. On ne pourra tracer les justes limites où doit se tenir une interprétation qu'après de nombreux essais et une plus grande familiarité avec les objets de l'analyse. Dans le cas de Schreber, la réserve m'est imposée par la circonstance suivante : les résistances à la publication des *Mémoires d'un névropathe* eurent du moins ce succès : une partie considérable du matériel, sans doute la plus importante pour la compréhension du cas, nous demeure inconnue (1). Le chapitre III, par exemple, s'ouvre par ce préambule plein de promesses : « Je vais maintenant d'abord traiter de quelques autres événements relatifs à *d'autres membres de ma famille*, événements qui pourraient bien être en rapport avec l'assassinat d'âme que nous avons postulé. Ces événements comportent tous plus ou moins quelque chose d'énigmatique qu'il est difficile d'expliquer d'après la seule expérience courante des hommes » (p. 33). Mais la phrase suivante nous le déclare : « La suite du chapitre n'a pas été imprimée, étant impropre à la publication. » Je devrai par suite être satisfait si je puis ramener du moins ce qui constitue le noyau du délire, avec quelque certitude, à des mobiles humains connus.

Dans cette intention, je rapporterai une partie de l'histoire du malade dont l'importance, dans les expertises, n'est pas estimée à sa juste valeur, bien que le malade lui-même ait tout fait pour la mettre au premier plan. Je veux parler des rapports de Schreber

(1) « Si l'on jette, écrit le Dr Weber dans son rapport, un coup d'œil d'ensemble sur ce que contient ce document, si l'on considère l'abondance des indiscrétions qu'il contient, tant en ce qui touche Schreber lui-même qu'en ce qui concerne d'autres personnes, si l'on envisage la façon sans vergogne dont il dépeint les situations et les événements les plus délicats et les plus impossibles à admettre du point de vue de l'esthétique, ainsi que l'emploi des gros mots les plus choquants, etc., on trouvera tout à fait incompréhensible qu'un homme, par ailleurs connu pour son tact et la délicatesse de ses sentiments, puisse projeter d'accomplir un acte destiné à le compromettre aussi gravement devant l'opinion publique, à moins que... », etc. (p. 402). Certes, on ne saurait nullement exiger d'une histoire de malade ayant pour but de décrire les troubles de l'homme malade et les luttes de celui-ci en vue de se rétablir, la « discrétion » et la grâce « esthétique ».

avec son premier médecin, le conseiller intime Pr Flechsig, de Leipzig.

Nous le savons déjà : la maladie de Schreber avait au début le caractère d'un délire de persécution, caractère qui ne s'effaça qu'à partir du moment critique où la maladie changea de face (« réconciliation »). Les persécutions se firent alors de plus en plus supportables, l'objectif d'abord ignominieux de l'émasculation dont Schreber était menacé fut alors refoulé à l'arrière-plan par un objectif nouveau conforme à l'ordre de l'univers. Mais l'auteur premier de toutes les persécutions était Flechsig, et il demeura leur instigateur durant tout le cours de la maladie (1).

En quoi consistait, à proprement parler, le forfait de Flechsig et quels pouvaient en être les motifs, voilà ce que le malade raconte avec une imprécision et une obscurité bien caractéristiques. Si nous jugeons la paranoïa d'après l'exemple, qui nous est bien mieux connu, du rêve, nous reconnaîtrons dans cette obscurité et cette imprécision les indices d'un travail particulièrement intense dans l'élaboration du délire. Flechsig aurait « assassiné l'âme » du malade, ou tenté de le faire — un acte à mettre en parallèle avec les efforts du diable ou des démons pour s'emparer d'une âme, acte dont le prototype était peut-être fourni par des événements qui se seraient passés entre des membres de la famille Flechsig et des membres de la famille Schreber, tous depuis longtemps décédés (2). On aimerait en apprendre davantage sur ce que signifie cet assassinat d'âme, mais ici encore les sources de notre information viennent à tarir de façon tendancieuse : « En quoi consiste, à proprement parler, l'essence de l'assassinat d'âme et, si l'on peut s'exprimer ainsi, sa technique, je ne saurais en dire plus long que ce qui a été indiqué plus haut. On pourrait peut-être encore ajouter seulement ce qui suit (ici un passage impropre à la publication) » (p. 28). Par suite de cette omission, nous restons dans l'ignorance de ce que Schreber entend par « assassinat d'âme ». Nous mentionnerons plus loin la seule allusion à ce sujet qui ait échappé à la censure.

Quoi qu'il en soit, le délire de Schreber subit bientôt une nou-

(1) Schreber, dans la lettre ouverte à Flechsig qui sert de préface à son livre, écrit : « Aujourd'hui encore les voix qui me parlent profèrent votre nom des centaines de fois par jour. Elles vous nomment dans des contextes qui se reproduisent sans cesse, en particulier en tant qu'auteur premier des dommages que j'ai subis. Et ceci, bien que les relations personnelles qui, pendant un certain temps, existaient entre nous se soient depuis longtemps estompées à l'arrière-plan, de telle sorte que j'aurais difficilement moi-même des raisons de me souvenir de vous, et moins de raisons encore de le faire avec le moindre ressentiment » (p. VIII).

(2) P. 22 et suiv.

velle évolution touchant les rapports du malade avec Dieu, ceci sans modifier les rapports du malade avec Flechsig. Si Schreber avait jusqu'alors regardé Flechsig (ou plutôt l'âme de celui-ci) comme son ennemi proprement dit et Dieu tout-puissant comme son allié, il ne pouvait à présent plus se défendre de l'idée que Dieu lui-même était le complice, sinon l'instigateur, de toute l'intrigue tramée contre lui (p. 59). Néanmoins Flechsig garda le rôle de premier séducteur, à l'influence duquel Dieu avait succombé (p. 60). Il avait réussi à s'élever jusqu'au ciel, avec son âme entière ou avec une partie de celle-ci, et à devenir ainsi — sans avoir passé par la mort ni subi une purification antérieure — un « capitaine de rayons » (1). L'âme de Flechsig conserva ce rôle même après que le malade eut quitté la clinique de Leipzig pour la maison de santé du Dr Pierson. L'influence de cette nouvelle ambiance se manifesta par l'adjonction d'une nouvelle âme, celle de l'infirmier en chef (en qui le malade avait reconnu quelqu'un ayant habité autrefois la même maison que lui) il s'agissait de l'âme de von W... (2). L'âme de Flechsig commença alors à pratiquer le système du « fractionnement d'âme », système qui acquit bientôt une grande envergure. A un certain moment, il y avait de 40 à 60 de ces « fractions » de l'âme de Flechsig ; deux de ces fractions, les plus grandes, reçurent les noms de « Flechsig supérieur » et de « Flechsig moyen » (p. 111). L'âme de von W... (celle de l'infirmier en chef) se comportait exactement de la même façon. D'ailleurs, il était parfois très drôle d'observer comment ces deux âmes, malgré l'alliance qu'elles avaient conclue, guerroyaient : l'orgueil nobiliaire de l'un et la suffisance professorale de l'autre se heurtaient réciproquement (p. 113). Dès les premières semaines du séjour de Schreber à Sonnenstein (la maison de santé où il fut finalement envoyé en l'été de 1894), l'âme de son nouveau médecin, le Dr Weber, entra aussi en action, et bientôt après se produisit, dans l'évolution du délire de Schreber, ce revirement que nous connaissons déjà sous le nom de « réconciliation ».

(1) D'après une autre version très significative, mais bientôt abandonnée, Flechsig se serait tiré une balle dans la tête soit à Wissembourg en Alsace, soit au poste de police de Leipzig. Le patient vit passer son enterrement, mais le cortège ne suivait pas le chemin qu'on aurait dû s'attendre à lui voir prendre vu les emplacements respectifs de la Clinique de l'Université et du cimetière. Flechsig lui apparut encore d'autres fois en compagnie d'un agent de police ou en train de parler avec sa propre femme. Schreber fut témoin de cet entretien par le moyen des *connexions nerveuses* et c'est au cours de cette conversation que Flechsig se qualifia devant sa femme de *Dieu Flechsig*, ce qui inclina celle-ci à le croire fou (p. 82).

(2) Les voix dirent à Schreber, au sujet de von W..., qu'au cours d'une enquête ce von W... aurait dit, exprès ou par négligence, des choses fausses, en particulier l'aurait accusé de se livrer à l'onanisme : en punition, von W... était à présent condamné à servir le patient (p. 108).

Pendant la dernière période de son séjour à Sonnenstein, alors que Dieu commençait à mieux savoir apprécier le malade, se produisit une razzia sur les âmes, lesquelles s'étaient multipliées au point de devenir un fléau. Il s'ensuivit que l'âme de Flechsig ne garda qu'une ou deux de ses formes et l'âme de von W... qu'une seule. Cette dernière disparut bientôt tout à fait, les fractions de l'âme de Flechsig, qui peu à peu perdirent leur intelligence comme leur pouvoir, reçurent les noms de « Flechsig postérieur » et de « Parti du eh bien ! » La « Lettre ouverte à Monsieur le Conseiller intime Professeur Flechsig », qui sert de préface au livre, nous enseigne que l'âme de Flechsig avait conservé jusqu'à la fin toute son importance.

Dans ce curieux document, Schreber assure être fermement convaincu que le médecin qui l'influence a eu les mêmes visions que lui-même et les mêmes révélations relatives aux choses surnaturelles. Il affirme dès la première page que l'auteur des *Mémoires d'un névropathe* n'a pas la moindre intention de s'en prendre à l'honneur du médecin. Il le répète avec sérieux et emphase en rapportant son cas (pp. 343, 445) ; on voit qu'il s'efforce de distinguer l' « âme de Flechsig » du vivant du même nom ; le Flechsig réel du Flechsig de son délire (1).

L'étude d'un certain nombre de cas de délire de persécution nous a conduits, moi ainsi que quelques autres investigateurs, à cette idée que la relation du malade à son persécuteur peut se ramener dans tous les cas à une formule très simple (2). La personne à laquelle le délire assigne une si grande puissance et attribue une si grande influence et qui tient dans sa main tous les fils du complot est — quand elle est expressément nommée — la même que celle qui jouait, avant la maladie, un rôle d'importance égale dans la vie émotionnelle du patient, ou bien un substitut de celle-ci et facile à reconnaître comme tel. L'importance émotionnelle qui revient à cette personne est projetée au-dehors sous forme de pouvoir venant de l'extérieur, la qualité de l'émotion est changée en son contraire ; celui que l'on hait et craint à présent en tant que persécuteur fut en

(1) « Il me faut d'après cela *admettre comme possible* que tout ce que j'ai écrit dans les premiers chapitres de mes *Mémoires* sur des processus concernant le nom de *Flechsig* ne se rapporte qu'à l'âme de Flechsig, qu'il convient de distinguer de l'homme vivant. Que cette âme ait une existence indépendante, voilà qui est certain, bien qu'impossible à expliquer par des moyens naturels » (p. 342).

(2) Comp. K. ABRAHAM, Die psychosexuellen Differenzen der Hysterie und der Dementia præcox (Les différences psycho-sexuelles entre l'hystérie et la démence précoce), *Zentralblatt für Nervenh. und Psychiatrie*, juillet 1908. Dans ce travail, le scrupuleux auteur, se référant à une correspondance échangée entre nous, m'attribue une influence sur l'évolution de ses idées.

son temps aimé et vénéré. La persécution que postule le délire sert avant tout à justifier le changement d'attitude émotionnelle de la part du patient.

De ce point de vue, examinons les relations qui avaient auparavant existé entre le patient et son médecin et persécuteur Flechsig. Nous savons qu'en 1884 et 1885 Schreber avait déjà été atteint d'une première maladie nerveuse, qui s'était déroulée « sans que survienne aucun incident touchant à la sphère du surnaturel » (p. 35). Pendant que Schreber se trouvait dans cet état, alors qualifié d' « hypocondrie », état qui semblait se tenir dans les limites d'une névrose, Flechsig était son médecin. Schreber passa alors six mois à la clinique de l'Université de Leipzig. Nous apprenons que Schreber, lorsqu'il fut guéri de cette première maladie nerveuse, avait gardé de son médecin un souvenir reconnaissant. « Le principal est qu'après une assez longue période de convalescence, passée à voyager, je finis par guérir ; je ne pouvais donc alors être rempli que des sentiments de la plus vive reconnaissance envers le Pr Flechsig ; je donnai d'ailleurs une expression toute spéciale à ces sentiments et par une visite ultérieure que je fis à Flechsig et par les honoraires que je lui remis, honoraires que je jugeai proportionnés à ce que je lui devais. » Il est vrai que Schreber, dans les *Mémoires*, ne loue pas sans faire quelques réserves le premier traitement qu'il reçut de Flechsig, mais ceci s'explique aisément par l'attitude contraire qu'il avait adoptée depuis lors. Le passage qui suit immédiatement celui que nous venons de citer témoigne de la cordialité primitive de ses sentiments pour le médecin qui l'avait traité avec tant de succès : « La reconnaissance fut peut-être encore plus profonde de la part de ma femme, laquelle vénérait dans le Pr Flechsig celui qui lui avait rendu son mari ; c'est pourquoi elle garda pendant des années sur son bureau le portrait de Flechsig » (p. 36).

Ne sachant rien de la causation de la première maladie (qu'il serait indispensable de comprendre pour pouvoir vraiment élucider la seconde et plus grave maladie), il nous faut maintenant nous lancer à l'aventure dans l'inconnu. Nous le savons : au cours de l'incubation de la maladie (c'est-à-dire entre la nomination de Schreber, en juin 1893, et son entrée en fonctions, en octobre 1893), il rêva à plusieurs reprises que sa vieille maladie nerveuse était revenue. Une autre fois, pendant un état de demi-sommeil, il eut tout à coup l'impression qu'il devait être beau d'être une femme soumise à l'accouplement. Schreber rapporte à la file ces rêves et ce fantasme ; si, à notre tour, nous les rapprochons quant à leur contenu, nous pourrons en déduire que le souvenir de la maladie éveilla aussi celui du médecin et que l'attitude féminine manifestée dans le fantasme se rapportait dès l'origine au médecin. Ou peut-être le rêve : « La vieille maladie est revenue », exprimait-il en somme cette nostalgie : « Je voudrais revoir Flechsig. » Notre ignorance du contenu psychique de la première maladie nous empêche d'aller plus loin dans ce sens. Peut-être un état de tendre attachement avait-il subsisté en Schreber à titre de reliquat de cet état morbide, attachement qui à présent — pour des raisons inconnues — s'intensifia au point de devenir une inclination érotique. Ce fantasme érotique — qui restait encore à l'écart de l'ensemble de la personnalité — fut aussitôt désavoué par la personnalité consciente de Schreber ; il lui opposa une véritable « protestation mâle », pour parler comme Alfred Adler, mais pas dans le même sens que celui-ci (1). Cependant, dans la psychose grave qui éclata bientôt après, le fantasme féminin s'affirma irrésistiblement, et il n'est besoin de modifier que fort peu l'imprécision paranoïde des termes employés par Schreber pour deviner que le malade craignait que le médecin lui-même n'abusât sexuellement de lui. La cause occasionnelle de cette maladie fut donc une poussée de libido homosexuelle ; l'objet sur lequel cette libido se portait était sans doute, dès l'origine, le médecin Flechsig, et la lutte contre cette pulsion libidinale produisit le conflit générateur des phénomènes morbides.

Je m'arrête ici un instant afin de faire face au torrent de reproches et d'objections que j'aurai suscité. Quiconque connaît l'état actuel de la psychiatrie doit s'attendre au pire.

Accuser d'homosexualité un homme d'un niveau moral aussi élevé que l'ex-président de la Cour de Cassation Schreber ne constitue-t-il pas une impardonnable légèreté, un abus et une calomnie ? Non, car le malade a lui-même fait connaître à l'univers le fantasme de sa transformation en femme et il s'est mis, au nom d'un intérêt supérieur, au-dessus de toutes les susceptibilités personnelles. Il nous a ainsi conféré à nous-même le droit de nous occuper de ce fantasme, et le fait de l'avoir traduit en termes médicaux n'a absolument rien ajouté à son contenu. « Oui, mais le malade ne jouissait pas de sa raison quand il l'a fait, son idée de transformation en femme était une idée délirante ». Nous ne l'avons pas oublié. Aussi ne nous soucions-nous que de la signification et de l'origine de cette idée morbide. Et nous en appelons à la distinction que Schreber lui-même établit,

(1) ADLER, Der psychische Hermaphroditismus im Leben und in der Neurose (L'hermaphrodisme psychique dans la vie et dans la névrose), *Fortschritte der Medizin*, 1910, n° 10. D'après Adler, la protestation mâle participe à la genèse du symptôme, dans le cas présent la personne proteste contre le symptôme tout constitué.

entre Flechsig l'homme et « Flechsig l'âme ». Nous ne lui reprochons d'ailleurs rien, ni d'avoir eu des pulsions homosexuelles, ni de s'être efforcé de les refouler. Ce malade pourrait donner des leçons aux psychiatres car, malgré son délire, lui du moins s'efforce de ne pas confondre le monde de l'inconscient avec le monde de la réalité.

Mais, objectera-t-on encore, il n'est nulle part expressément dit que la transformation en femme que Schreber redoutait dût s'accomplir au profit de Flechsig. — C'est exact, cependant il n'est pas difficile de comprendre pourquoi une accusation aussi grave n'est pas proférée dans ces mémoires destinés à la publicité et dans lesquels Schreber était soucieux de ne pas offenser « Flechsig l'homme ». Mais les atténuations apportées de ce fait à la manière de s'exprimer de Schreber ne vont pas jusqu'à voiler entièrement le sens réel de cette accusation. On peut soutenir que ce sens s'exprime, après tout, ouvertement dans un passage tel que celui-ci : « De cette façon, un complot se perpétra contre moi (en mars ou avril 1894 environ). Ce complot avait pour objet, une fois ma maladie nerveuse reconnue comme incurable ou supposée telle, *de me livrer à un être humain de telle sorte* que mon âme lui fût abandonnée, tandis que mon corps..., changé en un corps de femme, se trouvât livré... *comme tel à l'être humain en question*, en vue d'abus sexuels » (1) (p. 56). Il est superflu de faire observer que, dans le texte, personne n'est jamais nommé que l'on pourrait mettre à la place de Flechsig. Vers la fin du séjour de Schreber à la clinique de Leipzig, une peur se fait jour en lui : « Il pourrait être jeté aux infirmiers » en vue d'abus sexuels (p. 98). Et l'attitude féminine envers Dieu, que Schreber reconnaît sans vergogne aux stades ultérieurs de son délire, lève certes les derniers doutes qui pourraient subsister au sujet du rôle originel attribué au médecin. L'autre des reproches élevés contre Flechsig retentit bruyamment d'un bout à l'autre du livre. Flechsig aurait tenté d'assassiner l'âme de Schreber. Nous le savons déjà : la nature exacte de ce crime échappait au patient lui-même, mais il était en rapport avec des choses si délicates qu'il fallut soustraire celles-ci à la publication (chap. III). Un seul fil nous reste pour nous guider. Schreber illustre l'assassinat d'âme en en appelant au contenu légendaire du *Faust* de Gœthe, du *Manfred* de Byron, du *Freischütz* de Weber (p. 22). Un de ces exemples est encore cité ailleurs. Schreber, à l'endroit où il expose la division de Dieu en deux personnes, identifie le « dieu inférieur » à Ahriman et le « dieu supérieur » à Ormuzd (p. 19) ; un peu plus loin, se trouve la petite note suivante : « Le nom d'Ahriman apparaît d'ailleurs aussi, par exemple, dans le *Manfred* de Lord Byron, en rapport avec un assassinat

(1) Les italiques sont de moi.

d'âme » (p. 20). Or, dans ce drame, il n'y a à peu près rien que l'on puisse mettre en parallèle avec le pacte par lequel Faust vend son âme ; j'y ai aussi cherché en vain le terme « assassinat d'âme ». Mais l'essence et le secret du drame résident en un inceste entre frère et sœur. Ici notre fil nous laisse court (1).

Je me réserve de revenir plus loin à la discussion de quelques autres objections, mais je me considère, dès à présent, en droit de m'en tenir à mon point de vue : la maladie de Schreber éclata à l'occasion d'une explosion de libido homosexuelle. Un détail remarquable de l'histoire du malade, détail que sans cela rien ne saurait expliquer, cadre bien avec cette hypothèse. Pendant une absence de sa femme, partie pour sa propre santé en vacances pour quelques jours, un nouvel « effondrement nerveux » se produisit chez le malade, effondrement qui devait exercer une influence décisive sur l'évolution de sa maladie. Sa femme, jusqu'alors, avait passé auprès de lui plusieurs heures par jour et déjeunait avec lui. Quand elle revint, au bout de quatre jours, elle le trouva terriblement changé, au point que lui-même désira ne plus la revoir. « Ce qui détermina mon effondrement mental, ce fut particulièrement une certaine nuit, au cours de laquelle j'eus un nombre tout à fait inaccoutumé de pollutions, une bonne demi-douzaine en cette seule nuit » (p. 4). Il est facile de comprendre que la seule présence de sa femme exerçait sur Schreber une influence protectrice contre le pouvoir d'attraction des hommes qui l'environnaient. Et si nous admettons qu'une pollution ne puisse pas se produire chez un adulte sans participation psychique, nous ajouterons aux pollutions qu'eut, cette nuit-là, le malade l'appoint de fantasmes homosexuels demeurés inconscients.

Mais pourquoi cette explosion de libido homosexuelle chez le patient justement alors (entre le moment où il fut nommé et celui

(1) A l'appui de ce qui précède, je citerai ce passage où Manfred, dans la scène finale du drame, dit au démon qui vient le chercher :

... my past power
Was purchased by no compact with thy crew.

(... mon pouvoir passé ne fut pas acheté par un pacte avec tes pareils.)

Ce qui est en contradiction flagrante avec le fait d'un pacte où l'on vend son âme. Cette erreur de Schreber est sans doute assez tendancieuse. Il est certes tentant de rapprocher l'intrigue de *Manfred* de ce qui a été maintes fois dit concernant les relations incestueuses du poète avec sa demi-sœur. Et il est frappant de voir que l'autre drame de BYRON, son célèbre *Caïn*, se passe dans la famille primitive, là où l'inceste entre frère et sœur ne pouvait encore soulever aucune objection, Avant de quitter le thème de l'assassinat d'âme, citons encore ce passage : « Tandis qu'auparavant Flechsig était qualifié d'auteur premier de l'assassinat d'âme, à présent, depuis déjà quelque temps, on inverse exprès les rapports et on cherche à me *représenter* comme étant celui qui a commis l'assassinat d'âme... » (p. 23).

où il s'installa à Dresde), voilà ce que nous ne pouvons deviner en l'absence de données biographiques plus précises. Tout être humain oscille en général, tout au long de sa vie, entre des sentiments hétérosexuels et des sentiments homosexuels, et toute frustration ou déception d'un côté a pour effet habituel de le rejeter de l'autre. Nous ne connaissons, dans le cas de Schreber, aucun élément de cet ordre, mais nous ne devrons pas négliger d'attirer l'attention sur un facteur somatique qui pourrait bien avoir joué son rôle. Schreber, au moment où il tomba malade, avait 51 ans, il se trouvait à cet âge critique pour la vie sexuelle où, chez la femme, après une exaltation préalable, la fonction sexuelle subit une involution notable, involution dont l'homme non plus ne semble pas exempt : il existe aussi pour l'homme un « âge critique » entraînant les prédispositions pathologiques subséquentes (1).

Je puis me figurer qu'une hypothèse d'après laquelle un sentiment de sympathie éprouvé pour son médecin par un homme éclate, renforcé, huit ans plus tard (2), et occasionne un si grave trouble psychique, cette hypothèse, dis-je, puisse sembler hasardeuse. Mais je ne nous crois pas justifiés à la rejeter par suite seulement de son invraisemblance si, par ailleurs, elle se recommande à nous ; nous ferons mieux d'essayer de voir jusqu'où elle peut nous conduire. Car cette invraisemblance peut n'être que temporaire et tenir à ce que l'hypothèse mise en doute n'a pas encore trouvé sa place dans un enchaînement de circonstances, et soit en fait la première avec laquelle nous ayons abordé le problème. Mais à ceux qui ne savent pas suspendre leur jugement et qui trouvent notre hypothèse tout à fait insoutenable, il est aisé de faire voir qu'il est possible de lui faire perdre son caractère surprenant. Le sentiment de sympathie éprouvé pour le médecin peut très bien être dû à un processus de « transfert », transfert par lequel un investissement affectif du malade fut transposé d'une personne qui lui importait fort à la personne du médecin indifférente en elle-même, de telle sorte que le médecin semble avoir été choisi comme substitut de quelqu'un d'autre, tenant de beaucoup plus près au malade. En termes plus concrets, le médecin ayant rappelé d'une manière quelconque son frère ou son père au malade, celui-ci a retrouvé dans le médecin son frère ou son père, et alors il n'y a plus rien de surprenant à ce que, dans certaines circonstances, la nostalgie

(1) Je dois ce renseignement sur l'âge qu'avait Schreber lors de sa maladie à l'amabilité de l'un de ses parents ; ce renseignement me fut fourni par l'intermédiaire du Dr Stegmann, de Dresde. Hormis ce renseignement, je ne me suis servi dans ce travail de rien qui n'émanât du texte même des *Mémoires d'un névropathe*.

(2) Tel est l'intervalle séparant la première maladie de Schreber de la seconde.

de cette personne substituée se réveille et exerce une action d'une violence que seules son origine et son importance originelle permettent d'expliquer.

Pour cette tentative d'explication, il serait intéressant de savoir si le père du patient vivait encore lorsque celui-ci tomba malade, si celui-ci avait eu un frère et si ce frère, à cette époque, était du nombre des vivants ou du nombre des « bienheureux ». J'éprouvai par suite une grande satisfaction en trouvant enfin, après de longues recherches, dans les *Mémoires d'un névropathe*, le passage suivant, grâce auquel le malade lui-même lève tous les doutes à cet égard : « La mémoire de mon père et de mon frère... m'est aussi sacrée que..., etc. » (p. 442). Ainsi tous deux étaient déjà morts lors de la deuxième maladie — peut-être même lors de la première.

Nous n'avons, je pense, plus besoin de nous élever contre l'hypothèse d'après laquelle un fantasme de désir de nature féminine (homosexuel passif) aurait été la cause occasionnelle de la maladie, fantasme ayant pris pour objet la personne du médecin. Une vive résistance à ce fantasme s'éleva en Schreber, émanant de l'ensemble de sa personnalité, et la lutte défensive qui s'ensuivit — lutte qui eût peut-être pu tout aussi bien revêtir une autre forme — adopta, pour des raisons inconnues de nous, la forme d'un délire de persécution. Celui dont il avait la nostalgie devint alors son persécuteur, le fond même du fantasme de désir devint le contenu de la persécution. Nous présumons que ce même schéma général se montrera applicable à d'autres cas encore de délire de persécution. Ce qui distingue cependant le cas de Schreber d'autres cas semblables, c'est son évolution ultérieure et la transformation qu'au cours de cette évolution il vint à subir.

L'une de ces transformations consista dans le remplacement de Flechsig par la plus haute figure de Dieu, ce qui d'abord semble devoir amener une aggravation du conflit, une intensification intolérable de la persécution. Mais on le voit bientôt, cette première transformation du délire en entraîne une seconde et, avec celle-ci, la solution du conflit. Il était impossible à Schreber de se complaire dans le rôle d'une prostituée livrée à son médecin ; mais la tâche qui lui est à présent imposée, de donner à Dieu lui-même la volupté qu'Il recherche, ne se heurte pas aux mêmes résistances de la part du moi. L'émasculation n'est plus une honte, elle devient « conforme à l'ordre de l'univers », elle prend place dans un grand ensemble cosmique, elle permet une création nouvelle de l'humanité après l'extinction de celle-ci. « Une nouvelle race d'hommes, nés de l'esprit de Schreber » révéreront un jour leur ancêtre dans cet homme qui se croit aujourd'hui un persécuté. Ainsi les deux partis en présence trouvent à se satisfaire. Le moi est dédommagé par la mégalomanie, cependant que le fantasme de désir féminin se fait jour et devient acceptable. Le conflit et la maladie peuvent à présent prendre fin. Le sens de la réalité, néanmoins, qui s'est entre-temps renforcé chez le patient, le contraint à ajourner du présent dans un avenir lointain la solution trouvée, à se contenter, pour ainsi dire, d'une réalisation asymptotique de son désir (1). Sa transformation en femme, il le prévoit, aura lieu un jour, jusque-là la personne du président Schreber demeurera indestructible.

Dans les traités de psychiatrie, il est souvent dit que le délire des grandeurs dérive du délire de persécution en vertu du processus suivant : le malade, primitivement victime d'un délire de persécution où il se voit en butte aux puissances les plus redoutables, éprouverait le besoin de s'expliquer cette persécution et en viendrait ainsi à se croire lui-même un personnage important, digne d'une persécution pareille. Le développement de la mégalomanie est ainsi rapporté à un processus que nous pourrions appeler, pour nous servir d'un terme excellent dû à E. Jones, une « rationalisation ». Mais nous sommes d'avis que c'est penser d'une manière aussi peu psychologique que possible que d'attribuer à une rationalisation des conséquences affectives d'une telle importance, et c'est pourquoi nous nous séparons nettement des auteurs de ces thèses. Toutefois nous ne prétendons point pour l'instant connaître l'origine du délire des grandeurs.

Pour en revenir au cas de Schreber, il nous faut avouer que toute tentative d'élucider la transformation subie par son délire se heurte à d'extraordinaires difficultés. Par quelles voies et par quels moyens s'effectue l'ascension de Flechsig à Dieu ? A quelle source Schreber puisa-t-il le délire des grandeurs qui lui permit, de façon si heureuse, de se réconcilier avec sa persécution ou, pour parler en termes analytiques, d'accepter le fantasme de désir qui avait dû être refoulé ? Les *Mémoires d'un névropathe* nous donnent une première clé de ce mystère en nous faisant voir que, pour Schreber, « Flechsig » et « Dieu » appartenaient à une même classe. Dans un de ses fantasmes, Schreber s'imagine surprenant une conversation entre Flechsig et sa propre femme, conversation au cours de laquelle Flechsig se qualifie de « Dieu-Flechsig », ce qui, aux yeux de sa femme, le fait passer pour fou (p. 82). Mais il est un autre trait, dans le développement du délire de Schreber, qui mérite toute

(1) Il écrit vers la fin du livre : « Ce n'est qu'au titre d'une possibilité dont il faut tenir compte que je le dis : mon émasculation pourrait cependant encore avoir lieu, afin qu'une génération nouvelle sorte de mon sein de par une fécondation divine » (p. 290).

notre attention. Si nous envisageons l'ensemble de ce délire, nous voyons que le persécuteur se divise en deux personnes : Flechsig et Dieu ; de même, Flechsig se clive lui-même plus tard en deux personnes, le Flechsig « supérieur » et le Flechsig « du milieu », comme Dieu en Dieu « inférieur » et en Dieu « supérieur ». Aux stades ultérieurs de la maladie, la division de Flechsig va plus loin encore (p. 193). Une telle division est tout à fait caractéristique de la paranoïa. Celle-ci divise tandis que l'hystérie condense. Ou plutôt la paranoïa résout à nouveau en leurs éléments les condensations et les identifications réalisées dans l'imagination inconsciente. Si, chez Schreber, cette division se reproduit plusieurs fois, il faut y voir, d'après C.-G. Jung (1), la preuve de l'importance que possède la personne en question. Tous ces clivages de Flechsig et de Dieu en plusieurs personnes signifient la même chose que la division du persécuteur en Flechsig et Dieu. Ce sont des dédoublements d'une seule et même importante relation, semblables à ceux que O. Rank a découverts dans la formation des mythes (2). Et l'interprétation de tous ces traits isolés sera encore facilitée si nous ne perdons pas de vue la division originelle du persécuteur en Flechsig et en Dieu, ni l'explication que nous en avons déjà donnée : cette division serait la réaction paranoïde à une identification antérieure entre deux personnes ou à leur appartenance à une même série. Si le persécuteur Flechsig fut, en son temps, un être aimé, alors Dieu ne serait lui-même que le retour d'un autre être également aimé, mais sans doute plus important.

Si nous poursuivons dans le même sens, ce que nous semblons être en droit de faire, nous devrons nous dire que cette autre personne ne saurait être que le père de Schreber. Il s'ensuit que Flechsig n'en est que plus nettement réduit au rôle du frère de Schreber (qui, espérons-le, fut un frère aîné) (3). La racine de ce fantasme féminin, qui déchaîna une si violente opposition de la part du malade,

(1) C.-G. Jung, Ein Beitrag zur Psychologie des Gerüchtes (Contributions à la psychologie des faux bruits), *Zentralblatt für Psychoanalyse*, n° 3, 1910. Jung a probablement raison quand il dit encore que cette division, conforme en ceci à la tendance générale de la schizophrénie, dépouille par l'analyse les représentations de leur puissance, ce qui a pour but d'empêcher l'éclosion d'impressions trop fortes. Mais quand l'une de ses patientes lui dit : « Ah ! êtes-vous aussi un Dr Jung ? Ce matin, quelqu'un qui est venu me voir disait qu'il était le Dr Jung », il faut traduire ce propos par l'aveu suivant : « Vous me rappelez en ce moment une autre personne de la série de mes transferts que lors de votre visite précédente. »

(2) O. Rank, Der Mythus von der Geburt des Helden (Le mythe de la naissance du héros), *Schriften zur angewandten Seelenkunde*, V, 1909 (2e éd., 1922).

(3) Les *Mémoires d'un névropathe* ne nous fournissent aucun éclaircissement sur ce point.

serait ainsi une nostalgie de son père et de son frère, nostalgie exaltée jusqu'à comporter un renforcement érotique. Cette nostalgie, celle qui se rapportait au frère, se fixa par transfert sur le médecin Flechsig, mais dès qu'elle fut ramenée au père, le conflit dont Schreber était la proie commença de prendre fin.

Nous ne nous sentirons en droit d'introduire ainsi le père de Schreber dans le délire de celui-ci que si cette nouvelle hypothèse nous permet de mieux comprendre ce délire et d'en élucider des détails jusqu'alors inintelligibles. On s'en souvient : le Dieu de Schreber et les rapports de Schreber à son Dieu présentaient les traits les plus étranges. Le plus curieux mélange de critique blasphématoire, de rébellion, d'insubordination et de dévotion respectueuse s'y rencontraient. Dieu, qui avait succombé à l'influence suborneuse de Flechsig, était incapable de rien apprendre par l'expérience ; il ne comprenait pas les hommes vivants parce qu'il ne savait fréquenter que les cadavres et manifestait son pouvoir par une série de miracles qui, bien qu'assez frappants, étaient cependant insipides et puérils.

Le père du président Schreber n'avait pas été quelqu'un d'insignifiant. C'était le Dr Daniel Gottlieb Moritz Schreber, dont le souvenir est resté vivant jusqu'à ce jour, grâce aux innombrables *Associations Schreber*, florissantes surtout en Saxe ; il était, de plus, médecin. Ses efforts en vue de former harmonieusement la jeunesse, d'assurer la collaboration de l'école et de la famille, d'élever le niveau de la santé des jeunes gens au moyen de la culture physique et du travail manuel, ont exercé une action durable sur ses contemporains (1). Les innombrables éditions, répandues dans les milieux médicaux, de son *Aerztliche Zimmergymnastik (Gymnastique médicale de chambre)* témoignent de son renom en tant que fondateur de la gymnastique thérapeutique en Allemagne.

Un père tel que ce Dr Schreber se prêtait certainement bien à subir une transfiguration divine dans le souvenir attendri du fils auquel il fut si tôt ravi par la mort. Pour notre manière actuelle de sentir, il existe à la vérité un abîme qu'on ne saurait combler entre la personne de Dieu et celle de n'importe quel homme, quelque éminent qu'il puisse être. Mais il convient de nous souvenir que

(1) Je veux ici remercier mon collègue le Dr STEGMANN, de Dresde, pour la communication d'un numéro de la revue intitulée : *Der Freund der Schreber-Vereine (L'ami des Associations Schreber)*. Dans ce numéro (2e année, fasc. 10), publié à l'occasion du centenaire de la naissance du Dr Schreber, se trouvent des données biographiques sur lui. Le Dr Schreber senior naquit en 1808 et mourut en 1861, âgé seulement de 53 ans. Je sais, par la source déjà mentionnée, que notre patient avait alors 19 ans.

tel ne fut pas toujours le cas. Les dieux des peuples antiques leur étaient apparentés de plus près. Chez les Romains, l'empereur défunt était régulièrement déifié, et Vespasien, homme de sens solide et rassis, s'écria en tombant malade : « Malheur à moi ! il me semble que je deviens dieu (1) ! »

Nous connaissons parfaitement l'attitude infantile qu'ont les garçons envers leur père ; elle implique ce même mélange de respectueuse soumission et d'insubordination révoltée que nous avons trouvé dans les rapports de Schreber avec son Dieu. On ne saurait s'y méprendre, cette attitude constitue le prototype sur lequel la réaction de Schreber est fidèlement calquée. Mais le fait que le père de Schreber ait été un médecin en vue et à coup sûr vénéré par ses clients, ce fait, dis-je, nous explique les traits de caractère les plus frappants que possède ce Dieu, traits que Schreber fait ressortir sous un jour critique. Peut-on imaginer ironie plus amère que de prétendre qu'un tel médecin ne comprend rien aux hommes vivants et ne sait s'y prendre qu'avec des cadavres ? Faire des miracles, c'est là certes un attribut essentiel de Dieu, mais le médecin aussi accomplit des miracles ; ses clients enthousiastes proclament, en effet, qu'il accomplit des cures miraculeuses. Aussi, le fait justement que ces miracles auxquels l'hypocondrie du malade a fourni la matière se trouvent être incroyables, absurdes et en partie même stupides, nous remettra en mémoire ce que j'ai dit dans ma *Science des rêves* (2) : quand un rêve est absurde, c'est qu'il exprime ironie, dérision. Ainsi l'absurdité sert à représenter la même chose dans la paranoïa. En ce qui concerne d'autres reproches faits par Schreber à Dieu, par exemple celui d'après lequel Dieu n'apprendrait rien par l'expérience, il est naturel de penser que nous nous trouvons là en présence du mécanisme infantile du : « Menteur ! Tu en es un toi-même ! » (3), les enfants se plaisant en effet à rétorquer un reproche en l'appliquant, sans y rien changer, à celui qui le leur a fait. De même, les voix mentionnées page 23 permettent de supposer que l'accusation d' « assassinat d'âme » élevée contre Flechsig était originairement une auto-accusation (4).

Enhardi par le fait que la profession du père de Schreber nous

(1) SUÉTONE, *Vie des Césars*, chap. XXIII. Cette déification des chefs commença par Jules César. Auguste, dans les inscriptions de son règne, s'intitulait *Divi filius*,

(2) *Traumdeutung*, *Ges. Werke*, II/III, p. 428. *L'interprétation des rêves*, tr. MEYERSON. Paris, Presses Universitaires de France, 1971, pp. 363 sq.

(3) C'est probablement une « revanche » de cette sorte qui inspira l'observation suivante notée par Schreber : « *Toute tentative d'exercer sur lui une influence éducative doit être abandonnée comme étant sans espoir* » (p. 188). Ce personnage inéducable, c'est Dieu.

(4) « Tandis que, depuis quelque temps déjà, les rapports ont été invertis exprès et que l'on cherche à me « présenter » comme étant l'auteur de l'assassinat d'âme, etc. »

a permis d'élucider les particularités du Dieu schrébérien, nous allons à présent risquer une interprétation de la curieuse structure que Schreber prête à l'Être divin. Le monde divin, ainsi que l'on sait, se compose des « empires antérieurs de Dieu » (appelés encore « vestibules du ciel », qui contiennent les âmes des défunts) et du Dieu « inférieur » comme du Dieu « supérieur », lesquels, ensemble, constituent les « empires postérieurs de Dieu » (p. 19). Tout en nous rendant parfaitement compte qu'il y a là une condensation que nous ne saurions résoudre en tous ses éléments, nous pouvons nous servir ici d'une clé qui est déjà entre nos mains. Si les oiseaux « miraculés » qui, après que nous les eûmes démasqués, se sont trouvés être des jeunes filles, dérivent des vestibules du ciel, alors ne pourrait-on pas regarder les empires *antérieurs* de Dieu et les *vestibules* (1) du ciel comme étant le symbole de la féminité, et les empires *postérieurs* de Dieu comme étant celui de la virilité ? Et si nous savions de façon certaine que le frère défunt de Schreber eût été son aîné, nous serions en droit de voir, dans la bipartition de Dieu en un Dieu inférieur et un Dieu supérieur, une expression d'un fait dont le patient aurait gardé la mémoire, à savoir qu'après la mort prématurée de son père, son frère aîné aurait pris la place de celui-ci.

Je voudrais à ce propos mentionner enfin le soleil qui, par ses « rayons », acquit une si grande importance dans l'expression du délire de Schreber. Les rapports de Schreber avec le soleil sont quelque chose de tout à fait spécial. Le soleil lui parle un langage humain et se révèle ainsi à lui comme étant un être animé ou l'organe d'un être encore plus élevé qui se trouverait derrière lui (p. 9). Un rapport médical nous l'apprend : Schreber « hurle au soleil des menaces et des injures » (2) (p. 382), il lui crie qu'il devrait ramper et se cacher devant lui. Il nous le déclare lui-même : le soleil pâlit devant lui (3). La part que le soleil joue dans son destin se manifeste par le fait que l'aspect de l'astre se modifie de façon importante dès que chez Schreber se produisent des changements, comme par exemple pendant les premières semaines de son séjour à Sonnestein (4) (p. 135). Schreber nous facilite grandement l'interprétation de son mythe

(1) Le mot allemand *Vorhof*, comme le mot français vestibule, est également employé pour désigner une région des organes génitaux externes de la femme. *(N. d. T.)*

(2) « Le soleil est une putain » (p. 384).

(3) « De plus, le soleil s'offre à moi en partie sous un autre aspect qu'avant ma maladie. Quand, tourné vers le soleil, je lui parle à haute voix, ses rayons pâlissent devant moi. Je peux tranquillement fixer le soleil et n'en suis que très modérément ébloui, tandis que du temps où j'étais bien portant, je n'aurais, pas plus que les autres hommes, pu fixer le soleil durant une minute » (note de la p. 139).

(4) *Sonnenstein* ; mot à mot : pierre du soleil. *(N. d. T.)*

solaire. Il identifie le soleil directement à Dieu, tantôt au Dieu inférieur (Ahriman) (1), tantôt au Dieu supérieur (Ormuzd). « Le jour suivant..., je vis le Dieu supérieur, cette fois non plus avec l'œil de l'esprit, mais avec les yeux du corps. C'était le soleil, non pas le soleil sous son aspect habituel et tel qu'il apparaît à tous les hommes, mais, etc. » (p. 137). Par suite, Schreber agit d'une façon tout simplement logique lorsqu'il traite le soleil comme étant Dieu en personne.

Je ne suis pas responsable de la monotonie des solutions qu'apporte la psychanalyse : le soleil, en conséquence de ce qui vient d'être dit, ne saurait être à nouveau qu'un symbole sublimé du père. Le symbolisme ne se soucie pas ici du genre grammatical, du moins en ce qui concerne l'allemand, car, dans la plupart des autres langues, le soleil est du genre masculin. Dans cette figuration qui reflète le couple parental, l'autre parent est représenté par la terre, qualifiée couramment de « mère nourricière ». L'analyse des fantasmes pathogènes chez les névrosés confirme bien souvent cette assertion. Je ne ferai qu'une seule allusion aux rapports qui relient ces fantasmes des névrosés aux mythes cosmiques. L'un de mes malades, qui avait perdu de bonne heure son père, cherchait à le retrouver dans tout ce qui, en la nature, est grand et sublime. Je compris, grâce à lui, que l'hymne nietzschéen : *Avant le lever du soleil*, exprime sans doute la même nostalgie (2). Un autre de mes malades, atteint de névrose après la mort de son père, avait eu son premier accès d'angoisse et de vertige au moment où il bêchait le jardin en plein soleil. Il m'apporta de lui-même cette interprétation : il avait eu peur parce que son père le regardait pendant qu'il travaillait sa mère avec un instrument tranchant. Comme j'osai élever quelques objections, il rendit sa conception plus plausible en ajoutant que, du vivant de son père déjà, il l'avait comparé au soleil, bien qu'alors dans une intention satirique. Chaque fois qu'on lui demandait où son père passerait l'été, il répondait en citant les vers sonores du « Prologue au ciel » de *Faust* :

Und seine vorgeschrieb'ne Reise
Vollendet er mit Donnergang.
(Et dans un sillage de tonnerre
Il accomplit son voyage prescrit.)

Le père de ce malade, sur l'avis des médecins, allait en effet chaque année à Marienbad. Chez ce malade, l'attitude classique du

(1) « Les voix qui me parlent identifient à présent (depuis juillet 1894) Ahriman directement au soleil » (p. 88).

(2) *Ainsi parlait Zarathoustra*, IIIe Partie. Nietzsche aussi perdit son père étant encore enfant.

garçon envers le père s'était manifestée en deux temps. Tant que son père avait vécu, rébellion totale et discorde ouverte ; immédiatement après la mort du père, névrose basée sur une soumission servile et une obéissance après-coup à celui-ci.

Nous nous retrouvons donc, dans le cas de Schreber, sur le terrain familier du complexe paternel (1). Si la lutte contre Flechsig finit par se dévoiler, aux yeux de Schreber, comme étant un conflit avec Dieu, c'est que nous devons traduire ce dernier combat par un conflit infantile avec le père, conflit dont les détails, inconnus de nous, ont déterminé le contenu du délire de Schreber. Rien ne manque ici au matériel que l'on découvre, grâce à l'analyse, dans d'autres cas du même genre ; chacun des éléments est représenté par une allusion quelconque. Dans ces événements infantiles, le père joue le rôle d'un trouble-fête qui empêche l'enfant de trouver la satisfaction qu'il recherche ; cette satisfaction est le plus souvent autoérotique, bien que, plus tard, le plaisir autoérotique soit souvent remplacé dans l'imagination du sujet par une satisfaction moins dénuée de gloire (2). Vers la période finale de son délire, la sexualité infantile connaît chez Schreber un triomphe grandiose : la volupté devient emplie de la crainte de Dieu, Dieu lui-même (le père) ne se lasse jamais de l'exiger de lui. La menace la plus redoutée que puisse faire le père : la castration, a elle-même fourni la matière du fantasme de désir de la transformation en femme, fantasme d'abord combattu, et ensuite accepté. L'allusion à un forfait que recouvre la formation substitutive de l'*assassinat d'âme* constitue une allusion plus que transparente. Il se trouve que l'infirmier en chef est identique à ce von W... qui habitait la même maison que les Schreber, et qui, d'après les voix, aurait faussement accusé Schreber de se livrer à l'onanisme (p. 108). Les voix disent, comme pour donner un fondement à la menace de castration : « On doit en effet vous *présenter* (3) comme vous livrant à des excès voluptueux » (p. 127). Il y a enfin la compulsion à penser (p. 47) à laquelle le malade se soumet, parce qu'il suppose que, s'il cessait un seul instant de penser, Dieu croirait qu'il est devenu idiot et se retirerait de lui. Ceci est la réaction même qui nous est connue, par ailleurs, à la menace ou à la crainte de perdre la raison pour s'être livré à des pratiques sexuelles, en parti-

(1) De même le « fantasme de désir féminin » chez Schreber n'est que l'une des formes classiques que revêt le complexe nucléaire de l'enfant.

(2) Cf. ici même mes observations à ce sujet dans l'Analyse de l' « Homme aux rats » (pp. 233-234).

(3) Les systèmes de « présentation et notation », si on les rapproche des « âmes examinées », font penser à des faits qui se seraient passés lors des années scolaires de Schreber.

culier à l'onanisme (1). Mais, vu la somme énorme d'idées délirantes hypocondriaques présentées par ce malade (2), il n'y a peut-être pas lieu d'attacher grand prix à ce que certaines d'entre elles coïncident mot pour mot avec les craintes hypocondriaques des masturbateurs (3).

Un autre analyste, plus hardi dans ses interprétations, ou bien plus au courant que moi, grâce à des relations personnelles avec la famille Schreber, de son milieu et des petits événements parmi lesquels le patient se mouvait, n'aurait pas grand-peine à rapporter d'innombrables détails du délire schrébérien à leurs sources et à en découvrir par là le sens, ceci en dépit de la censure à laquelle les *Mémoires d'un névropathe* ont été soumis. Nous, il nous faut nous contenter de la vague esquisse du matériel infantile que nous avons tracée, de ce matériel sous les espèces duquel la maladie paranoïaque a représenté le conflit actuel.

J'ajouterai encore un mot relativement aux causes de ce conflit qui éclata à l'occasion d'un fantasme de désir féminin. Nous le savons : quand un fantasme de désir se manifeste, notre tâche est de le rapporter à quelque *frustration*, à quelque privation imposée par la vie réelle. Or, Schreber avoue avoir subi une telle privation. Son mariage, qu'il qualifie par ailleurs d'heureux, ne lui donna pas d'enfants, en particulier ne lui donna pas le fils qui l'eût consolé de la perte de son père et de son frère, et vers lequel eût pu s'épancher sa tendresse homosexuelle insatisfaite (4). Sa lignée était menacée

(1) « Que telle ait été la fin poursuivie, voilà ce qui, auparavant, était avoué ouvertement dans cette phrase que j'ai entendu proférer d'innombrables fois par le Dieu supérieur : « Nous voulons vous détruire la raison » » (p. 206).

(2) Je ne veux pas laisser passer l'occasion de faire observer ici que je ne saurais tenir pour valable aucune théorie de la paranoïa qui n'inclurait pas les symptômes *hypocondriaques* presque toujours concomitants de cette psychose. Il me semble que la relation de l'hypocondrie à la paranoïa est la même que celle de la névrose d'angoisse à l'hystérie.

(3) « C'est pourquoi l'on essayait de me pomper la moelle épinière, ce qui avait lieu par l'intermédiaire de « petits hommes » que l'on me mettait dans les pieds. Je parlerai encore plus loin de ces petits hommes, qui offrent quelque parenté avec le phénomène dont j'ai déjà parlé dans le chapitre VI ; généralement, ils étaient deux : un « petit Flechsig » et un « petit von W... » ; je percevais leurs voix dans mes pieds » (p. 154). Von W... est ce même personnage qui aurait accusé Schreber de se livrer à l'onanisme. Les « petits hommes » semblent à Schreber lui-même être un des phénomènes les plus curieux et à certains points de vue les plus énigmatiques de sa maladie (p. 157). Ils paraissent résulter d'une condensation entre enfants et spermatozoïdes.

(4) « Après la guérison de ma première maladie, je vécus avec ma femme huit années en somme très heureuses, années où je fus de plus comblé d'honneurs. Ces années ne furent obscurcies, à diverses reprises, que par la déception renouvelée de notre espoir d'avoir des enfants » (p. 36).

d'extinction, et il semble avoir été assez fier de son lignage et de sa famille (p. 24). « Les Flechsig, comme les Schreber, appartenaient tous deux à « la plus haute noblesse céleste » — telle était l'expression employée. Les Schreber, en particulier, portaient le titre de « Margraves de Toscane et de Tasmanie », les âmes, de par une sorte de vanité personnelle, ayant coutume de se parer de titres terrestres quelque peu grandiloquents (1). » Napoléon, bien qu'après un dur combat intérieur, se sépara de sa Joséphine, parce qu'elle ne pouvait perpétuer la dynastie (2). Schreber peut très bien s'être imaginé que, s'il était une femme, il aurait mieux su s'y prendre pour avoir des enfants, et c'est ce qui lui ouvrit la voie de la régression jusqu'aux premières années de son enfance en lui permettant de se replacer dans l'attitude féminine envers son père qu'il avait eue alors. Son délire ultérieur qui consistait à croire que le monde, par suite de son émasculation, serait peuplé d'une « nouvelle race d'hommes nés de l'esprit de Schreber » (p. 288) — idée délirante dont la réalisation apparaissait à Schreber de plus en plus repoussée dans l'avenir — ce délire avait aussi pour but de le dédommager du fait qu'il n'eût pas d'enfants. Si les « petits hommes », que Schreber lui-même trouve si énigmatiques, sont des enfants, alors il est tout à fait compréhensible qu'ils soient en si grand nombre rassemblés sur sa tête (p. 158), car ils sont vraiment les « enfants de son esprit ». (Cf. ce que j'ai dit concernant la manière de représenter la descendance du père et la naissance de Pallas Athéné dans l'analyse de l' « Homme aux rats », pp. 250-251.)

III

DU MÉCANISME DE LA PARANOÏA

Nous avons jusqu'ici traité du complexe paternel qui domine le cas de Schreber et du fantasme dominant de désir pathogène. Il n'y a là rien de caractéristique de la paranoïa, rien que l'on ne puisse retrouver dans d'autres cas de simple névrose et qu'on n'y retrouve en effet. Le

(1) Après avoir fait cette remarque qui, entre parenthèses, a conservé jusque dans le délire l'aimable ironie du temps de la santé, Schreber se met à retracer les relations qui auraient existé dans les siècles passés entre les familles Flechsig et Schreber. De même, un fiancé, ne pouvant concevoir comment il a pu vivre si longtemps sans connaître celle qu'aujourd'hui il aime, veut absolument avoir déjà fait sa connaissance en quelque occasion antérieure.

(2) De ce point de vue, nous mentionnerons cette protestation du malade contre certaines allégations des médecins dans leur rapport : « Je n'ai jamais joué à la légère avec l'idée d'un divorce ni montré aucune indifférence relativement au maintien de notre mariage, ainsi qu'on pourrait le croire d'après la façon dont s'exprime le rapport quand il prétend que j'étais toujours prêt à répliquer que ma femme n'avait qu'à divorcer » (p. 436).

trait distinctif de la paranoïa (ou de la démence paranoïde) (1) doit être recherché ailleurs : dans la forme particulière que revêtent les symptômes, et de cette forme il convient de rendre responsables non point les complexes, mais le mécanisme formateur des symptômes ou celui du refoulement. Nous serions enclins à dire que ce qui est essentiellement paranoïaque dans ce cas c'est que le malade, pour se défendre d'un fantasme de désir homosexuel, ait réagi précisément au moyen d'un délire de persécution de cet ordre.

Ces considérations donnent plus de poids encore à ce fait que l'expérience nous montre : il existe une relation intime, peut-être même constante, entre cette entité morbide et les fantasmes de désir homosexuels. Me méfiant à ce sujet de mon expérience personnelle, j'ai ces dernières années, avec mes amis C.-G. Jung, de Zürich et S. Ferenczi de Budapest, étudié de ce seul point de vue un grand nombre de cas paranoïaques observés par eux. Parmi les malades dont l'histoire fournit le matériel de notre étude se trouvaient des femmes aussi bien que des hommes ; ils différaient par la race, la profession et la classe sociale. Or, nous fûmes très surpris de voir avec quelle netteté, dans tous ces cas, la défense contre un désir homosexuel était au centre même du conflit morbide ; tous ces malades avaient échoué dans la même tâche, ils n'avaient pu parvenir à maîtriser leur homosexualité inconsciente renforcée (2). Voilà qui n'était certes pas conforme à notre attente. L'étiologie sexuelle n'est justement pas du tout évidente dans la paranoïa ; par contre, les traits saillants de la causation de celle-ci sont les humiliations, les rebuffades sociales, tout particulièrement chez l'homme. Mais y regardons-nous un peu plus en profondeur, nous voyons alors que le facteur vraiment actif dans ces blessures sociales est dû au rôle joué par les composantes homosexuelles de la vie affective dans ces blessures sociales. Tant qu'un psychisme, en fonctionnant normalement, nous interdit de plonger notre regard dans ses profondeurs, nous pouvons être en droit de douter que les rapports affectifs de l'individu à son prochain, au sein de la vie sociale, aient la moindre relation, du point de vue actuel ou génétique, avec l'érotisme. Mais le délire met régulièrement cette relation en lumière et ramène le sentiment social à sa racine, laquelle plonge dans un désir grossièrement érotique. C'est ainsi que le président Schreber, dont le délire atteignit son point

(1) Voir la n. 1, p. 263. *(N. d. T.)*

(2) L'analyse d'un cas de paranoïa (J. B..., par Maeder) vient apporter une confirmation à cette manière de voir, « Psychologische Untersuchungen an Dementia præcox-Kranken » (Recherches psychologiques sur des déments précoces), *Jahrbuch für psychoanalyt. und psychopath. Forschungen*, II, 1910. Je regrette de n'avoir pu lire ce travail au moment où je préparais le mien.

culminant en un fantasme d'indéniable désir homosexuel, n'avait, au temps où il était bien portant — d'après tous les témoignages —, jamais présenté le moindre signe d'homosexualité au sens vulgaire du mot.

Je crois qu'il n'est ni superflu ni injustifié d'essayer de faire voir comment la connaissance des processus psychiques que la psychanalyse nous a donnée permet dès à présent de comprendre le rôle des désirs homosexuels dans la genèse de la paranoïa. Des investigations récentes (1) ont attiré notre attention sur un stade par lequel passe la libido au cours de son évolution de l'autoérotisme à l'amour objectal (2). On l'a appelé stade du *narcissisme* ; je préfère, quant à moi, le terme, peut-être moins correct, mais plus court et plus euphonique de *narcisme.* Ce stade consiste en ceci : l'individu en voie de développement rassemble en une unité ses pulsions sexuelles qui, jusque-là, agissaient sur le mode autoérotique, afin de conquérir un objet d'amour, et il se prend d'abord lui-même, il prend son propre corps, pour objet d'amour avant de passer au choix objectal d'une autre personne. Peut-être ce stade intermédiaire entre l'autoérotisme et l'amour objectal est-il inévitable au cours de tout développement normal, mais il semble que certaines personnes s'y arrêtent d'une façon insolitement prolongée, et que bien des traits de cette phase persistent chez ces personnes aux stades ultérieurs de leur développement. Dans ce « soi-même » pris comme objet d'amour, les organes génitaux constituent peut-être déjà l'attrait primordial. L'étape suivante conduit au choix d'un objet doué d'organes génitaux pareils aux siens propres, c'est-à-dire au choix homosexuel de l'objet puis, de là, à l'hétérosexualité. Ceux qui, plus tard, deviennent des homosexuels manifestes sont des hommes n'ayant jamais pu — comme nous l'admettons — se libérer de cette exigence que l'objet doive avoir les mêmes organes génitaux qu'eux-mêmes. Et les théories sexuelles infantiles, qui attribuent d'abord aux deux sexes les mêmes organes génitaux, exercent sans doute sur ce fait une très grande influence.

Le stade du choix hétérosexuel de l'objet une fois atteint, les tendances homosexuelles ne sont pas, comme on pourrait s'y attendre, supprimées ou arrêtées, mais simplement détournées de leur objectif

(1) J. SADGER, Ein Fall von multipler Perversion mit hysterischen Absenzen (Un cas de perversion multiple avec absences hystériques), *Jahrbuch für psychoanalyt. und psychopath. Forschungen*, vol. II, 1910. — (FREUD, *Eine Kindheitserinnerung des Leonardo da Vinci*, Leipzig, Wien, Fr. Deuticke, 1910, *Un souvenir d'enfance de Léonard de Vinci*, trad. Marie BONAPARTE, Paris, Gallimard, 1927.)

(2) *Drei Abhandlungen zur Sexualtheorie*, 1905, Leipzig, Wien, Fr. Deuticke. *Trois essais sur la théorie de la sexualité*, trad. REVERCHON Paris, Gallimard, 1923.

sexuel et employées à d'autres usages. Elles se combinent alors avec certains éléments des pulsions du moi, afin de constituer avec eux, à titre de composantes « par étayage » (1), les pulsions sociales. C'est ainsi que les tendances homosexuelles représentent la contribution fournie par l'érotisme à l'amitié, à la camaraderie, à l'esprit de corps, à l'amour de l'humanité en général. On ne saurait deviner, d'après les relations sociales normales des hommes, de quelle importance sont vraiment ces contributions dérivées d'une source érotique, d'un érotisme inhibé quant à son but sexuel. Mais il convient, à ce propos, de remarquer que ce sont justement les homosexuels manifestes, et, parmi eux précisément, ceux qui combattent en eux-mêmes la tendance à exercer leur sensualité, qui se distinguent en prenant une part tout spécialement active aux intérêts généraux de l'humanité, à ces intérêts dérivés d'une sublimation de l'érotisme.

Dans mes *Trois essais sur la théorie de la sexualité*, j'ai exprimé l'opinion que chacun des stades que la psychosexualité parcourt dans son évolution implique une possibilité de « fixation » et, par là, fournit les bases d'une prédisposition ultérieure à telle ou telle psychonévrose. Les personnes qui ne se sont pas entièrement libérées du stade du narcissisme et qui, par suite, y ont une fixation capable d'agir à titre de prédisposition pathogène, ces personnes-là sont exposées au danger qu'un flot particulièrement puissant de libido, lorsqu'il ne trouve pas d'autre issue pour s'écouler, sexualise leurs pulsions sociales et ainsi annihile les sublimations acquises au cours de l'évolution psychique. Tout ce qui provoque un courant rétrograde de la libido (« régression ») peut produire un tel résultat : que d'une part, un renforcement collatéral de la libido homosexuelle se produise du fait qu'on est déçu par la femme, ou bien que la libido homosexuelle soit directement endiguée par un échec dans les rapports sociaux avec les hommes — ce sont là deux cas de « frustration » —, d'autre part, qu'une intensification générale de la libido vienne à se produire, intensification trop intense pour permettre alors à la libido de trouver à s'écouler par les voies déjà ouvertes, ce qui l'amène à rompre les digues au point faible de l'édifice. Comme nous voyons dans nos analyses que les paranoïaques cherchent *à se défendre contre une telle sexualisation de leurs investissements pulsionnels sociaux*, nous sommes forcés d'en conclure que le point faible de leur évolution doit se trouver quelque part aux stades de l'autoérotisme, du narcissisme et de l'homosexualité et que leur prédisposition pathogène, peut-être plus exactement déterminable encore, réside en cet endroit. A la démence précoce de Kraepelin (*schizophrénie* de Bleuler), il conviendrait

(1) En allemand : « *Angelehnte* » *Komponenten. (N. d. T.)*

d'attribuer une prédisposition analogue et nous espérons, par la suite, trouver d'autres points de repère nous permettant de rapporter les différences existant entre les deux affections, quant à la forme et à l'évolution, à des différences correspondantes entre les fixations prédisposantes.

Nous considérons donc que ce fantasme de désir homosexuel : *aimer un homme*, constitue le noyau du conflit dans la paranoïa de l'homme. Nous n'oublions cependant pas que la confirmation d'une hypothèse aussi importante ne pourrait se fonder que sur l'investigation d'un grand nombre de cas, où toutes les formes que peut revêtir la psychose paranoïaque seraient représentées. Aussi sommes-nous tout prêt à limiter, s'il le faut, notre assertion à un seul type de paranoïa. Il est néanmoins curieux de voir que les principales formes connues de la paranoïa puissent toutes se ramener à des façons diverses de contredire une proposition unique : « Moi (un homme) je l'aime (lui, un homme) » ; bien plus, qu'elles épuisent toutes les manières possibles de formuler cette contradiction.

Cette phrase : « Je l'aime » (lui, l'homme), est contredite par :

a) Le délire de persécution, en tant qu'il proclame très haut : « Je ne l'*aime* pas, je le *hais.* » Cette contradiction qui, dans l'inconscient (1) ne saurait s'exprimer autrement, ne peut cependant pas, chez un paranoïaque, devenir consciente sous cette forme. Le mécanisme de la formation des symptômes dans la paranoïa exige que les sentiments, la perception intérieure, soient remplacés par une perception venant de l'extérieur. C'est ainsi que la proposition : « Je le hais » se transforme, grâce à la *projection*, en cette autre : « *Il me hait* (me persécute) », ce qui alors justifie la haine que je lui porte. Ainsi, le sentiment interne, qui est le véritable promoteur, fait son apparition en tant que conséquence d'une perception extérieure : « Je ne l'*aime* pas — je le *hais* — parce qu'*il me persécute.* »

L'observation ne permet aucun doute à cet égard : le persécuteur n'est jamais qu'un homme auparavant aimé.

b) L'*érotomanie* qui, en dehors de notre hypothèse, demeurerait absolument incompréhensible, s'en prend à un autre élément de la même proposition :

« Ce n'est pas *lui* que j'aime — c'est *elle* que j'aime. »

Et, en vertu de la même compulsion à la projection, la proposition est transformée comme suit : « Je m'en aperçois, *elle* m'aime. »

« Ce n'est pas *lui* que j'aime — c'est *elle* que j'aime — parce qu'*elle m'aime.* » Bien des cas d'érotomanie sembleraient pouvoir s'expliquer

(1) Dans la « *langue fondamentale* », comme dirait Schreber.

par des fixations hétérosexuelles exagérées ou déformées et cela sans qu'il soit besoin de chercher plus loin, si notre attention n'était pas attirée par le fait que toutes ces « amours » ne débutent pas par la perception intérieure que l'on aime, mais par la perception, venue de l'extérieur, que l'on est aimé. Dans cette forme de paranoïa, la proposition intermédiaire : « C'est *elle* que j'aime », peut également devenir consciente, parce qu'elle ne s'oppose pas diamétralement à la première comme lorsqu'il s'agit de haine ou d'amour. Il est, après tout, possible d'aimer à la fois *lui* et *elle*. C'est ainsi que la proposition substituée due à la projection : « *Elle m'aime* », peut refaire place à cette proposition même de la « langue fondamentale » : « *C'est elle* que j'aime. »

c) Le troisième mode de contradiction est donné par le délire de jalousie, que nous pouvons étudier sous les formes caractéristiques qu'il affecte chez l'homme et chez la femme.

α) Envisageons d'abord le délire de jalousie alcoolique. Le rôle de l'alcool dans cette affection est des plus compréhensibles. Nous le savons : l'alcool lève les inhibitions et annihile les sublimations. Assez souvent, c'est après avoir été déçu par une femme que l'homme est poussé à boire, mais cela signifie qu'en général il revient au cabaret et à la compagnie des hommes qui lui procurent alors la satisfaction sentimentale lui ayant fait défaut à domicile, auprès d'une femme. Ces hommes deviennent-ils, dans leur inconscient, l'objet d'un investissement libidinal plus fort, ils s'en défendront alors au moyen du troisième mode de la contradiction :

« Ce n'est pas *moi* qui aime l'homme — *c'est elle qui l'aime* » — et il soupçonne la femme d'aimer tous les hommes qu'il est lui-même tenté d'aimer.

La déformation par projection n'a pas à jouer ici, puisque le changement dans la qualité de la personne qui aime suffit à projeter le processus entier hors du moi. Que la femme aime les hommes, voilà qui est le fait d'une perception extérieure, tandis que soi-même on n'aime point, mais qu'on haïsse, que l'on n'aime point telle personne, mais telle autre, voilà qui reste par contre le fait d'une perception intérieure.

β) Le délire de jalousie de la femme se présente de façon tout à fait analogue.

« Ce n'est pas *moi* qui aime les femmes, *c'est lui qui les aime.* » La femme jalouse soupçonne l'homme d'aimer toutes les femmes qui lui plaisent à elle-même, en vertu de son homosexualité et de son narcissisme prédisposant exacerbé. Dans le choix des objets qu'elle attribue à l'homme se révèle clairement l'influence de l'âge où s'était autrefois effectuée la fixation : il s'agit souvent de femmes âgées, impropres à l'amour réel, de rééditions de nurses, de servantes, d'amies de son enfance, ou bien de ses sœurs et rivales.

On devrait croire qu'à une proposition composée de trois termes, telle que « *je l'aime* », il ne puisse être contredit que de trois manières. Le délire de jalousie contredit le sujet, le délire de persécution, le verbe, l'érotomanie, l'objet. Mais il est pourtant encore une quatrième manière de repousser cette proposition, c'est de rejeter entièrement celle-ci.

« *Je n'aime pas du tout — je n'aime personne.* » Or, comme il faut bien que la libido d'un chacun se porte quelque part, cette proposition semble psychologiquement équivaloir à la suivante : « Je n'aime que moi. » Ce genre de contradiction donnerait le délire des grandeurs, que nous concevons comme étant une *surestimation sexuelle du moi*, et que nous pouvons ainsi mettre en parallèle avec la surestimation de l'objet d'amour qui nous est déjà familière (1).

Il n'est pas sans importance, par rapport à d'autres parties de la théorie de la paranoïa, de constater qu'on trouve un élément de délire des grandeurs dans la plupart des autres formes de la paranoïa. Nous sommes en droit d'admettre que le délire des grandeurs est essentiellement de nature infantile et que, au cours de l'évolution ultérieure, il est sacrifié à la vie en société ; aussi la mégalomanie d'un individu n'est-elle jamais réprimée avec autant de force que lorsque celui-ci est en proie à un amour violent.

Car là où l'amour s'éveille, meurt
Le moi, ce sombre despote (2).

Revenons-en, après cette discussion relative à l'importance inattendue du fantasme homosexuel dans la paranoïa, aux deux facteurs dans lesquels nous voulions tout d'abord voir les caractères essentiels de cette entité morbide : au mécanisme de la *formation des symptômes* et à celui du *refoulement.*

Pour commencer, nous n'avons aucun droit de supposer que ces deux mécanismes soient identiques et que la formation des symptômes suive la même voie que le refoulement, la même voie étant pour ainsi dire parcourue les deux fois en sens opposés. Il n'est d'ailleurs nullement vraisemblable qu'une telle identité existe ; néan-

(1) *Drei Abhandlungen zur Sexualtheorie*, Leipzig, Wien, Fr. Deuticke, 1905; *Trois essais sur la théorie de la sexualité*, trad. REVERCHON, Paris, Gallimard, 1923. La même conception et les mêmes formules se retrouvent chez Abraham et chez Maeder dans les travaux précités de ces auteurs.

(2) *Denn wo die Lieb erwachet, stirbt das Ich, der finstere Despot.* — *Djelaledin Rûmi*, traduit en allemand par RÜCKERT et cité d'après KUHLENBECK, Introduction au Ve vol. des *Œuvres* de Giordano BRUNO.

moins, nous nous abstiendrons de toute opinion à cet égard avant d'avoir poursuivi nos investigations.

En ce qui concerne la formation des symptômes dans la paranoïa, le trait le plus frappant est le processus qu'il convient de qualifier de *projection*. Une perception interne est réprimée et, en son lieu et place, son contenu, après avoir subi une certaine déformation, parvient au conscient sous forme de perception venant de l'extérieur. Dans le délire de persécution, la déformation consiste en une transformation de l'affect ; ce qui devrait être ressenti intérieurement comme de l'amour est perçu extérieurement comme de la haine. On serait tenté de considérer ce curieux phénomène comme l'élément le plus important de la paranoïa et comme étant absolument pathognomonique si, en temps voulu, l'on ne se remémorait deux faits. En premier lieu, la projection ne joue pas le même rôle dans toutes les formes de la paranoïa ; en second lieu, elle n'apparaît pas seulement au cours de la paranoïa, mais dans d'autres conditions psychologiques encore ; de fait, une participation lui est régulièrement assignée dans notre attitude envers le monde extérieur. Car, lorsque nous recherchons les causes de certaines impressions, non pas — ainsi que nous le faisons pour d'autres impressions de même ordre — en nous-mêmes, mais que nous les situons à l'extérieur, ce processus normal mérite également le nom de projection. Ainsi, rendus attentifs au fait qu'il s'agit, si nous voulons comprendre la projection, de problèmes psychologiques plus généraux, nous remettrons à une autre occasion l'étude de la projection et, du même coup, celle du mécanisme de la formation des symptômes paranoïaques et en reviendrons à cette autre question : quelle idée pouvons-nous nous faire du mécanisme du refoulement dans la paranoïa ? Je dirai dès maintenant que nous avons à juste titre renoncé temporairement à l'investigation de la formation des symptômes car comme nous l'allons voir le mode qu'affecte le processus du refoulement est bien plus intimement lié à l'histoire du développement de la libido et à la prédisposition qu'elle implique, que le mode de la formation des symptômes.

Nous faisons, en psychanalyse, dériver les phénomènes pathologiques en général du refoulement. Si nous y regardons de plus près, nous serons amenés à décomposer ce que nous appelons « refoulement » en trois phases, trois concepts faciles à distinguer.

1° La première phase est constituée par la *fixation* qui précède et conditionne tout « refoulement ». La fixation réside en ce fait qu'une pulsion ou une composante instinctuelle n'ayant pas accompli, avec l'ensemble de la libido, l'évolution normale prévue, demeure, en vertu de cet arrêt de développement, immobilisée à un stade infantile. Le courant libidinal en question se comporte alors, par rapport aux fonctions psychiques ultérieures, comme un courant appartenant au système de l'inconscient, comme un courant refoulé. Nous l'avons déjà dit, c'est dans de telles fixations des instincts que réside la prédisposition à la maladie ultérieure et nous pouvons ajouter, à présent, que ces fixations déterminent surtout l'issue qu'aura la troisième phase du refoulement.

2° La deuxième phase du refoulement est constituée par le refoulement proprement dit, processus que nous avons envisagé de préférence jusqu'ici. Il émane des instances susceptibles d'être conscientes, les plus hautement développées, du moi et peut véritablement être décrit comme étant une « pression après-coup ». Ce processus donne l'impression d'être essentiellement actif, tandis que la fixation fait l'effet d'être un « resté en arrière » proprement passif. Ce qui succombe au refoulement, ce sont ou les dérivés psychiques de ces instincts primitivement « restés en arrière », ceci lorsque, par suite de leur renforcement, un conflit s'est élevé entre eux et le moi (ou les instincts en harmonie avec le moi), ou bien sont refoulées les aspirations psychiques qui, pour d'autres raisons, inspirent une vive aversion. Cette aversion n'aurait néanmoins pas entraîné le refoulement si un rapport ne s'établissait entre les aspirations désagréables et destinées à être refoulées et celles qui le sont déjà. Quand tel est le cas, la répulsion inspirée par les aspirations conscientes et l'attrait exercé par les aspirations inconscientes collaborent au succès du refoulement. Les deux cas que nous distinguons ici sont peut-être moins tranchés en réalité et, peut-être, une contribution plus ou moins grande de la part des instincts primitivement refoulés est-elle tout ce qui les distingue.

3° La troisième phase, la plus importante en ce qui touche les phénomènes pathologiques, est celle de l'échec du refoulement, de l'*irruption en surface*, du *retour du refoulé*. Cette irruption prend naissance au point où eut lieu la fixation et implique une régression de la libido jusqu'à ce point précis.

Nous avons déjà fait allusion à la multiplicité des points de fixation possibles ; il y en a autant que d'étapes dans l'évolution de la libido. Nous devrons nous attendre à trouver une multiplicité similaire des mécanismes du refoulement lui-même et du mécanisme de l'irruption (ou de la formation des symptômes), et nous pouvons dès à présent supposer qu'il ne nous sera pas possible de ramener toutes ces multiplicités à la seule histoire du développement de la libido.

Nous effleurons ainsi — il est facile de s'en apercevoir — le problème du « choix de la névrose », problème qu'il est par ailleurs impossible d'aborder sans travaux préliminaires d'une autre nature encore. Souvenons-nous que nous avons déjà traité des fixations, mais que nous avons laissé de côté la formation des symptômes, et bornons-nous à rechercher si l'analyse du cas de Schreber peut nous fournir quelques clartés sur le mécanisme du refoulement (proprement dit) tel qu'il prévaut dans la paranoïa.

Au moment où la maladie atteignit son point culminant, sous l'influence de visions qui étaient « en partie d'une nature terrifiante, mais en partie aussi d'une indescriptible grandeur » (p. 73), Schreber acquit la conviction qu'une grande catastrophe, que la fin du monde était imminente. Des voix lui annoncèrent que l'œuvre de quatorze mille ans était à présent annihilée (p. 71) et que la trêve accordée à la terre ne serait plus que de deux cent douze ans ; dans les derniers temps de son séjour à la maison de santé de Flechsig, il crut que ce laps de temps s'était déjà écoulé. Lui-même était le « seul homme réel survivant » et les quelques silhouettes humaines qu'il voyait encore, le médecin, les infirmiers et les malades, il les qualifiait d' « ombres d'hommes miraculés et bâclés à la six-quatre-deux ». Le courant inverse se manifestait aussi à l'occasion ; on lui mit une fois entre les mains un journal où il put lire l'annonce de sa propre mort (p. 81), il existait lui-même sous une seconde forme, une forme inférieure, et c'est sous cette forme-là qu'il s'était un beau jour doucement éteint (p. 73). Mais la configuration du délire qui se cramponnait au moi et sacrifiait l'univers fut celle qui s'avéra de beaucoup la plus forte. Schreber se forgea diverses théories pour s'expliquer cette catastrophe. Tantôt elle devait être amenée par un retrait du soleil qui glacerait la terre, tantôt occasionnée par un tremblement de terre qui détruirait tout ; dans ce dernier cas, Schreber, en tant que « voyant », serait appelé à jouer un rôle primordial, tout comme un autre prétendu voyant, lors du tremblement de terre de Lisbonne, en 1755 (p. 91). Ou bien encore c'était Flechsig qui était la cause de tout car, grâce à ses manœuvres magiques, il avait semé la crainte et la terreur parmi les hommes, détruit les bases de la religion et amené la diffusion d'une nervosité et d'une immoralité générales, de telle sorte que des épidémies dévastatrices se seraient abattues sur l'humanité (p. 91). En tout cas, la fin du monde était la conséquence du conflit qui avait éclaté entre Flechsig et lui ou bien — telle fut l'étiologie adoptée dans la seconde période du délire — elle découlait de son alliance désormais indissoluble avec Dieu ; elle constituait par conséquent le résultat nécessaire de sa maladie. Des années plus tard, Schreber étant rentré dans la vie sociale, ne put découvrir, dans ses livres, ses cahiers de musique ni dans les autres objets usuels qui lui retombèrent entre les mains, rien qui fût compatible avec l'hypothèse d'un pareil abîme de néant temporel dans l'histoire de l'humanité : aussi finit-il par convenir que son opinion antérieure à cet égard n'était plus soutenable. « ... Je ne peux m'empêcher de reconnaître que, *vu de l'extérieur*, tout semble pareil à autrefois. Mais, quant à savoir *si une profonde modification interne n'a cependant pas eu lieu*, voilà ce dont il sera question plus loin » (p. 85). Il n'en pouvait pas douter : la fin du monde avait eu lieu pendant sa maladie, et l'univers qu'il voyait maintenant devant lui n'était, en dépit de toutes les apparences, plus le même.

On voit assez souvent surgir, au stade aigu de la paranoïa, de pareilles idées de catastrophe universelle (1). Étant donné notre conception des investissements libidinaux et si nous nous laissons guider par l'estimation faite par Schreber lui-même des autres hommes en tant qu' « ombres d'hommes bâclés à la six-quatre-deux », il ne nous sera pas difficile d'expliquer ces catastrophes (2). Le malade a retiré aux personnes de son entourage et au monde extérieur en général tout l'investissement libidinal orienté vers eux jusque-là ; aussi tout lui est-il devenu indifférent et comme sans relation avec lui-même ; c'est pourquoi il lui faut s'expliquer l'univers, au moyen d'une rationalisation secondaire, comme étant « miraculé, bâclé à la six-quatre-deux ». La fin du monde est la projection de cette catastrophe interne, car l'univers subjectif du malade a pris fin depuis qu'il lui a retiré son amour (3).

Après que Faust à proféré la malédiction par laquelle il renonce au monde, le chœur des esprits se met à chanter :

Hélas ! hélas !
Tu l'as détruit,
Le bel univers,
D'un poing puissant ;
Il s'écroule, il tombe en poussière !
Un demi-dieu l'a fracassé !
. . . .

(1) Une « fin du monde », différemment motivée, se manifeste aussi au comble de l'extase amoureuse (cf. *Tristan et Isolde* de WAGNER) ; c'est ici non pas le moi, mais l'objet unique qui absorbe tous les investissements autrement portés vers le monde extérieur.

(2) Cf. ABRAHAM, Die psychosexuellen Differenzen der Hysterie und der Dementia præcox (Les différences psychosexuelles de l'hystérie et de la démence précoce), *Zentralblatt für Nervenh und Psych.*, 1908. — JUNG, *Zur Psychologie der Dementia præcox (De la psychologie de la démence précoce)*, 1907. — Le court travail d'Abraham contient presque tous les points essentiels mis en valeur dans cette étude du cas de Schreber.

(3) Peut-être non seulement l'investissement libidinal, mais encore l'intérêt lui-même, c'est-à-dire les investissements émanés du moi. Voir plus bas la discussion de ce point.

Plus splendide,
Rebâtis-le.
Des fils de la terre
Le plus puissant,
Rebâtis-le dans ton sein (1) !

Et le paranoïaque rebâtit l'univers, non pas à la vérité plus splendide, mais du moins tel qu'il puisse de nouveau y vivre. Il le rebâtit au moyen de son travail délirant. *Ce que nous prenons pour une production morbide, la formation du délire, est en réalité une tentative de guérison, une reconstruction.* Le succès, après la catastrophe, est plus ou moins grand, il n'est jamais total ; pour parler comme Schreber, l'univers a subi « une profonde modification interne ». Cependant, l'homme malade a reconquis un rapport avec les personnes et avec les choses de ce monde, et souvent ses sentiments sont des plus intenses, bien qu'ils puissent être à présent hostiles là où ils étaient autrefois sympathiques et affectueux. Nous pouvons donc dire que le processus propre au refoulement consiste dans le fait que la libido se détache de personnes — ou de choses — auparavant aimées. Ce processus s'accomplit en silence, nous ne savons pas qu'il a lieu, nous sommes contraints de l'inférer des processus qui lui succèdent. Ce qui attire à grand bruit notre attention, c'est le processus de guérison qui supprime le refoulement et ramène la libido aux personnes mêmes qu'elle avait délaissées. Il s'accomplit dans la paranoïa par la voie de la projection. Il n'était pas juste de dire que le sentiment réprimé au-dedans fût projeté au-dehors ; on devrait plutôt dire, nous le voyons à présent que ce qui a été aboli au-dedans revient du dehors. L'investigation approfondie du processus de la projection, que nous avons remise à une autre fois, nous apportera sur ce point des certitudes qui nous manquent encore.

En attendant, nous devrons nous estimer satisfaits de ce que l'in-

(1) *Weh! Weh!*
Du hast sie zerstört,
Die schöne Welt,
Mit mächtiger Faust!
Sie stürzt, sie zerfällt!
Ein Halbgott hat sie zerschlagen
. . . .
Mächtiger
Der Erdensöhne,
Prächtiger
Baue sie wieder,
In deinem Busen baue sie auf

(*Faust,* Ire Partie.)

telligence nouvelle des faits, que nous venons d'acquérir, nous conduise à toute une série de discussions nouvelles.

1° Nous nous dirons d'abord, en premier lieu, que le détachement de la libido ne doit pas se produire exclusivement dans la paranoïa, ni avoir, lorsqu'il se produit ailleurs, des conséquences aussi désastreuses. Il est fort bien possible que le détachement de la libido constitue le mécanisme essentiel et régulier de tout refoulement : nous n'en saurons rien, tant que les autres maladies dues au refoulement n'auront pas été soumises à une investigation analogue. Mais il est certain que, dans la vie psychique normale (et pas seulement dans les périodes de deuil), nous retirons sans cesse notre libido de certaines personnes ou de certains objets, sans pour cela tomber malades. Quand Faust renonce au monde avec les malédictions que l'on sait, il n'en résulte pas de paranoïa ou d'autre névrose, il ne s'ensuit chez lui qu'un « état d'âme » particulier. Le détachement de la libido ne saurait ainsi être en lui-même le facteur pathogène de la paranoïa, il faut qu'il présente en outre un caractère spécial permettant de différencier des autres modes du même processus le « détachement paranoïaque ». Il n'est pas difficile de trouver le caractère en question. Quel est en effet le remploi de la libido détachée de l'objet et devenue libre ? Un être normal cherchera aussitôt un substitut à l'attachement qu'il a perdu ; jusqu'à ce qu'il ait réussi à en trouver un, la libido libre restera flottante dans le psychisme, où elle produira des états de tension et influera sur l'humeur. Dans l'hystérie, l'appoint de libido devenu libre se transforme en influx nerveux somatique ou en angoisse. Mais dans la paranoïa, un indice clinique nous fait voir à quel usage particulier est employée la libido, après avoir été retirée de l'objet. Il faut ici nous en souvenir : dans la plupart des cas de paranoïa, il y a un élément de délire des grandeurs et le délire des grandeurs peut, à lui tout seul, constituer une paranoïa. Nous en conclurons que, dans la paranoïa, la libido libérée se fixe sur le moi, qu'elle est employée à l'amplification du moi. Ainsi il y a retour au stade du narcissisme qui nous est déjà connu comme étant l'un des stades de l'évolution de la libido dans lequel le moi du sujet était l'unique objet sexuel. C'est en vertu de ce témoignage fourni par la clinique que nous l'admettons : les paranoïaques possèdent une *fixation* au stade du *narcissisme*, nous pouvons dire que la somme de *régression* qui caractérise la paranoïa est mesurée par le chemin que la libido doit parcourir pour revenir de *l'homosexualité sublimée au narcissisme.*

2° On pourrait encore objecter, et ce serait très naturel que, dans le cas de Schreber, comme dans beaucoup d'autres cas d'ailleurs, le délire de persécution (qui a pour objet Flechsig) se manifeste incontestablement plus tôt que le fantasme de la fin du monde, de telle sorte que le soi-disant retour du refoulé précéderait le refoulement lui-même, ce qui est évidemment absurde. Afin de réfuter cette objection, il nous faut quitter la région des généralisations et descendre jusqu'aux détails, certes infiniment plus complexes, des circonstances réelles. Or, un tel détachement de la libido peut aussi bien — il nous faut l'admettre — être un processus partiel, un retrait de la libido d'un seul complexe, qu'un processus général. Le détachement partiel doit être de beaucoup le plus fréquent et servir de prélude au détachement général, étant donné que les circonstances de la vie réelle ne fournissent d'occasion qu'à ce détachement partiel. Et le processus peut s'arrêter au détachement partiel ou bien s'étendre à un détachement général, ce qu'alors proclame le délire des grandeurs. Toujours est-il que, dans le cas de Schreber, le fait que la libido se soit détachée de la personne de Flechsig peut bien avoir constitué le processus premier, immédiatement suivi de l'apparition du délire ; par le délire est alors ramenée à Flechsig la libido (mais précédée d'un signe négatif qui marque le fait du refoulement accompli), et ainsi s'annule l'œuvre de la répression. C'est alors qu'éclate à nouveau le combat du refoulement, mais maintenant avec des armes plus puissantes. Car l'objet qui est cette fois l'objet de la lutte est le plus important du monde extérieur : d'une part, il voudrait tirer à soi toute la libido, d'autre part, il mobilise contre lui toutes les résistances : aussi la bataille, qui fait rage autour de ce seul objet, devient-elle comparable à un engagement général à l'issue duquel la victoire du refoulement se manifeste par la conviction que l'univers est anéanti et que survit le moi seul. Et si l'on passe en revue les constructions ingénieuses que le délire de Schreber édifie sur le terrain religieux (la hiérarchie de Dieu — les âmes éprouvées — les vestibules du ciel — le Dieu inférieur et le Dieu supérieur), on peut évaluer rétrospectivement la richesse des sublimations qui ont été anéanties en lui par cette catastrophe du détachement général de la libido.

3° Une troisième objection, découlant des points de vue que nous venons d'exposer, est la suivante : nous pouvons nous demander si le fait que la libido se détache complètement du monde extérieur suffit à expliquer l'idée délirante de « la fin du monde » ; l'efficacité de ce processus peut-elle être telle et les investissements du moi, qui sont conservés dans ce cas, ne devraient-ils pas suffire à maintenir les rapports avec le monde extérieur ? Pour réfuter cette objection il faut, ou bien faire coïncider ce que nous appelons investissement libidinal (intérêt dérivé de sources érotiques) avec l'intérêt tout court, ou bien admettre qu'un trouble important dans la répartition de la libido puisse amener, par induction, un trouble correspondant dans les investissements du moi. Or ce sont là des problèmes devant lesquels nous nous trouvons encore embarrassés et désemparés. La question serait tout autre si nous pouvions nous appuyer sur quelque solide théorie des instincts. Mais nous ne possédons, à la vérité, encore rien de semblable. Nous concevons l'instinct comme étant une notion limitrophe entre le somatique et le psychique ; nous voyons en lui le représentant psychique de forces organiques. Et nous admettons la façon populaire de distinguer entre instincts du moi et instinct sexuel, distinction qui semble concorder avec la double orientation biologique possédée par tout être vivant aspirant, d'une part, à sa conservation propre, d'autre part, à la perpétuation de l'espèce. Mais tout ce qu'on dit de plus n'est qu'hypothèses, hypothèses que nous édifions et que nous laissons ensuite volontiers tomber, hypothèses édifiées afin de nous orienter dans le chaos des obscurs processus psychiques. Et nous espérons justement que l'investigation psychanalytique des processus psychiques morbides nous imposera certaines conclusions relatives aux questions que soulève la théorie des instincts. Ces recherches, cependant, encore bien nouvelles, ne sont le fait que de chercheurs isolés, aussi n'ont-elles pu encore réaliser l'espoir que nous mettons en elles. On ne saurait davantage nier que des troubles de la libido puissent réagir sur les investissements du moi qu'on ne saurait nier la possibilité inverse, c. à d. que des modifications anormales du moi puissent amener des troubles secondaires ou induits dans les processus libidinaux. De fait, il est même probable que des processus de cet ordre constituent le caractère distinctif de la psychose. Nous ne saurions dès à présent dire ce qui peut s'appliquer ici à la paranoïa. Je voudrais attirer encore l'attention sur un seul point. On ne saurait prétendre que le paranoïaque, même lorsqu'il atteint au comble du refoulement, se désintéresse intégralement du monde extérieur, comme c'est le cas dans certaines autres formes de psychoses hallucinatoires (Amentia de Meynert). Il perçoit le monde extérieur, il se rend compte des changements qu'il y voit se produire, les impressions qu'il en reçoit l'incitent à en édifier des théories explicatives (les « ombres d'hommes bâclés à la six-quatre-deux » de Schreber). C'est pourquoi je considère comme infiniment plus probable d'expliquer la relation modifiée du paranoïaque avec le monde extérieur uniquement ou principalement par la perte de l'intérêt libidinal.

4° Étant donné la parenté étroite qui relie la démence précoce à la paranoïa, il est impossible de ne pas se demander jusqu'à quel point notre conception de la paranoïa réagira sur la conception de la démence précoce. Je pense que Kraepelin a eu parfaitement raison de séparer une grande partie de ce qui jusqu'alors avait été appelé paranoïa et de la fondre avec la catatonie et d'autres entités morbides en une nouvelle unité clinique, bien qu'à la vérité le nom de « démence précoce » soit tout particulièrement mal choisi pour désigner celle-ci. Le terme de schizophrénie, créé par Bleuler pour désigner le même ensemble d'entités morbides, prête également à cette critique : le terme de schizophrénie ne nous paraît bon qu'aussi longtemps que nous oublions son sens littéral. Car sans cela il préjuge de la nature de l'affection en employant pour la désigner un caractère de celle-ci théoriquement postulé, un caractère, en outre, qui n'appartient pas à cette affection seule et qui, à la lumière d'autres considérations, ne saurait être regardé comme son caractère essentiel. Mais il importe au fond assez peu que nous appellions d'une façon ou d'une autre les tableaux cliniques. Il me paraît plus essentiel de conserver la paranoïa comme entité clinique indépendante, en dépit du fait que son tableau clinique se complique si souvent de traits schizophréniques. Car, du point de vue de la théorie de la libido, on peut la séparer de la démence précoce par une autre localisation de la fixation prédisposante et par un autre mécanisme du retour du refoulé (formation des symptômes), bien que le refoulement proprement dit présente dans les deux cas un même caractère essentiel et spécial : le détachement de la libido du monde extérieur et sa régression vers le moi. Je crois que le nom le plus approprié à la démence précoce serait celui de *paraphrénie*, terme d'un sens quelque peu indéterminé et qui exprime le rapport existant entre cette affection et la paranoïa (dont la désignation n'est plus à changer) et qui, de plus, rappelle l'hébéphrénie qui y est maintenant comprise. Il est vrai qu'on a déjà proposé ce terme pour désigner autre chose, mais peu importe, puisque d'autres emplois du terme n'ont pas réussi à s'imposer.

Comme l'a montré Abraham de façon très convaincante (1) le fait que la libido se détourne très nettement du monde extérieur constitue un caractère particulièrement net de la démence précoce. De ce caractère, nous inférons que le refoulement s'est effectué par détachement de la libido. La phase d'agitation hallucinatoire nous apparaît ici encore comme dénotant un combat entre le refoulement et une tentative de guérison qui cherche à ramener la libido vers ses objets. Jung, avec une extraordinaire acuité analytique, a reconnu, dans les « délires » et dans les stéréotypies motrices de ces malades, les résidus des investissements objectaux d'autrefois auxquels ils se cramponnent convulsivement. Mais cette tentative de guérison, que les observateurs prennent pour la maladie elle-même, ne se sert pas, comme le fait la paranoïa,

(1) Dans l'essai dont il a déjà été fait mention.

de la projection, mais du mécanisme hallucinatoire (hystérique). C'est là un des deux grands caractères différentiels de la démence précoce d'avec la paranoïa, caractère susceptible d'une élucidation génétique si l'on aborde le problème d'un autre côté. L'évolution terminale de la démence précoce, lorsque cette affection ne reste pas trop circonscrite, nous fournit le second caractère différentiel. Elle est, en général, moins favorable que celle de la paranoïa, la victoire ne reste pas, comme dans cette dernière affection, à la reconstruction, mais au refoulement. La régression ne se contente pas d'atteindre le stade du narcissisme (qui se manifeste par le délire des grandeurs), elle va jusqu'à l'abandon complet de l'amour objectal et au retour à l'autoérotisme infantile. La fixation prédisposante doit, par suite, se trouver plus loin en arrière que dans la paranoïa, être située quelque part au début de l'évolution primitive qui va de l'autoérotisme à l'amour objectal. En outre, il n'est nullement probable que les impulsions homosexuelles que nous rencontrons si fréquemment, peut-être même invariablement, dans la paranoïa, jouent un rôle d'importance égale dans l'étiologie de la démence précoce, affection d'un caractère infiniment moins circonscrit.

Nos hypothèses relatives aux fixations prédisposantes dans la paranoïa et la paraphrénie permettent de le comprendre aisément : un malade peut commencer par présenter des symptômes paranoïaques et cependant évoluer jusqu'à la démence précoce ; ou bien les phénomènes paranoïaques et schizophréniques peuvent se combiner dans toutes les proportions possibles, de telle sorte qu'un tableau clinique tel que celui offert par Schreber en résulte, tableau clinique qui mérite le nom de démence paranoïaque. Le fantasme de désir et les hallucinations, d'une part, en effet, sont des traits d'ordre paraphrénique ; mais la cause occasionnelle et l'issue de la maladie de Schreber, ainsi que le mécanisme de la projection, sont de nature paranoïaque. Plusieurs fixations peuvent, en effet, s'être produites au cours de l'évolution, et devenir, l'une après l'autre, le point faible par où la libido refoulée fait irruption, en commençant sans doute par les fixations acquises le plus tard et en en venant, à mesure que la maladie évolue, aux fixations les plus primitives et les plus proches du point de départ. On aimerait savoir à quelles conditions particulières fut due l'issue relativement favorable de cette psychose, car on ne se résout pas volontiers à l'inscrire entièrement à l'actif de quelque chose d'aussi accidentel que l' « amélioration par changement de résidence » (1), qui se produisit après que

(1) Cf. RIKLIN, Über Versetzungsbesserungen (Des améliorations par changements de résidence), *Psychiatrisch-neurologische Wochenschrift*, 1905, n°s 16-18.

Schreber eut quitté la maison de santé de Flechsig. Mais nous connaissons trop imparfaitement les détails intimes de cette histoire de malade pour être en mesure de répondre à cette intéressante question. On pourrait cependant supposer que ce qui permit à Schreber de se réconcilier avec son fantasme homosexuel, et par là lui ouvrit la voie d'une sorte de guérison, fut le fait que son complexe paternel était dans l'ensemble plutôt positif et que, dans la réalité, ses rapports avec un père en somme excellent n'avaient sans doute été troublés, dans les dernières années de la vie de celui-ci, par aucun nuage.

Ne craignant pas davantage ma propre critique que je ne redoute celle des autres, je n'ai aucune raison de taire une coïncidence qui fera peut-être tort à notre théorie de la libido dans l'esprit de beaucoup de lecteurs. Les « rayons de Dieu » schrébériens, qui se composent de rayons de soleil, de fibres nerveuses et de spermatozoïdes condensés ensemble, ne sont, au fond, que la représentation concrétisée et projetée au-dehors d'investissements libidinaux, et ils prêtent au délire de Schreber une frappante concordance avec notre théorie. Que le monde doive prendre fin parce que le moi du malade attire à soi tous les rayons et — plus tard, lors de la période de reconstruction — la crainte anxieuse qu'éprouve Schreber à l'idée que Dieu pourrait relâcher la liaison établie avec lui à l'aide des rayons, tout ceci, comme bien d'autres détails du délire de Schreber, ressemble presque à quelque perception endopsychique de ces processus dont j'ai admis l'existence, hypothèse qui nous sert de base à la compréhension de la paranoïa. Je puis cependant en appeler au témoignage d'un de mes amis et collègues : j'avais édifié ma théorie de la paranoïa avant d'avoir pris connaissance du livre de Schreber. L'avenir dira si la théorie contient plus de folie que je ne le voudrais, ou la folie plus de vérité que d'autres ne sont aujourd'hui disposés à le croire.

Enfin, je ne voudrais pas conclure ce travail, qui n'est, encore une fois, qu'un fragment d'un plus grand ensemble, sans rappeler deux propositions principales que la théorie libidinale des névroses et des psychoses tend de plus en plus à prouver : les névroses émanent essentiellement d'un conflit entre le moi et l'instinct sexuel, et les formes qu'elles revêtent portent l'empreinte de l'évolution suivie par la libido — et par le moi.

APPENDICE

En écrivant cet essai sur le cas du président Schreber, je me suis volontairement borné à un minimum d'interprétations et je reste, par suite, convaincu que tout lecteur familier avec la psychanalyse en aura saisi, d'après le matériel que j'ai exposé, plus que je n'en ai expressément dit, et qu'il ne lui sera pas difficile de rassembler les fils épars et de tirer des conclusions que je ne fais qu'indiquer. Par un heureux hasard, l'attention de quelques autres collaborateurs de la même revue scientifique où parut cette étude avait été attirée sur l'autobiographie de Schreber, et nous pouvons soupçonner, en lisant ces autres essais, tout ce qui reste à puiser dans le trésor de fantasmes et d'idées délirantes de ce paranoïaque si hautement doué (1).

Depuis que j'ai publié ce travail sur Schreber, un livre qui m'est tombé sous la main m'a permis d'enrichir mes connaissances et m'a mis en état de voir les rapports nombreux qui relient l'une de ses croyances délirantes à la *mythologie*. Je mentionne (voir p. 300) la relation toute particulière que le malade croit avoir avec le soleil, et je me vois forcé de considérer celui-ci comme un « symbole paternel » sublimé. Le soleil lui parle un langage humain et se révèle ainsi à lui comme étant un être animé. Schreber hurle au soleil des injures et des menaces ; il affirme que ses rayons pâlissent devant lui quand, tourné vers lui, il lui parle à haute voix. Après sa « guérison », il se vante de pouvoir sans difficulté fixer le soleil et de n'en être que modérément ébloui, ce qui ne lui était, bien entendu, pas possible auparavant (2).

C'est ce privilège délirant d'être capable de fixer le soleil sans en être ébloui qui présente un intérêt mythologique. Salomon Reinach (3) dit, en effet, que les naturalistes de l'Antiquité ne concédaient ce pouvoir qu'à l'aigle seul lequel, en tant qu'habitant des couches les plus hautes de l'atmosphère, leur semblait en rapport particulièrement intime avec le ciel, le soleil et l'éclair (4). Nous apprenons aux mêmes sources que l'aigle soumet à une épreuve ses aiglons avant de les reconnaître pour ses fils légitimes. S'ils ne peuvent regarder le soleil sans cligner des paupières, ils sont jetés hors de l'aire.

Le sens qu'il convient d'attribuer à ce mythe ne saurait souffrir aucun doute. On y attribue à l'animal une coutume consacrée par la religion, propre à l'homme. Ce que l'aigle fait en effet subir à ses aiglons, c'est une *ordalie*, une épreuve relative à la paternité. Nous savons que de telles épreuves étaient en usage chez les peuples

(1) Cf. JUNG, Wandlungen und Symbole der Libido, *Jahrbuch für psychoanalytische und psychopathologische Forschungen*, III (1911), pp. 164 et 207. *Métamorphoses et symboles de la libido*, trad. fr. par de Vos, Ed. Montaigne, 1931. — SPIELREIN, *Über den psychischen Inhalt eines Falles von Schizophrenie (Du contenu psychique d'un cas de schizophrénie)* (*loc. cit.*, p. 350).

(2) Note de la p. 139 des *Mémoires d'un névropathe.*

(3) *Cultes, mythes et religions* (1908), t. III, p. 80. D'après KELLER, *Tiere des Altertums (Les animaux dans l'Antiquité)*.

(4) On plaçait des effigies d'aigles au plus haut sommet des temples : c'étaient des sortes de paratonnerres « magiques » (Salomon REINACH, *loc. cit.*).

les plus divers de l'Antiquité. Ainsi, les Celtes riverains du Rhin avaient coutume de confier leurs nouveau-nés aux flots du fleuve, afin de se convaincre qu'ils étaient vraiment de leur sang. La tribu des *Psylles*, qui occupait l'emplacement de la Tripoli actuelle, et qui se vantait d'avoir pour ancêtres des serpents, exposait ses enfants au contact de ces mêmes serpents : les enfants vraiment issus d'eux n'étaient pas mordus ou bien se remettaient bien vite des suites de leurs morsures (1). Si nous voulons comprendre sur quoi se fondent de telles épreuves, il nous faut approfondir le mode de penser *totémique* des peuples primitifs. Le totem — l'animal ou bien la force de la nature conçue sur le mode animiste, et que la tribu regarde comme son ancêtre — épargne les membres de cette tribu parce qu'ils sont ses enfants ; lui-même est vénéré par eux et éventuellement par eux épargné. Nous touchons là à une matière qui me semble autoriser l'espoir d'arriver à une compréhension psychanalytique des origines de la religion.

L'aigle, quand il fait regarder à ses aiglons le soleil et exige qu'ils ne soient point éblouis par son éclat, se comporte ainsi comme un descendant du soleil qui soumettrait ses enfants à l'épreuve de l'ancêtre. Et lorsque Schreber se vante de pouvoir impunément et sans en être ébloui fixer le soleil, il a retrouvé là une vieille expression mythologique de sa relation filiale avec le soleil et nous confirme à nouveau notre interprétation du soleil, symbole du père. Souvenons-nous par ailleurs que Schreber, au cours de sa maladie, exprime ouvertement son orgueil familial : « Les Schreber appartiennent à la plus haute noblesse du ciel » (2) ; que, de plus, nous l'avons vu, son absence d'héritiers dut constituer une des raisons bien humaines qui causèrent sa maladie à l'occasion d'un fantasme de désir féminin. Nous saisirons alors avec netteté quel lien relie son privilège délirant de pouvoir fixer le soleil aux bases mêmes sur lesquelles s'édifia sa maladie.

Ce court post-scriptum à l'analyse d'une paranoïa nous fait voir combien Jung a raison lorsqu'il affirme que les forces édificatrices des mythes de l'humanité ne sont pas épuisées, mais aujourd'hui encore, dans les névroses, engendrent les mêmes productions psychiques qu'aux temps les plus reculés. Je répéterai ici ce que j'ai dit ailleurs (3) : il en est de même des forces édificatrices des religions. Et je crois que le moment sera bientôt venu d'étendre encore

(1) Ces références se trouvent dans REINACH, *loc. cit.*, t. III et t. I, p. 74.

(2) *Die Schrebers gehören dem höchsten himmlischen Adel an*, *Adel* (noblesse) rappelle *Adler* (aigle), littéralement, en allemand, oiseau noble.

(3) *Zwangshandlungen und Religionsübungen*, *Ztch. f. Religionspsychologie*. Repr. dans le vol. VII des *Ges. Werke*, 1907 *(Actes obsédants et exercices religieux)*, trad. Marie BONAPARTE, parue à la suite de l'*Avenir d'une illusion*, Paris, Denoël & Steele, 1932.

un principe que nous, psychanalystes, avons depuis longtemps énoncé, et d'ajouter à ce qu'il impliquait d'individuel, d'ontogénique, une amplification anthropologique, phylogénique. Nous disions : dans le rêve et dans la névrose se retrouve l'enfant avec toutes les particularités qui caractérisent son mode de penser et sa vie affective. Nous ajouterons aujourd'hui que nous y retrouvons encore l'homme *primitif*, *sauvage*, tel qu'il nous apparaît à la lumière des recherches archéologiques et ethnographiques.

EXTRAIT DE L'HISTOIRE D'UNE NÉVROSE INFANTILE

(L'homme aux loups) (1)

I

INTRODUCTION

Le cas morbide que je vais rapporter ici (2) — cette fois encore de façon fragmentaire — est caractérisé par un certain nombre de particularités qu'il convient de souligner avant d'exposer les faits. Il s'agit ici d'un jeune homme qui, à 18 ans, à la suite d'une blennorrhagie, avait vu sa santé s'effondrer, était devenu tout à fait dépendant des autres et se trouvait désadapté à la vie au moment où il entreprit son traitement analytique. Il avait mené une existence

(1) Ce travail : Aus der Geschichte einer infantilen Neurose, a paru en 1918, dans *Sammlung kleiner Schriften zur Neurosenlehre (Recueil de petits essais sur les névroses)*, 4e série (Hugo-Heller & Cie, Leipzig et Vienne). Il a été omis dans la 2e éd. de cette 4e série *(Internationaler Psychoanalytischer Verlag)*, mais compris dans la 5e série de la même *Sammlung* (*Intern. Psychol. Verlag*, 1922). Ce travail a paru en 1924 *(Int. Psa. Verlag)* en brochure séparée. Il est inclus dans le XIIe volume des *Œuvres complètes* de FREUD, d'où il a été ici traduit en français par Marie BONAPARTE et R. LŒWENSTEIN. Cette traduction a été revisée par Anne BERMAN.

(2) Cette histoire de malade a été rédigée peu après la conclusion du traitement pendant l'hiver 1914-1915. J'étais alors sous l'impression toute fraîche des réinterprétations que C. G. Jung et Alf. Adler voulaient donner aux découvertes psychanalytiques. Ce travail se rattache donc à mon essai paru en 1924 dans *Jahrbuch der Psychoanalyse : Zur Geschichte der psychoanalytischen Bewegung (Contribution à l'histoire du mouvement psychanalytique)*, paru en français, dans *Essais de psychanalyse*, tr. JANKÉLÉVITCH, Paris, Payot, 1927. Il complète la polémique d'un caractère essentiellement personnel, par une estimation objective du matériel analytique. Il était originairement destiné au volume suivant du *Jahrbuch*, mais la parution de celui-ci se trouvant indéfiniment remise par la Grande Guerre, je me résolus à l'adjoindre à la *Sammlung* alors publiée par un nouvel éditeur. Bien des points qui devaient être traités dans ce travail pour la première fois l'avaient été entre-temps dans mes conférences, faites en 1916-1917, d'*Introduction à la Psychanalyse* (trad. franç. JANKÉLÉVITCH, Paris, Payot, 1922, des *Vorlesungen zur Einführung in die Psychoanalyse*). Aucune modification importante n'a été apportée au texte primitif : les additions ont été indiquées par des parenthèses carrées.

à peu près normale pendant les dix années ayant précédé l'éclosion de son état et, sans grande peine, achevé ses études secondaires. Mais ses années d'enfance avaient été dominées par de graves troubles névrotiques qui avaient éclaté juste avant son 4e anniversaire sous forme d'une hystérie d'angoisse (phobie d'animaux), puis s'étaient transformés en névrose obsessionnelle à contenu religieux, troubles ayant persisté, ainsi que leurs dérivés, jusque dans la dixième année du malade.

Seule cette névrose infantile fera l'objet de ce travail. En dépit de la prière expresse du patient, je me suis abstenu d'écrire l'histoire complète de sa maladie, de son traitement et de sa guérison, cette tâche m'ayant paru techniquement impraticable et socialement inadmissible. Voilà qui nous ôte du même coup la possibilité de mettre au jour le lien rattachant la maladie infantile à la maladie ultérieure et définitive. De celle-ci, je pourrai seulement dire que le patient, par suite de sa maladie, resta longtemps dans des sanatoriums allemands et fut alors étiqueté par qui de droit comme atteint d'un état « maniaco-dépressif ». Ce diagnostic était certainement applicable au père du patient, dont la vie, pleine d'activité et d'intérêts variés, avait été, à plusieurs reprises, troublée par de graves crises de dépression. Chez le fils je n'ai pu, malgré une observation de plusieurs années, déceler aucun changement d'humeur qui fût en disproportion, par son intensité ou par ses conditions d'apparition, avec la situation psychique alors manifeste. Je suis d'avis que ce cas, comme beaucoup d'autres que la psychiatrie clinique a parés de diagnostics variés et changeants, doit être regardé comme constituant l'état qui succède à une névrose obsessionnelle spontanément résolue, mais laissant après guérison des séquelles.

Ainsi mon exposé sera celui d'une névrose infantile, analysée non pas pendant qu'elle était en cours, mais seulement quinze ans après sa résolution. Cette perspective, par rapport à la perspective inverse, a ses avantages comme ses inconvénients. L'analyse pratiquée directement sur un enfant névrosé doit, dès l'abord, sembler plus digne de foi, mais elle ne peut être très riche en matériel ; il faut mettre à la disposition de l'enfant trop de mots et de pensées, et même ainsi les couches les plus profondes se trouveront peut-être encore impénétrables à la conscience. L'analyse d'une névrose infantile pratiquée par l'intermédiaire du souvenir, chez un adulte intellectuellement mûr, ne connaît pas ces limitations, mais il faut alors tenir compte de la défiguration et du réajustement auquel notre propre passé est soumis lorsque plus tard, au cours de notre vie, nous regardons en arrière. Le premier cas offre peut-être les résultats les plus convaincants, le second est de beaucoup le plus instructif.

Quoi qu'il en soit, on peut affirmer que les analyses de névroses infantiles ont un intérêt théorique particulièrement grand. Elles nous aident à comprendre les névroses de l'adulte à peu près de la même façon que les rêves d'enfants nous aident à comprendre les rêves d'adultes. Non pas qu'elles soient plus transparentes ou plus pauvres en éléments ; la difficulté qu'il y a à pénétrer la vie psychique d'un enfant, à se mettre « à sa place », fait même de leur traitement un travail particulièrement ardu pour le médecin. Toutefois, dans les névroses infantiles, tant de stratifications ultérieures font défaut que l'essentiel de la névrose éclate aux yeux sans qu'on puisse le méconnaître. Dans la phase actuelle du combat qui fait rage autour de la psychanalyse, la résistance contre ses découvertes a, comme nous le savons, assumé une forme nouvelle. On se contentait autrefois de nier la réalité des faits avancés par la psychanalyse, et le meilleur moyen pour cela semblait être d'éviter de les examiner. Ce procédé semble peu à peu avoir été abandonné ; on reconnaît les faits, mais les conséquences qui en découlent, on les élude au moyen de réinterprétations, ce qui permet de se défendre contre des nouveautés désagréables avec tout autant d'efficacité. L'étude des névroses infantiles démontre la totale insuffisance de ces tentatives de réinterprétation superficielle ou arbitraire. Elle fait voir le rôle prépondérant joué dans la formation des névroses par les forces libidinales que l'on désavoue si volontiers, révèle l'absence de toute aspiration vers des buts culturels lointains, dont l'enfant ne sait rien encore et qui, par conséquent, ne peuvent rien signifier pour lui.

Un autre trait que recommande à l'attention l'analyse que nous allons ici exposer est en rapport avec la gravité de la maladie et la durée de son traitement. Les analyses menant en peu de temps à une issue favorable sont précieuses au thérapeute pour augmenter sa confiance en soi-même et démontrer l'importance médicale de la psychanalyse, mais elles demeurent en grande partie sans portée en ce qui touche au progrès de la connaissance scientifique. Elles ne nous apprennent rien de neuf. Elles ne rencontrent un aussi prompt succès que parce qu'on savait déjà tout ce qui était nécessaire à les accomplir. On ne peut apprendre du nouveau que par des analyses présentant des difficultés particulières, difficultés qu'il faut alors beaucoup de temps pour surmonter. C'est dans ces seuls cas que nous parvenons à descendre dans les couches les plus profondes et les plus primitives de l'évolution psychique et à y trouver les solutions des problèmes que nous posent les formations ultérieures. On se dit alors que, à strictement parler, seule une analyse ayant pénétré aussi loin mérite ce nom. Naturellement, un cas isolé ne nous apprend pas tout ce que nous voudrions savoir. Ou, plus justement, il pourrait tout nous apprendre si nous étions à même de tout comprendre et si l'inexpérience de notre propre perception ne nous obligeait pas à nous contenter de peu.

En ce qui regarde ces difficultés fécondes, le cas que nous allons décrire ne laisse rien à désirer. Les premières années de la cure n'amenèrent qu'un changement insignifiant. Grâce à une heureuse constellation de faits, les circonstances extérieures permirent cependant de poursuivre la tentative thérapeutique. Il ne m'est pas difficile de penser que, dans des circonstances moins favorables, le traitement eût été abandonné au bout de peu de temps. En ce qui concerne le médecin, je puis seulement dire qu'il doit, en pareil cas, se comporter tout aussi « hors le temps » que l'inconscient lui-même s'il veut apprendre ou obtenir quoi que ce soit. Et il parviendra à se comporter ainsi s'il est capable de renoncer à une ambition thérapeutique à courte vue. On ne devra s'attendre à rencontrer que dans bien peu d'autres cas, chez le malade et les siens, un pareil degré de patience, de docilité, de compréhension et de confiance. Mais l'analyste aura le droit de se dire que les résultats obtenus par un si long travail sur un seul cas l'aideront ensuite à raccourcir notablement la durée du traitement dans un autre cas, également grave, et ainsi à surmonter progressivement la manière d'être « hors le temps » de l'inconscient, ceci après s'y être une première fois soumis.

Le patient dont je m'occupe ici se retrancha longtemps dans une attitude d'indifférence aimable. Il écoutait, comprenait — et ne se laissait pas approcher davantage. Son incontestable intelligence était par ailleurs comme coupée des forces instinctuelles commandant sa conduite dans les quelques relations qui lui étaient demeurées dans la vie. Il fallut une longue éducation pour l'amener à prendre une part personnelle au travail et dès que, grâce à cet effort, il commença à se sentir un peu libéré, il interrompit aussitôt le travail afin de se garder contre tout changement nouveau et de se maintenir confortablement dans la situation acquise. Son horreur d'une situation indépendante était si grande qu'elle l'emportait pour lui sur tous les ennuis de sa maladie. Il ne se trouva qu'une seule voie pour la surmonter. Je fus obligé d'attendre que son attachement pour moi fût devenu assez fort pour pouvoir contrebalancer cette aversion, et je jouai alors ce facteur contre l'autre. Je décidai — non sans m'être laissé guider par de sûrs indices d'opportunité — que le traitement devrait être terminé à une certaine date, quelque avancé qu'il fût ou non alors. J'étais résolu à m'en tenir à ce terme ; le patient finit par s'apercevoir que je parlais sérieusement. Sous l'implacable pression de cette date déterminée, sa résistance, sa fixation à la maladie finirent par céder, et l'analyse livra alors en un temps d'une brièveté disproportionnée à son allure précédente tout le matériel permettant la résolution des inhibitions et la levée des symptômes du patient. Tout ce qui me permit de comprendre sa névrose infantile émane de cette dernière période de travail, pendant laquelle la résistance disparut provisoirement et où le patient fit preuve d'une lucidité à laquelle on n'atteint d'ordinaire que dans l'hypnose.

Ainsi la marche de ce traitement illustre un précepte depuis longtemps estimé à sa juste valeur dans la technique analytique. La longueur du chemin que l'analyse doit refaire avec le patient, la quantité de matériel rencontrée en cours de route et dont il faut se rendre maître, ne sont rien au regard de la résistance à laquelle on se heurte durant le travail et n'ont d'importance qu'autant qu'elles sont nécessairement proportionnelles à la résistance. La situation est la même que lorsqu'il faut à une armée ennemie des semaines et des mois pour effectuer un parcours qu'un train express, en temps de paix, traverse en peu d'heures et que l'armée du pays, peu auparavant, avait effectué en quelques jours.

Une troisième particularité de l'analyse que nous allons décrire a encore accru ma difficulté à me résoudre à l'exposer. Dans l'ensemble ses résultats ont coïncidé de façon satisfaisante avec notre savoir antérieur ou y ont été aisément adjoints. Mais à moi-même certains détails m'ont semblé si extraordinaires et si incroyables que j'éprouve quelque hésitation à demander à d'autres d'y croire. J'ai incité le patient à une sévère critique de ses souvenirs, mais il ne trouva rien d'invraisemblable à ses dires et s'y maintint fermement. Que les lecteurs soient du moins persuadés que je rapporte simplement ce qui se présenta à moi en tant qu'observation indépendante et non influencée par ma propre attente. Ainsi je n'avais plus qu'à me rappeler les sages paroles d'après lesquelles il y a plus de choses entre ciel et terre que n'en peut rêver notre philosophie. Celui qui parviendrait à éliminer plus radicalement encore ses convictions préexistantes, découvrirait certes bien plus de choses encore.

II

COUP D'ŒIL D'ENSEMBLE SUR LE MILIEU ET L'HISTOIRE DU MALADE

Je ne puis écrire l'histoire de mon patient ni au pur point de vue historique ni au pur point de vue pragmatique. Je ne puis faire un récit suivi ni de l'histoire du traitement ni de celle de la maladie, mais serai contraint de combiner les deux sortes d'exposés. Il est bien connu qu'aucun moyen n'existe pour faire passer dans l'exposé d'une analyse la force convaincante qui résulte de l'analyse elle-même. Des comptes rendus littéraux complets des séances d'analyse n'y seraient certes d'aucun secours ; la technique propre au traitement rendrait d'ailleurs impossible de les tenir. On ne publie en effet pas de telles analyses pour convaincre ceux dont l'attitude a été jusqu'alors rétive et sceptique. On ne peut qu'apporter du nouveau qu'aux chercheurs qui se sont déjà créé des convictions par leur propre expérience clinique.

Je commencerai par faire un tableau du monde où vivait l'enfant et par conter de son histoire infantile tout ce qu'il fut possible d'apprendre sans effort et qui, pendant plusieurs années, resta tout aussi incomplet et obscur.

Des parents mariés jeunes, menant une vie conjugale heureuse encore, sur laquelle des maladies jettent bientôt de premières ombres. La mère de l'enfant commence à souffrir de troubles abdominaux, son père à avoir ses premiers accès de dépression, accès amenant son absence de la maison. Notre patient n'apprend, bien entendu, à comprendre la maladie de son père que bien plus tard ; l'état maladif de sa mère lui est connu dès la petite enfance. La mère ne s'occupe que relativement peu des enfants à cause de cet état. Un jour, sans aucun doute avant sa 4e année, tandis qu'elle raccompagne le médecin quittant leur maison et que le petit garçon marche auprès d'elle en lui tenant la main, il l'entend se plaindre à ce médecin. Ces doléances lui font une vive impression, et il se les appliquera à lui-même plus tard. Il n'est pas enfant unique, il a une sœur aînée, de deux ans plus âgée que lui, vive, bien douée, et précocement malicieuse, qui devait jouer un grand rôle dans sa vie.

Aussi loin qu'il puisse se souvenir, il est soigné par une bonne, une vieille paysanne sans éducation, lui témoignant une inlassable tendresse. Il est pour elle le remplaçant de son propre fils mort en bas âge. La famille vit sur ses terres, dans une propriété rurale que l'on quitte l'été pour aller dans une autre. Les deux propriétés ne sont pas éloignées d'une grande ville. Il y a dans l'enfance de notre patient une coupure : c'est lorsque ses parents vendent ces propriétés et s'établissent en ville. De proches parents font souvent de longs séjours dans l'une ou l'autre des propriétés : frères du père, sœurs de la mère et leurs enfants, grands-parents maternels. L'été, les parents ont coutume de s'absenter quelques semaines. Dans un souvenir-écran, il se voit avec sa bonne regardant s'éloigner la voiture qui emporte son père, sa mère et sa sœur, puis rentrant paisiblement dans la maison. Il devait alors être très petit (1). L'été, suivant, on laissa sa

(1) Deux ans et demi. Il fut par la suite possible de déterminer exactement presque toutes les dates.

sœur à la maison et on prit une gouvernante anglaise, à qui la direction des enfants fut confiée.

Dans les années ultérieures, on lui raconta bien des histoires sur son enfance (1). Il en connaissait beaucoup plus par lui-même, mais naturellement sans connexion relative aux dates ou au contenu des souvenirs. L'une de ces histoires traditionnelles, qui avait été répétée devant lui un nombre incalculable de fois à l'occasion de sa maladie ultérieure, nous fait connaître le problème dont la solution va nous occuper. Il aurait commencé par être un enfant très doux, très docile et même tranquille, de sorte qu'on avait coutume de dire qu'il eût dû être la fille et sa sœur aînée le garçon. Mais un jour ses parents, en revenant de leur voyage d'été, le trouvèrent transformé. Devenu mécontent, irritable, violent, tout l'offensait, et alors il se mettait en rage et criait comme un sauvage, de sorte que ses parents, cet état persistant, exprimèrent la crainte de ne pouvoir plus tard l'envoyer à l'école. C'était l'été pendant lequel la gouvernante anglaise avait été là, une personne — on le vit bientôt — un peu toquée, insupportable et, de plus, adonnée à la boisson. La mère inclinait par suite à rapporter le changement de caractère du petit garçon à l'influence de cette Anglaise, pensant que celle-ci l'avait irrité par sa façon de le traiter. La perspicace grand-mère, qui avait passé l'été avec les enfants, était d'avis que l'irritabilité du petit garçon avait été provoquée par les dissensions existant entre l'Anglaise et la bonne d'enfants. L'Anglaise avait, à plusieurs reprises, traité la bonne de sorcière, elle l'avait forcée à quitter la chambre ; l'enfant avait ouvertement pris le parti de sa « Nania » chérie et montré sa haine à la gouvernante. Quoi qu'il en eût été, l'Anglaise fut renvoyée peu après le retour des parents sans que se produisît le moindre changement dans l'insupportable manière d'être de l'enfant.

Le patient a conservé le souvenir de ce temps de méchanceté. D'après lui, il aurait fait la première de ces scènes un jour de Noël, parce qu'il n'avait pas reçu le double de cadeaux — ce qui lui était dû, le jour de Noël, étant en même temps l'anniversaire de sa nais-

(1) Des renseignements de cette sorte peuvent, en général, être considérés comme un matériel absolument digne de foi. C'est pourquoi on pourrait être tenté de s'épargner de la peine en comblant les lacunes que présente le souvenir d'un patient au moyen d'enquêtes entreprises auprès des membres plus âgés de la famille ; cependant, je ne saurais assez fortement déconseiller pareille technique. Ce que les parents racontent, en réponse à des questions et à des enquêtes, est à la merci de toutes les objections critiques pouvant entrer en ligne de compte. On regrette invariablement de s'être rendu dépendant de tels renseignements, on a par là troublé la confiance en l'analyse et institué au-dessus d'elle une cour d'appel. Ce dont on peut se souvenir apparaîtra de toute façon au cours ultérieur de l'analyse.

sance. Il n'épargnait ses exigences et ses susceptibilités même pas à sa chère Nania ; c'était même elle peut-être qu'il tourmentait de la façon la plus impitoyable. Mais la phase où il subit ce changement de caractère est, dans son souvenir, indissolublement liée à bien d'autres phénomènes étranges et morbides, qu'il ne sait comment ranger dans le temps. Il jette et réunit pêle-mêle tout ce que je vais rapporter (qui ne peut absolument pas avoir été contemporain et est plein de contradictions internes) dans une seule et unique période qu'il appelle « encore dans la première propriété ». Lorsqu'il avait 5 ans, croit-il, sa famille aurait quitté cette propriété. Il raconte avoir souffert d'une peur que sa sœur savait exploiter afin de le tourmenter. Dans un certain livre d'images était figuré un loup, debout et marchant. Dès qu'il apercevait cette image il commençait à crier comme un fou ; il avait peur que le loup ne vînt et ne le mangeât. Sa sœur s'arrangeait cependant toujours de façon à ce qu'il fût obligé de voir cette image et prenait grand plaisir à sa terreur. Il avait en même temps peur d'autres animaux, grands et petits. Un jour, il poursuivait un grand beau papillon, aux ailes rayées de jaune, terminées en pointe, afin de l'attraper. (C'était sans doute un machaon.) Tout à coup, saisi d'une peur terrible du papillon, il abandonna sa poursuite en poussant des cris. Les coléoptères et les chenilles lui inspiraient également de l'effroi et du dégoût. Mais il pouvait se rappeler avoir à la même époque fait souffrir des coléoptères et coupé des chenilles en morceaux. Les chevaux aussi lui semblaient étrangement inquiétants. Quand on battait un cheval, il se mettait à crier et dut une fois pour cette raison quitter le cirque. En d'autres occasions, il aimait battre lui-même des chevaux. Ces attitudes contradictoires envers les animaux avaient-elles vraiment existé simultanément ou avaient-elles été successives, se remplaçant l'une l'autre et alors dans quel ordre et quand, voilà ce que son souvenir ne permettait pas de trancher. Il ne pouvait pas non plus dire si sa période de méchanceté avait été remplacée par une phase de maladie ou bien si la méchanceté avait persisté pendant celle-ci. En tout cas, on était justifié, de par ses dires, que nous allons rapporter, à assurer qu'il avait traversé, en ces années d'enfance, une crise très nette de névrose obsessionnelle. Il rapporta avoir été pendant longtemps très pieux. Avant de s'endormir, il devait longuement prier et faire une série infinie de signes de croix. Il avait aussi coutume, le soir, de faire le tour de toutes les icônes appendues dans la chambre, à l'aide d'une chaise sur laquelle il grimpait afin de baiser dévotement chacune d'elles. Avec ce pieux cérémonial s'accordait très mal — ou peut-être très bien — qu'il se souvînt de pensées blasphématoires qui, telle une inspiration du diable, lui venaient à l'esprit. Il était obligé de penser : Dieu-cochon ou bien Dieu-merde. Au cours d'un voyage à une station balnéaire allemande, il fut tourmenté par la compulsion à devoir penser à la Sainte-Trinité chaque fois qu'il voyait trois tas de crottin de cheval ou d'autres excréments sur la route. En ce temps-là, il observait aussi un autre curieux cérémonial ; quand il voyait des gens qui lui inspiraient de la pitié : mendiants, infirmes, vieillards, il devait bruyamment expirer de l'air afin de ne pas devenir comme eux et, dans d'autres conditions particulières aussi, aspirer l'air avec force. J'inclinais naturellement à admettre que ces symptômes nettement obsessionnels appartenaient à une époque et à un stade d'évolution ultérieurs aux signes d'angoisse et au traitement cruel des animaux.

Les années ultérieures avaient été marquées pour notre patient par des relations tout à fait pénibles avec son père, lequel alors, à la suite d'accès répétés de dépression, ne pouvait plus cacher les traits morbides de son caractère. Dans les premières années de son enfance, ces relations avaient, au contraire, été des plus tendres, ainsi que notre malade s'en souvenait fort bien. Son père l'aimait beaucoup et jouait volontiers avec lui. Lui, dès le plus jeune âge, était fier de son père et déclarait sans cesse vouloir devenir un monsieur comme lui. Nania lui avait dit que sa sœur était l'enfant de la mère, mais lui, celui du père, ce dont il était très content. Vers la fin de son enfance, un refroidissement s'était produit entre son père et lui. Son père lui préférait indubitablement sa sœur et il en était très blessé. Plus tard, la peur de son père devint prédominante.

Tous les phénomènes que le patient rattache à la phase de sa vie ayant débuté par sa « méchanceté » disparurent vers la 8e année. Ils ne disparurent pas d'un seul coup, mais reparurent à diverses reprises et cédèrent enfin, pense le malade, à l'influence des maîtres et des éducateurs ayant alors remplacé les femmes qui auparavant l'élevaient. Telles sont, dans leurs traits les plus sommaires, les énigmes dont la solution fut confiée à l'analyse : Quelle fut l'origine du soudain changement de caractère du petit garçon ? Que signifiaient sa phobie et sa perversité ? Comment sa piété obsessionnelle prit-elle naissance ? Et quels sont les rapports de tous ces phénomènes entre eux ? Je rappellerai une fois encore que notre travail thérapeutique avait pour objet une maladie névrotique ultérieure et récente, et que ces problèmes antérieurs ne pouvaient s'éclairer que lorsque le cours de l'analyse, s'écartant momentanément du présent, nous contraignait à un détour à travers la préhistoire infantile.

III

LA SÉDUCTION ET SES CONSÉQUENCES IMMÉDIATES

Le premier soupçon devait naturellement se porter sur la gouvernante anglaise, le changement d'humeur du petit garçon ayant eu lieu pendant qu'elle était là. Deux souvenirs-écrans, incompréhensibles en eux-mêmes, qui se rapportaient à elle, étaient conservés. Un jour où elle marchait en avant, elle aurait dit à ceux qui la suivaient : « Regardez donc ma petite queue ! » Une autre fois, au cours d'une promenade en voiture, son chapeau se serait envolé, à la grande satisfaction des enfants. Voilà qui décelait le sens du complexe de castration et permettait de reconstruire à peu près ainsi les choses : une menace de la gouvernante au petit garçon aurait largement contribué à son comportement anormal. Il n'y a absolument aucun danger à communiquer de semblables reconstructions à l'analysé, elles ne nuisent jamais à l'analyse si elles sont erronées et on ne les énonce pas, malgré tout, si l'on n'a pas quelque espoir de s'approcher par leur moyen, d'une façon quelconque, de la vérité. Le premier effet de cette supposition fut l'apparition de rêves qu'il ne fut pas possible d'interpréter complètement, mais qui tous semblaient graviter autour du même centre. Autant qu'on les pouvait comprendre, il s'agissait, dans ces rêves, d'actes agressifs du petit garçon contre sa sœur ou sa gouvernante et d'énergiques réprimandes et punitions au sujet de ces agressions. C'était comme si... après son bain... il avait voulu mettre à nu sa sœur... lui arracher ce qui l'enveloppait... ou ses voiles... et ainsi de suite. Mais il ne fut pas possible d'arriver par l'interprétation à un contenu certain et, comme ces rêves donnaient l'impression de retravailler le même matériel sous des formes sans cesse variées, la façon correcte de comprendre ces soi-disant réminiscences s'affirma : il ne pouvait s'agir que de fantasmes que le rêveur s'était créés en un temps ultérieur — sans doute à l'époque de la puberté — relativement à son enfance, fantasmes qui resurgissaient maintenant sous cette forme si méconnaissable.

L'explication s'en trouva d'un seul coup, lorsque le patient se rappela soudain un fait : sa sœur, « alors qu'il était encore très petit, dans le premier domaine », l'avait séduit en l'induisant à des pratiques sexuelles. D'abord surgit un souvenir : au cabinet, où les enfants allaient souvent ensemble, elle lui avait fait cette proposition : « Montrons-nous nos panpans », et elle avait fait suivre la parole de l'acte. Ensuite, la partie la plus essentielle de la séduction fut mise en lumière, avec tous les détails de temps et de lieu. C'était au printemps, alors que leur père était absent : les enfants jouaient par terre dans un coin, pendant que la mère travaillait dans la pièce voisine. Sa sœur s'était alors emparée de son membre, avait joué avec, tout en lui racontant d'incompréhensibles histoires sur sa Nania, comme en manière d'explication. Nania, disait-elle, faisait la même chose avec tout le monde, par exemple avec le jardinier, elle le mettait sur la tête et alors lui saisissait les organes génitaux.

Voilà qui nous fournissait l'explication des fantasmes que nous avons déjà devinés. Ils étaient destinés à effacer le souvenir d'un événement que le sentiment viril de sa dignité devait rendre plus tard choquant au patient, et ils atteignaient ce but en remplaçant la vérité historique par une attitude inverse imaginaire. D'après ces fantasmes, ce n'est pas lui qui aurait joué le rôle passif vis-à-vis de sa sœur, tout au contraire, il se serait montré agressif. Repoussé et puni pour avoir voulu voir sa sœur nue, il aurait, pour cette raison, manifesté ces colères si célèbres dans la tradition familiale. Il convenait aussi d'impliquer la gouvernante dans cette histoire, cette même gouvernante que la mère et la grand-mère tenaient pour la principale responsable des accès de rage. Ces fantasmes étaient ainsi la réplique exacte des légendes au moyen desquelles une nation, devenue grande et fière, cherche à masquer la petitesse et les vicissitudes de ses débuts.

En réalité, la gouvernante ne pouvait avoir qu'un rapport très lointain avec la séduction et ses conséquences. Les scènes avec la sœur avaient eu lieu au printemps de l'année où l'Anglaise, en plein été, était entrée chez eux comme remplaçante des parents absents. L'hostilité du petit garçon contre la gouvernante avait bien plutôt pris naissance d'une autre manière. En disant du mal de la bonne et en la traitant de sorcière, elle emboîtait le pas à la sœur de notre malade qui, la première, lui avait conté de si monstrueuses histoires sur cette bonne, ce qui permettait au petit garçon de manifester à son égard l'aversion qui, ainsi que nous l'allons apprendre, s'était développée en lui contre sa sœur par suite de la séduction. La séduction par sa sœur n'était certes pas un fantasme. Sa vraisemblance se trouva renforcée par une information plus tardive reçue alors qu'il était adulte et qu'il n'avait jamais oubliée. Un cousin, son aîné de plus de dix ans, au cours d'une conversation relative à sa sœur, lui avait dit se très bien rappeler quelle petite créature précoce et sensuelle elle avait été. A l'âge de 4 ou 5 ans, elle s'était un jour assise sur ses genoux, et lui avait ouvert son pantalon afin de saisir son membre.

J'interromprai ici l'histoire infantile de mon patient afin de parler de cette sœur, de son évolution, de son sort ultérieur et de l'influence qu'elle exerça sur mon patient. Plus âgée que lui de deux ans, elle resta toujours plus avancée que lui. Enfant, elle avait été intraitable et garçonnière, elle se développa brillamment par la suite au point de vue intellectuel, se distingua par l'acuité et le réalisme de son esprit, marquant une préférence pour les sciences naturelles, tout en écrivant des poésies que son père estimait fort. Intellectuellement très supérieure à ses premiers et nombreux soupirants, elle aimait à se moquer d'eux. Quand elle eut dépassé 20 ans, elle commença à être déprimée, se plaignant de son peu de beauté et évitant toute fréquentation. On lui fit faire un voyage avec une dame âgée de leurs amis : au retour, elle se mit à raconter des choses tout à fait invraisemblables sur les mauvais traitements que lui aurait infligés sa compagne, tout en demeurant évidemment « fixée » à sa soi-disant tourmenteuse. Au cours d'un second voyage, peu après, elle s'empoisonna et mourut loin de chez elle. Sans doute sa maladie représentait-elle le début d'une démence précoce. Elle donna ainsi la preuve de l'hérédité névropathique manifeste dans cette famille, preuve qui n'était pas unique. Un oncle, frère du père, après avoir mené pendant de longues années une existence d'original présentait, lorsqu'il mourut, les symptômes d'une névrose obsessionnelle grave ; un grand nombre de parents collatéraux étaient et sont encore affectés de troubles nerveux plus légers.

La sœur de notre patient lui fut pendant son enfance — la séduction mise momentanément de côté — un concurrent importun dans l'estime de ses parents, et il se sentait écrasé par l'impitoyable étalage que sa sœur faisait de sa supériorité. Il lui enviait particulièrement, par la suite, la considération que le père témoignait pour ses facultés mentales et ses réalisations intellectuelles, tandis que lui, inhibé intellectuellement depuis sa névrose obsessionnelle, devait se contenter d'une moindre estime. A partir de sa quatorzième année, les relations entre le frère et la sœur s'améliorèrent, une tournure d'esprit analogue et une opposition commune contre les parents les rapprochèrent au point qu'ils en arrivèrent à être l'un pour l'autre les meilleurs camarades. Lors des orages sexuels de la puberté, il osa tenter avec elle un rapprochement physique intime. Après qu'elle l'eût repoussé avec autant de décision que d'adresse, il détourna aussitôt d'elle son désir pour le porter sur une petite paysanne qui était à leur service et portait le même nom que sa sœur. Il avait par là accompli une démarche décisive pour son choix hétérosexuel de l'objet, car toutes les jeunes personnes dont il s'éprit par la suite — souvent avec les signes les plus nets de compulsion — furent de même des servantes d'éducation et d'intelligence nécessairement inférieures aux siennes. Si tous ces objets d'amour étaient des substituts de la sœur à lui refusée, on ne peut nier qu'une tendance à la rabaisser, à mettre fin à cette supériorité intellectuelle qui l'avait en son temps tellement écrasé, n'ait réussi à jouer un rôle décisif dans son choix objectal.

Le comportement sexuel des humains, ainsi que tout le reste, a été subordonné par Alfred Adler à des mobiles de cette sorte émanant de la volonté de puissance, de l'instinct de l'individu à s'affirmer. Sans nier l'importance de telles aspirations à la puissance et à la suprématie, je n'ai jamais été convaincu qu'elles puissent jouer le rôle dominant et exclusif qui leur a été attribué. Si je n'avais poussé jusqu'au bout l'analyse de mon patient, j'aurais dû, sur l'observation de ce cas, modifier mon opinion préconçue, dans le sens d'Adler. La conclusion de cette analyse mit au jour, de façon inattendue, du matériel nouveau qui, au contraire, montra que ces mobiles d'aspiration à la puissance (dans notre cas, la tendance au rabaissement) n'avaient déterminé le choix de l'objet qu'à titre de contribution et de rationalisation, cependant que la détermination réelle, profonde, m'autorisa à m'en tenir à mes convictions antérieures (1).

Lorsqu'il apprit la nouvelle de la mort de sa sœur, raconte notre malade, il éprouva à peine un soupçon de chagrin. Il dut se contraindre à des manifestations extérieures de deuil et put se réjouir en toute sérénité d'être maintenant devenu l'unique héritier de la propriété. Il souffrait, depuis plusieurs années déjà, de sa maladie actuelle lorsque cet événement eut lieu. Mais je dois avouer que cette révélation du patient me laissa pendant un temps hésitant sur le diagnostic de ce cas. Je devais certes admettre que la douleur provoquée par la perte de ce membre de la famille, le plus aimé de lui, ne pût pas s'exprimer sans inhibition de par la persistante influence de la jalousie et de par l'intervention de l'amour incestueux devenu inconscient, mais je ne pouvais renoncer à trouver un substitut à l'explosion manquante de la douleur. Or celui-ci se révéla enfin dans une autre manifestation affective demeurée incompréhensible au patient. Peu de mois après la mort de sa sœur, il fit un voyage dans la région où elle était morte. Là, il alla sur la tombe d'un grand poète qui était alors son idéal et y versa des larmes brûlantes. Cette réaction lui sembla à lui-même étrange, car il savait que plus de deux générations avaient passé depuis qu'était mort le poète vénéré. Il la comprit seulement lorsqu'il se souvint que son père avait coutume de comparer les poésies de sa sœur défunte à celles de ce grand poète. Il m'avait fourni un autre indice de la façon exacte dont il fallait concevoir cet hommage rendu en apparence au poète en faisant une erreur dans son récit, erreur qui ne m'échappa pas. A diverses reprises auparavant, il avait spécifié que sa sœur s'était tuée d'un coup de pistolet et dut alors

(1) Voir ci-après, p. 396

rectifier et me dire qu'elle avait pris du poison. Mais le poète avait été tué dans un duel au pistolet.

Je reviens maintenant à l'histoire du frère. A partir d'ici il me faut l'exposer un moment sur le mode pragmatique. Il s'avéra que le petit garçon avait 3 ans et 3 mois lorsque sa sœur commença sur lui ses tentatives de séduction. Ceci eut lieu, ainsi que nous l'avons dit, au printemps de la même année où, pendant l'été, arriva la gouvernante anglaise et où, à l'automne, à leur retour, les parents trouvèrent leur fils si radicalement changé. Il semble par suite tout naturel de penser à un rapport entre cette métamorphose et l'éveil de l'activité sexuelle qui avait eu lieu entre-temps.

Comment le petit garçon réagit-il aux séductions de sa sœur aînée ? Par un refus, mais un refus concernant la personne et non la chose. La sœur ne lui agréait pas comme objet d'amour, sans doute parce que leurs relations avaient déjà été déterminées dans un sens hostile de par leur rivalité dans l'amour des parents. Il s'écarta d'elle et d'ailleurs les sollicitations de sa sœur cessèrent bientôt. Mais il chercha à gagner à sa place une autre personne plus aimée, et les paroles de sa sœur elle-même, qui s'était autorisée de l'exemple de Nania, dirigèrent son choix vers celle-ci. Il commença donc à jouer avec son membre devant Nania ce qui, comme en beaucoup d'autres cas, lorsque les enfants ne cachent pas leur onanisme, doit être envisagé comme une tentative de séduction. Nania le déçut, elle prit un air sévère et déclara que ce n'était pas bien. Les enfants, ajouta-t-elle, qui faisaient ça, il leur venait à cet endroit une « blessure ».

L'effet de cette information, équivalente à une menace, agit dans plusieurs sens. Son attachement à Nania en fut ébranlé. Il y avait de quoi se mettre en colère contre elle ; or plus tard, en effet, quand le petit garçon commença à avoir ses accès de rage, on put voir qu'il lui en voulait réellement. Mais un des traits de son caractère était de défendre d'abord tenacement contre toute innovation chaque position de la libido qu'il devait abandonner. Quand la gouvernante entra en scène et se mit à dire du mal de Nania, qu'elle la chassa de la pièce, qu'elle voulut réduire à néant son autorité, alors lui exagéra bien plutôt son amour pour la victime de ces attaques et prit une attitude de refus et de défi envers l'agressive gouvernante. Il n'en commença pas moins à chercher en secret un autre objet sexuel. La séduction lui avait fourni le but sexuel passif d'être touché aux organes génitaux ; nous allons apprendre de qui il voulait recevoir cet enseignement et quelles voies le conduisirent à faire ce choix.

Comme nous pouvions nous y attendre, avec les premières excitations génitales commença l'investigation sexuelle infantile et notre petit investigateur se trouva bientôt confronté par le problème de la castration. Il réussit à ce moment à observer deux petites filles, sa sœur et une de ses amies, pendant qu'elles urinaient. Sa perspicacité aurait alors déjà pu lui permettre, devant ce spectacle, de comprendre ce qu'il en était, mais il se comporta en cette circonstance comme nous savons que le font souvent d'autres enfants mâles. Il repoussa l'idée qu'il avait devant lui la confirmation de la blessure dont Nania l'avait menacé et se donna comme explication que c'était là le « pan-pan de devant » des filles. Mais le thème de la castration n'était pas par là éliminé ; dans tout ce qu'il entendait il y trouvait de nouvelles allusions. Un jour, comme on distribuait aux enfants des sucres d'orge colorés, la gouvernante, encline aux imaginations désordonnées, déclara que c'étaient des fragments de serpents coupés en morceaux. Il se rappela alors que son père avait un jour, dans un sentier, rencontré un serpent et l'avait avec sa canne frappé et coupé en morceaux. Il entendit lire l'histoire (dans *Reineke Fuchs*) du loup qui, voulant en hiver attraper des poissons, se servait de sa queue à cette intention, ce qui fit que la queue se cassa dans la glace. Il apprit ensuite les divers noms par lesquels on désigne les chevaux, d'après l'intégrité de leurs organes génitaux.

Ainsi la pensée de la castration le préoccupait, mais jusqu'ici il n'y croyait ni ne la craignait. Les contes dont il fit à ce moment connaissance posèrent pour lui d'autres problèmes sexuels. Dans *Le Chaperon rouge*, et dans *Les sept petits chevreaux*, on sortait les enfants du corps du loup. Le loup était-il donc une créature féminine, ou bien les hommes aussi pouvaient-ils recéler des enfants dans leur corps ? A ce moment, cette question n'avait pas encore reçu de réponse. De plus, à l'époque de ces investigations, il n'avait encore aucune peur du loup.

L'un des renseignements que nous donna le patient nous mettra sur la bonne voie pour comprendre l'altération de caractère qu'il subit pendant l'absence de ses parents en tant que conséquence plus lointaine de la séduction. Il rapporte qu'après avoir été repoussé et menacé par sa Nania, il abandonna bientôt l'onanisme. *La vie sexuelle qui commençait à entrer sous la primauté de la zone génitale s'était ainsi brisée contre un obstacle extérieur et avait été rejetée par là dans une phase d'organisation prégénitale.* La vie sexuelle du petit garçon, par suite de la répression de son onanisme, prit un caractère sadique-anal. Il devint irritable, tourmenteur aux dépens des animaux et des hommes. L'objet principal de sa cruauté était sa chère Nania ; il s'entendait à la tourmenter jusqu'à ce qu'elle fondît en larmes. Ainsi il se vengeait d'elle qui l'avait repoussé tout en satisfaisant, en même temps, ses convoitises sexuelles sous la forme correspondant à la phase régressive où il se trouvait. Il commença à se livrer à des cruautés sur de petits animaux, à attraper des mouches afin de leur arracher les ailes, à écraser du pied des coléoptères ; en imagination, il aimait aussi battre de grands animaux, des chevaux. C'étaient là des manières d'agir absolument actives, sadiques ; des pulsions anales de ce temps, il sera question plus loin dans d'autres contextes.

Fait très important : dans le souvenir du patient, d'autres fantasmes d'une sorte bien différente émergèrent aussi en même temps, fantasmes dont le contenu était que des garçons étaient châtiés et battus, particulièrement battus sur le pénis. Et grâce à d'autres fantasmes qui dépeignaient comment l'héritier du trône était enfermé dans un espace étroit et battu, on peut deviner aisément qui remplaçaient les figures anonymes quand elles servaient de garçons à recevoir des raclées. L'héritier du trône était évidemment lui-même ; son sadisme s'était ainsi retourné en imagination contre sa propre personne et s'était converti en masochisme. Ce détail que le membre viril lui-même recevait le châtiment justifie la conclusion qu'un sentiment de culpabilité, relatif à l'onanisme, avait déjà contribué à cette transformation.

L'analyse ne laisse subsister aucun doute : ces aspirations passives étaient apparues en même temps que les actives-sadiques, ou très tôt après elles (1). Voilà qui correspond à l'*ambivalence* de ce malade, ambivalence d'une netteté, d'une intensité et d'une ténacité peu ordinaires, qui se manifestait ici pour la première fois dans le développement égal des deux branches de pulsions partielles opposées. Ce comportement resta caractéristique aussi dans sa vie ultérieure, tout autant qu'un autre trait : aucune des positions de la libido, une fois établie, ne pouvait jamais être complètement remplacée par la suivante. Elle coexistait bien plutôt avec toutes les autres et permettait à notre patient une oscillation incessante, incompatible avec l'acquisition d'un caractère stable.

Les aspirations masochiques du petit garçon touchent à un autre point que j'ai jusqu'ici évité de mentionner, parce qu'il ne peut être établi que par l'analyse de la phase suivante de l'évolution de l'enfant. J'ai déjà mentionné qu'après que l'enfant eut été repoussé par sa Nania, sa libido se détacha d'elle, cessa d'en rien attendre, et il commença à prendre quelqu'un d'autre comme objet sexuel. Ce quelqu'un se trouva être son père, alors absent. Il fut certainement amené à ce choix grâce à un certain nombre de facteurs convergents

(1) J'appelle aspirations passives celles qui ont un objectif sexuel passif, cependant je n'ai pas en vue, ce disant, une transformation de l'instinct, mais seulement son but.

parmi lesquels quelques-uns étaient fortuits, tel le souvenir du serpent coupé en morceaux ; mais, avant tout, il renouvelait par là son premier et plus primitif choix d'objet qui, en conformité avec le narcissisme du petit enfant, s'était effectué par la voie de l'identification. Nous avons déjà vu que son père avait été son modèle admiré ; quand on lui demandait ce qu'il voudrait devenir, il répondait : un « monsieur » comme mon père. Cet objet avec lequel il s'identifiait dans une attitude d'abord active devint, dans la phrase sadique-anale, celui auquel il se soumettait dans une attitude passive. La séduction par sa sœur semble l'avoir contraint à un rôle passif et lui avoir donné un objectif sexuel passif. Sous l'influence persistante de cet événement, il parcourut alors un chemin menant de sa sœur par sa Nania jusqu'à son père, de l'attitude passive envers la femme à l'attitude passive envers l'homme, tout en renouant par là avec la phase antérieure et spontanée de son développement. Le père était redevenu son objet d'amour ; l'identification était, en conformité avec ce stade plus élevé de développement, remplacée par le choix d'objet ; la transformation de l'attitude active en une attitude passive était la conséquence et l'indice de la séduction ayant eu lieu entre-temps. Il n'aurait naturellement pas été aussi facile de prendre une attitude active envers le père tout-puissant au cours de la phase sadique. Quand le père revint à la fin de l'été ou en automne, les crises de rage et les scènes de fureur acquirent une utilisation nouvelle. Avec Nania elles avaient servi à des fins actives sadiques, avec le père elles étaient animées d'intentions masochiques. En faisant étalage de sa « méchanceté », il voulait forcer son père à le châtier et à le battre, et obtenir ainsi de lui la satisfaction sexuelle masochique désirée. Ses accès de rage et ses cris étaient donc de simples tentatives de séduction. En concordance avec la motivation du masochisme, il aurait, par une telle correction, trouvé encore à satisfaire son sentiment de culpabilité. Il avait conservé le souvenir d'une de ces scènes de « méchanceté », au cours de laquelle il redoublait de cris dès que son père approchait. Toutefois son père ne le battit pas, mais chercha à l'apaiser en jouant à la balle devant lui avec les oreillers de son petit lit.

Je ne sais combien de fois parents et éducateurs, en présence de l'inexplicable « méchanceté » d'un enfant, auraient l'occasion de se souvenir de ce typique état de choses. L'enfant qui se montre à tel point intraitable fait par là un aveu et veut provoquer une punition. Et dans les coups qu'il reçoit, il recherche à la fois l'apaisement de son sentiment de culpabilité et la satisfaction de sa tendance sexuelle masochique.

Nous devons l'élucidation ultérieure de notre cas morbide à un souvenir qui apparut alors avec la plus grande netteté : aucun symptôme d'angoisse ne se mêla aux indices de modification du caractère avant que n'eût eu lieu certain événement. Auparavant, il n'y avait pas eu d'angoisse et immédiatement après l'événement, l'angoisse se manifesta sous la forme la plus pénible. La date de cette transformation a été précisée : c'était juste avant le 4e anniversaire de l'enfant. Grâce à ce point de repère, la période de l'enfance dont nous nous occupons se divise en deux phases, une première phase de méchanceté et de perversité qui s'étend de la séduction survenue à 3 ans et 3 mois jusqu'au 4e anniversaire et une seconde phase, plus longue, qui suivit et dans laquelle dominent les indices de la névrose. Cependant l'événement qui rendit possible cette division ne fut pas un traumatisme extérieur, mais un rêve dont l'enfant s'éveilla plein d'angoisse.

IV

LE RÊVE ET LA SCÈNE PRIMITIVE

J'ai déjà publié ailleurs (1), à cause de sa richesse en matériel folklorique, ce rêve, et je commencerai par le rapporter ici dans les mêmes termes :

« *J'ai rêvé qu'il faisait nuit et que j'étais couché dans mon lit. (Mon lit avait les pieds tournés vers la fenêtre ; devant la fenêtre il y avait une rangée de vieux noyers. Je sais avoir rêvé cela l'hiver et la nuit.) Tout à coup la fenêtre s'ouvre d'elle-même et, à ma grande terreur, je vois que, sur le grand noyer en face de la fenêtre, plusieurs loups blancs sont assis. Il y en avait 6 ou 7. Les loups étaient tout blancs et ressemblaient plutôt à des renards ou à des chiens de berger, car ils avaient de grandes queues comme les renards et leurs oreilles étaient dressées comme chez les chiens quand ceux-ci sont attentifs à quelque chose. En proie à une grande terreur, évidemment d'être mangé par les loups, je criai* et m'éveillai. Ma bonne accourut auprès de mon lit afin de voir ce qui m'était arrivé. Il me fallut un bon moment pour être convaincu que ce n'avait été qu'un rêve, tant m'avait semblé vivant et clair le tableau de la fenêtre s'ouvrant et des loups assis sur l'arbre. Je me calmai enfin, me sentis comme délivré d'un danger et me rendormis.

« La seule action ayant eu lieu dans le rêve était l'ouverture de la fenêtre, car les loups étaient assis tout à fait tranquilles et sans faire aucun mouvement sur les branches de l'arbre, à droite et à gauche du tronc, et me regardaient. On aurait dit qu'ils avaient toute leur

(1) Märchenstoffe in Träumen, 1913 (Éléments de contes de fées dans les rêves), *Int. Zeitschr. f. ärtzl. Psychoanalyse*, vol. I, 1913.

attention fixée sur moi. Je crois que ce fut là mon premier rêve d'angoisse. J'avais alors 3, 4, tout au plus 5 ans. De ce jour, jusqu'à ma 11e ou 12e année, j'eus toujours peur de voir quelque chose de terrible dans mes rêves. »

Le rêveur me donna encore un dessin de l'arbre avec les loups,

à l'appui de sa description. L'analyse du rêve ramena au jour le matériel suivant.

Il a toujours rapproché ce rêve du souvenir d'après lequel il aurait eu, en ces années d'enfance, une peur effroyable de l'image d'un loup qui se trouvait dans un certain livre de contes. Sa sœur aînée, bien supérieure à notre patient, avait coutume de le taquiner en lui montrant, sous un prétexte quelconque, justement cette image, sur quoi il commençait à crier, épouvanté. Sur cette image, le loup se tenait debout, une patte en avant, les griffes sorties et les oreilles dressées. Le rêveur pense que cette image servait d'illustration au conte du *Petit Chaperon rouge.*

Pourquoi les loups sont-ils blancs ? Voilà qui lui rappelle les moutons gardés par grands troupeaux dans les environs de la propriété. Son père à l'occasion l'emmenait avec lui visiter ces troupeaux, ce qui le rendait chaque fois très fier et très heureux. Plus tard — d'après certains renseignements, ce pouvait très bien avoir été peu de temps avant ce rêve — une épidémie éclata parmi ces moutons. Le père fit venir un élève de Pasteur qui vaccina les animaux, mais ils moururent après la vaccination en plus grand nombre encore qu'auparavant.

Comment les loups en viennent-ils à être sur l'arbre ? Cette situation lui rappelle une histoire qu'il avait entendu raconter par son grand-père. Il ne peut se rappeler si c'était avant ou après le rêve, mais le fond de l'histoire parle décidément en faveur de la première hypothèse. Voici cette histoire : un tailleur est assis chez lui en train de travailler, la fenêtre s'ouvre et un loup saute dans la chambre. Le tailleur le frappe de son aune — non (il se corrige) le saisit par la queue et la lui arrache, de sorte que le loup épouvanté s'enfuit. Quelque temps après, le tailleur va dans la forêt et voit soudain venir à lui une troupe de loups, qu'il évite en grimpant sur un arbre. Les loups sont d'abord déconcertés, mais le mutilé, qui est parmi eux et veut se venger du tailleur, propose que tous les loups grimpent l'un sur l'autre jusqu'à ce que le dernier ait atteint le tailleur. Lui-même — c'est un vieux loup très fort — sera la base de cette pyramide. Les loups font ainsi mais le tailleur a reconnu le visiteur qu'il avait châtié et s'écrie soudain comme alors : « Attrapez la bête grise par la queue ! » Le loup sans queue, terrifié à ce souvenir, prend la fuite et tous les autres dégringolent.

Dans ce récit se retrouve l'arbre sur lequel, dans le rêve, sont assis les loups. Mais il contient, de plus, une indubitable allusion au complexe de castration, le vieux loup a été amputé de sa queue par le tailleur. Les queues de renard dont sont munis les loups du rêve constituent sans doute des compensations à ce manque de queue.

Pourquoi y a-t-il 6 ou 7 loups ? Cette question ne semblait pas pouvoir recevoir de réponse, mais un doute me vint et je l'exprimai : l'image qui faisait peur à l'enfant pouvait-elle vraiment se rapporter au conte du *Petit Chaperon rouge* ? Ce conte ne donne en effet lieu qu'à deux illustrations : la rencontre du Petit Chaperon rouge avec le loup dans la forêt et la scène où le loup est au lit avec le bonnet de la grand-mère. Derrière le souvenir de l'image, un autre conte devait donc être dissimulé. Le patient découvrit bientôt que ce ne pouvait être que l'histoire du *Loup et des sept chevreaux*. On y retrouve le chiffre 7, mais aussi le chiffre 6, car le loup ne dévore que 6 chevreaux, le 7e se cache dans l'horloge. Le blanc apparaît aussi dans cette histoire, car le loup se fait blanchir la patte chez le boulanger, après que les chevreaux, lors de sa première visite, l'ont reconnu à sa patte grise. Les deux contes ont, en outre, bien des points communs. Dans les deux on retrouve le fait d'être mangé, le ventre qu'on ouvre, l'acte de faire ressortir les personnes mangées, leur remplacement par de lourdes pierres et enfin, dans les deux, le méchant loup périt. En outre dans le conte des chevreaux apparaît aussi l'arbre. Le loup se couche après son repas sous un arbre et ronfle.

Des circonstances particulières à ce rêve m'inciteront à m'en occuper encore ailleurs, à l'interpréter alors plus à fond, comme à en peser toute l'importance. C'est donc là le plus ancien rêve angoissant de son enfance dont le rêveur se souvienne, rêve dont le contenu, en rapport avec d'autres rêves qui le suivirent bientôt et avec certains événements des premières années de la vie du rêveur, présentent un intérêt tout particulier. Mais ici nous nous bornons à la relation de ce rêve avec deux contes qui ont tant de points communs : *Le Petit Chaperon rouge* et *Le loup et les sept chevreaux.* L'impression produite par ces contes sur le petit rêveur se manifesta par une phobie classique d'animaux, phobie ne se distinguant d'autres cas analogues que par ce trait : l'animal d'angoisse n'était pas un objet aisément accessible à la perception (tel un cheval ou un chien) mais n'était connu que par le récit et l'image.

Je me réserve d'exposer ailleurs quelle explication comportent ces phobies animales et quelle signification leur revient. J'anticipe seulement pour faire remarquer que cette explication est en harmonie complète avec le caractère principal que revêtit, au cours ultérieur de la vie du rêveur, sa névrose. La peur du père avait été le mobile le plus fort de sa maladie et l'attitude ambivalente envers tout substitut du père domina sa vie comme sa conduite pendant le traitement.

Si le loup, chez mon patient, n'était simplement que le premier substitut du père, on peut se demander si le conte du loup qui mange les chevreaux et celui du Petit Chaperon rouge ont pour contenu occulte autre chose que la peur infantile du père (1).

Le père de mon patient avait, en outre, l'habitude qu'ont tant de personnes dans leurs rapports avec leurs enfants, de la « gronderie tendre », et il est bien possible que ce père (qui plus tard devait se faire sévère) l'ait, plus d'une fois, en jouant avec son petit enfant, et en le caressant, menacé, pour rire, de ces mots : « Je vais te manger ! » L'une de mes patientes me conta que ses deux enfants ne purent

(1) Comparer l'analogie entre ces deux contes et le mythe de Kronos, mise en évidence par O. Rank dans « Völkerpsychologische Parellelen zu den infantilen Sexualtheorien », *Zentralblatt für Psychoanalyse*, II, 8 (Parallèles entre le folklore et les théories sexuelles infantiles).

jamais parvenir à aimer leur grand-père, parce que celui-ci, en jouant amicalement avec eux, avait coutume de leur faire peur en leur disant qu'il allait leur ouvrir le ventre.

Laissons maintenant de côté tout ce qui anticipe sur ce que ce rêve pourra nous apprendre de plus lointain et revenons-en à son interprétation immédiate. Je ferai observer que cette interprétation posa un problème dont la solution demanda plusieurs années. Le patient m'avait, de bonne heure dans son analyse, rapporté ce rêve, et n'avait pas tardé à partager ma conviction que les causes de sa névrose infantile se dissimulaient derrière celui-ci. Au cours du traitement, nous revînmes souvent à ce rêve, mais ce ne fut que dans les derniers mois du traitement que nous réussîmes à le comprendre pleinement et ceci grâce au travail spontané du patient. Il avait toujours souligné que deux facteurs dans ce rêve avaient fait sur lui la plus grande impression : en premier lieu, la parfaite tranquillité, l'immobilité des loups et, en second lieu, l'attention tendue avec laquelle ils le fixaient tous. Le sentiment durable de réalité que le rêve avait laissé après soi lui semblait encore digne d'être noté.

Nous prendrons cette dernière remarque pour point de départ. L'interprétation des rêves nous a déjà appris que ce sentiment de réalité comporte une signification déterminée. Il équivaut à l'assurance que quelque chose dans le matériel latent du rêve prétend dans la mémoire du rêveur être réel, c'est-à-dire que le rêve se rapporte à un événement réellement arrivé et non pas simplement imaginé. Il ne peut naturellement s'agir que de la réalité de quelque chose d'inconnu ; la conviction, par exemple, que le grand-père a vraiment raconté l'histoire du tailleur et du loup, ou bien que les contes du *Petit Chaperon rouge* et des *Sept chevreaux* ont vraiment été lus à l'enfant, n'aurait jamais pu être remplacée par ce sentiment durable de réalité ayant survécu dans le rêve. Le rêve semblait faire allusion à un événement dont la réalité soulignée se trouvait ainsi être en opposition complète avec l'irréalité des contes de fées.

Si nous en venons à admettre qu'il y ait, derrière le contenu du rêve, une scène inconnue de cette sorte, c'est-à-dire déjà oubliée au moment où eut lieu le rêve, il faut que cette scène se soit produite de très bonne heure dans la vie de l'enfant. Le rêveur le déclare lui-même : « J'avais, lorsque je fis ce rêve, 3, 4, tout au plus 5 ans. » Nous pourrions ajouter : « Et ce rêve me rappela quelque chose qui devait s'être passé à une époque encore plus reculée. »

Les éléments que souligne le rêveur dans le contenu manifeste du rêve : l'attention soutenue, l'immobilité, doivent nous mettre sur la voie de cette scène réelle. Bien entendu, il faut nous attendre à ce que ce matériel manifeste reproduise le matériel inconnu et latent de la scène avec une déformation quelconque, peut-être même avec la déformation en son contraire.

Du matériel brut que la première analyse du rêve avec le patient nous avait livré, il y avait aussi plusieurs conclusions à tirer, conclusions qu'il convenait d'insérer dans le contexte que nous recherchions. Derrière la mention de l'épidémie des moutons, nous pouvions retrouver des traces de l'investigation sexuelle de l'enfant — il pouvait en effet satisfaire cet intérêt lors de ses visites aux troupeaux en compagnie de son père — mais il y avait là aussi des allusions à la peur de la mort, car les moutons moururent, pour la plupart, lors de l'épidémie. Ce qui dans le rêve est le plus frappant, les loups sur l'arbre, conduisait directement à l'histoire contée par le grand-père et ce qui, dans cette histoire, semblait fascinant et capable d'engendrer le rêve ne pouvait être autre chose que sa connexion avec le thème de la castration.

La première analyse incomplète du rêve nous avait de plus amené à conclure que le loup était un substitut du père : ainsi ce premier rêve d'angoisse aurait mis à jour cette peur du père qui devait désormais dominer la vie du malade. De fait, cette conclusion ne s'imposait pas encore. Mais si nous rassemblons les données de l'analyse parvenue à ce point, données dérivées du matériel fourni par le rêveur, nous posséderons, en vue d'une reconstruction à tenter, à peu près les fragments suivants :

Un événement réel — datant d'une époque très lointaine — regarder — immobilité — problèmes sexuels — castration — le père — quelque chose de terrible.

Un jour, le patient poursuivit ainsi l'interprétation de son rêve. Le passage du rêve, pensait-il, où il est dit : « Tout à coup, la fenêtre s'ouvre d'elle-même », n'est pas entièrement élucidé par le rapport à la fenêtre où est assis le tailleur et par laquelle le loup entre dans la chambre. « Ce passage doit signifier : mes yeux s'ouvrent tout à coup. Ainsi je dors et m'éveille soudain, et en m'éveillant, je vois quelque chose : l'arbre avec les loups. » Il n'y avait là rien à objecter, mais on pouvait continuer à développer ce point. L'enfant s'était réveillé et avait vu quelque chose. Le fait de regarder attentivement, attribué aux loups dans le rêve, doit bien plutôt être déplacé sur le rêveur. Ici, en un point essentiel, un renversement avait eu lieu qui, en outre est annoncé par un autre renversement dans le contenu manifeste du rêve. Le fait que les loups soient assis sur l'arbre est en effet aussi une transposition puisque, dans le récit du grand-père, ils se trouvaient en bas et ne pouvaient grimper sur l'arbre.

Mais alors, l'autre facteur souligné par le rêveur ne serait-il pas déformé aussi de par un renversement ou une interversion ? Dans ce cas, au lieu d'immobilité (les loups sont assis immobiles, ils le regardent, mais ne bougent pas), il faudrait penser au mouvement le plus violent. L'enfant se serait soudain réveillé et aurait vu devant lui une scène de mouvement violent qu'il regarda, toute son attention tendue. Dans un cas, la déformation consisterait à échanger le sujet contre l'objet, l'activité contre la passivité, « être regardé » contre « regarder » ; dans l'autre cas, elle consisterait à changer une chose en son contraire : le repos à la place du mouvement.

Une autre fois, une association subite du rêveur nous fit faire un pas de plus dans la compréhension du rêve : « L'arbre est l'arbre de Noël. » Il le savait à présent, le rêve avait eu lieu peu avant Noël, dans l'attente de la fête. Comme le jour de Noël était en même temps celui de son anniversaire, la date du rêve et de la transformation dont ce dernier avait été l'origine pouvait maintenant être fixée avec certitude. C'était juste avant son 4ᵉ anniversaire. Il s'était endormi dans l'attente fébrile du jour qui devait lui apporter une double ration de cadeaux. Nous le savons : l'enfant, en pareilles circonstances anticipe aisément sur la réalisation de ses désirs. Ainsi, c'était déjà Noël en rêve, le contenu du rêve lui montrait ses étrennes, à l'arbre étaient suspendus les cadeaux à lui destinés. Mais au lieu des cadeaux, il y avait des loups, et le rêve finissait de la façon suivante : il avait peur d'être mangé par le loup (sans doute par son père), et il cherchait refuge auprès de sa bonne. La connaissance que nous avons du développement sexuel de l'enfant antérieurement au rêve nous rend possible de combler les lacunes de celui-ci et d'élucider la transformation de la satisfaction en angoisse. Parmi les désirs formateurs du rêve, le plus puissant devait être le désir de la satisfaction sexuelle qu'il aspirait alors à obtenir de son père. La force de ce désir rendit possible la reviviscence des traces mnémoniques, depuis longtemps oubliées, d'une scène susceptible de lui montrer à quoi ressemblait la satisfaction sexuelle de par le père — et le résultat en fut terreur, épouvante devant la réalisation de ce désir, refoulement de l'aspiration qui s'était manifestée par ce désir, fuite devant le père et refuge cherché auprès de la bonne plus inoffensive.

L'importance de cette date de Noël comme tournant décisif dans la vie de l'enfant avait été conservée dans ce soi-disant souvenir : son premier accès de rage aurait été dû au fait qu'il n'avait pas été satisfait de ses cadeaux de Noël. Ce souvenir mêlait le vrai et le faux ; il ne pouvait entièrement être juste car, d'après les déclarations répétées de ses parents, la « méchanceté » de leur fils avait éclaté dès leur retour à l'automne et non pas seulement à la Noël. Mais l'essentiel de la relation entre le manque de satisfaction d'amour, la rage et Noël, avait été conservé dans ce souvenir.

Cependant, quelle image l'aspiration sexuelle nocturnement agissante pouvait-elle avoir évoquée qui fût capable de détourner le rêveur, avec une aussi intense épouvante, de la réalisation de son désir ? D'après le matériel découvert par l'analyse, il fallait que cette image remplît une condition, il fallait qu'elle fût apte à créer la conviction de l'existence de la castration. L'angoisse de castration devenait alors le moteur de la transmutation de l'affect.

Je suis ici parvenu au point où je dois abandonner l'appui que m'a jusqu'ici offert le cours de l'analyse. Je crains que ce ne soit aussi le point où le lecteur me retire sa foi.

Ce qui cette nuit-là fut réactivé et émergea du chaos, traces mnémoniques inconscientes, fut l'image d'un coït entre ses parents, d'un coït accompli dans des circonstances pas tout à fait habituelles et particulièrement favorables à l'observation. Nous parvînmes peu à peu à obtenir des réponses satisfaisantes à toutes les questions qui pouvaient se poser relativement à cette scène car, au cours du traitement, ce premier rêve reparut en d'innombrables rééditions et variantes dont l'analyse nous fournit toute l'élucidation souhaitée. Ainsi, en premier lieu, l'âge de l'enfant lorsqu'il fit cette observation put être fixé à environ 1 an 1/2 (1). Il souffrait alors d'une malaria dont les accès revenaient quotidiennement à une heure donnée (2).

A partir de sa 10e année, il fut périodiquement sujet à des accès de dépression qui commençaient l'après-midi et atteignaient leur apogée vers 5 heures. Ce symptôme persistait encore au temps du traitement analytique. Les accès de dépression récurrente avaient pris la place des accès de fièvre ou de langueur de jadis ; 5 heures était l'heure de la fièvre la plus forte ou bien celle de l'observation du coït, si tant est que les deux n'eussent point coïncidé (3). Il se trouvait probablement, à cause même de cette maladie, dans la chambre de ses parents. Cette maladie, dont l'existence est aussi corroborée par une tradition directe, rend plausible de situer l'événement pendant l'été et par là d'attribuer à l'enfant né à Noël l'âge de $n + 1$ an 1/2. Ainsi, il venait de dormir dans son petit lit dans la chambre de ses parents et s'éveilla, peut-être à cause de la montée de la fièvre, l'après-midi, peut-être à 5 heures, moment marqué plus tard par un état de

(1) On pouvait aussi penser à l'âge de 6 mois, mais avec bien moins de vraisemblance ; l'hypothèse semblait de fait à peine soutenable.

(2) Comparer les métamorphoses ultérieures de ce facteur dans la névrose obsessionnelle. Dans les rêves survenus au cours du traitement, il fut figuré par un vent violent (*aria*, air, vent).

(3) A rapprocher du fait que le patient, en illustrant son rêve, ne dessina que *cinq* loups, bien que le texte du rêve parlât de 6 ou 7.

dépression. Que les parents se soient retirés à demi dévêtus (1) pour une sieste diurne, voilà qui cadrerait avec l'hypothèse d'une chaude journée d'été. En s'éveillant, il fut témoin d'un *coitus a tergo*, trois fois répété (2), il put voir l'organe de sa mère comme le membre de son père, et comprit le processus ainsi que son sens (3). Enfin il troubla les rapports de ses parents d'une manière dont il sera question plus tard.

Au fond, il n'y a là rien d'extraordinaire, rien qui soit susceptible de donner l'impression d'une imagination extravagante, dans le fait qu'un jeune couple, marié depuis peu d'années, ait adjoint une scène d'amour à une sieste, au cours d'un chaud après-midi d'été et ne se soit pas laissé arrêter par la présence du petit garçon de 1 an 1/2 endormi dans son petit lit. Je dirai plutôt que c'est au contraire un fait banal, fréquent, et même la position dans laquelle nous avons inféré qu'avait dû être accompli le coït ne peut en rien modifier ce jugement. D'autant plus qu'il ne ressort pas des pièces à conviction que le coït ait été chaque fois accompli par derrière. Une seule fois aurait, en effet, suffi pour donner au spectateur l'occasion de faire des observations qu'une autre attitude du couple amoureux eût rendues plus difficiles ou impossibles. Le contenu de cette scène ne peut donc en lui-même pas servir d'argument contre sa crédibilité. Le soupçon d'invraisemblance se portera sur trois autres points. En premier lieu, un enfant, à l'âge tendre de 1 an 1/2, est-il capable de recueillir des perceptions relatives à un processus aussi compliqué et de les conserver si fidèlement dans son inconscient ? En second lieu, est-il possible à une élaboration différée des impressions ainsi reçues de se produire et de se frayer un chemin jusqu'à la compréhension à l'âge de 4 ans ? En dernier lieu, existe-t-il un procédé quelconque pouvant rendre conscients, de façon cohérente et convaincante, les détails d'une pareille scène, vécue et comprise en de semblables circonstances (4) ?

(1) En linge de dessous blanc, les loups *blancs*.

(2) Pourquoi trois fois ? Il soutint tout à coup un jour que j'avais établi ce détail grâce à une interprétation. Ce n'était pas le cas. C'était une association spontanée, exempte de critique ultérieure ; à sa façon habituelle, il me l'attribua, tentant par cette projection de la rendre plus digne de foi.

(3) Je veux dire qu'il le comprit à l'époque de son rêve, à 4 ans, non pas à l'époque où il l'observa. A 1 an 1/2 il recueillit les impressions dont la compréhension différée lui fut rendue possible à l'époque du rêve de par son développement, son excitation et son investigation sexuelles.

(4) On ne peut tourner la première de ces difficultés en supposant que l'enfant, à l'époque de son observation, ait eu vraisemblablement, après tout, une année de plus, c'est-à-dire 2 ans 1/2, âge auquel il eût pu être parfaitement capable de parler. Toutes les circonstances accessoires du cas de mon patient rendent presque impos-

Je m'occuperai plus loin à fond de ces objections, j'assure le lecteur que je ne suis pas moins critique que lui envers l'admission d'une telle observation de la part d'un enfant et je le prie de se joindre à moi pour croire *provisoirement* à la réalité de cette scène. Nous commencerons par poursuivre l'étude des relations de cette « scène primitive » avec le rêve, les symptômes et l'histoire de la vie du patient, et nous rechercherons particulièrement quels effets découlèrent du contenu essentiel de la scène et de l'une de ses impressions visuelles.

J'entends par là les postures qu'il vit prendre à ses parents, l'homme dressé et la femme courbée comme un animal. Nous savons déjà qu'au temps de son angoisse, sa sœur avait coutume de lui faire peur avec l'image du livre de contes représentant le loup debout, une patte portée en avant, les griffes sorties et les oreilles dressées. Au cours de son traitement, le patient n'eut de cesse qu'il n'eût retrouvé, grâce à d'inlassables recherches chez les bouquinistes, le livre de contes illustrés de son enfance, et il reconnut son « image d'angoisse » dans une illustration du conte *Le loup et les sept chevreaux*. Il pensait que l'attitude du loup sur cette image avait pu lui rappeler celle de son père pendant la scène primitive que nous avions reconstruite. En tout cas, cette image devint le point de départ d'autres manifestations d'angoisse. Un jour — il avait 7 ou 8 ans — il apprit que le lendemain arriverait son nouveau précepteur : il rêva alors, la nuit suivante, de ce précepteur sous la forme d'un lion qui, en rugissant, s'approchait de son lit dans l'attitude du loup de l'image, et il s'éveilla de nouveau plein d'angoisse. La phobie des loups avait alors déjà été surmontée, c'est pourquoi il était libre de se choisir un nouvel animal d'angoisse et il reconnaissait, dans ce rêve tardif, le précepteur comme étant un substitut du père. Dans les années de sa seconde enfance, chacun de ses maîtres ou précepteurs joua de même le rôle du père et fut investi de l'influence paternelle pour le bien comme pour le mal.

Le destin fournit à l'enfant une curieuse occasion de revivifier au lycée sa phobie des loups et de se servir de la relation qui en constituait le fond pour se créer de graves inhibitions. Le maître qui enseignait le latin dans sa classe se nommait *Wolf* (loup). Dès le début, ce maître l'intimida et il fut une fois sévèrement pris à

sible un tel déplacement de la date de son observation. En outre, il faut tenir compte du fait que de pareilles scènes d'observation du coït des parents sont fréquemment mises au jour par une analyse. Leur condition, c'est justement d'avoir eu lieu dans la toute première enfance. Plus l'enfant grandit, plus les parents, quand ils appartiennent à un certain niveau social, rendent impossible à l'enfant l'occasion d'une telle observation.

partie par lui pour avoir fait dans une traduction latine une faute stupide ; de ce jour, il ne put se défendre d'une peur paralysante en présence de ce maître, peur bientôt transférée à d'autres professeurs. Mais l'occasion à laquelle il avait commis une bévue dans sa traduction n'était pas non plus sans rapport avec son complexe. Il avait à traduire le mot latin *filius* et il le fit par le mot français *fils* au lieu de se servir du mot adéquat dans sa langue natale. Ainsi le loup continuait toujours à être son père (1).

Le premier des « symptômes passagers » (2) que le patient manifesta pendant le traitement se rattachait de nouveau à la phobie des loups et au conte des 7 chevreaux. Dans la pièce où eurent lieu les premières séances se trouvait une grande horloge murale en face du patient qui, couché sur un divan, me tournait le dos. Je fus frappé du fait que de temps à autre, il tournait vers moi son visage, me regardait très amicalement comme pour gagner mes bonnes grâces, et ensuite détournait son regard de moi vers l'horloge. Je croyais alors qu'il manifestait par là son désir de voir finir la séance. Longtemps après le patient me fit souvenir de cette pantomime et m'en donna l'explication en rappelant que le plus jeune des 7 chevreaux trouva un refuge dans le coffre de l'horloge, tandis que ses 6 frères étaient mangés par le loup. Ainsi il voulait alors me dire : « Sois bon pour moi ! Dois-je avoir peur de toi ? Vas-tu me manger ? Dois-je, comme le plus jeune chevreau, me cacher dans le coffre de l'horloge ? »

Le loup dont il avait peur était indubitablement son père, mais la peur du loup était liée à la position dressée. Son souvenir était sur ce point affirmatif : des images du loup marchant à quatre pattes ou, comme dans *Le Chaperon rouge*, couché dans un lit, ne lui faisaient pas peur. L'attitude que, d'après notre reconstruction de la scène primitive, il avait vu prendre à la femme, n'avait pas moins d'im-

(1) Après cette violente prise à partie par le maître-loup (Wolf), il apprit que, d'après l'opinion générale de ses camarades, ce maître attendait, afin d'être apaisé, de l'argent de sa part. Nous reviendrons là-dessus plus tard. Je veux me représenter combien une conception rationaliste de cette histoire d'enfance serait facilitée, si l'on pouvait admettre que toute la peur du loup fût en réalité issue du professeur de latin portant le nom du loup, eût été ensuite projetée en arrière dans l'enfance et eût, en s'appuyant sur l'illustration du livre de contes, causé le fantasme de la scène primitive. Mais cela n'est pas soutenable : la priorité dans le temps de la phobie des loups et la place qui lui revient à l'époque de l'enfance passée sur « la première terre » sont bien trop solidement établies. Et que dire du rêve à l'âge de 4 ans ?

(2) Voir FERENCZI, *Ueber passagere Symptombildungen während der Analyse*, *Zentralblatt für Psychoanalyse*, II, 1912, p. 588 et suiv. *(De la formation des symptômes passagers au cours de l'analyse.)*

portance ; cette importance resta cependant limitée à la sphère sexuelle. Les manifestations les plus frappantes de sa vie amoureuse, après qu'il eut atteint la maturité, furent des accès de désir sensuel compulsionnel pour telle ou telle personne, désirs qui surgissaient et disparaissaient dans la succession la plus énigmatique. Ces accès libéraient en lui, même au temps où il était par ailleurs inhibé, une énergie gigantesque et échappaient entièrement à son contrôle. Je dois, en raison d'un contexte particulièrement important, remettre à plus tard l'étude complète de ces amours obsessionnelles, mais je puis mentionner ici qu'elles dépendaient d'une condition déterminée, cachée à sa conscience, et qui ne fut découverte qu'au cours du traitement. La femme devait avoir pris la posture que nous avons attribuée à la mère dans la scène primitive. Pour lui, depuis la puberté, des fesses larges, proéminentes, étaient le charme le plus puissant chez une femme : un coït dans une autre position que par derrière lui donnait à peine de plaisir. On objectera ici justement qu'une semblable prédilection sexuelle pour les parties postérieures du corps est un caractère général chez les personnes enclines à la névrose obsessionnelle, et que la dérivation d'une impression particulière de l'enfance n'en est pas justifiée. Cette prédilection ferait partie de l'ensemble de la constitution érotique anale, serait l'un des traits archaïques qui la distinguent. On peut en effet considérer la copulation par derrière — *more ferarum* — comme la forme la plus ancienne au point de vue phylogénique. Nous reviendrons d'ailleurs à nouveau sur ce point dans un contexte ultérieur, quand nous aurons fait connaître le matériel supplémentaire qui constituait la condition inconsciente de ses amours.

Poursuivons ici la discussion des rapports entre le rêve et la scène primitive. Nous pouvions nous attendre à ce que le rêve présentât à l'enfant, qui se réjouissait à l'idée de voir ses désirs réalisés à l'occasion de Noël, l'image de la satisfaction sexuelle de par le père, telle qu'il avait pu la voir octroyée dans la scène primitive en prototype de la satisfaction qu'il aspirait lui-même à obtenir de son père. Mais, au lieu de cette image, apparaît le matériel de l'histoire contée peu auparavant par le grand-père : l'arbre, les loups, l'absence de queue sous la forme surcompensée des queues touffues des soi-disant loups. Ici manque une connexion, un pont associatif menant du contenu de la scène primitive à celui de l'histoire des loups. Cette connexion nous est à nouveau fournie par l'attitude du loup et rien que par celle-ci. Le loup sans queue, dans le récit du grand-père, incite les autres *à lui monter dessus*. C'est ce détail qui réveilla le souvenir visuel de la scène primitive ; par cette voie il devint possible au matériel de la scène primitive d'être représenté par celui de l'histoire des loups et, en même temps, aux deux parents d'être dûment remplacés par la pluralité des loups. Le contenu latent du rêve subit encore une transformation en ce que le matériel de l'histoire des loups s'adapta au contenu du conte des 7 chevreaux, lui empruntant le nombre 7 (1).

L'évolution du matériel : scène primitive — histoire des loups — conte des 7 chevreaux — reflète la suite des pensées durant la formation du rêve : désir de satisfaction sexuelle de par le père, compréhension du fait que la castration en est une condition nécessaire, peur du père. Ce n'est que maintenant, je pense, que le rêve d'angoisse du petit garçon s'explique entièrement (2).

Après ce qui a été déjà dit, je pourrai traiter brièvement de

(1) Six ou sept, est-il dit, dans le rêve. Six est le nombre des enfants dévorés, le septième se réfugie dans le coffre de l'horloge. C'est une règle absolue de l'interprétation des rêves que chaque détail doit trouver son explication.

(2) Maintenant que nous avons réalisé une synthèse de ce rêve, j'essaierai de faire un exposé succinct des rapports reliant le contenu manifeste du rêve à ses pensées latentes.

Il fait nuit et je suis couché dans mon lit. Le dernier membre de la phrase reproduit le début de la scène primitive : « Il fait nuit », est une déformation de : « Je viens de dormir. » Cette remarque : « Je sais que c'était en hiver que je fis ce rêve et la nuit », se rapporte au souvenir qu'a le patient du rêve, non au contenu de celui-ci. Cette remarque est juste, c'était une des nuits ayant précédé l'anniversaire du petit garçon, c'est-à-dire le jour de Noël.

Tout à coup la fenêtre s'ouvre d'elle-même, ce qu'il faut traduire ainsi : « Tout à coup je m'éveille de moi-même », souvenir de la scène primitive. L'influence de l'histoire des loups, dans laquelle le loup entre en sautant par la fenêtre, se fait sentir et apporte une modification, changeant une expression propre en une expression figurée. En même temps, l'introduction de l'élément fenêtre sert à rapporter au présent le contenu subséquent du rêve. Le soir de Noël, la porte s'ouvre tout à coup et l'on voit devant soi l'arbre avec les cadeaux. Ainsi se fait sentir l'attente actuelle de Noël et aussi celle de la satisfaction sexuelle.

Le grand noyer représente l'arbre de Noël et est donc actuel, il est en outre l'arbre de l'histoire des loups, sur lequel le tailleur poursuivi cherche refuge, sous lequel les loups montent la garde. Ainsi que j'ai souvent pu m'en convaincre, l'arbre élevé est aussi un symbole d'observation, de voyeurisme. Quand on est dans l'arbre, on peut, sans être vu soi-même, voir ce qui se passe en bas. Comparer le conte bien connu de Boccace et les facéties similaires.

Les loups et leur nombre *six ou sept.* Dans l'histoire des loups, c'est une bande de loups sans que le nombre des animaux soit donné. La fixation d'un chiffre témoigne de l'influence du conte des 7 chevreaux, desquels 7 sont mangés. Le remplacement du nombre 2, propre à la scène primitive, par une pluralité ce qui, dans la scène primitive, serait absurde, agrée à la résistance comme moyen de déformation. Dans le dessin qui illustre le rêve, le rêveur fait figurer le nombre 5, destiné sans doute à corriger la donnée : « Il faisait nuit. »

Ils sont assis sur l'arbre. Ils remplacent en premier lieu des cadeaux de Noël appendus à l'arbre. Mais ils sont aussi transportés sur l'arbre parce que cela peut vouloir dire qu'ils regardent. Dans l'histoire du grand-père, leur poste est sous l'arbre, leur rapport à l'arbre a ainsi été renversé dans le rêve, d'où il faut conclure l'action pathogène de la scène primitive et des modifications que sa reviviscence produisit dans le développement sexuel du petit garçon. Nous ne nous attacherons qu'à celui de ces effets que le rêve exprime. Il nous faudra par la suite nous rendre compte du fait que ce ne fut pas un seul courant sexuel qui émana de la scène primitive,

que le contenu du rêve doit présenter encore d'autres renversements du matériel latent.

Ils le regardent avec une attention tendue. Voilà qui émane entièrement de la scène primitive, et n'a pu prendre place dans le rêve qu'au prix d'une totale inversion.

Ils sont tout blancs. Ce trait en lui-même peu essentiel, mais fortement souligné dans le récit du rêveur, doit son intensité à une ample fusion d'éléments empruntés à toutes les stratifications du matériel. Il combine des détails accessoires émanés des autres sources du rêve avec une partie significative de la scène primitive. Cette dernière détermination provient sans doute du blanc du linge de lit et du linge de corps des parents, auquel s'ajoute le blanc des troupeaux de moutons et des chiens de berger, en tant qu'allusion à l'investigation sexuelle que l'enfant dut poursuivre sur les animaux ; ici se retrouve encore le blanc du conte des 7 chevreaux, où l'on reconnaît la mère à la blancheur de sa main. Plus loin nous verrons que le linge blanc est de plus une allusion à la mort.

Ils sont assis immobiles. Par là est contredit le contenu le plus frappant de la scène observée, le mouvement qui, en vertu de l'attitude auquel il conduisit, établit le lien entre la scène primitive et l'histoire des loups.

Ils ont des queues comme des renards. Voilà qui est destiné à contredire une conclusion due à la répercussion de la scène primitive sur l'histoire des loups, conclusion qu'il faut regarder comme étant le résultat le plus important de l'investigation sexuelle de l'enfant : il existe donc réellement une castration. La peur, avec laquelle ce résultat cogitatif est accueilli, se fraye enfin un chemin dans le rêve et y met fin.

La peur d'être mangé par les loups. Elle ne semblait pas au rêveur motivée par le contenu du rêve. Il disait : « Je n'aurais pas dû avoir peur, car les loups avaient plutôt l'air de renards ou de chiens, ils ne se précipitaient pas non plus sur moi comme pour me mordre, mais étaient très tranquilles et pas du tout terribles. » Nous voyons là que le travail d'élaboration du rêve s'est, pendant un certain temps, efforcé de rendre inoffensifs les éléments pénibles par leur transformation en leur contraire. (Ils ne remuent pas, et voyez, ils ont les plus belles queues !) Mais cet expédient échoue enfin et l'angoisse éclate. Elle trouve à s'exprimer grâce au conte dans lequel les enfants-chevreaux sont mangés par le père-loup. Il se peut que cette partie du conte ait rappelé à l'enfant des menaces pour rire que lui avait faites son père en jouant avec lui, de sorte que la peur d'être mangé par le loup pouvait aussi bien être une réminiscence qu'un substitut par déplacement.

Les désirs ayant motivé ce rêve sont évidents ; aux souhaits les plus en surface des jours précédents (que Noël avec ses cadeaux n'est-il déjà arrivé ! rêve d'impatience), s'adjoint le désir plus profond, en ce temps-là permanent, d'être satisfait sexuellement par le père, désir immédiatement remplacé par celui de revoir ce qui, alors, avait été si fascinant. Ce désir, par l'évocation de la scène primitive, se réalise et le processus psychique se déroule à partir de ce point jusqu'à l'inévitable répudiation de ce désir et à son refoulement.

L'ampleur et le détaillé de cet exposé, auxquels je fus contraint par mes efforts tendant à offrir au lecteur quelque équivalent de la force de conviction émanant d'une analyse que l'on pratique soi-même, serviront peut-être encore à le dissuader de réclamer la publication d'analyses ayant duré plusieurs années.

mais toute une série de courants ; la libido de l'enfant, par cette scène, fut comme fendue en éclats. En outre, il nous faudra nous représenter que la réactivation de cette scène (j'évite exprès le mot « souvenir ») a le même effet que si elle était un événement récent. La scène agit après-coup et n'a cependant, durant l'intervalle entre 1 an 1/2 et 4 ans, rien perdu de sa fraîcheur. Peut-être trouverons-nous dans ce qui suit des raisons de supposer qu'elle exerça certains effets à partir de la date même de sa perception, c'est-à-dire à partir de l'âge de 1 an 1/2.

Quand le patient se replaçait plus profondément dans la situation de la scène primitive, il ramenait au jour les observations de lui-même qui vont suivre. Il semble d'abord avoir cru que l'acte dont il avait été témoin était un acte de violence, mais l'air réjoui de sa mère ne s'accordant pas avec cette supposition, il dut reconnaître qu'il s'agissait d'une satisfaction (1). La nouveauté essentielle que l'observation des rapports entre ses parents lui apporta fut la conviction de la réalité de la castration, éventualité dont sa pensée s'était déjà occupée (le spectacle des deux petites filles urinant, la menace de Nania, l'interprétation donnée par la gouvernante aux sucres d'orge, le souvenir du fait que le père avait coupé avec sa canne un serpent en morceaux). Car, maintenant, il voyait de ses propres yeux la blessure dont Nania avait parlé et comprenait que la présence de cette dernière était la condition des rapports avec le père. Il ne

(1) Notre conception cadrera peut-être au mieux avec les dires du patient si nous supposons qu'il observa, la première fois, un coït dans la position normale, qui doit naturellement éveiller l'idée d'un acte sadique. Ce n'est qu'après ce premier coït que la position aurait été changée, de sorte qu'il eut alors l'occasion de faire d'autres observations et de porter d'autres jugements. Toutefois, cette hypothèse n'a pas été sûrement confirmée et ne me semble d'ailleurs pas indispensable. Il ne faut pas oublier la situation réelle existant derrière l'exposé résumé du texte : le patient analysé, qui a plus de 25 ans, prête, aux impressions et aspirations de ses 4 ans, une expression verbale qu'il n'aurait jamais imaginée alors. Si l'on omet de faire cette remarque, il sera facile de trouver comique et incroyable qu'un enfant de 4 ans soit capable de tels jugements pragmatiques et de pensées aussi savantes. Il n'y a là qu'un second temps d'effet *après coup*. L'enfant reçoit à 1 an 1/2 une impression à laquelle il est incapable de réagir comme il conviendrait ; il ne la comprend pas, n'en est saisi que lors de la reviviscence de cette impression à 4 ans, et n'arrive que vingt ans plus tard, pendant son analyse, à comprendre avec ses processus mentaux conscients ce qui se passa alors en lui. C'est à juste titre que l'analysé ne tient pas compte de ces trois phases temporelles et situe son moi actuel dans la situation depuis longtemps résolue. Nous le suivons sur ce terrain, car une observation correcte de soi-même et une interprétation juste doivent permettre au résultat d'être tel que si la distance existant entre la deuxième et la troisième phase temporelle pouvait être négligée. Nous ne disposons d'ailleurs, non plus, d'aucun autre moyen pour décrire les processus ayant eu lieu dans la deuxième phase.

pouvait plus, comme lors de l'observation des petites filles, la confondre avec le « panpan » (1).

Le rêve se termina par de l'angoisse, angoisse qui ne se calma pas avant qu'il n'eût eu sa Nania auprès de lui. Il fuyait ainsi son père pour aller à elle. L'angoisse était une répudiation du désir d'être satisfait sexuellement par le père, désir qui lui avait inspiré le rêve. L'expression de cette angoisse, la peur d'être mangé par le loup, n'était qu'une transposition — régressive, comme nous allons l'apprendre — du désir de servir au coït du père, c'est-à-dire d'être satisfait à la façon de sa mère. Son dernier objectif sexuel, l'attitude passive envers le père, avait succombé au refoulement, et la peur du père avait pris sa place sous la forme de la phobie des loups.

Et quelle était la force motrice de ce refoulement ? D'après tout ce que nous savons, ce ne pouvait être que la libido génitale narcissique qui, sous forme d'une préoccupation concernant le membre viril, se débattait contre une satisfaction impliquant renonciation à ce membre. C'est de son narcissisme menacé que notre patient tirait la virilité grâce à laquelle il se défendait contre l'attitude passive envers son père.

Parvenus à ce point de notre exposé, il nous faut, nous le voyons, changer de terminologie. L'enfant avait, dans ce rêve, atteint une nouvelle phase de son organisation sexuelle. Les contraires sexuels avaient été jusqu'alors pour lui *actif* et *passif*. Depuis sa séduction, son objectif sexuel était passif, consistait à avoir les organes génitaux touchés, cet objectif ensuite se transforma, sous l'influence de la régression au stade antérieur sadique-anal, en celui, masochique, d'être battu, puni. Il lui était indifférent d'atteindre à ce but par un homme ou par une femme. Sans souci de la différence des sexes, il avait passé de sa Nania à son père, il avait demandé à Nania de toucher son membre, avait cherché à provoquer de la part de son père une fessée. Il n'était plus alors tenu compte du membre, bien que le rapport à cet organe, rapport recouvert par la régression, se manifestât encore dans le fantasme d'être battu sur le pénis. La réactivation de la scène primitive dans le rêve ramenait à présent l'enfant à l'organisation génitale. Il découvrait le vagin et la signification biologique de mâle et de femelle. Il comprenait maintenant qu'actif équivalait à mâle et passif à femelle. Son objectif sexuel passif aurait ainsi dû à présent se transformer en un objectif féminin et s'exprimer de la sorte : *servir au coït du père*, au lieu d'être battu par lui sur le membre ou sur le « panpan ». Alors cet objectif sexuel féminin succomba au refoulement et dut être remplacé par la peur du loup.

(1) Nous apprendrons plus tard, quand nous nous occuperons de son érotisme anal, comment il traita par la suite cette partie du problème.

Et il nous faut ici interrompre l'exposé de l'évolution sexuelle de notre malade jusqu'à ce qu'un nouveau jour soit projeté, à partir des stades ultérieurs de son histoire, sur ces stades primitifs. Nous devrons seulement ajouter, pour permettre d'apprécier à sa juste valeur la phobie des loups, que le père et la mère devinrent tous deux des loups. La mère, en effet, assuma le rôle du loup châtré, qui laisse les autres lui monter sur le dos ; le père devint le loup qui grimpe. Mais le malade assurait n'avoir eu peur que du loup debout, c'est-à-dire de son père. Nous sommes, de plus, frappés par le fait que la peur qui mit fin au rêve a son modèle dans le récit du grand-père. Dans ce récit, en effet, le loup châtré, qui a laissé les autres monter sur lui, est saisi de peur dès qu'on lui rappelle son absence de queue. Il semblerait ainsi qu'au cours de ce rêve il se fût identifié avec la mère châtrée et se fût débattu alors contre cette identification. « Si tu veux être sexuellement satisfait par le père », se serait-il dit à peu près, « il faut que tu admettes, comme ta mère, la castration. Mais je ne veux pas ! » Bref, une évidente protestation de virilité ! En outre, il faut considérer que l'évolution sexuelle du cas que nous étudions ici a, du point de vue de la recherche scientifique, le grand désavantage d'être troublée. Elle fut d'abord influencée de façon décisive par la séduction, et ensuite déviée par la scène d'observation du coït, laquelle, après-coup, agit comme une seconde séduction.

V

DISCUSSION DE QUELQUES PROBLÈMES

L'ours polaire et la baleine, dit-on, ne peuvent se faire la guerre, car, étant chacun confiné dans son propre élément, ils ne peuvent se rencontrer. Il m'est tout aussi impossible de discuter avec les chercheurs qui, au domaine de la psychologie ou des névroses, ne reconnaissent pas les postulats de la psychanalyse et tiennent ses résultats pour des inventions de toutes pièces. Mais, au cours de ces dernières années, une autre sorte d'opposition a pris naissance, émanée de personnes qui, d'après leurs propres dires du moins, restent sur le terrain de l'analyse, ne contestent ni sa technique ni ses résultats, mais se croient justifiées à tirer d'autres conclusions du même matériel et à le soumettre à d'autres interprétations.

Cependant, en règle générale, la controverse théorique est inféconde. Dès que l'on a commencé à s'écarter du matériel où l'on doit puiser, on court le danger de s'enivrer de ses propres assertions et, en fin de compte, de soutenir des opinions que toute observation eut contredites. Il me semble par suite incomparablement plus indiqué de combattre des conceptions divergentes en les expérimentant sur des cas et des problèmes particuliers.

J'ai relevé plus haut ce qui semble à la plupart être des invraisemblances, « en premier lieu, un enfant, à l'âge tendre de 1 an 1/2, est-il capable de recueillir des perceptions relatives à un processus aussi compliqué et de les conserver si fidèlement dans son inconscient ? En second lieu, est-il possible à une élaboration différée des impressions ainsi reçues de se produire et de se frayer un chemin jusqu'à la compréhension à l'âge de 4 ans ? En dernier lieu, existe-t-il un procédé quelconque pouvant rendre conscients, de façon cohérente et convaincante, les détails d'une pareille scène, vécue et comprise en de semblables circonstances ? »

La dernière question est une pure question de faits. Quiconque se donne la peine de pousser une analyse, par la technique prescrite, jusqu'en ces profondeurs, peut se convaincre de la possibilité de la chose ; quiconque néglige de le faire et interrompt l'analyse à quelque stratification supérieure, a perdu le droit de se former là-dessus une opinion. Mais la façon d'envisager ce que l'analyse profonde ainsi découvre n'est pas par là tranchée.

Les deux autres objections sont basées sur une sous-estimation des premières impressions infantiles, auxquelles on ne veut pas attribuer des effets aussi durables. Les partisans de ce point de vue recherchent la causation des névroses presque exclusivement dans les graves conflits de la vie adulte, et supposent que les névrosés ne font miroiter à nos yeux, au cours de l'analyse, l'importance de l'enfance, que grâce à la tendance qu'ils ont à exprimer leurs intérêts actuels en réminiscences et symboles d'un passé lointain. Une semblable estimation du facteur infantile impliquerait la renonciation aux particularités les plus intimes de l'analyse, mais aussi sans aucun doute à bien des points qui excitent contre elle les résistances et lui aliènent la confiance du public.

Voici donc quelle est la conception que nous allons ici soumettre à la discussion : des scènes appartenant à la première enfance, telles que nous les livre une analyse à fond des névroses, par exemple dans le cas présent, ne seraient pas la reproduction d'événements réels, auxquels on aurait le droit d'attribuer de l'influence sur le cours de la vie ultérieure du patient et sur la formation de ses symptômes, mais des produits de son imagination, nés d'incitations datant du temps de sa maturité, destinés à servir en quelque sorte de représentation symbolique aux désirs et aux intérêts réels du patient, et qui doivent leur origine à une tendance régressive, à la tendance à se détourner des problèmes du présent. S'il en était ainsi, nous pourrions, bien entendu, nous épargner toutes ces étranges propositions relatives à la vie psychique et à la capacité intellectuelle des enfants en bas âge.

Outre le désir, commun à nous tous, de rationaliser et de simplifier une tâche ardue, bien des faits parlent en faveur de cette manière de voir. Il est également possible de lever d'avance une objection qui pourrait justement naître dans l'esprit de l'analyste praticien. Il faut bien l'avouer, si une telle conception de ces scènes infantiles est la conception exacte, rien ne sera d'abord changé à l'exercice de l'analyse. Le névrosé a, en effet, la fâcheuse particularité de détourner du présent son intérêt et de le rattacher à ces formations substitutives régressives, produits de son imagination, de sorte qu'on ne peut faire autrement que suivre ses traces et lui rendre conscientes ces productions psychiques inconscientes, car elles ont, pour nous, leur non-valeur objective mise à part, une très haute importance comme étant les supports et possesseurs actuels de l'intérêt que nous voulons libérer afin de le diriger vers les devoirs du présent. L'analyse devrait faire exactement comme quelqu'un qui aurait une naïve confiance en la réalité de ces fantasmes. Ce ne serait qu'à la fin de l'analyse, ces fantasmes ayant été mis au jour, que se manifesterait une différence. On dirait alors au malade : « C'est très bien, votre névrose s'est déroulée comme si vous aviez eu ces impressions dans l'enfance et les aviez alors retravaillées dans votre esprit. Mais vous voyez bien que cela n'est pas possible. Ce furent là des produits de votre activité imaginative destinés à vous détourner des problèmes réels que vous aviez devant vous. Laissez-nous maintenant rechercher quels étaient ces problèmes, et quel chemin les reliait à vos fantasmes. » Après qu'auraient ainsi été liquidés les fantasmes infantiles, une seconde partie du traitement, dirigée cette fois-ci vers la vie réelle pourrait être commencée.

Tout raccourcissement de cette voie, toute modification par conséquent de la cure psychanalytique telle qu'on la pratiqua jusqu'à ce jour, serait techniquement inadmissible. On ne peut redonner au malade la libre disposition de l'intérêt lié à ses fantasmes qu'en lui rendant ceux-ci conscients dans toute leur étendue. Si on l'en détourne dès que l'on pressent leur existence et leur contour général, on ne fait que renforcer l'œuvre du refoulement, grâce à laquelle ils ont été mis hors de la portée de tous les efforts du malade. Si on les dévalorise prématurément à ses yeux, par exemple en lui révélant qu'il ne va s'agir que de fantasmes sans aucune valeur objective, on n'obtiendra jamais qu'il coopère pour les ramener à la conscience. La technique analytique, si l'on procède correctement, ne saurait par suite subir aucune modification, de quelque façon que l'on évalue ces scènes infantiles.

Je l'ai déjà dit, un certain nombre de facteurs réels peuvent être invoqués à l'appui de la conception d'après laquelle ces scènes seraient des fantasmes régressifs. Avant tout autre celui-ci : ces scènes infantiles, si j'en crois mon expérience à ce jour, ne sont pas reproduites, au cours de la cure, sous forme de souvenirs, mais s'avèrent le résultat d'une reconstruction. Le débat semblera, certes, à beaucoup, être clos par ce seul fait.

Je ne voudrais pas être mal compris. Tout analyste sait et a d'innombrables fois constaté que, dans une cure qui réussit, le patient communique bon nombre de souvenirs d'enfance, de l'apparition desquels — peut-être surgissent-ils pour la première fois — le médecin, n'ayant tenté aucune reconstruction qui puisse mettre dans la tête du patient une idée semblable, se sent tout à fait innocent. Ces souvenirs auparavant inconscients n'ont pas même toujours besoin d'être vrais ; ils peuvent l'être, mais ils sont souvent déformés contraires à la vérité, parsemés d'éléments imaginaires, tout à fait à la manière de ce que nous nommons les souvenirs-écrans spontanément conservés. Je veux simplement dire que certaines scènes, telles que celles qu'offre le cas de mon patient, scènes situées en un temps aussi précoce de la vie de l'enfant et possédant un contenu analogue, scènes pouvant ensuite prétendre à une si extraordinaire signification dans l'histoire du cas, ne sont en général pas reproduites sous forme de souvenirs, mais doivent pas à pas et avec peine être devinées — reconstruites — parmi un agrégat d'indices. Il suffirait d'ailleurs pour appuyer mon argumentation que j'admette que des scènes semblables ne devinssent pas conscientes dans les cas seuls de névrose obsessionnelle, ou bien même que mon assertion fût limitée au seul cas que nous étudions ici.

Cependant, je ne suis pas d'avis que ces scènes soient nécessairement des fantasmes du seul fait qu'elles ne réapparaissent pas sous forme de souvenirs. Le fait qu'elles soient remplacées — comme dans notre cas — par des rêves dont l'analyse ramène régulièrement à la même scène, et qui reproduisent chaque partie de son contenu en une inépuisable variété de formes nouvelles, me semble absolument équivalent au souvenir. Rêver constitue, en effet, encore un ressouvenir, bien que celui-ci doive se plier aux conditions qui règnent la nuit et à celles de la formation du rêve. C'est ce retour obstiné dans les rêves qui explique, d'après moi, que chez le patient lui-même s'établisse peu à peu une conviction profonde de la réalité de ces scènes primitives, conviction qui n'est en rien inférieure à une conviction basée sur le souvenir (1).

(1) Un passage de la 1re éd. de ma *Science des rêves* (*Die Traumdeutung*, 1900), montrera que je me suis très tôt préoccupé de ce problème. A la page 126 (p. 190 du second volume des *Ges. Werke*), se trouve l'analyse d'une phrase prononcée

Nos adversaires n'ont certes pas besoin, en face de tels arguments, d'abandonner le combat en désespoir de cause. On sait que l'on peut agir sur les rêves (1), et la conviction de l'analysé peut résulter de la suggestion, à qui l'on cherche donc toujours un nouveau rôle à assigner dans le jeu de forces du traitement analytique. Le psychothérapeute à l'ancienne mode suggérerait à son patient qu'il est bien portant, qu'il a supprimé ses inhibitions et ainsi de suite ; le psychanalyste, qu'il a, dans son enfance, vécu telle ou telle chose dont il doit maintenant se souvenir afin de guérir. Voilà toute la différence entre les deux.

Rendons-nous bien compte que cette dernière tentative d'explication de nos adversaires aboutit à les débarrasser des scènes infantiles d'une façon bien plus complète qu'ils n'avaient prétendu d'abord le faire. On avait commencé par dire qu'elles n'étaient pas des réalités, mais des fantasmes. Il est maintenant question non plus de fantasmes du malade, mais de fantasmes de l'analyste qu'il impose à l'analysé en vertu de certains complexes personnels. Certes un analyste, s'entendant faire ce reproche, se rappellera, pour calmer sa conscience, avec quelle progressive lenteur a eu lieu la reconstruction du fantasme soi-disant inspiré par lui, avec quelle indépendance des incitations du médecin eut lieu son édification sur bien des points, comment, à partir d'une certaine phase du traitement, tout sembla converger vers le fantasme et de quelle manière plus tard, lors de la synthèse, les conséquences les plus variées et les plus remarquables en découlèrent ; de plus, comment et les grands et les plus petits problèmes et particularités de l'histoire du malade s'éclairèrent grâce à cette seule hypothèse ; il fera alors valoir qu'il ne peut vraiment s'attribuer une ingéniosité lui permettant de créer de toutes pièces une fiction remplissant à la fois toutes ces conditions. Cependant ce plaidoyer lui-même demeurera sans effet sur un adversaire n'ayant pas fait lui-même l'expérience de l'analyse. Les uns diront : subtile illusion de soi-même ; les autres : faiblesse du jugement ; et l'on ne pourra parvenir à se faire une opinion.

Envisageons maintenant un autre facteur qui vient étayer la conception de nos adversaires sur ces scènes infantiles reconstruites.

dans un rêve : *das ist nicht mehr zu haben* (en fr. : *ceci n'est plus accessible.* MEYERSON dans sa traduction, Paris, Alcan, 1926, p. 169, traduit ces mots par : *On ne peut plus en avoir*). *(N. d. T.)* J'y dis que cette phrase émanait de moi-même ; quelques jours auparavant, j'avais expliqué à la patiente que « les plus anciens souvenirs de l'enfance *ne sont plus accessibles* comme tels mais sont remplacés, dans l'analyse, par des « transferts » et des rêves.

(1) Le mécanisme des rêves ne peut être influencé, mais on peut agir jusqu'à un certain point sur le matériel du rêve.

Tous les processus mis en avant pour expliquer ces formations douteuses comme étant des fantasmes existent réellement, en effet, et leur importance doit être reconnue. Le détournement de l'intérêt des tâches de la vie réelle (1), l'existence de fantasmes en tant que formations substitutives d'actes non accomplis, la tendance régressive qui s'exprime par ces créations psychiques, tendance régressive en plus d'un sens, le recul devant la vie coïncidant avec un retour irrésistible vers le passé, tout ceci est exact et l'analyse régulièrement le confirme. Voilà, pourrait-on dire, qui suffit à élucider ces soi-disant réminiscences infantiles précoces et une telle explication aurait, d'après le principe économique qui régit la science, le pas sur l'autre qui, elle, ne se peut suffire sans le secours d'hypothèses aussi nouvelles qu'étranges.

Je le ferai observer : les réfutations opposées par la littérature psychanalytique d'aujourd'hui sont d'ordinaire confectionnées d'après le principe du *pars pro toto.* D'un ensemble d'une très grande complexité, on détache une partie des facteurs efficaces, on la proclame être la seule vérité et on répudie alors en sa faveur l'autre partie et tout l'ensemble. Regarde-t-on les choses de plus près afin de voir à quel groupe de facteurs est accordée la préférence, on s'aperçoit qu'il s'agit de celui qui contient du déjà connu par ailleurs ou bien de ce qui s'y rattacherait le plus aisément. Ainsi, pour Jung, c'est l'actuel et la régression ; pour Adler, les mobiles égoïstes. On laisse de côté, on rejette comme erreur justement ce qui dans la psychanalyse est neuf et lui appartient en propre. C'est ainsi qu'on s'y prend pour repousser au mieux les offensives révolutionnaires de l'inopportune psychanalyse.

Il n'est pas superflu de le souligner : aucun des facteurs dont la conception adverse se sert pour expliquer les scènes infantiles n'avait besoin d'être enseigné par Jung comme étant une nouveauté. Le conflit actuel, le fait de se détourner de la réalité, la satisfaction substitutive fantasmatique, la régression vers le matériel du passé (tout ceci à la vérité employé dans le même contexte) avec, peut-être, une légère variation de la terminologie, faisait depuis des années partie intégrante de ma propre doctrine. Ce n'en constituait pas le tout, ce n'était que partie de la causation des névroses qui, à partir de la réalité, agissait dans la direction régressive pour les constituer. J'avais laissé encore place à une seconde influence, celle-là progressive, qui opère à partir des impressions de l'enfance, qui trace le chemin à la libido quand celle-ci recule devant la vie, et qui permet de comprendre

(1) J'ai de bonnes raisons pour préférer dire : le détournement de la *libido* des conflits actuels.

la régression, sans elle inexplicable, vers l'enfance. Ainsi, dans ma conception, les deux facteurs coopèrent à la formation des symptômes, mais une coopération plus précoce me semble être tout aussi capitale. Je prétends que *l'influence de l'enfance se fait sentir jusque dans la situation initiale où se forme la névrose en jouant un rôle décisif pour déterminer si et en quel point l'individu faillira devant les problèmes réels de la vie.*

L'objet du débat est ainsi l'importance qu'il convient d'accorder au facteur infantile. On se trouve alors confronté par la tâche de trouver un cas susceptible d'établir sans aucun doute cette importance. Le cas morbide que nous étudions ici en détail est justement un tel cas, caractérisé qu'il est par le fait que la névrose survenue à la maturité fut précédée d'une névrose des premières années de l'enfance. Voilà pourquoi j'ai justement choisi ce cas pour le rapporter. Si quelqu'un cherchait à le récuser en disant que la phobie d'animaux ne lui paraît pas assez importante pour être considérée comme une névrose indépendante, je lui ferais remarquer que cette phobie fut immédiatement suivie d'un cérémonial obsessionnel de pensées et d'actes obsédants, dont il sera question dans les chapitres suivants.

Une névrose qui éclate à l'âge de 4 et 5 ans prouve avant tout que les événements infantiles sont à eux seuls capables d'engendrer une névrose, sans qu'il y ait besoin en plus de la fuite devant l'une des obligations qu'impose la vie. On répliquera que l'enfant, lui aussi, se trouve sans répit imposer des tâches auxquelles il voudrait bien se soustraire. C'est exact, mais la vie d'un enfant avant l'âge scolaire est aisée à observer, on peut donc rechercher s'il s'y retrouve une « tâche » capable de déterminer la causation d'une névrose. On n'y découvre cependant rien d'autre que des émois instinctuels dont la satisfaction est impossible à l'enfant et qu'il n'est pas assez âgé pour maîtriser, ainsi que les sources d'où ceux-ci émanent.

L'énorme raccourcissement de l'intervalle existant entre l'éclosion de la névrose et l'époque où eurent lieu les événements infantiles dont il est question permet, ainsi qu'on pouvait s'y attendre, de réduire au minimum la part régressive de la causation, et met en pleine lumière la part progressive de celle-ci, l'influence des événements précoces. Cette histoire de malade donnera, je l'espère, une image nette de cet état de choses. Mais c'est pour d'autres raisons encore que les névroses infantiles fournissent une réponse décisive quant à la nature des scènes primitives ou des plus précoces événements infantiles découverts par l'analyse.

Prenons pour prémisse incontestée qu'une pareille scène ait été techniquement bien reconstruite, qu'elle soit indispensable à la solution coordonnée de toutes les énigmes que la symptomatologie de la névrose infantile nous propose, que tous les effets émanent d'elle, de même que tous les fils de l'analyse y ramènent : alors, eu égard à son contenu, il est impossible qu'elle soit autre chose que la reproduction d'un fait réel vécu par l'enfant. Car l'enfant, en ceci semblable à l'adulte, ne peut produire de fantasmes qu'avec du matériel qu'il a puisé à une source ou à une autre ; et chez l'enfant, les chemins de cette acquisition (la lecture, par exemple) sont en partie fermés, le temps dont il dispose pour l'acquisition est limité et facile à explorer quant à ces sources.

Dans notre cas, la scène primitive a pour contenu l'image d'un rapport sexuel entre les parents dans une attitude particulièrement favorable à certaines observations. Si nous retrouvions une pareille scène chez un malade dont les symptômes, c'est-à-dire les effets de la scène, fussent apparus à une époque quelconque de sa vie adulte, ceci ne confirmerait nullement la réalité de cette scène. Un tel malade peut avoir acquis à diverses occasions, en ce long intervalle de temps, les impressions, les idées et les connaissances qu'il transforme ensuite en un tableau imaginaire, les projetant en arrière dans son enfance et les rapportant à ses parents. Toutefois, quand les effets d'une pareille scène apparaissent dans la 5e année de la vie, il faut que l'enfant ait été le témoin de cette scène à un âge plus tendre encore. Mais alors se maintiennent dans leur intégrité toutes les surprenantes conséquences qui ont découlé de l'analyse de la névrose infantile. Si quelqu'un s'avisait à présent de prétendre que le patient a non seulement imaginé inconsciemment cette scène primitive, mais encore son changement de caractère, sa peur du loup et son obsession religieuse, tout cela contredirait son caractère par ailleurs pondéré et la tradition directe de sa famille. Il n'y a donc pas d'autre alternative : ou bien l'analyse basée sur sa névrose infantile n'est qu'un tissu d'absurdités, ou bien tout s'est passé exactement comme je l'ai décrit plus haut.

Nous nous sommes déjà, au cours de cette discussion, heurté à cette ambiguïté : d'une part, la prédilection du patient pour les fesses de femmes et pour le coït dans la position où celles-ci sont particulièrement proéminentes semble exiger sa dérivation de l'observation du coït des parents, tandis que, d'autre part, une préférence de cette sorte est un trait général des constitutions archaïques prédisposées à la névrose obsessionnelle. Mais une voie s'ouvre pour sortir de cette difficulté, la contradiction se résout en surdétermination. La personne chez qui il observe cette position pendant le coït est, en effet, son père en chair et en os, de qui il pouvait avoir hérité cette prédilection constitutionnelle. Ni la maladie ultérieure du père, ni l'histoire familiale n'y contredisent ; un frère du père, ainsi qu'il a déjà été dit, est, de plus, mort au cours d'un état qui doit être considéré comme ayant constitué l'aboutissement d'un grave trouble obsessionnel.

Nous rappellerons à ce propos que la sœur du malade, en séduisant son frère alors âgé de 3 ans et 3 mois, avait proféré contre la brave vieille bonne une singulière calomnie : celle-ci, prétendait la fillette, mettait les gens la tête en bas et leur saisissait les organes génitaux (1). L'idée doit ici s'imposer à nous que peut-être la sœur, à un âge également tendre, dut être également témoin de la même scène que son frère plus tard, et que c'est de là qu'elle aurait pris l'idée de « mettre les gens la tête en bas » pendant l'acte sexuel. Cette hypothèse nous fournirait de plus une indication sur l'une des sources de la précocité sexuelle de cette sœur.

(2) [Je n'avais originairement pas l'intention de poursuivre ici la discussion relative à la réalité des « scènes primitives ». Mais ayant été entre-temps amené, dans mes leçons d'*Introduction à la psychanalyse*, à traiter plus amplement de ce thème et ceci non plus dans un but polémique, on aurait une fausse idée des choses si j'omettais d'utiliser les points de vue que j'ai développés dans mes leçons au cas qui nous occupe ici. Je pourrai donc, complétant et corrigeant ce qui a déjà été dit, ajouter encore ceci. Une autre conception de la scène primitive qui est à la base du rêve est possible, conception qui s'écarte assez des conclusions auxquelles nous sommes arrivé et lève pour nous bien des difficultés. Mais la théorie qui veut ramener les scènes infantiles à n'être que des symboles régressifs ne gagnera rien à cette modification ; elle me semble en somme définitivement réfutée par cette analyse (comme elle le serait par n'importe quelle autre) d'une névrose infantile.

On pourrait encore expliquer les choses de la façon suivante. Nous ne saurions renoncer à l'hypothèse que l'enfant ait observé un coït, par le spectacle duquel il acquit la conviction que la castration est plus qu'une menace vide de sen ; de plus, l'importance qui s'attacha par la suite aux postures de l'homme et de la femme dans le développement de l'angoisse et comme condition de la vie amoureuse ne nous laisse pas le choix ; il dut s'agir d'un *coitus a tergo more ferarum*. Mais un autre facteur n'est pas aussi indispensable et on peut le laisser tomber. Ce n'était peut-être pas un coït entre ses parents, mais un coït entre animaux que l'enfant observa et déplaça ensuite sur ses parents,

(1) Voir p. 335.
(2) Parenthèse de l'auteur, voir n. 2, p. 325.

comme s'il en avait conclu que ses parents non plus ne faisaient pas autrement.

A l'appui de cette conception on peut faire valoir que les loups du rêve sont, en fait, des chiens de berger et apparaissent d'ailleurs comme tels sur le dessin. Peu avant le rêve, le petit garçon avait été à plusieurs reprises emmené voir les troupeaux de moutons, et là il put voir aussi ces grands chiens blancs et sans doute aussi les observer pendant le coït. Je voudrais citer à ce propos le nombre 3, que le rêveur avança sans ajouter aucune motivation et suggérer qu'il aurait pu se souvenir d'avoir fait trois observations semblables sur des chiens de berger. Ce qui, dans l'excitation expectante de la nuit du rêve, vint s'y ajouter, fut le transfert de l'image mnémonique récemment acquise, avec *tous* ses détails, sur ses parents, et ainsi seulement furent rendues possibles ces puissantes conséquences affectives. L'intelligence après coup des impressions reçues quelques semaines ou quelques mois auparavant se produisit alors, processus tel qu'il est peut-être arrivé à chacun de nous d'en subir. Le transfert, sur ses parents, des chiens en train de copuler s'accomplit alors, non pas en raison d'un rapprochement lié à des mots, mais par le fait qu'une scène réelle où les parents étaient ensemble fut recherchée dans la mémoire, scène capable de fusionner avec la situation du coït. Tous les détails de la scène établis par l'analyse du rêve peuvent avoir été reproduits avec fidélité. C'était vraiment par un après-midi d'été, l'enfant était malade de la malaria, les parents étaient là tous deux, vêtus de blanc, au moment où l'enfant se réveilla, mais — la scène fut innocente. Le reste se trouva ajouté du fait du désir ultérieur qu'eut l'enfant plein de curiosité, désir basé sur son expérience des chiens, d'être aussi témoin des rapports amoureux de ses parents. Et maintenant la scène ainsi imaginée produisit tous les effets que nous avons énumérés, les mêmes absolument que si elle eût été entièrement réelle et non composée de deux parties — l'une antérieure et indifférente, l'autre ultérieure et très impressionnante — et ayant, pour ainsi dire, fusionné.

On voit aussitôt combien les exigences imposées à notre crédulité sont par là réduites. Nous n'avons plus besoin de supposer que les parents aient accompli le coït en présence de leur enfant, si jeune qu'il ait été, ce qui pour beaucoup d'entre nous constitue une représentation désagréable. L'intervalle de temps écoulé entre les choses vues et le rêve est de beaucoup diminué ; il ne se rapporte plus qu'à quelques mois de la 4e année et ne remonte plus du tout aux premières et obscures années de l'enfance. Le comportement de l'enfant, faisant un transfert des chiens sur ses parents et ayant peur du loup au lieu de redouter son père, reste à peine étrange. Par rapport à l'idée qu'il se fait du monde, il se trouve, en effet, dans la phase de son évolution correspondante au retour du totémisme que j'ai décrit dans *Totem et Tabou* (1). La théorie qui cherche à expliquer les scènes primitives qu'on trouve dans les névroses par des fantasmes rétrospectifs émanés de temps ultérieurs semble trouver un fort appui dans cette observation, en dépit de l'âge si tendre (4 ans) de notre névrosé. Si jeune qu'il soit, il a tout de même trouvé moyen de remplacer une impression de sa 4e année par un traumatisme imaginaire à 1 an 1/2, mais cette régression-là ne semble ni énigmatique ni tendancieuse. La scène qu'il fallait édifier devait remplir certaines conditions qui, vu les circonstances de la vie du rêveur, ne pouvaient se rencontrer qu'en ces temps reculés, comme par exemple de se trouver au lit dans la chambre de ses parents.

Mais ce que je puis ajouter ici, et qui provient d'autres découvertes analytiques, semblera à la plupart de mes lecteurs être le facteur décisif militant en faveur de l'exactitude de cette dernière conception. Cette scène, l'observation des rapports sexuels des parents dans la toute petite enfance, — qu'elle soit souvenir réel ou fantasme — n'est nullement une rareté dans l'analyse des humains névrosés. Peut-être se rencontre-t-elle avec une fréquence égale chez ceux qui ne sont pas devenus névrosés. Peut-être appartient-elle au stock régulier de leur trésor, conscient ou inconscient, de souvenirs. Cependant, chaque fois où j'ai réussi par l'analyse à mettre au jour une telle scène, elle offrait la même particularité, celle même qui nous surprit aussi chez notre patient : elle se rapportait à un *coitus a tergo* qui seul permet au spectateur l'inspection des organes génitaux. Il n'y a donc pas lieu de douter plus longtemps qu'il s'agisse là d'un simple fantasme, peut-être régulièrement suscité par l'observation des rapports sexuels des animaux. Davantage : j'ai indiqué que mon exposé de la « scène primitive » était demeuré incomplet, m'étant réservé de faire connaître plus tard de quelle façon l'enfant avait troublé les rapports sexuels de ses parents. Je dois maintenant ajouter que la façon dont se produit cette interruption est, dans tous les cas, la même.

Je me rends parfaitement compte que je viens de m'exposer à de graves soupçons aux yeux des lecteurs de cette histoire de malade. Si ces arguments en faveur d'une telle conception de la « scène primitive » étaient à ma disposition, comment ai-je pu prendre sur

(1) *Totem und Tabu. Einige Uebereinstimmungen im Seelenleeben der Wilden und der Neurotiker*, Vienne, H. Heller, 1913, repr. dans le vol. IX des *Ges. Werke*, trad. fr. par le Dr S. JANKÉLÉVITCH sous le titre de *Totem et Tabou, interprétation par la psychanalyse de la vie sociale des peuples primitifs*, Paris, Payot, 1924.

moi de plaider d'abord en faveur d'une autre conception, en apparence si absurde ? Ou bien, dans l'intervalle de temps écoulé entre la première rédaction de cette histoire de malade et cette note additionnelle, aurais-je fait de nouvelles observations me contraignant à modifier ma conception première ? Ma conclusion est autre, et je l'avoue : cette discussion relative à la valeur objective de la scène primitive se résout pour moi cette fois-ci par un *non liquet*. L'histoire de mon malade n'est pas encore achevée ; dans son cours ultérieur un facteur va surgir qui troublera la certitude que nous croyons posséder pour le moment. Alors, il ne nous restera rien d'autre qu'à nous en référer aux endroits de mon *Introduction à la psychanalyse*, où j'ai traité du problème des fantasmes primitifs ou des scènes primitives.]

VI

LA NÉVROSE OBSESSIONNELLE

Et pour la troisième fois, l'enfant subit une influence qui modifia de façon décisive son évolution. Lorsqu'il eut atteint l'âge de 4 ans 1/2 sans que son état d'irritabilité et d'angoisse se fût amélioré, sa mère résolut de lui apprendre l'histoire sainte, dans l'espoir de le distraire et d'élever son âme. Elle y réussit ; cette initiation mit fin à la phase précédente, mais entraîna le remplacement des symptômes d'angoisse par des symptômes obsessionnels. Jusqu'alors l'enfant avait de la peine à s'endormir parce qu'il craignait d'avoir de mauvais rêves semblables à celui de la nuit d'avant Noël. Il devait à présent, avant de se mettre au lit, baiser toutes les icônes qui étaient dans la chambre, réciter des prières et faire d'innombrables signes de croix sur lui-même et sur sa couche.

L'enfance du malade se divise maintenant à nos yeux en quatre périodes : en premier lieu, la phase d'avant la séduction, celle-ci survenue à 3 ans et 3 mois, phase pendant laquelle se place la scène primitive ; en second lieu, la phase du changement de caractère, jusqu'au rêve d'angoisse à 4 ans ; en troisième lieu, la phase de la phobie d'animaux, jusqu'à l'initiation religieuse à 4 ans 1/2 ; en dernier lieu, la phase de la névrose obsessionnelle qui s'étend jusqu'au-delà de la 10e année. Un remplacement instantané et net d'une phase par la suivante n'était ni dans la nature des choses ni dans celle de notre patient ; tout au contraire, la conservation de tout ce qui avait précédé et la coexistence des plus divers courants étaient caractéristiques de sa manière d'être. Sa « méchanceté » ne disparut pas lorsque l'angoisse apparut et se poursuivit, tout en diminuant graduellement, jusque pendant sa période de piété. Cependant, dans cette dernière phase, il n'est plus question de la phobie du loup. La névrose obsessionnelle eut un cours discontinu ; le premier accès fut le plus long et le plus intense, d'autres survinrent à 8 et 10 ans, chaque fois sous l'influence de causes occasionnelles qui étaient en rapport évident avec le contenu de la névrose. Sa mère lui conta elle-même l'histoire sainte et lui fit, de plus, faire des lectures à haute voix par Nania dans un livre d'histoire sainte illustré. La plus grande importance dans ces récits était naturellement donnée à la Passion. Nania, qui était très pieuse et superstitieuse, y ajoutait ses propres commentaires, tout en se voyant obligée de prêter l'oreille à toutes les objections et à tous les doutes du petit critique. Si les conflits qui commencèrent alors à le bouleverser se terminèrent par une victoire de la foi, l'influence de Nania n'y fut pas étrangère.

Ce qu'il me rapporta de ses souvenirs relatifs à sa réaction à cette initiation religieuse rencontra d'abord chez moi une incrédulité complète. Ce ne pouvaient, pensai-je, être là les pensées d'un enfant de 4 ans 1/2 à 5 ans ; sans doute reportait-il à ce passé lointain les réflexions d'un homme de bientôt 30 ans (1).

Cependant le patient ne voulut pas admettre cette mise au point ; je ne pus parvenir, comme en bien d'autres cas où nos opinions divergeaient, à le convaincre et, en fin de compte, la concordance existant entre les pensées dont il se souvenait et les symptômes qu'il décrivait, ainsi que la façon dont ces pensées s'intriquaient à son évolution sexuelle, me contraignirent bien plutôt à ajouter foi à ses dires. Et je pensai alors que justement cette critique des doctrines religieuses, que je répugnais à attribuer à un enfant, n'était de fait accessible qu'à une infime minorité d'adultes.

J'exposerai maintenant les souvenirs de mon patient, et ce n'est qu'ensuite que je chercherai une voie menant à leur compréhension.

L'impression que lui fit l'histoire sainte ne fut d'abord, ainsi qu'il le rapporte, nullement agréable. Il s'éleva, pour commencer, contre le caractère de souffrance de la figure du Christ, puis contre tout l'ensemble de son histoire. Il retourna sa critique et son mécontentement contre Dieu le père. Si Dieu était tout-puissant, c'était de sa faute si les hommes étaient méchants et se faisaient du mal les uns aux autres, en punition de quoi ils allaient ensuite en enfer. Il aurait dû les faire bons ; il était lui-même responsable de tout le mal et

(1) Je tentai à plusieurs reprises de déplacer d'au moins un an en avant toute l'histoire du patient, de transférer ainsi la séduction à l'âge de 4 ans 1/2, le rêve au cinquième anniversaire, etc. Aux intervalles de temps entre les événements, il était impossible de rien changer. Mais le patient resta là-dessus tout aussi inflexible, sans toutefois parvenir à me libérer de mes derniers doutes. D'ailleurs une différence d'un an serait évidemment sans importance quant à l'impression produite par l'histoire du malade et à toutes les discussions et inductions qui s'ensuivent.

de tous les tourments. Le patient fut choqué du commandement de tendre la joue gauche quand nous avons reçu un soufflet sur la joue droite, aussi de ce que le Christ eût souhaité avant la crucifixion que le calice s'éloignât de lui et encore de ce qu'aucun miracle ne fût survenu prouvant qu'il était le Fils de Dieu. Ainsi sa sagacité était en éveil et savait trouver, avec une sévérité impitoyable, les points faibles du texte sacré.

Mais à ces critiques rationalistes s'adjoignirent bientôt des ruminations et des doutes, trahissant à nos yeux que des émois secrets étaient aussi à l'œuvre. L'une des premières questions qu'il posa à Nania fut celle-ci : le Christ avait-il aussi eu un derrière ? Nania l'informa qu'il avait été Dieu, mais aussi homme. En tant qu'homme, il avait tout eu et tout fait comme les autres hommes. Cela ne satisfit pourtant pas du tout l'enfant, mais il trouva lui-même le moyen de se consoler en se disant que le derrière n'est après tout que la continuation des jambes. Cependant, à peine avait-il apaisé son angoisse d'avoir à humilier la figure sacrée que cette angoisse se ralluma, une nouvelle question venant à surgir : le Christ avait-il aussi chié ? Il n'osa pas poser cette question à sa pieuse Nania, mais trouva de lui-même un moyen d'en sortir tel qu'elle n'aurait pu en imaginer de meilleur. Puisque le Christ avait fait du vin à partir de rien, il aurait pu aussi faire avec de la nourriture rien et eût pu, par là, s'épargner la défécation.

Nous comprendrons mieux ces ruminations si nous en appelons à une partie de l'évolution sexuelle de notre patient dont il a déjà été question plus haut. Nous savons que sa vie sexuelle, depuis qu'il avait été repoussé par Nania et que par là avait été étouffée son activité génitale commençante, s'était développée dans le sens du sadisme et du masochisme. Il tourmentait, torturait de petits animaux, s'imaginait qu'il battait des chevaux et d'autre part, aimait se représenter l'héritier du trône recevant une volée de coups (1). Dans le sadisme, il tenait ferme à sa plus ancienne identification avec son père ; dans le masochisme il avait élu ce père comme objet sexuel. Il se trouvait en plein dans cette phase de l'organisation prégénitale où je vois la prédisposition à la névrose obsessionnelle. Grâce au rêve qui l'avait replacé sous l'influence de la scène primitive, il aurait pu évoluer jusqu'à l'organisation génitale et transformer son masochisme envers le père en attitude féminine envers lui, c'est-à-dire en homosexualité. Mais le rêve ne réalisa pas ce progrès et aboutit à de l'angoisse. La relation au père aurait dû passer de l'objectif sexuel d'être battu par lui à l'objectif suivant qui était de servir, telle une femme, à

(1) Particulièrement des coups sur le pénis, voir p. 340.

son coït : mais, en vertu de l'opposition de sa virilité narcissique, la relation au père fut rejetée à un stade encore plus ancien, plus primitif ; après déplacement sur un substitut du père, elle subit une bifurcation et devint angoisse d'être mangé par le loup, ce qui ne la liquida d'ailleurs nullement. Tout au contraire, nous ne ferons que rendre justice à l'apparente complexité des choses en maintenant la coexistence des trois aspirations sexuelles orientées vers le père. A partir du rêve, l'enfant fut, dans l'inconscient, homosexuel ; dans la névrose, il se trouvait au stade du cannibalisme : en lui demeurait dominante la précédente attitude masochique. Les trois courants avaient des objectifs sexuels passifs ; c'était le même objet, la même pulsion sexuelle, mais un clivage de celle-ci s'était produit à trois niveaux différents.

La connaissance de l'histoire sainte fournit alors la possibilité de sublimer son attitude masochique prédominante envers le père. Il devint le Christ, ce qui lui fut singulièrement facilité par le fait qu'ils avaient tous deux le même anniversaire. Par là il était devenu quelque chose de grand et de plus — ce qui pour le moment n'était pas encore assez souligné — un personnage viril. Dans ce doute : le Christ peut-il avoir eu un derrière ? transparaissait l'attitude homosexuelle refoulée, car une pareille rumination ne pouvait rien signifier d'autre que cette seconde question : mon père peut-il se servir de moi comme d'une femme ? comme de ma mère dans la scène primitive ? Quand nous en viendrons à la solution des autres idées obsessionnelles nous verrons cette interprétation se confirmer. Le scrupule qu'il éprouvait à penser des choses aussi basses à propos d'une figure sacrée répondait au refoulement de l'homosexualité passive. On voit qu'il essayait de garder sa nouvelle sublimation à l'abri des apports dérivés des sources du refoulé. Mais il n'y pouvait parvenir.

Nous ne comprenons pas encore pourquoi il se rebellait en outre contre le caractère passif du Christ et contre les mauvais traitements infligés à celui-ci par son Père, ce qui était une façon de commencer à renier son idéal masochique préalable, même sous sa forme sublimée. Nous pouvons supposer que ce second conflit était particulièrement favorable à l'apparition hors de l'inconscient des idées obsessionnelles humiliantes propres au premier conflit (entre le courant masochique dominant et l'homosexualité refoulée), car il n'est que naturel que tous les courants contraires, tout en émanant des sources les plus diverses, s'additionnent ensemble dans un conflit psychique. Nous allons apprendre, grâce à de nouvelles informations et le mobile de cette rébellion et en même temps celui des critiques dirigées contre la religion.

L'investigation sexuelle de l'enfant avait aussi tiré profit de ce qui lui avait été conté touchant l'histoire sainte. Jusqu'ici il n'avait pas eu de raison de supposer que les enfants ne vinssent que de la femme. Au contraire, Nania lui avait laissé croire qu'il était l'enfant de son père, tandis que sa sœur était celui de leur mère, et ce rapport plus intime au père lui avait semblé très précieux. Il apprenait à présent que Marie était appelée la Mère de Dieu. Ainsi les enfants provenaient de la femme et ce que Nania avait dit ne pouvait plus se soutenir. De plus, il se demandait, sans parvenir à y rien comprendre, qui avait réellement pu être le père du Christ. Il inclinait à croire que c'était Joseph, car il entendait dire que Marie et ce dernier avaient toujours vécu ensemble ; mais Nania disait que Joseph était seulement *comme* son père, le vrai père, c'était Dieu. Il ne savait plus quoi penser. Il ne saisissait que ceci : si l'on pouvait discuter là-dessus le moins du monde, c'est que le rapport entre père et fils n'était pas aussi intime qu'il se l'était toujours représenté.

Le petit garçon pressentait ainsi l'ambivalence des sentiments envers le père sous-jacente à toutes les religions et attaquait sa religion à cause du relâchement du rapport entre père et fils qu'elle impliquait. Naturellement, son opposition cessa bientôt d'être un doute de la vérité de la doctrine et se retourna, en échange, directement contre la personne de Dieu. Dieu avait traité son fils d'une manière dure et cruelle, mais il n'était pas meilleur envers les hommes. Il avait sacrifié son fils et exigé la même chose d'Abraham. Le petit garçon commença à craindre Dieu.

S'il était le Christ, alors son père était Dieu. Mais le Dieu que la religion lui imposait n'était pas un vrai substitut du père qu'il avait aimé et qu'il ne voulait pas se laisser ravir. L'amour pour son père lui insuffla son sens critique aiguisé. Il résistait à Dieu afin de pouvoir se cramponner à son père, il défendait par là, en réalité, le père ancien contre le nouveau. Il avait ici à accomplir une partie difficile de la tâche qui consiste à se détacher du père.

Ainsi son ancien amour pour son père, amour qui avait été manifeste dans les premiers temps de sa vie, lui fournissait l'énergie nécessaire à combattre Dieu et à critiquer, avec un sens aussi aiguisé, la religion. Mais, d'autre part, cette hostilité contre le nouveau Dieu n'était pas non plus une réaction primitive, elle avait eu son prototype dans une pulsion hostile contre le père, pulsion ayant pris naissance sous l'influence du rêve d'angoisse et dont elle n'était au fond qu'une reviviscence. Les deux courants affectifs contraires, qui devaient régir toute la vie ultérieure du patient, se rencontraient ici dans un combat ambivalent livré sur le terrain religieux. Ce qui découla de ce combat en tant que symptômes, les idées blasphématoires, la compulsion qui s'abattit sur lui de penser Dieu-merde, Dieu-cochon était ainsi un véritable produit de compromis, comme l'analyse de ces idées, en connexion avec l'érotisme anal, va nous le montrer.

Quelques autres symptômes obsessionnels moins typiques ramènent tout aussi certainement au père et, en même temps, permettent de reconnaître les rapports reliant la névrose obsessionnelle aux événements antérieurs.

Le pieux cérémonial à l'aide duquel il expiait en fin de compte ses blasphèmes impliquait aussi l'ordre, sous certaines conditions, de respirer profondément. Chaque fois qu'il faisait le signe de la croix, il devait inspirer profondément ou expirer avec force. Dans sa langue natale, « haleine » et « esprit » s'expriment par le même mot, de sorte que le Saint-Esprit jouait ici un rôle. Notre patient devait aspirer le Saint-Esprit ou expirer les mauvais esprits dont il avait entendu parler ou lu l'histoire (1). Il attribuait de plus à ces mauvais esprits les pensées blasphématoires pour lesquelles il devait s'infliger de si dures pénitences. Cependant, il était obligé d'expirer quand il voyait des mendiants, des infirmes, des gens laids, vieux, misérables, sans pouvoir penser à rien qui reliât cette compulsion aux esprits. Il ne pouvait s'expliquer la chose qu'en croyant agir ainsi pour ne pas devenir comme ces gens.

L'analyse apporta l'élucidation suivante en connexion avec un rêve : l'expiration à la vue des gens dignes de pitié n'avait débuté qu'après la 6e année du patient et était en rapport avec son père. Il n'avait, pendant de longs mois, pas vu celui-ci, lorsque sa mère dit un jour qu'elle allait se rendre à la ville avec les enfants et leur montrer quelque chose qui leur ferait grand plaisir. Elle les mena alors dans un sanatorium où ils revirent leur père ; il avait mauvaise mine et son aspect fit grand-peine à son fils. Le père était ainsi le prototype de tous les infirmes, mendiants et pauvres, en présence desquels l'enfant devait expirer, de même que le père est par ailleurs le prototype des croquemitaines que l'on voit dans les états d'angoisse et des caricatures que l'on dessine pour se moquer des gens. Nous apprendrons encore ailleurs que cette attitude de pitié se rattachait à un détail particulier de la scène primitive, détail dont l'effet ne se fit sentir qu'après coup, au cours de la névrose obsessionnelle.

Le dessein de ne pas devenir comme les infirmes (dessein qui motivait l'expiration en leur présence) était ainsi la vieille identification au père transmuée au négatif. Toutefois, le patient copiait par

(1) Ce symptôme, ainsi que nous allons l'apprendre, s'était développé dans sa 6e année et quand il avait appris à lire.

là son père encore au sens positif, car la respiration bruyante était une imitation du bruit qu'il avait entendu émaner de son père pendant le coït (1). Le Saint-Esprit avait, pour lui, tiré son origine de ce signe de l'excitation sensuelle chez l'homme. Le refoulement avait fait de cette respiration un mauvais esprit qui avait encore une autre généalogie : la malaria dont l'enfant souffrait au temps de la scène primitive.

Le fait d'écarter ces mauvais esprits correspondait chez lui à un trait d'ascétisme qu'on ne pouvait méconnaître, ascétisme qui se manifestait encore par d'autres réactions. Quand il apprit que le Christ avait un jour chassé de mauvais esprits dans des pourceaux, et que ceux-ci s'étaient alors précipités dans un abîme, il pensa à sa sœur qui, dans ses premières années, avant qu'il n'eût été capable de souvenir, avait roulé sur la plage, du haut des sentiers des falaises au-dessus du port. Elle était ainsi également un mauvais esprit, une truie ; il n'y avait pas de là un très long chemin à parcourir pour arriver jusqu'à Dieu-cochon. Leur père lui-même avait montré qu'il était lui aussi l'esclave de la sensualité. Quand on conta à l'enfant l'histoire du premier homme, la similitude de son propre sort avec celui d'Adam le frappa. Il manifesta en parlant avec Nania, une surprise hypocrite du fait qu'Adam se fût laissé jeté dans le malheur par une femme et promit à Nania de ne jamais se marier. Une hostilité contre les femmes, due à la séduction par sa sœur, se manifesta violemment à ce moment-là. Elle devait, au cours de la vie amoureuse ultérieure du patient, le troubler assez souvent encore. Sa sœur devint pour lui l'incarnation durable de la tentation et du péché. Après s'être confessé, il se considérait comme pur et sans péché. Mais il lui semblait alors que sa sœur n'attendait que ce moment-là pour le précipiter à nouveau dans le péché, et sur-le-champ trouvait moyen de provoquer avec elle une dispute qui le mettait de nouveau en état de péché. Ainsi, quelque chose le contraignait à reproduire toujours à nouveau le fait de sa séduction. D'ailleurs de quelque poids qu'elles l'oppressassent, il n'avait jamais donné libre cours, pendant une confession, à ses pensées blasphématoires.

Nous avons été amené, sans nous en apercevoir, à décrire la symptomatologie de la névrose obsessionnelle dans les années ultérieures et, passant sur bien des événements de la période intermédiaire, nous allons maintenant parler de son dénouement. Nous le savons déjà : en plus de ses éléments permanents, la névrose subissait de temps à autre des renforcements, une fois — sans que nous puissions encore bien comprendre pourquoi — lors de la mort, dans la même rue, d'un petit garçon avec lequel notre petit malade avait

(1) Si l'on suppose la réalité de la scène primitive.

pu s'identifier. Lorsqu'il eut 10 ans, on lui donna un précepteur allemand qui exerça bientôt sur lui une grande influence. Il est fort instructif d'observer que toute la stricte piété du petit garçon disparut, pour ne jamais revenir, après qu'il eut remarqué et appris, au cours de conversations avec son maître, que ce substitut du père n'attachait aucun prix à la piété et ne croyait pas à la vérité de la religion. La piété s'écroula en même temps qu'il cessa de dépendre de son père, remplacé à présent par un nouveau père, plus traitable. Mais cela n'eut pas lieu sans que la névrose obsessionnelle eût fait une dernière apparition ; il se rappelait particulièrement, de cette période, la compulsion à penser à la Sainte-Trinité chaque fois qu'il voyait réunis sur la route trois petits tas de crottin. Il ne cédait en effet jamais à une idée nouvelle sans faire une dernière tentative pour se cramponner à ce qui avait perdu pour lui sa valeur. Son précepteur l'ayant persuadé de ne plus se livrer à des cruautés sur les petits animaux, il mit fin à ces méfaits, mais non sans s'être une dernière fois permis une orgie de chenilles coupées en morceaux. Il se comportait de même au cours du traitement analytique, en manifestant des « réactions négatives » passagères ; chaque fois qu'un symptôme avait été définitivement résolu, il tentait de nier cet effet par l'aggravation temporaire du symptôme liquidé. On sait que les enfants ont coutume, en règle générale, de se comporter de même envers les défenses qu'on leur oppose. Les a-t-on grondés, par exemple, parce qu'ils faisaient un vacarme intolérable, ils recommencent à le faire une fois encore après la défense avant de s'arrêter. Ils réussissent par là à paraître s'être arrêtés de leur propre gré après avoir bravé l'interdiction.

Sous l'influence du précepteur allemand, une nouvelle et meilleure sublimation du sadisme de l'enfant se produisit, sadisme qui, vu la puberté proche, avait pris alors la haute main sur le masochisme ; il commença à s'enthousiasmer pour les uniformes, les armes et les chevaux, et cet enthousiasme emplissait les rêves éveillés auxquels il se livrait sans arrêt. Ainsi, sous l'influence d'un homme, il s'était libéré de son attitude passive, et se trouvait alors dans des voies assez normales. Ce précepteur le quitta bientôt, mais un contrecoup de l'affection qu'il lui avait portée fit que, dans le cours ultérieur de sa vie, notre malade en vint à préférer l'élément allemand (médecins, sanatoria, femmes) à l'élément national (qui représentait son père) : fait dont le transfert, au cours du traitement, tira grand avantage.

Je citerai encore un rêve, appartenant à la période qui précéda l'émancipation due au précepteur, et cela parce que ce rêve était resté oublié jusqu'à sa réapparition pendant la cure. Il se voyait à cheval, poursuivi par une chenille gigantesque. Il reconnut que ce rêve faisait allusion à un rêve encore antérieur, appartenant au temps ayant précédé l'arrivée du précepteur, rêve que nous avions interprété depuis longtemps. Dans ce rêve antérieur, il voyait le diable, habillé de noir et dans l'attitude dressée par laquelle le loup et le lion lui avaient en leur temps inspiré une telle terreur. Le diable désignait du doigt un escargot gigantesque. Le patient avait bientôt deviné que ce diable était le démon d'un poème bien connu (1), et le rêve lui-même la transposition d'une image très répandue représentant une scène d'amour entre le démon et une jeune fille. L'escargot y tenait la place de la femme, en tant que parfait symbole sexuel féminin. En prenant pour guide le geste indicateur du démon, nous fûmes bientôt à même de donner le sens du rêve : l'enfant aspirait à trouver quelqu'un qui lui fournît les explications qui lui manquaient encore sur les énigmes des rapports sexuels, de même que son père lui avait en son temps fourni les premiers enseignements au cours de la scène primitive.

Il se rappela, au sujet du deuxième rêve, dans lequel le symbole féminin était remplacé par le symbole masculin, un certain incident qui avait eu lieu peu de temps avant qu'il fît ce rêve. Dans leur propriété rurale, il avait un jour passé à cheval auprès d'un paysan endormi auprès duquel se trouvait étendu son petit garçon. Ce dernier réveilla son père et lui dit quelque chose, sur quoi le paysan se mit à insulter le cavalier et à le poursuivre, de telle sorte que celui-ci s'éloigna au galop. Et il y avait une seconde réminiscence : dans cette même propriété, se trouvaient des arbres qui étaient tout blancs, tout entourés de fils tissés par les chenilles. Nous le comprenons, il prenait ainsi la fuite devant la réalisation du fantasme du fils dormant auprès du père et il y joignait les arbres blancs à titre d'allusion au rêve d'angoisse des loups blancs sur le noyer. Il s'agissait d'une irruption directe de l'angoisse inspirée par l'attitude féminine envers l'homme, attitude contre laquelle il s'était d'abord protégé au moyen de la sublimation religieuse, et contre laquelle il devait bientôt se protéger, d'une façon plus efficace encore, grâce à la sublimation « militaire ».

Mais ce serait commettre une grande erreur que de croire qu'après la disparition des symptômes obsessionnels, il ne soit demeuré aucun effet permanent de la névrose obsessionnelle. Le processus avait amené une victoire de la foi et de la piété sur l'esprit de rébellion investigateur et critique et présupposait le refoulement de l'attitude homosexuelle. Des préjudices durables résultèrent de ces deux facteurs. L'activité intellectuelle demeura, à partir de ce premier échec,

(1) Lermontov « Le Démon ».

gravement entravée. Aucune ardeur à apprendre ne se manifesta chez le jeune garçon, rien ne se montra plus de cette acuité intellectuelle grâce à laquelle il avait, à l'âge tendre de 5 ans, disséqué et critiqué les doctrines religieuses. Et le refoulement de sa trop puissante homosexualité, qui s'accomplit pendant ce rêve d'angoisse, réserva cette importante pulsion à l'inconscient, la garda orientée vers son objectif originel, la soustrayant ainsi à toutes les sublimations auxquelles elle se prête dans d'autres circonstances. C'est pourquoi tous les intérêts sociaux, qui forment le fond de la vie, manquaient au patient. Ce n'est que lorsque, au cours du traitement analytique, nous réussîmes à libérer son homosexualité de ses entraves, que cet état de choses commença de s'améliorer et il fut très intéressant d'observer comment — sans aucun conseil direct donné par le médecin — chaque élément libéré de la libido homosexuelle chercha à s'appliquer à la vie et à se rattacher à l'une des grandes activités communes à tous les hommes.

VII

ÉROTISME ANAL ET COMPLEXE DE CASTRATION

Je prierai le lecteur de se rappeler que cette histoire d'une névrose infantile est pour ainsi dire comparable à un sous-produit obtenu au cours de l'analyse d'une maladie nerveuse à l'âge adulte. J'ai par suite dû la reconstituer à l'aide de fragments plus petits encore qu'on n'en a d'ordinaire à sa disposition pour effectuer une synthèse. Cette tâche, par ailleurs peu difficile, trouve cependant ses limites naturelles dès qu'il s'agit de faire rentrer un édifice à plusieurs dimensions dans le plan descriptif. Je dois ainsi me contenter de présenter l'un après l'autre des fragments que le lecteur pourra ensuite rassembler en un tout vivant. Comme je l'ai souligné à diverses reprises, la névrose obsessionnelle qui a été décrite prit naissance dans le terrain d'une constitution sadique-anale. Il ne fut question jusqu'ici que d'un seul des deux facteurs essentiels : du sadisme et de ses transformations. Tout ce qui concerne l'érotisme anal a été intentionnellement laissé de côté et va être maintenant rassemblé et étudié dans son ensemble.

Les analystes sont depuis longtemps d'accord pour attribuer aux motions pulsionnelles multiples que l'on réunit sous le nom d'érotisme anal un rôle d'une importance extraordinaire et qu'on ne saurait surestimer, dans l'édification de la vie sexuelle et de l'activité psychique en général. On admet également que l'une des manifestations les plus importantes de l'érotisme transformé qui dérive de cette source se retrouve dans la manière de traiter l'argent ; car, au cours de la vie, ce précieux matériel a accaparé l'intérêt psychique qui originairement appartenait aux fèces, au produit de la zone anale. Nous nous sommes habitués à ramener l'intérêt qu'inspire l'argent, dans la mesure où il est de nature libidinale et non de nature rationnelle, au plaisir excrémentiel, et à réclamer de l'homme normal qu'il garde ses rapports à l'argent entièrement libres d'influences libidinales et qu'il les règle suivant les exigences de la réalité.

Chez notre patient, à l'époque de la dernière de ses maladies nerveuses, ses rapports avec l'argent étaient troublés à un degré particulièrement grave, et ce fait n'était pas le facteur le moindre de son manque d'indépendance et de son incapacité de s'adapter à la vie. Ayant hérité et de son père et de son oncle, il était devenu très fortuné ; on voyait qu'il attachait beaucoup de prix à passer pour riche et rien ne le froissait autant que d'être sous-estimé à cet égard. Mais il ne savait pas ce qu'il possédait, ce qu'il dépensait, ce qui lui restait. Il était difficile de dire s'il eût fallu le qualifier d'avare ou de prodigue. Il se comportait tantôt comme ceci, tantôt comme cela, mais jamais d'une façon suggérant des intentions logiques. D'après certains traits frappants, que je rapporterai plus loin, on aurait pu le prendre pour un ploutocrate endurci, regardant sa richesse comme son plus grand avantage personnel et ne laissant pas ses sentiments l'emporter un seul instant sur ses intérêts d'argent. Cependant, il n'estimait pas les autres d'après leur fortune et, en bien des circonstances, se montrait tout au contraire modeste, secourable et compatissant. L'argent était en effet soustrait chez lui au contrôle conscient et avait pour lui une signification toute différente.

Je l'ai déjà mentionné : j'avais trouvé des plus suspectes sa façon de prendre la perte de sa sœur qui avait été ces dernières années son meilleur camarade, et de se consoler en se disant qu'à présent il n'aurait plus besoin de partager avec elle l'héritage de ses parents. Plus frappant encore était le calme avec lequel il relatait la chose, tout comme s'il ne comprenait nullement la dureté de sentiments dont témoignait cet aveu. A vrai dire, l'analyse le réhabilita en faisant voir que la douleur relative à la perte de sa sœur n'avait fait que subir un déplacement, mais c'est alors qu'il devint tout à fait impossible de comprendre que le malade eût cherché à trouver dans une augmentation de richesse un substitut à sa sœur.

Sa manière d'agir dans un autre cas lui semblait à lui-même énigmatique. Après la mort de son père, l'héritage de celui-ci fut partagé entre lui-même et sa mère. Sa mère administrait cet héritage, et, lui-même devait en convenir, subvenait à ses besoins d'argent d'une manière irréprochable et avec libéralité. Toutefois, toute discussion entre eux sur des questions d'argent se terminait régulièrement par les reproches les plus violents de sa part à lui : sa mère ne l'aimait pas, elle ne pensait qu'à faire des économies à ses dépens, et elle préférerait qu'il fût mort, afin de disposer seule de l'argent. Alors sa mère protestait en pleurant de son désintéressement, il avait honte de ce qu'il avait dit, assurait à juste titre qu'il ne pensait rien de tout cela, tout en sachant pertinemment qu'il recommencerait infailliblement la même scène à la prochaine occasion.

Bien des incidents montrent que les fèces, longtemps avant qu'il ne vînt en analyse, avaient pour lui signifié l'argent. J'en rapporterai deux exemples. A une époque où l'intestin ne participait pas encore à ses troubles nerveux, il était allé, dans une grande ville, voir un de ses cousins pauvres. En quittant celui-ci, il se reprocha vivement de ne pas l'aider pécuniairement et, immédiatement après, éprouva « peut-être le plus fort besoin d'aller à la selle qu'il eût eu de sa vie ». Deux ans plus tard, il se mit vraiment à servir une rente à ce cousin. Voici l'autre cas : à l'âge de 18 ans, pendant qu'il préparait son examen de fin d'études secondaires (1), il alla voir un de ses camarades et arrêta avec lui un plan qui semblait bon à suivre, vu la peur qu'ils avaient tous deux d'échouer (2) à cet examen. Ils avaient décidé d'acheter le concierge du lycée et la contribution de notre patient à la somme qu'il s'agissait de réunir était naturellement la plus forte. En rentrant chez lui, il se dit qu'il donnerait volontiers davantage encore pour réussir à l'examen, pour qu'il ne lui y arrivât aucun accident, et en réalité un autre « accident » lui arriva avant qu'il n'eût atteint la porte de sa maison (3).

Nous ne serons pas étonnés d'apprendre que notre malade, au cours de sa maladie ultérieure, souffrait de troubles intestinaux tenaces, troubles cependant susceptibles d'oscillations selon les circonstances. Au moment où je le pris en traitement, il avait contracté l'habitude des lavements que lui donnait un valet de chambre ; des mois durant, il n'avait pas d'évacuations spontanées, à moins qu'une excitation soudaine, venue d'un certain côté, ne survînt : alors une activité normale de l'intestin pouvait s'établir pour quelques jours. Il se plaignait avant tout de ce que pour lui l'univers était enveloppé d'un voile, ou bien de ce que lui-même était séparé de l'univers par un voile. Ce voile ne se déchirait qu'à un seul moment quand, sous

(1) Correspondant à notre baccalauréat. *(N. d. T.)*

(2) (Le mot allemand *Durchfall* signifie littéralement « tomber à travers » ; on l'emploie dans le sens d' « échec » comme pour un examen, et aussi de « diarrhée ». *(N. d. T.)* Le patient m'informa que sa langue maternelle ne connaît pas l'emploi familier à l'allemand du mot *Durchfall* pour désigner les troubles de l'intestin. *(Note de l'auteur.)*.

(3) Cette expression a le même sens dans la langue maternelle du patient qu'en allemand et qu'en français. *(N. d. T.)*

l'influence du lavement, le contenu intestinal sortait de l'intestin ; alors il se sentait à nouveau bien portant et normal (1).

Le confrère à qui j'adressai mon patient en vue d'un examen de son état intestinal fut assez perspicace pour l'expliquer par un trouble fonctionnel, sans doute même psychiquement déterminé, et pour s'abstenir de toute médication active. D'ailleurs, ni les médicaments ni les régimes ne servaient de rien. Pendant toutes les années que dura le traitement analytique, il n'y eut pas de selles spontanées (en dehors des excitations soudaines que j'ai mentionnées). Le malade se laissa convaincre que tout traitement actif de l'organe perturbé ne ferait qu'aggraver son état, et se contenta d'obtenir une évacuation intestinale, une ou deux fois par semaine, au moyen d'un lavement ou d'une purge.

J'ai, au sujet de ces troubles intestinaux, traité de la maladie nerveuse ultérieure de mon malade plus amplement qu'il n'était prévu dans le plan de ce travail relatif à sa névrose infantile. Deux raisons m'y ont incité : premièrement, les symptômes intestinaux de mon patient avaient passé, sans subir de modification notable, de sa névrose infantile à sa névrose ultérieure ; deuxièmement, ils ont joué un rôle capital dans la conclusion du traitement.

On sait de quelle importance est le doute pour le médecin qui analyse une névrose obsessionnelle. C'est l'arme la plus forte du malade, le moyen de prédilection de sa résistance. Ce doute permit à notre patient de se retrancher à son tour derrière une respectueuse indifférence et de laisser ainsi, durant des années, glisser sur lui, sans qu'ils le touchassent, tous les efforts du traitement. Rien ne changeait en lui et il n'y avait aucun moyen de le convaincre. Je reconnus enfin de quelle importance pouvaient être les troubles intestinaux en vue de mes desseins ; ils représentaient la parcelle d'hystérie qui se retrouve régulièrement à la base de toute névrose obsessionnelle. Je promis à mon patient qu'il retrouverait intégralement son activité intestinale et lui permis, par cette promesse, de manifester ouvertement son incrédulité. J'eus alors la satisfaction de voir s'évanouir ses doutes, lorsque l'intestin, tel un organe hystériquement affecté, commença à se « mêler à la conversation » pendant notre travail, et eut recouvré en quelques semaines sa fonction normale si longtemps entravée.

Je reviens maintenant à l'enfance du patient, à une époque où les fèces ne pouvaient absolument pas encore avoir pour lui la signification de l'argent.

(1) Que le lavement lui fût donné par un autre ou qu'il se l'administrât lui-même, l'effet était le même.

Des troubles intestinaux s'étaient manifestés chez lui de très bonne heure, surtout le plus fréquent et le plus normal chez l'enfant : l'incontinence. Nous serons sûrement dans le vrai en écartant une explication pathologique de ces premiers accidents, et en n'y voyant qu'une preuve de l'intention où était l'enfant de ne pas se laisser troubler ou arrêter dans le plaisir lié à la fonction d'évacuation. Notre patient prenait un vif plaisir aux plaisanteries anales et aux exhibitions, plaisir s'accordant d'ordinaire avec la vulgarité naturelle de certaines classes sociales, différentes de la sienne, et il avait continué à y prendre plaisir jusqu'après le début de sa dernière maladie nerveuse.

Au temps de la gouvernante anglaise, il arriva plusieurs fois que lui et Nania eussent à partager la chambre de cette femme détestée. Nania constata alors, ce qui témoignait de sa compréhension, que c'était justement ces nuits-là qu'il souillait son lit, ce qui, en général, ne lui arrivait plus. Il n'en avait nullement honte, c'était l'expression d'un défi envers la gouvernante.

Un an plus tard (il avait alors 4 ans 1/2), à la période de l'angoisse, il lui arriva de faire dans son pantalon pendant la journée. Il en eut terriblement honte, et pendant qu'on le nettoyait, se mit à gémir qu' « il ne pouvait plus vivre ainsi ». Quelque chose s'était donc modifié dans l'intervalle et, en partant de la plainte du petit garçon, nous en retrouvâmes la trace. Il s'avéra que les paroles : « Je ne peux plus vivre ainsi » étaient la fidèle reproduction de paroles prononcées par quelqu'un d'autre. Sa mère, un jour (1), l'avait emmené avec elle, en reconduisant à la gare le médecin qui était venu la voir. Tout en marchant, elle se plaignait de ses douleurs et de ses pertes de sang, et finit par dire, dans les mêmes termes, qu' « elle ne pouvait plus vivre ainsi ». Elle ne se doutait pas que l'enfant qu'elle menait par la main garderait ces mots dans sa mémoire. Cette plainte, qu'il devait d'ailleurs répéter d'innombrables fois au cours de sa maladie nerveuse ultérieure, avait ainsi le sens d'une identification à sa mère.

Il lui revint bientôt un souvenir qui, vu sa nature et l'époque à laquelle il se rapportait, constituait vraiment un terme intermédiaire entre ces deux incidents.

Un jour, au début de la période de l'angoisse, sa mère, inquiète, donna des instructions dont le but était de préserver ses enfants de la dysenterie qui venait de faire son apparition dans les environs de la propriété. Il demanda ce que c'était, et quand il eut appris que lorsqu'on a la dysenterie, il y a du sang dans les selles, il commença

(1) La date exacte de cet incident ne peut être fixée, mais il eut certainement lieu avant le rêve d'angoisse fait à 4 ans, sans doute avant le voyage des parents.

à avoir très peur et à déclarer qu'il y avait aussi du sang dans ses selles à lui ; il craignait de mourir de la dysenterie, cependant, un examen ayant eu lieu, il se laissa convaincre qu'il s'était trompé et qu'il n'avait rien à craindre. Nous le voyons, ce qui cherchait à se réaliser au moyen de cette crainte, c'était une identification à sa mère : celle-ci, en effet, avait, devant lui, parlé de ses hémorragies. Lors de sa tentative ultérieure d'identification (à 4 ans 1/2), il n'était plus question de sang ; il ne se comprenait plus lui-même, il croyait avoir honte et ne savait pas que ce qui le faisait trembler, c'était l'angoisse de mort, qui cependant se révélait de façon indubitable dans la plainte émise.

Sa mère, atteinte d'une maladie du bas-ventre, était alors en général inquiète tant à son propre sujet qu'à celui de ses enfants, et il est tout à fait probable que la crainte qu'éprouvait l'enfant, en plus de ses motifs propres, se fondait sur une identification à la mère.

Que signifiait cependant cette identification à sa mère ?

Entre l'usage impudent qu'il avait fait à 3 ans 1/2 de son incontinence, et l'horreur que celle-ci lui inspira à 4 ans 1/2, se place le rêve qui inaugura la période d'angoisse, rêve qui lui apporta la compréhension, après coup, de la scène vécue à 1 an 1/2 (voir p. 356) et l'élucidation du rôle de la femme dans l'acte sexuel. Il est naturel d'établir un rapport entre ce grand bouleversement et son changement d'attitude envers la défécation. « Dysenterie » était évidemment pour lui le nom de la maladie dont il avait entendu sa mère se plaindre, de la maladie avec laquelle « on ne pouvait pas vivre » ; sa mère pour lui ne souffrait pas des organes génitaux, mais de l'intestin. Sous l'influence de la scène primitive, il en vint à conclure que sa mère avait été rendue malade par ce que son père avait fait avec elle (1), et sa propre peur d'avoir du sang dans ses selles, d'être malade comme sa mère, correspondait au refus de l'identification à sa mère dans cette scène sexuelle, ce même refus avec lequel il s'était éveillé du rêve. Mais la peur témoignait encore de ce que, dans l'élaboration ultérieure de la scène primitive, il s'était mis à la place de sa mère et lui avait envié cette relation à son père. L'organe par lequel l'identification à la femme, l'attitude homosexuelle passive envers l'homme pouvait s'exprimer, était celui de la zone anale. Les troubles dans la fonction de cette zone avaient maintenant acquis la signification d'impulsions féminines de tendresse qu'ils conservèrent pendant la maladie nerveuse ultérieure.

Ici il nous faut prêter l'oreille à une objection, dont la discussion ne contribuera pas peu à élucider la confusion apparente qui règne

(1) Une conclusion qui, sans doute, n'était pas erronée.

en ces matières. Nous avons dû l'admettre : il aurait compris, au cours du processus de ce rêve, que la femme était châtrée et qu'elle avait, à la place du membre viril, une blessure qui servait au commerce sexuel ; la castration lui apparaissait ainsi comme étant la condition de la féminité, c'était la perte menaçante de son membre viril qui lui aurait fait refouler son attitude féminine envers l'homme, et il aurait passé de ses émois homosexuels à l'état d'angoisse. Or, comment cette intelligence du commerce sexuel, cette reconnaissance du vagin, peuvent-elles se concilier avec le choix de l'intestin en vue de l'identification à la femme ? Les symptômes intestinaux ne sont-ils pas fondés sur une conception qui est sans doute plus ancienne — et qui se trouve en pleine contradiction avec la peur de la castration — conception d'après laquelle les rapports sexuels auraient lieu par l'anus ?

Certes, cette contradiction existe et ces deux conceptions sont inconciliables. Il s'agit seulement de savoir s'il est indispensable qu'elles se concilient. Notre stupéfaction ne provient que d'un fait c'est que nous sommes toujours tentés de traiter les processus psychiques inconscients à l'instar des conscients et d'oublier les différences profondes qui séparent ces deux systèmes psychiques.

Lorsque l'attente et l'excitation précédant le rêve de Noël eurent évoqué chez l'enfant le tableau du commerce sexuel de ses parents, autrefois observé (ou reconstruit), il ne saurait y avoir aucun doute sur ce qui se passa en lui : la conception du coït qui apparut la première fut la plus ancienne, conception d'après laquelle la partie du corps de la femme qui recevrait le membre viril serait l'anus. Qu'aurait-il donc pu croire d'autre, puisque à 1 an 1/2 il fut spectateur de cette scène (1) ? Mais alors se passa quelque chose de nouveau, maintenant qu'il avait 4 ans. L'expérience qu'il avait acquise dans l'intervalle, les allusions faites devant lui, à la castration, se réveillèrent et jetèrent un doute sur la « théorie du cloaque » ; elles lui suggérèrent la reconnaissance de la différence des sexes et du rôle sexuel dévolu à la femme. Il se comporta à cette occasion à la manière habituelle des enfants, quand on leur donne une explication qui leur est désagréable, que celle-ci touche à des sujets sexuels ou d'une autre nature. Il rejeta l'idée nouvelle — dans notre cas par peur de la castration — et se cramponna à la vieille idée. Il prit parti pour l'intestin contre le vagin de la même façon que, plus tard, il devait prendre parti pour son père contre Dieu. L'explication nouvelle fut écartée ; la vieille théorie était susceptible de fournir le matériel nécessaire à l'identification avec la femme, identification qui devait

(1) Ou bien tant qu'il ne comprit pas le coït des chiens.

ultérieurement se faire jour sous la forme de la mort survenant par suite des troubles intestinaux ; elle pouvait aussi fournir matière à ses premiers scrupules religieux : le Christ possédait-il un derrière ? et ainsi de suite. Ce n'est pas que la nouvelle intelligence des choses fût demeurée sans effet, tout au contraire. Elle eut un effet d'une force extraordinaire : elle devint la raison pour laquelle le processus entier du rêve fut maintenu dans le refoulement et exclu d'une élaboration ultérieure consciente. Mais par là son effet se trouva épuisé, elle n'exerça aucune influence sur la solution du problème sexuel. Il y avait certes contradiction à ce que, dès lors, la peur de la castration pût subsister à côté de l'identification à la femme par l'intermédiaire de l'intestin, mais ce n'était là qu'une contradiction logique, ce qui ne veut pas dire grand-chose. Tout au contraire, ce processus est bien plutôt caractéristique de la manière dont travaille l'inconscient. Un refoulement est autre chose qu'un rejet.

Alors que nous étions en train d'étudier la genèse de la phobie des loups, nous nous attachions à suivre les effets de la nouvelle intelligence acquise touchant l'acte sexuel ; maintenant que nous étudions les troubles de la fonction intestinale, nous nous trouvons sur le terrain de la vieille théorie cloacale. Les deux points de vue étaient maintenus à l'écart l'un de l'autre par tout un stade de refoulement. L'attitude féminine envers l'homme, écartée de par l'action de refoulement, prit, pour ainsi dire, refuge dans la symptomatologie intestinale, et se manifesta dans les diarrhées, constipations et douleurs d'intestin si fréquentes au cours de l'enfance du malade. Les fantasmes sexuels ultérieurs, édifiés sur la base d'une connaissance sexuelle exacte, étaient ainsi à même de s'exprimer sur un mode régressif en tant que troubles intestinaux. Nous ne comprendrons cependant pas ceux-ci avant d'avoir découvert les changements de signification qu'avaient subis les fèces, pour notre patient, depuis les premiers jours de son enfance.

J'ai, plus haut, laissé entrevoir qu'un fragment de la scène primitive n'avait pas été rapporté. Je puis maintenant combler cette lacune. L'enfant interrompit finalement les rapports sexuels de ses parents en ayant une selle, ce qui lui permit de se mettre à crier. Tout ce que j'ai dit plus haut, relativement à la critique des autres parties de la même scène, s'applique également à celle de ce fragment supplémentaire. Le patient acquiesça à cette conclusion de la scène, reconstruite par moi et sembla la confirmer par la formation de « symptômes transitoires ». Je dus renoncer à une autre addition que j'avais proposée : le père aurait manifesté sa mauvaise humeur d'être dérangé en grondant l'enfant. Car le matériel apporté par l'analyse ne réagit pas à cette suggestion.

Le détail que je viens d'ajouter ici ne peut naturellement pas être mis sur le même rang que le reste du contenu de la scène. Ici, il s'agit non pas d'une impression extérieure, dont le retour peut être escompté dans un grand nombre d'indices ultérieurs, mais d'une réaction propre à l'enfant. Rien ne serait changé à toute cette histoire si cette manifestation n'avait alors pas eu lieu ou si elle avait été ultérieurement intercalée dans l'ensemble de la scène. Mais la façon de la concevoir ne saurait laisser place à aucun doute. Elle est l'indice d'une excitation de la zone anale (au sens le plus large du mot). Dans d'autres cas semblables, une observation analogue des rapports sexuels se termine par une émission d'urine ; un homme adulte, dans les mêmes conditions, aurait une érection. Notre petit garçon réagit par une évacuation intestinale à une excitation sexuelle. Ce fait doit être considéré comme caractéristique de sa constitution sexuelle congénitale. Il adopte d'emblée une attitude passive, il manifeste plus de tendance à une identification ultérieure avec la femme qu'avec l'homme.

En même temps, comme le ferait tout autre enfant, il fait usage de son contenu intestinal dans l'un de ses sens les plus précoces et les plus primitifs. Les fèces constituent le premier *cadeau*, le premier sacrifice que consent l'enfant à ce qu'il aime, une partie de son propre corps dont il veut bien se priver, mais seulement en faveur d'une personne aimée (1). Se servir des fèces dans un but de défi, ainsi que le fit notre patient à 3 ans 1/2 contre la gouvernante, c'est prendre cette signification originelle de « cadeau » au sens inverse négatif. Le *grumus merdæ* que les cambrioleurs laissent sur le lieu de leurs forfaits semble avoir les deux sens : il exprime le mépris et un dédommagement sur le mode régressif. Quand un stade supérieur a été atteint, il est encore possible au stade antérieur de trouver un emploi au sens rabaissé de façon négative. Le refoulement s'exprime par l'acquisition d'un sens contraire (2).

A un stade ultérieur de l'évolution sexuelle, les fèces acquièrent le sens d' « enfant ». Car l'enfant, tout comme les fèces souvent quali-

(1) Je crois que l'observation le confirme aisément : les bébés ne souillent de leurs excrément que les personnes qu'ils connaissent et qu'ils aiment. Ils ne trouvent pas que les étrangers méritent cette distinction. Dans mes *Trois essais sur la Théorie de la sexualité*, j'ai mentionné le premier des usages que fait l'enfant de ses fèces : il s'en sert pour exciter, sur le mode auto-érotique, sa muqueuse intestinale. A un stade ultérieur, un rôle décisif revient à l'attitude de l'enfant envers un objet déterminé, auquel il manifeste de cette façon ses sentiments d'obéissance ou de complaisance. Cette relation persiste plus tard, car même un enfant plus âgé ne se laisse mettre sur le vase ou aider à uriner que par certaines personnes privilégiées, ce qui implique d'ailleurs pour lui encore d'autres possibilités de satisfaction.

(2) On sait qu'il n'existe pas de « non » dans l'inconscient ; les contraires y coïncident. La négation n'apparaît que grâce au processus du refoulement.

fiées de « cadeau », sort quand il naît, par le derrière. Et il est d'usage courant de qualifier l'enfant de cadeau ; c'est de la femme qu'on dit le plus souvent qu'elle a « donné un enfant » à l'homme, mais l'inconscient a coutume, à juste titre, d'avoir tout aussi bien égard à l'autre aspect de ce rapport et de considérer que la femme a « reçu » de l'homme, en cadeau, l'enfant.

La signification d' « argent » qu'ont les fèces bifurque dans une autre direction, à partir du tronc commun où elles ont le sens de « cadeau ».

Le premier souvenir-écran de notre malade, d'après lequel il aurait eu son premier accès de colère parce qu'à Noël il n'avait pas reçu assez de cadeaux, nous révèle à présent son sens le plus profond. Ce qui lui manquait, c'était la satisfaction sexuelle, qu'il avait conçue comme devant être anale. Son investigation sexuelle l'y avait auparavant préparé et il le découvrit au cours du rêve : l'acte sexuel résolvait l'énigme de l'origine des petits enfants. Dès avant le rêve, il n'aimait pas les petits enfants. Il avait un jour trouvé un petit oiseau, encore sans plumes, tombé du nid, il l'avait pris pour un bébé humain et avait frémi d'horreur à sa vue. L'analyse montra que toutes les petites bêtes, chenilles ou insectes, contre lesquelles s'exerçait sa fureur, avaient pour lui la signification de petits enfants (1). Sa position par rapport à sa sœur aînée lui avait fourni l'occasion de beaucoup réfléchir aux relations existant entre aînés et cadets ; Nania lui ayant dit un jour que si sa mère l'aimait tant, c'est parce qu'il était le plus jeune, il avait maintenant de bonnes raisons de souhaiter qu'aucun frère ou sœur plus petit ne vînt à naître. Et ce rêve, qui représentait le commerce sexuel de ses parents, ranima en lui la peur de ce plus jeune enfant à naître.

Ainsi, aux courants sexuels que nous connaissions déjà, il nous faut en ajouter un nouveau qui, tout comme les autres, dérive de la scène primitive reproduite dans le rêve. Dans son identification à la femme (à sa mère), il est prêt à « donner » un enfant à son père, et il est jaloux de sa mère qui a déjà fait ce don et le fera peut-être à nouveau.

Ainsi, par un détour passant par leur rapport commun au sens de « cadeau », l'argent peut en venir à avoir le sens d'enfant, et ainsi arriver à exprimer une satisfaction féminine (homosexuelle). C'est ce qui se produisit chez notre patient à l'occasion suivante : se trouvant un jour dans un sanatorium allemand avec sa sœur, il vit son père donner à celle-ci deux gros billets de banque. Il avait toujours, en imagination, suspecté les rapports de son père avec sa sœur ; sa jalousie alors s'éveilla ; dès qu'ils furent seuls, il se jeta

(1) De même la vermine, dans les rêves et les phobies, représente bien souvent les petits enfants.

sur sa sœur, et réclama avec une telle violence et de tels reproches sa part de l'argent que celle-ci en larmes lui lança le tout. Ce qui l'avait irrité ce n'était pas seulement le cadeau d'argent en lui-même, mais bien plutôt le cadeau symbolique d'un enfant, la satisfaction sexuelle anale donnée par leur père. Et c'est au moyen de cette satisfaction qu'il se consola lorsque — alors que son père vivait encore — sa sœur vint à mourir. Sa révoltante idée, en apprenant cette mort, ne signifiait au fond rien d'autre que ceci : « A présent, je suis le seul enfant, à présent mon père n'a personne d'autre à aimer que moi. » Mais bien que cette idée fût parfaitement capable de devenir consciente, son arrière-plan homosexuel était tellement intolérable que son déguisement en avarice sordide pouvait sembler un grand soulagement.

Il se comporta sur un mode analogue lorsque, après la mort de son père, il fit à sa mère d'injustes reproches au sujet de l'argent, lui disant qu'elle voulait lui en prendre sa part et qu'elle lui préférait l'argent. Sa vieille jalousie relative à l'amour qu'elle avait voué à un autre enfant que lui, la possibilité qu'elle en ait désiré encore un autre après sa naissance à lui, le contraignaient à porter ces accusations qu'il devait lui-même trouver insoutenables.

Cette analyse de la signification des fèces nous le fait clairement comprendre : les idées obsessionnelles qui obligeaient notre malade à rapprocher Dieu et les fèces exprimaient autre chose encore que l'outrage à Dieu qu'il y reconnaissait. Elles réalisaient bien plutôt un compromis auquel un courant tendre, plein de dévotion, avait autant de part qu'un courant hostile et injurieux ; « Dieu-fèces » constituait vraisemblablement l'abréviation d'une offre, telle qu'on en entend aussi faire dans la vie sous une forme non écourtée. « Chier sur Dieu » *(« auf Gott scheissen »)* ou « chier quelque chose à Dieu » *(« Gott etwas scheissen »)* voulait dire aussi lui donner un enfant ou en recevoir un de lui. La vieille signification de cadeau, rabaissée de façon négative, et celle, dérivée ultérieurement de la première et qui veut dire un enfant, se trouvent ici réunies dans les paroles obsessionnelles. Par le deuxième de ces sens s'exprime une tendresse de nature féminine ; on serait prêt à renoncer à sa virilité si l'on pouvait en échange être aimé en femme. Nous avons là exactement la même manière de sentir envers Dieu que celle exprimée en termes non ambigus dans le système délirant et paranoïaque du *président Schreber* (1).

Quand j'en viendrai plus loin à décrire la résolution ultime des symptômes de mon patient, on pourra voir une fois de plus de quelle manière les troubles intestinaux s'étaient mis au service de la tendance homosexuelle afin d'exprimer l'attitude féminine envers le père.

(1) Voir p. 263 de ce même volume.

Une autre signification des fèces va maintenant nous permettre d'aborder la question du complexe de castration.

Le bol fécal, quand il excite au passage la muqueuse intestinale érogène, joue ainsi envers celle-ci le rôle d'un organe actif : il se comporte à la façon du pénis envers la muqueuse vaginale et est pour ainsi dire le précurseur de celui-ci, au stade cloacal. L'abandon des fèces en faveur (par amour) d'une autre personne devient de son côté un prototype de la castration ; c'est la première fois que l'enfant renonce à une partie de son propre corps (1) pour gagner la faveur d'une autre personne qu'il aime. De telle sorte que l'amour, par ailleurs narcissique, que chacun a pour son pénis, n'est pas sans recevoir une contribution de l'érotisme anal. Les fèces, l'enfant, le pénis, constituent ainsi une unité, un concept inconscient — *sit venia verbo* — le concept d'une petite chose pouvant être détachée du corps. Par ces voies associatives peuvent se produire des déplacements et des renforcements de l'investissement libidinal, qui sont d'une grande importance pour la pathologie et que révèle l'analyse.

Nous savons déjà quelle attitude notre patient avait d'abord adoptée en face du problème de la castration. Il la rejeta et s'en tint à la théorie du commerce par l'anus. Quand je dis : il la rejeta, le sens immédiat de cette expression est qu'il n'en voulut rien savoir au sens du refoulement. Aucun jugement n'était par là porté sur la question de son existence, mais les choses se passaient comme si elle n'existait pas. Cependant une telle attitude ne pouvait demeurer définitive, pas même au cours des années où sévissait la névrose infantile. Nous trouvons ultérieurement des preuves de ce qu'il avait reconnu la castration comme un fait réel. Il s'était encore comporté sur ce point de la façon qui caractérisait tout son être, façon qui nous rend si difficile et d'exposer ce cas et de se mettre à la place de notre malade pour le comprendre. Après avoir d'abord résisté, il avait cédé, mais une de ces réactions n'avait pas éliminé l'autre. En fin de compte, deux courants contraires existaient en lui côte à côte, dont l'un abominait la castration tandis que l'autre était tout prêt à l'accepter et à se consoler de par la féminité à titre de substitut. Mais sans aucun doute le troisième courant, le plus ancien et le plus profond, qui avait tout simplement rejeté la castration, celui pour lequel il ne pouvait encore être question d'un jugement relatif à sa réalité, demeurait capable d'entrer en activité. J'ai rapporté ailleurs (2) une hallucination que ce même patient avait eue au cours

(1) Les enfants considèrent toujours leurs fèces de cette façon.

(2) *Ueber fausse reconnaissance* (déjà raconté) während der psychoanalytischen Arbeit (De la fausse reconnaissance [déjà raconté] au cours du traitement psychanalytique), *Int. Zeitschr. f. ärzlich. Psychoanalyse*, V, I, 1913.

de sa cinquième année, je ne ferai ici qu'y ajouter un bref commentaire :

« J'avais 5 ans, je jouais au jardin auprès de ma bonne, et j'étais en train d'entailler, avec mon couteau de poche, l'écorce de l'un de ces noyers qui jouent encore un rôle (1) dans mon rêve (2). Je remarquai soudain, avec une inexprimable terreur, que je m'étais coupé le petit doigt de la main (droite ou gauche ?) de telle sorte que le doigt ne tenait plus que par la peau. Je n'éprouvais aucune douleur, mais une grande peur. Je n'osai pas dire quoi que ce fût à ma bonne, qui était à quelques pas de moi, je m'effondrai sur le banc voisin et restai là assis, incapable de jeter un regard de plus sur mon doigt. Je me calmai enfin, je regardai mon doigt, et voilà qu'il n'avait jamais subi la moindre blessure. »

Après qu'on lui eût enseigné, à 4 ans 1/2, l'histoire sainte, avait commencé en lui, nous le savons, ce travail mental intensif qui aboutit à une piété obsessionnelle. Nous pouvons par suite admettre que cette hallucination eut lieu à l'époque où il se décida à reconnaître la réalité de la castration ; peut-être marqua-t-elle justement cette démarche. La petite correction que le patient y apporta n'est pas elle-même dénuée d'intérêt. Son hallucination reproduit le même événement terrible que le Tasse raconte, dans la *Jérusalem délivrée*, à propos de son héros Tancrède ; nous sommes donc justifié à l'interpréter de même et à présumer que l'arbre signifiait une femme pour notre patient tout comme pour Tancrède. Ainsi, il jouait là le rôle de son père, mettait en rapport ce qu'il savait des pertes de sang de sa mère avec ce qu'il venait d'apprendre à reconnaître : la castration des femmes, la « blessure ».

L'incitation à cette hallucination du doigt coupé vint, comme il le raconta plus tard, de ce qu'il avait entendu dire relativement à une parente qui serait née avec six doigts de pied et à qui on aurait aussitôt coupé le doigt de pied supplémentaire au moyen d'une hache. Ainsi, si les femmes n'avaient pas de pénis, c'est qu'on le leur avait coupé dès la naissance. De cette façon, il en était venu à accepter, au temps de la névrose obsessionnelle, ce qu'il avait déjà appris au cours du rêve, mais avait alors repoussé loin de lui au moyen du refoulement. Pendant qu'on lui lisait et qu'on lui expliquait l'histoire

(1) En racontant plus tard cette histoire à une autre occasion, notre malade y apporta la correction suivante : « Je ne crois pas avoir été en train d'entailler l'arbre. J'ai confondu avec un autre souvenir, qui doit sans doute aussi avoir été hallucinatoirement faussé, dans lequel je me vois entaillant avec mon couteau un arbre dont du sang se mettait à sortir.

(2) Cf. Märchenstoffe in Träumen (Éléments de contes de fées dans les rêves), *Int. Zeitschr. f. ärztlich. Psychoanalyse*, I, 2e cah., repr. dans le vol. IV des *Ges. Schriften*.

sainte, la circoncision rituelle du Christ, comme aussi des Juifs en général, ne pouvait non plus lui demeurer étrangère.

Il est absolument indubitable qu'en ce temps-là, son père devint ce personnage terrifiant qui le menaçait de la castration. Le Dieu cruel contre lequel il se débattait alors, ce Dieu qui incitait au péché les hommes afin de les châtier ensuite, qui sacrifie son propre fils et aussi les fils des hommes, ce Dieu projeta son caractère terrible sur le père même de l'enfant, lequel, d'autre part, cherchait à défendre son père contre ce Dieu. Le petit garçon avait ici à s'adapter à un schéma phylogénique et il y parvint, bien que son expérience personnelle ne s'accordât pas avec ce schéma. Car les menaces de castration ou les insinuations qui lui avaient été faites émanaient au contraire de femmes (1), mais cela ne pouvait retarder de beaucoup le résultat terminal. En fin de compte, c'est de la part du père qu'il en vint à redouter la castration. Sur ce point l'atavisme triompha des circonstances accidentelles de la vie ; aux temps préhistoriques, ce devait être incontestablement le père qui pratiquait la castration en tant que châtiment et c'est lui qui, ultérieurement, dut l'atténuer jusqu'à n'être plus que la circoncision. Et plus notre patient, au cours de l'évolution de sa névrose obsessionnelle infantile, refoulait sa sensualité (2), plus il devait lui sembler naturel d'attribuer à son père, véritable représentant de l'activité sensuelle, ces mauvaises intentions.

L'identification du père au castrateur (3) acquit une grande importance en tant que source d'une hostilité inconsciente, allant jusqu'à des désirs de mort dirigés contre lui et de sentiments de culpabilité en réaction à cette hostilité.

Cependant, jusqu'ici, l'enfant se comporta de façon normale, c'est-à-dire comme le ferait tout névrosé en proie à un complexe d'Œdipe positif. Le plus curieux était que chez lui existait encore un contre-courant, grâce auquel le père était, au contraire, la personne châtrée et digne par suite de pitié.

J'ai pu montrer au patient, en analysant son cérémonial respiratoire quand il se trouvait en présence d'estropiés, de mendiants, etc., que ce symptôme lui-même se rapportait à son père malade qui lui

(1) Nous l'avons vu pour Nania et le verrons pour une autre femme encore.

(2) Voir à ce sujet, p. 375.

(3) Parmi les symptômes les plus pénibles, mais aussi les plus grotesques, de sa maladie ultérieure, il faut citer les rapports qu'il avait avec tout tailleur à qui il avait commandé un vêtement. Devant ce haut personnage, il restait respectueux et timide, cherchait à le gagner par d'invraisemblables pourboires, et se montrait toujours désespéré du résultat du travail fait par lui (tailleur se dit en allemand *Schneider*, littér. : coupeur, du verbe *schneiden* : couper, *Beschneiden* signifie circoncire, c'est un composé de *schneiden*).

avait fait pitié lorsqu'il était allé le voir au sanatorium. L'analyse permit de remonter plus haut encore. Du temps où il était encore tout petit, sans doute avant même sa séduction (3 ans 1/4), il y avait eu dans leur propriété un pauvre journalier dont la tâche consistait à apporter l'eau à la maison. Il ne pouvait pas parler, soi-disant parce qu'on lui avait coupé la langue. Sans doute était-il sourd-muet. Le petit garçon l'aimait beaucoup et le plaignait de tout son cœur. Quand il fut mort, l'enfant le chercha dans le ciel (1). C'était là le premier des estropiés dont il ait eu pitié ; d'après le contexte et la place où l'épisode apparut dans l'analyse, il s'agissait incontestablement d'un substitut du père.

Dans l'analyse, à celui de cet homme s'associa le souvenir d'autres serviteurs qui lui avaient été sympathiques et dont il fit ressortir qu'ils étaient maladifs ou juifs (circoncision). De même, le valet de pied qui, lorsqu'il avait eu son « accident » à 4 ans 1/2, l'avait aidé à se nettoyer, était juif et poitrinaire et avait excité sa pitié. Tout ce monde appartenait à la période ayant précédé le séjour du père de notre malade au sanatorium, c'est-à-dire avant la formation du symptôme ; ce symptôme devait bien plutôt empêcher, au moyen de l'expiration, une identification de l'enfant avec l'objet de sa pitié. Alors, soudain, à la suite d'un certain rêve, l'analyse fit volte-face et retourna à la période primitive : l'enfant émit l'assertion que, pendant le coït de la scène primitive, il avait observé la disparition du pénis, qu'il avait par suite eu pitié de son père et s'était réjoui en voyant reparaître ce qu'il avait cru perdu. C'était là un émoi émané de cette scène. L'origine narcissique de la pitié, de la « sympathie » (2) que ce dernier mot exprime en lui-même, est d'ailleurs ici impossible à méconnaître.

VIII

NOUVEAUX SOUVENIRS RELATIFS A LA PÉRIODE PRIMITIVE

CONCLUSION

Dans beaucoup d'analyses il arrive, lorsqu'on s'approche de leur fin, que tout à coup surgissent des souvenirs nouveaux, gardés cachés jusque-là avec soin. Ou bien, à une certaine occasion, il est fait une remarque d'aspect insignifiant, sur un ton indifférent, comme s'il

(1) Je mentionnerai à ce propos certains rêves qu'il eut postérieurement au rêve d'angoisse, mais du temps où il habitait encore la propriété rurale. Ces rêves figuraient la scène du coït sous forme d'une collision de corps célestes.

(2) Souffrir avec sympathie = *Mitleid. (N. d. T.)*

s'agissait de quelque chose d'inutile ; une autre fois il s'y ajoute autre chose auquel le médecin commence à prêter attention et l'on reconnaît enfin, en ce fragment dédaigné du souvenir, la clef des plus importants secrets que renfermait la névrose du malade.

De bonne heure, mon patient m'avait rapporté un souvenir datant de l'époque où sa « méchanceté » était en train de se muer en angoisse. Il était à la poursuite d'un beau et grand papillon rayé de jaune, dont les grandes ailes se terminaient par des appendices pointus, c'est-à-dire d'un machaon. Soudain, comme le papillon s'était posé sur une fleur, il fut saisi d'une peur terrible du petit animal et s'enfuit en poussant des cris.

Ce souvenir revenait de temps à autre dans l'analyse et réclamait une explication qu'il fut longtemps avant de recevoir. Dès l'origine, on devait admettre qu'un semblable détail ne s'était pas par lui-même gravé dans la mémoire mais que, en qualité de souvenir-écran, il représentait quelque chose de plus important à quoi il se trouvait relié d'une manière quelconque. Le malade me dit un jour que, dans sa langue, on appelait un papillon *Babouchka*, petite grand-mère ; les papillons ressemblaient d'ailleurs pour lui à des femmes et à des jeunes filles, les coléoptères et les chenilles à des garçons. Ainsi, ce devait être le souvenir d'une créature féminine qui s'était réveillé dans cette scène d'angoisse. Je ne tairai pas que j'émis alors l'hypothèse suivante : les raies jaunes du papillon auraient rappelé les rayures analogues d'un vêtement porté par une femme. Je rappelle ceci dans le seul but de montrer par cet exemple combien, en général, les efforts constructifs du médecin sont inaptes à résoudre les questions qui se posent, et combien l'on a tort de rendre l'imagination et la suggestion du médecin responsables des résultats de l'analyse.

Dans un tout autre contexte, bien des mois plus tard, le patient fit observer que le fait d'ouvrir et de fermer les ailes, ainsi qu'avait fait le papillon une fois posé sur la fleur, était ce qui avait fait sur lui cette impression inquiétante. On aurait dit d'une femme qui ouvre les jambes, et les jambes faisaient alors un V romain, ce qui était, nous le savons, l'heure où, déjà du temps où il était petit, mais aujourd'hui encore, un assombrissement de son humeur avait coutume de se produire.

Voilà une idée que je n'aurais pas eue tout seul, mais qui gagnait en importance en vertu du caractère franchement infantile des processus associatifs qu'elle révélait. L'attention des enfants, je l'ai maintes fois observé, est attirée bien plus par des mouvements que par des formes immobiles, et ils établissent souvent des associations sur une similarité de mouvements que nous autres adultes nous ne voyons pas ou que nous négligeons.

Le petit problème fut alors laissé de côté pendant encore longtemps ; je mentionnerai de plus la facile hypothèse d'après laquelle les appendices, pointus ou en forme de tige, des ailes du papillon auraient pu avoir le sens de symboles génitaux.

Un jour surgit, timide et indistincte, une sorte de réminiscence ; quand il était tout, tout petit, avant même qu'il n'eût sa Nania, il devait y avoir eu une jeune bonne d'enfant qui le soignait et l'aimait beaucoup. Elle portait le même nom que sa mère. Il répondait certainement à sa tendresse. C'était ainsi un premier amour disparu dans l'oubli, mais nous fûmes d'accord qu'à cette époque devait s'être passé quelque chose ayant plus tard acquis de l'importance.

Une autre fois, il rectifia ce souvenir. Cette fille ne pouvait pas s'être appelée comme sa mère, c'était de sa part à lui une erreur qui signifiait bien entendu qu'elle s'était confondue dans son souvenir avec sa mère. Il avait tout à coup dû penser à un garde-manger qui se trouvait dans la première propriété rurale, où l'on gardait les fruits après leur cueillette, et à une certaine sorte de poire d'un goût délicieux et qui avait sur la peau des raies jaunes. Dans sa langue, poire se dit *Grouscha*, et tel était aussi le nom de sa bonne.

Par là, on voyait clairement que, derrière le souvenir-écran du papillon poursuivi, se dissimulait le souvenir de la bonne d'enfant. Cependant, les raies jaunes ne se trouvaient pas sur sa robe, mais sur la poire qui avait le même nom qu'elle. Mais d'où provenait l'anxiété qui accompagnait la reviviscence de ce souvenir ? La réponse qui venait d'abord à l'esprit était que, tout petit enfant encore, il aurait vu cette fille la première faire les mouvements de jambes qu'il avait rattachés au signe V romain, mouvements qui rendent accessibles les organes génitaux. Nous nous épargnâmes de faire de pareilles spéculations et attendîmes que le patient nous fournît plus de matériel.

Bientôt se présenta le souvenir d'une scène incomplète, mais distincte dans ce que la mémoire en avait conservé. Grouscha était à genoux par terre. Près d'elle se trouvait un baquet et un court balai fait de brindilles liées ensemble. L'enfant était là et elle le taquinait ou le grondait.

On pouvait aisément suppléer par ailleurs à ce qui manquait ici. Dans les premiers mois de sa cure, il m'avait conté comment il était tombé amoureux, sur un mode compulsionnel, d'une jeune paysanne ; c'était avec elle qu'il avait contracté ce qui devait ultérieurement provoquer sa maladie nerveuse (1). En me faisant ce récit, il s'était défendu de la manière la plus bizarre de me dire le nom de cette paysanne. C'était là une résistance tout à fait isolée car il obéissait d'ordi-

(1) Une blennorrhagie, v. p. 325.

naire sans réserve à la règle fondamentale de l'analyse. Mais il pensait que la raison pour laquelle il devait avoir honte de prononcer ce nom était la suivante : ce nom était purement paysan, une fille bien née ne l'eût jamais porté. Ce nom, que nous apprîmes enfin, était *Matrona.* Il avait une allure maternelle. La honte était évidemment déplacée. Il n'avait pas honte du fait que ces affaires d'amour n'eussent exclusivement trait qu'aux filles de la condition la plus basse : il ne rougissait que du nom. S'il se trouvait que l'aventure avec Matrona dût avoir quelque chose de commun avec la scène où Grouscha joua un rôle, alors il faudrait rapporter la honte à cet épisode précoce.

Une autre fois, il m'avait conté le fait suivant : l'histoire de Jean Huss, lorsqu'il l'avait apprise, l'avait violemment remué, et son attention était restée fixée sur les fagots de brindilles qu'on apportait à son bûcher. Cette sympathie pour Huss éveilla dans mon esprit un soupçon bien défini : je l'ai rencontrée chez beaucoup de jeunes patients et j'ai toujours pu l'élucider de la même façon. L'un de ces jeunes gens alla même jusqu'à écrire un drame sur Jean Huss : il commença ce drame le jour même où il perdit l'objet dont il était alors secrètement amoureux. Huss meurt par le feu et devient par là, comme tous ceux qui remplissent la même condition, le héros des personnes ayant été sujettes autrefois à de l'incontinence d'urine. Mon patient lui-même rapprocha les fagots du bûcher de Huss et le balai (ou fagot de brindilles) de sa jeune bonne.

Les diverses pièces de ce matériel s'emboîtent parfaitement l'une dans l'autre et permettent de combler les lacunes existant dans le souvenir de la scène avec Grouscha. Pendant qu'il regardait cette fille laver le plancher, il avait uriné dans la chambre et sans doute avait-elle répliqué, sur un ton de plaisanterie, par une menace de castration (1).

J'ignore si le lecteur a déjà deviné pourquoi j'ai ainsi rapporté dans tous ses détails cet épisode de la toute petite enfance de notre patient (2). Le dit épisode fournit un trait d'union important entre la scène primitive et la compulsion amoureuse ultérieure, compulsion

(1) Il est très curieux que la réaction de la honte soit si intimement liée à l'évacuation involontaire de la vessie (diurne ou nocturne) et non pas, comme on pourrait s'y attendre, à l'incontinence de l'intestin. L'expérience ne permet aucun doute à cet égard. De même, le rapport régulier existant entre l'incontinence d'urine et le feu donne à réfléchir. Il est possible que, dans ces réactions et ces relations, se retrouvent des résidus de l'histoire de la civilisation humaine, émanés d'une couche plus profonde que tout ce que le mythe et le folklore nous ont conservé à l'état de vestiges.

(2) Il eut lieu aux environs de 2 ans 1/2, entre l'observation du coït que nous avons supposée, et la séduction par la sœur du petit garçon.

qui devait avoir des conséquences décisives sur le destin de notre patient. Cet épisode nous révèle encore une condition qui présidait à ses choix amoureux et qui élucide cette compulsion.

Quand il vit la jeune bonne par terre, en train de frotter le plancher, à genoux, les fesses en avant et le dos horizontal, il retrouva en elle l'attitude que sa mère avait prise pendant la scène du coït. Elle devint pour lui sa mère ; en vertu de la réactivation de cette image (1), l'excitation sexuelle s'empara de lui et il se comporta alors envers elle en mâle, comme son père, dont il n'avait pu autrefois comprendre l'action qu'en y voyant une miction. Uriner sur le plancher était au fond, de sa part, une tentative de séduction, et la jeune bonne y répondit par une menace de castration, tout comme si elle avait compris le petit garçon.

La compulsion émanée de la scène primitive se transféra à cette scène avec Grouscha et continua à se faire sentir grâce à elle. La condition dont dépendait qu'il devînt amoureux subit cependant une modification, qui témoigne de l'influence de la seconde scène ; cette condition fut transférée de la posture de la femme à l'activité qu'elle manifestait dans cette attitude. Ceci devint évident, par exemple, dans l'épisode de Matrona. Au cours d'une promenade dans le village, village qui faisait partie de la propriété rurale (ultérieure), il vit, au bord d'une mare, une jeune paysanne agenouillée, en train de laver du linge dans cette mare. Il s'éprit instantanément de la laveuse et cela avec une extrême violence, bien que n'ayant même pas pu encore apercevoir son visage. Du fait de sa posture et de ce qu'elle faisait, elle avait pris pour lui la place de Grouscha. Nous comprenons maintenant comment la honte, qui s'attachait à la scène avec Grouscha, put se rattacher au nom de Matrona.

Une autre crise amoureuse, quelques années auparavant, montre d'une façon plus claire encore la compulsion qu'exerçait sur lui la scène avec Grouscha. Une jeune paysanne, employée comme servante dans la maison, lui avait depuis longtemps plu sans qu'il eût osé l'approcher. Un jour, il la surprit seule dans une chambre et son amour fut plus fort que lui. Elle était agenouillée par terre, occupée à laver, un baquet et un balai à côté d'elle, tout à fait comme la jeune bonne de son enfance.

Et son choix définitif de l'objet, ce choix lui-même, qui fut pour toute sa vie d'une telle importance, se manifesta, dans les circonstances qui l'entourèrent (mais qu'on ne saurait rapporter ici) comme dépendant de la même condition amoureuse, comme dérivé de la compulsion qui, à partir de la scène primitive en passant par la

(1) Dès *avant* le rêve !

scène avec Grouscha, dominait ses choix amoureux. J'ai fait observer plus haut que je reconnaissais chez ce patient une tendance à rabaisser l'objet aimé. On doit l'expliquer par une réaction contre la pression exercée par sa sœur qui lui était de beaucoup supérieure. Mais je promis alors de faire voir que ce mobile du besoin de s'affirmer n'était pas le seul facteur déterminant, mais en recouvrait un autre fondé sur des mobiles purement érotiques. Le souvenir de la jeune bonne lavant le plancher, sans doute encore dans une attitude rabaissante, mit cette motivation en lumière. Tous ses objets ultérieurs d'amour étaient des personnes substituts de celle qui, de par le hasard de cette posture, était elle-même devenue le premier substitut de la mère. L'idée qui vint d'abord à l'esprit du patient par rapport au problème de la peur du papillon, on la peut après tout reconnaître comme étant une allusion tardive à la scène primitive (la 5e heure). Il confirma le rapport existant entre la scène avec Grouscha et la menace de castration par un rêve particulièrement ingénieux, qu'il réussit lui-même à déchiffrer. Il dit : « J'ai rêvé qu'un homme arrachait à une *Espe* ses ailes. » — « *Espe*, dus-je demander, qu'entendez-vous par là ? » — « Vous savez bien, cet insecte qui a des raies jaunes sur le corps et qui peut piquer. Ce doit être une allusion à Grouscha, à la poire rayée de jaune. » — « Vous voulez dire une *Wespe* » (« guêpe » en allemand), pus-je alors corriger. — « On dit *Wespe* ? Je croyais vraiment que l'on disait *Espe*. » (Il se servait, comme tant d'autres, du fait qu'il était étranger pour dissimuler des actes symptomatiques.) « Mais *Espe*, c'est moi, S. P. » (les initiales de son nom). L'*Espe* est naturellement une *Wespe* mutilée. Le rêve dit clairement qu'il se vengeait sur Grouscha de sa menace de castration.

La manière d'agir du petit garçon de 2 ans 1/2, dans la scène avec Grouscha, est le premier effet de la scène primitive que nous connaissions. Elle représente l'enfant en train de copier son père et nous fait voir une tendance à évoluer dans une direction qui pourrait mériter plus tard le nom de virile. Sa séduction par sa sœur le conduisit à une passivité qu'avait d'ailleurs déjà préparée son comportement pendant qu'il assistait aux rapports de ses parents.

Je dois ici revenir à l'histoire du traitement et faire ressortir ce qui suit : une fois bien comprise la scène avec Grouscha, cette scène qui était le premier événement dont il pût vraiment se souvenir et dont il se souvint sans que j'y eusse été pour rien, la tâche de la cure sembla achevée. Il n'y eut dès lors plus de résistances, il ne resta plus qu'à rassembler et à coordonner. La vieille théorie traumatique, élevée après tout sur des impressions émanées de la thérapeutique psychanalytique, reprit tout d'un coup toute sa valeur.

Par souci de critique, j'essayai à nouveau d'imposer au patient une autre conception de son histoire, conception plus acceptable par la sobre raison. Il n'y avait certes pas à douter de la scène avec Grouscha, mais cette scène ne signifiait rien en elle-même et aurait été renforcée, après coup, en vertu d'une régression commencée à partir de ses choix objectaux, choix qui, par suite de la tendance au ravalement, se serait reporté de sa sœur aux filles de service. Quant à l'observation du coït elle aurait été un fantasme des années ultérieures, dont le noyau biographique eût pu être un lavement innocent observé ou subi par le patient. Peut-être certains de mes lecteurs penseront-ils qu'avec ces hypothèses seulement, je commençais à comprendre le cas ; le patient, lui, me regarda sans me comprendre et avec un certain mépris, quand je lui exposai cette conception, et n'y réagit jamais plus. J'ai déjà développé mes propres arguments contre de semblables rationalisations.

(1) [Ainsi la scène avec Grouscha, tout en rendant compte des conditions qui commandaient le choix de l'objet du patient — conditions qui devaient être dans sa vie d'une importance décisive — nous garde de l'erreur qui consisterait à surestimer l'importance de sa tendance à rabaisser la femme. Mais elle implique encore autre chose : elle me permet aussi de justifier mon attitude précédente, lorsque je me refusai à rapporter sans hésitation, comme étant la seule explication possible, la scène primitive à une observation d'animaux faite peu avant le rêve. La scène avec Grouscha émergea spontanément dans le souvenir du patient, sans que j'y eusse été pour rien. La peur du papillon rayé de jaune, peur qui remonte à cette scène, montre que celle-ci avait eu un contenu important, ou bien qu'il avait été possible de lui prêter rétrospectivement une importance semblable. Cette importance de la scène qui faisait défaut dans le souvenir du patient, on pouvait la déduire des associations qui l'accompagnaient et des déductions qui s'y reliaient. Il apparut alors que la peur du papillon était absolument analogue à la peur du loup : dans les deux cas, il s'agissait d'une peur de la castration, peur qui se rapportait d'abord à la personne qui, la première, avait énoncé la menace de castration, puis avait été transposée à une autre personne, celle sur laquelle, en vertu d'un prototype phylogénique, elle devait se fixer. La scène avec Grouscha avait eu lieu lorsque l'enfant était âgé de 2 ans 1/2, mais l'occasion où la peur du papillon jaune s'était manifestée se situait certainement après le rêve d'angoisse. On pouvait aisément saisir que la compréhension ultérieure d'une castration possible eût engendré après coup l'angoisse, à partir de la scène

(1) Parenthèse de l'auteur, voir p. 325.

avec Grouscha, mais cette scène elle-même ne contenait rien de choquant ou d'invraisemblable, elle impliquait bien plutôt des détails d'ordre tout à fait banal, desquels il n'y avait aucune raison de douter. Rien n'autorisait à la rapporter à un fantasme de l'enfant ; cela eut été presque impossible.

Une question se pose ici : sommes-nous justifiés à voir une preuve de l'excitation sexuelle du petit garçon dans le fait qu'il ait uriné debout, pendant que la fille de service lavait à genoux le plancher ? Cette excitation témoignerait alors de l'influence d'une impression antérieure, qui pourrait aussi bien être de fait la scène primitive qu'une observation réalisée avant 2 ans 1/2 sur des animaux. Ou bien cette situation relative à Grouscha était-elle absolument innocente, et la scène entière fut-elle sexualisée seulement plus tard, après que l'enfant eut été amené à reconnaître l'importance de situations analogues ?

Je n'oserai pas me prononcer là-dessus. Je dois l'avouer, je porte déjà très haut au crédit de la psychanalyse qu'elle en soit venue à poser de pareilles questions. Mais je ne puis le nier : la scène avec Grouscha, le rôle qui lui revint dans l'analyse et les effets qui s'ensuivirent dans la vie du patient, s'expliquent de la façon la moins forcée et la plus complète, si l'on admet que la scène primitive, qui dans d'autres cas peut être un fantasme, dans celui-ci ait été réalité. Après tout, elle n'implique rien d'impossible, et l'hypothèse de sa réalité s'accorde aussi fort bien avec l'influence excitatrice des observations sur les animaux, auxquelles les chiens de berger des images du rêve font allusion.

Laissons de côté cette conclusion peu satisfaisante pour nous occuper d'une autre question, déjà traitée dans mon *Introduction à la psychanalyse*. J'aimerais certes moi-même savoir si la scène primitive, dans le cas de mon patient, était un fantasme ou un événement réel, mais eu égard à d'autres cas semblables, il faut convenir qu'il n'est au fond pas très important que cette question soit tranchée. Les scènes d'observation du coït des parents, de séduction dans l'enfance et de menace de castration, sont incontestablement un patrimoine atavique, un héritage phylogénique, mais elles peuvent tout aussi bien constituer une acquisition de la vie individuelle. Dans le cas de mon patient, la séduction par la sœur aînée était une réalité incontestable ; pourquoi n'en serait-il pas de même de l'observation du coït parental ?

La préhistoire des névroses nous l'enseigne : l'enfant a recours à cette expérience phylogénique là où son expérience personnelle ne suffit plus. Il comble les lacunes de la vérité individuelle avec de la vérité préhistorique, il remplace sa propre expérience par celle de ses ancêtres. Je suis entièrement d'accord avec Jung (1) pour reconnaître cet héritage phylogénique, mais je trouve qu'il est incorrect, du point de vue méthodologique, d'avoir recours à une explication tirée de la phylogenèse tant que tout ce que l'ontogenèse peut offrir n'a pas été épuisé. Je ne puis comprendre comment l'on dénie obstinément toute importance à la préhistoire infantile tout en reconnaissant volontiers celle de la préhistoire ancestrale. Je ne puis non plus méconnaître que les mobiles et les faits phylogéniques ont eux-mêmes besoin d'une élucidation qui, dans un grand nombre de cas, peut leur être fournie par l'étude de l'enfance individuelle. Enfin, je ne suis pas surpris que ce qui avait été engendré aux temps préhistoriques et ensuite transmis à titre de prédisposition à être acquis de nouveau puisse, les mêmes circonstances ayant persisté, surgir à nouveau en tant qu'événement concret de l'expérience individuelle.]

Dans l'intervalle de temps qui s'écoula entre la scène primitive et la séduction (entre 1 ans 1/2 et 3 ans et 3 mois), il faut encore intercaler le porteur d'eau muet qui, pour le petit garçon, fut un substitut du père comme Grouscha était un substitut de la mère. Je ne crois pas qu'il convienne ici de parler de tendance au ravalement, bien que les deux parents se trouvent représentés par des personnes de service.

L'enfant se met au-dessus des différences sociales qui, pour lui, ne signifient pas encore grand-chose, et il classe des personnes de condition inférieure dans la série des parents quand ces personnes l'aiment comme l'aiment ses parents. Cette tendance a tout aussi peu de part au remplacement des parents par des animaux, l'enfant étant fort éloigné de mépriser les animaux. C'est de même en dehors de toute tendance au ravalement que les oncles et les tantes sont pris pour substituts des parents, comme notre patient le fit lui-même, ainsi qu'en font foi beaucoup de ses souvenirs.

A la même époque appartient encore une phase dont il se souvient obscurément et au cours de laquelle il ne voulait rien manger d'autre que des sucreries, de telle sorte qu'on craignit pour sa santé. On lui raconta l'histoire d'un oncle, qui avait de même refusé de se nourrir, et qui était mort jeune de consomption. Il apprit encore qu'à l'âge de 3 mois, il avait été si malade (d'une fluxion de poitrine ?) que l'on avait déjà préparé son linceul. On réussit à lui faire peur, de telle sorte qu'il recommença à manger ; dans les années ulté-

(1) *Die Psychologie der unbewussten Prozesse (Psychologie des processus inconscients)*. Publication datant de 1917 et qui ne pouvait plus influencer mes cours d'*Introduction à la psychanalyse*.

rieures de son enfance, il exagérait même ce devoir, comme pour se protéger contre la menace de mort. La peur de la mort qui avait, à cette occasion, été invoquée afin de le protéger, se manifesta à nouveau plus tard, lorsque sa mère le mit en garde contre le danger de la dysenterie. Elle provoqua, plus tard encore, un accès de névrose obsessionnelle (p. 375). Nous essaierons plus loin de rechercher son origine et sa signification.

En ce qui touche l'inappétence, je la considérai comme la toute première des maladies névrotiques du patient, de telle sorte que le trouble de l'appétit, la phobie des loups et la piété obsessionnelle constituent la série complète des maladies nerveuses infantiles, maladies ayant fourni la prédisposition à l'effondrement névrotique qui eut lieu dans les années ayant suivi la puberté. On m'objectera que peu d'enfants échappent à des troubles tels qu'un dégoût passager des aliments ou qu'une phobie d'animaux. Mais cet argument est précisément celui que je pourrais désirer. Je suis prêt à avancer que toute névrose survenant chez un adulte s'élève sur la base de sa névrose infantile, mais que cette dernière n'est pas toujours assez intense pour sauter aux yeux et être reconnue comme telle. Cette objection ne fait que souligner l'importance théorique des névroses infantiles pour la conception de ces maladies que nous traitons sous le nom de névroses et que nous voudrions ne faire dériver que des impressions de la vie adulte. Si notre patient, avec son inappétence et sa phobie d'animaux, n'avait pas présenté, en outre, une piété obsessionnelle, son histoire ne se distinguerait par rien de frappant de celle des autres enfants et nous serions privés d'un matériel précieux, susceptible de nous éviter de faciles erreurs.

L'analyse ne nous satisferait pas si elle ne nous fournissait pas l'explication de la plainte dans laquelle le patient résumait ses maux. On s'en souvient : pour lui le monde s'enveloppait d'un voile, et la discipline psychanalytique ne nous autorise pas à penser que ces mots fussent dénués de sens et choisis au hasard. Le voile se déchirait, chose étrange, à une seule occasion : quand, à la suite d'un lavement, les matières passaient par l'anus. Alors, il se sentait bien de nouveau et voyait, pour un temps très court, le monde avec clarté. L'interprétation de ce voile fut tout aussi difficile que celle de la phobie du papillon. Il ne s'en tenait d'ailleurs pas au voile, le voile se volatilisait en une sensation de crépuscule, de « ténèbres » (1) et en d'autres choses insaisissables.

Ce n'est que peu avant de me quitter que mon patient se rappela avoir entendu dire qu'il était né « coiffé ». Voilà pourquoi il s'était

(1) En français dans le texte. *(N. d. T.)*

toujours tenu pour un favori particulier de la fortune, à qui rien de fâcheux ne pouvait arriver. Cette confiance ne l'abandonna que lorsqu'il dut reconnaître que l'infection gonococcique constituait un grave dommage corporel. Sous l'influence de cette atteinte à son narcissisme, il subit un effondrement psychique total. Nous dirons qu'un mécanisme qui avait déjà joué en lui une fois venait de jouer à nouveau. Sa phobie des loups avait en effet éclaté quand il s'était trouvé confronté avec le fait qu'une castration était possible, et il assimilait évidemment la gonorrhée à la castration.

La coiffe est ainsi le voile qui le cache au monde et lui cache le monde. Sa plainte à ce sujet est au fond un fantasme de désir réalisé, elle le montre rentré dans le corps maternel ; elle constitue tout au moins un fantasme de désir de fuir le monde. Il convient de la traduire ainsi : je suis trop malheureux dans la vie, il me faut rentrer dans le corps maternel.

Mais, que peut bien signifier le déchirement de ce voile symbolique qui, en son temps, fut un voile réel, au moment où l'intestin se vidait après le clystère ? Pourquoi le trouble pathologique disparaissait-il dans ces conditions ? Le contexte nous permet de répondre. Quand le voile de la naissance se déchire, alors il voit le monde et il naît à nouveau. Les matières sont l'enfant, l'enfant sous les espèces duquel il naît une seconde fois à une vie plus heureuse. Ce serait ainsi le fantasme d'une seconde naissance, sur laquelle Jung a récemment attiré l'attention en lui attribuant une importance prédominante dans la vie imaginaire des névrosés.

Tout ceci serait très beau, si le récit était complet. Certains détails de la situation et le rapport existant entre celle-ci et l'histoire particulière de la vie de ce malade nous obligent à poursuivre notre interprétation.

La condition de cette seconde naissance est qu'un homme lui donne un clystère (ce n'est que plus tard qu'il en vint à remplacer lui-même cet homme, sous la pression de la nécessité). Ce fait ne peut avoir qu'une seule signification : il s'était identifié à sa mère, l'homme jouait le rôle du père, le clystère renouvelait l'acte de la copulation, dont le fruit, l'enfant excrémentiel — lui encore — venait ensuite à naître. Le fantasme d'une seconde naissance est ainsi étroitement lié à la condition de la satisfaction sexuelle de par un homme. La traduction en serait la suivante : ce n'est que s'il se substitue à la femme, s'il acquiert le droit de se mettre à la place de sa mère, afin de se laisser satisfaire par son père et d'avoir un enfant de lui, ce n'est qu'à cette condition que sa maladie le quittera. Le fantasme d'une seconde naissance n'était donc ici qu'une édition tronquée et censurée des fantasmes de désir homosexuel.

Mais regardons-y de plus près : nous verrons que le malade, par cette condition posée à sa guérison, ne faisait que répéter la situation de ce que nous avons appelé la scène primitive. Il avait alors voulu se substituer à sa mère ; il avait lui-même, ainsi que nous l'avons admis depuis longtemps, produit au cours de cette scène « l'enfant excrémentiel ». Il restait ainsi toujours fixé, comme en vertu d'un sort, à cette scène, qui devait être décisive pour sa vie sexuelle et dont le retour, pendant la nuit du rêve, inaugura sa maladie. La déchirure du voile est analogue à l'ouverture des yeux, à celle de la fenêtre. La scène primitive a été transformée en la condition nécessaire à la guérison.

Ce qu'implique la plainte et ce que représente la seule situation exceptionnelle où elle n'a plus de raison d'être, on le peut réunir sous un seul chef qui alors révèle le plein sens sous-jacent. Le patient désire rentrer dans le corps maternel, non pas pour simplement renaître, mais afin d'y rencontrer, dans le coït, son père, d'obtenir de lui la satisfaction sexuelle et de lui donner un enfant.

Être né de son père seul, comme il le croyait au début, être satisfait sexuellement par lui, lui donner un enfant au prix de sa virilité, tous ces souhaits, exprimés dans le langage de l'érotisme anal, ferment le cercle de la fixation au père et, par eux, l'homosexualité trouve son expression la plus extrême et la plus intime (1).

Ce cas jette un jour nouveau sur le sens et l'origine du fantasme du ventre maternel et sur celui de la seconde naissance. Le premier de ces fantasmes est souvent, comme dans notre cas, issu d'une fixation au père. On désire être dans le corps maternel afin de se substituer à la mère dans le coït, afin de prendre sa place auprès du père. Le fantasme de la seconde naissance est vraisemblablement, en règle générale, une atténuation — pour ainsi dire un euphémisme — du fantasme des rapports incestueux avec la mère, il en serait un raccourci *anagogique*, pour employer une expression de H. Silberer. On désire se retrouver dans la situation dans laquelle on était dans les organes génitaux maternels, l'homme s'identifie ainsi avec son pénis et s'en sert pour le représenter. Les deux fantasmes se révèlent alors comme étant des pendants, qui expriment, suivant l'attitude masculine ou féminine d'un chacun, le désir des rapports sexuels avec le père ou avec la mère. On ne saurait écarter la possibilité que, dans les doléances de notre patient et dans la condition posée

(1) Un sens accessoire possible, d'après lequel le voile représenterait l'hymen, qui se déchire lors des rapports avec un homme, ne correspondait pas exactement aux conditions de la guérison du patient et était sans rapport avec sa vie sexuelle, la virginité n'ayant pour lui aucune importance.

à sa guérison, les deux fantasmes, c'est-à-dire les deux désirs incestueux, n'eussent été réunis.

Je veux tenter une fois encore de réinterpréter les dernières découvertes dues à cette analyse suivant le schéma de mes adversaires. Le patient se plaignit de sa « fuite du monde » en un fantasme du corps maternel typique, et envisagea sa guérison sous la forme d'une seconde naissance, conçue sur un mode caractéristique. Conformément à sa prédisposition dominante, il exprima tout cela en symptômes d'ordre anal. Il se composa après coup une scène infantile, d'après le prototype du fantasme anal de seconde naissance, scène qui reproduisait ses désirs sur un mode d'expression archaïquement symbolique. Ses symptômes s'enchaînèrent alors comme s'ils étaient issus d'une scène primitive de cette sorte. Il dut se résoudre à ce long chemin en arrière, parce qu'il s'était heurté à des problèmes vitaux qu'il était trop paresseux pour résoudre, ou bien parce qu'il avait de bonnes raisons de se méfier de sa propre infériorité et qu'il pensait se protéger au mieux, par de tels moyens, contre les rebuts.

Tout ceci serait très bien et très joli, si le malheureux n'avait à l'âge de 4 ans fait un rêve par lequel débuta sa névrose, rêve dont le récit du grand-père relatif au tailleur et au loup avait été le promoteur, et dont l'interprétation rend nécessaire l'hypothèse d'une scène primitive de cette sorte. Tout l'allégement que les théories de Jung et d'Adler cherchent à nous procurer vient malheureusement échouer sur ces faits minimes mais inattaquables. Les choses étant telles qu'elles sont, le fantasme de la seconde naissance me paraît plutôt être un dérivé d'une scène primitive qu'inversement la scène primitive, un reflet du fantasme d'une seconde naissance. Peut-être même peut-on supposer que le patient à cette époque, quatre ans après sa naissance, était trop jeune encore pour déjà souhaiter de renaître. Mais non, il me faut supprimer ce dernier argument : mes propres observations font voir que l'on a jusqu'à présent sous-estimé les enfants, et que l'on ne sait vraiment plus ce qu'on peut porter à leur crédit (1).

(1) Je l'avoue, cette question est la plus épineuse de toute la doctrine analytique. Je n'ai pas eu besoin des incitations d'Adler ou de Jung pour traiter d'un point de vue critique cette possibilité ; les événements infantiles oubliés que l'analyse met en avant — et qui auraient eu lieu en un temps invraisemblablement précoce de l'enfance — reposeraient bien plutôt sur des fantasmes édifiés en des occasions plus tardives. Il conviendrait donc partout où, dans les analyses, nous croyons trouver des effets après coup de semblables impressions infantiles d'admettre la manifestation d'un facteur constitutionnel ou d'une prédisposition conservée phylogéniquement. Tout au contraire aucun autre doute ne m'a davantage troublé,

IX

RÉCAPITULATION ET PROBLÈMES DIVERS

Je ne sais pas si le lecteur de l'analyse que je viens de rapporter est parvenu à se représenter clairement la genèse et l'évolution de l'état de mon patient. Je crains au contraire que tel n'ait pas été le cas. Mais, bien que d'ordinaire j'aie très peu pris parti en faveur de mon art d'exposer les faits, je voudrais cette fois-ci plaider les circonstances atténuantes. La description de phases aussi précoces et de stratifications aussi profondes de la vie psychique est un problème auquel personne encore ne s'était auparavant attaqué, et il vaut mieux mal le résoudre que prendre timidement devant lui la fuite, ce qui de plus, dit-on, comporte certains dangers. Mieux vaut donc proclamer hardiment qu'on ne s'est pas laissé arrêter par le sentiment de son infériorité.

Le cas en lui-même n'était pas particulièrement favorable. L'avantage de posséder une abondance de renseignements sur l'enfance du patient, avantage dû au fait qu'on pouvait étudier l'enfant par l'intermédiaire de l'adulte, dut être acheté par les pires morcellements de l'analyse et les imperfections correspondantes dans l'exposé de celle-ci. Des particularités individuelles, un caractère national étranger au nôtre, rendaient difficile le contact affectif avec le patient. Le contraste entre la personnalité aimable et affable du malade, son intelligence aiguë, sa distinction de pensée, d'une part, et, d'autre part, sa vie instinctuelle à laquelle aucun frein n'était mis, rendirent nécessaire un fort long travail d'éducation préparatoire, ce qui accrut la difficulté de voir le cas dans son ensemble. Cependant la description de ce cas est rendue extrêmement difficile par le caractère même de ce dernier, caractère dont le patient lui-même n'est nullement responsable. Dans la psychologie de l'adulte, nous avons heureusement réussi à diviser les processus psychiques en conscients

aucune autre incertitude ne m'a de façon plus décisive retenu de publier mes conclusions, et je fus le premier — ce qu'aucun de mes adversaires n'a mentionné — à reconnaître le rôle des fantasmes dans la formation des symptômes, comme aussi le fait de « rejeter en arrière » les fantasmes engendrés par des impressions ultérieures et la sexualisation, après coup, de ceux-ci (*Traumdeutung*, 1re éd., p. 49, trad. MEYERSON, *Science des rêves*, et aussi les remarques sur un cas de névrose obsessionnelle, p. 235 de ce volume). Si, malgré cela, je m'en suis tenu à la conception la plus difficile à admettre et la plus improbable, c'est en vertu d'arguments tels que le cas ici décrit ou tout autre cas de névrose infantile, en impose à l'investigateur, arguments que je mets ici sous les yeux du lecteur pour qu'il décide lui-même.

et inconscients et à décrire ces deux sortes de processus en termes clairs. Chez l'enfant, cette distinction nous fait à peu près défaut. On est souvent embarrassé pour savoir ce que l'on voudrait qualifier de conscient ou bien d'inconscient. Des processus devenus dominants et qui, d'après leur comportement ultérieur, doivent être tenus pour l'équivalent des processus conscients, n'ont cependant pas été conscients chez l'enfant. On peut aisément comprendre pourquoi : le conscient n'a pas encore acquis chez l'enfant tous ses caractères, il est encore en cours d'évolution et ne possède pas vraiment chez l'enfant la faculté de se convertir en représentations verbales. Nous nous rendons constamment coupables d'une confusion entre le fait qu'une perception émerge phénoménalement dans la conscience et cet autre fait qu'elle appartient à un système psychique hypothétique, auquel nous devrions donner un nom conventionnel quelconque, mais que nous appelons du même nom de conscient (le système Cs). Cette confusion est sans inconvénient lorsque nous faisons une description psychologique de l'adulte, mais elle nous induit en erreur lorsqu'il s'agit du petit enfant. La notion du « préconscient » ne sert pas ici non plus à grand-chose, car le préconscient de l'enfant ne coïncide pas nécessairement davantage avec celui de l'adulte. Il faut donc se contenter d'avoir perçu clairement l'obscurité qui règne ici.

Il va de soi qu'un cas tel que celui présentement décrit pourrait fournir l'occasion de mêler à la discussion tous les résultats et tous les problèmes de la psychanalyse. Ce serait là un travail sans fin et superflu. Il faut se dire qu'on ne saurait tout apprendre ni tout résoudre par un seul cas, et il convient, en conséquence, de se contenter d'exploiter ce qu'il nous fait le plus clairement voir. Ce qu'une psychanalyse est appelée à expliquer est d'ailleurs étroitement délimité. Ce qu'il faut expliquer, par la découverte de leur genèse, ce sont les formations symptomatiques évidentes ; les mécanismes et processus pulsionnels auxquels on est ainsi conduit ne sont pas à expliquer, mais à décrire. Afin d'acquérir de nouveaux points de vue généraux grâce à ce qui a déjà été acquis relativement à ces deux derniers points, il serait essentiel d'avoir à sa disposition de nombreux cas aussi complètement et aussi profondément analysés que le cas présent. Ils ne sont pas faciles à avoir, chacun nécessite un travail de plusieurs années. Le progrès en ces domaines ne peut ainsi se réaliser que lentement. On serait aisément tenté de se contenter de « gratter » la surface psychique d'un certain nombre de personnes et de remplacer ce qu'on aurait omis par des spéculations, spéculations qu'on mettrait sous le patronage d'une quelconque orientation philosophique. On peut aussi en appeler, en faveur de cette manière de procéder, à des besoins pratiques, mais les besoins de la science ne se laissent satisfaire par aucun succédané.

Je vais maintenant essayer de tracer un tableau synthétique de l'évolution sexuelle de mon patient ; je commencerai par les tout premiers renseignements que nous avons sur lui. La première chose que nous apprenons est relative à une inappétence, trouble dans lequel, d'après d'autres observations, je tendrai à voir, mais sous toutes réserves, le résultat d'un processus survenu au domaine sexuel. J'ai été amené à considérer comme la première organisation sexuelle décelable ce qu'on appelle la phase *cannibale* ou *orale*, phase où l'étayage originel que l'excitation sexuelle trouve dans la pulsion de nutrition domine encore la scène. On ne peut s'attendre à rencontrer des manifestations directes de cette phase, mais on en trouve des indices quand des troubles se sont établis. Un préjudice porté à la pulsion de nutrition — préjudice qui peut naturellement avoir d'autres causes encore — attire alors notre attention sur le fait que l'organisme n'a pas réussi à maîtriser l'excitation sexuelle. A cette phase, l'objectif sexuel ne pouvait être que le cannibalisme, le fait de manger ; le cannibalisme apparaît, chez notre patient, par régression à partir d'un niveau plus élevé, dans la peur d'être mangé par le loup. Nous fûmes obligé de traduire cette peur de la façon suivante : la peur de servir au coït du père. On sait qu'à un âge plus avancé, chez des fillettes, au moment de la puberté ou bientôt après, existe une névrose qui exprime par l'anorexie le refus de la sexualité. Cette névrose doit être mise en rapport avec la phase orale de la vie sexuelle. Le même objectif érotique de l'organisation orale reparaît au comble du paroxysme amoureux (dans des phrases comme celle-ci : « Je pourrais te manger ») et dans certaines relations affectueuses avec de petits enfants, quand l'adulte se comporte lui-même en enfant. J'ai d'ailleurs émis le soupçon que le père de notre patient aurait lui-même été coutumier de la « gronderie tendre », aurait joué avec l'enfant au loup ou au chien et l'aurait en plaisantant menacé de le manger (p. 345). Le patient ne fit que confirmer ce soupçon par son curieux comportement dans le transfert. Chaque fois qu'il se dérobait, reculant devant les difficultés du traitement, dans le transfert, il me menaçait de me manger et, plus tard, de toutes sortes d'autres mauvais traitements, ce qui n'était que l'expression de sa tendresse.

Certains vestiges de cette phase orale sexuelle sont restés dans le langage usuel : on parle d'un objet d'amour « appétissant », on dit que la bien-aimée est « douce ». Rappelons-nous que notre petit patient ne voulait manger que des douceurs. Les douceurs, les bonbons, représentent régulièrement dans le rêve des caresses, des satisfactions sexuelles.

Il semble qu'à cette phase (en cas de trouble, bien entendu) appartienne encore une angoisse qui se manifeste sous forme d'angoisse pour la vie et qui s'attache à tout ce qui est indiqué à l'enfant comme pouvant la justifier. Chez notre patient, on s'en servit pour l'inciter à surmonter son dégoût de manger ; on l'amena même par là à surcompenser celui-ci. Nous serons conduits à la source possible de son trouble de l'appétit si nous nous rappelons — en restant sur le terrain de l'hypothèse déjà longuement discutée — que l'observation du coït, dont tant d'effets différés dérivèrent, eut lieu à l'âge de 1 an 1/2, certainement avant l'époque des difficultés relatives à la nourriture. Peut-être avons-nous le droit de supposer qu'elle hâta le processus de la maturation sexuelle et eut par là des effets directs, bien que peu apparents.

Je sais, bien entendu, que l'on peut expliquer la symptomatologie de cette période : la phobie des loups, l'inappétence, autrement et plus simplement, sans tenir compte de la sexualité ni du stade d'organisation prégénitale de celle-ci. Les gens qui négligent volontiers les indications que fournit la névrose et les rapports des phénomènes entre eux préféreront cette autre explication et je ne pourrai les en empêcher. Il est difficile d'établir quelque chose de probant relativement à ces débuts de la vie sexuelle par d'autres chemins que les voies détournées que j'ai indiquées.

La scène avec Grouscha (à 2 ans 1/2) nous fait voir le petit garçon au début d'une évolution qui mérite le nom de normale, à l'exception peut-être de sa précocité. Identification au père, érotisme urétral représentant la masculinité. Cette scène est aussi tout entière sous l'influence de la scène primitive. Nous avons jusqu'ici conçu l'identification au père comme étant narcissique ; mais nous ne pouvons, si nous avons égard au contenu de la scène primitive, nier qu'elle ne corresponde déjà au stade de l'organisation génitale. L'organe mâle a commencé à jouer son rôle et continue à le jouer sous l'influence de la séduction de l'enfant par sa sœur.

On a cependant l'impression que la séduction ne se borne pas à favoriser le développement sexuel, mais le trouble et le dévie aussi à un haut degré. Elle fournit à l'enfant un objectif sexuel passif, incompatible au fond avec l'activité de l'organe viril. Au premier obstacle externe, lors de la menace de castration faite par Nania, l'organisation génitale encore incertaine s'effondre (à 3 ans 1/2) et régresse au stade qui l'avait précédée de l'organisation sadique-anale, organisation qui sans cela eût peut-être été parcourue avec autant de facilité que chez d'autres enfants.

On peut aisément considérer que l'organisation sadique-anale est la continuation et le développement de l'organisation orale. La violente activité musculaire qui la caractérise dirigée vers l'objet a pour rôle d'être un acte préparatoire à celui de manger ; l'acte de manger cesse alors d'être un objectif sexuel. L'acte préparatoire acquiert la valeur d'un objectif indépendant. La nouveauté essentielle qui caractérise ce stade par rapport au précédent est que l'organe réceptif passif se détache de la zone orale et se constitue dans la zone anale. On ne peut s'empêcher de faire ici des parallèles biologiques et d'édifier l'hypothèse d'après laquelle les organisations prégénitales de l'homme seraient les vestiges de conditions qui, dans certaines classes d'animaux, ont été conservées de façon permanente. La constitution de l'instinct d'investigation avec les composantes de ce stade est également caractéristique de ce dernier.

L'érotisme anal, chez notre petit garçon, n'est pas notablement apparent. Les fèces ont, sous l'influence du sadisme, échangé leur signification tendre contre leur signification agressive. Un sentiment de culpabilité, dont la présence fait penser à des processus évolutifs se passant dans d'autres sphères encore que la sexuelle, joue son rôle dans la transformation du sadisme en masochisme.

La séduction continue à exercer son influence en maintenant un objectif sexuel passif. Elle transforme à présent le sadisme, pour la plus grande part, en son opposé, le masochisme. On peut se demander si l'on est en droit de porter tout entière à son compte la passivité, car la réaction de l'enfant de 1 an 1/2 à l'observation du coït avait déjà été de façon prépondérante une réaction passive. L'excitation sexuelle « par induction » s'était manifestée chez lui sous forme d'une selle, comportement dans lequel, à la vérité, il faut reconnaître aussi un élément actif. Auprès du masochisme qui domine ses aspirations sexuelles et s'exprime en fantasmes, le sadisme subsiste aussi côte à côte et se manifeste contre de petits animaux. L'investigation sexuelle a commencé à partir de la séduction et s'est essentiellement attaquée à deux problèmes : D'où viennent les enfants ? Est-il possible qu'on perde ses organes génitaux ? Cette investigation s'entremêle aux manifestations des pulsions sexuelles de l'enfant. Elle oriente ses tendances sadiques vers les petits animaux en tant que représentants des petits enfants.

Nous avons poursuivi notre exposé jusqu'aux environs du 4ᵉ anniversaire de l'enfant, époque à laquelle, par l'entremise du rêve, l'observation du coït faite à 1 an 1/2 produit après coup ses effets. Nous ne pouvons ni tout à fait comprendre ni décrire de façon adéquate les processus qui se déroulent alors. La réactivation de l'image, de cette image qui peut maintenant être comprise grâce au développement intellectuel plus avancé, agit à la façon d'un événement récent, mais aussi à la manière d'un traumatisme nouveau, d'une intervention étrangère analogue à une séduction. L'organisation génitale qui avait été interrompue est rétablie d'un seul coup, mais le progrès réalisé dans le rêve ne peut être maintenu. Tout au contraire, un processus, que l'on ne peut rapprocher que d'un refoulement, amène une répudiation de cet élément nouveau et son remplacement par une phobie.

L'organisation sadique-anale se poursuit ainsi dans la phase, qui alors s'instaure, celle de la phobie des animaux, mais des phénomènes d'angoisse s'y adjoignent. L'enfant poursuit ses activités sadiques et masochiques, cependant il réagit par l'angoisse à une partie d'entre elles ; le retournement du sadisme en son contraire fait sans doute de nouveaux progrès.

L'analyse du rêve d'angoisse nous a montré que le refoulement se relie à la reconnaissance de la castration. L'élément nouveau est rejeté, parce que l'accepter coûterait à l'enfant son pénis. A regarder les choses de plus près, on voit à peu près ce qui suit : l'attitude homosexuelle au sens génital est ce qui se trouve refoulé, attitude qui s'était édifiée sous l'influence de la reconnaissance de la castration. Mais elle est à présent conservée dans l'inconscient, constituée en une stratification plus profonde et isolée. Le promoteur de ce refoulement semble être la masculinité narcissique du membre viril, qui entre en un conflit, préparé depuis longtemps, avec la passivité de l'objectif homosexuel. Le refoulement est ainsi un succès de la virilité.

A partir de ce point on pourrait être tenté de modifier une partie de la théorie psychanalytique. On croit en effet ici toucher du doigt qu'il s'agit d'un conflit entre les aspirations mâles et les aspirations femelles, donc de la bisexualité qui engendre le refoulement et la névrose. Cette conception, cependant, est incomplète. De ces deux aspirations sexuelles contraires, l'une est acceptée par le moi, l'autre blesse les intérêts du narcissisme, c'est pourquoi celle-ci succombe au refoulement.

Ainsi, dans ce cas encore, c'est le moi qui met le refoulement en œuvre, et ceci en faveur de l'une des deux tendances sexuelles. Dans d'autres cas, un tel conflit entre virilité et féminité n'existe pas ; il y a une seule aspiration sexuelle qui cherche à se faire accepter, mais qui, se heurtant à certaines forces du moi, est en conséquence elle-même repoussée. Les conflits entre la sexualité et les tendances morales du moi sont bien plus fréquents que les conflits ayant lieu à l'intérieur de la sexualité elle-même. Un tel conflit moral fait défaut dans notre cas. Affirmer que la sexualité soit le mobile du refoulement serait une conception trop étroite ; dire qu'un conflit entre le moi et les tendances sexuelles (la libido) le conditionne, voilà qui englobe tous les cas.

A la doctrine de la « protestation mâle », telle qu'Adler l'a édifiée, on peut opposer que le refoulement est loin de prendre toujours le parti de la virilité contre la féminité ; dans un grand nombre de cas, c'est la virilité qui doit se soumettre au refoulement par le moi.

En outre, une estimation plus juste du processus du refoulement dans notre cas permettrait de contester que la virilité narcissique fut ici le seul mobile du refoulement. L'attitude homosexuelle qui s'établit au cours du rêve était d'une telle intensité que le moi du petit garçon se trouva incapable de la maîtriser et s'en défendit par un processus de refoulement. La masculinité narcissique du membre viril, s'opposant à cette tendance, fut appelée à l'aide pour réaliser ce dessein. Je redirai, pour éviter des malentendus, que toutes les pulsions narcissiques partent du moi et demeurent dans le moi et que les refoulements sont dirigés contre des investissements libidinaux de l'objet.

Laissons à présent le processus du refoulement de côté, nous n'avons peut-être pas réussi à nous en rendre complètement maîtres, et revenons-en à l'état où se trouvait le petit garçon lorsqu'il s'éveilla de son rêve. Si c'était vraiment la virilité qui, au cours du processus onirique, eût triomphé de l'homosexualité (de la féminité), alors une tendance sexuelle active, d'un caractère viril déjà accentué, devrait nous apparaître en tant que tendance dominante. Mais il n'en est rien, l'essentiel de l'organisation sexuelle ne s'est pas modifié, la phase sadique-anale persiste et reste dominante. Le triomphe de la virilité ne se manifeste qu'en ceci : l'enfant réagit désormais par de l'angoisse aux objectifs sexuels passifs de l'organisation dominante (objectifs masochiques et non pas féminins). Il n'y a pas de tendance sexuelle virile triomphante, mais simplement une tendance passive et une lutte contre celle-ci.

Je puis m'imaginer quelles difficultés présente pour le lecteur la distinction nette que je trace entre actif et viril d'une part, entre passif et féminin d'autre part, distinction inaccoutumée mais indispensable. C'est pourquoi je n'hésiterai pas à me répéter. On peut alors décrire de la façon suivante l'état ayant succédé au rêve : les tendances sexuelles ont été dissociées ; dans l'inconscient le stade de l'organisation génitale a été atteint et une homosexualité très intense s'est constituée ; par là-dessus (virtuellement dans le conscient) persiste le courant sexuel antérieur sadique et surtout masochique, le moi a dans l'ensemble modifié son attitude envers la sexualité, il répudie à présent la sexualité et repousse avec angoisse les objectifs masochiques dominants, de même qu'il avait réagi aux objectifs homosexuels plus profonds en édifiant une phobie. Le résultat de ce rêve ne fut ainsi pas autant le triomphe d'une tendance virile que la réaction contre une tendance féminine et une tendance passive. Ce serait donner une entorse aux faits que de vouloir attribuer à cette réaction le caractère de la virilité. Le moi n'a, en effet, pas de tendances sexuelles, mais ne s'intéresse qu'à sa propre conservation et au maintien de son narcissisme.

Envisageons à présent la phobie. Elle a pris naissance au niveau de l'organisation génitale, elle nous fait voir le mécanisme relativement simple d'une hystérie d'angoisse. Le moi, grâce au développement de l'angoisse, se préserve de ce qu'il estime être un danger très grand : la satisfaction homosexuelle. Cependant le processus du refoulement laisse après soi une trace qu'il est impossible de méconnaître. L'objet, auquel l'objectif sexuel redouté s'était attaché, doit être remplacé par un autre dans le conscient. Ce qui devient conscient n'est pas l'angoisse du *père*, mais du *loup*. Le processus n'est d'ailleurs pas épuisé par la formation d'une phobie à contenu unique. Après un laps de temps assez long, le loup est remplacé par le lion. Les pulsions sadiques contre de petits animaux vont de pair avec une phobie de ceux-ci en tant que représentants des rivaux possibles que seraient de petits enfants. La genèse de la phobie des papillons est tout particulièrement intéressante. C'est une sorte de répétition du mécanisme qui, au cours du rêve, avait engendré la phobie des loups. Par suite d'une stimulation fortuite un événement ancien est réactivé : la scène avec Grouscha ; la menace de castration proférée par celle-ci produit alors après coup ses effets, tandis qu'au moment où elle avait été proférée, elle n'avait fait aucune impression (1).

On peut dire que l'angoisse qui prend part à la formation de ces phobies est l'angoisse de castration. Cette proposition n'est aucunement contraire à la conception suivant laquelle l'angoisse émanerait du refoulement de la libido homosexuelle. Ces deux manières de

(1) Comme nous l'avons dit, la scène avec Grouscha fut un souvenir spontané surgi de la mémoire du patient, souvenir auquel les reconstructions ou les encouragements du médecin ne prirent aucune part. Les lacunes qu'elle présentait furent comblées par l'analyse d'une manière qu'on peut qualifier d'irréprochable, si l'on attache la moindre valeur à la méthode de travail de l'analyse. Une élucidation rationaliste de cette phobie, la seule explication rationaliste possible, est la suivante : il n'y a rien d'extraordinaire à ce qu'un enfant enclin à être anxieux ait, un jour, un accès d'angoisse en voyant un papillon rayé de jaune, ceci sans doute en vertu d'une tendance héréditaire à l'angoisse (cf. Stanley HALL, A synthetic genetic study of fear (Une étude synthétique génétique de l'angoisse), *American Journal of Psychology*, XXV, 1914). L'enfant, ignorant la cause de sa peur, se serait mis à rechercher dans son enfance quelque chose qui fût en rapport avec cette peur, et se serait servi d'une similitude fortuite des noms et du retour du « rayé » pour imaginer une aventure avec la fille de service de laquelle il se souvenait encore. Mais si les

s'exprimer se rapportent au même processus : le moi soustrait de la libido à la motion de désir homosexuelle, libido qui, convertie en angoisse flottante, se trouve ensuite liée dans les phobies. La première manière de s'exprimer ne fait que mentionner de plus le mobile qui met le moi en action.

Si nous y regardons de plus près, nous voyons que cette première maladie de notre patient (l'inappétence mise à part) n'est pas épuisée quand on en a extrait la phobie. Au contraire, il faut l'envisager comme étant une véritable hystérie, comprenant non seulement les symptômes d'angoisse, mais encore des phénomènes de conversion. Une partie de la pulsion homosexuelle demeure fixée à l'organe qui y participe ; l'intestin se comporte dès lors et plus tard dans la vie adulte comme un organe affecté d'hystérie. L'homosexualité inconsciente, refoulée, s'est retirée dans l'intestin. C'est justement cette part d'hystérie qui nous rendit les plus grands services lorsqu'il s'agit de résoudre la maladie ultérieure.

Ayons maintenant le courage de nous attaquer à la structure plus compliquée encore de la névrose obsessionnelle. Rappelons-nous encore une fois quelle était la situation : un courant sexuel masochique dominant et un courant homosexuel refoulé, par contre un moi occupé, sur le mode hystérique, à répudier ces courants. Quels processus ont transformé cet état en celui d'une névrose obsessionnelle ?

La transformation n'a pas lieu spontanément, en vertu d'une évolution interne, mais sous une influence étrangère externe. Son résultat visible est que la relation au père, qui est au premier plan et qui s'est exprimée jusque-là par la phobie des loups, se manifeste à présent sur le mode de la piété obsessionnelle. Je ne puis m'empêcher de faire observer que les processus s'étant ici déroulés chez ce patient nous fournissent une confirmation indubitable de ce que j'ai avancé dans *Totem et Tabou*, relativement au rapport de l'animal totem à la divinité (1). J'y expose la conception suivante : l'idée de Dieu n'est pas une évolution ultérieure du totem, mais a remplacé

détails de cet incident par lui-même sans importance, détails tels que le fait de laver le plancher, tels que le baquet, le balai, ont une puissance assez forte pour déterminer de façon durable et compulsionnelle, dans la vie ultérieure du patient, le choix de l'objet, alors la phobie des papillons acquiert une importance inconcevable. L'état de choses basé sur cette hypothèse est au moins aussi étrange que celui qui est basé sur la mienne et tout le bénéfice d'une conception rationaliste s'évanouit. Ainsi, la scène avec Grouscha acquiert pour nous une valeur particulière, puisque nous pouvons à son sujet nous préparer au jugement qu'il convient de porter sur la scène primitive moins certaine.

(1) *Totem und Tabu*, 1913, p. 137, *Totem et Tabou*, trad. franç. JANKÉLÉVITCH, Paris, Payot, 1924, p. 203.

celui-ci après avoir, indépendamment de lui, été engendrée par une racine commune aux deux. Le totem serait le premier substitut du père, le dieu en serait un substitut ultérieur dans lequel le père a reconquis sa forme humaine. C'est ainsi que les choses se passent chez notre patient. Avec la phobie des loups, il parcourt le stade du substitut totémique du père ; mais ce stade est à présent interrompu et, en vertu de relations nouvelles entre lui et son père, une phase de piété religieuse vient s'y substituer.

Ce qui provoqua cette transformation fut le fait que notre patient, grâce à sa mère, prit connaissance des doctrines de la religion et de l'histoire sainte. Le résultat fut celui que visait l'éducation. L'organisation sexuelle sado-masochique est condamnée à prendre fin lentement, la phobie des loups disparaît rapidement et, au lieu de la répudiation de la sexualité par l'angoisse apparaît une forme plus haute de la répression. La piété devient la force dominante dans la vie de l'enfant. Cependant, ces victoires ne s'accomplissent pas sans combats, combats dont les pensées blasphématoires sont les indices et dont un cérémonial religieux obsessionnellement exagéré est le résultat durable.

Ces phénomènes pathologiques mis à part, nous pouvons dire que la religion a réalisé, dans ce cas, tout ce pour quoi elle a place dans l'éducation de l'individu. Elle a dompté les tendances sexuelles de l'enfant en leur assurant une sublimation et un port d'attache sûr ; elle a dévalorisé ses relations familiales et, par là, l'a protégé contre un isolement menaçant, en lui donnant accès à la grande communauté des hommes. L'enfant indompté et anxieux devient sociable, éducable.

Le principal promoteur de l'influence religieuse fut son identification à la figure du Christ, grandement facilitée, pour cet enfant, par le hasard du jour de sa naissance. Ainsi l'amour excessif pour le père, qui avait rendu nécessaire le refoulement, trouva enfin une issue dans une sublimation idéale. En tant que Christ, on était en droit d'aimer le père, qui maintenant s'appelait Dieu, avec une ardeur qui avait en vain cherché à se décharger aussi longtemps que ce père avait été un mortel. Les voies par lesquelles on pouvait témoigner de cet amour étaient tracées par la religion, et elles n'étaient pas hantées par ce sentiment de culpabilité inséparable des aspirations amoureuses individuelles. De cette manière, le courant sexuel le plus profond, terrassé sous forme d'homosexualité inconsciente, pouvait encore parvenir à être drainé ; en même temps, la tendance masochique plus superficielle trouvait une sublimation incomparable, et cela sans nécessiter beaucoup de renonciations, dans la Passion du Christ qui, sur l'ordre et en l'honneur de son divin Père, s'était laissé maltraiter et sacrifier. Ainsi la religion accomplissait son œuvre chez le petit dévoyé, grâce à un mélange de satisfaction, de sublimation, de dérivation du sensuel vers des processus purement spirituels, et par l'accès aux relations sociales qu'elle donne au croyant.

Sa lutte du début contre la religion partait de trois points différents. Elle était, en premier lieu, ce dont nous avons déjà vu des exemples, la manière propre à notre malade de parer à toutes les nouveautés. Il défendait toute position libidinale une fois acquise, par peur de ce qu'il pourrait perdre en y renonçant et de crainte que la nouvelle position libidinale à atteindre ne lui offrît pas un plein substitut de la précédente. C'est là cette particularité importante et fondamentale que j'ai décrite, dans mes *Trois essais sur la théorie de la sexualité* et appelée aptitude à la « fixation ». Jung a voulu en faire, sous le nom d' « inertie » psychique, la cause principale de tous les échecs des névrosés. Je crois qu'il a tort, car ce facteur possède une portée beaucoup plus grande et joue également un rôle important dans la vie des gens qui ne sont pas névrosés. La labilité ou la lenteur à se mouvoir des investissements libidinaux, aussi bien que des autres investissements énergétiques, sont des caractères particuliers propres à beaucoup de normaux et qui ne s'observent même pas toujours chez les névrosés, caractères qui n'ont pas encore été ramenés à d'autres, et qui semblent, tels les nombres premiers, n'être plus divisibles. Nous ne savons qu'une chose, c'est que la labilité des investissements psychiques diminue de façon frappante avec l'âge. Nous lui devons une des indications relatives aux limites dans lesquelles un traitement psychanalytique peut être efficace. Mais il est des personnes chez qui cette plasticité psychique se maintient bien au-delà de la limite d'âge habituelle et d'autres qui la perdent très tôt. Ces derniers sont-ils des névrosés, alors on vient à faire la désagréable découverte que les circonstances étant semblables, on ne peut chez eux venir à bout de ce qui s'est passé et dont on se serait aisément rendu maître dans d'autres cas. De sorte que dans la conversion de l'énergie psychique tout comme dans celle de l'énergie physique, il convient de tenir compte du concept d'une *entropie* qui, à des degrés divers, s'oppose à l'annulation de ce qui est advenu.

Un second point de départ de la lutte de l'enfant contre la religion émane du fait que la doctrine religieuse elle-même est loin d'être basée sur une relation dénuée d'ambiguïté à Dieu le Père, mais a gardé au contraire l'empreinte de l'attitude ambivalente qui présida à ses origines. L'ambivalence développée à un si haut degré que le patient lui-même possédait l'aida à pressentir celle qui est propre à la religion et il y adjoignit ce sens critique aiguisé qui, chez un enfant de moins de 5 ans, devait à tel point nous surprendre. Mais le plus important de tous était sans aucun doute un troisième facteur, auquel nous sommes en droit d'attribuer les résultats pathologiques de la lutte de l'enfant contre la religion. Le courant sexuel qui tendait vers l'homme et qui aurait dû être sublimé par la religion n'était en effet plus libre, mais en partie isolé du fait du refoulement et, par là, soustrait à la sublimation et fixé à son objectif sexuel originel. En vertu de cet état de choses, la partie refoulée cherchait à se frayer une voie vers la partie sublimée ou bien à la tirer à elle vers le bas. Les premières ruminations relatives à la personne du Christ impliquaient déjà cette question : ce fils sublime pouvait-il aussi maintenir ces relations sexuelles avec le père que le patient avait conservées dans son inconscient ? Les efforts de l'enfant pour se débarrasser de ces aspirations n'eurent pas d'autre résultat que de donner naissance à des pensées obsédantes d'apparence blasphématoire, dans lesquelles la tendresse physique envers Dieu se faisait jour sous la forme d'un ravalement de celui-ci. Une lutte défensive violente contre ces formations de compromis devait alors aboutir à une exagération obsédante de tous les actes prescrits dans le but d'exprimer la piété, le pur amour de Dieu. La religion finit par triompher, mais sa base instinctuelle se trouva incomparablement plus solide que ses produits de sublimation. Dès que la vie apporta à notre patient un nouveau substitut paternel, dont l'influence se fit sentir contre la religion, celle-ci fut abandonnée et remplacée par quelque chose d'autre. Rappelons encore, à titre d'intéressante complication de cet état de choses, que la piété avait pris naissance sous l'influence des femmes (mère et bonne), tandis que ce fut une influence masculine qui permit à l'enfant de s'en libérer.

Le fait que cette névrose obsessionnelle ait pris naissance sur le terrain de l'organisation sexuelle sadique-anale confirme, dans l'ensemble, ce que j'ai dit ailleurs relativement à « la prédisposition à la névrose obsessionnelle » (1). Mais l'existence antérieure d'une hystérie marquée dans le cas présent rend ce cas moins transparent à cet égard. Je clorai l'exposé de l'évolution sexuelle de notre malade en jetant un coup d'œil rapide sur les vicissitudes ultérieures de cette évolution. Avec la puberté, le courant sexuel viril, fortement sensuel, et qu'on doit qualifier de normal, fit son apparition et se

(1) Die Disposition zur Zwangsneurose, *Int. Zeitschrift für Psychoanalyse*, vol. I, 1913, p. 525 et suiv. et dans le t. VIII des *Gesam. Werke*. *La prédisposition à la névrose obsessionnelle*, trad. franç. par Ed. PICHON et H. HŒSLI, dans *Revue française de Psychanalyse*, t. III, n° 3, 1929.

trouva orienté vers l'objectif approprié à l'organisation génitale, et ce sont les vicissitudes de ce courant qui remplissent la période s'étant écoulée jusqu'à la maladie ultérieure. Il se rattachait directement à la scène avec Grouscha, et lui empruntait son trait caractéristique : le malade tombait amoureux par crises subites et passagères et sur un mode compulsionnel. Ce même courant avait à lutter contre les inhibitions dérivées du résidu de la névrose infantile. Grâce à une violente poussée de son instinct vers la femme, notre malade avait enfin conquis sa pleine virilité ; il conserva dès lors la femme comme objet sexuel, mais cette possession ne le contentait pas ; une forte inclination vers l'homme, devenue à présent tout à fait inconsciente et dans laquelle s'unissaient toutes les forces des premières phases de sa sexualité, l'écartait toujours à nouveau de l'objet féminin et le contraignait entre-temps à exagérer sa dépendance de la femme. Il se plaignait, au cours du traitement, de ne pouvoir supporter la femme, et tout notre travail eut pour but de lui révéler sa relation inconsciente à l'homme. Si l'on voulait résumer les choses en une formule, on pourrait dire que l'enfance de notre malade avait été marquée par des oscillations entre l'activité et la passivité, la puberté par une lutte pour la virilité et la période écoulée depuis qu'il était tombé malade par une lutte pour l'objet de ses désirs virils. La cause occasionnelle de sa maladie ne rentre pas dans les types de pathogénie névrotique que j'ai pu grouper ensemble en tant que cas particuliers de la « frustration » (1), et notre attention est ainsi attirée vers une lacune que présente cette classification. Notre malade vit s'effondrer sa résistance au moment où une affection organique des organes génitaux fit revivre en lui l'angoisse de castration, mettant en déroute son narcissisme et le contraignant lui-même à abandonner l'espoir d'être un favori du destin. Il tomba donc malade d'une « frustration » narcissique. Ce narcissisme chez lui excessif était en parfait accord avec les autres indices qu'il présentait d'un développement sexuel inhibé, avec le fait que si peu de ses tendances psychiques se concentrassent dans son choix hétérosexuel de l'objet malgré toute l'énergie avec laquelle il le faisait et avec cet autre fait que l'attitude homosexuelle, tellement plus proche du narcissisme, avait persisté chez lui, en tant que force inconsciente, avec une telle ténacité. Bien entendu, quand de pareils troubles existent, la cure psychanalytique ne saurait amener un revirement instantané et rétablir un état équivalent à une évolution normale ; elle ne peut que débarrasser de ses

(1) Ueber neurotische Erkrankungstypen (De certains types morbides névrotiques), *Zentralblatt für Psychoanalyse*, t. II, p. 6, 1912.

obstacles la voie en permettant ainsi aux influences de la vie de réaliser l'évolution suivant de meilleures directives.

Je grouperai ici certaines particularités de la personnalité de ce malade, particularités que mit au jour la cure psychanalytique, mais qui ne furent pas élucidées plus avant et, par suite, ne purent pas non plus être directement influencées par le traitement. Je citerai la ténacité de fixation dont nous avons déjà parlé, l'extraordinaire développement de la tendance à l'ambivalence et (troisième trait d'une constitution qu'il convient de qualifier d'archaïque) la faculté de conserver ensemble les investissements libidinaux les plus variés et les plus contradictoires, tous capables de fonctionner côte à côte. Les oscillations constantes des uns aux autres (oscillations qui pendant longtemps semblèrent exclure tout rétablissement et tout progrès) dominaient le tableau clinique de la maladie à l'âge adulte, sujet que je n'ai pu ici qu'effleurer. Il s'agissait incontestablement d'un trait caractéristique général de l'inconscient, trait qui chez notre malade avait persisté jusque dans des processus devenus conscients ; cependant, ce trait n'apparaissait que dans ce qui découlait de motions affectives ; au domaine de la logique pure notre malade manifestait au contraire une particulière habileté à dépister les contradictions comme les incompatibilités. Aussi sa vie psychique produisait-elle une impression analogue à celle que fait l'ancienne religion de l'Égypte, religion qui nous paraît si incompréhensible parce qu'elle a conservé côte à côte et ses stades évolutifs divers et ses produits terminaux, ses plus anciens dieux avec leurs attributs auprès des plus récents, parce qu'elle étale en quelque sorte en surface ce que d'autres sortes d'évolution n'ont conservé qu'en profondeur.

J'ai achevé de dire ce que je voulais rapporter de ce cas morbide. Deux des nombreux problèmes qu'il soulève me semblent cependant mériter encore une mention spéciale. Le premier est relatif aux schémas phylogéniques que l'enfant apporte en naissant, schémas qui, semblables à des « catégories » philosophiques, ont pour rôle de « classer » les impressions qu'apporte ensuite la vie. Je suis enclin à penser qu'ils sont des précipités de l'histoire de la civilisation humaine. Le complexe d'Œdipe, qui embrasse les rapports de l'enfant à ses parents, est l'un d'eux ; il en est, de fait, l'exemple le mieux connu. Là où les événements ne s'adaptent pas au schéma héréditaire, ceux-ci subissent dans l'imagination un remaniement, travail qu'il serait certes profitable de suivre dans le détail. Ce sont justement ces cas-là qui sont propres à nous montrer l'indépendante existence du schéma. Nous avons souvent l'occasion d'observer que le schéma triomphe de l'expérience individuelle ; dans notre cas, par exemple, le père devient le castrateur, celui qui menace la sexualité infantile, en dépit d'un complexe d'Œdipe par ailleurs inversé. Dans d'autres cas, la nourrice prend la place de la mère ou bien toutes deux fusionnent. Les contradictions se présentant entre l'expérience et le schéma semblent fournir ample matière aux conflits infantiles.

Le second problème n'est pas très éloigné du premier, tout en étant incomparablement plus important. Si l'on considère le comportement de l'enfant de 4 ans en face de la scène primitive réactivée (1), si même l'on pense aux réactions bien plus simples de l'enfant de 1 an 1/2 lorsqu'il vécut cette scène, on ne peut qu'avec peine écarter l'idée qu'une sorte de savoir difficile à définir, quelque chose comme une prescience agit dans ces cas chez l'enfant (2). Nous ne pouvons absolument pas nous figurer en quoi peut consister un tel « savoir », nous ne disposons à cet effet que d'une seule mais excellente analogie : le savoir *instinctif* — si étendu — des animaux.

Si l'homme possède lui aussi un patrimoine instinctif de cet ordre, il n'y a pas lieu de s'étonner de ce que ce patrimoine se rapporte tout particulièrement aux processus de la vie sexuelle, bien que ne devant nullement se borner à eux. Ce patrimoine instinctif constituerait le noyau de l'inconscient, une sorte d'activité mentale primitive, destinée à être plus tard détrônée et recouverte par la raison humaine quand la raison aura été acquise. Mais souvent, peut-être chez nous tous, ce patrimoine instinctif garde le pouvoir de tirer à soi des processus psychiques plus élevés. Le refoulement serait le retour à ce stade instinctif, et c'est ainsi que l'homme paierait, avec son aptitude à la névrose, sa grande acquisition nouvelle ; il témoignerait de plus, par le fait que les névroses sont possibles, de l'existence de stades antérieurs instinctifs. Et le rôle important des traumatismes de la petite enfance serait de fournir à l'inconscient un matériel qui le préserverait de l'usure lors de l'évolution subséquente.

Je le sais : de divers côtés on a parlé d'idées semblables soulignant le facteur héréditaire, phylogéniquement acquis, de la vie psychique. Je pense même que l'on n'a été que trop enclin à

(1) Je puis négliger le fait que ce comportement ne put s'exprimer en paroles que vingt ans plus tard, car tous les effets que nous avons fait dériver de cette scène s'étaient manifestés sous forme de symptômes, compulsions, etc., longtemps avant l'analyse et dès l'enfance. Il est à cet égard indifférent de considérer cette scène comme une « scène primitive » ou comme un « fantasme primitif ».

(2) Je ferai de nouveau observer que ces réflexions seraient oiseuses si le rêve et la névrose n'avaient pas eu lieu dans l'enfance même du patient.

leur faire une place et à leur attribuer de l'importance en psychanalyse. Je ne les considère comme admissibles que lorsque la psychanalyse respecte l'ordre des instances et, après avoir traversé les strates successives de ce qui a été individuellement acquis, rencontre enfin les vestiges de ce dont l'homme a hérité (1).

(1) (Note de 1923.) Je dresserai ici encore une fois la chronologie des événements rapportés dans cette histoire :

Né le jour de Noël.

1 an 1/2 : Malaria. Observation du coït de ses parents ou bien de la scène entre eux dans laquelle il devait plus tard introduire le fantasme du coït.

Juste avant 2 ans 1/2 : Scène avec Grouscha.

2 ans 1/2 : Souvenir-écran du départ de ses parents avec sa sœur. On l'y voit seul avec Nania et reniant par là sa sœur et Grouscha.

Juste avant 3 ans et 3 mois : Plaintes de sa mère au médecin.

3 ans et 3 mois : Commencement de séduction de la part de sa sœur, bientôt menace de castration de la part de Nania.

3 ans 1/2 : La gouvernante anglaise. Début du changement de caractère.

4 ans : Rêve des loups. Origine de la phobie.

4 ans 1/2 : Influence de l'histoire sainte. Apparition des symptômes obsessionnels.

Peu avant 5 ans : Hallucination de la perte d'un doigt.

5 ans : Départ de la première propriété.

Après 6 ans : Visite à son père malade.

8 ans à 10 ans : Derniers sursauts de la névrose obsessionnelle.

On aura deviné sans peine, d'après mon exposé, que le patient était Russe. Je le laissai partir, à mon avis guéri, quelques semaines avant que n'éclatât, à l'improviste, la guerre européenne et ne le revis que lorsque les vicissitudes de la guerre eurent ouvert aux Puissances Centrales le Sud de la Russie. Il revint alors à Vienne et me rapporta qu'immédiatement après la fin de la cure, il avait été saisi d'un violent désir de s'arracher à mon influence. En quelques mois de travail une partie du transfert qui n'avait pas encore été maîtrisée fut liquidée ; depuis lors, le patient, à qui la guerre a coûté sa patrie, sa fortune et toutes ses relations familiales, se sent cependant normal et s'est conduit de façon irréprochable. Peut-être justement ses malheurs, en satisfaisant son sentiment de culpabilité, ont-ils contribué à consolider sa guérison *(a)*.

(a) Voir : *A supplement to Freud's history of an infantile neurosis*, par Ruth Mack Brunswick, 1929.

Supplément à l'extrait d'une névrose infantile de Freud, trad. par Marie Bonaparte, *Revue française de Psychanalyse*, t. IX, n° IV, 1936.

TABLE DES MATIÈRES

Imprimé en France
Imprimerie des Presses Universitaires de France
73, avenue Ronsard, 41100 Vendôme
Mai 1989 — N° 35 185

BIBLIOTHÈQUE DE PSYCHANALYSE

Fondée par Daniel Lagache

Directeur : Jean Laplanche

SIGMUND FREUD.	La vie sexuelle (7e éd.).
	Abrégé de psychanalyse (10e éd.).
	Inhibition, symptôme et angoisse (8e éd.).
	Cinq psychanalyses (15e éd.).
	La naissance de la psychanalyse (5e éd.).
	Etudes sur l'hystérie (9e éd.).
	La technique psychanalytique (9e éd.).
	Malaise dans la civilisation (11e éd.).
	L'avenir d'une illusion (7e éd.).
	Névrose, psychose et perversion (6e éd.).
	L'Homme aux rats. Journal d'une analyse (2e éd. rev. et corr.).
	Contribution à la conception des aphasies (2e éd.).
	Résultats, Idées, problèmes, I (1890-1920) (3e éd.).
	Résultats, idées, problèmes, II (1921-1938) (2e éd.).
ANZIEU (D.).	Le psychodrame analytique chez l'enfant et l'adolescent (2e éd. refondue).
—	L'auto-analyse de Freud et la découverte de la psychanalyse (3e éd. entièrement refondue en un seul vol.).
BANNISTER (K.).	Problèmes du mariage.
BAUMEYER (F.) et divers.	Le cas Schreber.
BION (W. R.).	Recherches sur les petits groupes (5e éd.).
—	Aux sources de l'expérience.
—	Eléments de la psychanalyse.
—	Transformations.
—	Réflexion faite.
BONAPARTE (M.).	Introduction à la théorie des instincts.
—	Psychanalyse et biologie.
—	Psychanalyse et anthropologie.
—	La sexualité de la femme (3e éd. revue).
BORNEMAN (E.).	Psychanalyse de l'argent.
BYCHOWSKI (G.) et DESPERT (J.).	Techniques spécialisées de la psychothérapie.
CAHN (P.).	La relation fraternelle chez l'enfant.
DAYAN (M.).	Inconscient et réalité.
—	Les relations au réel dans la psychose.
DEUTSCH (H.).	La psychologie des femmes, 2 vol. (coll. « Quadrige »).
EISSLER (K. R.).	Léonard de Vinci. Etude psychanalytique sur l'énigme.
FEDERN (P.).	La psychologie du moi et les psychoses.
FENICHEL (O.).	Problèmes de technique psychanalytique.
—	La théorie psychanalytique des névroses, 2 vol. (3e et 4e éd.).
FREUD (A.).	Le moi et les mécanismes de défense (11e éd.).
—	Le traitement psychanalytique des enfants (5e éd.).
GARMA (A.).	La psychanalyse des rêves.
—	La psychanalyse et les ulcères gastroduodénaux.
—	Les maux de tête.
—	Le rêve. Traumatisme et hallucination.

GLOVER (E.).	Freud ou Jung ? (2e éd.).
GRANOFF (W.). et REY (J.-M.).	L'occulte, objet de la pensée freudienne.
GREENSON (R. R.).	Technique et pratique de la psychanalyse.
GUEX (G.).	Le syndrome d'abandon (2e éd. revue et augmentée).
HARTMANN (H.).	La psychologie du moi et le problème de l'adaptation.
JACOBY (R.).	Otto Fenichel : destins de la gauche freudienne.
JONES (E.).	La vie et l'œuvre de Sigmund Freud : T. I : *La jeunesse (1856-1900)* (4e éd.). T. II : *Les années de maturité (1901-1919)* (4e éd.). T. III : *Les dernières années (1919-1939)* (2e éd.).
KLEIN (M.).	La psychanalyse des enfants (7e éd.).
—	Développements de la psychanalyse (en coll. avec P. Heimann, S. Isaacs et J. Rivière) (5e éd.).
LAGACHE (D.).	Œuvres. I : Les hallucinations verbales et travaux cliniques.
—	Œuvres. II : Le psychologue et le criminel.
—	Œuvres. III : Le transfert et autres travaux psychanalytiques.
—	Œuvres. IV : Agressivité, structure de la personnalité et autres travaux.
—	Œuvres. V : De la fantaisie à la sublimation.
—	Œuvres. VI : La folle du logis. La psychanalyse comme science exacte.
LANGS (R.).	Thérapie de vérité - Thérapie de mensonge.
LAPLANCHE (J.).	Hölderlin et la question du père (2e éd.).
—	Problématiques : I : *L'angoisse* (2e éd.). II : *Castration - Symbolisations* (2e éd.). III : *La sublimation* (2e éd.). IV : *L'inconscient et le ça.* V : *Le baquet - Transcendance du transfert.*
—	Nouveaux fondements pour la psychanalyse (2e éd. avec index)
LAPLANCHE (J.). et PONTALIS (J.-B.).	Vocabulaire de la psychanalyse (9e éd.).
LŒWENSTEIN (R.).	Psychanalyse de l'antisémitisme.
MALCOLM (J.).	Tempête aux Archives Freud.
MOSCOVICI (S.).	La psychanalyse, son image et son public (2e éd. entièr. ref.).
NACHT (S.).	De la pratique à la théorie psychanalytique.
NUNBERG (H.).	Principes de psychanalyse.
PRIBRAM (K. H.). et GILL (M. M.).	Le « Projet de psychologie scientifique » de Freud : un nouveau regard.
RANK (O.) et SACHS (H.).	Psychanalyse et sciences humaines.
REIK (T.).	Mythe et culpabilité.
ROSEN (J. N.).	L'analyse directe.
ROSOLATO (G.).	Le sacrifice. Repères psychanalytiques.
SANDLER (J.).	L'analyse de défense ; entretiens avec Anna Freud.
SCHAFER (R.).	L'attitude analytique.
SECHEHAYE (M.-A.).	Journal d'une schizophrène (8e éd.).
—	Introduction à une psychothérapie des schizophrènes (2e éd.).
SEGAL (H.).	Introduction à l'œuvre de Melanie Klein (6e éd.).
—	Melanie Klein : développement d'une pensée.
SPITZ (R. A.).	Le non et le oui (4e éd.).
SPITZ (R. A.). et COBLINER (W. G.).	De la naissance à la parole (7e éd.).
WIDLÖCHER (D.).	Freud et le problème du changement.